ALEXANDER ETKIND

EROS DES UNMÖGLICHEN

ALEXANDER ETKIND

EROS DES UNMÖGLICHEN

Die Geschichte der Psychoanalyse in Rußland

Aus dem Russischen
von Andreas Tretner

GUSTAV KIEPENHEUER
VERLAG

Originalausgabe
Александр Эткинд
Эрос невозможного
История психоанализа в России
Медуза
Санкт-Петербург 1993

Das Original wurde vom Autor für diese Ausgabe gekürzt
und mit Ergänzungen versehen.
Redaktionelle Mitarbeit an der Übersetzung: Matthias John

ISBN 3-378-01006-1

1. Auflage 1996

Umschlaggestaltung Henkel/Lemme unter Verwendung
eines Fotos von Tomek Sikora, The Image Bank
Typographie Peter Friederici
Schrift 10/11,5 p Bodoni
Druck und Binden Kösel, Kempten
Printed in Germany

INHALT

EINFÜHRUNG

Dies ist ein Buch *aus* Rußland *über* Rußland.

Geschichte, von innen her geschrieben – erst recht aus dem Inneren einer tiefen historischen Krise –, ist unweigerlich subjektiv. Es ist dies genau die Subjektivität, von der eine im Wandel begriffene Gesellschaft zehrt. Das unmittelbare Erleben des historischen Prozesses mag die Perspektive verzerren, bereichert sie indes durch die Erfahrung von Menschen, die sehr genau wissen, wohin die Geschichte sie geführt hat.

Ein Spezialistentum in der Form, wie es dem Westen geläufig ist, kennt die russische Tradition bis zum heutigen Tag nicht. Akademische und künstlerische Kultur waren stets miteinander verschmolzen und geistig wie politisch denselben Einflüssen ausgesetzt. An der Geschichte der Psychoanalyse in Rußland sind beileibe nicht nur Ärzte und Psychologen, sondern auch dekadente Dichter, Religionsphilosophen und Berufsrevolutionäre beteiligt.

Der kurze Aufschwung der russischen Kultur in den fünfzehn Jahren zwischen Jahrhundertanfang und Erstem Weltkrieg bewirkte einzigartige Gipfelleistungen und unverwechselbare Einbrüche in den Geisteswissenschaften, der Politik und im sozialen Denken, in Dichtung und Malerei. Das Rußland des Silbernen Zeitalters war eines der Zentren der europäischen Hochzivilisation. Selbst wenn unter den feingeistigen Repräsentanten der Moderne manch Prophet war, der den baldigen Einzug der Barbaren weissagte, gediehen einstweilen in den Städten und Provinzen Wissenschaften und Künste in den vielfältigsten zeitgenössischen Richtungen. Die Argumente der Slawophilen[1] hielten dem Druck des Westens nicht stand – doch war den Reformen für dieses Mal kein Erfolg beschieden. Die Serie militärischer Niederlagen, das Ungeschick des Zaren, Enttäuschung über fehlende Möglichkeiten, den realen Lauf der Dinge zu beeinflussen, das Vorgefühl der Katastrophe – all dies weckte ein Interesse an esoterischen Geheimnissen und ließ an romantische Träume glauben. *Eros des Unmöglichen*[2] – so faßte der führende Kopf des russischen Symbolismus Wjatscheslaw Iwanow den Geist der Epoche. Das ungestüme Leben der Intelligenzija trieb immer erstaunlichere Blüten: Tischerücken und Freimaurertum, Geißlerorgien und sozialrevolutionäre Konspiration …

Das Denken ließ die konkrete Vielfalt des Lebens hinter sich, um sogleich die letzten existentiellen Fragen anzugehen. Liebe und Tod erschienen als die grundlegenden, wenn nicht einzigen Daseinsweisen des Menschen und zugleich als die wesentlichen Instrumente, seine Existenz zu begreifen; und als solche verschmolzen sie miteinander zu einer Art übernatürlichem Ganzen. Das intuitive Empfinden des Einsseins von Liebe und Tod gehört zu den Grundfesten dieser Kultur und vereint so unterschiedliche Geister wie Wladimir Solowjow, Lew Tolstoi, Wjatscheslaw Iwanow, Dmitri Mereshkowski, Leonid Andrejew und Sabina Spielrein.

So populär wie nie zuvor und nirgends sonst war im Rußland der Jahrhundertwende Friedrich Nietzsche.[3] Sein Einfluß auf das russische Denken erwies sich als zählebig. Nach Ansicht eines gewichtigen Zeitzeugen, des Malers Alexander Benua, »waren Nietzsches Ideen geradezu alltäglich geworden (so wie es später einmal die Ideen Freuds werden sollten)«[4].

Nietzsches emphatische Predigten waren nicht dafür gemacht, praktische Verwirklichung zu finden. Aber auf russischem Boden entwickelten sie eine Prägnanz, die sie handfest und praktikabel für jedermann erscheinen ließ. Diese Tendenz war traditionell: »Die russische Romantik unterschied sich von ihren fremdländischen Schwestern vor allem dadurch, daß sie jedweden Gedanken, so wüst oder komisch er immer war, sofort an seine äußersten Grenzen führte und in der Wirklichkeit ausprobierte«[5], erinnerte sich der Dichter des neunzehnten Jahrhunderts Apollon Grigorjew. So auch diesmal: Was sich für Nietzsche selbst und das Gros seiner Leserschaft in Europa lediglich als kühner Gedankenflug und erlesene Metaphorik ausnahm, wie sie nur ein Barbare wortwörtlich nehmen konnte, wurde in Rußland als Anweisung für die soziale Praxis verstanden.

Dem neuen Menschen, dem Übermenschen, der durch seine bloße Existenz den obsolet gewordenen gesunden Menschenverstand in den Staub treten würde, war in Rußland Tür und Tor geöffnet. Auch die Philosophen der christlichen Orthodoxie, allen voran Wladimir Solowjow, mahnten an, dem nichtswürdigen Menschlein endlich neue Form zu verleihen und daraus das Gottmenschentum auf Erden zu errichten. Die kommenden Führer der sowjetischen Intelligenzija, Gorki, Majakowski und Lunatscharski, standen in jungen Jahren vollends unter Nietzsches Einfluß, und womöglich hat ihr späteres Kind, der Bolschewismus, von Nietzsche weit mehr geerbt als von Marx. Der politische Extremismus der russischen Marxisten ging einher mit dem geistigen Extremismus eines Nikolai Fjodorow, der um seiner »Philosophie der einen Sache« willen, d. h. der Auferstehung sämtlicher je auf der Erde gewesenen Menschen auf wissenschaftlichem Wege, die Forderung erhob, aller übrigen menschlichen Verrichtungen zu entsagen. Heute, ein knappes Jahrhundert später, läßt sich leicht erkennen, wie nahe diese geistigen Strömungen, die den Zeitgenossen absolut unvereinbar schienen, einander in Wirklichkeit gewesen sind: in ihrem Utopismus, ihrer Wissenschaftsgläubigkeit, ihrer an Nietzsche geschulten Geringschätzung der bestehenden Weltordnung.

Ein programmatischer Aufsatzband Alexander Bogdanows, des einzigen seriös zu nennenden Theoretikers unter den Bolschewiki (er war von Haus aus Psychiater), trug den präzisen Titel *Die neue Welt* und hatte drei Motti: eines aus der Bibel, eines von Marx und eines von Nietzsche. »Der Mensch ist die Brücke zum Übermenschen«, zitiert Bogdanow letzteren und fügt von sich aus hinzu: »Dieser Mensch ist noch nicht erschienen, doch er ist nahe, und seine Umrisse zeichnen sich deutlich am Horizont ab.«[6] Man schrieb das Jahr 1904.

Der Mensch, wie er leibt und lebt, ist nicht mehr Ziel und Wert an sich, sondern Mittel zur Errichtung einer kommenden Existenz, »der Mensch ist etwas, das überwunden werden muß«[7], wie Nietzsche lehrt. Aus den Erfahrungen des zurückliegenden Jahrhunderts mutet uns dieser Gedanke nicht mehr nur gefährlich an, sondern misanthropisch im buchstäblichen Sinne. Zu Beginn dieses Jahrhunderts erschien er hingegen vielen einleuchtend. Die Literaten der Décadence und die Theosophen der Orthodoxie, die Logenmeister und die Ideologen des Terrorismus befehdeten einander ob der Mittel, die beim bevorstehenden Menschen- und Menschheitswandel zum Einsatz kommen sollten, und ob sie der Mystik oder der Wissenschaft, der Ästhetik oder der Politik entlehnt werden sollten. Über das Ziel bestand Einigkeit – die Notwendigkeit, des Menschen Natur zu ändern, zog kaum einer in Zweifel.

Das orthodoxe Ideal der *sobornost*[8] – jenes eigentümlichen, undemokratischen Kollektivismus, fußend auf voraussetzungslosem Einvernehmen und Gehorsam – verlieh den Vorstellungen über Mittel und Zwecke der Operation eine zusätzlich eigene Färbung. Somit entstand aus den so verschieden und unvereinbar scheinenden Einflüssen des Nietzscheanismus, der Orthodoxie und des sozialen Extremismus ein geistiges Fundament von höchster Homogenität. Und es blieb den an die Macht gekommenen Bolschewiki überlassen, die Idee vermittels ihrer massenbezogenen Umerziehungsprogramme zur wahren Vollendung und praktischen Verwirklichung zu führen: eine barbarische und für die russische Kultur selbstmörderische Form der Verwirklichung – und in ihrem Rahmen wohl die einzige, die überhaupt möglich war.

Nach 1910 und bis in die dreißiger Jahre hinein war die Psychoanalyse eine wichtige Komponente des russischen intellektuellen Lebens. Im vielfarbigen Mosaik einer schnell sich entwickelnden Kultur wurden die ungewöhnlichen Gedanken Freuds rasch und ganz ohne den erbitterten Widerstand aufgenommen, auf den sie im Westen trafen.

Die ewige russische »Sehnsucht nach der Weltkultur« konnte für kurze Zeit gestillt werden, als Ossip Mandelstam und Boris Pasternak, Wjatscheslaw Iwanow und Andrej Bely, Nikolai Jewreinow und Sergej Djagilew, Iwan Iljin und Lew Schestow, Lou Andreas-Salomé und Sabina Spielrein eine Weile im Ausland lebten, studierten und arbeiteten. (Bereits die nachfolgende Generation würde sich den Luxus, zu verreisen und anschließend nach Hause zurückzukehren, nicht mehr leisten können.) Es läßt sich heute schwer vorstellen, wie eng verflochten die russische Intelligenzija jener Zeit mit dem intellektuellen Leben Westeuropas gewesen ist und wie einfach es für die aus russischen Städten und Städtchen eintreffenden jungen Leute war, Zugang zu den besten Universitäten, Salons und Kliniken Deutschlands und Frankreichs, Österreichs und der Schweiz zu bekommen.

Wieder zu Hause, fanden die jungen Adepten der Psychoanalyse in einer Gesellschaft, die sich mit unerhörter Schnelligkeit alter Abhängigkeiten entledigte, eine interessierte Kundschaft vor. Die russischen Analytiker der ersten Generation bekleideten einflußreiche Positionen im medizinischen Apparat, hatten gute Kontakte zu Kreisen der Literatur und der Politik, verfügten über ihre eigene Zeitschrift, ihre eigene Klinik an der Universität und ihr eigenes Sanatorium, waren mithin auf dem besten Wege, die Psychoanalyse nach westeuropäischem Vorbild zu institutionalisieren.

Nicht wenige Exponenten der internationalen psychoanalytischen Bewegung stammten aus Rußland. Die glänzende Kosmopolitin Lou Andreas-Salomé, eine enge Vertraute Freuds, erschien als ein funkelnder Stern am Himmel der europäischen Moderne. Der Einfluß der russischen Philosophie ist in ihrem Schaffen unverkennbar. Max Eitingon, ein »Musterschüler« des Wiener Professors, war lange Jahre Präsident der Internationalen Psychoanalytischen Gesellschaft und finanzierte ihre Unternehmungen aus Mitteln, auf denen die Bolschewiki in Moskau ihre Hand hatten. Sabina Spielrein schließlich, die romantischste Figur in der Geschichte der Psychoanalyse, kehrte 1923 aus der Schweiz nach Rußland zurück, um an der großen Utopie mitzubauen, und verbrachte die zweite Hälfte ihres Lebens in Armut, Angst und Einsamkeit …

Diese und andere Russen, die auf vielfältige Weise Verbindung zur Heimat hielten und nicht selten wieder dorthin zurückgingen, machten einen gewichtigen Teil der Umgebung Freuds aus.

Der wiederum verfolgte die Entwicklung in Sowjetrußland aufmerksam – zunächst mit Hoffnung, dann bange und zuletzt eher verzweifelt und angewidert. Ihm war übrigens viel daran gelegen, den naheliegenden Eindruck zu zerstreuen, sein Werk *Die Zukunft einer Illusion* wie auch andere soziologische Arbeiten der zwanziger Jahre könnten aus einer speziellen Erfahrung der Zeitgeschichte mit Namen Sowjetunion entstanden sein. »Ich will darum ausdrücklich versichern, daß es mir ferne liegt, das große Kulturexperiment zu beurteilen, das gegenwärtig in dem weiten Land zwischen Europa und Asien angestellt wird.«[9] Dabei ließ er kaum drei Jahre später seinem Briefpartner Arnold Zweig gegenüber keinen Zweifel, daß das, was in jenen Breiten geschah, ihn persönlich anging: »Was Sie über das Sowjetexperiment schreiben, schlägt bei mir ein. Wir sind durch dasselbe um eine Hoffnung – und eine Illusion – ärmer geworden und haben keinen Ersatz dafür. Wir leben schlechten Zeiten entgegen; ich sollte mich mit der Stumpfheit des Alters darüber hinwegsetzen, aber ich kann's nicht helfen, daß mir meine sieben Enkel leid tun.«[10]

Zur Ironie der Geschichte gehört, daß die Moskauer Psychoanalytiker in der politischen Führung des Landes ihre Paten und Gönner fanden – vor allem in Lew Trotzki, dessen Verhältnis zur

Analyse seine ganz eigene Geschichte hat, der in diesem Buch nachgegangen wird. Die Pädologie, ein in dieser Form unverwechselbarer »Sproß« der sowjetischen Wissenschaftsorganisation, der sich den Möglichkeiten der Einflußnahme auf die menschliche Natur im Kindesalter widmete, wurde von Leuten auf den Weg gebracht, die eine mehr oder weniger gründliche psychoanalytische Ausbildung genossen hatten. Daneben hatte die Psychoanalyse in den zwanziger Jahren maßgeblichen Einfluß auf die Konzeptionen Alexander Lurijas und Lew Wygotskis, die den nächsten fünfzig Jahren Psychologiegeschichte in der Sowjetunion das Gepräge geben würden.[11]

Demgegenüber wahrte die russische Schulmedizin der Psychoanalyse gegenüber mehr Distanz als das »breite Publikum«. Obwohl die Werke Freuds zwischen 1904 und 1930 systematisch ins Russische übertragen wurden, fanden sie höchst selten Eingang in das psychiatrische und psychologische Ausbildungsprogramm der Universitäten. Die Physiologie Iwan Pawlows und die Psychoneurologie Wladimir Bechterews, die auf dem Gebiet der »Neurowissenschaften«, wie man es heute nennen würde, miteinander konkurrierten, ließen sich trotz gelegentlicher Bekundungen von Interesse nie ernsthaft auf sie ein. Die sowjetische Psychiatrie ging den Weg mechanischer Klassifizierungen und repressiver therapeutischer Methoden, wie sie der Psychoanalyse zutiefst fremd waren.

Nach Trotzkis Sturz wurde die psychoanalytische Tradition in Rußland jäh und auf lange Zeit unterbrochen.

Bislang war andeutungsweise von den Eigentümlichkeiten der russischen Geschichte die Rede, welche bewirkten, daß die Psychoanalyse hier in originärer Weise Fuß fassen konnte. Die Psychoanalyse hat ihrerseits Eigentümlichkeiten, die zu einer ganz spezifischen Form von Geschichte führen. Darin ist die Entwicklung von Ideen aufs engste verbunden mit dem Schicksal von Menschen; beides trägt typische Züge der Zeit und widersetzt sich an anderer Stelle deren wechselnden Einflüssen. Daß die Geschichtsschreibung der Psychoanalyse sich für das Leben von Menschen – seien sie nun Analytiker oder Klienten – mindestens ebenso interessiert wie für das Wohl und Wehe von Ideen, liegt folglich in der Natur des Gegenstands: An ihren Biographien, den Worten und Taten, den Entscheidungen, die sie trafen, ihren Beziehungen zueinander haben sich die Werte, Standpunkte,

Ziele, Mittel und Methoden der Psychoanalyse überhaupt erst explizieren lassen. Über die handelnden – und behandelten – Personen ist der Gang der Geschichte immer wieder bis in den Kern der psychoanalytischen Vorstellungswelt vorgedrungen.

Die Wechselwirkung von Idee, Mensch und Epoche – das ist es, was uns an der Geschichte der Psychoanalyse in Rußland vorrangig interessieren soll. So zum Beispiel die Kontinuität von vorrevolutionärer und sowjetischer Periode in der russischen Geistesgeschichte; die gegenseitigen Beeinflussungen von Psychoanalyse einerseits, zeitgenössischer russischer Philosophie, Literatur und Kunst andererseits, und schließlich, wie die Aussagen der psychoanalytischen Theorie und Praxis und das Leben der involvierten Personen zueinander stehen.

Eine solche Sichtweise ist weder die übliche noch die einzig mögliche.[12] Für sie sprechen könnte immerhin die Tatsache, daß nicht wenige Helden meines Buches sich mit ihr einverstanden zu erklären scheinen. Nietzsche schrieb 1882 an Lou Andreas-Salomé: »Meine liebe Lou, Ihr Gedanke einer Reduktion der philosophischen Systeme auf Personal-Acten ihrer Urheber ist recht ein Gedanke aus dem ›Geschwistergehirn‹: ich selber habe ... in diesem Sinne Geschichte der alten Philosophie erzählt und sagte gern meinen Zuhörern: ›dies System ist widerlegt und todt – aber die Person dahinter ist unwiderlegbar, die Person ist gar nicht todt zu machen ...‹«[13] In Auseinandersetzung mit C. G. Jung beschließt Sigmund Freud seinen Abriß *Zur Geschichte der psychoanalytischen Bewegung* so: »Menschen sind stark, solange sie eine starke Idee vertreten; sie werden ohnmächtig, wenn sie sich ihr widersetzen.«[14] Jung seinerseits zollt dem russischen Literaten Emil Medtner im Jahr 1935 das Lob, »wie temperamentmäßig philosophisch Du bist und wie Du die Persönlichkeit immer und unabwendbar im Lichte der Idee betrachtest. Das hat mich ungemein gefesselt.«[15] Wladislaw Chodassewitsch hat als die »Wahrheit des Symbolismus« den Versuch bezeichnet, »Leben und Werk in eins zu schmelzen ... Diese Wahrheit bleibt ihm – auch wenn sie ihm nicht allein gehört. Es ist eine ewige Wahrheit.«[16] Michail Bachtin formulierte: »Die Idee ist ein *lebendiges Ereignis*, das sich dort abspielt, wo zwei oder mehrere Bewußtseine dialogisch aufeinanderstoßen.«[17] Und schließlich Michail Bulgakows diabolischer Romanheld Voland, der seine Mission so verstand: »Ja, ich treibe Geschichte ... Heute abend wird an den Patriarchenteichen eine interessante Geschichte passieren!«[18]

Das Buch versucht mit seiner Komposition dem komplizierten historischen Gewebe gerecht zu werden. Auf ein monographisches, der Lebensgeschichte eines unserer Helden gewidmetes Kapitel folgt jeweils im nächsten ein Panorama, das eine bestimmte Epoche der Rezeption, Entwicklung und Wandlung der Psychoanalyse nachzuzeichnen sucht.

Längst ist aus der Geschichte der Psychoanalyse ein eigenes Forschungsgebiet mit Institutionen, Schulen und Autoritäten, Periodika und dergleichen geworden. In der westlichen Welt, insbesondere in Frankreich und den USA, aber auch in England, Deutschland, Italien, Ungarn, Bulgarien, Schweden und der Schweiz wurden der Geschichte der Psychoanalyse in Rußland eine größere Anzahl von Untersuchungen gewidmet.[19] Rußland selbst ist das dankbare Thema mit Erscheinen dieses Buches im Jahr 1993 sozusagen wieder in die Hand gegeben worden.[20]

Der Autor bedankt sich bei allen, die ihm im Laufe der mehrere Jahre währenden Arbeit an diesem Buch hilfreich zur Seite standen.

Wenn Alain de Mijolla von der *Internationalen Assoziation für die Geschichte der Psychoanalyse* in Paris seinerzeit nicht derart viel Interesse an einem solchen Buch bekundet hätte, wäre es womöglich nie geschrieben worden.

M. Jaroschewski (*Institut für Geschichte der Naturwissenschaften und Technik*, Moskau), B. Firsow (*Institut für Soziologie*, Sankt Petersburg) und Clemens Heller (*Haus der Wissenschaften vom Menschen*, Paris) haben dem Autor bei verschiedener Gelegenheit Unterstützung angedeihen lassen, über manche Widrigkeit hinweggeholfen und viel Geduld und Vertrauen dabei bewiesen.

N. Snetkowa, Menicha Spielrein, Natalja Traugott, M. Dawydowa, Je. Lurija, A. Lipkina, Jefim Etkind, Ronald Grele, James Rice, Boris Krawzow, Gennadi Obatnin, Leonid Ionin, Paul Roazen, Waleri Maximenko, Juri Winogradow, Eugenia Fischer, Ferenz Eros, Michael Molnar, Wera Proskurina und Jelena Kostjuschewa trugen mit verschiedensten, teils unschätzbar wertvollen Informationen zum Gelingen bei.

Sehr verbunden bin ich den Mitarbeitern des Zentralen Staatsarchivs Rußlands.

Und schließlich: Anna Etkind meinen ganz besonderen Dank.

1. KAPITEL
LOU ANDREAS-SALOMÉ: LEBEN AN EINER ZEITEN- UND WELTENWENDE

Im Generalstabsgebäude auf dem Petersburger Schloßplatz kam sie zur Welt – die Frau, die weithin berühmt werden und nur in der Heimat völlig unbekannt bleiben sollte. Man schrieb das Jahr 1861. Der Vater, Gustav von Salomé, ein General in russischen Diensten, war Baltendeutscher und hugenottischen Glaubens; er hatte seine militärische Ausbildung in Rußland genossen und unter Nikolaus I. schnell Karriere gemacht. Die Mutter war deutscher und dänischer Abkunft, aber in Rußland geboren. Das Kind bekam den russischen Namen Ljolja.[1]

Die Terroristin im Schreibtisch

Die ersten zwanzig Jahre ihres Lebens verbrachte sie in Petersburg. Beim Zurückdenken an die Kindheit fiel es ihr später schwer zu sagen, welches ihre eigentliche Muttersprache war. In der Familie wurde deutsch gesprochen, doch Ljolja hatte eine russische Amme und eine französische Gouvernante, und sie ging in eine englische Privatschule. »Wir fühlten uns nicht nur in russischem ›Dienst‹, sondern als Russen«[2], erinnert sie sich und weiß doch gleich darauf zu berichten, daß es im Hause tatarische, schwäbische und estnische Bedienstete gab. Petersburg verband in ihren Augen den Zauber von Paris und Stockholm, und sie fand, daß es »trotz seiner kaiserlichen Pracht, seinen Rentierschlitten und illuminierten Eishäusern auf der Newa … rein international«[3] wirkte.

Der General und Geheimrat Salomé, einst ein Vertrauter Nikolaus' I., beobachtete die Reformen Alexanders II. mit Skepsis. Die gesellschaftliche Atmosphäre, in der die sechs Kinder – Ljolja war jünger als ihre fünf Brüder – aufwuchsen, war so voller intellektueller und politischer Energie, wie es in der russischen

Geschichte selten vorgekommen ist. Tolstoi und Dostojewski schrieben ihre großen Romane in diesen entscheidenden Dezennien. Ebenso formierten sich die ersten revolutionären Bewegungen. Frauen spielten dabei eine gewichtige Rolle. Historiker haben nicht weniger als 178 Frauen gezählt, die in den politischen Prozessen der siebziger und achtziger Jahre in Rußland verurteilt wurden. Zumeist gehörten sie der terroristischen Organisation *Narodnaja wolja* (Volkswille) an, die beim siebten Versuch eines Attentats auf den Zaren erfolgreich war: Alexander II., der »Befreier-Zar«, wurde ermordet, bevor er seine Unterschrift unter die erste russische Verfassung setzen konnte. Auch bei dieser Verschwörung haben Frauen entscheidend mitgewirkt; eine von ihnen, Sofija Perowskaja, starb am Galgen.[4] Wie sehr Ljolja von alledem hingerissen war, ist nicht überliefert; man weiß allerdings, daß sie zeit ihres Lebens eine Fotografie Wera Sassulitschs im Schreibtisch aufbewahrte, die nach ihrem Attentat auf den Petersburger Polizeichef von einem Geschworenengericht freigesprochen worden war. Eine französische Gazette hatte die Sassulitsch damals zur populärsten Persönlichkeit Europas gekürt. Im selben Jahr 1878 wurde in Petersburg die erste Frauenuniversität Rußlands[5] eingerichtet.

Glaubt man den Erinnerungen der Andreas-Salomé, so wuchs sie als ein selbständiges, in sich gekehrtes und sehr träumerisch veranlagtes Mädchen heran. Sie spielte nicht mit Puppen, verbrachte ihre Zeit lieber damit, sich alle möglichen Geschichten auszudenken; sie sprach mit den Blumen, die auf den Rabatten von Petershof blühten, wo sie jeden Sommer zubrachte, und erdichtete Märchen, worin Leute vorkamen, denen sie auf der Straße begegnet war. Sie entsann sich, ihrem eigenen Bild im Spiegel lange Zeit mißtraut zu haben; losgelöst von ihrer Umgebung konnte sie sich gar nicht wahrnehmen. Die Welt muß gut zu ihr gewesen sein. Freilich finden sich in den Erinnerungen auch Spuren ihrer kindlichen Auseinandersetzungen mit der Mutter. Der Kinderglauben an den lieben Gott kommt ebenso vor wie der frühe Verlust dieses Glaubens. Allerdings verschonte die protestantische Religion sie mit umfänglichen Ritualen, und Ljolja glaubte nur das, was sie brauchte. In einem bestimmten Moment ihrer Kindheit »entschwand« Gott; was blieb, war »eine durchschlagende Grundempfindung unermeßlicher Schicksalsgenossenschaft mit allem, was ist«[6].

Erste Begegnung

Die Idylle, sofern es eine gegeben hatte, fand schnell ein Ende. Ljolja Salomé schrieb Hendrik Gillot, einem Pastor, den sie persönlich nicht kannte, doch dessen Predigten ihr gefielen, einen mutigen Brief, in welchem sie über geistige Einsamkeit und Bedrängnis klagte. Allem Anschein nach gab der Geistliche höflich Antwort, und man traf sich – die erste jener Begegnungen, die ihr Leben entscheidend veränderten. Gillot stopfte das Mädchen von nun an mit Wissen voll: Philosophie, Religionsgeschichte, Niederländisch … Kant und Spinoza waren die Haupthelden ihrer Konversation. Gillot befreite sie von den quälenden Träumereien auf eine Weise, die sie erst viel später würde begreifen können: Er ließ sie erzählen – und zwar alles. Sie trafen sich heimlich, ohne Wissen der Eltern. Man kann sich gut ausmalen, wie schwierig und stürmisch das, wofür es noch keinen Namen gab, im Inneren des verschlossenen, leidenschaftlichen Mädchens ablief. In Gillot, befand sie später, sei Gott ihr erschienen, und so betete sie ihn an. Die Vertrautheit wuchs, was für beide nicht einfach war. Einmal, als sie auf des Pastors Knien saß, schwanden ihr die Sinne.

1879 starb Ljoljas Vater. Gillot traf sich mit der Mutter und bat um die Hand der Tochter. Lou war schockiert; es war, als hätte sie Gott zum zweiten Mal verloren. »Mit einem Schlage fiel das von mir Angebetete mir aus Herz und Sinnen ins Fremde.«[7] Zu sexueller Nähe würde sie noch viele Jahre nicht fähig sein. Gillot war nur der erste in einer ganzen Phalanx von Männern, die ob der Intensität ihrer geistigen Beziehung zu dieser jungen Frau aus dem Häuschen geraten und an deren körperlicher Frostigkeit und Unreife verzweifeln würden, zumal sie eine ausgesprochen attraktive Erscheinung war.

Die Affäre mit Gillot hatte Streit mit der Mutter, den Verzicht auf die Konfirmation und einen Blutsturz zur Folge. Eine Reise ins Ausland schien angebracht. Gillot half ihr, einen Paß zu erhalten, was deshalb schwierig war, weil sie keine Konfession angeben konnte. In dem Paß stand ihr neuer Name: Lou. Mit diesem Kürzel würde sie in die Geschichte eingehen.

Fast unweiblich

In Begleitung der Mutter traf Lou in Zürich ein. Eine Zeitlang belegte sie an der Universität einen Kurs in Philosophie. Der Professor, welcher Religionsgeschichte las, erlebte sie als ein Wesen »von kindlicher Reinheit und Lauterkeit des Sinns und zugleich wieder von unkindlicher, fast unweiblicher Richtung des Geistes und Selbständigkeit des Willens«[8]. Ein anderer Memoirenschreiber bezeugt gerade ihre Weiblichkeit, die aber »auf alle die Mittel verzichtet, die die Frau anzuwenden hat, dagegen die Waffen, mit denen der Mann den Kampf des Lebens aufnimmt, in einer gewissen herben Ausschließlichkeit führt«[9]. Auf Fotografien aus jener Zeit erscheint Fräulein Salomé stolz und sehr schön: mit schwarzem, hochgeschlossenem Kleid, streng zurückgekämmtem Haar und blassem, konzentriertem Gesicht. Die junge Frau war erst zwanzig, und in Westeuropa war sie zum ersten Mal.

Doch ihre Gesundheit versagte wieder, und die Mutter reiste mit ihr nach Italien. In Rom machte Lou die Bekanntschaft der Malwida von Meysenbug, einer Schriftstellerin, die sich die Emanzipation der Frauen auf die Fahnen geschrieben hatte und der es zeit ihres Lebens um neue, »edle« Beziehungen zwischen den Geschlechtern zu tun war. Sie war eine gute Freundin von Alexander Herzen und viele Jahre seine Briefpartnerin, sie hatte seine Tochter erzogen und eine Zeitlang in seinem Londoner Haus gelebt.

In Meysenbugs *Memoiren einer Idealistin* ist von ihrer Lieblingsvision zu lesen, »eine Art Missionshaus zu gründen, um erwachsende Menschen beiderlei Geschlechts zu einer freien Entwicklung edelsten Geisteslebens zu führen, damit sie dann hinausgingen in die Welt, den Samen einer neuen, vergeistigten Kultur auszustreuen«[10]. Ihre Idee verknüpfte die herkömmlichen Formen des weltlichen Salons mit der eben aufkommenden Mode, den neuen Menschen und die neuen zwischenmenschlichen Beziehungen zu erkunden. Das war durchaus nicht theoretisch gemeint; die Meysenbug ebenso wie manche ihrer Zeitgenossen und etliche Nachfahren hatten dazu ganz praktische Vorstellungen. Der neue Mensch war machbar. Was man dazu brauchte, war nur … Die Vollendung dieses Satzes machte einen gewichtigen, wenn nicht entscheidenden Teil der Kultur der Moderne aus.

Recht häufig verkehrte Friedrich Nietzsche in Malwida von

Meysenbugs Salon. Sein geschätzter Konversationspartner war der zweiunddreißigjährige Philosoph Paul Rée, Autor mehrerer Bücher zur Moralphilosophie, in denen er den Nachweis zu erbringen suchte, daß ethische Prinzipien aus pragmatischen, aus Rationalität und Evolution herzuleiten waren. Rée war ein leidenschaftlicher, dabei ausgesprochen unpraktischer Mensch. Mitunter befiel ihn eine völlig irrationale Melancholie, und seiner Liebe zum Roulette hatte er wenig entgegenzusetzen. Zu alledem war er Jude und panisch bemüht, sein Judentum zu verbergen.

Doch wir hatten Malwida unterbrochen: »... Die Idee fand den feurigsten Anklang bei den Herren; Nietzsche und Rée waren gleich bereit, sich als Lehrer zu beteiligen. Ich war überzeugt, viele Schülerinnen herbeiziehen zu können, denen ich meine besondere Sorge widmen wollte, um sie zu edelsten Vertreterinnen der Emanzipation der Frau heranzubilden.«[11]

Lou wurde in Italien genausowenig zur Feministin, wie sie in Rußland zur Revolutionärin geworden war. Sie ging ihren eigenen Weg durch die intellektuellen Strömungen der Zeit, aus denen sie bezog, was ihr entsprach, und ließ sich leiten von ihrer subtilen intellektuellen Neugier wie von ihrem nicht minder ausgeprägten weiblichen Instinkt.

Rée lernte Lou in Malwida von Meysenbugs Salon kennen, als er vor einer Anzahl höherer Töchter referierte. Er verliebte sich augenblicklich, und obgleich er der Ansicht war, daß zu heiraten und Kinder in diese häßliche Welt zu setzen keinen Sinn hatte, machte er ihr sogleich einen Antrag. Lou erwehrte sich seiner ebenso standhaft, wie sie vor kurzem noch Gillot abgewiesen hatte. Doch fühlte sie sich inzwischen größeren Herausforderungen gewachsen. Man mußte nicht weglaufen vor einem Mann, der augenscheinlich seine Gefühle nicht im Zaum zu halten wußte; vielmehr mußte man diese Gefühle in ihm bekämpfen und ihn zwingen, ihrer ebenso Herr zu werden, wie sie selbst dies vermochte. Zum Lohn würde Rée die Möglichkeit haben, Lou zu sehen und gar mit ihr zu leben. Die öffentliche Meinung fürchtete sie dabei nicht. Rée willigte in den Handel ein, womit er ein weiteres Mal gegen die Prinzipien seiner Moralphilosophie verstieß. Anders die Meysenbug, die gegen diesen Plan war. Lou schrieb an ihren »Erzieher« Gillot in Petersburg: »Aber mir ist doch schon seit längerm klar, daß wir im Grunde stets Verschiedenes meinen, selbst wo wir übereinstimmen. Sie pflegt sich so auszudrücken, dies oder jenes dürfen ›wir‹ nicht thun, oder müssen ›wir‹ leisten, – und dabei hab ich doch keine Ahnung, wer dies ›wir‹ eigentlich wohl ist – irgend eine ideale oder philosophische Parthei wahrscheinlich – aber ich selber weiß doch nur was von ›ich‹.«[12]

Unterdessen stand Friedrich Nietzsche 1882 an einem neuerlichen Wendepunkt seines Lebens: Ein einzigartiger Aufschwung zeichnete sich ab, dem der endgültige Abstieg folgen sollte. Er war sehr krank. Ärzte ebenso wie Historiker tun sich bis heute schwer, eine Diagnose zu stellen. Die einen behaupten, es sei die Syphilis gewesen, während andere meinen, daß Nietzsches progressive Paralyse auch andere Ursachen gehabt haben könnte. (Diese Ansicht vertrat Anfang des Jahrhunderts z. B. ein odessitischer Arzt namens Chmeljewski, der dem Problem eine spezielle Abhandlung[13] widmete.) Als Nietzsche Lou zum ersten Mal begegnete, war er fast blind und litt unter heftigen Kopfschmerzen, die er mit immer stärkeren Dosen narkotischer Mittel und fortwährenden Umzügen zu bekämpfen suchte.

Seinem geliebten Übermenschen glich er jedenfalls am allerwenigsten. Er war ein Romantiker, der die platonische Existenz seines kranken, genialen Geistes lebte.

Die drei trafen sich im April 1882 in Rom: Nietzsche las für Lou und Paul aus der *Fröhlichen Wissenschaft*, dem heitersten seiner Werke, welches er soeben vollendet hatte und in dem die Kraft und Herrlichkeit eines extraordinären Zukunftsmenschen beschworen wird. Der Mensch, wie wir, die Menschen, ihn kennen, kann Nietzsche nicht genügen. »Ein andres Ideal läuft vor uns her, ein wunderliches, versucherisches, gefahrenreiches Ideal ...« – eines, das, wie Nietzsche selbst treffend hinzufügt, »oft genug *unmenschlich* erscheinen wird«.[14] Nietzsche blieb nicht mehr viel Zeit, um sein Ideal im Diesseits verkörpert zu sehen. Er erwartete die Tragödie, doch es reichte nur zu einem Melodram: der Begegnung mit Lou und dem Bruch mit ihr.

Gemeinsam reisen sie durch die Berge Norditaliens und der Schweiz, träumen davon, zu dritt nach Paris zu ziehen. Der Attacke von Lous Mutter, die, hell entsetzt über den Lauf der Dinge, die Tochter zurück nach Rußland zu entführen sucht, erwehren sie sich mit vereinten Kräften.

Vergiß die Peitsche nicht!

Es gibt eine erstaunliche Fotografie, aufgenommen in jenen Tagen in Luzern, mit den Alpen als Hintergrund: Nietzsche und Rée im Geschirr eines zweirädrigen Leiterwagens, worin niemand anderes sitzt als Lou, mit der Peitsche in der Hand. Rée posiert selbstsicher, er fühlt sich am rechten Platz. Nietzsche mit seinem Riesenschnurrbart hat den Blick der blinden Augen in die Ferne gerichtet. Auf dem Gesicht von Lou nicht die Spur eines Lächelns. Nein, dies alles ist ernst gemeint. Kein Jahr wird vergehen, und Nietzsche wird nach dem Abbruch der Beziehungen zur Salomé seinen berühmten Satz niederschreiben: »Du gehst zu Frauen? Vergiß die Peitsche nicht!«[15]

Ihre Knute schwenkend, träumte Lou von der Gründung einer kleinen intellektuellen Kommune »heiliger Dreieinigkeit«, worin die Männer, allen Anrechten auf sie um ihretwillen abschwörend, die Begehrlichkeiten in ein geistiges Streben sublimierten, das wiederum sie alle drei einen und in dem ihr, Lou, eine ebenbürtige Rolle zukommen konnte. Rée willigte in das Projekt ein. »Bruder Rée« titulierte sie ihn und pries seine »unirdische Güte«[16]. Die Beziehungen zu Nietzsche gestalteten sich anders.

Im August 1882 schreibt Lou an Rée: »Es plaudert sich ungemein schön mit N. – doch das wirst Du besser wissen. Aber ein besonderer Reiz liegt im Zusammentreffen gleicher Gedanken, gleicher Empfindungen und Ideen, man kann sich beinah mit halben Worten verständigen. Einmal sagte er, davon frappirt: ›ich glaube, der einzige Unterschied zwischen uns ist der des Alters. Wir haben gleich gelebt und gleich gedacht ...‹ Ist man einander so unähnlich wie Du und ich, so empfindet man die Punkte der Übereinstimmung und freut sich ihrer, – ist man sich so verwandt wie N. und ich, dann fühlt man die Differenzen und leidet an ihnen.«[17]

Nietzsche seinerseits schrieb über sein Verhältnis zu Lou: »Ich möchte wissen, ob eine solche philosophische Offenheit, wie sie zwischen uns besteht, schon einmal bestanden hat.«[18] Seinem Freund Peter Gast zeichnete er dieses Bild von ihr: »Lou ist die Tochter eines russischen Generals, und zwanzig Jahre alt; sie ist scharfsinnig wie ein Adler und muthig wie ein Löwe und zuletzt doch ein sehr mädchenhaftes Kind, welches vielleicht nicht lange leben wird ... sie ist auf die erstaunlichste Weise gerade für *meine* Denk- und Gedankenweise vorbereitet ... Übrigens hat sie einen unglaublich sicheren und lauteren Charakter.«[19] Und vor Lou selbst verstieg er sich gar zu solchem: »Auch ich habe jetzt Morgenröthen um mich, und keine gedruckten! Was ich nie mehr glaubte, einen Freund meines letzten Glücks und Leidens zu finden, das erscheint mir jetzt als möglich – als die goldene Möglichkeit am Horizonte alles meines zukünftigen Lebens.«[20] Es wäre müßig zu spekulieren, wie Zarathustras Credo ausgesehen hätte, wären die Beziehungen zu Lou in andere Gleise geraten; jedenfalls stand Nietzsche damals wohl an der Schwelle zu Entdeckungen ganz anderer Art.

Vielleicht waren Nietzsches sinnliche Triebe im selben Maße unterdrückt, wie sie bei Lou noch nicht erwacht waren; deshalb wohl konnten die beiden in der dünnen Luft ihrer geistigen Höhen sich einander so unglaublich nahe fühlen. Kenner der Materie stimmen jedenfalls Nietzsches Schwester Elisabeth zu, wenn sie behauptete, die Gefühle für Lou seien die heftigsten gewesen, die er in seinem Leben je empfunden, und keine andere Frau habe dergleichen in dem großen Philosophen zu wecken vermocht. Lous Mutter in Petersburg wurde ein in aller Form gehaltenes Anerbieten zugesandt. Für einige Zeit legte der verliebte Nietzsche sogar die Beziehungen zur Schwester und zur Mutter auf Eis, die Lou natürlich von Herzen haßten. Der Bruch mit der Familie war für Nietzsche ein Akt von Heroismus, wie er seiner Philosophie entsprach, ihm im praktischen Leben freilich bis dahin vollkommen unmöglich erschienen war.

Doch verging nach ihrer ersten Begegnung kein Jahr, und Nietzsche, nunmehr wieder unter dem Einfluß der Schwester, verfluchte seine Geliebte. »Wenn ich Sie jetzt von mir weise, so ist dies eine fürchterliche Censur über Ihr ganzes Wesen! ... Sie haben Schaden gethan, Sie haben Wehe gethan – und nicht nur mir, sondern allen den Menschen, die mich liebten.«[21] – »Ich habe die Welt und Lou nicht geschaffen. – Hätte ich Lou geschaffen, so würde ich Ihnen gewiß eine bessere Gesundheit gegeben haben, aber vor Allem einiges Andre, an dem viel mehr liegt als an Gesundheit – und vielleicht auch ein Bischen mehr Liebe zu mir.«[22] Derlei Schelte, den baldigen Rückzug androhend, wechselte in seinen Briefen mit Anfällen von Zerknirschtheit: »Meine Lieben, Lou und Rée! Beunruhigt Euch nicht zu sehr über die Ausbrüche meines ›Größenwahns‹ oder meiner ›verletzten Eitelkeit‹ – und wenn ich selbst aus irgend einem Affekte mir zufällig einmal das Leben nehmen sollte, so würde auch da nicht allzuviel zu betrauern sein. ... Erwägen Sie Beide doch sehr miteinander, daß ich zuletzt ein kopfleidender Halb-Irrenhäusler bin, den die lange Einsamkeit vollends verwirrt hat. – Zu dieser, wie ich meine, verständigen Einsicht in die Lage der Dinge komme ich, nachdem ich eine ungeheure Dosis Opium – aus Verzweiflung – eingenommen habe.«[23]

Auf dem Gipfel der Verzweiflung schreibt er das wichtigste Buch seines Lebens: *Also sprach Zarathustra.* Dessen erster Teil ist in zehn Tagen zu Papier gebracht. Der Mensch ist das, was überwunden werden soll. Er ist nicht das Ziel, sondern die Brücke, die zum Ziel hinführt – zum Übermenschen. »Was ist der Affe für den Menschen? Ein Gelächter oder eine schmerzliche Scham. Und ebendas soll der Mensch für den Übermenschen sein: ein Gelächter oder eine schmerzliche Scham.«[24] Der Übermensch sei der Sinn der Erde, der Mensch nur ein schmutziger Strom. Ein Meer müsse her, den schmutzigen Strom aufzunehmen, ohne selbst unrein zu werden. »Seht, ich lehre euch den Übermenschen: der ist dies Meer, in ihm kann eure große Verachtung untergehn.«[25] Die Verachtung, die der Mensch für seinesgleichen, die der Autor für den Leser und für sich selbst übrig hat.

Elisabeth, die Schwester, erinnert sich: »Ein grausames Schicksal wollte es nun, daß gerade zur Zeit der wiederhergestellten Gesundheit ihm sehr peinliche persönliche Erfahrungen zuteil wurden. Er hatte tiefe Enttäuschungen in der Freundschaft, die er so hoch und heilig hielt, erlitten, und zum ersten Mal wohl empfand er die tiefe Vereinsamung, zu der wohl alles Große verurteilt ist, in ihrer ganzen Schauerlichkeit.«[26] In der Gestalt des Zarathustra, so befand sie, verkörperte sich Nietzsches Traum vom vollkommenen Freund, wie er ihn in der letzten Periode seines Lebens vergebens zu finden gehofft habe. Dies war für die Öffentlichkeit geschrieben. In einem privaten Brief vom November jenes Jahres 1882 äußerte sich die Schwester unverblümter: »Wie geschickt sie nun Fritzens Aussprüche benutzt, um ihm gleichsam die Hände zu binden, ist merkwürdig schlau, ... die Hauptsache ist, daß sie wirklich – ich kann es nicht leugnen – die personificierte Philosophie meines Bruders ist.«[27] Einer anderen Quelle zufolge bezeichnet sie Lou gar als giftiges Gewürm, welches man um jeden Preis vernichten müsse.[28]

Nietzsches Freund Peter Gast, ein neutraler Beobachter der Affäre, hat in distanzierterem Ton darüber berichtet: »Nietzsche war von der Lou einige Zeit wirklich bezaubert: er sah in ihr etwas ganz Außerordentliches; – aus der Illusion, der er sich über Lou hingab, wuchs die Stimmung für seinen Zarathustra. Diese Stimmung kommt freilich ganz auf die Rechnung Nietzsches: aber gleichwohl, daß die Lou es war, durch deren Wesen N. in solche Himalaya-Höhen des Gefühls emporgerissen wurde, macht sie zu einem Gegenstand der Pietät.«[29]

Kann es sein, daß Nietzsche sein Übermenschenideal in einer zwanzigjährigen Russin wiederfand, und Zarathustra wäre wirklich nichts anderes als jener fehlende »vollkommene Freund« und also ein Kryptogramm für die wunderbare Lou? Inwiefern man diese seltsamerweise auf Nietzsches Schwester fußende Interpretation wörtlich nehmen kann, bleibt dahingestellt. Für uns genügt zu wissen, daß just die Liebe zu Lou, ein unbefriedigtes, ungelebtes Sehnen, in dem geplagten Nietzsche jenen Gefühlsüberschwang hervorrief, der in seinem Buch bis heute spürbar lodert. Lou selbst beschreibt in ihrem Buch über Nietzsches Philosophie dessen »letzte Wandlung« folgendermaßen: »Jetzt erst, wo Nietzsche sich nicht mehr zwingt und kasteit, jetzt erst, wo er seiner Sehnsucht freie Worte gibt, begreift man ganz, in welcher Qual er lebte, hört man endlich den Schrei nach Erlösung von sich selbst ... Man sieht förmlich, wie er hier in Verzweiflung aus sich selbst heraus und nach außen greift, nach einem erlösenden Ideal, welches er aus einem solchen Wesens-Gegensatz zu formen sucht.«[30]

Elisabeth Nietzsche hat ihr Leben lang versucht, zunächst den Bruder und späterhin sein Erbe an sich zu ziehen. Der Bruder rebellierte – doch je qualvoller er litt, um so mehr wurde er von ihr abhängig. Immerhin schrieb er noch anderthalb Jahre nach der Trennung von Lou an Malwida von Meysenbug über die Schwester: »... zwischen einer rachsüchtigen antisemitischen Gans und mir giebt es keine Versöhnung. ... Später, sehr viel später wird sie von selber zur Einsicht kommen, wie sehr sie mit diesen unausgesetzten schmutzigen Verdächtigungen meines Charakters ... mir in der entscheidendsten Epoche meines Lebens geschadet hat.«[31]

Elisabeth hetzte gegen den Juden Rée; viel später, im hohen Alter, würde sie gar auch Lou zur Jüdin erklären. Nietzsche selbst hingegen hielt sich von allem Rassismus und insbesondere Antisemitismus fern. Sein Übermensch war ein rein hypothetisches Wesen, er war nicht einmal ganz Mythos, eher mythischer Entwurf, ein Imperativ, der keinerlei Rezepte in sich barg. Ohnehin betrachtete Nietzsche sich nicht als Deutschen, sondern als Sproß polnischer Schlachtschitzen.

In Rußland begriff man Nietzsche als Romantiker und als Propheten. »Vielleicht tritt gerade in Nietzsche am stärksten der romantische Wunsch zutage, die ganze Welt in sich aufzunehmen, ... das Unendliche im Endlichen zu sehen«[32], schrieb Wiktor Shirmunski 1914. Bei den Romantikern kommen Dichtung und Leben zueinander, das Leben des Dichters ist wie Poesie; es ist die Epoche, in der sich das Leben dem poetischen Empfinden unterordnet. Das Erleben wird zum Gegenstand poetischer Darstellung, nur so gewinnt das Erlebte Sinn und Form. Dies sei, so Shirmunski treffend, durchaus ein Ausdruck kollektiven Wahns, »doch ist der Wahn aus psychologischer Sicht ja nur ein Bewußtseinszustand unter anderen«[33].

So romantisch betrachtet, hätte die Liebe zwischen Nietzsche und der Salomé gar nicht anders enden können. Wie sie sich zwischen Alpengipfeln und mediterranen Bädern entspann, läßt unwillkürlich an die Liebesgeschichten der russischen Romantik denken. Schon bevor er Lou begegnete, hatte Nietzsche Lermontow gelesen und dem Freund davon geschrieben: »... ein mir sehr fremder Zustand, die westeuropäische Blasirtheit, ist allerliebst beschrieben, mit russischer Naivetät und halbwüchsiger Weltenweisheit«[34]. Die Exotik des russischen Lebens war kein Hinderungsgrund, um bei Lermontow dieselben, zur Genüge bekannten Probleme zu entdecken wie bei Byron oder Novalis – im Gegenteil. In den Briefen Nietzsches aus der Zeit seiner Liebe zur jungen Lou fehlen die Verweise auf Naivität und Unreife der Russen denn auch gänzlich. Lou war gerüstet. Nietzsches Gefühle hielten sich an die ihr vertrauten Regeln – den internationalen Kodex romantischer Empfindsamkeit, worin das Glück unerreichbar, die Liebe mit dem Tod in eins geschmolzen und der sterbliche Mensch nur als Widerschein des Unendlichen von Bedeutung ist.

Die begeisterte Aufnahme Lermontows seitens des deutschen Philosophen könnte womöglich auch den *Dämon* einschließen, jenes erstaunliche Werk, das an den *Zarathustra* gemahnt, wiewohl es ein halbes Jahrhundert vor ihm entstand. Das von der zaristischen Zensur auf den Index gesetzte Poem erschien in Deutschland früher als in Rußland und wurde mehrmals ins Deutsche übertragen (zuerst 1852 von Friedrich Bodenstedt, der sowohl mit Lermontow als auch mit Nietzsche persönlich bekannt war[35]). Der *Dämon* frappiert durch die gleiche absurd überhöhte Romantik, die auch Nietzsches berühmtem Buch eigen ist – die gleiche Poetik der Einsamkeit, Verachtung des Alltäglichen. Dazu der gleiche Traum: von einer Wiederkunft in Liebe. (Technische Details zu seiner Erfüllung bleiben ausgespart.) Mit Erstaunen mag der Verfasser des *Zarathustra* sich selbst, seine Träume und Erschütterungen wie auch seine Schuldgefühle in dem fremden Helden wiedergefunden haben. Die Helden Lermontows und Nietzsches – düstere Verkörperungen des männlichen Prinzips, wie es in die Fluren unspektakulärer Weiblichkeit eindringt – sind vom Vorgefühl eines »neuen Lebens« voll. In der Nachfolge klassischer Diaboli eines Goethe oder Byron sind sie gleichzeitig die Vorfahren neuer Dämonengenerationen in der russischen Literatur vom Schlage eines Stawrogin bei Dostojewski, eines Julio Jurenito bei Ehrenburg, schließlich eines Voland bei Michail Bulgakow.

Man braucht Lermontows Poem nur herzunehmen und erfährt, wie romantische Lieben beginnen und wie sie enden. Sein Held ist ein Wesen von unbegreiflicher Natur: Nicht Gott noch Mensch, »Säte er freudlos aus das Böse«, zog verdrossen durch die Welt, »Und alles, was von dort ihm winkte / Er haßte es, ihm schien's geringe«. So wäre es weiter gegangen, hätte er nicht jene Erdentochter getroffen, die sein ganzes Wesen von Grund auf verändern sollte: »Und das Gefühl begann zu sprechen / In einer Sprache, einst gebraucht … / War es von Neugeburt ein Zeichen?« Er beichtet der Schönen seine ungewöhnlichen Ideen: »Ein Traum kam ihr, seltsam, prophetisch.« Es geschieht die totale Verwandlung, die ihm am Ende hilft, das Mädchen zu betören. »Will lieben, will zum Schöpfer flehen / An alles glauben, was ist gut.«[36] Doch die Befriedigung dämonischer Leidenschaft zieht die Schöne unweigerlich in den Tod.

Zwanzig Jahre, nachdem Nietzsche und die Salomé sich begegneten, sollte die Idee einer Äquivalenz von Liebe und Tod, wie sie im *Dämon* (und ebenso in Puschkins *Ägyptischen Nächten*) angedeutet ist, zum Gemeinplatz einer ganzen »dekadenten« russischen Kultur werden. Des obligatorischen Verweises auf Nietzsche bedurfte sie dann nicht einmal, um sich auf originelle Weise in den von Romantik und Neoromantik reichlich gesättigten russischen Kontext einzufügen (siehe Kap. 2). Interessanterweise war es stets eine fremde Schöne, die die Tragödie in Gang setzte, indem sie die unstillbaren Sehnsüchte mit Leichtigkeit auf sich zog: eine Tochter des Kaukasus für den Dämon, eine Russin für Nietzsche ... Mit dem Unterschied, daß der Kontakt zum Dämon für Lou, anders als für die Lermontowsche Tamara, durchaus nicht der letzte in ihrem Leben war.

Zarathustra nimmt sich einen Mann

Nachdem die Biographen Lous gesamten Nachlaß studiert und aus dem Material etliche voneinander verschiedene Lebensgeschichten rekonstruiert hatten, wußten sie immer noch nicht zu sagen, wie und warum es zur Ehe mit dem vierzigjährigen Orientalisten Friedrich Carl Andreas gekommen war. Der Bund, geschlossen im Juni 1886, ließ erstaunen, und wie so vieles, was Lou widerfuhr, entbehrte er nicht einer gewissen Übermenschlichkeit. Sie hatte es zur Bedingung gemacht, daß die Ehe keine sexuellen Beziehungen einschloß – was all die Jahrzehnte ihres gemeinsamen Lebens auch eingehalten wurde. Wie sehr Andreas von unbefriedigten Leidenschaften gequält und welch erbitterter Widerstand ihm von seiten Lous in diesem Punkt geleistet wurde, ist bezeugt und (wie ihre viel später geschriebenen Memoiren aussagen) nicht einmal ihr selbst recht erklärlich.[37]

Doch lag in alledem unbestreitbar ein zwingender tieferer Sinn. Mit ihrem Leben verwirklichte Lou einen von Nietzsches Lieblingsaphorismen: Werde, der du bist! Ihr Gatte vermochte sie nicht an sich zu reißen, da sie, die stets nur den eignen Neigungen und Ängsten nachgab, solches nicht wollte. Und als sie endlich soweit war, die Nähe anderer Männer zu suchen, tat sie es – und kein Gatte konnte sie daran hindern.

Einer Moral zufolge, die man den gesunden Menschenverstand nennt, müssen für die Gelüste eines solchen Menschen stets andere zahlen. Der von Nietzsche entworfene Übermensch verachtet den gesunden Menschenverstand als etwas, das man hinter sich zu lassen hat; was er gibt und was er sich nimmt, ist fern aller Moral und jenseits von Gut und Böse. Nietzsche hat sich nicht konkret darüber verbreitet, wie Übermenschen miteinander kommunizieren. Auch andere, dem gesunden Menschenverstand naheliegende Probleme scherten ihn (und späterhin seine bolschewistischen Epigonen) nicht: zum Beispiel, wie und woraus der Übermensch zur Welt käme, welche Vorkehrungen er zu treffen hätte, damit kein anderer durch sein Tun und Lassen in Mitleidenschaft gezogen würde, und wie überhaupt sein Leben in den Zeitläuften Form annähme ...

Der Übermensch existiert nur in der Einzahl. Zarathustras Einsamkeit ist nicht die eines Menschen – und Nietzsches schon gar nicht. Keine Krankheit ist es, die ihn vereinzelt, keine Unverträglichkeit mit anderen Leuten, kein Schicksalsschlag. Seine Einsamkeit ist Prinzip, er kann und will nicht anders, als einsam zu sein.

Lou aber lebte auf Erden und in der Geschichte. Wollte sie den nietzscheanischen Mythos ins wirkliche Leben holen? Und wurde sie also mit anderen die, die sie war – aber mit Nietzsche nicht sein konnte? Des Menschen Geschichte ist unergründlich und seine Zukunft kaum vorhersehbar. Er verwirklicht sich durch andere, und in jeder neuen Beziehung, die er eingeht, wandelt sich sein Ich bis zur Unkenntlichkeit.

Die werdend, die sie war, wurde sie durch Nietzsches mächtigen Einfluß eine ganz andere. Die Historiker sind sich nicht einig darüber, wer ihr als erster beiwohnte. Die schönste Version nennt Georg Ledebour, den Mitbegründer des sozialdemokratischen *Vorwärts* und später der USPD, in der Folgezeit ein aktiver Revolutionär und zu verschiedenen Zeiten Reichstagsabgeordneter. Irgendwann wird Trotzki ihm in Wien begegnen ...

Als Lou ihre Unschuld verlor, war sie bereits über dreißig. Das Familienleben der Andreas' wurde nachhaltig davon erschüttert. Friedrich trug sich mit Selbstmordgedanken; es fehlte nicht viel, und Lou hätte sich ihm zugesellt. Schließlich endete alles mit einem friedlichen Vergleich, der ihre Rollen für den Rest des Lebens festschrieb. Lou durfte ungewöhnlich frei über sich verfügen, wahrte jedoch mit ihrem Mann den gemeinsamen Hausstand und freundschaftliche Beziehungen. In diese Zeit fallen mehrere Buchveröffentlichungen, die Lou der intellektuellen Öffentlichkeit des Landes recht bekannt machen und worin sie den Einfluß Nietzsches verarbeitet und überwindet. Eines bietet ihre Auslegung des Evangeliums, worin sie Christus zum einsamen, leidenden Helden stilisiert. Ein anderes ist unmittelbar Nietzsches Philosophie gewidmet. Dieses hat Erfolg und erscheint schon bald, 1896, in ihrer eigenen Übersetzung im *Severnyj vestnik*, einer symbolistischen Zeitschrift ihres Petersburger Freundes Akim Wolynski.

Im Mai 1897 begegnete sie Rilke. René Maria Rilke war damals einundzwanzig, also vierzehn Jahre jünger als sie. Vier Jahre währte ihr Verhältnis; all die dreißig Jahre bis an sein Lebensende jedoch würde Lou für Rilke als Autorität gelten und ihm so nahestehen wie vielleicht niemand sonst.

Lou bewog ihn sogar dazu, seinen Namen zu ändern: Aus dem holden, schwebenden René ließ er einen harten, romantischen Rainer werden. (»Ihr Name hat es gewollt, und Sie haben den Namen gewählt«[38], schrieb nach Jahren die von ferne in ihn verliebte Zwetajewa.) Schöpferische Perioden wechselten in Rilkes Leben immerzu mit Phasen der Schwermut, der Angst und Hilflosigkeit. Lou war für ihn Geliebte, Mutter und Therapeutin in einem.

Ihre gemeinsame Liebe hieß Rußland. »Und diese wahren Russen sind alle wie Menschen, die einem in der Dämmerung sagen, was die anderen im Lichte leugnen«[39], schrieb Rilke an Jelena Woronina. »In seiner dichterischen Einbildung erstand Rußland als Land der ewigen Träume, der patriarchischen Urgründe«[40], notierte Sofija Schill. Sein Leben lang hat Rilke versucht, an ebendiesem Rußland Anteil zu nehmen: Er lernte die Sprache, schrieb Gedichte über russische Recken und Klosterbrüder, korrespondierte mit russischen Dichtern und trug sich einmal sogar mit der Idee, nach Rußland zu emigrieren. Die letzten Lebenstage war seine russische Sekretärin bei ihm.

Erfindung im Dickicht des Nichterfundenen

Im Jahr 1898 veröffentlicht Lou im Wiener Wochenblatt *Die Zeit* einen Aufsatz mit dem überraschend klingenden Titel *Russische Philosophie und semitischer Geist*[41], in dem sie einen ungewöhnlichen Abriß des zeitgenössischen intellektuellen Lebens in Rußland gibt. Sie zeigt sich überrascht von der Inbrunst, mit welcher dort um die Entwicklung des philosophischen und religiösen Denkens gestritten wird. Es falle den Russen immer noch schwer, sich von ihrer naiven religiösen Metaphysik zu erheben; alle ihre Versuche in dieser Beziehung seien lediglich Nachahmungen fremder Vorbilder, vor allem der deutschen Philosophie aus den Zeiten von Schelling und Hegel. Dabei könne der deutsche philosophische Geist zur Befruchtung des russischen gar nicht so viel leisten. Zwar bedürfe Rußland zu seiner kulturellen Entwicklung noch einer philosophischen Erziehung – jedoch einer, die sich an Verstand und Gefühl gleichermaßen wendet. Dafür aber, spekuliert Lou fröhlich weiter, sei in Rußland ein Volk vorhanden, das sein Talent abstrakter Gotterkenntnis bis zur Genialität in sich entwickelt habe: die Juden. Lou äußert die Vermutung, daß diese als philosophische Lehrer ihr fruchtbarstes Betätigungsfeld finden könnten. (Sie beruft sich hier auf Auskünfte des erwähnten Akim Wolynski, eines bekannten Literaturkritikers und Verlegers, über den Sinaida Hippius schrieb, daß er im Unterschied zu vielen seiner Zeitgenossen »aus seinem Judentum nie ein Hehl gemacht ..., sondern sich im Gegenteil etwas darauf eingebildet«[42] habe.)

Eigentlich ließe sich nichts Gegensätzlicheres denken, so Lou weiter: auf der einen Seite der russische Geist »mit seiner naiven Hingebung an alles, was sich konkret darstellt, und mit seiner tiefkünstlerischen Fähigkeit, sich Jegliches bildhaft zu vergegenwärtigen«, auf der anderen der jüdisch-talmudistische mit dem Hang zur äußersten Abstraktion. »Der Semit sieht teleskopisch, wo der Russe durch ein Mikroskop sieht.« Doch gebe es zwischen beiden einen tiefliegenden Vereinigungspunkt, nämlich alle beide »*schauen* ihren Gegenstand, sie nehmen ihn wahr mit enthusiastischen, liebestrunkenen Augen, während der deutsche Verstand eher geneigt ist, ihn mit Begriffszangen zu fassen«. Sobald die philosophischen Lehrstühle in Rußland der jüdischen Konkurrenz einmal offenstünden, so Lous Prophezeiung, würde man erleben können, daß diese beiden Nationen sich einander wie von zwei entgegengesetzten Polen der Kultur ergänzend näherten und, an ihren Berührungspunkten angelangt, durchdringen und verstehen lernten.

Wie hatte Nietzsche schon zwölf Jahre früher geschrieben: »... ein Denker, der die Zukunft Europas auf seinem Gewissen hat, wird mit den Juden rechnen wie mit den Russen, als den zunächst sichersten und wahrscheinlichsten Faktoren im großen Spiel und Kampf der Kräfte«[43]. Das kommende Jahrhundert würde auf tragische Weise im Zeichen dieser drei nationalen Fragen stehen – der deutschen, der russischen und der jüdischen. Im Lichte dieser Erfahrung muß Lous Analyse den heutigen Leser in ihrer Prägnanz und gleichzeitigen Beschränktheit verblüffen. Die große geistige Explosion, die sich ereignen würde, sobald russisches und jüdisches Gedankengut einander »durchdringen« würden, sah sie voraus. Doch ahnte sie nichts von der spezifisch sozialen Ausrichtung dieser neuen, in der Atmosphäre der jüdischen Schtetl geborenen Variante des Talmudismus, und ebensowenig konnte sie die merkwürdige Empfindlichkeit vorhersehen, mit der die schon gar nicht mehr so junge russische Kultur auf diesen Einfluß reagieren würde.

Im April 1899 unternehmen Lou, ihr Mann und Rilke gemeinsam eine Rußlandreise. Die Osterwoche in Moskau bestätigt ihre Märchenträume. Sie begegnen Leonid Pasternak, dem Bildhauer Paolo Trubezkoj und Lew Tolstoi höchstpersönlich. Ihre russischen Gesprächspartner sind gastfreundlich, auch wenn deren Sicht auf Rußland eine andere ist und keine rechte Nähe aufkommen will.

Diese geistige Nähe zu den Russen ergab sich für Rilke erst mit dem Heranwachsen der nächsten Generation. Boris Pasternak hielt ihn für einen ganz großen Dichter, und Marina Zwetajewa, die ihn doch nur auf Fotos gesehen hatte, war in Liebe entbrannt; beide standen über Jahre mit ihm im Briefwechsel. Jenes Rußland, dem Rilke huldigte, war ein schönes Märchen auch für die, welche immerhin das Glück hatten, in den Kommunalka-Gemeinschaftswohnungen oder in der Emigration zu überleben.

Als die Reisenden nach zwei Monaten Moskau und Petersburg wieder in Berlin waren und eine Freundin Lou und Rilke besuchen kam, fand sie die beiden in das Studium der russischen Sprache, Literatur und Geschichte vertieft. Übers Jahr fuhren sie erneut nach Rußland – diesmal zu zweit, ohne Andreas.

Hier nun der Eindruck, den sie auf den damals gerade zehnjährigen Boris Pasternak machten, welcher später sein Erinnerungsbuch mit dieser Episode einleitete: »An einem heißen Sommermorgen des Jahres 1900 geht vom Kursker Bahnhof der Kurierzug ab. Kurz vor dem Signal tritt von außen jemand in einem schwarzen Tiroler Umhang ans Fenster. Mit ihm eine hochgewachsene Frau. Vermutlich die Mutter oder eine ältere Schwester.« Rilkes Sprache klingt dem Jungen, der Deutsch versteht, sonderbar. »Deswegen erscheint mir dieser Ausländer hier, auf dem bevölkerten Perron, zwischen den beiden Abfahrtssignalen, wie eine Silhouette unter Körpern, wie eine Erfindung im Dickicht des Nichterfundenen.«[44] Lou und Rainer sind auf dem Weg nach Jasnaja Poljana, zu Tolstoi. Es ist das zweite Treffen. Das »Nichterfundene« könnte es sein, was der siebzigjährige Tolstoi an ihnen vermißt. Jedenfalls schenkt er weder Rilkes Versen noch Lous Ideen sonderlich Aufmerksamkeit. Ein intensiverer Kontakt ergibt sich zu dem wenig bekannten Bauerndichter Spiridon Droshshin.

Für Lou hatten die beiden Rußlandreisen, just in der Zeit ihres späten Erwachens als Frau, eine andere Bedeutung als für Rilke. Es war für sie eine Rückkehr: in die Jugend, die Familie, zu den Verwandten, den vertrauten Orten der Kindheit – eine Rückkehr in die Wirklichkeit. Nun überdenkt sie ihr bisheriges Leben. Die Rolle, die einst Gillot darin gespielt hat, sieht sie inzwischen als eine Art »Entrussung«[45] an, gedenkt jedoch gleichzeitig mit großer Dankbarkeit der Liebe ihres so sehr »russischen« Vaters zu ihr. Die Wolgaweiten erscheinen ihr jetzt wie ein Symbol, eine Verlängerung ihres weiblichen Wesens, und in den Tagebüchern taucht plötzlich der Wunsch nach Ruhe und Abgeschiedenheit auf, den sie bis dahin nicht kannte. Rilkes auf Rußland projizierte poetische Visionen kommen ihr plötzlich überspannt und nicht ganz gesund vor. Die Liebe zu Rußland, welche die beiden zuvor vereinte, trennt sie jetzt voneinander.

Lou läßt Rilke in Petersburg zurück und fährt weiter zu ihrem Bruder nach Finnland. Trübselig schreibt Rilke hinterher: »Du glaubst nicht, wie lang die Tage in Petersburg sein können …«[46] Einige Monate später, in einem recht unerbittlichen, *Letzter Zuruf* überschriebenen Brief, erinnert Lou daran, daß sie für Rilke zuzeiten wie eine Mutter gewesen und als solche nunmehr verpflichtet sei, eine Diagnose zu übermitteln, die ein Arzt[47] ihm von ferne gestellt habe: Dieser Dichter müsse aufpassen, daß er nicht wie Garschin ende. (Der berühmte Schriftsteller, von depressiven Anfällen geplagt, hatte sich im Alter von dreiunddreißig Jahren in einen Treppenschacht gestürzt.) Lou verlangt in dem Brief von Rainer mehr Standhaftigkeit und Größe – und was sie selbst angeht, bekennt sie den seltsamen Umstand, »daß ich, trotz unseres Altersunterschieds … immer noch wachsen mußte, – weiter und weiter wachsen, bis in das hinein, was ich Dir beim Abschied so froh erzählte, – ja, so seltsam es klingt: bis in meine Jugend hinein! denn erst jetzt bin ich jung, erst jetzt darf ich sein, was Andere mit 18 werden: ganz ich selbst«[48].

Der Briefwechsel zwischen Rainer Maria Rilke und Lou Andreas-Salomé füllt ein dickes Buch. Noch Jahrzehnte, nachdem ihre Liebesbeziehung zu Ende gegangen war, schrieb Rilke Lou das, was er ihr in Versen nicht zu sagen gewagt hatte. Wenn ihn wieder einmal eine neue Welle der Unruhe erfaßte und niederdrückte, bat er um ein Treffen, wurde jedoch fast immer abgewiesen. Lous Briefe, in denen ihr offenbar fester Vorsatz zum Ausdruck kam, den allzu wankelmütigen Gefährten auf Distanz zu halten, ermunterten Rilke zur Arbeit. Seine Gedichte betrachtete sie als intuitiv entdeckte und durch nichts zu ersetzende Möglichkeit der Selbstheilung. Später, im Jahre 1912, riet sie Rilke sogar ab, eine Psychoanalyse zu beginnen, zu der er trotz starker innerer Widerstände gewillt schien. Sie versicherten einander, daß Psychoanalyse ihm vermutlich zwar helfen könnte, seinen Gefühlskrisen zu entfliehen – am sichersten jedoch sei, daß sie ihn um die Fähigkeit brächte, gute Gedichte zu schreiben ...[49] Vier Wochen nur nach seinen abgebrochenen Gesprächen mit einem Analytiker begann Rilke an den *Duineser Elegien* zu arbeiten, so daß der Zusammenhang zumindest umgekehrt seine Bestätigung fand: Rilke hatte ohne Psychoanalyse seine Genialität zu bewahren vermocht.

Später würde die Salomé darüber eine nette Episode zum besten geben können. »Einmal, so erzählte sie, als sie mit Rilke eine lange Reise machte, vertrieben sie sich die Zeit mit dem Spiel der freien Assoziation ... Und plötzlich wurden Lou die Gründe klar, die Rilke damals bewegten, seinen Militärroman schreiben zu wollen. Sie sprachen darüber, und Lou erhellte Rilke dessen Dunkelheiten. Rilke habe gelacht, fuhr Lou in ihrer Erzählung fort, und gesagt, nun brauche er den Roman ja gar nicht zu schreiben, sie habe ihn ihm von der Seele genommen. Da habe sie sich entsetzt, denn sie habe plötzlich die Gefahr erkannt, die dem schöpferischen Menschen durch die Psychoanalyse droht. Hier eingreifen heiße zerstören. Sie habe deshalb Rilke auch immer davon abgeraten, sich analysieren zu lassen. Denn obwohl eine erfolgreiche Analyse einen Künstler von den Teufeln befreien könne, die ihn quälen, bestehe doch immer die Gefahr, daß sie seine schöpferischen Engel vertreibe.«[50]

Die Erotik

1903 siedelte das Ehepaar Andreas nach Göttingen über. Die Landschaft im Umkreis erinnerte Lou an die Wolgagegend. Im übrigen hielt sie es dort nie lange: Sie unternahm Reisen mit Freunden durch Europa, besuchte jedes Jahr die Mutter in Petersburg (bis diese 1913 starb) und lebte längere Zeit in Berlin.

Ein halbes Jahrhundert, nachdem er von Lou Abschied genommen, berichtete ein greiser Gentleman, dessen Namen wir nicht kennen, dem Biographen: »Ihre Umarmungen waren hinreißend, elementar, anarchisch. … In dieser Hinsicht war sie völlig amoralisch, und dennoch war sie fromm. Ein Vampir und ein Kind zugleich.«[51]

Der schwedische Psychoanalytiker Poul Bjerre, mit dem sie später zwei Jahre ein Verhältnis hatte, schrieb so: »Sie war ein ungewöhnlicher Mensch, das sah man sofort … Zwar konnte sie entflammen, aber nur für Augenblicke und in einer seltsam kalten Leidenschaftlichkeit. Nietzsche hatte durchaus recht, als er sagte, Lou sei ein ›böser Mensch‹. Böse aber im Sinne Goethes: ›Ein Teil von jener Kraft, die stets das Böse will und stets das Gute schafft.‹ … Ja, sie hat Ehen und Menschenleben zerstört, aber im Geistigen wirkte ihre Nähe befruchtend und schöpferisch … Man fühlte den Funken der Genialität in ihr. Man wuchs in ihrer Nähe … Sie konnte sich nie ganz hingeben, selbst während der leidenschaftlichsten Umarmung nicht, und darin war sie keineswegs kalt. Sie hat immer davon gesprochen, aber tun konnte sie es nicht. Sie konnte sich geistig auf einen anderen konzentrieren, aber verschmelzen mit ihm konnte sie nicht. Vielleicht war das die wirkliche Tragik ihres Lebens. Sie sehnte sich nach Erlösung von ihrer starken Persönlichkeit und fand sie nicht. In irgendeinem tiefen Sinne war Lou die unerlöste Frau.«[52]

Der Verleger Kurt Wolff, der sie weniger gut kannte, brachte es auf eine kürzere Formel. Keine Frau, meinte er, habe während der letzten einhundertfünfzig Jahre in den deutschsprachigen Ländern einen stärkeren Einfluß ausgeübt als diese Lou von Salomé aus Petersburg.[53]

Im Jahr 1910 schloß Lou Freundschaft mit Martin Buber. Auf seinen Wunsch hin schrieb sie ein Buch mit dem Titel *Die Erotik*[54]. Dessen Erfolg erklärt sich in erster Linie aus der emphatischen Unverblümtheit, mit der die körperlichen Aspekte der Sexualität behandelt sind, der »sexuelle Vorgang«[55]; die Wertschätzung einer Autorität wie Buber läßt jedoch auch auf das intellektuelle Niveau des Buches schließen. Alle Lebewesen lieben, heißt es darin; doch je näher sie in ihrer Entwicklungsstufe dem Menschen stehen und je weiter der Mensch selbst sich entwickle, desto individueller werde diese Liebe. Je mehr Individualität ein Mensch besitze, desto anspruchsvoller und subtiler sei er aber auch in seiner Wahl, und desto rascher stellen »Ermüdung an dem um so viel heftiger Begehrten« und also »Begierde … nach dem Wechsel«[56] sich ein. Die Liebe und der Geschlechtsakt im besonderen werden von Mann und Frau unterschiedlich erlebt.

Mannesliebe, schreibt Lou, sei partieller, »ihrer eignen Entlastung bedürftiger«, Frauen dagegen seien »Liebende non plus ultra«, die dabei »einen ganzen Lebensinhalt zum Aufblühen, Aufglühen«[57] bringen.

Ungefähr zeitgleich sind derlei Ideen bei verschiedenen russischen Philosophen anzutreffen: Wladimir Solowjow, Wassili Rosanow, Nikolai Berdjajew. »Bei dem Mann ist das Geschlecht differenzierter und spezialisierter, bei dem Weibe hingegen strömt es durch die ganze Leiblichkeit des Organismus und durch das ganze Gefilde der Seele hindurch.«[58] Lou geht noch weiter: Der Mann könne »›Heiliger‹ immer nur geschlechtlich negativ, im Sinn der Askese« sein; die Heiligkeit der Frau hingegen sei, wie sie am Beispiel von Moses und Magdalena darzulegen sucht, in ihrer »Madonnen- und Mutterhoheit«[59], d. h. auf dem Gipfel ihres erotischen Seins als Mutter *und* Geliebte, zu finden. Über das Sexuelle komme die Frau dem nahe, was Lou an einer Stelle gar das »All-Eine«[60] nennt (womit der Bezug zur russischen Philosophie ihrer Zeit explizit hergestellt ist): Es bedeute für die Frau dasselbe wie für den Mann die äußere Welt.

Wie schwer faßbar es auch war, was sie hier zu bezeichnen suchte – es half ihr nicht zuletzt im ganz Persönlichen, stabile Beziehungen zu ihrem Mann aufrechtzuerhalten. Lou schrieb viel, ihre Prosaarbeiten und kritischen Essays machten sie einigermaßen bekannt, ihre Anhänger und Freunde gehörten der intellektuellen Elite Europas an ... Doch fehlte ihrer komplizierten geistigen Konstruktion noch der stützende Pfeiler.

Moses und Magdalena

Im September 1911 war es soweit: Lou besuchte in Begleitung Poul Bjerres den Psychoanalytischen Kongreß in Weimar und lernte dort Freud kennen. Sie war über die Fünfzig und fing doch wieder ganz von vorn an. Wenig später traf sie in Wien ein und machte im engsten Analytikerkreis um Freud sogleich Eindruck. Sie war aufgrund einer Empfehlung von Karl Abraham gekommen, der sie in Berlin getroffen hatte: »Ich habe sie genau kennen gelernt und muß sagen, daß ich einem solchen Verständnis der Psychoanalyse bis ins Letzte und Feinste noch nicht begegnet bin.«[61] Freud erwiderte ihr: »Wenn Sie nach Wien kommen, werden wir alle bemüht sein, Ihnen das Wenige, was sich an der

Psychoanalyse zeigen und mitteilen läßt, zugänglich zu machen.«[62]

Lou trat in die psychoanalytische Bewegung ein, als diese sich an einem entscheidenden Punkt ihrer Entwicklung befand. Freud war mit der Erarbeitung der Theorie und Methode für die klinische Psychoanalyse vorangekommen; in Kürze würde sie ihren Siegeszug um die Welt antreten. Allerdings gab es auch schon die ersten Anzeichen jener für Freud einstweilen noch undurchschaubaren Vorgänge, die zur Spaltung der Bewegung führen sollten.

Es ist immerhin erstaunlich, wie diese Frau aus dem Dunstkreis zweier großer »Romantiker« – Nietzsche und Rilke – so schnell in die rauhen Sphären des Freudschen Realismus wechseln konnte. Doch wie immer, wenn ihr Leben eine neue, schicksalhafte Wendung nahm, hatte Lou auch diesmal sofort und ohne große Gegenwehr erkannt, wohin ihre vitalen Interessen sie zogen. Später würde sie zwei Faktoren hervorheben, die sie für Freuds Psychologie besonders empfänglich machten: einmal, daß sie unter Russen aufgewachsen war, Leuten also, die ihrer Ansicht nach in hohem Maße fähig zur Selbstanalyse waren, und zum anderen »das Miterleben der Außerordentlichkeit und Seltenheit des Seelenschicksals eines Einzelnen«[63] – gemeint war Rilke.

Freud war in jenem Jahr 1912 sechsundfünfzig Jahre alt. Dieser geniale Mann, den späterhin manch einer – und in Rußland beinahe jeder – bezichtigen würde, die goldene Moral zu Fall gebracht zu haben, war ein Vater von sechs Kindern, dessen geregeltes Leben sich vornehmlich in den eigenen vier Wänden seiner Wiener Wohnung abspielte. Die Kühnheit seiner Eskapaden in den Sphären des Geistes wurde durch das absolute Gleichmaß seines Privatlebens kompensiert. Als einzige Schwäche leistete er sich die Zigarren – und vielleicht noch die Sammlung antiker und orientalischer Statuetten, in denen er, besonders im hohen Alter, sein ganzes verfügbares Kapital anlegte. Stets war der Schreibtisch mit diesen tadellos aufgereihten Stelen vollgestellt, die einen genau bemessenen Raum für die Blätter ließen, auf die er seine Werke schrieb. Hatte ein Patient beim Schürfen in den Tiefen seines Unbewußten besonderen Mut bewiesen, erfuhr er Lohn und weitere Ermunterung seitens des Meisters in Form einer kurzen Führung durch diese Sammlung.

Er, der soviel über die Stürme der Leidenschaften im Menschen wußte, hielt sein eigenes Leben vollends unter intellektueller Kontrolle. Der Kampf gegen die Scheinheiligkeit der Gesellschaft, bestens bekannt aus seinen Büchern, war für ihn auch ein Kampf gegen sich selbst. Seine Ansichten in sexuellen Dingen müssen aus heutiger Sicht puritanisch erscheinen. Was er als die kindliche Sexualität ans Tageslicht geholt hatte, schien ihn persönlich eher zu befremden. Sein Forschergeist ermöglichte es ihm, in der Sexualität eine mächtige Naturgewalt zu sehen – jeder Beweis ihrer Macht und Universalität weckte in ihm jedoch eher Bedauern als Begeisterung. Jene seiner Schüler, die, einem strengen Grundsatz der Psychoanalyse zuwiderhandelnd, der Verführung ihrer Patientinnen unterlagen oder experimentelle Gründe vorschützten, um mit ihnen sexuell zu verkehren, konnten sich Freuds heftiger Mißbilligung sicher sein. Sein Entzücken fanden Helden der Vergangenheit wie Moses oder Leonardo, die es vermocht hatten, sich aus den Zwängen ihrer Sexualität zu befreien – ein Wunder, das die Theorie der Psychoanalyse nicht vorsah.

In diesem Zusammenhang besonders aufschlußreich ist seine Studie über Leonardo, in dessen Beurteilung er übrigens weitgehend Dmitri Mereshkowski folgte.[64] Wie Leonardo lebte Freud in einer Zeit, »die schrankenlose Sinnlichkeit mit düsterer Askese ringen sah«, wie dieser bot er ihr »ein Beispiel von kühler Sexualablehnung, die man beim Künstler und Darsteller der Frauenschönheit nicht erwarten würde«[65]. Und ebensowenig wie sein Held vermochte er vorherzusehen, wie falsch dieses Beispiel verstanden werden würde.

Freud suchte sich und seine Lehre tunlichst von den Einflüssen Nietzsches fernzuhalten, den er als seinen gefährlichsten Widersacher im Kampf um intellektuelle Geltung ansah. Freuds Schüler wiederum – Jung, Rank, Jones, Spielrein, Hitschmann und andere – bekundeten ihre Affinitäten zu Nietzsche bei jeder Gelegenheit, was Freud regelmäßig Verdruß bereitete. Lou Andreas wurde in diesem Kreis zwangsläufig immer noch mit Nietzsche in Verbindung gesehen – für Freud ein willkommenes neues Medium zum Austragen alter Rivalitäten.

Daß Freud in seiner Jugend Nietzsches frühe Arbeiten gelesen hat, ist bekannt. Eine der Sitzungen der Wiener Psychoanalytischen Vereinigung im Jahr 1908 war eigens der Diskussion von Nietzsches Ideen gewidmet. Freud bekannte damals seine Abstinenz gegenüber Nietzsches Werk und nannte einen paradoxen Grund: daß nämlich seine »gelegentlichen Versuche, es zu lesen, durch ein Übermaß an Interesse erstickt wurden«[66].

Bei dem 1921 unternommenen Versuch, den irrationalen Charakter der Massen zu fassen, die das schreckliche Antlitz des Jahrhunderts zunehmend bestimmen sollten, erwog Freud verschiedene Metaphern, um die Rolle ihrer Führer zu kennzeichnen – Hypnotiseure? Väter von Urhorden? –, und kam dabei auch auf den Vergleich mit Nietzsches Übermenschen.[67] Doch noch 1934, als dieses Thema bereits unerhört aktuell geworden war, versuchte Freud Arnold Zweig davon abzubringen, einen Roman über Nietzsche zu schreiben – wobei es natürlich das Ansinnen war, ihn, Freud, dem Philosophen gegenüberzustellen, was ihn besonders daran störte.[68]

Über Lou Andreas-Salomé meinte Freud, sie sei die einzige Brücke, die ihn mit Nietzsche verbinde.

Sexuelle Beziehungen zwischen Freud und der Andreas-Salomé waren ein Ding der Unmöglichkeit. Doch auf seine Art, in sublimierter Form, war Freud von ihr bezaubert und hatte keine Mühe, ihr seine Gefühle zu zeigen. Er schickte ihr Blumen und geleitete sie nach seinen Vorlesungen ins Hotel. Einmal erschien sie nicht zum obligatorischen Mittwoch. Freud sandte ihr einen kurzen Brief, worin er eifersüchtig anfragte, ob nicht vielleicht der Umgang mit Adler zu ihrem Fernbleiben geführt habe. In seinen Vorlesungen pflegte Freud sich immer an einen der im Auditorium Anwesenden ausdrücklich zu wenden; in diesem Brief nun gibt Freud kund, er habe seine letzte Vorlesung an einen leeren Stuhl gehalten, nämlich den, auf dem sie zuvor gesessen.[69]

Als Lou in den engeren Kreis von Freuds Schülern aufgenommen war, ging sie sogleich ein Verhältnis mit demjenigen ein, den sie für den Begabtesten von allen hielt: Victor Tausk. Dieser war ehrgeizig, ihm gefiel es wohl, mit Nietzsche und Rilke eine Reihe zu bilden – und sei es nur dadurch, daß man die Gunst ihrer verflossenen Geliebten erwarb. Weit wichtiger waren ihm allerdings seine Beziehungen zu Freud. Das Verhältnis zwischen beiden war von gegenseitigem Mißtrauen geprägt: Freud verdächtigte Tausk des geistigen Diebstahls, obwohl er selbst nicht sonderlich korrekt im Gebrauch der Worte und Gedanken seiner Schüler verfuhr. Tausk seinerseits ging den einzig möglichen Weg, den der mit den Jahren immer verschlossener werdende Freud noch offenließ, um die Distanz zu ihm zu überwinden: Er bat, von ihm als Patient angenommen zu werden. Lou, die es fertigbrachte, gleichzeitig Freuds Gefährtin und Tausks Geliebte zu sein, hielt und balancierte diese gefährliche Konstruktion eine Zeitlang mit Bravour.

Bald darauf jedoch stürzte Tausk ab: Lou kündigte ihm das Verhältnis, Freud die Analyse. Einige Jahre suchte Tausk erfolglos der einen wie des anderen Mitgefühl zu erheischen, im Jahre 1919 folgte das tragische Ende. Auf ausgeklügelte Weise nahm sich Tausk das Leben – die Schlinge um den Hals, schoß er sich in den Kopf. Freud widmete ihm einen betrübten Nachruf, doch zur selben Zeit bekannte er Lou mit jener Grausamkeit, zu der er fähig war, daß er Tausks Tod nicht als Verlust ansah: »... ich hielt ihn seit langem für unbrauchbar, ja für eine Zukunftsbedrohung.«[70]

Der Ursprung des Optimismus

Vor dem Hintergrund des düsteren Stoizismus in Freuds Spätwerk erscheinen die psychoanalytischen Arbeiten der Andreas-Salomé enthusiastisch und optimistisch. Ihr durchweg heiteres Weltempfinden wirkt sich sogar auf die Deutung konkreter klinischer Phänomene aus. Narzißmus zum Beispiel war für sie kein infantiler Zustand, zu dem der Erwachsene im Falle von Krankheit oder Unbill auf riskante Weise zurückkehrt, wie Freud es sah, sondern das positiv zu wertende Gefühl der Selbstliebe, ja, die »Gefühlsidentifizierung mit allem«[71] – dem »All-Einen« eben. »Narkißos«, so meinte sie, habe ja nicht vor einem künstlichen Spiegel gestanden, sondern vor dem der Natur – und »vielleicht nicht nur *sich* im Wasser erblickend, sondern auch sich *als alles* noch ...?«[72].

In der Einheit von Subjekt und Objekt, die im Äußersten die ganze Universalität von Natur und Kultur umfaßt, sieht sie das Wesen der Liebe. Es sei irrig, meinte sie, Natur und Kultur als Gegensätze in der Art von Licht und Schatten zu sehen; und all jene, die Prometheus gleich die menschliche Kultur als zweite Realität erschaffen, seien als »Narzisse« ganz zur Entfaltung gelangt. Denn Narziß liebt sich selbst und von daher die ganze Welt, die er in sich verkörpert. Und ebendarum, kommt sie zum Schluß, sei der Liebende zur Enttäuschung verdammt: nicht weil die Liebe mit der Zeit erlischt, sondern weil er jenem Anspruch von Universalität, den er an das von ihm Geliebte richtet, in seiner Individualität selbst nicht genügen kann.[73]

Angela Livingstone, Lous Biographin und Kennerin ihres Werks, sieht hier eine Analogie zur Idee des kollektiven Unbewußten, wie sie einige Zeit später von C. G. Jung entwickelt wurde. Jung entwarf nicht anders als die Andreas-Salomé eine eigene Variante, die Freudsche Skepsis zu überwinden, und zwar durch Aufdeckung des individuellen Unbewußten in Richtung einer totalen, ans Mystische grenzenden geistigen Komplexität. Eine Einbuße an Klarheit und Rationalität – für Freud die höchsten Kriterien geistiger Arbeit – war für beide unausbleiblich (was wiederum Freud Lous weiblicher Psyche nachsehen, bei Jung aber gar nicht akzeptieren konnte). Der Vergleich allein mit Jung vernachlässigt indes die russischen Wurzeln der Philosophie, Ethik und Erotik der Andreas-Salomé.

Denn offensichtlich fußt die Eigenwilligkeit ihrer Ideen auf russischen Quellen, mit denen sie bestens vertraut war und zu denen ihre europäischen Kollegen keinen Zugang hatten. Dies betrifft in erster Linie das Werk des Religionsphilosophen Wladimir Solowjow. Das Bild von der »All-Einheit« als Ausdruck einer »Weltseele« und zugleich eines gewissen geistigen Ideals nimmt bei Solowjow eine zentrale Position ein, und er hat es im Rußland des frühen 20. Jahrhunderts außerordentlich populär gemacht. Die »All-Einheit« trägt bei Solowjow ebenso wie bei Andreas-Salomé weibliche Züge; ihr Symbol ist Sophia, ein mystisches Bild ewiger Weiblichkeit und des Gottmenschentums schlechthin.[74]

Die Interessen Solowjows und der Salomé schnitten sich unübersehbar in zumindest einem für sie wichtigen Punkt – was nämlich die Nietzsche-Interpretation auf russischem Boden betraf. Solowjows in Rußland berühmte Serie von Aufsätzen unter dem Titel *Der Sinn der Liebe* erschien bis 1894, die Übersetzung der Nietzsche-Monographie von Lou Andreas-Salomé, die erste systematische Darlegung seiner Philosophie in Rußland, zwei Jahre später. Kurz darauf veröffentlichte Solowjow seinen Aufsatz *Die Idee des Übermenschen*, in dem er anfangs feststellt, Nietzsche sei zu seinem eigenen Leidwesen im Begriff, ein Modeautor in Rußland zu werden, worauf er eine eigene Interpretation des Übermenschen folgen läßt. Zwar sei Nietzsche allemal interessanter als Marx und Tolstoi oder auch Darwin, schreibt Solowjow, aber der wahrhafte Übermensch sei Jesus Christus. Denn das »echte Kriterium für die Wertung aller Dinge« sei die Unsterblichkeit, und erst »der volle und entscheidende Sieg über den Tod«[75] würde den Übermenschen wirklich werden lassen.

In seinem Lavieren zwischen philosophischer Erotik, Mystik der »All-Einheit« und Utopie des Gottmenschentums hatte Solowjow großen Einfluß auf die Entwicklung der russischen Philosophie, da er den Rahmen absteckte, innerhalb dessen in den nächsten knapp einhundert Jahren geforscht werden sollte. Solowjows mystisches Weltempfinden ist vom Rationalismus und Individualismus Freudscher Prägung meilenweit entfernt, und dennoch geriet er mit manchen Formulierungen seiner Liebesphilosophie deutlich in die Nähe der Psychoanalyse. Alles Gute in der Welt »entspringt in dem für uns dunklen Gebiet der unbewußten Prozesse und Beziehungen«[76], schrieb er, noch bevor Freuds erste Bücher erschienen waren. Erotik ist für Solowjow der menschliche Drang nach Ganzheit und göttlicher Allgemeinheit. »Die Kraft aber dieses geistig-leiblichen Schaffens im Menschen ist nur die Verwandlung, die *Umwendung nach innen* eben jener schöpferischen Kraft, die in der Natur, nach außen gewandt, die schlechte Unendlichkeit der physischen Vermehrung der Organismen hervorbringt.«[77]

In dieser idealen Ganzheitlichkeit ist der Unterschied zwischen Mann und Frau ebenso wie zwischen Liebe und Tod überwunden. Der Mensch der Zukunft, von dem Solowjow gemeinsam mit den russischen Intellektuellen seiner und nachfolgender Generationen träumt, hat den Tod und das Geschlecht besiegt. In Rußland ist Solowjow der erste gewesen, der den Zusammenhang von Liebe und Tod erörtert hat: ein Gedanke, der die Psychoanalyse (Sabina Spielrein und späterhin Freud) wie auch die Philosophie (z. B. Nikolai Berdjajew und einige andere religiöse Denker der russischen Emigration, vgl. Kap. 2 und 5) noch lange beschäftigen wird. Solowjow zitiert mit Bedacht Heraklit: »Dionysos und Hades sind ein und dasselbe …« Durch ihn tritt dieser dunkle Satz in die russische und europäische Geistesgeschichte des neuen Jahrhunderts ein, wo er am Ende in Freuds Lehre von Eros und Thanatos Gestalt annimmt. »Es ist ohne weiteres klar, daß der Mensch, solange er sich vermehrt wie das Tier, auch stirbt wie das Tier.« Der Geschlechtsakt, selbst schon die Aufteilung der Menschheit in Männer und Frauen, trage den Keim des Todes in sich. Jene Perversionen, wie sie die Psychiater beschäftigen, seien »nur wunderliche Abarten der allgemeinen und allesdurchdringenden Entstellungen dieser Beziehungen in der Menschheit«[78] – gemeint ist die gewöhnliche Sexualität. »Das einfache Verhältnis zur Liebe wird durch jene endgültige und äußerste Vereinfachung vollendet, die Tod heißt.«[79]

Die absolute Norm des menschlichen Seins sei dagegen die Wiederherstellung der noch von Platon prophezeiten Ganzheitlichkeit, worin alle Gegensätze verschmelzen. Dieses Zukunftswesen würde androgyn sein, geistig-leiblich und gottmenschlich; daß Sexualität für ihn/sie entbehrlich sein würde, versteht sich. Vollends zu verwirklichen sei dies nur durch die mystische Erschaffung eines All-Menschen der Zukunft, wofür Solowjow überraschenderweise nun wieder die geschlechtliche Liebe als Metapher wählt, denn göttliche Universalität ist hier auch nur durch Verschmelzung von Männlichem und Weiblichem, Physischem und Psychischem, Individuellem und Unendlichem realisiert. Im übrigen war der Philosoph des Gottmenschentums von dessen buchstäblicher und nicht bloß poetischer Existenzmöglichkeit auf Erden ernstlich überzeugt.

Vermutlich kam Solowjow der Andreas-Salomé etwas altmodisch vor. Sie bezeichnete ihn als »eine der charakteristischsten Physiognomien des eigentlichen byzantinischen Rußland«[80]. Denn anders als ihre Kollegen Psychoanalytiker, Soziologen und Psychologen im Westen pflegten sich die russischen Philosophen um die verfahrenstechnische Seite zur Erreichung ihrer hehren Ziele nie zu kümmern.

Narzißmus, Feminismus, Nationalismus

Narzißmus bedeutete also nicht bloß, daß eine(r) Spaß daran hatte, sich im Spiegel zu bewundern (ein Thema aus der Kindheit, das Lou zeit ihres Lebens mit sich herumtrug). Aber auch nicht, daß die Libido vor höheren Zielen zurückschreckte, wie Freud das sah. Sein Narzißmus-Begriff wurde von der Salomé auf den Kopf gestellt. Narzißmus ist bei ihr nicht Ausgangs-, sondern Endstadium einer Entwicklung, nicht Auslöser für psychotische Erstarrungen und Fehlentwicklungen, sondern ganz im Gegenteil der Ursprung von Liebe, Kunst und Ethos; die »positivsten Anteile« der Psyche finden in ihm zusammen.

Auf ganz analoge Weise geht die Autorin auch mit dem Freudschen *Es* zu Werk. Bis dahin war dieser Begriff – in logischer und wertender Beziehung – vorwiegend negativ definiert. Lou Andreas-Salomé füllt ihn mit konkretem, gar »optimistischem« Inhalt. Dieser Versuch einer Revision auf dem Gebiet der psychoanalytischen Theorie geht über die bloße Begrifflichkeit hinaus, er erfaßt den gesamten Komplex der »niederen«, vor- bzw. unterbewußten psychischen Prozesse, im Grunde also das ganze von der Psychoanalyse entdeckte und erfaßte Territorium. Wenn Freud dieses Neuland beschritt, war er allzeit wie auf der Hut vor einem starken und gefährlichen Gegner, mit dem man es nur durch gründliche und systematische »Kundschaftertätigkeit« aufnehmen konnte. Die Salomé setzte die Akzente vollkommen anders. Das Freudsche Unbewußte begriff sie einfach als einen unter mehreren Bewußtseinszuständen – einen durchaus besonderen, doch in der Regel vertrauten und sogar lustvoll zu erlebenden Zustand. Das Freudsche Modell der Sublimation, worin primitive Befriedigungen durch Unterwerfung, Kontrolle, Tributforderungen zu höherwertigen »veredelt« werden, ersetzt sie durch »kooperative« Beziehungen zwischen den einzelnen Motivationsschichten, eine Kette umkehrbarer Übergänge und Verknüpfungen. An die Stelle der oft aggressiven politischen Metaphern der Freudschen Analyse tritt bei der Salomé eine gänzlich anders geartete Reihe mystisch-erotischer Assoziationen.

Ein wichtiger, zumeist geringgeschätzter Aspekt der Ideenwelt dieser Frau ist die nationale Komponente. Rußland beansprucht in ihrer Topographie einen ebenso privilegierten Platz wie der Narzißmus in ihrer Psychologie. Mehr noch: Jene Qualitäten, die in ihren psychoanalytischen Aufsätzen aus der Zeit vor 1920 den Narzißmus definieren, machen auch ein gut Teil ihres Rußlandbildes aus, wie sie es zu verschiedenen Zeiten gezeichnet hat – »... eine kindliche Unmittelbarkeit von Mensch zu Mensch, ... eine allem Kleinlichen abholde Weitherzigkeit, die viel lieber verschwendet, als daß sie geizt, mangelndes Verständnis für Regel, Pflicht, Stetigkeit, Gesetzmäßigkeit, Verantwortung; mangelnde Tatkraft außer im Rauschzustand der Ekstase oder des Fanatismus«[81], so beschrieb sie 1897 die russische Gemütsart.

Das Weibliche, das Russische, das Narzißtische – diese drei Dimensionen sind in ihren Memoiren gleichrangig präsent und fein ineinander verwoben. Eines der mittleren Kapitel, *Das Erlebnis Rußland* betitelt und zwischen anderen stehend, die *Das Erlebnis Gott*, *Liebeserleben* oder *Freundeserleben* heißen, ist der Verquickung dieser Jugenderfahrung mit anderen, auf ihr aufbauenden Vorstellungen aus späterer Zeit gewidmet. Die komplexe Natur ihres Ideals war ihr wohl bewußt, und sie stand dazu; deutlich setzte sie es der männlich-europäisch-rationalen Welt entgegen, mit der sie – in wechselnder Gestalt ihrer Partner – konfrontiert war; nur allzugern präsentierte sie die Konstruktion ihrer Leser- und Anhängerschaft.

Genannte Triade hat in der Tat mit der klassischen Psychoanalyse wenig gemein. Eher gemahnt sie an einen russischen Populismus, der teils ein Erbteil vom Vater war, dem Staatsdiener aus Zeiten einer offiziellen »Volkstümlichkeit«, teils aus dem oppositionellen Milieu ihrer jungen Jahre herrühren mochte: »Denn schon braute und gärte bis in die Schulanstalten hinein der Geist des Aufstandes, der bei den *Narodniki*, den ›ins Volk Gehenden‹, sein erstes Programm gefunden hatte. Es war kaum möglich, jung und lebendig zu sein, ohne davon miterfaßt zu werden«[82], wie sie in ihrem *Lebensrückblick* schreibt.

Die Rehabilitierung des Narzißmus, des Unbewußten und dessen, was sie den »passiven Instinkt« nannte, ist in jüngerer Zeit verschieden interpretiert worden. Bereits erwähnte Herleitung aus Jungs Theorie des kollektiven Unbewußten einmal beiseite gelassen, begegnet man vor allem der Ansicht, es handele sich um die feministische Korrektur der Psychoanalyse.[83] Der Wunsch, in der Salomé eine Pionierin des internationalen Feminismus zu sehen, mag verständlich sein; ebenso logisch ist, daß dabei die nationalen Quellen ihrer Inspiration – oft genug kurios, im mindesten archaisch anmutend – zwangsläufig in den Hintergrund treten müssen; außer ein paar Rußland-Spezialisten scheint sich keiner dafür zu interessieren. Aus der Sicht der Autorin waren die Gewichte jedoch eindeutig anders verteilt. Diejenigen ihrer Ideen, die man heute lieber stillschweigend verdrängt, hat sie mit Lust *und* Kalkül in den Vordergrund ihrer Selbstdarstellung gerückt. Das Spiel mit nationalen Stereotypen war ein wichtiger Bestandteil ihrer für westliche Intellektuelle so unwiderstehlichen Ausstrahlung.

»Das ›Kollektive‹ bedeutet im Russischen ... gerade die Intimität, die Herzwurzel, nicht die Erzogenheit zu Prinzip oder Einsicht oder Vernunft. Alles Ekstatische schlägt *dort* hinein, unverkürzt auch durch Betonung des Geschlechtsunterschiedes: weil das passiv Hingegebene und Empfangende darin noch mit dem jäh Aktiven, Revolutionierenden ineinandergreift«[84], schrieb Lou Andreas-Salomé 1932 und beschwor damit einen »ur-russischen Gedanken« – bestens bekannt seit mindestens einem halben Jahrhundert. Das einst in Familie und Schule empfangene Faible für die alten Volkstümler-Ideale geht in ihre persönliche Rückschau ebenso natürlich ein wie die Begriffe ihrer Narzißmus-Theorie. In der Verbundenheit zum Volk als »stärkstem Liebestrieb«, schreibt sie, sei die »revolutionäre Tendenz *beider*

Geschlechter« in Rußland verankert gewesen: »... wie Kinder zu ihren Eltern stehen, standen sie zum Volk ... Das merzte aus dieser Liebe alle Pflichtmäßigkeit, Leutseligkeit aus und sammelte in ihr gleichsam alle Grundkraft des seelischen Lebens überhaupt: in einer Primitivität, aus deren Kindhaftigkeit der zu Ehrgeiz und Reife erwachsene Einzelne sich in seinen tiefsten Triebkräften nie ganz löst.«[85]

So verdeutlichen diese Memoiren wohl weniger eine »Entrussung« (dies der Begriff, mit dem sie den Einfluß »ihres« Pastors Gillot zu benennen versuchte) als deren ganzes Gegenteil, eine Art »Rückverrussung« vielleicht. Das Nationale gewinnt den Charakter eines – noch dazu umkehrbaren! – psychischen Prozesses. Ein Reisender (und sie spricht vornehmlich von sich selbst) zwischen Rußland und Europa darf die Ortswechsel als Metamorphosen erleben, aus denen er gestärkt hervorgeht. Auch ihre Sicht auf die russische Geschichte ist von einer solchen Dynamik geprägt. Nach Rußlands später Christianisierung, schreibt sie, »›*verrusste*‹ sich das Übernommene unwiderstehlich«, und als die Kirche selbst (in Gestalt des Patriarchen Nikon) dem entgegenwirkte, kam es prompt zum *Raskol*, der Kirchenspaltung, und somit zu einer neuerlichen »Verrussung«.[86]

Eros und Nationalität wirken zusammen – im Leben der Salomé ebenso wie in ihren Werken. Sie könne nie im Leben einen nichtrussischen Geliebten haben, bekennt die Titelheldin ihrer Erzählung *Fenitschka*: »... nein, das wäre mir unfaßlich! Für mich liegt eine ganze Welt darin, daß er ein Russe, – mein Landsmann, mein Bruder, ein Stück von meinesgleichen ist.«[87] Lou selbst hat indes, soweit man weiß, nie einen russischen »Geliebten« gehabt, und überhaupt war allen Männern, die in ihrem Leben eine Rolle spielten, von Gillot bis Freud, an ihrer »Entrussung« gelegen. Keinem ist sie gelungen. In ihren Memoiren trifft der Vorwurf – stellvertretend für alle anderen – Gillot, dem sie dort ihren eigenen (»russischen«, d. h. »verrussten«) Vater gegenüberstellt. In dem schwierigen, oft genug grausamen Spiel, das die Salomé mit ihren »Männern aus dem Westen« treibt, spielt sie vor allem zwei Trümpfe immer wieder aus: ihre Weiblichkeit und ihr Russentum. Ihre Partner und ebenso ihre Leser zwang sie dazu, zwei Dimensionen ihres Lebens, zwei Aspekte des »Anderen« gleichzeitig und in einem zu entdecken: das Geschlecht und die Nation.

Die Heldin mit dem hübschen, sehr russisch klingenden Namen Fenitschka spaziert mit ihrem zufälligen Gefährten, der den ebenso demonstrativ deutsch tönenden Namen Max Werner trägt,[88] durch Petersburg. In einem Schaufenster erblicken sie volkstümliche Illustrationen zu Lermontows Poem *Der Dämon.* Auf den Bildchen läßt sich die ganze Geschichte verfolgen: die Verführung durch den Mann, die Liebkosungen, der Tod der Frau. »Diese Bilder treffen Sie hier in allen Häusern«, erläutert Fenitschka und übersetzt dem Gefährten nebenher gleich ein Stück aus dem Poem ins Deutsche – so, wie es vielleicht auch die Salomé tat, als sie mit Nietzsche spazierenging. »Rechte Bilder für ein junges Mädchen«, bemerkt Max ironisch, »haben nicht auch Sie sich die Liebe sehr dämonisch vorgestellt? Kampf mit dem Engel, – höllische Seligkeiten, – bengalische Beleuchtung, – Weltuntergang ...« Doch Fenitschka widerspricht. Liebe, das sei »ganz – aber so *ganz* – anders«[89]. Nicht das Weltende, sondern ein immer wiederherstellbarer Zustand, so wie die Erinnerung an die Kindheit, wie narzißtische Befriedigung, Heimkehr. Und wenn es überhaupt vorkommt, daß Liebe tödlich endet, dann nur für den Mann. Die Salomé hat sich immer wieder Dämonen gesucht und sie auf das Schlachtfeld geführt – Dämonen des Westens, der Rationalität, der Sexualität – und wenn es nicht anders ging, hat sie vor ihnen in der Weiblichkeit, in der Mystik, in Rußland Zuflucht gefunden.

Als sie sich endlich in den Quellen von Rilkes schöpferischer Energie auskannte, faßte sie das Problem in die Form einer Analogie zu ihrem eigenen Erleben der Heimkehr nach Rußland: Bei mir, schreibt sie ihm, war es »die einfache Wiedersehensfreude, die beglückend vervollständigte, wozu meine frühe Übersiedlung ins Ausland es nicht mehr in der russischen Heimat hatte kommen lassen. Bei Dir umfing der schöpferische Durchbruch, die Wendung in Dir als Dichter, gewissermaßen ebenfalls ein Frühestes, tief Erwartetes Deines gesamten Wesens, von dem das Spätere Dich nur abgedrängt, Dich Deines Urgegenstandes verlustig gemacht hat.«[90] Daß ein solches Gefühl nicht vergänglich sein durfte und eine Veränderung seines Gegenstandes nicht wahrhaben wollte, versteht sich ohne weiteres. Fenitschka hatte über Rußland im Jahr 1898 das Folgende zu sagen: »Ich bin ja so viele Jahre fortgewesen. – Und jetzt fühle ich mich wieder zu Hause, wo all dies Altvertraute wieder um mich ist. – Rußland hat auch darin den großen Vorzug vor andern Ländern, daß man ganz sicher ist, alles auf dem alten Fleck wieder vorzufinden. Da ist kein Hasten von Fortschritt zu Fortschritt – es ist alles jahrein, jahraus dasselbe.«[91] Dreißig Jahre später in den Memoiren der Salomé liest sich das so: »… wenn ich an der russischen Grenze in die schweren Eisenbahnwagen umstieg und vom Schaffner als ›Mütterchen‹ oder ›Täubchen‹ zum Schlaf verstaut wurde … – dann weckte das dreifache Gebimmel, das altmodische Abfahrtszeichen, ein unvergeßliches Heimatglück … Ich könnte es auch jetzt nicht hinreichend genau bestimmen, ich weiß nur, daß es in seiner Substanz unabänderlich blieb inmitten der Jahre meiner wundervollen, von ganz anderem in Anspruch genommenen, mit ganz unrussischer Geistesarbeit erfüllten Mädchenjugend.«[92] Lous Verbeugung vor der russischen Seele, auch und gerade im Körper eines russischen Revolutionärs, hatte Bestand. Doch hatten die »wunderbaren Jahre« der jüngsten Zeit Rußland so tiefgreifend verändert, daß die Salomé unvorstellbare Schwierigkeiten bekam, ihre märchenhafte russische Vergangenheit und die beängstigende russische Gegenwart zu vereinbaren.

In ihrer Theorie war Gott als Idee die höchste Hervorbringung des Narzißmus. Den Schlüssel zur Geschichte des narzißtischen Rußland lieferte ihr seine einzigartige Religiosität. Mithin mußte der Bolschewismus als Entäußerung der fundamentalen Exklusivität der russischen Seele begriffen werden: Gott und dem Fleische gleich nahe, mit einem grundsätzlichen »Mangel an Dualismus« im Vergleich zum westlichen Menschen. In der Brust des Russen verschmelzen die Gegensätze des Seins – das »Himmlische« ist weniger abstrakt, das »Irdische« weniger schuldbeladen.[93] »Dem Bolschewismus Rußlands, dem Erben abendländischen Theoriesystems fließt … hier Blut und Inbrunst zu ins trocken und kalt Begriffliche, … bis es sich als Voraussetzung einer neuen Morgenröte vorkommt, zu der Rußland das Universum ganz unnational und ganz irrational einzuladen scheint.«[94] Der emphatische Ton, in dem sie dem westlichen Leser davon kündet, erinnert an die Art, in der sie einst ihren verschämten Leserinnen die Freuden der sexuellen Liebe schmackhaft zu machen suchte – wie ein Therapeut seinem Klienten vom Orgasmus erzählt, wenn dieser sich zu sehr vor ihm fürchtet.

Dank an Freud

Lou hat viel als Psychoanalytikerin gearbeitet, obwohl sie (wie etliche andere Freud-Schüler auch) selbst nie eine Analyse durchlaufen hat. Man weiß, daß Freud ihr riet, weniger Patienten zu empfangen – zehn Stunden Analyse pro Tag seien doch zuviel, meinte er ...[95] Anscheinend übernahm sie auch einige verantwortungsvolle Aufträge Freuds. Ein halbes Jahr arbeitete sie mit Psychiatern und deren Patienten in Königsberg.

Ihrem späten Liebessommer stand der Fanatismus in Sachen Psychoanalyse nicht im Wege.

Die Freundschaft zwischen Sigmund Freud und Lou Andreas-Salomé währte fünfundzwanzig Jahre. Von ihr zeugen mehr als zweihundert Briefe, in denen sie ihr intellektuelles Interesse aneinander und ihre gleichbleibend freundschaftlichen Gefühle füreinander bekundeten. Begeisterung und Dankbarkeit sind in dieser Korrespondenz die häufigsten Tonlagen. Von der harschen und mitunter egozentrischen Strenge, die Freud in seinen Briefen an die männliche »Gefolgschaft« spüren ließ, ist hier augenscheinlich nichts vorhanden, im Gegenteil: Freud betonte und pries Lous Originalität, die er mit dem Wort Synthese bezeichnete, ein in diesem Kontext gewichtiger Begriff, wenn man bedenkt, daß es sich um das Antonym zu Freuds Lieblingswort – der Analyse – handelt. »Jedesmal wenn ich einen Ihrer begutachtenden Briefe lese, verwundere ich mich über Ihre Kunst, über das Gesagte hinauszugehen, es zu vollenden und bis zu einem fernen Treffpunkt konvergieren zu machen. Natürlich gehe ich nicht gleich mit. Ich verspüre oft so wenig synthetisches Bedürfnis. Die Einheit dieser Welt scheint mir etwas Selbstverständliches, was der Hervorhebung nicht wert ist. Was mich interessiert, ist die Scheidung und Gliederung dessen, was sonst in einem Urbrei zusammenfließen würde.«[96]

Mit den Jahren erkannte Freud an, daß beide Orientierungen berechtigt waren und gar einander bedingten. Mit Befriedigung stellt er in einem Brief von 1930 fest, »daß sich in unserem Verhältnis zum beliebigen Thema nichts geändert hat. Ich schlage eine – meist recht simple – Melodie an, Sie geben die höheren Oktaven hinzu; ich trenne eines vom anderen und Sie vereinigen das Getrennte in einer höheren Einheit; ich setze die Bedingungen unserer subjektiven Beschränkung schweigend voraus und Sie machen ausdrücklich darauf aufmerksam. Im Ganzen haben wir uns verstanden und sind einer Meinung. Nur, daß ich dazu neige, alle Meinungen bis auf eine auszuschließen und Sie eher, alle Meinungen mit einander einzuschließen.«[97] Wie seltsam! In dieser friedfertigen Freudschen Gegenüberstellung kommen Lous alte Hoffnungen auf ein Zusammenspiel zweier ihrer Natur nach gegensätzlicher geistiger Konstitutionen – der jüdischen und der russischen – zu neuem Leben und neuer Verheißung.

Im Briefwechsel zwischen Freud und Lou Andreas-Salomé, wo sich beinahe alles um die Psychoanalyse dreht, ist Tagespolitik selten ein Thema. Im Juni 1917 schreibt Lou an Freud: »Ich habe in diesem, spät und herrlich erblühenden Frühsommer in tiefer Gemütsbewegung gelebt wegen dessen, was in Rußland vor sich geht.«[98] Was genau sie empfindet, verrät Lou gegen ihre Gewohnheit nicht, doch der Brief strahlt Unruhe aus. Die russische Revolution hatte sie anscheinend um ihr Vermögen gebracht, und die Psychoanalyse blieb – von ihren Büchern abgesehen – Anfang der zwanziger Jahre die einzige Einnahmequelle. Freud griff ihr einige Male finanziell unter die Arme (was er für die bedürftigen seiner Schüler des öfteren tat).

Doch obwohl sie das Alter nahen fühlte und die tragischen Vorgänge in der Heimat sie beunruhigten, war sie glücklich. Das Glück der Psychoanalyse ist Schlüsselthema ihres Büchleins *Mein Dank an Freud*[99]. Kein anderes Verhältnis, so der Tenor, sei in seiner Qualität auch nur annähernd mit dem von Analytiker und Patienten zu vergleichen; nichts, was vergleichbar tiefe Einsichten in das Menschsein gewähren und dabei so die Würde des Menschen behaupten könnte. Freud schätzte das Buch sehr – auch wenn er die Autorin zuvor vergeblich zu bewegen suchte, den Titel des Buches in einen unpersönlicheren »Dank an die Psychoanalyse« zu ändern.

Die letzten Jahre ihres Lebens verbrachte Lou zurückgezogen. Elisabeth Förster-Nietzsche, die ihre Erzfeindin auf den Tod nicht vergessen konnte, hetzte ihr die Nazis auf den Hals, bezichtigte sie der Verfälschung von Nietzsches Ideen und daß sie außerdem eine »finnische Jüdin« sei. Bedenkt man jenen barbarischen Kult, den die Nazis um Nietzsche trieben, und ihren Haß auf die Psychoanalyse, die sie eine jüdische Wissenschaft nannten, ging von alledem für die Salomé einige Gefahr aus. Doch Lou hielt es in Göttingen. Anscheinend versuchte sie zu übersehen, wie furchtbar Europa sich vor ihren Augen veränderte. Ein Kollege, der sie kurz vor ihrem siebzigsten Geburtstag aufsuchte, berichtet: »Sie führte stillschweigend in Göttingen ihre Praxis und lebte das rätselhafte Sibyllenleben unserer intellektuellen Welt.«[100] Bis zuletzt war sie von Freunden umgeben, die ihre Patienten, Schüler, Verehrer und alles in einem waren.

Sie starb am 5. Februar 1937. Kurz vor ihrem Tod sagte sie: »Ich habe eigentlich mein ganzes Leben gearbeitet, schwer gearbeitet – warum eigentlich, wozu eigentlich?«[101]

2. KAPITEL

DIE RUSSISCHE KULTUR DER MODERNE ZWISCHEN ÖDIPUS UND DIONYSOS

Die Lehre vom einfachen Leben

Das neunzehnte Jahrhundert neigte sich, das zwanzigste stand vor der Tür. Elementare Vorstellungen des Menschen von Liebe und Tod, von der Wirklichkeit und von der Seele büßten ihre automatische Gültigkeit ein, als die Fundamente des Lebens ausgetauscht zu werden drohten. Die althergebrachten Regulatoren des Daseins – Religion, Moral, Recht – funktionierten nicht mehr.

In solch einer Zeit fängt der Mensch an, den natürlichen und handgreiflichen Phänomenen zu mißtrauen. Sie muten ihn plötzlich wie eine Täuschung an, wie Kulissen, die ein Dahinterliegendes verbergen, das allein wirklich Bedeutung hat. So daß ihm nichts weiter zu tun bleibt, als diese eigentliche, jenseits des Alltäglichen gelegene, dem gewöhnlichen Sterblichen unbekannte Realität zu erschließen – denn davon hängen Glück und Gesundheit ab.

Der Charakter dieser zweiten Realität, die Mechanismen ihres Wirkens auf unser Leben wie auch die Wege zu ihrer Erkundung wurden von den einzelnen Vordenkern verschieden gesehen; ihr Vorhandensein jedoch, ihre verborgene Präsenz in den menschlichen Geschicken, stand in allen großen oder immerhin populären geistigen Systemen des Jahrhundertanfangs außer Zweifel. »Zu viel fremde Kraft, die in uns spinnt, / Unerforschter Energien Spiel ...«[1], schrieb Alexander Blok 1913.

Das sogenannte Normale ist Randgruppen der Gesellschaft zu jeder Zeit problematisch erschienen; zu Beginn des zwanzigsten Jahrhunderts jedoch prägten diese Zweifel die Öffentlichkeit schlechthin. Parallele Realitäten zu entschlüsseln, um daraus Gewinn für das Alltägliche zu ziehen, war das erklärte Ziel so verschiedener Geister wie Sigmund Freud und später Martin Heidegger, Wjatscheslaw Iwanow und Rudolf Steiner. Kein anderer gemeinsamer Nenner hätte sich zwischen ihnen finden lassen, als daß sie diesem Problem allergrößte Bedeutung zumaßen und es für geboten hielten, dem »einfachen Leben« eine neue Begründung zu verschaffen.

Der Aufbruch ins Zeitalter der Moderne vollzog sich in den verschiedenen Ländern auf unterschiedliche Weise und jeweils in unterschiedlichen Sphären des Lebens. Im Rußland des neunzehnten Jahrhunderts kündigte er sich zunächst durch die verstärkte Rezeption Hegels an, dessen Philosophie für die russischen Intellektuellen der Jahrhundertmitte von entscheidender Bedeutung war; es folgten Schopenhauer, das Lieblingskind zweier nachfolgender »Volkstümler«-Generationen, und Marx. An der Wende zum zwanzigsten Jahrhundert avancierte ein weiterer deutscher Philosoph zum Sinnbild eines neuen Zeitalters. »Nietzsche war der wahre Gott für die Jugend dieses Jahrzehnts«[2], schreibt Alexander Benua. »*Also sprach Zarathustra* wurde in jenem Winter von jedermann gelesen«[3], erinnert sich Ljubow Mendelejewa-Blok an das Jahr 1901. Ein anderer Zeitzeuge bemerkte dazu: »Friedrich Nietzsche, der Götzenstürmer, steht an der Schwelle zur neuen Epoche ... Aus den traurigen Dekadenten der letzten Zeit werden Nietzscheaner, Anarchisten, Revolutionäre im Geist.«[4] Die Denker wie auch die Macher der Moderne bewegten sich im Schatten von Nietzsche, ob sie ihn nun wahrnahmen oder nicht. Nietzsche war es gewesen, der früher und schärfer als jeder andere das neue und von nun an maßgebliche Menschheitsproblem formuliert hatte: ein geistiges Fundament für den Alltag zu schaffen.

Nietzsche war es auch, der die Richtung gewiesen hatte, in der die Suche nach einer Antwort am meisten Erfolg versprach: Der Mensch handelt aus Antrieben, die er nicht erkennen kann und die mächtiger sind als er. Das individuelle oder kollektive Unbewußte tritt in der neuen Welt an die Stelle des alten Gottes. Nur der Übermensch weiß diese Übermacht zu zwingen.

Doch es reicht nicht, den Übermenschen zu denken, man muß ihn erschaffen. Den neuen Menschen aus der Natur derer hervorgehen lassen, die leibhaftig auf Erden existieren. Philosophie, Soziologie und Psychologie der Moderne werden zu praktischen Betätigungsfeldern, die auf das Leben des Menschen unmittelbar Einfluß zu nehmen suchen. So entstehen neue soziale Theorien, die in Revolutionen Gestalt annehmen, und es entsteht eine neue Kunst – die Kunst des Lebens. Diesem kulturellen Nährboden entwuchs schließlich auch die Psychoanalyse.

»Psychologie ist nunmehr wieder der Weg zu den Grundproblemen«[5], hieß es bei Nietzsche. Die russische Tradition, deren »Psychologizität« gerühmt wird, hatte die Psychologie allzeit und gern ihrer überzogenen Ansprüche wegen verächtlich gemacht. »Psychologie ist meine Stärke!«[6] ließ Puschkin ausgerechnet Mephistopheles von sich behaupten. Dostojewski betonte: »Man nennt mich einen Psychologen: das ist nicht wahr, ich bin nur Realist«[7]; sein Held Stawrogin sagte es noch unmißverständlicher: »Hören Sie, ich mag keine Spione und Psychologen ...«[8] Bachtin übernimmt diese Formulierung und behauptet von Dostojewski, dieser habe in der Psychologie »eine den Menschen erniedrigende Verdinglichung seiner Seele«[9] gesehen. Pasternak wiederum nennt sie an einer Stelle in *Shenja Lüvers Kindheit*, wo er die Menarche seiner Heldin beschreibt, das auffälligste und unterhaltsamste aller Vorurteile des Menschen – nur dazu da, seine platte Neugierde vom Leben abzulenken, weil dieses lieber ohne ihn tut, was zu tun nötig ist.[10] Wjatscheslaw Iwanow schließlich, der wohl als erster in der großen russischen Literatur frei mit psychologischen Termini operierte, sah in der Puschkinschen Phrase die frühe Prophezeiung »jüngster Leistungen« der Psychologie, einer »zwiespältigen und gefährlichen Disziplin« – mit Mephistopheles, ihrem »weitsichtigen Parteigänger«[11], als Zeugen.

Folgt man Wassili Rosanow, so ist den Russen nicht Psychologie eigen, sondern eben Psychologizität – eine natürliche, unreflektierte Eigenschaft. Als solche bedarf sie offenbar auch keiner Erklärungen: »Zu wenig Sonne – das ist die Erklärung der russischen Geschichte. Und lange Nächte. Das ist die Erklärung der russischen *Psychologizität*.«[12] Rosanow schreibt dieses Wort kursiv und definiert es als »Verbohrung des Gedankens in die menschliche Seele«[13]. Dies ist sein eigentlicher Gegenstand. »Mein Einwirken beträfe die Weitung der Seele ... Sie sanfter zu machen, mit mehr Ohr, mehr Witterung ...«[14]

Der Mensch erwies sich immer mehr als plastisches, gestaltbares Material ohne »natürliche Anteile«, gänzlich eingetaucht in Kultur, dem zielgerichteten Einfluß von Milieu, Politik und Forschung unterworfen. Doch je augenscheinlicher wurde, wie wenig sich auf diesem Weg für ein besseres Leben tun ließ, desto mehr richtete sich das Augenmerk auf die Kinder: Vom spröden Leben noch nicht zurechtgebogen, sind sie für neue Methoden empfänglich; mit ihnen läßt sich bei Null beginnen. Die Pädagogik tritt ins Rampenlicht der Zeit, eine »Wissenschaft vom Kind« in allen möglichen Varianten: näher zur Philosophie oder zur Praxis, zur Mythologie oder zur Wissenschaft, als Ideologie oder als soziale Technik. Ihre Blüte wird sie erst geraume Zeit später, auf dem Höhepunkt des »Umformer«-Enthusiasmus der Sowjetepoche erfahren (siehe Kap. 8). Doch begründet wurden die entsprechenden Ideen sehr früh, unter ganz anderen Leuten und Umständen. »Kinder! dieser ungereimte Eigenwille, halb Spielball, halb Persönlichkeit ... Kinder sind Zerrbilder unser selbst, und sie sind Entwürfe unserer Kopfgeburten ... Da haben wir die Welt, in der es sich so ausnehmend nett schwadronieren und einem hausgemachten Modernismus zusprechen läßt«, schrieb 1909 Innokenti Annenski.[15]

Mondlichtmenschen

So reichlich mit offenen und verdeckten Nietzsche-Zitaten gespickt einem die Texte der russischen Moderne vorkommen mögen, so vergebens wird man bei Wortgewaltigen wie Wjatscheslaw Iwanow, Wassili Rosanow oder Andrej Bely nach Verweisen auf Freud suchen. Zwar stellten sich die Theoretiker und Dichter des »silbernen Zeitalters« oftmals die gleichen Fragen, doch ihre Antworten fielen anders aus.

Den russischen Schriftstellern, Dichtern und Philosophen vom Jahrhundertanfang war es nur um *eine* Seite jener universellen Idee der Moderne zu tun. Am allerwichtigsten war für sie, die verschiedenen Ebenen des Daseins voneinander abzuheben: das Augenscheinliche vom Wahren, das Bewußte vom Unbewußten, das Triviale vom Tiefgreifenden. Was für eine Idee dieser Unterscheidung zugrunde lag, drückt sich im Namen aus, den sie ihrer Bewegung gaben: Symbolismus. Weder handelte es sich um eine ausgeformte künstlerische Methode noch um ein philosophisches System. Eingeweihte beliebten zu sagen, es handele sich am ehesten um eine besondere Lebensart. Die Symbolisten schöpften ihre Mythen (Wladimir Solowjow schuf sich Sophia, Wjatscheslaw Iwanow – Dionysos, Blok die *Schöne Dame*, Sologub den Eumel[16]) und erschlossen sich eine Wirklichkeit, die jenseits der schnöden Formen des gewohnten Seins lag. Damit waren sie von den strategischen Zielen Freuds und vor allem Jungs gar nicht so weit entfernt. Was ihnen jedoch fehlte, war jene Konstruktivität, die der für einen russischen Schriftsteller undenkbaren, für einen europäischen Psychoanalytiker hingegen von vornherein verbindlichen Mission anhing, zehn Stunden pro Tag mit Symbolen zu arbeiten, die noch dazu einem fremden Hirn entsprangen.

Symbolisten und Analytiker einte darüber hinaus ein für jene Zeit charakteristisches Interesse an der Sexualität.

Daß dies durchaus ein intellektuelles Problem war, worüber man schreiben und lesen konnte, hatte zunächst Wassili Rosanow dem breiten Publikum in Rußland nahegelegt. Seitenweise zitierte er schockierende klinische Fälle aus den damals gerade populären Büchern deutscher Psychiater zur Sexualpathologie, hielt nicht einmal mit seinen eigenen, recht gewagten erotischen Phantasien hinter dem Berg, die den Leser – das mochte am Stil liegen – eher verblüfften als erregten.

Rosanow besaß ungewöhnlich viel Intuition, er spürte weit mehr, als er wissen konnte; literarisches Talent und ein flüssiger Stil taten das übrige, um aus seinen schwer faßlichen Visionen gefragte Bücher zu machen. »Der Körper, der profane menschliche Körper ist das irrationalste Ding auf Erden«, schrieb er 1899.[17] Eine seiner grundlegenden Ideen, mit dem Freudschen Denken durchaus konform, war die radikale Ausweitung des Begriffs *Geschlecht* (Rosanow gebrauchte nicht das Wort Sexualität) und, damit verbunden, die Herleitung vieler übriger Lebensbereiche aus dem Geschlecht in dieser allumfassenden Bedeutung. Der ganze Mensch ist für Rosanow »nur die Transformation des Geschlechts«, er ist ein Wesen, welches »leidenschaftlich sein Geschlecht vor sich herträgt und nichts als dieses – in den Schlachten, in der Wüste, in der Einsiedelei und Askese ebenso wie auf dem Marktplatz …« Das Geschlecht steckt in Leib und Seele, es ist Quelle von Heiligkeit wie von Sünde. »Die Bande des Geschlechts zu Gott sind größer als die der Vernunft, selbst als die des Gewissens zu Ihm.« Außerhalb des Geschlechtlichen sei im Menschen nichts wesentlich. »Und selbst wenn wir irgend etwas tun, denken oder angehen lassen, das jenseits des Geschlechtlichen zu liegen scheint, etwas ›Geistiges‹, vielleicht sogar bewußt *Anti*-Geschlechtliches – es ist und bleibt das Geschlechtliche, nur eben verhüllt und verwandelt, daß man sein Gesicht nicht erkennt«, schrieb Rosanow in dem Buch mit dem seltsamen Titel *Mondlichtmenschen. Eine Metaphysik des Christentums*.[18]

Freimütig bekannte Rosanow in seinen Werken, daß er den Frauen nicht gefiel, und auch ihm gefielen die Frauen, »von der Mystik abgesehen, … nur um die Schulter herum«[19]. Bei ihm drängt das Geschlecht nicht zur Unzucht wie bei Tolstoi, nicht zum Inzest wie bei Freud, auch nicht zur mystischen Verschmelzung von aller Welt wie bei Solowjow. Bei Rosanow zieht es das

Geschlecht schlicht und herkömmlich zur Familie. Dabei war gerade die Familie für ihn persönlich ein Problem. Nachdem er nämlich einmal Dostojewskis Geliebte geheiratet und sich – wie sein Vorgänger – genug mit ihr geplagt hatte, konnte er mit einer anderen Frau, mit der er schon viele Jahre glücklich lebte, nicht mehr vor den Altar treten. Rosanow war der Ansicht, daß das Geschlecht erst durch den Ehestand in seine normale, reine (und »aristokratischste«) Form finde. Nicht in Familie lebende Menschen – zum Beispiel auch die Brüder und Schwestern in den orthodoxen Klöstern – müssen sich fragen lassen, ob denn bei ihnen geschlechtlich alles im Lot sei. Mit seinem Kniefall vor der Familie steht Rosanow in der alten orthodoxen Tradition, die, anders als der Katholizismus, den Geistlichen die Ehe erlaubt. Vor allem opponiert Rosanow gegen die herkömmliche christliche Askese. Das Christentum, so meint er, müsse reformiert werden, um die ganze Macht des Geschlechts in sich aufzunehmen, so wie es die alten Religionen der Ägypter und der Juden getan hatten.

Naheliegend wäre nun gewesen, die Wertschätzung des Geschlechts im familiären Rahmen einfach in etwas wie eine Familienfibel münden zu lassen – doch Rosanow ging nicht diesen Weg. Er mußte, wie in gänzlich anderem Zusammenhang Freud, erst einmal eine Erklärung finden, warum seine eigene Kultur dem Geschlecht, selbst dem Geschlechtsleben in der Familie, derart feindlich gegenüberstand – und folglich auch seinen, Rosanows, Ideen so viel Widerstand entgegenbrachte. Hier nun entwickelte Rosanow Ansichten, die alles andere als banal sind.

Rosanow befand, die Ehelosigkeit sei widernatürlich, und wer, wie Mönche und Betbrüder, sich der Bestimmung als Mann oder Weib entziehe, unterdrücke nicht so sehr seine Sexualität, er lasse vielmehr eine Art ursprüngliche Verderbtheit walten. Sexuellen Tabus liegen sexuelle Perversionen zugrunde, behauptet Rosanow – auch wenn sie meist nicht vollzogen werden. Die »Sodomiten«, »Mondlichtmenschen«, »Mannfrauen«, »Urninge«, die bei Rosanow hier vorkommen, sind nur verschiedene, noch nicht eingebürgerte Begriffe für Homosexualität. (Diese terminologische Instabilität könnte eine Ursache abgeben, weshalb seine Ideen zur Homosexualität so gründlich vergessen sind.) Rosanow stößt hier in einen Raum vor, den die russische Kultur bis dahin so gut wie nicht kannte – und der überhaupt für jede Kultur ein Problem darstellt.

Männliches und weibliches Prinzip sind nicht alternativ, sie können im Menschen in beliebigen Anteilen zusammenfinden. Ohne daß ihm die Wissenschaft zur Philosophie, Psychologie oder Therapie der Sexualität größeren Vorlauf zu bieten hätte (Otto Weiningers *Geschlecht und Charakter* nutzt er zwar ausgiebig, sucht jedoch dessen Modewirkung in Rußland einzudämmen, wobei er ihn gleichfalls in die »Sodomiten-Ecke« stellt), macht sich Rosanow sogleich an das schwierigste Kapitel: die sogenannten Perversionen. Von der Darlegung klinischer Fälle der »Sodomie« geht Rosanow zur Analyse der »Sodomiebezirke« bei Tolstoi und Dostojewski, in der Bibel, im Talmud und in der Orthodoxie über. »Sodomiten sind besondere Menschen; ihr Blick ist ein anderer! Ihr Händedruck – ein anderer! Ihr Lächeln – ein gänzlich anderes!«[20] Sodomiten, die sich zwangsläufig nicht am Geschlecht verausgaben, seien vorzüglich damit beschäftigt, die menschliche Kultur zu erschaffen. Während geschlechtlich normal veranlagte Leute ihre Kraft in der Familie binden, sei die Kultur in ihren Gipfelleistungen zutiefst von sodomitisch-homosexuellem, anti-geschlechtlichem und sogar antifamiliärem Geist durchdrungen. Beispiele hat Rosanow viele zur Hand: Platon, Raffael, Tolstoi, sogar Christus. Und also »gebar Sodom den Gedanken, daß Beischlaf Sünde sei«.

Die Sodomiten, meint Rosanow weiter, seien stets konservativ und dem Geschlecht feindlich gegenüberstehend. Was Wunder: Die normale Ehe samt Kindergebären wecke in ihnen einen ebensolchen Abscheu wie im normalen Menschen der sodomitische (homosexuelle) Akt. Deshalb hätten sich Sodomiten und gewöhnliche Leute so wenig zu sagen. Rosanow zweifelt nicht daran, daß all die vielen Ideen von Enthaltung, Askese und Nivellierung des Geschlechtlichen von Sodomiten stammen ... Und so geht es munter bei ihm fort. Einige von Rosanows Äußerungen sind erstaunlich scharfsinnig, andere haarsträubend naiv, so zum Beispiel, wenn er jungen Ehepaaren empfiehlt, genau einmal wöchentlich Verkehr zu haben.[21]

In der Literaturkritik der letzten Jahre ist Rosanow des öfteren mit Freud verglichen worden. Andrej Sinjawski neigt eher zur Gegenüberstellung: Rosanow habe das Geschlecht vergöttert, Freud die Religion sexualisiert. Von daher sei Rosanow in seinem Verhältnis zum Geschlecht eher ein Antipode Freuds zu nennen.[22] Sinjawski hat recht, vereinfacht jedoch die Situation ein wenig.

Auf jenem Niveau intuitiver Spekulation, wo allenfalls Parallelen zwischen ihm und Freud zu ziehen wären, entspricht Rosanows *Geschlecht* öfters der Freudschen *Libido*. Rosanow stand Freud in vielem nahe, was die Beziehungen von Sexualität und Kultur anging, die beide als primär ansahen. Auch über deren Wechselseitigkeit waren sie sich einig: Je mehr sich ein Mensch sexuell verwirklicht, desto weniger Energien bleiben ihm für anderweitige Verrichtungen; umgekehrt waren die Kulturheroen aller Zeiten und Völker Menschen mit eigenwilligem, oftmals überhaupt schwach ausgeprägtem Sexualleben. Freud beschrieb Leonardo da Vinci als einen Mann, dessen »sexuelle Bedürftigkeit und Aktivität außerordentlich herabgesetzt war, als hätte ein höheres Streben ihn über die gemeine animalische Not der Menschen erhoben«[23].

Freud sah in solchen Menschen die Neurotiker, Rosanow die Sodomiten. Freud wäre nie so weit gegangen, in der Homosexualität die Haupttriebkraft kultureller Sublimation zu sehen, auch wenn er diesem Faktor in einzelnen Fällen, so in den Analysen Leonardos und Dostojewskis, durchaus Bedeutung beimaß.[24] Rosanow seinerseits war weit entfernt von jenen dynamischen Modellen, mit Hilfe derer Freud die Wirklichkeit des Menschen beschrieb. Der positive, kulturstiftende Sinn sexueller Tabus, der für den strengen, verschlossenen Freud so sehr von Bedeutung war, mußte Rosanow mit seinen stilprägenden, schockierenden Tagebuchenthüllungen – Ergüssen des Geschlechts wohl beinahe tatsächlich in des Wortes primärer, die Geruchsnerven treffender Bedeutung – zutiefst fremd bleiben.

Trotz dieser und vieler weiterer Unterschiede standen die Analogien im Denken der beiden für jene Zeitgenossen, die Rosanow ebenso wie Freud gelesen hatten, außer Zweifel. Michail Gerschenson dankt Rosanow für den Erhalt eines Exemplars der *Mondlichtmenschen* und schreibt: »Die Intuition hat Sie auf den Weg geführt, den nunmehr (im Vergleich zu Ihnen eher tastend) auch die Wissenschaft zu gehen sich anschickt: Gewiß kennen Sie die Theorien Prof. Freuds und seiner Mitstreiter.«[25] Inzwischen scheint uns gewiß, daß Rosanow diese Theorien nicht gekannt hat, und er hat sich auf die Psychoanalytiker an keiner Stelle berufen. Aber auch Lew Trotzki, der Rosanow überhaupt nicht mochte, zog den Vergleich zu Freud. Und Rosa Awerbuch hielt Anfang der zwanziger Jahre vor der Kasaner Psychoanalytischen Vereinigung einen Vortrag zur Analyse des Rosanowschen Werkes …

D. H. Lawrence, der seinen erotischen Romanen einigen Ruhm verdankt, betrachtete Rosanow als seinen Vorläufer und verstand ihn so: »Wenn Tolstoi das Rußland von heute sehen könnte, er wäre extrem bestürzt. Rosanow, denke ich, würde sich überhaupt nicht wundern. Er wüßte, daß es so kommen mußte.«[26] Eine von Rosanows Phantasien in den *Abgefallenen Blättern* skizziert einen Mechanismus totaler sexueller Verfügbarkeit, den Rosanow offenbar für gut und wünschenswert hält, wiewohl er den antiutopischen Alpträumen Samjatins, Orwells und Huxleys in nichts nachsteht: »Der Passant bleibt vor einer stehen, die ihm gefällt, und sagt: ›Guten Tag. Ich komme mit.‹ Daraufhin erhebt sie sich und geht, ohne ihn anzuschauen, in ihr Haus, um für diesen Abend seine Frau zu sein. Dafür soll es festgelegte Tage in der Woche, im Monat oder im Jahr geben« – eine Verfügung, die »alle freien (d. h. ehelosen und nicht ›mondlichtigen‹)« Frauen beträfe.[27]

Alchimie der Seele

Das wirkliche Leben ging unterdessen eigene, nicht minder seltsame Wege. Wladislaw Chodassewitsch erinnerte sich: »Wir lebten in heftiger Spannung, Hysterie, wie im Fieber. Am Ende waren wir alle aufs komplizierteste verstrickt in ein einziges großes Netz von Liebschaften und Feindschaften, privaten ebenso wie literarischen ... Man durfte besessen sein, wovon man wollte: Hauptsache, die Besessenheit kannte keine Grenzen.«[28] Drangsale der Art, wie sie gerade in Westeuropa Mode waren, dionysische Tragik, der Geist der Musik, dazu die einschlägigen Reminiszenzen an russische Flagellantensekten (*chlysty*) mit ihrer meditativen Praktik des sogenannten »Kreiselns« und ihrer vulgären Erotik, verbanden sich mit radikalen Träumereien vom »neuen Menschen«, dem die Zukunft gehören sollte.

Andrej Belys früher Aufsatz *Über die Theurgie*[29] (1903), der allgemein als ein Manifest des russischen Symbolismus gilt, schreitet von der »göttlichen Eingebung« im Geiste der Religionsphilosophie Wladimir Solowjows zur Tagesordnung – und stellt die Frage nach dem neuen Menschen: Die Welt verwandeln zu können, braucht der Mensch die geistige, psychische und physiologische Wiedergeburt. Solowjow hatte gemeint, der große Wandel stünde ganz am Ende des großen Weltprozesses. Bely, und mit ihm ein Großteil seiner Zeitgenossen, wollte nicht so lange warten.

Gleich nach Erscheinen des Aufsatzes *Über die Theurgie* hatte Bely Gelegenheit, seinen Appell zur Verwandlung von Kunst in Aktion an der Wirklichkeit zu prüfen. Er versuchte sich an der Rettung eines der gewissen »modernistischen Fräulein – jener dünnen, blassen, zerbrechlichen, rätselvollen, dunklen Wesen«, die damals, »wie aus dem Nichts«[30] aufgetaucht, die Veranstaltungen des *Literarisch-Künstlerischen Zirkels* (dem übrigens mit Nikolai Bashenow ein Psychiater vorstand) und der symbolistischen Salonkommunen bevölkerten. Objekt der »theurgischen« Bemühungen Belys war Nina Petrowskaja, die Frau des Verlegers von Grif (Greif): »... vollends gespalten, krank, gepeinigt von einem unglücklichen Leben, ausgeprägt psychopathisch ... jederzeit bereit, sich Worten, die in ihrer Nähe fielen, schier bis zum Wahnsinn auszuliefern«[31], wie Bely schreibt.

Er verfaßt eigens für sie einen speziellen Leitfaden: *Entwicklungsetappen eines normalen Seelenlebens*. Begeistert nahm sie den Autor als »Lehrmeister des Lebens« an. Ihre fixen Selbstmord- und Morphiumgedanken verflüchtigten sich zusehends – doch da »trat die Katastrophe ein: Die himmlische Liebe verglühte im Feuer der irdischen.« Völlig unvorbereitet sah Bely sich einer Erfahrung ausgeliefert, die höchstens die Psychoanalyse in ihrem Wesen beschreiben kann, er erlebte sich selbst als Orpheus, welcher Eurydike aus der Hölle führt, und das Vorgefallene als »Sündenfall, als Verrat an seiner Berufung«. Leidenschaft und Sünde spielten hier mit, wie Motschulski schreibt, Reue und gegenseitige Folter. Ein neuer Laientherapeut tritt auf den Plan: der Dichter Waleri Brjussow, der Bely in Haßliebe verbunden war und sich gerade mit Okkultismus und schwarzer Magie befaßte.[32] Die Dreiecksbeziehung währt offenbar annähernd ein Jahr. Im Frühjahr 1905, bei einer von Belys öffentlichen Vorlesungen, versucht Nina auf Brjussow zu schießen (eine ähnliche Szene gibt es im *Doktor Shiwago*), doch die Browning versagt den Dienst ...[33]

1911 reist die Petrowskaja zur Kur nach Italien und wird dort mit Hypnose behandelt; sie schreibt an Brjussow, die Kur sei »keine Psychotherapie, sondern ein theurgischer Akt«[34]. »Theurgie«, wie man sie in jenen Kreisen verstand, hatte im Grunde tatsächlich dieselben Ziele wie eine Therapie. Freud war über derlei Tendenzen in Rußland offenbar etwas zu Ohren gekommen, denn in einem Brief von 1909 an Jung äußert er zu dessen Problemen mit einem russischen Kollegen (siehe Kap. 5) den spontanen Verdacht, der Mann habe bestimmt »irgendwelche utopische, weltbeglückende Therapieträume, und dann geht es ihm zu langsam«[35]. Zwanzig Jahre später würde ein enthusiastischer russischer Rezensent Jung immer noch so verstehen: »Psychologie ist die wahre Alchimie der Seele, die uns lehrt, wie niedere unterbewußte Affekte in edles Metall, echte Juwelen des Geistes zu verwandeln sind.«[36]

Die Theurgie dachte man sich als einmaligen mystischen Akt, auf den der einzelne sich geistig vorbereiten muß und der, einmal vollbracht, die menschliche Natur als solche dauerhaft zu ändern vermag. Erträumt wurde die reale Verwandlung eines jeden Menschen und der Gesellschaft im ganzen. Die symbolistischen Träumer verschwendeten wie schon ihr Vorläufer Nietzsche wenig Gedanken an die Frage, welche Mechanismen einer solchen massenhaften Metamorphose des Menschen zugrunde liegen sollten, und es scherte sie erst recht nicht, was für Folgen zu gewärtigen waren. Ohne Psychologie ging es in dieser Sache freilich unmöglich ab. Nicht zufällig führte der Weg hin zur mystischen »Verwandlung«, welcher sich Iwan Besdomny aus *Der Meister und Margarita* unterzog, erst einmal durch eine psychiatrische Klinik. Im übrigen war Michail Bulgakow, als er mit diesem geistigen Erbe umging, weniger an einer Reproduktion[37] als an einer Parodie gelegen, wenn er die teuflische »Theurgie« am völlig ungeeigneten Medium des typischen *homo sovieticus* erprobte und in der *Hundeherz*-Novelle das Verwandlungsmotiv völlig ins Absurde trieb.

Im Jahr 1928, da Bely die Entwicklung des Symbolismus von der ersten Morgenröte bis zur letztendlichen Zusammenarbeit mit dem Volkskommissariat für Bildung bilanzierte, dachte er mit Bitterkeit an die »gräßliche Profanierung jener intimen symbolistischen Ansätze«: das Mysterium wandelte sich zur »ideologischen Mystifikation auf dem Kampfschauplatz Theater«, das Gemeinwesen zur »›Gemeinhabe‹ der Frauen«[38].

Doch haben die Symbolisten wohl kaum jene Wandlung zu verantworten, die der nietzscheanische Traum vom »neuen Menschen« letztlich in den Worten und Taten marxistischer »Gottsucher« und bolschewistischer Intellektueller vom Schlage eines Lunatscharski, Bucharin oder Jentschmen erfuhr. Den geistigen Ansatz des Symbolismus prägte vielmehr eine generelle Verantwortungslosigkeit. Bely zum Beispiel empfand keinerlei Peinlichkeit ob seiner Rösselsprünge von einer intellektuellen Strömung zur anderen. Die Frage, wie die »Theurgie« in der Realität, mit lebendigen Menschen aussehen würde, entfiel.

Die Religion des Dionysos

Der russische Symbolismus war also kaum zu vergleichen mit jener geordneten wissenschaftlichen Kommunität, wie Freud sie nach allen Regeln logistischer Kunst aufgebaut hatte. Den Versuch, eine gewisse innere Homogenität in die Bewegung hineinzutragen, unternahm Wjatscheslaw Iwanow, einer der populärsten Dichter und Philosophen seiner Zeit. Nach Studien in Berlin und Paris war er 1904 in die Heimat zurückgekehrt.

Seine Rolle schien unter Zeitgenossen und Nachkommen umstritten: »... riesengroß, im lichten wie im dunklen Sinne«[39], bemaß sie Bely, »zunehmend zweifelhaft« nannte sie Sergej Awerinzew[40]. Anna Achmatowa hieß Iwanow einen »großen Mystifikator«, einen neuen Grafen Saint-Germain. Mit Behagen wärmte sie alte Gerüchte über ihn auf.[41]

Wjatscheslaw Iwanows Wohnung im »Turm« des Hauses an der Taurischen Straße in Petersburg war der Ort, wo seit 1905 an dem neuen und, wie man sich damals ausdrückte, zeitgenössischen Bedingungen Rechnung tragenden Mythos gebastelt wurde. Als Plattform, worauf Iwanow seinen synkretischen Symbolismus aufzubauen gedachte, diente ein eigenwillig verstandener Nietzscheanismus. Ihm entlehnte Iwanow nicht in erster Linie den Übermenschen – zu diesem hatte er ein spezielles Verhältnis –, sondern die Idee des Dionysos, der sterbenden und ewig wiederauferstehenden Gottheit des Weines, der Reisen in das Jenseits, der sexuellen Orgien und religiösen Ekstasen.

»Eros des Unmöglichen«[42] – so bezeichnete Wjatscheslaw Iwanow sein Ideal. Eine Vielzahl Berichte sind überliefert, die die kollektiven erotischen Experimente zum Inhalt haben, welche Iwanow und seine Frau, die Dichterin Lidija Sinowjewa-Annibal, einerseits sowie Dmitri Mereshkowski und dessen Frau, die Schriftstellerin Sinaida Hippius, andererseits im »Turm« veranstalteten; zu beiden Gruppen war ein recht breiter Kreis der intellektuellen Petersburger Elite zugelassen. Eine nicht geringe Rolle in Iwanows Salon spielten bekennende Homosexuelle und hier insbesondere Michail Kusmin, der die freimütigen Beschreibungen dieser Lebenszeit in seinen Tagebüchern hinterlassen hat. Berdjajew, der Iwanow sehr schätzte, hat behauptet, man habe Reigen getanzt, sonst nichts. »Erotik war bei uns stets idealistisch gefärbt«, schreibt er und fügt hinzu, Iwanow habe es meisterhaft verstanden, »sich der Seelen anderer zu bemächtigen. Sein durchdringender Schlangenblick wirkte auf viele, besonders auf Frauen, unwiderstehlich.«[43]

Bis zur sexuellen Revolution war es noch weit – doch kennt die russische Geschichte besagte *chlysty*, eine Geißlersekte, die einstmals viel Zulauf hatte und eifernde Frömmigkeit mit ritueller Promiskuität verband; in jüngster Zeit waren die Erinnerungen an sie deutlich wiederaufgelebt. Rasputin würde für einen Geißler gehalten werden, Andrej Bely schrieb über eine ähnliche Sekte seinen Roman *Die silberne Taube*. Berdjajew durchstreifte die Kneipen der Vorstadt eigens zu dem Zweck, mit Sektenmitgliedern ins Gespräch zu kommen. Blok wiederum fuhr mit Remisow 1908 auf eine »Sitzung« von Geißlern und teilte der Mutter nicht ohne Verlegenheit mit: »Wir sind zu einer Sekte gegangen, wo wir ein paar interessante Stunden zubrachten. Bestimmt nicht zum letzten Mal! Beschreiben läßt sich das irgendwie nicht.«[44] Und Iwanow selbst trieb wer weiß woher eine »Geißlermadonna« auf, ein junges, schönes Bauernmädchen, das er sogar zu seinen öffentlichen Auftritten mitnahm; auf die Frage, ob sie von der Vorlesung etwas verstanden habe, da in ihr doch so viele gelehrte Wörter vorkamen, gab sie zur Antwort: »Wieso denn nicht! Namen und Wörter hat's viele, aber doch nur eine Wahrheit.«[45]

Das Wesen der neuen Religion sah Iwanow in Dionysos verkörpert. Nicht nur einmal betonte er, daß das Dionysische für Nietzsche ein ästhetisches, für ihn, Iwanow, hingegen ein religiöses Phänomen sei, wobei er seinem Lehrmeister vorwarf, dieser glaube selbst nicht an den Gott, den er erschaffen. Seine Mission als Herold des Dionysos-Kults und Propagandist der neuen Religion des leidenden und wiederauferstehenden Gottes nahm Iwanow genau. Er erfüllte sie konsequent und mit allen verfügbaren Mitteln – als Haupt der Bewegung, als Philosoph und als Dichter. Ein Teilnehmer der Iwanowschen Mittwochsgesellschaften berichtet, der Gastgeber habe »nie zur Verschärfung von Kontroversen beigetragen, nie einen Streit vom Zaun gebrochen, stets war er um Annäherung und Verbündung der verschiedenen Personen und Richtungen bemüht und liebte es, auf einen gemeinsamen Nenner hinzuwirken«[46]. Auf dem Turm traf sich, wer wollte: Dichter und Revolutionäre, Nietzscheaner und Marxisten, »Gottsucher« und »Gottbildner«. Später, nach der Revolution 1917, verliefen sich aller Wege: Der eine wurde Volkskommissar wie Lunatscharski, andere, wie Berdjajew, in der

Emigration berühmt; noch andere, Chlebnikow und Blok zum Beispiel, starben, um die neue russische Wirklichkeit nicht mit ansehen zu müssen. Damals aber, vor den Erschütterungen von 1905 und unmittelbar danach, waren sie alle gemeinsam der Zukunft auf der Spur.

Iwanow suchte dabei die Rolle »des Fragestellers, Astlochguckers, des Jägers«[47] zu spielen:

> Und will in andrer Seele pflanzen –
> Wie einer fremden Acker pflügt –
> Vom Lichte meines Weltenganzen
> Den Stern, den einen, der genügt.[48]

Dieses überdeutliche Bild aggressiver männlicher Sexualität, die eine andere Seele »nimmt«, wie sie einen Körper zu nehmen gewohnt ist, steht bei Iwanow neben komplizierten poetischen Konstrukten, die das Trachten der russischen Moderne in seinem Wesen immerhin schlüssiger und konsequenter als andere widerspiegeln. Iwanows »Seelenfänger«-Aktivitäten waren überaus erfolgreich. »Wie vieler Seelen Grabeskälte / Hast du mit deinem Eis durchbohrt!«[49] schrieb ihm der enttäuschte Blok ins Stammbuch. Und für Berdjajew standen die Zeichen der Zeit auf Sturm: »Ein dionysisches Brausen ging über Rußland hin … Orgiasmus war die Mode … Der Eros lief dem Logos entschieden den Rang ab.«[50]

Die »Religion des leidenden Gottes« vereinte in sich eine äußerst eigenwillige Erotik mit einem Kollektivismus nicht minder spezifischer Art. Orgiasmus und Ökumene (*sobornost*[51]) sind die beiden meistgebrauchten Termini im neuen Lexikon. Das Gemeinsame dieser beiden Begriffe, die hier überraschend zueinandergefunden haben, ist das fehlende Vertrauen zum Ego, die Leugnung körperlicher und psychischer Grenzen des Ich beziehungsweise das nahezu obsessive Verlangen, diese Grenzen aufzulösen. »Das Grauen des Abstiegs ins Chaotische lockt uns mit mächtigstem Rufe, mit gebieterischer Stimme: Es will, daß wir uns selbst verlieren.«[52] Für das Ziel, aus dem eigenen Ich herauszutreten und ins fremde Ego vorzudringen, die Grenzen zu verletzen und hin und her zu verschieben, standen beliebige Mittel zu Gebot – »urdionysische sexuelle Ekstase«, »heiliger Rausch und orgiastische Selbstaufgabe«, die mystische Erfahrung der Theosophie wie auch das orthodoxe Ideal der Ökumene. In alledem darf freilich nicht nur die Projektion individueller Begierden der Schöpfer dieser neuen Religion gesehen werden. Berdjajew, der den »Turmgesellschaften« drei Jahre lang vorsaß, erblickte in Iwanows Ideen einen typischen Zug der russischen Intelligenzija: »Das Suchen und Sehnen nach einer allvölkischen, organischen, kollektiven ›gesammelten‹ Kultur vollzog sich in einer Treibhausatmosphäre«[53] – ein Charakterzug mit suizidalen Folgen, wie Berdjajew meinte. Noch etwas Zeit mußte vergehen, und Berdjajew würde in der vollzogenen Revolution nachträglich »die dionysischen Orgien des dunklen, bäuerlichen Zarentums« wiedererkennen, die »Rußland mit all seinen Gütern und Werten ins Nichts zu stürzen drohen«[54]. (Sein Aufsatz hieß *Der Tod der russischen Illusionen.*) »Dionysos in Rußland ist gefährlich«, schrieb, ohne deutlicher zu werden, 1909 auch Iwanow.[55] Und Sergej Bulgakow bemerkte zum Jahr 1917: »Der rote Dionysos ging um in Moskau und schüttete in die Massen seinen roten Rausch.«[56]

Zu Nietzsches Zarathustra hatte Iwanow ein kritischeres Verhältnis. Radikale Nietzscheaner wie Lunatscharski und Gorki, denen die Idee vom Übermenschen das eigentlich Wichtige an Nietzsches Philosophie war, fanden darin einen Freibrief für ihren künftigen Amoralismus und die totale Manipulation der menschlichen Natur. Der liberale Iwanow hatte dafür keine Verwendung. Die Popularisierung Nietzsches im russischen Geist ende nun mit seiner völligen Verkehrung, denn der Individualismus habe sich überlebt, schreibt Iwanow 1905. *Sein* Übermensch trägt ganz untypische Züge einer primitiven religiösen Übereinkunft. Diese Ökumene, gekoppelt mit der Idee vom neuen Menschen, geht dem »Kollektivismus« mit all seinen heillosen Folgen unmittelbar voraus, ist beinahe schon ein Synonym dafür.

»Was immer wir erlebt haben – Persönliches gibt es über uns nicht zu sagen«, verkündet Iwanow ebenso ungerührt wie unzutreffend. Individualismus, so behauptet der Wortführer des Silbernen Zeitalters, sei Blindheit; die Erleuchtung führe zum Triumph der Gemeinschaft. »Wer das Chorlied nicht singen mag, entferne sich aus dem Kreis und schlage die Hände vor das Gesicht. Er mag sterben; abgesondert zu leben vermag er nicht.«[57]

Ossip Mandelstam – einer von jenen, die sich würden entfernen müssen – fiel an Iwanows Buch *Nach den Sternen* genau dieses »eindringliche Bild« auf, in welchem er »die zwei großen Perspektiven eröffnet« sehen wollte. Schon damals, 1909, wußte der Dichter der jüngeren Generation um seine Dissonanzen zu dem

Chor, in den einzugehen sein Lehrer ohne Abstriche bereit war. Mandelstam gewahrte in dessen Buch »den Glanz von Zarathustra«, besaß aber dennoch den Mut, vor dem Meister zu bekennen, er, Mandelstam, habe »einen seltsamen Geschmack«: »... ich liebe elektrische Lichter ... devote Lakaien, den geräuschlos fliegenden Lift ... Ich liebe den bourgeoisen europäischen Komfort.« Dem Geist der Moderne zum Trotz nimmt sich Mandelstam diesen »seltsamen Geschmack« heraus, und zwar ohne Angabe von Gründen: »... ich frage mich nie, ob das gut ist«[58].

Ob Iwanow sich wohl daran erinnerte, daß er allen, die nicht mitsingen wollten, den Tod gewünscht hatte, als er, längst angestellt in Lunatscharskis Volksbildungskommissariat, zu emigrieren beschloß? Boris Saizew würde dieses späteren Lebensabschnitts Iwanows mit Ironie gedenken: »Es war, als sollten sich seine alten Traumthesen von ›Ökumene‹ und dem Ende des Individualismus endlich erfüllen ... Von wegen. Jetzt träumte er nur noch davon, vor dieser Ökumene das Weite zu suchen.«[59] Jedenfalls nahm Iwanow 1919 die geistige Verantwortung für das Geschehene auf sich und bekannte sogar Gewissensnöte:

> Die Brandstifter sind wir gewesen,
> Und das Gewissen hält Gericht.
> Niemals wird uns das Herz genesen!
> Darin trog uns die Ahnung nicht.[60]

Doch selbst jetzt noch gebraucht Iwanow das Wir, nimmt in Kauf, daß Unsinn herauskommt (»unser Herz«).

Mit dem Anti-Individualismus botmäßig einher geht ein Anti-Intellektualismus. Eine »Poetik des Immergleichen« wird Iwanow von Awerinzew bescheinigt. Er selbst schrieb: »Ich wäre kein Symbolist, weckte ich nicht im Herzen des Zuhörers mit feinsten Anstößen und Andeutungen ganz unbeschreibliche Empfindungen, die mitunter wie früheste Erinnerungen sind ...«[61]

> Von Gestaden, Gezeiten, vom Du und vom Ich
> Ist sie bezaubernd unbefangen
> Und nimmt den Nektar ganz, aus tiefstem Sein zu sich
> Und hat an keinem je gehangen,
> Und von Unteilbarkeit umfangen,
> kennt sie nicht Du noch Ich.[62]

Sie, das ist die Nymphe, Dryade oder Mänade – vom »Nymphenführer« Dionysos gar nicht unterscheidbar. Die Grenzen zwischen Ich und Du, Individuum und Universum verblassen in dieser fiktiven Welt mit fortschreitender Verschmelzung von Apollon und Dionysos, Männlichem und Weiblichem, Leben und Tod. Das männliche, ödipale Prinzip an sich ist preisgegeben: »Die Kraft der Sonne ward knapp in den Söhnen, den Männern der Iokaste, und wieder sind sie, blind wie Ödipus und an Sonne karg, des Todes.«[63] Die dieser Welt innewohnende erotische Spannung verträgt sich auf paradoxe Weise mit ihrer Geschlechtslosigkeit. Platons Gedanke, demzufolge die Liebe zwei unvollkommene Teile, ein Männliches und ein Weibliches, zu einem vollkommenen zwei- bzw. ungeschlechtlichen Ganzen vereint, gewann hier immer deutlichere Umrisse.

»Um seine Individualität zu wahren, hält der Mensch seine Gier nach Verschmelzung mit dem Grenzenlosen im Zaum«; doch die kostbarsten Momente offenbaren sich einem in jener »hellsichtigen Ekstase, wo uns nichts mehr vom nackten Abgrund trennt«. Und: »Dies Reich kennt weder Gräben noch Grenzen. Alle Formen sind zerstört, alle Kanten geschliffen, Gesichter verschwimmen und verschwinden, es gibt kein Individuum ... Die Sphären des Chaos sind das Reich des doppelgeschlechtlichen, Mann und Weib verkörpernden Dionysos.«[64] Die neue Dichtung wird von Iwanow keck mit einer Schlafwandlerin verglichen, und in alledem erinnert tatsächlich vieles an Bewußtseinszustände, wie Narkotika, Hypnose oder Meditation sie bewirken.

Die Religion des geschlechtslosen, wiederauferstehenden Gottes behandelt auf ihre ganz eigene Weise den Zusammenhang von Liebe und Tod – für Berdjajew das zentrale Thema der russischen Philosophie. Um diese ewige Problematik kreist der Diskurs dreier überragender Denker der Epoche, Solowjow, Rosanow und Fjodorow. In der Liebe stellt sich für Solowjow die androgyne Ganzheit des Menschen wieder her, der Mensch überwindet den Makel seiner Zersplitterung und hat so auch die Chance, den Tod zu besiegen, welcher aus der Teilung der Geschlechter erwuchs. Bei Rosanow wird der Tod durch die Geburt des Kindes bezwungen, er tritt gegen die christliche Ethik auf, die die Geburt preist und die Sexualität verdammt. Fjodorow schließlich, von allen guten Geistern am meisten verlassen, bläst zum Kampf der Menschheit gegen den Tod und zum Akt der allgemeinen Wiederbelebung alles Dahingeschiedenen mit Hilfe der modernen Wissenschaft, die beauftragt ist, »die erotische Energie in Erweckungsenergie zu wandeln«.

Etliche Jahrzehnte später als Solowjow, der diese Tradition begründete, würde Berdjajew, der sie beschloß, es noch einmal sagen: »Bereits die Griechen wußten, daß Hades und Dionysos ein und derselbe Gott sind, sie fühlten die mystische Verbindung von Tod und Geburt«[65] – Berdjajew spürte geradezu, wie »in der letzten Tiefe des sexuellen Aktes ... Todesleid verborgen« ist. Eine ähnliche Intuition, die nahelegte, Liebe und Tod als zusammengehörig zu empfinden und zur Indiziensuche in die mythologischen Tiefen der Kultur abzutauchen, führte Sabina Spielrein später zur Entdeckung des Todestriebes – als Kehrseite des zweieinigen Geschlechtsinstinkts (siehe Kap. 5).

Selbst Lew Tolstoi, ein Einzelkämpfer wider die russische Moderne, stieß in seinen berühmten Erzählungen immer wieder auf dieses Problem. Es ist prinzipiell und auf bezeichnende Weise gleichgültig, wen die Helden umbringen: ob in der einen Variante (*Der Teufel*) sich selbst oder in der anderen, kurze Zeit später veröffentlichten (der *Kreutzersonate*) die untreue Gattin. Wichtig ist allein, daß die Liebe zum Tod führt und im Grunde mit ihm identisch ist; der Stachel des Geschlechts ist der Stachel des Todes.

Ein neuer Erlöser

Die alte Religion des sterbenden und wiederauferstehenden Gottes ist in verschiedenen europäischen Kulturen anhaltend auf Interesse gestoßen. Der bekannte englische Ethnograph James Frazer, der sie mit Methoden der positivistischen Wissenschaft untersuchte, führte die unterschiedlichsten Sujets, heidnische wie auch alt- und neutestamentarische, darauf zurück und zog den Schluß, daß sie überhaupt den Kern aller Magie und Religion bilde. Nietzsche erkannte dem Dionysos-Kult universelle Bedeutung zu, wobei er ihn im Geist der deutschen Romantik von allen häßlichen Wirklichkeitsspuren zu befreien wußte. Dionysos und Apollon gebrauchte er als übergreifende Symbole für Chaos und Ordnung, Gefühl und Verstand, Bewegung und Stillstand. Zwar ist Dionysos bei Nietzsche immer der Stärkere, doch hat er in Apollon zumindest den potentiellen Gegenspieler.

Der sterbende Blok zerschlug die Büste des Apollon mit dem Feuerhaken. Wjatscheslaw Iwanow sah im Dionysos-Kult einen ureigenen Zug der Slawen. »Glühende Verehrer des Dionysos waren sie – und in ebendieser Passion ihrem sich immerzu selbst zerfleischenden und verzehrenden Hellenengott verwandt«, äußerte er am 15. Oktober 1917 voller Begeisterung; dagegen herrsche bei den »germanisch-romanischen Brüdern« eine apollonische »Zucht und Ordnung, erkauft durch äußere und innere Selbstbeherrschung«.[66]

Von Apollon spricht Iwanow selten. Dionysos macht er zum unauslotbar tiefen Symbol, worin jeder bedürftige Intellektuelle, Sinnsucher und auch Sünder finden kann, was ihm an Identität fehlt. Ein monologisches, alles erklärendes Etwas, das sich selbst hervorzubringen weiß und darum keines Partners bedarf. Im Akt des Sterbens und Wiederauferstehens, seiner Hauptbeschäftigung, ist alles inbegriffen, was sich der Mensch zum Verständnis der Welt zurechtgelegt hat: Geburt und Tod, Subjekt und Objekt, Liebe und Haß – alle Probleme werden gelöst, alle Fragen beantwortet.

Auch unter den österreichischen Intellektuellen jener Zeit hatten die dionysischen Gedanken Nietzsches ihren Einfluß, und ebenso wie in Rußland wurden sie in politische und ästhetische Terminologie überführt. W. J. McGrath hat das Zusammenspiel dionysischer Kunst und populistischer Politik im Schaffen so unterschiedlicher Repräsentanten der Moderne wie Gustav Mahler, Theodor Meynert und Victor Adler eindrucksvoll aufgezeigt.[67]

Die hier genannten Jünger des Dionysos stammten allesamt aus Freuds engerer Bekanntschaft. Meynert, einer der größten Neurologen seiner Zeit, war einmal sein Freund und Vorgesetzter gewesen, Mahler sein Patient, und Adler, der Begründer der österreichischen Sozialdemokratie, ein Kumpan und Rivale seiner Jugend, den er nach wie vor sehr verehrte. Bei Freud selbst hinterließ Dionysos indes wenig Spuren. Weit empfänglicher zeigte sich Jung.

Anfang 1910 machte er Freud den Vorschlag, die Psychoanalyse zur neuen Religion des sterbenden und wiederauferstehenden Gottes werden zu lassen. »Soll eine Koalition ethisch etwas bedeuten, so darf sie nie künstlich sein, sondern muß von den tiefen Instinkten der Rasse unterfüttert sein ... Aus purem Vernunftübermut sind nur Weise ethisch, die übrigen bedürfen des ewig wahren Mythos ... Ich denke mir für die [Psychoanalyse] eine weit schönere und umfänglichere Aufgabe als ein Einmünden in einen ethischen Orden. Ich denke, man müsse der [Psychoanalyse] noch Zeit lassen, von vielen Zentren aus die Völker zu infiltrieren, beim Intellektuellen den Sinn fürs Symbolische und Mythische wiederzubeleben, den Christum sachte in den weissagenden Gott der Rebe, der er war, zurückzuverwandeln ... Eine echte und rechte ethische Entwicklung kann das Christentum nicht lassen, sondern muß in ihm emporwachsen, muß seinen Hymnus der Liebe, den Schmerz und das Entzücken über den sterbenden und wiederauferstehenden Gott, die mystische Kraft des Weines und die anthropophagischen Schauer des Abendmahles zur Vollendung führen – nur *diese* ethische Entwicklung macht sich die Lebenskräfte der Religion dienstbar.«[68]

Das Dokument, deutlich dem nüchternen Geist üblicher Korrespondenz zwischen Jung und Freud enthoben, scheint in Inhalt und Sprache den Gedanken und Äußerungen der russischen Symbolisten jener Jahre außerordentlich verwandt. Dies deutet weniger auf eine wechselseitige Einflußnahme als auf gemeinsame Quellen hin. Als erste wäre selbstverständlich Nietzsche zu nennen, mit dessen Ideen beinahe jeder Satz des Briefes zu tun hat. Jung durchlebte in jener Zeit eine Krise, die aus der Beziehung zur russischen Patientin Sabina Spielrein (siehe Kap.5) herrührte, und stand »überhaupt so ganz in der Mitte des Waagebalkens zwischen dionysisch und apollinisch«[69], was er Freud unverzüglich kundtat. Dieser beschwichtigte mit Ironie: »Ja, in Ihnen stürmt und wettert es heute wieder und grollt entfernt zu mir herüber ...«[70]

Jung und seine Anhänger unternahmen nicht nur einen Versuch, die Philosophie Nietzsches mit Bachofens Anthropologie und Frazers Ethnographie sowie Freuds Psychoanalyse unter einen Hut zu bekommen. Vor allem das Buch *Wandlungen und Symbole der Libido* (1912) war ein solcher Versuch. Diese Arbeit gab Freud zu Enttäuschung über den Theoretiker Jung Anlaß. Für Freud war eine Synthese von Ödipus und Dionysos schlicht undenkbar, sie hätte die Grundfesten der Psychoanalyse untergraben. Auch viel später noch, als Deutschland zum zweiten Mal in einen Krieg steuerte, interpretierte Jung die jüngsten historischen Erfahrungen mit denselben Begriffen. Jung behauptete 1936, Nietzsches Dionysos sei nur eine Verkörperung des noch mächtigeren Wotan – Gott des Sturms, der Magie und Raubgier. Wotan sei der wahre Gott der Deutschen und ihrer geistigen Katastrophen.[71]

Dionysos und Ödipus

Die russischen Symbolisten kürten Dionysos zu ihrem Helden, so wie es Ödipus in Freuds Psychoanalyse war. Eine Gegenüberstellung verspricht um so mehr, da beide in struktureller Hinsicht als im Unbewußten siedelnde Universalfiguren angelegt sind, die sich nur interpretativ fassen lassen und dabei Wesentliches über den Menschen aussagen, eine Art Gesamtszenarium seines Auftretens in sich tragen. Doch so analog diese Figuren funktionieren, so verschieden sind sie ihrer Natur nach. Dionysos in russisch-symbolistischer Redaktion ist das genaue Gegenteil des Freudschen Ödipus.

Das Wesen dieses Ödipus liegt in seiner Einzigartigkeit und Identität. Er ist Mensch, Mann und Sohn, Angehöriger seines Stamms, seines Geschlechts und seiner Generation. Seine Empfindungen und sein Vorgehen sind höchst individuell, er liebt niemanden als seine Mutter und tötet niemanden als seinen Vater. Seine Gefühle vermischen sich nicht, Liebe und Haß sind klar zu unterscheiden. Mit einem Todessehnen hat die Liebe in Ödipus' Welt sowenig zu schaffen, wie Mutter und Vater, Mann und Frau für ihn zu verwechseln sind. Gegensätze existieren in Reinkultur, es findet sich kein Vermittler, nach ihm wird auch nicht gesucht.

Um seine Konzeption bei Patientinnen anwenden zu können, mußte Freud auf einen anderen Mythos ausweichen, den der Elektra. Ein geschlechtsloser Ödipus war genauso undenkbar wie ein androgyner. Zur Ausweitung der Analyse auf eine benachbarte Generation, die Mütter etwa, mußte der Iokaste-Komplex herzu. Ödipus erlaubt nicht, widerstreitende Gefühle, Geschlechter, Generationen in sich zu vereinen. Die Tragödie des Ödipus verlöre ihren ganzen Sinn, wenn die Gegensätze sich »dialektisch« in ihm vermengten.

Dionysos hingegen setzt sie durch Synthese außer Kraft. Er geht immer wieder neu aus sich selbst hervor, braucht also weder Eltern noch Kinder, erst recht keinen Partner von anderem Geschlecht. Die Schrecken eines Ödipus, einer Elektra und einer Iokaste sind ihm fremd. Ihn umgeben mänadische Nymphen, die aber mehr für die Dichter da sind, welche über ihn schreiben; er selbst kann mit ihnen gar nichts anfangen. Sein Eros richtet sich auf sich selbst. Dionysos ist Narziß, und er ist Osiris. Er liebt und haßt auf einmal, so wie er auf einmal geboren wird und stirbt.

Dionysos ist Christus, und er ist Zarathustra. Subtile philosophische Diskurse dienen nicht, wie es sich gehörte, zur Analyse und Unterscheidung, sie sind nur dazu da, die Grenzen unkenntlich zu machen, die zwischen verschiedenen Menschen und gegensätzlichen Begriffen existieren.

Wie eine krasse Parodie auf den Dionysos-Kult wirkt der Aufsatz von Jakow M. Kogan aus Odessa, der 1932 unter dem Titel *Weltuntergangserlebnis und Wiedergeburtsphantasie bei einem Schizophrenen* im Hausblatt der Internationalen Psychoanalytischen Gesellschaft erschien.[72] Darin wird detailliert und mit vielen drastischen Zitaten der klinische Fall eines Russen geschildert. Dieser nicht sehr hochgebildete Mann, Heimkehrer von der Front nach dem Ersten Weltkrieg, arbeitete in einer Militärbibliothek und las eine Menge modischer Literatur. In seinem Wahn sah sich der Kranke in ewiger Wiedergeburt; der Gedanke, aus dem Schoß einer Frau hervorgegangen zu sein, entrüstete ihn. Das Weltende war für ihn schon dagewesen, und er, der Allmächtige, Ungestüme, Einsame und Ewige, meditiert über »Auferstehung« und »Untergang« mit Begriffen, die unangenehm an berühmte Texte erinnern. Kogan interpretierte den Wahn als eine Radikallösung des Ödipus-Konflikts, worin der Kranke, der nicht in der Lage ist, die Beziehungen zu den Eltern und zur Außenwelt zu akzeptieren oder zu ändern, deren Existenz schlicht verleugnet.

Symbolisten auf der Couch

In dem Buch *Rückkehr*, seiner 1905 erschienenen *Dritten Symphonie*, beschreibt Andrej Bely einen therapeutischen Fall, worin die Psychoanalyse wenn nicht schon anklingt, so doch, wie bei Bely oft der Fall, in rätselhafter Weise sich anzukündigen scheint. (Es wird behauptet, Bely habe die Atombombe vorhergesehen und ihren Mechanismus Anfang der zwanziger Jahre in künstlerischer Form beschrieben.) Der Protagonist jener »Symphonie« gerät in heftigen Konflikt mit seinen Chemikerkollegen: Während er die nietzscheanische Theorie der »ewigen Wiederkehr« vertritt, stehen die Kollegen auf dem Boden »sozialer Theorien«. Der ideologische Krach ruft Halluzinationen hervor, unser Held sieht Bilder wie von Čiurlionis, was dazu führt, daß er zu einem Psychiater namens Orlow in Behandlung kommt, einem alten, weisen, in seinem Sanatorium in Orlowka mächtigen Manne.

Doch mitten in der schönsten Kur läßt der Psychiater ihn sitzen und geht ins Ausland. »Ein Gelächter ob des Unentschiedenen, ein Wimmern ob des spurlos Verlorenen, und endlich ein anhaltendes, jammervolles Greinen.«[73] Nicht so sehr die Psychoanalyse selbst ist es, die in der *Dritten Symhonie* vorausgesagt wird, als vielmehr ihre Notwendigkeit.

Ljubow Mendelejewa, Bloks Frau und Belys unglückliche Liebe, kommt in ihren Erinnerungen mehrmals auf Freud zu sprechen. Das verwundert nicht, denn die Zustände, die sie beschreibt, werden wahrlich viel häufiger im Sprechzimmer des Therapeuten geschildert als auf des Dichters Papier. Das Familienleben der Bloks schien weitgehend ein Experiment zwecks Überprüfung der Solowjowschen Thesen zur übermenschlichen, von allem Fleischlichen wegführenden Liebe zu sein. Das Experiment zeitigte niederschmetternde Resultate. Was als philosophische Entsagung aller Sexualität im Namen der »weißen Liebe« begann und von Blok auch praktisch so vollzogen wurde, wandelte sich mit den Jahren in eine Serie von Fehltritten auf beiden Seiten und beschwor einen Konflikt zwischen der Frau und der Mutter des Dichters herauf. Um zu begreifen, was ihr im Leben widerfahren war, mußte Ljubow Dmitrijewna (die sich bereits ganz zu Anfang des Jahrhunderts, noch als Studentin, auf Psychologie spezialisiert hatte) eine qualvolle Abkehr von Solowjow hin zu Freud vollziehen. So schreibt sie ihre Memoiren in der Form freier Assoziationen und mit dem Ziel, »einer Freudschen Analyse der Vorfälle ein gewisses, wenngleich unvollständiges Material zu liefern«[74]. Auch den Konflikt mit der Schwiegermutter möchte sie am liebsten »den Schülern Freuds übergeben«. Und die Entdeckungen ihres Vaters, des großen Chemikers, versteht sie nunmehr als Durchbruch »von Kräften des Unterbewußten« durch die sie eindämmenden »Schleusen«.

Daß die Mendelejewa-Blok so häufig auf Freud verweist und sogar selbst die analytische Terminologie gebraucht, zeugt davon, daß die »Freudsche Wissenschaft« in ihren Kreisen nicht fremd war, auch wenn Blok selbst ihr vermutlich ablehnend gegenüberstand. Der Psychoanalytiker Juri Kannabich diagnostizierte bei Blok im April 1917 eine »Neurasthenie« und bot die entsprechende Behandlung an. Nach kaum vier Wochen machte Blok seinen Gefühlen in einem Brief an die Mutter Luft, die sich selbst gerade in Kannabichs psychotherapeutischem Sanatorium in Krjukowo (siehe Kap.4) aufhielt: »Du hoffst auf psychologische Wirkungen, ich glaube daran endgültig nicht mehr (und habe es nie), sehe darin nur Fernwirkungen eines fremden Willens in verschiedener Kombination.«[75]

Nach zwei Selbstmordversuchen landet Ende 1911 ein junger Mann in der Psychiatrie, der durch seine Herkunft und Interessenwelt prädestiniert war, mitten im Zentrum dieser Kultur zu stehen: Sergej Solowjow (1885–1942), ein Neffe von Wladimir Solowjow, Andrej Belys guter Freund und einst Brautführer bei der Hochzeit von Ljuba Mendelejewa und Alexander Blok. Über Solowjows Probleme wissen wir nicht viel. Einige Jahre zuvor spielte er eine gewisse Rolle im Ehedrama der Bloks, als er mit ihnen die Frage besprach, wie »die dunkle Gewalt des Astarte-Kults« und »der Drache der Lüsternheit« (alles Begriffe von Onkel Wladimir) zu unterwerfen wären, damit der wahren, der körperlosen Liebe nichts mehr im Wege stünde; er war es, der diese »weiße Liebe« von den jungen Eheleuten einforderte.[76] Allerdings änderten sich seine Ansichten schon bald, und er ließ Blok seiner Frau übermitteln, daß »meine Liebe zu ihr demnächst eine gewisse sündige Nuance dazugewinnen wird«; zwar »zieht es mitunter zum alten Leben, aber dort riecht es nach Tod, während sich das Leben in astartische Formen gewandet«[77]. Er träumt jetzt sogar davon, »daß über meiner postumen Biographie stehen wird: Ein Wüstling des 20. Jahrhunderts.«[78]

Kurz, wir haben es mit typisch pubertären Anwandlungen zu tun – interessant nur die Form, die die Kultur ihnen anmißt. Sergej Solowjow an Blok 1905: » Du strittest mit mir, als ich sagte, das Christentum wurzele außerhalb des Geschlechts. Inzwischen meine ich, daß das Christentum überhaupt erst durch die Wollust in seiner Gänze begreifbar ist – wie jede andere Religion auch. Und nur weil in ihm die Wollust der Trauben lodert, ist es die ewige Lehre, die Religion der Zukunft.«[79] Sergej Solowjows Interpretation des Christentums als »Religion heiliger Wollust«, die er für die einzig richtige Auslegung der Lehre seines Onkels ansieht, trifft sich mit den Phantasien eines C. G. Jung, der ja auch »den Christum sachte in den weissagenden Gott der Rebe« ... zurückverwandeln wollte.

Nach einigen Monaten Aufenthalt im städtischen Hospital wurde Solowjow an das Sanatorium im nahe gelegenen Krjukowo überwiesen, wo seinerzeit fast alle Moskauer Psychoanalytiker arbeiteten. Behandelnder Arzt wurde selbiger Juri Kannabich, der damals gerade einige Aufsätze zur Psychoanalyse der Paranoia veröffentlicht hatte und bald darauf Präsident der Russischen Psychoanalytischen Vereinigung werden sollte. Die Analyse, in Krjukowo mit verschiedenen physiotherapeutischen Behandlungsformen gekoppelt, schlug recht schnell an. Bereits 1913 jedoch geht Solowjow wieder einen radikal anderen Weg und läßt sich zum orthodoxen Glauben bekehren; Anfang der Zwanziger tritt er zum Katholizismus über und wird Episkopus der »griechisch-russischen Diözese«, um schließlich später noch mehrfach in sowjetischen psychiatrischen Kliniken zu weilen.

Ein anderer von Belys engsten Freunden, Emil Medtner, hatte eine »Anamnese« vorzuweisen, die für die russische Psychoanalyse einträglicher war. Als Bruder eines namhaften Komponisten und Chef des bekannten *Musagetes*-Verlags stand Medtner im literarischen Leben der Zeit. *Musagetes* brachte in den Jahren seiner Existenz viele Bücher der Symbolisten heraus. Insbesondere Belys Werke erschienen in diesem Verlag; der Autor genoß dessen Förderung bis zu seiner »Erweckung« durch die Anthroposophie, vor der ihn Medtner mit aller Macht zu bewahren suchte.

Dieser Verleger und Kritiker also, ein Westler aus tiefster Überzeugung, dessen Verdienste um die russische Literatur ähnlich zu bemessen sind wie die eines Sergej Djagilew für das russische Ballett, ließ sich während der Blütezeit seines Verlags in irgendeiner Moskauer Praxis analysieren. Marietta Schaginjan berichtet in den siebziger Jahren, Medtner habe »Symptome Pseudo-Meynertscher Hysterie« gezeigt und unter schweren Anfällen »psychischen Schmerzes« gelitten. Sie bezeugt, daß Medtner auch an Assoziations-Tests teilnahm, die frischgebackne Jung-Schüler in Moskau durchführten.[80] Weitere Einzelheiten erfahren wir aus den Erinnerungen von Wjatscheslaw Iwanows Tochter Lidija. Ein Symptom der »psychosomatischen Erkrankung« Medtners sei gewesen, daß er auf jegliche Musik allergisch reagierte: »Die Anfälle in Form quälenden Ohrensausens und heftiger Kopfschmerzen ereigneten sich, sobald Emil Musik hörte. Vor Ausbruch der Krankheit war Musik sein Lebenselixier gewesen.«[81] Die ihm nahestanden, vermuteten »psychische Ursachen«, nämlich Emils leidvolle Erfahrungen mit dem Bruder: Nikolai Medtner hatte die Frau geheiratet, die Emil über alles liebte.

Im Sommer 1929 traf sich Emil Medtner mit Wjatscheslaw und Lidija in Davos. Sie saßen in einem Café. Als die Musik zu spielen begann, waren die Freunde, die sich an die trübe Zeit in Moskau erinnerten, alarmiert. Medtner indes zeigte keine Reaktion: »ein Ergebnis der Behandlung bei Jung«, lautete seine Auskunft. Wie Lidija Wjatscheslawowna berichtet, hatte sich Emil Medtner, der »in die Jahre gekommen und völlig von Kräften« war, in Zürich an Jung gewandt und von ihm Hilfe bekommen: »Alle Anzeichen der Krankheit verschwanden, er wurde wieder ein Mensch und ging gar – mit Jungs Segen – dazu über, selbst Patienten zu empfangen und psychoanalytisch zu behandeln.«[82] Nach jenem gemeinsam verbrachten Tag hatten die Iwanows den Eindruck gewonnen, daß Medtner jetzt »Jungs Freund und gelegentlicher Gehilfe« war. All dies konnte Wjatscheslaws Interesse an Jung nur »stark verstärken«. Er habe dessen Arbeiten im Auge behalten, schreibt die Tochter, und tatsächlich gibt es in seinen späten Werken, zum Beispiel in der *Anima*-Studie[83] von 1934, Verweise auf Jung; in einem Aufsatz über Lermontow schließlich, 1947 verfaßt, hat neben der charakteristischen Jungschen Terminologie auch dessen allgemeines Verständnis von Psychoanalyse Niederschlag gefunden.[84] Iwanow schienen Medtners Erzählungen über die analytische Psychologie an die mystischen Ahnungen seiner eigenen Vergangenheit erinnert zu haben, denn er widmet ihm nun nachträglich sein bereits 1917 geschriebenes Sonett *Schwelle des Bewußtseins*:

> Der forsche Geist ragt wie ein Leuchtturm auf
> Aus totem Meer und läßt das Auge schweifen,
> Sein Licht vermag das graue Blei zu streifen
> Der Litanei vom tristen Weltenlauf …[85]

Lidija Iwanowa nahm das Resultat der Analyse so wahr: »Auf mich selbst wirkte das Bild, das Medtner abgab, außerordentlich deprimierend: er erschien mir wie ein Halbtoter, der gerade noch normal gehen und agieren kann. Etwas in seiner Seele (die Musik?) war infolge der Behandlung abgetötet worden. Etwas sehr Wesentliches. Die Seele lebte nicht mehr richtig, sie war verkrüppelt, amputiert. War es das, was Jung mit seiner Psychoanalyse geleistet hatte? Welch ein Preis!«[86]

Ein solches Widerstandsverhalten ist für die russische Intelligenzija insgesamt sehr charakteristisch. Lou Andreas-Salomé hatte, wie wir uns erinnern, Rilke mit ganz ähnlichen Motiven vom Besuch beim Analytiker abgeraten. Unter Moskauer Intellektuellen kursiert bis heute die Legende (an der durchaus »etwas dran« sein könnte), ein Moskauer Analytiker habe Sergej Eisenstein aus gleichem Grund fortgeschickt und ihm zuvor erklärt, nach der Analyse müßte er sich um eine Buchhalterstelle bei *Gosplan* bemühen.[87] Anna Achmatowa schließlich erzählte bissig, es sei unter den jungen englischen Intellektuellen üblich gewesen, zu Freud zu fahren und sich von seinen Komplexen befreien zu lassen. »Na und, hilft es?« habe sie sich bei einem Gast aus Oxford (Isaiah Berlin, wie wir vermuten) erkundigt. »Und ob!« erwiderte dieser. »Wenn sie wiederkommen, sind sie so langweilig, daß es nicht zum Aushalten ist. Man weiß nicht, worüber man mit ihnen noch reden soll.«[88]

Musagetes geht nach Zürich

Bei Kriegsausbruch 1914 ist Medtner gerade in München und wird nach der Schweiz evakuiert. In Zürich lernt er Jung kennen und beginnt anscheinend schon da mit der Analyse. Ein zuverlässiges Urteil über beider Beziehungen läßt sich anhand von siebzehn bislang nur unvollständig veröffentlichten Briefen bilden, die Jung zwischen 1917 und 1935 an Medtner geschrieben hat und die in den sechziger Jahren von Zürich nach Moskau verbracht wurden, wo sie bis heute archiviert sind.[89] Darin ist Jung mit Medtner per du, der Tonfall innig. Es sind Zeugnisse einer langwährenden Freundschaft. Nachzulesen gibt es neben Einladungen zum Abendessen beispielsweise eine Mitteilung von Jung (der damals gerade seinen Militärdienst in Frankreich ableistet), daß die geplante Reise zu Medtner entfallen müsse, da sein Spital an einen anderen Ort verlegt werde. Am 19. Januar 1919 schreibt Jung:

»Lieber Freund,
Ich danke Dir herzlichst für Deinen freundlichen Brief und Neujahrswunsch. Ja, die Welt hat sich seither noch einmal umgedreht. Mit der Gefühlsrealisierung kommt man nicht nach. ... Es muß allerdings eine schreckliche Situation für Dich sein, Deine Angehörigen in dieser Nervenhölle zu wissen. Hoffentlich wird im Frühjahr der Bolschewismus von der Entente erdrückt.«[90]

Das Ausmaß gemeinsamer Interessen bezeugt der Brief vom 31. Januar 1933:

»Lieber Emil,
... Es tut mir leid von Dir zu hören, daß Du so geplagt bist. Es ist

schade, daß ich nicht telepathisch zaubern kann ... Ich vertreibe mir aber die Zeit in höchst unmoderner Weise, indem ich Origines contra Celsum lese und psychologische Parallelen über Plotin, Proclus zu Hegel und, last not least, zu Karl Marx verfolge ...«[91]

Mehrfach enthält die Korrespondenz auch freundliche Zeilen von Emma, Jungs Frau. Außerdem schien Medtner gut bekannt mit Toni Wolff, Jungs Patientin, die später selbst Psychiaterin und seine enge Vertraute wurde. Ihr wiederum war wohl der Kontakt zur millionenschweren amerikanischen Mäzenin Edith Rockefeller-McCormick zu danken, deren Mann gleichfalls Patient bei Jung gewesen war. Sie erklärte sich bereit, zwei parallel erscheinende Ausgaben von Jungs Werken in Rußland und Frankreich zu finanzieren. Die Arbeit daran begann Ende 1916. Jung habe sein Einverständnis an die Bedingung geknüpft, »die Übertragung möglichst wörtlich zu halten, getrost auf Kosten der Flüssigkeit, erst recht der Eleganz des Stils«[92], wie Medtner im Kommentar der Ausgabe mitteilt.

Wahrscheinlich auf Jungs Betreiben sandte Medtner einige der Übersetzungen zur Prüfung an Sabina Spielrein. Diese zeigte sich mit der Qualität unzufrieden und schrieb im Dezember 1917 an Jung, sie habe »das Zeug« nach vielen Überarbeitungsversuchen an Medtner zurückgeschickt. Letzterer wiederum warf der Spielrein Pedanterie vor.[93] Am Ende beteiligte sie sich an dem Unternehmen doch.

Ursprünglich sollten die geplanten vier dicken Bände gleichzeitig erscheinen. Medtner folgte Jungs Anregung und schrieb für jeden Band eine ausführliche Einleitung, die nicht nur auf den Inhalt einging, sondern zum Beispiel auch »die Hintergründe für die Abspaltung der Zürcher von der Wiener Schule aufzudecken« versprach. Daraus wird wohl ersichtlich, auf wie vertrautem Fuße Jung mit seinem neuen russischen Patienten und Freund stand.

Wenngleich die Umstände gewisse Änderungen des Programms erzwangen, ist man erstaunt und entzückt, daß die Realisierung des Vorhabens beinahe vollständig gelang. 1928 kamen die Arbeiten an dem Projekt aus finanziellen Schwierigkeiten ins Schleppen, im Jahr darauf starb auch noch Mrs. Rockefeller-McCormick, die Mäzenin. Medtner selbst erlebte nur noch das Erscheinen des ersten Bandes im Jahr 1929. Insgesamt wurden in Zürich drei Bände der von Jung autorisierten und von Emil Medtner herausgegebenen *Ausgewählten Schriften zur Analytischen Psychologie* in russischer Sprache gedruckt. Der erste erschien unter dem *Musagetes*-Signet. »Es wäre doch schade, wenn das Thema Psychoanalyse kein einziges Mal bei *Musagetes* anklänge«, hatte Medtner wissen lassen. Seinem Vorwort stand ein Motto von Wjatscheslaw Iwanow voran. Überhaupt ließ Medtner keine Gelegenheit aus, die ungebrochene symbolistische Tradition zu betonen, die aus seiner Sicht in den Arbeiten Jungs ihre logische Fortsetzung erfuhr. Dazu mußte er natürlich die Widersprüche zwischen Jung und Freud besonders herausstreichen. Freuds Einfluß auf Jung schien Medtner unerheblich: Jung »habe sein Thema – durchaus kein freudianisches – in sich getragen«. Wie Jung für ihn überhaupt »mehr als nur ein Psychoanalytiker« war.

Sachkundig berichtet Medtner von den polemischen Reaktionen der Fachpresse auf Jungs Bücher, woran er im übrigen selbst beteiligt gewesen sei: 1921 habe er als erster im deutschen Sprachraum ausführlich die *Psychologischen Typen* besprochen. »Das symbolische Produkt des Unbewußten muß befreiende Wirkung haben«, verkündet er und zitiert abwechselnd Jung und Iwanow, dessen Symbolismus sich gleichfalls die Befreiung der Seele und die Katharsis zum Ziel gesetzt habe. Das Erscheinen des ersten Bandes mit Werken von Jung auf russisch wurde von *Put* (Der Weg), einer Emigrantenzeitschrift mit religiös-philosophischem Einschlag, euphorisch begrüßt.[94]

Die Bände 2 und 3, worin die *Wandlungen und Symbole der Libido* und eine Reihe weiterer Artikel zu Theorie und Praxis der analytischen Psychologie vereint waren, erschienen erst 1939. Als Herausgeber zeichnete nunmehr der *Psychologische Klub* in Zürich; behilflich bei der Endredaktion der vom verstorbenen Medtner hinterlassenen Materialien war der namhafte Philosoph der russischen Emigration Boris Wyscheslawzew. In den einführenden Aufsätzen entwickelt Medtner den Gedanken einer Verwandtschaft von Psychoanalyse und Symbolismus weiter.

Im letzten erhalten gebliebenen Brief an Medtner vom 31. Juli 1935 geizt Jung nicht mit Worten, um dem engen Mitstreiter Dank zu sagen und dem kranken Freund Beistand zu leisten. Den Anlaß bildete eine Jubiläumsschrift, die Medtner zu Jungs 60. Geburtstag besorgt hatte; gemeint waren freilich ebenso die Übersetzungen ins Russische.

»Lieber Emil,

Zunächst danke ich Dir herzlichst für Deine freundlichen Glückwünsche. Sodann aber bin ich Dir ganz besondere Dankbarkeit schuldig für Deinen Beitrag zur Festschrift. Schon die Tatsache der Festschrift hat mich ungeheuer überrascht. Ich habe mich sogleich auf Deinen Artikel gestürzt und ihn mit großem Interesse gelesen. Ich fand es nämlich ungemein originell, wie Du Deine Aufgabe aufgefaßt hast. Sie zeigt, wie temperamentmäßig philosophisch Du bist und wie Du die Persönlichkeit immer und unabwendbar im Lichte der Ideen betrachtest. Das hat mich ungemein gefesselt ... Für ganz besonders geglückt halte ich den aphoristischen Stil, der das Ganze des Bildes in unendliche Facetten auflöst und es dem Leser überläßt, aus der Vielheit der Eindrücke ein Ganzes entstehen zu lassen. Es ist ein richtig impressionistischer Stil.

Ich kann bei dieser Gelegenheit nicht unterlassen, Dir zu sagen, wie sehr ich es geschätzt habe, daß Du in meiner Sache zur Feder gegriffen hast. Ganz abgesehen von der Mühe, welche schon der beträchtliche Umfang Deiner Arbeit erfordert hat ... Du kannst aber versichert sein, daß Du mit dieser Arbeit eine ebenso interessante wie, vermöge ihres inneren Wertes, dauerhafte Leistung vollbracht hast.«[95]

Gewaltsamer Widerstand gegen das Böse

Medtners Freund, der Philosoph und Privatdozent an der Moskauer Universität Iwan Iljin, absolvierte 1912 eine Analyse bei Eduard Hitschmann in Wien, einem der Freud am nächsten stehenden Analytiker, seit 1911 Vizepräsident der Wiener Vereinigung (Präsident war Freud selbst). Einer anderen Version zufolge sei Iljin für kurze Zeit von Freud selbst analysiert worden: Die täglichen Sitzungen hätten sich von Mai 1914 an über einen Zeitraum von sechs Wochen erstreckt.[96]

Iljin war Mitglied der RSDRP und hatte aktiv an der Ersten Russischen Revolution teilgenommen, war sogar noch auf einem der Parteikongresse in Helsinki 1905 dabei. Recht bald jedoch nahm er von allen revolutionären Aktivitäten Abstand.

Iljins Verwandte, die von seinen psychoanalytischen Sitzungen wußten, verhielten sich demgegenüber mißtrauisch. Wie Jewgenija Herzyk mitteilt, »war die Bekanntschaft mit Freud für ihn eine Offenbarung. Er fuhr nach Wien, absolvierte einen Zyklus therapeutischer Gespräche, und zunächst schien es, als hätte sich etwas geklärt und geweitet in ihm. Doch was mit sieben Schlössern verschlossen ist, kann auch kein Freudscher Schlüssel auftun.«[97] Allgemeines Mißfallen erregte, wie Iljin sein »Talent zum Hassen, Verachten und Schändlichmachen ideologischer Gegner« ausspielte, von denen Herzyk Wjatscheslaw Iwanow, Nikolai Berdjajew, Maximilian Woloschin und Andrej Bely aufzählt: »... unermüdlich fahndete Iljin nach deren Schwächen, um am Ende triumphierend bei jedem von ihnen ›sexuelle Perversionen‹ ausfindig zu machen«[98]. Besonders verhaßt war ihm allem Anschein nach Wjatscheslaw Iwanow. Dessen Tochter beschreibt eine skandalöse Szene, wie sie sich zwischen beiden Männern abzuspielen pflegte: »Aus heiterem Himmel tauchte Iljin auf und fing an, Wjatscheslaw völlig unverständliche Dinge an den Kopf zu werfen. Man glaubte den Schaum vor seinen Lippen zu sehen, er wand sich wie in Krämpfen.«[99]

Seine Feinde vergalten ihm die Eskapaden auf nicht minder rigorose Art. Bely zum Beispiel beschrieb Iljin so: »jung, stoisch, wie ein Gerippe so blaß ..., ich glaube, er litt an seiner Geisteskrankheit schon lange, bevor sie zum deutlichen Ausbruch kam; ... sein Platz war in der Psychiatrie«[100]. Selbst der wesentlich ruhigere Berdjajew verliert, da von Iljin die Rede ist, ein wenig die Fassung: »Selten habe ich ein derart gräßliches und anstrengendes Buch lesen müssen wie das von Iwan Iljin.«[101]

Im Privaten zeichnete den jungen Iljin, glaubt man Herzyks Worten, ein »Haß, der an Psychose grenzt« und den die Autorin damit erklärt, daß Iljin sich seit frühester Jugend um einer abgehobenen Idee willen alle Freuden der Welt und insbesondere »jede Form von Lust« versagt hatte. Woher der Haß auch immer rührte, die Zeitgenossen nahmen ihn sogar noch in seinen philosophischen Werken wahr. Einer von Iljins fundamentalen Gedanken war der »gewaltsame Widerstand gegen das Böse«, welchen er als berechtigt und geboten ansah – eine ethische Konzeption, der er nicht wenige inbrünstige Zeilen widmete. Sie rief stürmische Proteste unter jenem Teil der Intelligenzija hervor, der durch die Schule der Tolstoischen Predigten gegangen war. Die Geschichte indes hat gezeigt, daß es sich durchaus gelohnt hätte, etwas genauer hinzuhören.

Iljins Bücher ebenso wie die überlieferten Vorlesungsnotate belegen, daß seine Angriffe gegen Iwanows Mystizismus und Belys Anthroposophie zumindest gut durchdacht und professionell begründet waren. Wohl unter dem Eindruck der Analyse formulierte der Philosoph seine Kritik in Begriffen, die unschwer als psychoanalytische zu erkennen sind. Die Anthroposophen, so Iljin im Jahr 1914, »nehmen gern das Wort Wissenschaft für sich in Anspruch, predigen jedoch in Wirklichkeit eine mystisch verbrämte Seelenpraxis. In deren Zwielicht … löst sich das vernünftige Leben des Geistes in einer Kultivierung der physiologischen Seiten und Begabungen der Seele auf. Ihre ›Wissenschaft‹ ist Magie und der Inhalt ihrer ›Lehre‹ eine verschwommene Schimäre. Der ›Anthroposoph‹ müht sich, das Geheimnis seines persönlichen Unbewußten magisch zu fassen und tritt zu diesem Zweck in einen praktischen Austausch nicht etwa mit dem Gegenstand, sondern eben mit dem eigenen Unbewußten. Dieser Austausch versenkt das Zentrum seines Lebens in die unerforschlichen Tiefen ererbter Instinkte, was nicht um der Erleuchtung willen geschieht; der Anthroposoph als echter ›Magier‹ will nicht wissen, sondern herrschen, nämlich über die ungehorsamen und unseligen Kräfte seines Wesens.«[102]

Hinter allem, was die Anthroposophen und andere Mystiker okkult nennen, steckt für Iljin »nichts weiter als die angeborenen Inhalte des Unbewußten«. Er hat wohl die Psychoanalyse im Sinn, wenn er den Anthroposophen bescheinigt: »… sie wissen nicht, daß die Erfahrung der Wissenschaft längst viel weiter und viel tiefer ins Unbewußte vorgedrungen ist als sie und … daß der ›dunkle Kern‹ ihrer okkulten Praxis von der Wissenschaft bereits beherrscht wird.«[103] Die »besondere Läuterung von Geist und Seele« erfordere ständige Arbeit an sich selbst, und die Menschheit im ganzen habe wie auch der Einzelne »lange und qualvoll die rechten Wege zu einer solchen Läuterung gesucht«. Iljin schreitet diese Wege ab, sie führen ihn von den Yogi über Pythagoras, Descartes und Spinoza bis hin zum »vorsichtigen und wachsamen Sigmund Freud«.

Die Psychoanalyse charakterisiert Iljin als »Methode, mit deren Hilfe der Mensch nicht nur sein Unbewußtes läutern und kurieren, sondern auch seinem Geiste organische Unversehrtheit, Empfindsamkeit und Beweglichkeit angedeihen lassen kann«. Darin vermag die Psychoanalyse der Philosophie zu dienen, die sonst Gefahr läuft, »die Sphäre des Unbewußten in ihrer ganzen Subtilität, Leidenschaftlichkeit und Unergründlichkeit zu unterdrücken … All jene Verletzungen der lebendigen Seele, die jeder von Kindesbeinen an erwirbt und die ein Leben lang nicht verheilen, die die Seele nicht selten verzehren und sie in alle möglichen Psychosen und Neurosen treiben, ... machen sie unfähig zur Erfahrung und Forschung am Gegenstand.«[104]

Iljin, der sich in jenen Jahren als Hegelianer sah, glaubte in der Psychoanalyse offenbar ein taugliches Instrument für die Philosophie zu erkennen. »Werkzeug der philosophischen Erkenntnis ist die Leibhaftigkeit des Philosophierenden«, doziert er, und weiter: »Der Philosoph ist mehr als jeder andere Gelehrte verpflichtet, die Kräfte seines Unbewußten zu steuern.« Ein Philosoph, der nicht die langwierige und mühselige Arbeit der Läuterung seiner Seele auf sich nimmt, wird nur »zu einem mehr oder minder geschickten Kompromiß zwischen Ansprüchen seines persönlichen Unbewußten und bewußter Ideologie«[105] in der Lage sein.

Im Jahr 1921 wählt die erlauchte Moskauer Psychologische Vereinigung Iwan Iljin zu ihrem Vorsitzenden. Doch schon im Herbst 1922 wird er mit zwei Dutzend weiterer großer russischer Schriftsteller und Gelehrter des Landes verwiesen. In der Emigration veröffentlicht Iljin eine ganze Anzahl Bücher, darunter die fundamentalen *Axiome religiöser Erfahrung*. Die Psychoanalyse wird darin schweigend übergangen – der Neuhegelianismus im übrigen ebenso. Nur an einer Stelle äußert sich Iljin mißbilligend zur Jungschen Idee des kollektiven Unbewußten, die seiner Ansicht nach die Souveränität des Individuums verletzt.[106] Eine apologetisch gehaltene Iljin-Biographie[107] erwähnt die Psychoanalyse mit keinem Wort. In Kreisen der weißen Emigration standen die Zeichen dafür wenig günstig. Einzig im persönlichen Gespräch hielt Iljin mit seinen ungewöhnlichen Interessen nicht hinter dem Berg. So schrieb Iwan Bunin 1931 über ihn in sein Tagebuch: »... er versteht jetzt auch schon die russische Revolution auf Freudsche Art«[108].

Iljin besaß in Kreisen der russischen Emigration ungewöhnlich großen Einfluß. Als er im Dezember 1954 starb, schrieben die Emigrantenzeitungen von ihm als dem »führenden Ideologen des russischen Auslands«, einem »begnadeten, unbeugsamen Freund der Weißen Bewegung«, ihrem »geistigen Oberhaupt« gar.

Psychoanalyse versus Anthroposophie

In seinen Memoiren schrieb Bely, von 1915 an sei Medtner ihm zum Feind geworden; die »uns trennenden Ideologien, an denen sich eine wunderbare Freundschaft zerschlug«[109], verglich er poetisch mit Särgen. Belys Nachkriegs«ideologie« ist bestens bekannt: Es ist die Anthroposophie, die neue Lehre des Rudolf Steiner, die einen Mystizismus mit dem Anstrich von Wissenschaftlichkeit versah und so gleich zwei Moden der Zeit bediente. Worin aber sah Bely Medtners ideologischen »Sarg«, in dem er sich selbst begrub? Es muß wohl der psychoanalytische gewesen sein. Man darf annehmen, daß er sein Zerwürfnis mit Medtner und mit Iljin, die sich beide gerade in Analyse befanden, als Folge des mißlichen Einflusses der Psychoanalyse betrachtete, als Beweis für deren Feindseligkeit und Weltfremdheit.

Im Dezember 1914 schrieb Bely in sein Tagebuch: Medtner »erzählt mir viel von seiner Freundschaft mit Iljin; scheint mir sogar mit Iljin zu drohen; all das schürt in mir nur das Pathos zur Attacke …«[110]. An gleicher Stelle bemerkt Bely, daß Medtner wie verwandelt sei: »er ist gealtert und im Innern verbittert geworden … des öfteren erklärte er, ein leidenschaftlicher Anhänger der Theorien von Freud und Jung geworden zu sein, die ›Psychoanalyse‹ sei ihm geradezu auf den Leib geschrieben; dieser ›Freudismus‹ stößt ihn entschieden von mir ab; ich nehme diese Neigungen Medtners feindselig auf«[111].

Seine Verehrung für Nietzsche konnte Medtner (der seit 1902 an einer Nietzsche-Biographie schrieb) nicht davon abhalten, immer wieder die Gefahr eines Mystizismus »sowie anderer romantischer Stimmlagen, die unweigerlich in Mystik umschlagen«[112], zu beschwören. Nachdem er Steiner 1909 einmal gesehen hatte, schien sein Bild festzustehen: »Das ist so ein kreischender theosophischer Pastor, der mit Plattheiten um sich wirft«[113], schreibt er an einen von Belys Freunden. 1916 veröffentlichte Bely ein Buch über Steiner und Goethe, das gegen Medtners eben erschienenes Werk offen polemisierte.[114] Fjodor Stepun, der beide kannte, nannte es einen »furchtbaren Schlag«[115], über den Medtner bis zu seinem Tod nicht ohne große Pein habe sprechen können. Medtner ließ Belys Angriff unerwidert. An seiner Stelle rührte sich Iljin, der Bely einen offenen Brief schrieb, welcher diesen wiederum kränkte.

Allem Anschein nach war die Psychoanalyse ein wichtiger, wenn auch unterschwelliger Grund für den Riß, der nun durch die symbolistische Bewegung ging. Unter dem Druck konträrer kultureller Einflüsse – der rationalistischen Psychoanalyse auf der einen, der mystischen Anthroposophie auf der anderen Seite – spaltete sich der russische Symbolismus in zwei feindliche Lager, an deren entlegensten Punkten die Freunde von gestern standen: Medtner und Bely.

Den Konflikt so zu deuten fällt um so leichter, wenn man weiß, daß sich kurz zuvor gar innerhalb der Anthroposophischen Gesellschaft ein ganz ähnlicher Skandal an der Psychoanalyse entzündet hatte: Ein gewisser Boldt hatte 1911 eine Broschüre über Steiner in die Welt gesetzt, worin er, wie Bely berichtet, dessen Ansichten mit denen Freuds in einen Topf warf und auf diesem Menü bestand; ein Gruppe von Mitgliedern stellte sich hinter ihn; an der Sache Boldt schieden sich zum ersten Mal »verschiedene Parteien innerhalb der Anthroposophischen Gesellschaft«[116]. Steiner habe die »Boldtschen Renegaten«, die es vorzogen, unter der Flagge der Anthroposophie zu segeln, heftig gebrandmarkt. Die Debatten hielten an bis zur II. Generalversammlung der Anthroposophischen Gesellschaft im Januar 1914. Bely nahm daran teil und verfolgte die Mißhelligkeiten unter den Mitgliedern, ihre Proteste und ihren Klatsch um den Führer Rudolf Steiner voller Empörung – so viel Gewese um die Psychoanalyse!

So weit entfernt voneinander Psychoanalyse und Anthroposophie uns heute erscheinen mögen – damals und auch noch einige Zeit danach sah man sie nicht selten als Rivalen. Walentin Woloschinow zum Beispiel traf in seinem Buch über den »Freudismus« (vgl. Kap.10) die Feststellung, der Einfluß der Psychoanalyse in Europa sei einzig mit dem der Anthroposophie zu vergleichen.[117] Nikolai Ossipow veröffentlichte sogar einen extra Artikel, worin er Gemeinsamkeiten und Unterschiede einer psychoanalytischen und einer mystischen Sicht auf die Dinge herauszustellen versuchte.[118] Dazu muß ihm eine Episode aus der eigenen Vergangenheit herhalten: Im Jahr 1913 reiste er zusammen mit seiner frisch angetrauten Ehefrau aus irgendeiner Provinzstadt, wo man soeben Hochzeit gefeiert hatte, nach Moskau zurück; bei einem Zwischenaufenthalt vertrat er sich auf dem fremden Bahnhof die Füße und sah vom Zug, in dem seine Frau saß, nur noch die Rücklichter. In dem Ort seines unfreiwilligen Aufenthalts wohnte jene Frau, zu der er später ein Verhältnis haben würde. Der Mystiker, so Ossipow, deute das Geschehen als Prophezeiung, der Psychoanalytiker als unbewußten Protest (gegen seine Frau). Die Wahl zwischen diesen Alternativen schien jedoch nicht einmal dem professionellen Analytiker leichtzufallen.

Für Belys Privatleben bedeutete der Kontakt zur Anthroposophie eine Katastrophe. Die Freunde in Rußland wandten sich von ihm ab. Noch schlimmer war, daß ihn seine Frau verließ, um dem »Doktor«, wie Steiner von seinen Jüngern genannt wurde, näher zu sein. Der Doktor selbst sah in Bely anscheinend nur einen seiner vielen kauzigen Verehrer, und diese Rolle konnte Bely nicht akzeptieren.

In seinen »intimen« Aufzeichnungen, zur postumen Veröffentlichung bestimmt und erst in jüngerer Zeit erschienen, berichtet Bely von den »Versuchungen des Heiligen Antonius«, denen er sich in den Monaten der Askese nach dem Weggang seiner Frau ausgesetzt sah. Im Gegensatz zu Antonius besaß er nicht das geeignete geistige Rüstzeug, um sich der Blendungen zu erwehren, »das Bild der Frau als solcher begann meine Phantasie zu bedrängen ... Um nicht zu ›sinken‹ und um meine Sinnlichkeit zu besiegen, mußte ich sie mit verstärkten Übungen abtöten; doch diese bewirkten nur eine zeitweilige Betäubung der Sinnlichkeit; ich geißelte das Fleisch; es krümmte sich unter der Peitsche, aber es gab nicht auf; ich verstärkte die Dosen der Meditation; einige Monate lang meditierte ich täglich mehrere Stunden; und diese Meditationen brachten mich zu Ekstasen, Begeisterungen ..., doch wenn ich wieder aus ihnen herauskam, erschienen mir diese Zustände ganz krankhaft, und ich war wieder zu derselben Sinnlichkeit verdammt.«[119] Die Worte Iljins, der Anthroposoph wolle nicht wissen, sondern über die ungehorsamen, unseligen Kräfte seines Wesens herrschen, fallen einem hier unwillkürlich wieder ein.

Als Medtner Bely einmal in seiner Dornacher anthroposophischen Kommune besuchte, kam er auf seine neuesten psychoanalytischen Erfahrungen zu sprechen. Bely, in einer seiner erbärmlichsten Phasen, konnte in ihm nur den »geistigen Spion« sehen. Seine Aufzeichnungen strotzen vor astralen Verdächtigungen aller möglicher Art.

Von der düsteren Periode in Belys Leben, die auf seinen Bruch mit den Anthroposophen folgte, gibt es bizarre Berichte; insbesondere entdeckte er seine Liebe zum Foxtrott, durchtanzte in Berliner Kneipen ganze Nächte bis zur Verwirrung der Sinne, Augenzeugen mochten an einen waschechten russischen Geißler denken. In seiner Verzweiflung ging er schließlich zurück nach Rußland.

Russischer Ödipus oder Vatermörder Kotik

»Fragt man mich, *wie* und *wann* ich Symbolist geworden sei, so antworte ich nach bestem Gewissen: ich wurde nicht *irgendwie* oder *irgendwann* Symbolist, sondern *war es immer schon* (bevor ich überhaupt den Wörtern *Symbol, Symbolist* begegnet bin)«[120], heißt es in Andrej Belys Buch, das diese Frage zum Titel hat.

Das überaus heftige Bedürfnis, frühestes Lebensgeschehen in Sprache zu fassen, führt zu *Kotik Letajew*, dem in der Weltliteratur beispiellosen Versuch der sprachlichen Rekonstruktion vorsprachlicher Kindheitserfahrung.

»... im Symbol entkam ich der Angst«[121], wiederholt Bely ein um das andere Mal; in seinen Romanen ist er immer noch dabei zu entkommen. Über dreihundert Seiten ohne Sujet und Figuren, nur mit Rhythmus, Semantik und Akustik wird beschrieben, »wie die Schwaden der Ereignisse rauchen, wie sie rückwärts laufen«; »ich erstehe vor mir selbst an der Schwelle des dritten Jahrs; wir – sprechen miteinander; wir – verstehen einander«[122]. Im phantasmagorischen Labyrinth des erwachenden Bewußtseins, worin die Unterscheidung von *Ich* und *Nicht-Ich* sich eben erst andeutet, Raum und Zeit noch nicht existieren, erkennt Bely Etappen und Zeichen, die noch entfernt den für alle russischen Symbolisten typischen kantianischen Urgrund anklingen lassen. Die später angeeignete Metaphorik der Anthroposophie ist jedoch ebenso erkennbar. Belys Freund, der bestechende Aron Steinberg, schrieb über den *Kotik*: »Neben der Anthroposophie, auf der das ganze Buch aufbaut ..., ist spürbar anwesend, was die moderne Psychologie, die Psychoanalyse, als Infantilismus bezeichnet.«[123]

Und in der Tat wird der Psychoanalytiker diese Welt sofort als die seine erkennen. Die Kindheit in Belys Beschreibung ist voll von Ängsten, Trieben und durchschaubaren Symbolen, die gewiß noch öfter als Illustration künftiger Theorien (künftiger) russischer Analytiker werden herhalten müssen; für den professionellen Blick ist *Kotik Letajew* eine unerschöpfliche Quelle. In Belys Diskurs jedoch ist die psychoanalytische Sicht schlicht nicht vorhanden.

Kein Analytiker war es, dem die psychoanalytische Relevanz der Romane Belys als erstem auffiel, sondern einer der bedeutendsten russischen Dichter und Literaturkritiker unseres Jahrhunderts, Belys jüngerer Zeitgenosse Wladislaw Chodassewitsch. In zwei Essays[124] unternimmt er auf außerordentlich prägnante Weise den Versuch, Belys drei Romane *Petersburg*, *Moskau* und *Kotik Letajew* auf einen Nenner und mit der Biographie des Autors in Zusammenhang zu bringen.

Belys Romane, wie Chodassewitsch sie sieht, sind »fragmentarische Versionen eines Themas, einer im Kern einheitlichen Fabel«: des Dramas, welches sich einst in des Schriftstellers Familie ereignete. Der kleine Kotik Letajew, der »Moskauer Sonderling« Mitja Korobkin und Petersburgs terroristischer Held Nikolai Ableuchow sind Momentaufnahmen ein und desselben Menschen zu verschiedenen Zeiten seines Lebens. Chodassewitsch zeigt die Analogien im Äußeren, im Charakter sowie in den Rollen, die sie spielen – im Roman und im Leben. »Ungezügelte Begierde ist ihr ständiger Wegbegleiter und erster, vorrangiger, wenn nicht einziger Motor ihres Handelns. Und dieses Handeln muß Gesetze brechen.«[125]

Das eigne Fleisch hassen, das fremde begehren – das ist des Helden Fluch in Belys *Petersburg*. Der Haß auf den eigenen Körper und der auf den Vater sind eins. Wo sich Vater und Sohn im Roman »berührungsnah gegenüberstanden, wirkten sie wie zwei aufeinander gerichtete Ventilatoren; und es wehte ein höchst unbehagliches Lüftchen. Am wenigsten konnte solche Nähe an Liebe erinnern.«[126]

Chodassewitsch, der Bely wie auch dessen Mutter gut kannte, hatte den Autor und sämtliche seiner Helden vor Augen, als er schrieb: »Dies waren die primären Gefühle: Den Vater fürchtete und haßte er in einem heftigen Maße; ... der lieben Mutter schenkte er sein Mitgefühl und sein Entzücken – letzteres fast bis zur sinnlichen Ekstase.«[127] Einem jeden Helden gerät von seinem Objekt jugendlicher Verliebtheit das Blut in Wallung, »doch im letzten Moment schlägt die Erregung um in eine Verachtung nicht geringeren Ausmaßes«. Und am Ende, so Chodassewitschs Interpretationsmuster, begehen die Helden ihr Verbechen, in das sie ein um das andere Mal von ihrer geplagten Sinnlichkeit getrieben werden.

Nikolai Ableuchow, die Hauptfigur im *Petersburg*-Roman, schließt Bekanntschaft mit den Revolutionären und sagt ihnen den Mord am eigenen Vater, einem einflußreichen Senator, zu; dafür erhält er eine Bombe mit Zeitzünder, welcher den ganzen Roman lang vor sich hin tickt. »Nikolai Ableuchow rächt sich am

Vater für seine fruchtlose Begierde, seine eitle Lust, die er als Erbe begreift.« Denn darin und nur darin, unterstreicht Chodassewitsch mit der Rigorosität des Analytikers, liege die eigentliche Motivation zum Verbrechen.

Mitja Korobkin aus *Moskau* schließlich ist Sohn eines Professors, welcher einen unerhört wirkungsvollen Sprengstoff erfunden hat (des Dichters Urbild der Atombombe). Mitja entwendet Bücher aus des Vaters Bibliothek, um sich Geld zu beschaffen, das er braucht, weil er die Tochter des deutschen Spions von Mandrow verführen will, welche wiederum in einer inzestuösen Beziehung an ihren Vater gefesselt ist. Mitjas Diebstahl führt dazu, daß das Papier mit den verhängnisvollen Formeln in Mandrows Hände gerät und ganz Europa zum Pulverfaß werden läßt ... Das also sind die Schandtaten, die der rührende kleine Kotik gegen den Vater und die ganze väterliche Welt ersonnen hat.

Es steht zu vermuten, daß Chodassewitschs Texte zu Bely unmittelbar von Freuds Dostojewski-Essay beeinflußt worden sind. Dafür spricht Chodassewitschs letzte, sehr deutliche Schlußfolgerung: »... alle politischen, philosophischen und alltäglichen Verrichtungen in Belys Romanen ... sind letztlich nur Vorwand, um die prägenden Kindheitseindrücke wieder heraufzubeschwören und ihnen einen neuen Sinn zu geben«. Die entscheidenden Antriebe bei Bely – und ebenso bei Dostojewski, wie Freud ihn sieht – sind der Wunsch zum Vatermord, die daraus erwachsenden Schuld- und Sühnegefühle und schließlich die Übertragung all dieser heftigen Empfindungen auf andere Menschen, den Staat und die ganze Welt.

Übrigens läßt Chodassewitsch in diesen Arbeiten Freud ebenso wie Ödipus weitestgehend unerwähnt, nur ein einziges Mal nennt er Belys Romane, beginnend mit *Petersburg*, eine »Ödipus-Serie«. Dafür mag er Gründe gehabt haben, die nur zu ahnen sind. Die Emigrantenpresse zum Beispiel hatte keine hohe Meinung von der Psychoanalyse. Noch wesentlicher allerdings war wohl, daß Chodassewitsch nicht Anlaß geben wollte, an der Eigenständigkeit seiner Positionen zu zweifeln. (Er selbst hatte ja dem im bolschewistischen Rußland lebenden Bely wiederholt einen derartigen Vorwurf gemacht.) Dennoch lassen Chodassewitschs Erörterungen keinen Zweifel zu, auf welch tieferen Sinn sie zielen, und die Prägnanz der Interpretationen ist um so bemerkenswerter, wenn man in Betracht zieht, daß Belys Spätwerk doch recht langatmig und verwässert ist. Nichtsdestoweniger werden diese Romane bis heute gelesen und als geheimnisvolle Zeitzeugnisse begriffen, von denen *Petersburg* ein großartiges und unvergleichliches ist. Und im Lichte dessen darf man Chodassewitschs Essays dazu getrost als klassische und in der russischen Literatur einmalige Beispiele psychoanalytischer Literaturkritik bezeichnen.

Vorwärts zu Platon

Die russische Kultur der Moderne schuf sich ihre eigene Theorie der Sexualität, die den Ideen des Symbolismus eng verhaftet war. Sind deren Wurzeln bei Wladimir Solowjow und seiner »Sophiologie« zu suchen, so finden sich die ausführlichsten Beschreibungen dazu bei Berdjajew. Der größte russische Philosoph des Jahrhunderts erörterte das Thema 1916 in *Der Sinn des Schaffens* auf folgende Weise:

Unserer Epoche wesentlich eigen sei das mächtige Empfinden für die zentrale Stellung des Geschlechtsproblems. Das Geschlecht exponiere sich gewissermaßen, gehe aus dem Geheimnisvollen ins Offenkundige über. Sexualität durchströme das ganze Wesen des Menschen. Die spezifische Geschlechtsfunktion sei Ergebnis der Differenzierung eines ursexuellen Lebens. Ein verhängnisvoller Fehler wäre es, so Berdjajew weiter, das Geschlecht dem sexuellen Akt gleichzusetzen. »Die Verneinung des sexuellen Aktes ist nicht eine Verneinung des Geschlechts.«[128] Der Geschlechtsenergie könne man durchaus verschiedene Richtung geben, so zum Beispiel auf das Schöpferische hin. Die Trennung der Geschlechter sei eine Folge des Sündenfalls, denn noch Adam sei androgyn gewesen. Auch das »Sophiotische« am Menschen in der russischen Tradition sei mit dem Androgynischen an ihm verbunden. »Denn in Wahrheit ist weder der Mann, noch das Weib Gottes Ebenbild, sondern nur die Androgyne, der Jungfrau-Jüngling, der in sich abgeschlossene bisexuelle Mensch.«[129] Auch Christus ist eine männliche Jungfrau. Das ganze sexuelle Leben des Menschen sei »angestrengtes Suchen nach der verlorengegangenen Androgynität«[130]. Jedoch sei die Vereinigung im realen Akt schemenhaft, »und dieser schemenhaften Vereinigung harrt stets dieVergeltung«[131]. Denn insofern der Akt vergänglich und differenziert sei (während er ewig währen und sich »ins Unendliche vertiefen« müßte), sei er notwendig auch von Makel und

Schwäche befallen. So also sei der sexuelle Vollzug »innerlich widerspruchsvoll und dem Sinn der Welt zuwiderlaufend. Das natürliche Leben des Geschlechts ist stets tragisch und der Persönlichkeit feindlich.«[132] Die gestaltende Kraft werde von der Sexualität unterdrückt. Insbesondere in der Kinderzeugung liege der Keim für den Zerfall der Persönlichkeit. »Das gebärende Leben des Geschlechts hat eine Vorahnung vom Tode.«[133]

Daß selbst ein Mann wie Berdjajew sich anschließend zu Spekulationen über eine »Weltenumstellung« mit einhergehender »Umformung« des Menschen hinreißen läßt, ist einigermaßen erstaunlich, zumal es hier um absolute »Grundwerte« geht: Männlichkeit und Weiblichkeit. »Der Anbruch der schöpferischen Weltenepoche bedeutet eine Veränderung der natürlichen Ordnung«, und zwar dergestalt, daß »das Schöpfertum die Geburt überwinden« und der zeugende Sexualakt zum freien schöpferischen Akt »verklärt« werde.[134] In dieser die Welt erschütternden Epoche treten die früher befestigten Grenzen zwischen Männlichem und Weiblichem zurück, eine Vermischung findet statt, und eines Tages werden wir uns fragen: Ist nicht der sexuelle Akt eine Anomalität?

Wie immer man zu diesen Erörterungen stehen mag – sie geben keinesfalls nur die persönlichen Phantasien Berdjajews wieder. Vielmehr äußern sich darin die Prophetien, Vorurteile, Wünsche und Ängste einer ganzen Generation, ja, einer ganzen Kultur – was auch der Grund ist, weshalb Berdjajew in Rußland so populär war (und heute von neuem geworden ist). Berdjajew legt keinen Wert auf Originalität, vielmehr will er Traditionslinien sichtbar machen. Otto Weininger steht dabei neben Jacob Böhme, Wladimir Solowjow neben Sigmund Freud. Am erstaunlichsten ist, daß das Pathos der Androgynität beim Autor auch nicht vom Schatten eines Zweifels getrübt ist; er unternimmt nicht einen Versuch, es für den Leser in irgendeiner Weise abzuschwächen. Sämtliche für ihn gültige Autoritäten von Platon bis Solowjow teilen seiner Meinung nach die Überzeugung, daß Androgynität der Sinn der Liebe sei.

Gleichzeitig tritt in seiner Philosophie eine persönliche Komponente hervor, über deren lastenden Einfluß er sich bis zuletzt nicht im klaren ist: »Im fiebrigen, quälenden Halbschlaf dräute etwas aus den Tiefen meiner Natur herauf ..., etwas entsetzlich Unangenehmes und Abstoßendes«, schrieb der junge Philosoph seiner künftigen Frau aus Wologda, dem Ort seiner Verbannung.

»Seit vielen Jahren ist mir die Frage des Geschlechts schrecklich und wichtig erschienen, eine der wirklich wichtigen im Leben. Damit verbunden sind viele Erlebnisse, die für meine ganze Existenz schwerwiegend und bedeutsam sind. Und zeit meines Lebens glaubte ich in diesem Zusammenhang an etwas Mystisches, an eine dem Geschlechte innewohnende religiöse Bedeutung.« Und dem nicht genug – der Frau, die er liebte, bekannte er, über ihm hänge »der Fluch geschlechtlicher Unnormalität und Entartung«[135].

Bei diesem glänzenden Philosophen, der den weiten Weg vom Marxismus zum existentiellen und religiösen Personalismus ging und die seltene Gabe besaß, Worte und Gefühle in Einklang zu bringen, läßt sich eine Ahnung bekommen, was diese Generation in Wirklichkeit bewegt hat. Die profane Sexualität ruft in Berdjajew ein ebensolches Grausen und ebensolche Schuldgefühle hervor wie die Zeitgeschichte. »In dieser Zeit sind alle vergiftet, alle sind freudlos, unglücklich, allen liegt eine große Last auf der Seele«[136], schrieb er im November 1917. »Die Intelligenzija hat es sich zur Gewohnheit gemacht, verantwortungslose Ideen und Utopien zu predigen, die keiner je am Leben geprüft hat«[137] – und »für die ekstatischen Augenblicke von Macht und Ruhm steht ihr schwere Vergeltung bevor«[138].

Hören wir, wie Boris Saizew sich an den Berdjajew des Jahres 1906 erinnert: »Im Sessel sitzt ein schöner Mann mit dunklen Locken, der groß daherredet und dabei von Zeit zu Zeit (ein nervöser Tick) den Mund weit aufreißt und die Zunge herausstreckt … Sehr ungewöhnlich, man möchte beinahe an eine Dantesche Geißel denken.«[139] Jewgenija Herzyk, die Berdjajew gut gekannt hat, spürte in seiner Philosophie deutlich »das Grauen der Finsternis, des Chaos«, ein »Schweben über dem Abgrund«. Auch sie erwähnt besagten nervösen Tick, die fahrigen Bewegungen der Hände. Und wenn Berdjajew in ihrem Haus auf der Krim über Nacht blieb, »ertönte vom anderen Ende des Hauses her öfters einmal ein Schrei, daß einen grausen konnte. Am Morgen erzählte er dann verlegen, ihm sei es im Traum so vorgekommen, als hätte sich ein Knäuel Schlangen oder eine gigantische Spinne auf ihn geworfen.« Damit einher gingen »einige kleine, eher komisch zu nennende Extravaganzen, die Berdjajew an sich hatte: zum Beispiel ein Ekel, ja beinahe eine Furcht vor allem Weichen, Schmeichelnden, Überströmenden«[140]. Vor dem Hintergrund dieser Beobachtungen, die kaum eines Kommentars bedürfen, bekommt Berdjajews Bemerkung, er habe in sich nie etwas wie einen Ödipuskomplex entdecken können,[141] einen sehr anderen Anschein.

Was Freud betrifft, so fand Berdjajew seine Arbeiten interessant. »Freud hat nichts von der üblichen psychiatrischen Muffigkeit an sich, seine Gedanken sind klar und kühn.« Besonders hebt er hervor, daß Freud »die Wahrheit wissenschaftlich stützt, daß Sexualität das ganze menschliche Wesen prägt und auch dem Kleinkind eigen ist«. Den üblichen Vorwurf des Pansexualismus macht allerdings auch er, besonders schockiert ihn Freuds Deutung der Religion. Doch selbst hierin bleibt er originell: »Die Neigung der Schule Freuds, für alles, inklusive das religiöse Leben, eine Erklärung in unterschwelliger Sexualität zu finden, nimmt die manische Form an, wie man sie von Psychiatern schon kennt. Denn auch dieser Pansexualismus ließe sich durch die unterdrückte Sexualität seiner Verfechter erklären.«[142] Noch später sah Berdjajew dann in der Psychoanalyse »die Schamlosigkeit der zeitgenössischen Epoche, aber zugleich auch eine wesentliche Bereicherung des Wissens um den Menschen«[143].

Man hätte sich anfreunden können ...

Nach der berüchtigten Ausbürgerungskampagne von 1922[144] und den nachfolgenden freiwilligen Ausreisen fand sich die seriöse russische Philosophie vollständig im Westen wieder und vermochte dort ihre hohe, originelle Kultur zu bewahren. Frei schweifende Interessen wie auch diverse Zufälle ließen viele ihrer Vertreter früher oder später auf die Psychoanalyse stoßen und führten zu je eigenen Interpretationen.

Anfang der Dreißiger, als Freuds *Zukunft einer Illusion* wie auch Jungs *Wandlungen der Libido* in russischer Übersetzung erschienen waren, avancierte die Psychoanalyse für kurze Zeit sogar zu einem brennenden Thema der russischen Religionsphilosophie. Der Berdjajew nahestehende Philosoph Boris Wyscheslawzew widmete seiner Sicht auf die Psychoanalyse im Licht der russischen Orthodoxie ein ganzes Buch mit dem vielsagenden Titel *Ethik des verwandelten Eros*. Die neue Ethik vereine in sich »einen christlichen Platonismus und die Entdeckungen der modernen Psychoanalyse«[145]. Was »Herz und Nieren«[146] im Alten Testament, »Fleisch« beim Apostel Paulus und natürlich Eros bei

Platon heißt, betrachtet der Autor als Vorwegnahme des Freudschen Unbewußten. Auch um die Sexualität macht der Philosoph hier keinen Bogen. Tugend und Laster seien von gleichem Stoff – weshalb die lasterhaften Regungen der Seele ja gerade einer Sublimation (dem Grundprinzip seiner Ethik) zugänglich seien. »Die ganze christliche Askese ist ein großer Sublimationsgedanke«[147], so Wyscheslawzew; das Höchste an Sublimation ist für ihn die Heiligkeit. »Nur der auferstandene Christus und vielleicht noch die zauberhafte Stadt Kitesh« seien in der Lage, »das Chaos des russischen Unterbewußtseins zu sublimieren«[148], schreibt er im Jahr 1931. Mag sein, daß die Psychoanalyse tatsächlich auf Wyscheslawzew Einfluß gehabt hat – in seinen Improvisationen zur religiösen Ethik sind Freuds Ideen jedoch durch allerlei entlegeneres Gedankengut bis zur Unkenntlichkeit entstellt. Freuds Verhältnis zur Religion als »einer Illusion« wiederum blieb Wyscheslawzew natürlich fremd; auch Jung, mit dem der Philosoph einigen Quellen zufolge bekannt gewesen sein und sogar zusammengearbeitet haben soll, mußte sich von ihm einen übertriebenen Hang zum Szientismus nachsagen lassen.

Ein anderer Klassiker der russischen Philosophie, Semjon Frank, wirft der Psychoanalyse in einem wenig bekannten Aufsatz des Jahres 1930 Pansexualismus, Nihilismus und gar Dämonismus vor: »Die Psychoanalyse vermag die Tiefen des Seelenlebens – jenen Schatz, den sie selbst gehoben – philosophisch nicht zu bewältigen.«[149] Frank verwirft eine These, der Wyscheslawzew gewiß zugestimmt hätte, daß nämlich Freuds Libido und Platons Eros letztlich dasselbe seien: Platon suche, so Frank, das Wesen des Eros in den höchsten Kundgebungen des Menschen, Freud hingegen just in den allerniedersten. Frank rückt Freud vom geliebten Platon weg in die Nähe des verhaßten Marx: Beide seien sie Materialisten, der eine ein sexueller, der andere ein ökonomischer; Freud gehe auf diesem verhängnisvollen Weg sogar noch weiter als Marx, denn die Sexualität habe *noch* weniger Menschliches an sich als beispielsweise der Geschäftsneid.

Nikolai Losski in Prag war mit dem gleichfalls nach dort emigrierten Psychoanalytiker Nikolai Ossipow (siehe Kap. 4) gut befreundet. Eine erstaunlich ausgeprägte intellektuelle Verwandtschaft zwischen beiden kam hinzu. »Das empirische Gewicht der Forschungen Freuds bleibt sich gleich, wenn man nicht den physiologischen Trieb, sondern die Liebe im *eidetischen* Sinne als Absolutum in den Mittelpunkt stellt«[150], wurde Ossipow von

Losski zitiert, welcher meinte, nur der Tod habe den Freund davon abhalten können, seine »Lehre von der Liebe als entscheidendem kosmischem Faktor« zu entwickeln. Den Aufsatz Ossipows *Revolution und Traum*, eine der expressivsten und gleichzeitig analytischsten Betrachtungen zur Epoche (siehe Kap. 6), fand Losski »ausgesprochen originell im Gedanken«.

Der Philosoph Lew Schestow wiederum verdankte die Bekanntschaft mit der Psychoanalyse seiner Schwester Fanja Lowzkaja (1873–1965), die seit 1898 in Bern studiert hatte. Im Anschluß an ihre dortige Promotion (1909) ließ sie sich in Genf psychoanalytisch ausbilden – Sabina Spielrein war mit großer Wahrscheinlichkeit ihre Analytikerin. Im Jahr 1922 zog Fanja nach Berlin, wo sie eine Lehranalyse bei Max Eitingon absolvierte. Auf diese Nachricht der Schwester reagierte Schestow enthusiastisch: »Dein letzter Brief hat mich schrecklich gefreut! Wer ist denn dieser Doktor Eitingon? Ich habe noch nie von ihm gehört! Ist er Russe oder Deutscher? Wenn er meine Bücher liest, muß er wohl Russe sein, aber wie konnte er dann in Berlin eine solche Stellung erlangen?«[151]

Durch die Schwester lernte Schestow Eitingon persönlich kennen und schätzen, er machte bei ihm in Berlin viele Male Station. Sie schrieben einander: Schestow auf russisch, Eitingon auf deutsch. Den Beginn ihrer näheren Bekanntschaft vermeldete Schestow im Dezember 1922 aus Paris, wohin er 1920 emigriert war: »Mit Eitingon treffe ich mich oft. Auch seine Frau lernte ich kennen, beides sehr liebe Leute. Er gab mir Freuds Artikel zu lesen – darin viel Interessantes und Bedeutsames. Ich meinte zu Eit., es sei schade, daß Freud Arzt geworden ist – an ihm ist ein Philosoph verlorengegangen, und hätte er nicht so viele medizinische Fragen zu lösen, könnten seine Kühnheit und Beobachtungsgabe gewiß zu den interessantesten Entdeckungen führen. Darauf er: Wenn Freud mich kennte, würde er wohl bedauern, daß ich kein Arzt bin.«[152]

Die Lowzkaja hatte zu den Arbeiten des Bruders ihre eigene Auffassung, die sich von der seinen gründlich unterschied. »In seiner Arbeit an sich selbst ist etwas von Psychoanalyse zu ahnen ... Er will es nicht verstehen: Wenn ihm beschieden ist, was sich Unsterblichkeit nennt, dann just infolge des Freudianismus, denn er ist einer von Freuds wichtigsten Vorläufern«, äußerte sie Aron Steinberg gegenüber. Dieser fand eine solche Meinung zu Schestows Philosophie durchaus verbreitet: »Auch einige Literaturkundler, aus Rußland gebürtig, die mit der Zeitschrift *Imago* zu tun haben, welche sich auf Psychoanalyse spezialisiert hat, sind im weimarischen Deutschland der gleichen Überzeugung wie Lew Isaakowitschs Schwester: daß nämlich Schestows geistige Ausrichtung einen engen Bezug zu Freuds Lehre habe.«[153] Es gab übrigens andere, die Schestow den russischen Nietzsche nannten.

Für Eitingon, der dem unpraktischen Freund des öfteren mit Rat und Tat zur Seite stand, hatte die neue Bekanntschaft die angenehme Folge, daß sein Berliner Haus (Steinberg nennt es einen »psychoanalytischen Salon«) zu einem attraktiven Treffpunkt für die russische Emigration wurde – was dem Doktor, der sehr wahrscheinlich ein Doppelleben führte (siehe Kap. 7), nur willkommen sein konnte. Steinberg, der das Treiben in diesem Kreis aus nächster Nähe studierte, ärgerte sich darüber, daß Schestows Berliner Freunde offenbar annahmen, der Philosoph teile ihre Vorstellungen von einer »geistigen Revolution«.[154]

Eitingon schickte Freud 1928 eines von Schestows Büchern, für die er sich anhaltend begeisterte.[155] Freud las es und bekannte Eitingon in seinem Antwortbrief, er sei leider nicht imstande gewesen, den Gedanken des Verfassers zu folgen: »Wahrscheinlich können Sie sich nicht vorstellen, wie fremdartig mir all diese philosophischen Verkrampfungen vorkommen ... Die Philosophen glauben in solchen Studien gewiß Beiträge zur Entwicklung des menschlichen Denkens zu leisten, es ist aber wohl jedesmal ein psychologisches oder gar psychopathologisches Problem dabei.«[156]

Hier hatte Freud ins Schwarze getroffen. Schestow litt an einer schweren Neurose, die sich in quälenden neuralgischen Schmerzen und periodischen Erschöpfungszuständen äußerte, gefolgt jedesmal von Phasen beängstigender Produktivität. Mit neunzehn schon durchlebte er »eine Zeit tiefster Verzweiflung, eine innere Katastrophe«, die jedermann ein Rätsel blieb.[157]

Auf indirekte Weise bekamen Freud und Schestow später noch einmal etwas miteinander zu tun: Im Jahr 1930 bat Schestow Thomas Mann, er möge doch Bunin für den Nobelpreis vorschlagen. Mann antwortete: So gern er Bunin als Preisträger sähe – Freud, »dessen Forschungen so tiefgreifend auf die Wissenschaft von der Psyche ebenso wie auf die Literatur Einfluß genommen haben«[158], erscheine ihm doch als der würdigste aller Kandidaten. Iwan Bunin wurde wenig später, im Jahr 1933, tatsächlich mit dem Nobelpreis geehrt; Freud hat ihn nie erhalten.

Lew Schestow, der bei Buber und Heidegger, Berdjajew und Bunin, Bergson und Lévy-Bruhl gleichermaßen geschätzt war, fand mit Eitingon trotz aller Unterschiede in den professionellen Interessen, politischen Ansichten und im Lebensstil eine gemeinsame Sprache. Und nicht nur einmal bat er ihn um materielle Unterstützung, wohl auch um medizinischen Rat. Ihre Freundschaft währte anderthalb Jahrzehnte. Nach dem Tod des Freundes im Jahr 1938 schrieb Eitingon auf russisch an dessen Familie: »Sehr wenige Menschen haben in meinem Leben die Bedeutung gehabt und den Rang eingenommen, die ihm gebührten. Mir schien, ich verstand, was er uns lehren wollte und wohin er uns rief, und um seiner unendlichen Güte und des stillen Glanzes verkörperter Menschlichkeit willen liebte ich ihn.«[159]

... doch der Platz war besetzt

Fassen wir zusammen: Eingangs unseres Jahrhunderts war die Psychoanalyse in Rußland weithin ein Begriff. Ihre Anhänger sowohl in der Medizin (siehe Kap. 4) als auch in Kunst und Kultur hatten Rang und Namen. Zugleich war ihr Einfluß jedoch sehr begrenzt. Auf dem Gesamtrussischen Kongreß für experimentelle Pädagogik ebenso wie auf dem Ersten Russischen Volksbildungskongreß (mit einer speziellen medizinisch-pädagogischen Arbeitsgruppe), die Ende 1913 bzw. Anfang 1914 abgehalten wurden, fand sich kein einziger Vortrag, der in irgendeiner Beziehung zur Psychoanalyse gestanden hätte. Auch die respektable Moskauer Psychologische Gesellschaft hatte mit ihr bis 1921, als Iwan Iljin zum Präsidenten gewählt wurde, nichts im Sinn.

Dafür gab es gewiß eine ganze Reihe von Gründen. Entscheidend war aber wohl der eine: Ungefähr die gleichen sozial-kulturellen und psychologischen Funktionen, die seinerzeit in den deutsch- und englischsprachigen Ländern von der Psychoanalyse übernommen wurden, meinte in Rußland der Symbolismus erfüllen zu können. Wie weit er damit kam, ist eine andere Frage.

Was den russischen mit dem französischen Symbolismus verband, war – so sah es zumindest Alexander Blok – nur der griechische Name. Der russische Symbolismus war eine Bewegung, die über die Grenzen der Literatur hinausging und »untrennbar mit Fragen der Religion, Philosophie und Politik verbunden war«[160]. Viele geistige und biographische Fäden verknüpften ihn mit der Religionsphilosophie, als diese in Rußland ihre Blütezeit hatte, sowie mit den erbitterten politischen Kämpfen und mit dem Ringen um einen neuen Sinn und einen neuen Stil des Lebens zu jener Zeit. »Nur eine Schule der Kunst, eine Strömung der Literatur zu sein genügte dem Symbolismus nicht«[161], wie Chodassewitsch schrieb; »die Bande zwischen Leben und Kunst waren so stark, so unzerreißbar wie vielleicht bei nur wenigen vorher und bei keinem danach ... Dieses Netz konnte nicht entwirren, wer nur in den Büchern und nicht auch in den Leben las.«[162]

Vieles davon läßt sich in gleicher Weise über die Psychoanalyse sagen. Beide Bewegungen waren nicht auf Sprache zu beschränken, führten zu einer eigenen Lebensart, einer kaum zu verbalisierenden allgemeinen Atmosphäre. »Wer je diese Luft geatmet hatte, blieb für sein Leben geprägt«[163], behauptete Chodassewitsch vom Symbolismus, was jeder Analytiker von seinem Metier und dessen Ausstrahlung genauso hätte sagen können.

Die Anliegen der Symbolisten und der Psychoanalytiker stimmten noch in einigen weiteren, wesentlichen Punkten überein. Beide waren intellektuell bestrebt, das Unaussprechliche zu beschreiben, das Unbewußte ins Bewußtsein zu rufen. Bei beiden dominierte die Intuition einer sekundären Realität, die der Mensch in sich trägt und die sich von dem, was der gesunde Menschenverstand weiß, grundlegend unterscheidet. Die Anhänger beider Bewegungen waren des Glaubens, daß es kraft Bewußtmachung und Beschreibung dieser Realität möglich sei, Veränderungen im wirklichen Leben herbeizuführen.

Als Lebensformen betrachtet, wußten Symbolismus und Psychoanalyse bei der individuellen Persönlichkeit Wirkung zu erzielen, die vor allem in emotional aufgeladenen zwischenmenschlichen Beziehungen ihren Ausdruck fand.

Als Denkweisen betrachtet, waren beide Bewegungen vorzugsweise semiotisch. Beide funktionierten in den Grenzen der Sprache, beide suchten über diese Grenzen hinauszugelangen, da sie der Ansicht waren, daß für die menschlichen Belange eine andere, außersprachliche Realität maßgebend sei. Beide brachten raffinierte Interpretationsmethoden, Korrelationen von Zeichen und Bedeutungen, Symbolen und Erlebnissen, Träumen und Taten hervor.

Als Weltanschauungen betrachtet, suchten die beiden Bewegungen auf eine Reihe analoger Fragen Antwort zu geben: Was ist, was tut der »Innenmensch«, den zu spüren nicht schwer, doch den zu kennen unmöglich ist; welches sind die Mittel zum Erkennen dieser besonderen Realität, welches die Methoden zu ihrer Beeinflussung, und welche Existenzformen des Menschen und seiner Kultur – Träume, Mythen, Kunstwerke – können den Weg zu ihr weisen; worin besteht für den neuen Menschen, der seine Individualität entdeckt hat, der Sinn der Religion, worin die Bedeutung des Geschlechts, und warum wird letztere von der Kultur so systematisch unterschätzt; wie läßt sich die Sexualität des Menschen ins Gewebe der Zivilisation einbinden; was ist Homosexualität, und ist Bisexualität nicht vielleicht ein natürlicher Zug des Menschen?

Bei alledem hatte der Symbolismus freilich eine Reihe Eigenarten, die ihn von der Psychoanalyse sinnfällig unterschieden. Pragmatismus, Kontinuität und Disziplin, wie sie der Psychoanalyse zutiefst eigen und für reale Unternehmungen im Dienste der »Umwandlung des Menschen« nun einmal erforderlich waren, gingen ihm völlig ab; eine undifferenzierte Religiosität führte ihn zu ganz eigenen »Tempeltänzen«, Träumen von Theurgie und Gottmenschentum oder aber zur Anthroposophie; an der nötigen Hingabe und auch am Geschick bei der wissenschaftlichen Analyse, wie sie für Freud und seine Schüler so charakteristisch waren, ließ er es hingegen fehlen. Nichts hat der Symbolismus hervorgebracht, was an eine systematische Praxis therapeutischer (in seinem Sprachgebrauch: »theurgischer«) Arbeit mit Menschen, die ihrer bedürften, erinnerte – obwohl derlei Bedürftigkeit, wie unschwer zu erkennen, in Kreisen der russischen Symbolisten wahrlich vorhanden war. Und schließlich muß der russische Symbolismus, trotz seiner Verbindungen zu den gleichnamigen Strömungen der westeuropäischen Kultur und ganz im Unterschied zu diesen, als eine den Menschen letztlich entindividualisierende und in gewissem Maße antiintellektuelle Geistesrichtung gelten. Darin stand er in direktem Gegensatz zur Psychoanalyse.

Iljin-Gasse, Freud-Haus

In einem nicht sehr ernst gemeinten Blättchen Moskauer Intellektueller des Jahres 1915 mit dem Titel *Boulevards und Kreuzungen*[164] brachte Lilli Berdjajewa, die Frau des großen Philosophen, eine Werbebeilage mit folgendem Text unter:

Ärzte und Kliniken

Berdjajew, freipraktizierend. Geistes Krankheiten.

Krisendiagnosen. Leidenssäkularisierung.
Röntgenkabinett: X-Strahlen.

Iwanow, Wjatsch. I., Privatdozent. Hypnotismus und Magnetismus. Rhythmische Gymnastik. Heilung durch Dampf und Äther.

Schestow, L. I., Zahnarzt. Spezialität: Wurzelziehen.

Florenski, Professor, Leibarzt. Neuropathologe. Spezialität: Besessenheit, Raserei.

Gerschenson, M. O., Chirurg. Spezialität: Psychische Chirurgie, Streckung krummer Charaktere.

Bely, B. N., Psychiater. Eigene Klinik für psychische Erkrankungen jeder Art. Spezialität: akuter Wahnsinn.

Steiner, Vorsitzender der Vereinigung *Erste Hilfe*. Kein Raumbedarf. Patientengespräche per psychischer Emanation.

Und ein anderer Autor, Wladimir Ern, veröffentlicht im selben handgeschriebenen Blättchen eine etwas bissigere »Annonce« im Namen Iwan Iljins:

Authentische Zitate diverser, wenig bekannter Autoren aus eigener Produktion nach perfektionierter deutscher Methode. Das Dutzend ab 1 Rbl. Nur mündlich! Ostoshenka, Erste Iljin-Gasse, Freud-Haus, Wohnung № 666, nach Iwan Alexandrowitsch fragen.

3. KAPITEL
SERGEJ PANKEJEW: DER WOLFSMANN

Die legendärste aller von Freud aufgezeichneten Krankengeschichten handelt von einem Russen. Für Ernest Jones war sie »sicherlich die beste der Reihe«[1]. Noch der Historiker unserer Tage preist sie als faszinierend und inhaltsreich.[2] Und der Patient selbst sah es nicht anders: »Ich bin doch der berühmteste Fall.«[3]

Die beste Geschichte der Reihe

Das Schicksal wollte es, daß Freuds russischer Patient sein ganzes langes Leben hindurch zur Psychoanalyse Verbindung hielt oder, genauer gesagt, von ihr abhängig war. Nach Freud befaßten sich noch weitere Analytiker mit »Sergej P.«, was zur Folge hatte, daß über ihn wohl mehr geschrieben wurde als über jeden anderen Patienten in der Geschichte der Analyse. Das angehäufte Material gibt reichlich Aufschluß darüber, wie dieser russische Patient von seinen westlichen Analytikern gesehen wurde, was an seiner ungewöhnlichen klinischen Geschichte zu tun haben könnte mit der ihm zugewiesenen Rolle des Anderen, seiner Zugehörigkeit zu einer fremden, exotischen Kultur also, und ob Freud zur Niederschrift seines »Musterfallbeispiels« vielleicht sogar einen russischen Patienten nötig hatte.

Im Bemühen, den Leser auf die Krankengeschichte des Sergej P. einzustimmen, spart Ernest Jones nicht mit Emphase: »Freud stand damals auf der Höhe seines Könnens; er beherrschte seine Methode mit großer Sicherheit, und seine Technik in der Deutung und der Synthese des unglaublich komplexen Materials muß die Bewunderung jedes Lesers gewinnen.«[4] Ob dem so ist, mag der Leser selbst beurteilen. Das Leben des Mannes, der durch die Stürme des Jahrhunderts ging und dank der Psychoanalyse sowie durch eigenes Beharren seine menschliche Integrität wahrte, ist auch für sich genommen und nicht nur für den Analytiker interessant. Der Lebensstoff, mit dem uns die Analyse vertraut macht, kann für den, der ihren Interpretationen Glauben schenkt, ebenso von Wert sein wie für den, der sich kritisch dazu verhält. Das Patientenschicksal ist überlagert von den Ansichten und Handlungsweisen seiner Analytiker, und all dies zusammengenommen muß als erstaunliches Fallbeispiel menschlicher Geschicke tatsächlich unsere »Bewunderung gewinnen«.

»Persönliche Eigentümlichkeiten, ein dem unsrigen fremder Nationalcharakter, machten die Einfühlung mühsam« – so äußert sich Freud zu dem Fall in der ausschließlich ihm gewidmeten Abhandlung *Aus der Geschichte einer infantilen Neurose* und rekurriert im besonderen auf den »Abstand zwischen der liebenswürdig entgegenkommenden Persönlichkeit des Kranken, seiner scharfen Intelligenz, vornehmen Denkungsart und seinem völlig ungebändigten Triebleben«[5]. Ist es nun das konkrete Persönlichkeitsbild oder eher der Nationalcharakter, worauf Freud diesen sattsam bekannten »Abstand« zurückführt?

Der auf einem Gut in der Nähe des Dnepr geborene Sergej Pankejew (1887–1979) gehörte demselben Kreis und derselben Generation an wie auch Nikolai Berdjajew, Michail Bulgakow oder beispielsweise der als Terrorist bekannte und als Schriftsteller begabte Boris Sawinkow. Viele Details seiner Jugend lassen jedoch insbesondere an Alexander Blok denken. Klang auch in ihm die Bloksche »Musik«[6]? In jedem Fall war er der Kunst sowenig abgeneigt wie der Politik. Zeit seines Lebens malte Pankejew Landschaften und interessierte sich für Literatur, er hinterließ Memoiren, die flott geschrieben sind. Ein normaler russischer Intellektueller zu Anfang unseres Jahrhunderts.

Pankejew ist nur wenig jünger als der Autor der *Sexuellen Beichte eines anonymen Russen*, jenes erotischen Manuskripts, das, 1912 auf französisch verfaßt, von Havelock Ellis in seinem Buch *Psychologie of sex* (1933) veröffentlicht und von Nabokov angeblich hochgeschätzt wurde. Die beiden scheinen einander in vielem zu ähneln. Ellis beschrieb den Anonymus in einer Vorbemerkung als »Sprößling aus gutem südrussischem Hause, gebildet und, wie viele seiner Landsleute, begabt zur psychologischen Analyse«[7]. Vielleicht ist eben dies der Grund, weshalb Freud Pankejew für seine wichtigste »Fallstudie« auswählte: Der Fall war markant, zudem typisch für seine damalige Patientenschaft. Pankejews Leben und Leiden waren für seine Generation, die in der russischen Geschichte eine tragische Rolle spielte, am allerwenigsten als ein Ausnahmefall, und wenn es etwas gab, was seines vom allgemeinen Schicksal unterschied, dann nur der Umstand, daß Pankejew alt zu werden das Glück hatte.

Sergejs Vater Konstantin Pankejew, ein vermögender Gutsbesitzer aus Cherson, war Mitglied der Konstitutionellen Demokraten und dort einer der Führer des einflußreichen südrussischen Flügels, ferner gab er die liberale odessitische Wochenzeitschrift *Jushnyja sapiski* heraus.

Auch Pankejew junior trat 1917 den Kadetten bei. Doch ernsthaft eingelassen hat er sich auf die Politik nie. Nur ein einziges Gefühl gab es, das ihm Leben einhauchte, das von ihm Besitz ergriff und seinem Handeln ein Ziel setzte, ja, zur Sucht wurde: die Liebe. »Durchbruch zum Weib«[8] nennt Freud diese Form neurotischen Verhaltens. Auf dem Gipfel seiner Leidenschaften ähnelt Pankejew mitunter Juri Shiwago. Noch mehr aber erinnert er – ehrlich zu anderen und sich selbst betrügend, seine vornehme Kultur als Schutzschild gegen das wirkliche Leben nutzend, rebellierend gegen die abstrakte Macht und persönlich nach Abhängigkeit strebend – an Klim Samgin, den Titelhelden in Maxim Gorkis unvollendetem Roman, der ja als »typisches Abbild« des intellektuellen Zeitgenossen gedacht war.

Annähernd auf gleiche Weise, als unreifen, sich gern in Abhängigkeit begebenden Intellektuellen nämlich, hat Erik H. Erikson in seinem berühmten Essay den jungen Gorki selbst gezeichnet – vierzig Jahre, nachdem Freud Pankejew zum ersten Mal begegnet war. »Kein Luther, kein Calvin haben ihm neue Wege des Geistes gewiesen, keine Entdeckerväter, keine Pioniere haben ihm unerforschte Kontinente eröffnet, wo er seine innere und äußere Leibeigenschaft überwinden könnte.«[9] Doch aus der Sicht des vorzüglichen amerikanischen Psychoanalytikers war die Lage nicht ganz hoffnungslos. Erikson fand in Gorkis Leben »die Stationen eines keimenden neuen Bewußtseins, eines russischen Individualismus«[10], und in der russischen Geschichte im ganzen erkennt er einen »verspäteten östlichen Protestantismus«[11], in welchem die universellen Werte individueller Verantwortlichkeit und Initiative gleichfalls obsiegen würden: »Es muß gelingen, die Aljoschas[12] davon zu überzeugen, daß – auf sehr lange Sicht – ihr Protestantismus der unsere ist und unserer der ihre.«[13]

Ein Erbe der Brüder Karamasow

In Sergej Pankejews Verwandtschaft fanden sich etliche Fälle von Suizid, Melancholie und allerlei großbäuerlicher Skurrilität. Als zum Beispiel Onkel Nikolai sich anschickte, in den Stand der Ehe zu treten, stellte sich heraus, daß sein Vater nicht weniger ernsthaft um die Hand der vom Sohne Auserwählten warb. Das Mädchen zog den jüngeren Pankejew vor, worauf dieser von Sergejs Großvater, der sich in seinen besten Gefühlen gekränkt sah, enterbt wurde. Was Onkel Nikolai später nicht daran hindern konnte, Abgeordneter der Staatsduma zu werden. Ein traurigeres Schicksal widerfuhr Onkel Pjotr, den Sergej von all seinen Verwandten am meisten mochte. Der begüterte, ob seiner Exzentrik berüchtigte Mann führte zuletzt das Leben eines Einsiedlers und ließ nur noch Kühe, Schweine und ähnliches Getier in sein Haus auf der Krim herein. Von seinem Tod kündeten die Zeitungen mit Schlagzeilen wie: »Ein Millionär von Ratten angefressen«.[14] (Unter anderen, jedoch nicht minder obskuren Umständen starb Bloks Vater.) Sergejs Mutter sprach von ihren angeheirateten Verwandten als den »Karamasow-Brüdern«.

Trotz dieses Erbes wuchs Sergej als körperlich gesundes, wenn auch nervöses Kind heran. Mit vier Jahren fürchtete er sich sehr vor Wölfen; später kam es vor, daß er Haustiere quälte, manchmal wurde er aus heiterem Himmel sehr jähzornig; er onanierte im Beisein der Amme und trieb sexuelle Spielchen mit der älteren Schwester; später poussierte er des öfteren mit den Bediensteten und den Bauerstöchtern; mit achtzehn oder neunzehn holte er sich einmal den Tripper (auch eine solche Episode ist aus Bloks Jugend bekannt). Lermontow liebte er über alles.[15]

Im Jahr 1905 schloß Sergej mit Auszeichnung das Gymnasium ab und ging an die Universität von Odessa. Gemeinsam mit der Mutter und der zwei Jahre älteren Schwester Anna unternahm er im Sommer eine Reise durch Europa. In Odessa gab es zu jener Zeit Unruhen, es wurde gestreikt – Ereignisse, die sich zu dem ausweiten sollten, was als Erste Russische Revolution in die Geschichte einging.

Nach ihrer Rückkehr aus Westeuropa fuhr Anne in den Kaukasus. Wie alle in der Familie schwärmte auch sie für Lermontow. Sie schrieb selbst Gedichte, die ihr Vater wiederholt mit denen von Lermontow verglich. Als sie den Ort aufgesucht hatte, an dem der Dichter zu Tode gekommen war, nahm sie Gift und starb zwei Wochen später unter Qualen.

Für Sergej begann eine Phase, die er selbst einmal als Zustand unbewußten Leids beschreiben würde. Als er vom Freitod der Schwester erfuhr, empfand er zunächst keine Trauer, doch Monate später fuhr er nach Pjatigorsk und vergoß am Sterbeort des Dichters heiße Tränen. Er versuchte sich mit seinen Universitätsstudien abzulenken, doch vergebens.

Auf Empfehlung des Vaters wandte sich Sergej an Bechterew und klagte über die »Depressionen«. Dieser war gerade dabei, die Mittel für sein künftiges Institut aufzutreiben. Sergejs Vater wiederum trug sich mit der Absicht, im Gedenken an seine Tochter den Bau eines Krankenhauses für Nervenkranke in Odessa zu finanzieren. Bechterew, in dessen Wartezimmer eine Menge respektabler Damen und Herren saßen, ließ Sergej außer der Reihe vor. Er versenkte den jungen Mann in Hypnose und suggerierte ihm das Folgende: »Sie werden morgen früh aufwachen und sich frisch und gesund fühlen. (...) Den Vorlesungen an der Universität werden Sie in Zukunft mit Interesse folgen und Ihr Studium mit Erfolg fortsetzen können.« Zu guter Letzt der Wink mit dem Zaunspfahl: »... daß Sie trachten sollten, Ihre Eltern dahin zu beeinflussen, daß sie den zu spendenden Geldbetrag für die Errichtung des Neurologischen Instituts zur Verfügung stellen.«[16] Sergej, der die Worte Bechterews in wachem Zustand verfolgte, war von dem jähen Themenwechsel so verblüfft, daß er sich dem Vater anvertraute. Zu weiteren Hypnosesitzungen erschien er nicht mehr. Die Eltern schickten ihn zum berühmten Kraepelin, der vorzeiten schon Sergejs Vater behandelt hatte.

Durchbruch zum Weib

Man muß sagen, daß den verschiedenen von Freud, Jones und anderen Analytikern dargelegten Versionen dieser Krankheitsgeschichte nicht recht zu entnehmen ist, woran Sergej P. zu jener Zeit wirklich litt. Den eigenen Erinnerungen zufolge erschien das Leben ihm damals inhaltslos, alles vor sich Gehende unwirklich, die Menschen seiner Umgebung kamen ihm vor wie Wachsfiguren oder aufgezogene Marionetten.[17] Spuren solcher Empfindungen lassen sich in Dokumenten jener Jahre nicht selten finden. Blok beispielsweise, der ein paar Jahre älter war als

Pankejew, schrieb 1903 an seine Braut: »Wir haben jetzt eine Zeit, da allenthalben Beklommenheit zu spüren ist, alle Beziehungen verwirren sich bis ins Peinlichste, Kleinlichste ... Wenn Du so willst, können einem selbst Marionetten, die an Fäden herumgezerrt werden, den Kopf zermartern.«[18]

Um so genauer sind wir darüber im Bilde, was Pankejew in dem bayrischen Sanatorium trieb, wo Kraepelin ihn untergebracht hatte. Auf einem Kostümfest erblickte er eine als Türkin verkleidete Frau, die sich als Krankenschwester mit Namen Therese entpuppte. Der Zustand des Kranken verbesserte sich von einem Tag auf den anderen, das Leben schien ihm jetzt wunderbar, »doch nur unter der Voraussetzung, daß Therese bereit wäre, mit mir ein Liebesverhältnis einzugehen«[19].

Für einen eben angekommenen Patienten ist es indes nicht so einfach, mit einer Krankenschwester anzubändeln. Sergej bekommt heraus, wo Therese wohnt, stürmt in ihr Zimmer und beraumt ein Rendezvous an, worauf sie sich einläßt, wenn auch nicht gleich. Die Affäre des reichen Patienten mit der schönen Krankenschwester nimmt seinen Lauf – ein Wechselbad von Liebe und Zank. Nach jedem neuen Krach will Sergej das Sanatorium verlassen. Kraepelin deutet sein schwankendes Befinden als die zyklischen Phasen einer manisch-depressiven Psychose und lehnt eine Entlassung kategorisch ab. Nach viermonatigem Sanatoriumsaufenthalt erzwingt Sergej schließlich seine Freiheit.

Wir schreiben den Sommer des Jahres 1908, befinden uns also mitten in einer Zeit, die die russische Geschichte als die »Jahre der Reaktion« kennt. In Moskau stirbt unerwartet Sergejs Vater. Konstantin Pankejew war neunundvierzig und kerngesund gewesen, er starb, wie sein Sohn glaubte, an einer Überdosis Veronal, das er als Schlafmittel zu nehmen pflegte. Jeder Kliniker vermutet bei solcher Lage der Dinge natürlich einen Selbstmord. Kraepelins Diagnose, wonach Konstantin Pankejew an einer Depression gelitten habe, stimmte Freud später zu.[20]

Wie schon nach dem Tod der Schwester horcht Sergej in sich hinein und empfindet keine Trauer. Er fährt nach München, um Kraepelin zu konsultieren und außerdem Therese wiederzusehen. Kraepelin lehnt es rundweg ab, ihn weiterzubehandeln, wobei er (wenn man Sergej glauben darf) zugibt, mit seiner früheren Diagnose einer manisch-depressiven Psychose fehlgegangen zu sein. Sergej verbringt eine Nacht mit Therese und erwacht am Morgen in einem Zustand unerträglichen seelischen Schmerzes.

So weist ihn Kraepelin nun doch wieder in ein Sanatorium ein, diesmal nach Heidelberg. Das Besondere an dieser Einrichtung war, daß man jedem männlichen Patienten eine junge Dame – durchweg aus gutem Hause, erinnert sich Sergej – zugesellte. Doch die Gefühle des kranken Russen gehörten Therese. Weitere Rendezvous mit der Geliebten endeten in stürmischen Abschiedsszenen, wonach Sergej jedesmal wieder bei ihr auftauchte.

Therese Keller war fast zehn Jahre älter als Sergej, und sie hatte eine Tochter. In dem Sanatorium, wo sie arbeitete, galt sie als gewissenhafte Krankenschwester. Erst der sonderbare Russe, der im übrigen zeit seines Lebens bei Frauen Erfolg hatte, sprengte den von ihr selbst gesetzten Rahmen.

Für einige Zeit kehrte Pankejew nach Odessa zurück. Die Mutter, von der sich abzeichnenden Mesalliance in helle Aufregung versetzt, tat viel, um ihn zu kurieren. Neben einigen anderen Doktoren wurde auch der junge odessitische Arzt Leonid Drosnes auf das Gut gerufen. Dieser war sehr beeindruckt von den neuesten Tendenzen der Psychiatrie, die er aus den Büchern Dubois' und Freuds kannte, und versuchte, sie bei dem jungen, gescheiten und bemittelten Patienten anzuwenden. Zum ersten Mal, seit er zu Psychiatern ging, spürte Sergej, daß einer an seinen Leiden Anteil nahm. Die Visiten vor den Toren von Odessa waren jedoch nicht von Dauer. Drosnes kam auf die Idee, den Patienten an die europäischen Koryphäen des Fachs zu vermitteln. Der Weg in die Schweiz, zu Dubois, führte über Wien. Sie reisten zu dritt: Pankejew, Drosnes und ein Student, den man als dritten Mann beim Kartenspiel benötigte. Über Sergejs Besitzstand, bestehend aus des Vaters und des Onkels Erbe, verfügte die Mutter. Für seine Gesundung war ihr jedoch kein Geld zu schade.

Vier Jahre lang eine Stunde pro Tag

Der Eindruck, den Freud auf Pankejew machte, war auch nach über vierzig Jahren, als er diese Begegnung beschrieb, noch nicht verblichen. Am meisten fielen ihm »die klugen, schwarzen Augen auf, die einen forschend betrachteten, ohne jedoch dadurch irgendein Unbehagen zu erwecken«[21]. Ansonsten entspricht Sergejs Bild von Freud ziemlich genau dem, was wir aus vielen anderen Quellen kennen. Pankejew hebt die Korrektheit hervor, die schlichten, selbstbewußten Manieren, die tadellose Kleidung, die innere Ausgeglichenheit. Und überhaupt: »Die ganze Einstellung Freuds zu den Dingen, ja schon die Art, wie er einem zuhörte, unterschied sich auffallend von jener seiner berühmten Berufskollegen, die ich vorher Gelegenheit hatte kennenzulernen.«[22]

Die beiden widmeten einander unerhört viel Zeit. Vier Jahre hindurch empfing Freud Pankejew, von Sonntagen und den Sommerferien abgesehen, täglich. Wie Freud schrieb, wäre die Analyse unter weniger günstigen Umständen sicher viel früher und ergebnislos abgebrochen worden. In Fällen wie diesem müsse der Therapeut sich »zeitlos« verhalten, so wie das Unbewußte selbst jenseits von Zeit existiere.

Die ersten Jahre der Analyse bewirkten beim Patienten kaum Veränderungen. Er »hörte zu, verstand und ließ sich nichts nahekommen«, wie Freud es ausdrückte. »Seine Scheu vor einer selbständigen Existenz war so groß, daß sie alle Beschwerden des Krankseins aufwog.«[23] Kaum seien gewisse Befreiungen aufgetreten, habe der Patient aufgehört zu arbeiten, um weitere Veränderungen zu verhüten. Am Ende überwand Freud den Widerstand des Patienten, indem er der Analyse eine Frist setzte. Erst jetzt, nach vier Jahren und mit dem unweigerlichen Ende vor Augen, lieferte die Analyse »in unverhältnismäßig kurzer Zeit all das Material, welches ... die Aufhebung seiner Symptome ermöglichte«[24]. Im ganzen waren die Ergebnisse der Analyse durchaus befriedigend. Viele der aufgedeckten Tatbestände erschienen Freud allerdings selbst so unglaubwürdig, daß er »Bedenken trug, bei anderen um Glauben für sie zu werben«[25]. Dreimal kommt er im Verlauf seiner Abhandlung auf diese Zweifel zurück.

Wölfe auf dem Nußbaum

Ganz zu Beginn der Analyse erzählt der Patient einen Traum, den er als Kind geträumt hat. Zu dessen Deutung wird es Jahre brauchen. Der Traum hat eine Schlüsselbedeutung für die gesamte Krankengeschichte; Freud stützt sich auf ihn in beinahe jeder Aussage, die er über seinen Patienten trifft; von diesem Traum schließlich bezog Sergej Pankejew den seltsamen, durch nichts weiter zu rechtfertigenden Spitznamen, mit dem er in die Geschichte der Psychoanalyse eingegangen ist: der Wolfsmann. Hier der Traum:

»Ich habe geträumt, daß es Nacht ist und ich in meinem Bett liege (mein Bett stand mit dem Fußende gegen das Fenster, vor dem Fenster befand sich eine Reihe alter Nußbäume. Ich weiß, es war Winter, als ich träumte, und Nachtzeit.) Plötzlich geht das Fenster von selbst auf, und ich sehe mit großem Schrecken, daß auf dem großen Nußbaum vor dem Fenster ein paar weiße Wölfe sitzen. Es waren sechs oder sieben Stück. Die Wölfe waren ganz weiß und sahen eher aus wie Füchse oder Schäferhunde, denn sie hatten große Schwänze wie Füchse, und ihre Ohren waren aufgestellt wie bei den Hunden, wenn sie auf etwas passen. Unter großer Angst, offenbar, von den Wölfen aufgefressen zu werden, schrie ich auf und erwachte.«[26]

Jahre vergingen, in denen sie sich fast täglich trafen, und der Patient vermochte seinen schrecklichen Traum immer umfassender zu deuten, wobei er verschiedene neue Details hinzufügte. So entschied er eines Tages, daß das Fenster, welches in dem Traum aufging, seine eigenen Augen waren; also hatten nicht die Wölfe ihn so angestarrt, ergänzte Freud, sondern er, der Junge, sah etwas Gräßliches, worauf er mit gespannter Aufmerksamkeit schaute ...[27]

Im Laufe der Arbeit mit Sergej gelangte Freud zu dem für die Psychoanalyse primären Begriff der »Urszene«. Dies meint die Situation, in der das Kind mit ansieht, wie die Eltern Geschlechtsverkehr haben, was in ihm zur Kastrationsangst führt. Freud vertrat damals die Auffassung, daß die Beobachtung der Urszene maßgeblichen Einfluß auf die spätere Entwicklung zum Neurotiker habe.

Die Wölfe waren weiß, weil die Wäsche von Mutter und Vater weiß gewesen war, als sie vor seinen Augen der Liebe frönten. Der Wolf auf dem Bild im Märchenbuch, mit dem ihn die Schwester immer zum Fürchten brachte, war deshalb so schrecklich, weil er in derselben Stellung posierte, die sein Vater in jener Szene eingenommen hatte – ganz aufrecht, die Tatzen nach vorn gestützt. Solche weit hergeholten Indizien sind es, aus denen der Analytiker wie ein Detektiv seine Schlüsse zieht: auf die Koitusposition, die in der Folge eine Fixierung erfuhr und zur bevorzugten Position des erwachsenen Pankejew werden sollte, ebenso wie auf den Zeitpunkt, zu dem die »Urszene« sich ereignete (nämlich im Alter von anderthalb Jahren), und die Umstände, derentwegen der Kleine zum Augenzeugen der sexuellen Aktivitäten seiner Eltern wurde ... Der letzte Schluß nun, von dem Freud nicht weiß, ob der Leser ihn abnimmt, lautet so: Indem der Vierjährige von Wölfen im Nußbaum träumt, erinnert er unbewußt den mit anderthalb Jahren erlebten Geschlechtsverkehr seiner Eltern.

Des Lesers Zweifel wachsen ins Unermeßliche, da er unter Verweis auf eine nicht näher bezeichnete Assoziation des Patienten erfährt, das Ehepaar Pankejew habe an jenem Sommertag des Jahres 1888 den Beischlaf gleich dreimal nacheinander vollzogen.

Die Inbrunst, mit der dieses letzte, pikante Detail behauptet wird, irritiert, denn es widerspricht dem gesunden Menschenverstand. Daß Freud selbst so etwas für wahrscheinlich hielt und kein Forscher im nachhinein je Zweifel an dieser absonderlichen These hegte, verweist auf die Skurrilität der »russischen Stereotype«[28], d. h. der im Westen gängigen Vorstellungen von einem exotischen Rußland, worin die unglaublichsten Exzesse – sexueller ebenso wie politischer Natur – in den Bereich des Möglichen gerückt sind.

Es mag, wie Freud schrieb, »keineswegs ausgeschlossen« sein, daß das Kleinkind dem elterlichen Geschlechtsakt beiwohnte, derlei geschieht in der Tat »auch in anderen als Proletarierfamilien«[29]. Denkbar wäre, daß die Eheleute, in dessen Schlafzimmer das anderthalbjährige Kind zufällig oder einer Krankheit wegen die Nacht verbrachte, plötzlich Lust bekamen, miteinander zu schlafen. Eine derart barocke, mehrstündige sexuelle Orgie jedoch – im Beisein des Kindes und in einem Gutshaus voller Ammen und Diener? …

Nehmen wir also an, die mit anderthalb Jahren aufgenommenen und im Unbewußten abgelagerten Bilder hätten sich drei Jahre später in einem Alptraum aktualisiert und dem Patienten anschließend in Form von Symptomen ein Leben lang zugesetzt. Daß ein so kleines Kind die ganze nicht enden wollende Sexszene verfolgte, um erst am Ende durch Gebrüll auf sich aufmerksam zu machen, und sein Unbewußtes noch dazu imstande gewesen wäre, die einzelnen Akte zu unterscheiden und bis drei zu zählen, bleibt eine äußerst abstruse Vorstellung.

Ersatzvarianten

Es sind nicht die einzigen Ungereimtheiten, die in der Geschichte der infantilen Neurose des »Wolfsmannes« zutage treten, sie verkörpern nur das Extrem einer Künstlichkeit, wie sie weiteren

Elementen des Bildes genauso innewohnt. Anscheinend war auch Freud davon zur Zeit der Niederschrift seiner *Geschichte* und noch einige Zeit nach deren Veröffentlichung anhaltend beunruhigt. Während er am Text arbeitete, zweifelte Freud offensichtlich nicht, daß der achtzehn Monate alte Serjosha die Urszene miterlebt und später in verzerrter und verschlüsselter Form als Traum »erinnert« hatte. Einige Zeit darauf jedoch, in seinen nicht minder berühmten *Vorlesungen zur Einführung in die Psychoanalyse*, bekennt Freud, die Hypothese sei wohl etwas stark gewesen. Kindheitserinnerungen vom Typ der Urszene seien »in der Mehrzahl der Fälle nicht wahr und in einzelnen Fällen im direkten Gegensatz zur historischen Wahrheit«[30].

Und noch eine Erkenntnis mußte Freud gewinnen, die ihn von dem Weltbild, mit dem er seine Forschungen angegangen war, weit entfernte: Auch Phantasien seien psychische Realitäten und insofern wahren Begebenheiten durchaus gleichzustellen, mehr noch: »... wir lernen allmählich verstehen, daß in der Welt der Neurosen die psychische Realität die maßgebende ist«[31]. Es sei nur noch nicht gelungen, so der Begründer der Psychoanalyse weiter, »einen Unterschied in den Folgen nachzuweisen, wenn die Phantasie oder die Realität den größeren Anteil an diesen Kinderbegebenheiten hat«[32].

Als Freud seine *Geschichte einer infantilen Neurose* für den Druck vorbereitet, sieht er sich zu einer Ergänzung genötigt, die dem früher Gesagten kräftig zuwiderläuft. Er hält nunmehr für möglich, daß das Bild vom elterlichen Koitus (von dem er nach wie vor glaubt, daß er das Sujet für den Wolfstraum lieferte) auch darauf zurückzuführen sein könnte, daß Sergej einmal zusah, wie Schafe im väterlichen Pferch sich paarten; vielleicht waren es auch Schäferhunde gewesen. Dann ließe sich ferner verstehen, wieso die Wölfe weiß gewesen waren. Der kleine Sergej könnte demnach einen dreifachen Hirtenhundkoitus mitangesehen haben[33] ... Eine Annahme, die mehr Respekt vor der intellektuellen Beharrlichkeit des Autors als Vertrauen in seine Interpretationen einflößt. Hier bleibt endgültig die klassische Klarheit und Unzweideutigkeit auf der Strecke, die Jones gesehen haben will, an die aber nicht einmal Freud selbst glauben mochte.

Die Idee mit den Schafen zeigt darüber hinaus, daß Freud sich mit dem in seinen Vorlesungen entwickelten Kompromiß nicht abfinden mochte. Und in der Tat: Wenn es wirklich einerlei war, ob der Patient die Urszene in der Realität oder in seiner Phantasie erlebt hatte, so ließ sich die vom Analytiker aufgebaute Persönlichkeitsgeschichte im ganzen nicht länger verifizieren. Keine Bestätigung und keine Widerlegung mittels jener »kriminalistischen« Methode, die Freud so sehr schätzte. Nicht umsonst war, wie Pankejew in seinen Memoiren schreibt, Conan Doyle einer von Freuds Lieblingsautoren. Indizien mußten der Wirklichkeit angehören und nicht der Phantasie. Für letztere war ja gerade bezeichnend, daß ihre Authentizität nicht zu prüfen war. Soweit von Schafen die Rede ist, gibt Freud sich alle Mühe zu belegen, daß Sergej in den betreffenden Jahren die dem Vater gehörenden Schafherden wirklich gesehen hat. Behauptungen, daß Sergej sich als kleines Kind den sexuellen Verkehr seiner Eltern einfach nur eingebildet hat, wären hingegen unmöglich beweisbar: Kein anderer als Sergej kann Auskunft darüber geben. Weder lassen seine Phantasien eine Gegenüberstellung zu, noch sind sie mit Sicherheit in einem gewissen Alter anzusiedeln.

Für Nüsse

Freud, der sich sehr für Dostojewski interessierte, dürfte dessen berühmt gewordene Geschichte seiner Kindesangst gekannt haben: den Alptraum vom Wolf, den der Bauer Marej vertreibt, indem er von Christus spricht und dem Kind den Finger auf die Lippen legt.[34]

> Ein Flittergold, das helle Brennen
> Der Weihnachtstannen drin im Wald;
> Der Spielzeugwolf mit schrecklich strengen
> Augen aus dem Busch da schaut[35]

– so schrieb Ossip Mandelstam 1908. Die Analogie zu Pankejews Traum ist beträchtlich: Auch Freud hatte darin einen Weihnachtsbaum mit Spielzeugwölfen erkennen wollen, und bei Mandelstam ebenso wie bei Pankejew starren die Wölfe aus dem Wald das Kind mit schrecklichen Augen an. (Mehr tun sie gar nicht.) Wieso, fragt man sich, sind Wölfe und Weihnachtsbäume derart wichtig für den neunzehnjährigen Dichter, daß er seinen allerersten Gedichtband mit ihnen eröffnet? Gedichte tragen ihre Interpretation ebensowenig in sich wie Träume. »Wir warten auf den Tod, den Märchenwolf«[36], schrieb Mandelstam in jungen Jahren; »denn ich bin nicht von wölfischem Blut«[37], würde er viele Jahre später dem Tod bekennen ... Sind es nicht oft dieselben Bilder, die aus den gereimten Zeilen der Dichter und den freien Assoziationen der Patienten hervorgehen?

Der Weihnachtsbaum ist ein besonderes Beispiel der Wechselbeziehung von Natur und Kultur, seine symbolische Bedeutung ist jedem Kind, auch jedem russischen, klar: Aus dem Wald ins Haus geholt, birgt er die Gaben und hat beinahe alle Bedrohlichkeit verloren; mit seinem Ortswechsel bezeichnet er – ebenso wie der Weihnachtsmann mit seiner Kluft – den karnevalistischen Sinn dieses großen Festes. Reizbare Kinder, aus denen später einmal Dichter oder Patienten werden, akzeptieren die Erwachsenenmetaphorik nicht und holen die ursprüngliche Bedeutung wieder herauf: Ein Baum ist ein Baum, und die Wölfe auf dem Baum sind schreckliche Wölfe, auch wenn es Spielzeugwölfe sind. In Mandelstams knappen Versen wird die infantile Weigerung besonders deutlich, die Gegenüberstellung von Natur und Kultur, Baum und Haus anzunehmen.

Doch Pankejews Wölfe hocken nicht auf dem Tannenbaum. Er erblickt sie auf dem Nußbaum, »auf der Nuß«, wie man im Russischen sagt. Dies nun scheint das einzige Detail des Traums zu sein, dem Freud in seinen Interpretationen keine Beachtung schenkt. Ganz im Widerspruch zu seinem eigenen methodischen Grundsatz, demzufolge die am sinnlosesten und dem Sujet bzw. den libidinösen Leiden des Träumenden am entlegensten scheinenden Traumelemente für die Deutung von größtem Wert sind, findet Freud den Umstand, daß der Baum ein Nußbaum war, kaum erwähnenswert.

Es machte wenig Sinn, Freuds Analyse, die nur als ganze zu verstehen ist, hier durch einzelne Mosaiksteinchen ergänzen oder korrigieren zu wollen[38] – wäre da nicht ein Moment, das um so mehr von Belang scheint, als es Freud gewissermaßen aus technischen Gründen verborgen bleiben mußte.

Man weiß, daß Sergej bei einem gewissen Herrn Riedel Deutsch lernte, welcher über einige Jahre hinweg die Sommermonate auf dem südrussischen Gut der Pankejews zubrachte. (Der Unterricht fand übrigens dadurch sein Ende, daß Herr Riedel sich in Sergejs fünfzehn- oder sechzehnjährige Schwester verliebte und von ihr einen Korb bekam.) Sergej war also zehn, als er die fremde Sprache zu lernen begann. Sechzig Jahre nach seiner Begegnung mit Freud – eine Zeit, die er überwiegend in Wien verbrachte – hatte sein Deutsch immer noch einen leichten russischen Akzent.[39]

In Fachkreisen herrscht geteilte Meinung darüber, ob sich Psychoanalyse in einer Sprache, die nicht die Muttersprache des Patienten ist, überhaupt durchführen läßt. Theoretisch müßte man dies verneinen, denn Jacques Lacans berühmte Formulierung, das Unbewußte sei wie Sprache strukturiert,[40] wäre zu präzisieren: wie die Muttersprache.

Das gesamte der Kindheit zuzuordnende symbolische Material wird in der Hülle der Muttersprache bewahrt. Jede Sprache folgt eigenen Gesetzen, und eine bestimmte eigenwillige Abfolge von Idiomen, Redensarten oder Lautassoziationen – für die Analyse von größtem Wert – ist schlichtweg nicht zu übertragen von einer Sprache in die andere. Dies läßt sich vergleichen mit der Übertragung von Gedichten, die einzig von Meistern des Fachs und auch von ihnen in der Regel nur unter größten Mühen und unausbleiblichen Verlusten zu bewerkstelligen ist. Das gleiche von einem Patienten zu erwarten, müßte seltsam anmuten.

Doch die Psychoanalyse ist eine ganz handfeste Angelegenheit. Wäre, sagen wir, Freud einem solchen Prinzip gefolgt, hätte sich seine Lehre niemals über die Grenzen des eigenen Sprachraums hinweg ausbreiten können. In der Praxis läßt man sich bei einer solchen Frage von rein pragmatischen Erwägungen leiten. Auszuschließen ist aber nie, daß das Material, welches vom Patienten auf dem Wege der Übersetzung aus der eigenen Sprache in die des Analytikers eingebracht wird und hier nur noch eine rein semantische Interpretation erfahren kann, in seiner Muttersprache zu ganz anderen Deutungen Anlaß geben könnte.

Im Russischen existiert ein weitverbreitetes Idiom, jedem Kind ein Begriff: »Ich geb dir gleich was für Nüsse!« (noch dazu mit der Konnotation: »Ich gebs dir gleich auf dem Nußbaum!«). Mutter, Vater, Oma und Tante bedienen sich dieses Ausdrucks, wenn sie dem Kind böse sind und mit Strafe drohen. Wie es zu dieser umgangssprachlichen Formulierung kam, ist nicht bekannt; das Besondere an ihr ist, daß man sie vor allem ganz kleinen Kindern gegenüber verwendet. Strenggenommen handelt es sich um einen Alogismus, der ja, wortwörtlich aufgefaßt, zu bedeuten hätte: Ich geb dir Geld, damit du Nüsse kaufen kannst. Der drohende Unterton ist idiomatisch und absolut unübersetzbar. Daß der zwei-, dreijährige Sergej solches des öfteren von seiner Kinderfrau zu hören bekam, in die er vernarrt war und der er es mit Bockigkeit heimzahlte, wenn sie seine stürmischen Liebesbekundungen abwehrte, ist mehr als wahrscheinlich. Und wenn man seinen Erinnerungen glaubt, gab es direkt vorm Fenster seines Schlafzimmers eine Allee von Walnußbäumen.

Freud schreibt, Sergej habe ungefähr zu jener Zeit gern mit seinem Penis gespielt, und zwar vor der Kinderfrau, »was, wie in so vielen anderen Fällen, wenn die Kinder die Onanie nicht verbergen, als Verführungsversuch aufgefaßt werden muß«[41]. Daraufhin hatte die Amme, soviel Freud wußte, dem Jungen zu verstehen gegeben, Kinder, die so etwas täten, bekämen an dieser Stelle eine »Wunde«. Die Szene würde um einiges plastischer und lebensnäher, wenn man sich vorstellte, die Amme hätte gesehen, wie der Kleine sich mit seinem Schwänzchen vergnügt, und gedroht: »Ich geb dir gleich was für Nüsse/auf dem Nußbaum!« Nunmehr von Angst und Schuldgefühlen geplagt, ahnt der Junge, daß das Schreckliche draußen auf dem Nußbaum auf ihn wartet. Worauf er einen Traum träumt, der an Deutlichkeit nichts zu wünschen übrigläßt.

Pankejews Traum leitet die gängige verbale Drohfloskel in ein einfaches visuelles Symbol: Wölfe – das Schrecklichste, was das Kind vom Leben und aus den Märchen weiß – sitzen auf dem Nußbaum.

An der Brust der Kinderfrau

In der russischen Kultur wimmelt es von Kinderfrauen und Großmüttern – spätestens seit Arina Rodionowna, Puschkins berühmter Amme, sind sie hartnäckig präsent. Das absurde Bild der Kinderfrau als der wahren Muse und Mentorin des großen Dichters hat sich im Bewußtsein der russischen Gymnasiasten und sowjetischen Schüler festgesetzt. Die Institution der Amme und die besondere Verbundenheit mit der Generation der Großeltern überhaupt ist tief verwurzelt in der nationalen Tradition. Die psychologische Struktur, die hinter dieser Tradition steht und von ihr geformt wird, ist so sehr verschieden von der westeuropäischen und insbesondere der amerikanischen, daß das Augenmerk der Psychoanalytiker, wann immer sie sich über Rußland Gedanken machten, stets unausweichlich darauf gerichtet war.

Auch die beiden klassischen psychoanalytischen Untersuchungen über Russen – Freuds Monographie zu Pankejew und Eriksons Gorki-Essay – halten sich hauptsächlich bei diesem Thema auf. Die russische Kinderfrau nebst einer Schar französischer und englischer Gouvernanten steht im Mittelpunkt von Sergejs frühesten Erinnerungen. Freud sieht in der Amme das bevorzugte Sexualobjekt des kleinen Sergej. Nicht nur, daß sie seine Libido auf sich zieht, sie gebietet auch über deren Äußerungen: Auf ihre Drohung hin stellt Sergej das Onanieren sofort ein, was ihn, Freuds Schema zufolge, in die vorausgegangene sadistisch-anale Phase zurückwirft.

Erikson wiederum sieht die Großmutter als dominierende Gestalt in der Umgebung des kleinen Aljoscha. In ihr findet er das verlorene Paradies verkörpert, eine Existenz außerhalb der Zeit, wie er sie für die Russen insgesamt als charakteristisch bezeichnet. Die Großmutter sei das Symbol für Rußlands politische Apathie, der Kern seiner Unbeweglichkeit, der Urgrund für die kindliche Vertrauensseligkeit eines ganzen Volkes. Womöglich verkörpere sie das Heil, das den Kreml abwarten und die Menschen in Rußland noch länger ausharren lasse, bemerkte Erikson im Jahre 1950 sarkastisch. Seiner Ansicht nach ist für das bäuerliche Rußland eine »Diffusion des Mutterbildes« typisch, das Kind sei durch »eine reiche Auswahl an gebenden und verweigernden Mutterbildern« – Großmütter, Kinderfrauen, Tanten, Nachbarinnen usw. – vor einer »exklusiven Mutterfixierung« gefeit.[42] Dies wiederum mache die Welt »zu einer zuverlässigeren Heimat, da das Bemuttertwerden nicht mehr von einer einzigen, so leicht zerstörbaren Beziehung abhing, sondern Sache einer homogenen Atmosphäre war«[43].

Die Kinderfrau ist gewerblich zuständig für Erziehung wie etwa die Prostituierte für Sex. Sie muß vor allem versiert sein – Liebe ist nicht zwingend erforderlich.[44] Ihr professionelles Kontrollmonopol ist bei weitem effektiver, als die Eltern – oft uneins miteinander und ohnehin mit anderen Dingen beschäftigt – es je errichten könnten. Geschlechtslos vom Alter her, hat sie weder die erotische Anziehungskraft der Mutter noch die wachstumsstimulierende und konkurrenzstiftende väterliche Libido zu bieten. Sie kann nur eines leisten, dies jedoch zuverlässig und effektiv: Sie vermittelt dem Kind die traditionellen Werte der bäuerlichen Kultur. In deren Übertragung von Generation zu Generation besteht ihre Funktion. Sie dämpft die kulturellen Devianzen intellektueller Elternhäuser und zwingt jede Generation dazu, auf ihrer Orientierungssuche wieder beim Punkt Null zu beginnen: der konservierten bäuerlichen Tradition.

»Nicht die Universitäten haben den *echten* russischen Menschen herangebildet, sondern die gutherzigen Kinderfrauen, die alle nicht lesen und schreiben konnten«[45], konstatierte Wassili Rosanow mit Behagen. Und an anderer Stelle, in durchaus anderer Stimmungslage fleht er sie an: »Ihr lieben, alten Mütterchen, hütet die russische Wahrheit. Hütet sie; keiner, der sie sonst hüten könnte.«[46] Andrej Bely erinnert sich, wie er als Vierjähriger eine Zeitlang ohne Kinderfrau auskommen mußte: »nun bin ich völlig schutzlos: keine Kinderfrau, keine Bonne; nur Eltern; und sie reißen mich entzwei; Angst und Pein erfüllen mich«[47]. Als ein weiteres dokumentarisches Zeugnis ließe sich das Djagilew-Porträt von Leon Bakst anführen, eine meisterhafte Generationsstudie: Der berühmte Tänzer – Impresario, Kosmopolit und Homosexueller – läßt sich nicht vor einem applaudierenden Saal und nicht inmitten einer hüpfenden Tänzergilde abbilden. Hinter ihm, dem mächtigen, prachtvoll gekleideten Mann, sitzt in der Ecke die runzlige alte Kinderfrau.

Während also das Mutterbild nicht individualisiert ist, fehlt ein Vaterbild gleich ganz und gar; ersteres ist »homogene Atmosphäre«, letzteres allenfalls ein Symbol.

Ödipus würde sich in solch einer Situation, wo das matriarchale Prinzip unter Kinderfrauen und Großmüttern aufgeteilt und das patriarchale ein Schatten seiner selbst ist, nicht wiedererkennen. Wen begehren, von wem sich befreien, für und gegen wen streiten soll ein Knabe, der eingesponnen ist ins klebrige Netz dieser hartnäckigen Kontrollbehörde, umgeben von deren greisem Fleisch? Dionysos müßte sich an Serjoshas und Aljoschas Stelle unbedingt wohler fühlen. Seltsamerweise ist dies genau seine Welt, die Welt der Ammenmärchen von ewiger Wiedergeburt und geschlechtsloser Liebe. Vielfältigste Formen der Verneinung des männlichen Prinzips sind im Schaffen solcher Zeitgenossen Pankejews wie Andrej Bely, Wjatscheslaw Iwanow und Nikolai Berdjajew zu entdecken und leichter zu verstehen, wenn man dahinter das Streben ins verlorene Paradies nicht weiblich-mütterlicher Erotik, sondern großmütterlicher Asexualität sieht. Und vielleicht sind die Kindheitsgeschichten, wie sie im dionysischen Treiben russischer Symbolisten oder im androgynen Sehnen russischer Neoplatoniker Gestalt und Rechtfertigung fanden, strukturell gar nicht allzu verschieden von der *Geschichte einer infantilen Neurose*.

Die russische Sphinx

Ambivalenz war für Freud der charakteristischste Zug seines russischen Patienten, den zu beschreiben er mit starken Worten nicht geizte. Er sprach von einer »ungewöhnlich deutlichen, intensiven und anhaltenden Ambivalenz des Kranken«[48], nennt sie an anderer Stelle »außerordentlich«[49]. Bei seiner russischen Kollegin Sabina Spielrein sah er übrigens auch »mehr Ambivalenz, als normal ist«[50]. Unzweifelhaft kommt hier ein Kulturklischee zur Geltung. Im Oktober 1920 schrieb Freud an Stefan Zweig: »Sehr ambivalent sind auch die nicht neurotischen Russen ebenso wie die Gestalten Dostojewskis in fast allen Romanen.«[51] Und zuvor im selben Brief: »... diese Gefühlsambivalenz ist auch ein Erbstück aus dem Seelenleben der Primitiven, im russischen Volk aber weit besser erhalten und eher bewußtseinsfähig geblieben als anderwärts, wie ich es erst vor wenigen Jahren in der ausführlichen Krankengeschichte eines echt russischen Patienten darstellen konnte.«[52] In seiner Abhandlung zu Dostojewski formuliert er es nicht sehr viel anders: »Wer abwechselnd sündigt und dann in seiner Reue hohe sittliche Forderungen stellt, der (...) erinnert an die Barbaren (...) Iwan der Schreckliche benimmt sich auch nicht anders; ja, dieser Ausgleich mit der Sittlichkeit ist ein charakteristisch russischer Zug.«[53]

Ein weiterer Wesenszug Pankejews war »die Überstärke seines Narzißmus«[54]. Einen dritten wiederum fand Freud bei beiden, Pankejew und Dostojewski: Letzterem bescheinigte er eine »stark bisexuelle Anlage«[55], ersterem, daß die homosexuelle Einstellung sich bei ihm als unbewußte Macht mit »Zähigkeit behauptet hatte«, ja, alle analytische Arbeit habe sich von Anfang an darauf gerichtet, »sein ihm unbewußtes Verhältnis zum Manne aufzudecken«[56]. Verdrängte Homosexualität bot die Erklärung für eine Reihe quälender Symptome – zum Beispiel, daß Sergej einer Frau nie lange treu bleiben konnte.

Mit Pankejews latenter Homosexualität bringt Freud auch die bei ihm vorkommenden Wiedergeburtsphantasien in Verbindung. Jung hatte zu jener Zeit gerade von Freud zu Nietzsche zurückgefunden und sah Wiedergeburtsphantasien als hauptsächlichen Inhalt eines neurotischen Unbewußten an. So nutzte Freud den Fall Pankejew zu einer Polemik: Wiedergeburtsphantasien rührten gleichfalls von der »Urszene« her. Der Betroffene identifiziere sich jedoch nicht mit dem aktiven, sondern mit dem passiven Part der Szene – mit der Mutter statt mit dem Vater. Pankejew phantasierte sich demzufolge in die Situation der Frau, um an Stelle der Mutter zu sein, Befriedigung vom Vater zu erfahren und ihm ein Kind zu schenken. »Die Wiedergeburtsphantasie war also hier nur eine verstümmelte, zensurierte Wiedergabe der homosexuellen Wunschphantasie.«[57]

Einen nicht geringen Stellenwert in Freuds Abhandlung nehmen auch die religiösen Urerlebnisse des vier-, fünfjährigen Pankejew ein. Sowie der Knabe von den Leiden Christi erfuhr, war er über das Verhalten des Heiligen Vaters empört. Just in dieser Zeit begann Sergej, Tiere zu quälen. In seinem Sadismus fühlte er sich als Gott und Vater; in seinem Masochismus war er Christus höchstselbst. Der Junge lästerte Gott und schlug darüber ein Kreuz, um sich von der Schuld reinzuwaschen. Gleichzeitig mußte jeweils tief ein- oder ausgeatmet werden, damit auch der Heilige Geist ins Spiel einbezogen war.[58] Das Ende von alledem war jedoch, daß Gott ihm (etwa im Alter von zehn Jahren) vollkommen gleichgültig wurde; dies geschah, als er in die Obhut des jungen deutschen Hauslehrers kam: »Die Frömmigkeit fiel mit der Abhängigkeit vom Vater, der nun von einem neuen, umgänglicheren Vater abgelöst wurde.«[59]

Pankejews Frömmigkeit gedieh also unter dem Einfluß weiblicher Figuren (der Mutter, der Kinderfrau), während männlicher Einfluß half, sich von ihr zu befreien – was Freud zu dem Schluß bewog, Pankejews Kampf wider die Religion hänge mit der verdrängten und inadäquat sublimierten Homosexualität unmittelbar zusammen. Die Verdrängung manifester Homosexualität drückte auch diesen so wichtigen Teil des Seelenlebens tief ins Unbewußte. »Es fehlten dem Patienten darum alle die sozialen Interessen, welche dem Leben Inhalt geben. Erst als in der analytischen Kur die Lösung dieser Fesselung der Homosexualität gelang, konnte sich der Sachverhalt zum Besseren wenden, und es war sehr merkwürdig mitzuerleben, wie (...) jedes befreite Stück der homosexuellen Libido eine Anwendung im Leben und eine Anheftung an die großen gemeinsamen Geschäfte der Menschheit suchte«[60], schließt Freud diesen Abschnitt mit überraschendem Pathos.

Der Text hatte eigentlich eine nüchterne klinische Fallbeschreibung zu sein. Immer wieder jedoch treten emotional gefärbte Momente zutage. Freud hat den Fall aus einer Vielzahl anderer, gleichfalls interessanter und wichtiger ausgewählt. Warum hatte es dem Begründer der Psychoanalyse just die Geschichte des Sergej P. so sehr angetan, daß er eine Monographie darüber verfaßte? Ist es Zufall, daß sein Lieblingspatient ebenso wie sein Lieblingsschriftsteller Russe war? Deutet der in Freuds Texten des öfteren eingestreute Hinweis auf »typisch russische Züge« nicht darauf hin, daß der Autor ein Faible für das »russische Element« besaß, so wie Pankejew das »deutsche Element ... bevorzugte« (woraus Freud zufolge »die Übertragung in der Kur großen Vorteil zog«[61]), daß also das russische Material ihm in Verständnis und Ausdeutung gewisse Vorteile verhieß?

Im Grunde genommen sind die von Freud als typisch russisch apostrophierten Wesenszüge – Ambivalenz, der »Ausgleich mit der Sittlichkeit«, Bisexualität – für alle Neurotiker charakteristisch. Vielleicht mochte Freud Pankejew und Dostojewski deshalb so sehr, weil bei ihnen kraft einiger ihm nicht verborgen gebliebener russischer Eigenheiten die universalen Mechanismen des Unbewußten besonders gut erkennbar waren. Eine solche Vorstellung vom Russen als einem Geschöpf, das ungewöhnlich nahe am Unbewußten siedelte, war in den Auffassungen zur russischen Kultur diesseits und jenseits der Grenzen weit verbreitet. Es sei noch einmal an Rilke erinnert, welcher meinte, die Russen seien »alle wie Menschen, die einem in der Dämmerung sagen, was die anderen im Lichte leugnen«, und der in Rußland das Land der ewigen Träume sah.[62] Alexander Blok, in dessen Versen Träume nicht seltener vorkommen als in Freuds Analysen, schrieb 1911 an Andrej Bely: »In diesen unruhigen, bodenlosen Träumen leben wir und müssen des Nachts in einem fort aufspringen und die Träume verscheuchen.«[63]

1918, in dem Jahr also, da Freud bei Pankejew zur zweiten Analyse schritt, schrieb Blok sein berühmtes Poem *Die Skythen.* Blok vergleicht Rußland darin mit einer Sphinx und den europäischen Westen mit Ödipus. Geschlechtslos und unsterblich wie jede Sphinx, schreckt diese vor allem durch ihre Liebe. Mit folgenden Versen wendet sich Blok an den ödipalen Westen:

Russische Sphinx. Traurig, vor Freude toll,
Ihr schwarzes Blut verströmt sie, sich verschenkend,
Und sieht euch an, teils haß-, teils liebevoll,
Mit Blicken, die sich stumm in euch versenken.
Ja, so lieben, wie dies Blut hier liebt,
Könnt ihr schon längst nicht mehr. Und nicht erkennen,
Daß es auf Erden eine Liebe gibt,
Die euch zerbrechen kann und auch verbrennen.[64]

Hier kehrt sich die übliche Freudsche Metapher um: Nicht Ödipus agiert und ist ambivalent – die Sphinx übernimmt diese Rolle. Die Gestalt war populär, und es gefiel den Russen, die klassische Situation so zu deuten, daß sie sich mit der Sphinx und nicht mit Ödipus identifizieren konnten. Blok jedoch geht um einiges weiter.

Rußland, wie er es sieht, verhält sich zum Westen annähernd so wie das Freudsche Unbewußte zum Bewußten: Es kennt keine Zeit (»Für euch Jahrhunderte, für uns ein Augenblick«); es ist für Widersprüche unempfindlich (»... teils haß-, teils liebevoll ...«); es hat weder Maß noch Grenzen (»Ihr seid Millionen. Wir – Legion ...«); kein Unterscheiden, kein Vergessen, kein Verdrängen (»Wir lieben alles ... und wir erinnern uns ...«); dazu die narzißtische Vermengung von Ich und Wir. Gleich mehrfach betont wird die Ambivalenz der Gefühle: Haß und Liebe, Trauer und Freude verschmelzen ineinander. Eine solche Liebe, dem Menschen im Westen »schon längst nicht mehr« gegeben, führt zum Tod:

> Des Fleischs Vergänglichkeit – sinnlich und keusch –
> Wir lieben sie wie seinen bittern
> Verwesungshauch. Sind wir denn schuld, daß euch
> In unsren Armen eure Knochen splittern?[65]

Das große Rätsel der russischen Sphinx ist also ihre Ambivalenz in der Liebe, wie sie den wilden Skythen eigen und dem Westen fremd ist. Man mag es erstaunlich finden, doch im Grunde meint Blok das gleiche wie Freud, wenn dieser Stefan Zweig mitteilt, die Ambivalenz der Gefühle sei ein Erbstück, das bei den Russen nur besser als bei anderen Völkern erhalten sei.

Freilich ist Freuds Behauptung, derzufolge sich alle Russen, ob Neurotiker oder nicht, auf gleiche Weise ambivalent benehmen, kaum haltbar. Die Idee zu den *Skythen* reifte in Blok, als Juri Kannabich bei ihm eine Neurasthenie diagnostiziert hatte, die er mit Brom zu kurieren versuchte. Schon anderthalb Jahrzehnte früher, in den Anfängen seiner Beziehungen zur späteren Ehefrau, die sich kaum weniger kompliziert gestalten sollten als in Pankejews Fall, hatte Blok das Empfinden gehabt, wie in ihm und um ihn her »die Zwiespältigkeit der menschlichen Seele in äußerst krassen und gnadenlosen Zügen« hervortrete und zu bezwingen vonnöten sei.[66]

In jenen Monaten zwischen den beiden Revolutionen war es auch Michail Tschechow, der an einer schweren nervlichen

Zerrüttung litt. Psychiater, Hypnotiseure und Psychoanalytiker bemühten sich um ihn, letztlich vermochte er sich selbst zu helfen (vgl. Kap. 4). Jenes Selbstgefühl, mit dessen Hilfe er der Krise entronnen zu sein glaubte, beschrieb er folgendermaßen: »Ich nahm das Gute und das Schlechte, das Schöne und das Häßliche, das Starke und das Schwache, das Kranke und das Gesunde, das Große und das Kleine als zusammengehörig wahr ... Ich glaubte nicht den einfachen, geradlinigen Psychologien ... Sie hatten keine Ahnung, was das Menschsein wirklich ausmacht – nämlich, die Gegensätze zu vereinen.«[67]

Diese wahrlich »skythische« Definition des Menschen hatte ihn, wie er selbst sagte, das russische Leben mit seinen Kontrasten gelehrt. In seiner Schulzeit zum Beispiel hatte ihn die Familie auf Schritt und Tritt kontrolliert, gleichzeitig aber gab ihm sein alkoholkranker Vater, Autor eines Buches über die Gefahren der Trunksucht, drei Rubel zum Besuch eines Bordells. Auch die Lektüre Dostojewskis half ihm. Auf ganz ähnliche Weise hatte Andrej Bely aus der kindlichen Not, die darin bestand, die »Schere« zwischen sich und den Eltern, zwischen Vater und Mutter sowie zwischen verschiedenen Autoritäten überwinden zu müssen, seine »Lebensdialektik« entwickelt.[68] Mit ihrer Hilfe die Gegensätze des Lebens so gründlich zu vermengen und zu versöhnen, bis sie nicht mehr zu existieren scheinen – das ist die Ambivalenz der Gefühle, die Freud an den Russen so sehr erstaunte. Nicht mehr lange, und eine »Dialektik« würde die logische Grundlage und Rechtfertigung jener intellektuellen Willkür liefern, die zu den Formen des sowjetischen Staatswesens gerinnen sollte.

Überhaupt erinnern die speziellen Motive, die Freud in seiner Schilderung des Falls Pankejew herausarbeitete, deutlich an die Grundbausteine der »russischen Idee«, wie sie aus den von Pankejews Landsleuten just in den Jahren seiner Kindheit und Jugend verfaßten Romanen, Poemen und philosophischen Traktaten tönte (siehe Kap. 2): rationalistische Religionskritik, gepaart mit einem vagen Mystizismus; eine Fixierung auf das Thema Tod und Wiedergeburt; die auffällig ausdauernde Beschäftigung mit Homosexualität, Sodomie, Androgynie; schließlich ein für den Außenstehenden erstaunlich intensives geistiges Leben bei anhaltender Klage über einen Mangel an realen sozialen Interessen ...

Porträts und Selbstporträts sind es, an die wir uns wohl oder übel halten müssen; wenn sich jedoch die verschiedenen Bilder decken, ist dahinter die Wirklichkeit zu ahnen. Wie real und wie symptomatisch sind also die Menschenbilder, die in Freuds Psychoanalyse einer Kindheitsneurose, der Dichtung des russischen Symbolismus und der russischen Religionsphilosophie als handfestes, übergreifendes Syndrom erscheinen?

Vergleicht man Sergej Pankejew und Alexander Blok, sind die Parallelen ebenso aufschlußreich wie die Unterschiede. Pankejew liefert uns das Bild eines russischen Ödipus, der in einer Situation, vor die ihn die westliche Sphinx stellt, klein beigibt und sein ganzes langes Leben damit beschäftigt sein wird, deren rationalistisches Rätsel zu lösen. Blok wiederum zeichnet das Schicksal der geheimnisvollen russischen Sphinx, zwiespältig, funkelnd, arg bedrohlich, die sich jedoch in erster Linie vor sich selber fürchtet. Blok – einer, der »mit jeder Faser des Körpers und des Herzens, mit dem ganzen Bewußtsein«[69] zur Revolution aufrief, der ihr Evangelium verfaßte und einen Posten im Volksbildungskommissariat bekleidete – starb jung, in einer psychotischen Krise, die nur mit Nietzsches furchtbarem Ende zu vergleichen ist.

Psychoanalyse und Kulturgeschichte lehren uns gleichermaßen, daß Analogien nicht Sache des Zufalls sind. Diese Themen brannten den russischen Intellektuellen jener Zeit wahrlich auf der Haut, und Freud kannte seinen Patientenkreis gut genug, um eine repräsentative Gestalt auszuwählen. Die Übereinstimmung war frappierend. Im Unbewußten des kleinen Pankejew fanden sich genau die gleichen Motive wie auf den höchsten, professionell sublimierten Höhen seiner heimischen Kultur.

Die russischen Philosophen verschlossen sich solchen Gleichsetzungen, die einem heute vielleicht zu kurzschlüssig scheinen mögen, keineswegs. Fjodor Stepun schrieb: »Überall, wo das Leben in alltäglicher Weise ein harmloses Glas Tee anbot, klangen ihm allerhand säkularisierte Theismen, allerhand Glaubensbekenntnisse entgegen.«[70]

Womöglich ließ sich aber auch ein Gedanke auf Rußland anwenden, den Tjutschew bei anderer Gelegenheit ausgesprochen hatte und von dem sich Blok gewiß distanziert hätte:

> Natur ist Sphinx – dadurch mit Macht begabt,
> Verderb uns desto sichrer zu bereiten,
> Wenn sich herausstellt, daß seit Ewigkeiten
> Sie gar kein Rätsel hat und ’s nie gehabt.[71]

Auch diese Variante birgt natürlich die immer gleiche russische Vagheit, Dialektik, Ambivalenz. Mit welchen Tricks, welchen Verlockungen vermag die russische Sphinx, die gar kein Rätsel hat, Verderb zu bereiten? Was hätten die Russen dann noch an sich, was Freud interessieren könnte?

Eine eher pragmatisch zu bezeichnende Erklärung für Freuds »Hang« zum russischen »Element« bliebe in der Tat noch zu nennen. Schwierige, unglaubwürdige Konstruktionen sind – nicht zuletzt für den Autor selbst – leichter anzunehmen, wenn sie auf exotischem Boden siedeln, der gar schon mit a priori existierenden Stereotypen bereitet ist. Die Handlung in einem entlegenen Land anzusiedeln, von dem man wenig weiß und wo deshalb alles möglich scheint, hatte schon früher radikal denkenden Intellektuellen geholfen, ihrem Text eine gewisse Glaubwürdigkeit zu verschaffen. So hatten – um bewußt ein paar Beispiele etwas weiter herzuholen – die russischen Romantiker ihre Helden in den Kaukasus und zu den Zigeunern entsandt, Montesquieu seine Ideen in Persien verwirklicht gefunden, Nietzsche ebenda seinen Übermenschen plaziert; Bogdanow mußte sein soziales Ideal noch weiter weg delegieren, nämlich auf den Mars, während Lévi-Strauss vor allem inmitten wilder Indianer etwas einfiel. Zwar interessierten Freud psychologische Theorien und konkrete menschliche Schicksale, die sie untermauern konnten, mehr als alle sozialen Utopien, doch die Funktionen exotischen Materials blieben dieselben. Exotik war dort nötig, wo die Idee Gefahr lief, sich ins Phantastische zu versteigen.

Erinnerungen an die Psychoanalyse

Der »Wolfsmann« sollte berühmt werden. Immer mehr Analytiker aus der Alten und insbesondere aus der Neuen Welt suchten die Begegnung mit ihm, dem ansprechbaren Freudschen Patienten. Seine Memoiren in zwei Teilen erscheinen zusammen mit Freuds *Geschichte einer infantilen Neurose* und den Sergej gewidmeten Abhandlungen zweier weiterer Analytiker in einem Buch. Ganz am Ende seines Lebens, Mitte der siebziger Jahre, treibt ihn eine Wiener Journalistin auf und veröffentlicht nach seinem Tod einen Band Interviews mit dem »Wolfsmann«. Pankejew erzählt darin alles mögliche – mal über Freud, mal über seine letzte Geliebte. Wir vernehmen die Stimme eines Menschen, der ein seltsames, mehrfach gebrochenes Leben gelebt hat, doch sein kulturelles Milieu strahlt eher Normalität aus. Die längste Zeit hat er im Exil zugebracht und weiß der jungen, neugierigen Wienerin etwas über Kerenski und Lenin, Oblomow und Stawrogin, Pasternak und Solshenizyn zu sagen. Einige seiner Erörterungen sind für sich genommen interessant, so zum Beispiel, wenn er eine Parallele herstellt zwischen Tolstois Weggang im Angesicht des Todes und den Umständen, die Werchowenski aus Dostojewskis *Dämonen* in die Flucht und in den Tod trieben. Am meisten interessiert uns freilich etwas anderes: wie Pankejew am Ende seines Lebens den Einfluß bemißt, den die Psychoanalyse auf ihn gehabt hat.

Im großen ganzen war er skeptisch. »Ich möchte sagen, die Psychoanalyse schwächt das Ich. Sie kann das Es vielleicht irgendwie erleichtern, aber das Ich leidet, weil man sich an eine Autorität bindet.«[72] An anderer Stelle äußert er sein Mißbehagen so: »... es ist immer dasselbe. Sie operieren fortwährend mit dem, was Freud aufgestellt hat. Mit diesen Grundsätzen und Symbolen und kommen nicht weiter. Ich habe über Lenin gelesen, daß sein Erfolg darauf zurückzuführen ist, daß er immer mit der Zeit ging. Da hieß es zum Beispiel: Alle Macht den Sowjets. Nach zwei Monaten hat er gesagt: Das ist jetzt ganz uninteressant, es ist jetzt eine andere Zeit. Wir erreichen jetzt nichts mehr, wenn wir immer dasselbe machen. Aber die Psychoanalytiker machen immer dasselbe. Sie kommen ja gar nicht weiter. Ich steh der Psychoanalyse heute kritisch gegenüber ...«[73] All dies hätte wohl lediglich Unterhaltungswert, käme es nicht aus dem Munde eines Menschen, der derart viel Zeit mit Freud zugebracht hat.

In seinem knappen Nachsatz zur *Geschichte einer infantilen Neurose* schrieb Freud vom glücklichen Ausgang der Analyse: »Ich entließ ihn nach meiner Schätzung als geheilt wenige Wochen vor dem unerwarteten Ausbruch des Weltkrieges und sah ihn erst wieder, als die Wechselfälle des Krieges den Zentralmächten den Zugang nach Südrußland eröffnet hatten.«[74]

Die letzte Sitzung fiel auf den 29. Juni 1914. Tags zuvor waren in Sarajevo der österreichische Thronfolger Prinz Ferdinand und seine Gemahlin ermordet worden. Freud nahm Abschied von seinem Patienten und bemerkte, »falls Franz Ferdinand zur Macht gekommen wäre, hätte es wahrscheinlich einen Krieg zwischen Österreich und Rußland gegeben«[75]. Es kam bekanntlich genau umgekehrt. Auch sehr kluge Menschen haben mitunter nur eine beschränkte Auffassungsgabe.

Einige Stunden, nachdem Sergej die russische Grenze passiert hatte, brach der Krieg aus. Therese Keller und ihr Töchterchen Else waren noch in München. Als Pankejew nach Hause kam, bestellte seine Mutter eine Messe, um für die Gesundung ihres Sohnes zu danken. Der odessitische Pope sang zu Ehren Sergejs und seines Arztes »Sigismund« eine Lobpreisung. Braut und Bräutigam waren indessen durch die Front voneinander getrennt. Als einzigem Sohn der Familie blieb dem jungen Pankejew die Mobilisierung erspart. Auf dem Familiengut ließ er es sich wohl sein. Gegen den Widerstand der Mutter begannen die Querelen um Ausstellung eines Einreisevisums für Therese, die ja Bürgerin eines feindlichen Staates war. Sergej bewerkstelligte auch dies. Therese kam über Rumänien, die Tochter hatte sie in München zurückgelassen. Sie heirateten. Sergej schaffte es sogar, einen externen Abschluß an der juristischen Fakultät der Universität von Odessa zu bekommen. Alles lief wie am Schnürchen, wenn man von den Konflikten zwischen Therese und ihrer neuen Schwiegermutter absah.

1918 ziehen die deutsch-österreichischen Truppen in Odessa ein. Die Ukraine wird zur Hetmanenrepublik erklärt. Else erkrankt an Tuberkulose, Therese muß dringend zu ihr. Im September erhält sie das Visum und reist über Kiew ab. Im November sind die Mittelmächte faktisch besiegt. Odessa wird von den Engländern, Franzosen und Polen eingenommen. Der Rubel fällt ins Bodenlose. Die Filiale der Russischen Bank in Odessa geht in Flammen auf. Hier hatten die Pankejews ihr Kapital liegen. Was übrig ist, reicht gerade für Visum und Fahrkarte.

Wie Freud Lou Andreas-Salomé am 29. Mai 1918 schreibt, bescherte ihm ein zufälliger Bote (es ist ja noch Krieg!) »einen Brief des jungen Mannes aus Odessa, den ich ... am 14. Juli 1914, wie ich meinte, geheilt entlassen, der zwei Wochen später mein Feind war und von dem ich nicht wußte, ob er nicht auf meinen ältesten Sohn geschossen hatte«[76]; er habe um ein neues Treffen gebeten. Ohne Lou über seine Motive zu unterrichten, bittet Freud sie im Namen »von Ihren sechs großen Brüdern, die alle so nett mit Ihnen waren«, nach Wien zu kommen und sich an seiner Statt des alten Patienten anzunehmen. Lou tut dies jedoch nicht.

Eine derartige Situation, in der der Analytiker den Patienten im Kontext seiner prekären persönlichen (wie auch der für ihn bedeutsamen politischen) Lage sieht und seine Angst ohne reale Anhaltspunkte auf ihn projiziert, ist ein nicht eben klassisch zu nennender, jedoch typischer Fall von Gegenübertragung. Daß dieser auf die Therapie Einfluß nehmen muß, steht außer Frage. Allerdings hat Freud seine Gefühle, worin der von ihm »geheilte« russische Patient unheilvoll mit dem eigenen Sohn verknüpft war, nie wieder erwähnt. Nur an einer Stelle in der *Geschichte einer infantilen Neurose* fällt die Metapher auf, welche den schwierigen, zäh verlaufenden Prozeß der Pankejewschen Analyse mit dem Vorstoß einer feindlichen Armee vergleicht, die »Wochen und Monate verbraucht, um eine Strecke Landes zu durchziehen, die sonst in friedlichen Zeiten in wenigen Schnellzugstunden durchfahren wird«[77]. Soweit wir in den Fall Einblick haben, traten die nicht bearbeiteten Gefühle Freuds allenfalls in dem anhaltenden Bestreben zutage, den Patienten an einen anderen Analytiker weiterzureichen. Interessant in dem Zusammenhang ist ferner, daß diese Versuche sich an Frauen richteten, unkriegerische Geschöpfe also, die zudem ihrer Nationalität nach »feindlichen« Staaten angehörten: die Russin Lou Andreas-Salomé und die Amerikanerin Ruth Mack Brunswick ...

Im April 1919 endlich schafft es Pankejew, nach Wien zu kommen. Freud schenkt ihm sein neues Buch mit der *Geschichte einer infantilen Neurose* nebst freundlicher Widmung. Er entdeckt, daß bei Pankejew »noch ein kleiner nicht durchanalysierter Rest verblieben sei«[78], und führt die Behandlung selbst weiter. Sie währt diesmal von September 1919 bis Ostern 1920. Inzwischen liegen die Dinge so, daß Freud seinem Patienten von Mal zu Mal Geld zustecken muß. Dann findet Sergej eine bescheidene Anstellung bei einer Versicherungsgesellschaft, der er bis zu seiner Pensionierung die Treue hält.

Den Anlaß zur neuerlichen Analyse gaben Verdauungsprobleme. Sergej selbst führte sie auf die erfolglose Roßkur zurück, die er – in Ermangelung tauglicher Medikamente – von jenem Doktor Drosnes in Odessa verschrieben bekommen hatte. Freud verstand die Symptome anders: »Dann kam er nach Wien und berichtete von einem unmittelbar nach Beendigung der Kur aufgetretenen Bestreben, sich vom Einfluß des Arztes loszureißen. In einigen Monaten Arbeit wurde nun ein noch nicht überwundenes Stück der Übertragung bewältigt; seither hat [der] Patient, dem der Krieg Heimat, Vermögen und alle Familienbeziehungen geraubt hatte, sich normal gefühlt und tadellos benommen. Vielleicht hat gerade sein Elend durch die Befriedigung seines Schuldgefühls zur Befestigung seiner Herstellung beigetragen.«[79]

Später würde Pankejew der Meinung sein, daß er, wenn er noch zur Zeit der englischen Besatzung in Odessa nach Hause gereist wäre, die Reste seines Vermögens hätte in Sicherheit bringen können. Freud ließ ihn nicht fahren, da er den Heimreisewunsch als neurotischen Widerstand interpretierte. Und als endlich Sergejs Transfer- und Peristaltikprobleme nach Freuds Ansicht gelöst waren, saßen in Odessa schon die Roten.

1926 wurde Freud vom nunmehr recht mittellosen Pankejew mit hypochondrischen, an paranoiden Wahn grenzenden Klagen ein drittes Mal konsultiert. Nach einer kleinen Nasenhöhlenoperation fühlte er nun nämlich sein Riechorgan der Zerstörung preisgegeben – er spürte Schrammen, Risse, wo keine waren. Dermatologen wußten nicht zu helfen, es war alles normal.

Diesmal verweist Freud ihn an eine Kollegin, die seinerzeit in Wien lebende Ruth Mack Brunswick. Was ihn vordergründig zu diesem Entschluß bewog, ist schwer zu sagen: War es jene Gegenübertragung und ein daran gekoppeltes Schuldgefühl, war es Freuds nachträgliche Enttäuschung über seinen erfolgreichen, sogar bereits öffentlich gemachten therapeutischen Fall, war es Überlastung durch andere Patienten oder finanzielle Not? Der siebzigjährige Professor hatte 1926 gerade die Zahl seiner Patienten von sechs auf fünf zurückgeschraubt und das Honorar gleichzeitig von 20 auf 25 Dollar pro Sitzung erhöht. Andererseits erinnert sich Pankejew, daß Freud von seinen Schülern stets verlangt hatte, je mindestens einen Patienten unentgeltlich zu empfangen. Dies war wohl die Grundlage, auf der die Übernahme durch die Brunswick zustande kam. Was Freud selbst angeht, so hat er, der selbst von der Nachkriegsentwertung der österreichischen Krone nicht wenig betroffen war, seinem einstigen Patienten viele Jahre hindurch unter die Arme gegriffen und etliche Pfund- und Dollarnoten zugesteckt, die er an ausländischen Patienten verdient hatte.

Die Analyse bei Ruth M. Brunswick dauerte fünf Monate. Sie war sich der Diagnose schnell sicher: hypochondrischer Verfolgungswahn. Unübersehbar ist ihr klinischer Bericht zu diesem Fall weit respektloser abgefaßt als Freuds *Aus der Geschichte einer infantilen Neurose*. Sie selbst bekannte, daß sie in der ersten Zeit nicht glauben mochte, den von Freud beschriebenen klugen und aufrichtigen Wolfsmann vor sich sitzen zu haben. Sie sah einen Psychotiker, im wesentlichen von Heuchelei, Narzißmus und Geiz erfüllt. Was war das: ein Persönlichkeitswandel?

Illusionen, die aus einer Gegenübertragung herrührten? Roazen, der die klinische Geschichte der Brunswick gründlich analysiert hat, neigt zu letzterer Auffassung: Die Therapeutin – selbst lange Zeit bei Freud in Behandlung! – habe dessen einstigen Favoriten als Rivalen empfunden.[80]

Pankejew wiederum gibt an, seine Empörung über die Paranoia-Diagnose und den Umstand, daß es diesmal nicht Freud war, der ihn analysierte, sei so grenzenlos gewesen, daß er beschloß, recht schnell gesund zu werden. Die Analytikerin Muriel Gardiner, die Pankejew 1927 kennenlernte (er gab ihr Russischstunden), ihm von nun an regelmäßig Besuche abstattete und über Jahrzehnte beistand, charakterisiert ihn als vorzüglichen Konversationspartner, der den Eindruck eines gesunden und vollkommen ausgeglichenen Menschen machte.[81]

Die rätselhafte Therese Keller

Therese war stolz auf ihre spanischen Wurzeln. Im deutschfeindlich gesinnten Rußland des Jahres 1914 hatte sie, die weder russisch noch französisch sprach, es wahrlich nicht leicht. Helfen konnte ihr, wie Pankejew in seinen Erinnerungen bemerkt, daß sie ganz und gar nicht wie eine Deutsche aussah, sondern tatsächlich eher wie eine Spanierin oder Italienerin.

Nach der Rückkehr aus Rußland und dem Tod ihrer Tochter veränderte sich Therese. Eigentümlichkeiten traten auf, sie wurde knausrig und ungesellig. Sergej sollte nie erfahren, wieviel älter als er sie in Wirklichkeit war: noch vor ihrer Rußlandreise waren ihre Papiere verlorengegangen. Sie beklagte sich übers Altwerden, obwohl Pankejew sie so attraktiv fand wie zuvor. Im übrigen betrog er sie ständig.

Auf den erzwungenen Anschluß Österreichs an Nazideutschland 1938 reagierten die Wiener verschieden. Am schlimmsten traf er die Juden. Wie üblich gelang es den wenigsten auszureisen; unter den Verbliebenen griff eine Welle von Selbstmorden um sich. Pankejew wurde behelligt: Ein Nazi erschien bei ihm und fragte ihn aus, private, familiäre Dinge … Sergej zeigte ihm das Foto seines Vaters. Darauf meinte der Mann, er sei ganz beruhigt: Sergejs Vater sähe aus wie ein Zar. Und er gab zu, daß er gekommen war, um herauszufinden, ob dieser russische Emigrant nicht etwa Jude war. Pankejew seinerseits hielt seine Frau dazu an, sich aus dem heimatlichen Würzburg sogenannte »Ahnenpässe« kommen zu lassen. Therese blickte ihn daraufhin »sonderbar« an – ein Blick, den er nie vergessen würde.

In diesen Tagen schlug Therese Sergej vor, gemeinsam aus dem Leben zu scheiden. »Wie kommst du auf einen so wahnsinnigen Gedanken? Wir sind doch keine Juden!« Am 31. März fand Sergej Pankejew seine Frau tot in der Wohnung. Sie hatte den Gashahn aufgedreht.[82]

Ein Verdacht liegt nahe, den seltsamerweise weder Pankejew noch die mit ihm arbeitenden Analytiker oder später Historiker je geäußert haben: Therese Keller dürfte Jüdin gewesen sein. Sie hat es zeit ihres Lebens geheimgehalten, und nicht von ungefähr. Eine Ahnung von diesem Geheimnis könnte auch der Grund dafür gewesen sein, daß Sergejs Mutter oder zum Beispiel Kraepelin so entschieden gegen diese Ehe gewesen waren und sie als Mesalliance betrachtet hatten. So wäre ferner die Legende von ihrer spanischen Herkunft zu erklären, die sie dem romantischen Sergej einzuflüstern wußte (das Kapitel seiner Memoiren, worin er die Liebe zu ihr beschreibt, heißt denn auch *Schlösser in Spanien*). Thereses Judentum und nicht der Wunsch, die spanische Legende aufrechtzuerhalten, war der Grund für jenen »sonderbaren« Blick, als schon der Gatte nach ihrer Herkunft zu forschen begann.

Ein Jahr nach ihrem Freitod suchte Sergej, wie immer nach solchen Schicksalsschlägen von seinem »unbewußten Leid« getrieben, Thereses Bruder in München auf.

»›Ihre Großmutter war ja eine Spanierin‹, sagte ich zu Josef, der mich im ersten Moment etwas verdutzt anblickte. ›Eine Spanierin? Mir ist aber hiervon nichts bekannt ...‹ Dann schmunzelte er verschmitzt und fügte hinzu: ›Aber unsere Großmutter soll mit einem bayrischen adligen Offizier etwas zu tun gehabt haben.‹«[83]

Psychose und Wirklichkeit

Den Verlust der Frau zu überwinden, suchte Pankejew sein Heil einmal mehr in der Psychoanalyse. Er eilte zu Muriel Gardiner, die ihn mit Hilfe eines Nansenpasses[84] aus dem besetzten Wien nach London zu Ruth Brunswick schickte. Neuerliche Analysesitzungen, monatelang, während derer er sich immer aufs neue die Frage stellt: »Warum ist mir das widerfahren?« Schließlich kehrt Pankejew nach Wien zurück. Bis zu seinem Tod 1979 führt er zunächst das stille und dem Anschein nach heile Leben eines Wiener Büroangestellten, geht dann in Pension, wobei er von Zeit zu Zeit merkwürdige und recht peinliche Affären mit Frauen hat. Ein wenig Geld verdient er mit der Veröffentlichung seiner Memoiren, aber auch durch den Verkauf seiner Bilder, die er durch Vermittlung der Amerikanischen Psychoanalytischen Gesellschaft als von Hand »*des*« berühmten Freudschen Patienten anbietet.

Der einzige Rückfall in seine angenommene »Paranoia« ereilt ihn im Sommer 1951. Pankejew schlendert mit seinem Skizzenbuch durch Wien und gerät in die sowjetische Besatzungszone. Er wird von Sowjetsoldaten verhaftet und in den Karzer gebracht. Mehrstündige Verhöre folgen, in denen er beschuldigt wird, er habe ein militärisches Objekt gezeichnet und sei überhaupt ein weißer Emigrant, ein Verräter der Heimat. Er versucht sich mit seiner deutschen Frau zu rechtfertigen und spürt sogleich, wie sinnlos seine Bemühungen sind. Gleich Millionen seiner vollkommen normalen Landsleute, die sich einmal in ähnlichen Umständen wiederfanden, kämpft er vergeblich gegen ein lähmendes Gefühl von Schuld und Angst. Am vierten Tag wird er freigelassen, nachdem man ihm das Versprechen abgenommen hat, drei Wochen später mit all seinen Zeichnungen wiederzukommen. Er reagiert psychotisch: »Es war wie damals mit meiner Nase, als ich zu Frau Dr. Brunswick ging – nur hatte ich damals Angst vor einer physischen Entstellung und diesmal vor einer moralischen Entstellung.«[85]

Pankejew begreift, daß er nie in die Heimat würde zurückkehren können. Exakt nach einundzwanzig Tagen ist Pankejew wieder zur Stelle. Der Offizier, welcher ihn zuvor verhört hatte, ist nicht im Stab aufzufinden, und auch sonst interessiert sich keiner für ihn.

Als er Muriel Gardiner davon erzählt, endet der Bericht mit der für seine ganze Geschichte typischen Frage: »Was meinen Sie, Frau Doktor? Glauben Sie, es war mein psychisches Kranksein, das mich diesen Vorgang so ernst nehmen ließ?«[86]

4. KAPITEL
DIE PSYCHOANALYTISCHEN UNTERNEHMUNGEN VOR DEM ERSTEN WELTKRIEG

Russische Verbindungen

Freuds Interesse an Rußland hat Wurzeln, die weit zurückgehen. Seine Mutter, die er sehr liebte, stammte aus Brody, einem kleinen Städtchen in Nordostgalizien, unweit der damaligen russischen Grenze. Einen Teil der Jugend verbrachte sie in Odessa, wo sich ihre beiden Brüder niedergelassen hatten. Im Jahr 1883, als Sigmund bereits siebenundzwanzig war, beschloß der Vater, seine miserable finanzielle Lage durch geschäftliche Aktivitäten in Odessa aufzubessern. Der Biograph beschreibt diese Reise des siebzigjährigen Jakob Freud als »Hoffnungsschimmer«[1], der allerdings ebensoschnell wieder erlosch.

Freuds Lehrmeister Jean Charcot hatte eine Menge russischer Patienten, darunter sogar Mitglieder der Zarenfamilie. Die Russen galten Freud lange Zeit als Verkörperung von Reichtum schlechthin – und eine Quelle, durch die man selbst zu einigem Wohlstand kommen konnte. Im Jahr 1898, als Nikolaus II. sein Friedensmanifest[2] versandte, erklärte Freud, er habe beim Zaren schon lange eine Zwangsneurose nebst den dafür typischen Symptomen, Unschlüssigkeit und Neigung zum Perfektionismus, gesehen. »Es könnte zwei Leuten geholfen werden, wenn man mich mit ihm zusammenbrächte. Ich gehe auf ein Jahr nach Rußland, nehme ihm soviel weg, daß er nicht leidet, und lasse soviel übrig, daß er keinen Krieg anfängt. Von da an halten wir drei Kongresse im Jahr, ausschließlich auf italienischem Boden, und ich behandle nur mehr gratis.«[3]

Die Zeit würde kommen, da Freud wenn schon nicht beim Zaren, so doch bei seinen vermögenden russischen Patienten Erfolge landen würde. Als jener uns nun schon bekannte Student und Millionärssohn dem Analytiker seine Geliebte und zukünftige Ehefrau vorstellte, soll Freud gemeint haben, daß sie »wie eine Zarin aussehe«[4]. Pankejew war keine Ausnahme. In jenen frühen Jahren und auch noch später machten die Wiener und überhaupt die deutschsprachige Bevölkerung nur einen Bruchteil von Freuds Patienten aus. »Die meisten stammten aus Osteuropa: Rußland, Ungarn, Polen, Rumänien«[5], wie Jones mitteilt.

Sogar in Paris fand Freud Anschluß bei einem Russen. Während seines Praktikums bei Charcot 1885/86 schloß er mit dem Neuropathologen Liweri Darkschewitsch (1858–1925) Freundschaft. Gemeinsam besuchten sie Notre-Dame (Freud behauptete, die Kathedrale noch mehr zu lieben als die Neuropathologie), gemeinsam verehrten sie Sarah Bernhardt, und gemeinsam verfaßten sie einen Aufsatz: *Über die Beziehung des Strickkörpers zum Hinterstrang und Hinterstrangskern, nebst Bemerkungen über zwei Felder der Oblongata.* In einem Brief an seine Braut beschrieb Freud Darkschewitsch damals so: »Er fiel mir durch seine, den Ruthenen und Kleinrussen eigene Melancholie auf ... Er eröffnete sich mir allmählich, und [ich] lernte einen stillen und tiefen Fanatiker in ihm kennen. Er war allen Vergnügungen abgeneigt, und seine Seele war ausgefüllt vom Vaterland, der Religion und der Hirnanatomie. Die erste Hirnanatomie in russischer Sprache zu schreiben, war sein Ideal.«[6] Darkschewitsch konnte sich diesen Traum erfüllen: In Kasan veröffentlichte er 1904 sein Lehrbuch zur Neuropathologie, das auch noch zur Sowjetzeit wiederaufgelegt wurde.[7] Er war 1899 nach Moskau zurückgekehrt und erhielt fünf Jahre später eine Professur an der Kasaner Universität, wo er eine neurologische Klinik sowie die erste Heilstätte für Alkoholiker in Rußland einrichtete. In seinem Lehrbuch empfiehlt er in einigen Fällen von Hysterie die Anwendung der »Psychoanalyse nach der Freudschen Methode«[8]. Später distanzierte sich Darkschewitsch jedoch recht entschieden von Freuds Auffassung zur Pathogenese von Neurosen. Daß ausgerechnet Kasan sich zum größten Zentrum der Psychoanalyse in der russischen Provinz entwickelte, dürfte dennoch kein Zufall sein. Darkschewitsch machte sich ferner dadurch einen Namen, daß er, wie die einschlägige Enzyklopädie ausweist, »als einer der ersten die syphilitische Natur der Rückenmarkschwindsucht bezeichnete«[9]. Er zählte zu Lenins Ärzten und war Initiator und erster Rektor der Medizinischen Hochschule in Moskau, die ihm nicht zuletzt einen Lehrstuhl für Psychologie verdankte.

Die wahre Verkörperung Rußlands für Freud war freilich noch ein anderer: Dostojewski. An ihn fühlte er sich bei seinen Kontakten mit Russen immerzu erinnert. Über Jahrzehnte hin hat Freud anhaltend Dostojewski gelesen. Pankejews Erinnerungen besagen, daß es in einer der Sitzungen, die Freud vor dem Ersten Weltkrieg mit ihm abhielt, um Raskolnikows Traum ging.[10] Die *Brüder Karamasow* waren für Freud »der großartigste Roman, der je geschrieben wurde«[11]. Als Einführung zu einer deutschen Ausgabe des Romans schrieb er auf Anregung Eitingons seinen berühmt gewordenen Essay *Dostojewski und die Vatertötung*.[12] Der Essay bezeugt, daß Freud nicht nur Dostojewskis Romane, sondern auch die betreffende Sekundärliteratur kannte und überhaupt in Fragen russischer Geschichte und Politik recht beschlagen war. Freuds Verhältnis zu Dostojewski war jedoch nicht weniger diffizil als das der Romanfiguren untereinander – ambivalent, wie Freud, oder dialogisch, wie Bachtin es genannt hätte. In einem Brief an Theodor Reik gestand Freud, »daß ich Dostojewski bei aller Bewunderung seiner Intensität und Überlegenheit eigentlich nicht mag. Das kommt daher, daß sich meine Geduld mit pathologischen Naturen in der Analyse erschöpft.«[13] Neben Dostojewski schätzte Freud Mereshkowski, den er an verschiedenen Stellen zustimmend zitiert; auch Lew Tolstoi findet Erwähnung.

Als Freud den Mechanismus entdeckte, der die Bewußtwerdung unangenehmer psychischer Inhalte wahlweise verhindert, verglich er ihn in einem Brief vom Dezember 1897 mit der russischen Zensur, »einer unzulänglichen Einrichtung des zaristischen Regimes zur Fernhaltung von verderblichen Ideen aus dem Westen«[14]; seither ist die »Zensur« ein fester Terminus der Psychoanalyse.

Unter dem starken und vielfältigen russischen Einfluß ist auch Freuds spätes theoretisches Hauptwerk *Jenseits des Lustprinzips* entstanden, worin er das Todessehnen als ebenso fundamentale Triebkraft menschlichen Verhaltens zu betrachten vorschlägt wie den Trieb zur Lebenserhaltung, das Verlangen nach Liebe und Nachkommenschaft. Lange vor Freud hatte die russische Analytikerin Sabina Spielrein bereits vom Todestrieb gesprochen. Freud konnte ihre Gedanken unmöglich ignorieren, verwies auf sie jedoch mit einer begreiflichen Reserviertheit. Wahrscheinlich hatten all diese Überlegungen zuviel mit der Spielrein als – so sehr ungewöhnlicher – Person zu tun (siehe Kap. 5), was die Aufstellung der neuen Theorie nur erschweren mochte. Während der Arbeit an diesem Text las Freud jedenfalls wieder einmal Dostojewski und schrieb das Vorwort zur *Geschichte einer infantilen Neurose* neu. Und tatsächlich mag die tragische und ausweglose Dualität in den menschlichen Trieben als Idee mit den in der russischen Kultur nach der Jahrhundertwende gängigen Vorstellungen mehr gemein haben als mit der Welt des jungen Freud, die therapiefähig und zumindest potentiell vernünftig schien. (Vernünftig in dem Sinne, wie Freuds geliebte Kriminalromane vernünftig waren: Schrecken und Chaos des Lebens waren einer unerbittlichen Logik unterworfen, der man nur auf die Schliche zu kommen brauchte.)

An der russischen Front hatte Freud zwei Söhne; die Sorge um ihr Wohlergehen verließ ihn über Jahre nicht. Viele seiner Freunde und Schüler dienten in den Sanitätskorps der österreichisch-ungarischen Armee. Europa bot ein schreckliches Bild, es war im Begriff, sich selbst auszumerzen, zur Erklärung reichten die alten Begriffe nicht aus. Vielleicht kamen Anregungen zur Idee des Todestriebs auch durch Eindrücke, die Freud von der russischen Revolution vermittelt bekam: durch periodische Kontakte zu Russen in Wien, Flüchtlingen ebenso wie Bolschewisten. So daß am Ende der amerikanische Historiker James Rice nicht unrecht haben mag, wenn er die Idee des Todestriebs schlicht als »den russischen Beitrag zur Psychoanalyse«[15] bezeichnet.

Freuds Affinität zu Rußland hatte also verschiedene Wurzeln: biographische, ethnische, historische, ökonomische und intellektuelle. Letztere dürften die interessantesten sein.

Der historisch-biographische Zusammenhang läßt die Nähe Freuds und seines Kreises zu Rußland nur natürlich erscheinen. Die Frontlinien zwischen den zwei sich bekriegenden Imperien hatten erst vor ganz kurzer Zeit einen Kontinent in Stücke geteilt, der für seine jiddisch sprechenden Bewohner ein einziger, lebendiger Organismus gewesen war. Nicht mehr als eine Generation trennte die jüdischen Intellektuellen Österreich-Ungarns und Rußlands von ihren gemeinsamen Vorfahren, deren Kulturraum einst ganz Mittel- und Osteuropa ausfüllte. In Freuds Werken finden wir dieselben verstaubten Anekdoten, die man sich noch heute allerorts zwischen Petersburg, New York und Jerusalem erzählt. Die Väter von Freud, Kafka und, sagen wir, Trotzki lebten aus der gleichen geistigen Erfahrung; die Söhne erst errichteten die neuen Konstruktionen, mit denen sie sich vom gemeinsamen Fundament absprengten.

Vom stereotypen Kern dessen, was Freud über Rußland und die Russen schrieb, war an anderer Stelle bereits die Rede; es unterscheidet sich wenig von dem, was der Westen gemeinhin an

Vorstellungen hegte und hegt. Man fand sexuelle Freizügigkeit auf der einen, mystische Introvertiertheit auf der anderen Seite; den unbändigen Wunsch, die Welt zu verändern, auf der einen, die Unfähigkeit, gründlich zu arbeiten, auf der anderen Seite; ein Sichauflösen in der Masse auf der einen, eine Art Geheimwissen um Liebe und Tod auf der anderen ... Diese gespaltenen Charakterisierungen lassen sich unmöglich in einem Bild vereinen; der »Abgrund« dazwischen versperrt den Weg zur Erkenntnis, in ihm besteht das Rätsel der russischen Seele. Was Freud und seinem Kulturkreis von den Russen bekannt war – und das war nicht wenig: Lermontows Poeme und Dostojewskis Romane, Pankejews Träume und Spielreins Theorien –, stützte diese Vorstellungen im großen ganzen, ohne auf eine Lösung des Rätsels hinzudeuten.

Rußland erschien als der Andere, und in diesen mächtigen, unergründlichen geistigen Raum ließ sich vieles hineinprojizieren – vor allem Hoffnungen. Für den jungen Freud, der sich darauf verlegt hatte, die Geheimnisse eines nichts von sich wissen wollenden menschlichen Seins zu ergründen, waren dies in erster Linie Hoffnungen auf Erkenntnis: Erkenntnis des Unbewußten. Das »russische Material« bot diesbezüglich, wir sagten es schon, einiges an Vorteilen.

Gäbe es auf der Welt ein Volk, das allein vom Unbewußten lebte – es wäre für den Analytiker und überhaupt jeden Intellektuellen ein »gefundenes Fressen«. Unterschiede sich dieses Volk jedoch vom durchschnittlichen Europäer allzu deutlich (sagen wir, durch zwergenhaften Wuchs oder Hundeköpfe), so reduzierte sich das Interesse aufs rein Akademische, denn auch das Unbewußte dieses Volkes wäre höchstwahrscheinlich ein anderes. Die Russen indes glichen den Westeuropäern in vieler Hinsicht sehr. Eben darum war es so verheißungsvoll, Menschen in ihnen zu sehen, »die einem in der Dämmerung sagen, was die anderen im Lichte leugnen«, Menschen, deren Gefühlsambivalenz, mit den Worten des Gelehrten, »ein Erbstück aus dem Seelenleben der Primitiven, im russischen Volk aber weit besser erhalten und eher bewußtseinsfähig geblieben als anderwärts« sei. Als Europäer hatten sie vermutlich auch das Unterbewußtsein von Europäern; als Russen legten sie es an den Tag. Mit anderen Worten: Die Zwiegestalt der Russen, ihre Mittlerposition zwischen Europa und der übrigen Welt, die sie selbst so gern für sich reklamierten, war für die Psychoanalytiker eine Vermittlung zwischen Bewußtem und Unbewußtem. Dergestalt eine grundlegende Opposition der Psychoanalyse außer Kraft setzend, konnte man sich einer privilegierten Stellung in der Welt ihrer Urheber sicher sein.

Erste Kontakte

Im Jahr 1904 taucht Nikolai Ossipow wieder in Moskau auf. Seine medizinische Ausbildung hatte er an der hiesigen Universität absolviert; nach seinem Rausschmiß 1899 (siehe Kap. 6) »pilgerte er durch viele Universitäten des Auslands«, studierte in Freiburg, Zürich, Bonn und Bern und kam schließlich nach Basel, wo er im Fach Histologie promovierte. Nun, nach seiner Rückkehr in die Heimat, verliert diese Wissenschaft, Inbegriff des Materialismus und Nihilismus schlechthin, für ihn allen Glanz. »Ich bin zutiefst davon überzeugt, daß es die Unerforschlichkeit der Seele und des Menschen überhaupt war, was mich an der Psychiatrie reizte. Jedenfalls zog mich die philosophische Seite viel mehr an als die medizinische.« Ossipow arbeitet in verschiedenen psychiatrischen Kliniken Moskaus, bis er an Wladimir Serbskis Universitätsklinik landet. »Aus psychologischer Sicht interessierten mich die Neurotiker besonders. Über die Beschäftigung mit speziell dieser Patientengruppe stieß ich auf Fragen der Hypnose und der Suggestion.« Auf solchem Gebiet lassen sich in Moskau gute Lehrmeister finden. Viel später erst arbeitet Ossipow wieder als Psychotherapeut, wobei er »die Techniken der Psychoanalyse ebenso beherrschte wie die der Suggestion«.[16]

»Erstmals 1907 stieß ich auf Schriften von Freud. Er war damals in Rußland überhaupt nicht bekannt ... Ich darf von mir behaupten, als erster etwas für Freuds Popularisierung in Rußland getan zu haben«[17], erinnert sich Ossipow. Er veröffentlichte in Moskau zunächst einige allgemeine, resümierende Darstellungen zur Psychoanalyse, womit es ihm gelang, die ersten Freud-Anhänger um sich zu scharen. Seine Kollegen aus Serbskis Klinik – Jewgeni Dowbnja und Michail Assatiani – waren von der analytischen Therapie ebenso angetan wie er. Gemeinsam mit Nikolai Wyrubow gründete Ossipow dann 1910 die Zeitschrift *Psychotherapie*, in welcher russische und ausländische Beiträge zur Psychoanalyse ihren festen Platz hatten.

Freud schrieb an Jung am 2. Januar 1910: »Aus Moskau hat sich Dr. Ossipow, Assistent der psychiatrischen Klinik, bei mir gemeldet und durch zwei dicke Seperatabdrucke beglaubigt, von denen einer das Gewirr kyrillischer Zeichen durch den europäisch gedruckten Namen Freud (auch Freud*y* – Freud*a*) in jeder zweiten Zeile unterbricht, der zweite den Namen Jung ebenso verwendet. Der Mann hat noch zwei andere Arbeiten, die nicht mehr bloß referieren, im Druck ...«[18] Im weiteren teilt Freud dem Kollegen Jung die Adresse der Moskauer psychiatrischen Klinik im Stadtteil Dewitschje polje mit und läßt sich dabei nicht entgehen, den Namen zutreffend mit *Jungfernfeld* zu übersetzen. Ossipow seinerseits berichtete: »Im Sommer 1910 reiste ich zu Freud nach Wien, zu Bleuler nach Zürich und zu Dubois nach Bern.« In Freuds Londoner Haus kann man eine russische Ausgabe der *Drei Abhandlungen zur Sexualtheorie* besichtigen, herausgegeben 1911 von Nikolai Ossipow und Ossip Felzman in der *Psychotherapeutischen Bibliothek*, mit einer Widmung Ossipows für den »genialen Herrn Professor«.

Fjodor Stepun erinnert in seinen Memoiren an den »mystisch-erotisch-revolutionären Dreiklang«, der im Rußland jener Jahre in der Luft lag und sich recht bald zur gräßlichen Kakophonie der vorrevolutionären Rasputin-Ära auswachsen würde. »Hier, wo Dichter, Literaten und Maler, junge Kaufmannssöhnchen und Mäzene, bramarbasierende Rechtsanwälte, von der Gunst des Publikums verhätschelte Schauspieler, moderne Nervenärzte, die Kenner der rätselhaften Seelen der Frauen und Damen, die danach lechzten, ›verstanden‹ zu werden, kurz das ganze bereits dem Untergang geweihte Moskau der Millionäre und Bohemiens sein Geld verpraßte und sein Leben vergeudete, hier herrschte schon seit Jahren eine ganz andere Stimmung: statt der gesunden Lebenskraft ein krankhafter Lebenshunger, statt seelischer Beschwingtheit psychologisches Raffinement, statt elementarer Fröhlichkeit narkotische Berauschtheit.«[19] Philosophie, Psychologie und Literatur waren etwas wie Herzensangelegenheiten, wie für den eigenen Weltschmerz geschaffen. Siebzehnjährige Jünglinge glaubten die Lösung der Fragen, mit denen sie das Fleisch oder der Tod so arg bedrängte, in Tolstois *Kreutzersonate* oder aber bei Nietzsche finden zu müssen, und am Ende beschlossen sie wie Stepun in ihrer Verzweiflung, nach Heidelberg zu gehen und zu studieren – denn »ohne Philosophie läßt sich das Leben nicht meistern«[20]. Die meisten von ihnen suchten und fanden das Stützwerk, das sie vermißten, in der Religionsphilosophie. Doch auch die Psychoanalyse mit ihren so unmittelbaren, wenngleich schwer zu verifizierenden praktischen Anwendungen mußte in dieser Atmosphäre zwangsläufig Neugier wecken.

Die Interessen der Moskauer Psychiater waren hingegen um einiges pragmatischer ausgerichtet. Nach dem Tod Sergej Korsakows, des Begründers der russischen Psychiatrie, bildeten sich je nach ihrem Verhältnis zur deutschen Psychiatrieschule um Emil Kraepelin zwei Lager. Die einen, mit Pjotr Gannuschkin an der Spitze, beschritten dessen Weg weiter und kümmerten sich vornehmlich um eine Klassifizierung der Geisteskrankheiten sowie derer, die davon betroffen waren. »Andere, allen voran Serbski, wurden zu Pionieren bei der Durchsetzung der Ideen von Freud, Jung und Bleuler in Rußland«, schrieb noch zu Sowjetzeiten einer der damals direkt Beteiligten, nämlich L. Rosenstein.[21]

Wladimir Serbski, der Nachfolger Korsakows als Chef der psychiatrischen Klinik der Moskauer Universität, war kein praktizierender Analytiker – seine Schüler jedoch durften es sein. Die frischpromovierten Moskowiter absolvierten ihr Praktikum bei Bleuler und Jung in Zürich. Kehrten sie zurück, so kamen ihre Therapien ohne Brompräparate, Hypnose und diverse Diäten aus, dafür gab es psychoanalytische Sitzungen. Und was die Forschung anbelangte, so traten an die Stelle der hochkomplizierten Kraepelinschen Klassifikationsschemata dynamische Hypothesen, die durch Jungsche Assoziationstests Bestätigung erfuhren, sowie Verweise auf die klassischen Fälle von Freud.

Serbski kannte Freuds Schriften und teilte die Meinung vieler damaliger Psychiater in aller Welt, daß die Psychoanalyse einer sexuellen Ätiologie der Neurosen etwas sehr viel Bedeutung beimaß. Jean Marti zitiert aus unveröffentlichten Memoiren Ossipows die folgende Episode: »Serbski, der Fremdsprachen durchaus beherrschte, sprach den Namen Freud sehr seltsam aus: Er sagte *Fre-ud*, mit der Betonung auf der letzten, abgehackten Silbe.« (Dazu muß man wissen, daß *ud* ein altes russisches Wort für das männliche Zeugungsorgan ist.) »Das brachte mich darauf«, so Ossipow weiter, »statt Freud *Freund* zu sagen und mit dieser deutschen Vokabel mein eigenes Verhältnis zur Theorie des Wiener Gelehrten kundzutun.«[22]

Dennoch duldete Serbski die Arbeit der jungen, enthusiastischen und sicher recht wenig erfahrenen Psychoanalytiker in seinem Haus nicht nur, er förderte sie sogar. »Serbski gibt dem jungen Klinikkörper für das Studium neuester, psychotherapeutisch orientierter Richtungen seinen Segen«, heißt es bei Rosenstein, und weiter: »Er war wohl der einzige Psychiater, der die Revolution als nützliches Beginnen ansah.«[23] Im Jahr 1911 wurde die Autonomie der Universitäten per Regierungsbeschluß eingeschränkt. Aus Protest reichten viele Hochschullehrer der Moskauer Universität, darunter Professor Serbski und seine Assistenten, die Kündigung ein. Mit privat geführten Praxen sicherten sie ihre unabhängige Existenz. Wie Ossipow sich erinnerte, »wirkte sich der Weggang aus der Klinik auf meine materielle Situation nicht ungünstig aus. Wie in den letzten Jahren der Anstellung stand ich mich auch in der nachfolgenden Zeit (bis zur Inthronisierung der Bolschewiki) vorzüglich: Mein Monatsverdienst lag um die 2000 Rubel ...«[24] Im übrigen sorgte Nikolai Bashenow dafür, daß Ossipow nach seinem Konflikt mit der Obrigkeit als Dozent an der Moskauer Frauenuniversität unterkam: ein machtfreier Raum, von dem man in sowjetischen Zeiten nur noch würde träumen können.

Serbski blieb der Patron der Moskauer Analytiker bis zu seinem plötzlichen Tod 1917. »Tragisch und sinnlos ist der Tod der hervorragenden Geister Rußlands in den meisten Fällen: Immer dann, wenn sie am allernötigsten sind, sterben sie«, klagte das künftige Haupt der sowjetischen Psychoanalyse Iwan Jermakow in seinem Nachruf auf Serbski.[25]

Der 1914 entstandene Abriß *Zur Geschichte der psychoanalytischen Bewegung* aus der Feder Sigmund Freuds konstatiert: »In Rußland ist die Psychoanalyse sehr allgemein bekannt und verbreitet worden; fast alle meine Schriften sowie die anderer Anhänger der Analyse sind ins Russische übersetzt. Ein tieferes Verständnis der analytischen Lehren hat sich aber in Rußland noch nicht ergeben. Die Beiträge russischer Ärzte sind derzeit unbeträchtlich zu nennen.«[26]

In Anbetracht der üblichen skeptischen Zurückhaltung Freuds mag dieses Werturteil zum Befinden der Psychoanalyse in Rußland gar nicht so übel scheinen. Immerhin hat er auf den vorangegangenen Seiten den »Mangel einer eingewurzelten wissenschaftlichen Tradition« in Amerika erwähnt und Frankreich bescheinigt, daß es bislang »am unempfänglichsten für die Psychoanalyse«[27] gewesen sei. Was Rußland anging, so legte Freud den Finger auf das Hauptproblem der dortigen Entwicklung, wie es in der Zukunft nur noch schärfer zutage treten würde: den Widerspruch zwischen der großen Popularität der analytischen Lehre und der mangelnden Produktivität und Gründlichkeit therapeutischer Praxis.

Freud fährt fort: »Nur Odessa besitzt in der Person von M. Wulff einen geschulten Analytiker.«[28] Der russische Psychiater Moshe Wulff (1878–1971) wurde 1909 wegen seiner psychoanalytischen Ansichten aus der Berliner Klinik, wo er beschäftigt war, entlassen. Im August desselben Jahres reiste Wulff nach Rußland, »das damals in solchen Dingen ein freieres Land war als Deutschland«[29], wie Jones viel später einschätzte. Am 10. November 1909 schrieb Abraham zu diesem Thema an Freud: »Ein russischer Kollege namens Wulff, der längere Zeit unter Juliusburger Assistent einer Privatklinik war, läßt sich jetzt in Odessa nieder. Er ist für die Psychoanalyse sehr interessiert und hat seine letzte Stelle in Berlin dadurch nach wenigen Wochen verloren. Ich kenne ihn als fleißigen und vertrauenswürdigen Menschen, der sich aber in sehr mißlichen materiellen Verhältnissen befindet. Vielleicht ist es Ihnen (oder einem der Kollegen dort) möglich, ihm gelegentlich Patienten zuzuweisen? Ich vermute, er wird sich auch persönlich an Sie wenden, da er mich um Ihre Adresse gebeten hat. Er möchte außerdem, wie ich von Juliusburger höre, Übersetzungen ins Russische machen.«[30] In Odessa angekommen, schrieb sich Wulff mit Freud und Ferenczi, lieferte Artikel für verschiedene Moskauer Zeitschriften und vermochte am Ort schon recht bald eine Reihe vorzüglicher Freud-Übersetzungen herauszugeben.

Einige Zeit später tauchte bei Freud ein anderer junger Odessite auf, Leonid Drosnes, Verfasser einer radikalen Broschüre zum »Kampf gegen die moderne Nervosität«, worin er schrieb: »Die Verhütung physischer und psychologischer Degeneration der Bevölkerung hängt ab von einer fundamentalen politischen und ökonomischen Reform des russischen Lebens.«[31] (Ohne diese abzuwarten, hatte Drosnes den begütertsten seiner Patienten ja schon an Freud überwiesen – siehe Kap. 3.)

Freud schrieb 1912 an Jung: »In Rußland (Odessa) herrscht zur Zeit eine lokale Epidemie in [Psychoanalyse].«[32] Der Einfluß des heiteren, kosmopolitischen Odessa auf die russische, später sowjetische Kultur würde noch geraume Zeit spürbar bleiben. Mit seinem besonderen Status als Freihafen war es in jenen Jahren die dritte Hauptstadt des Imperiums, ein blühender Umschlagplatz zwischen Rußland und Europa auch in Sachen Kultur. Der Rubel war nicht nur konvertibel, er wurde als eine der stärksten Währungen der Welt gehandelt. Eine wachsende Zahl russischer und jüdischer Kaufleute in Südrußland, die ihre Söhne und Töchter nach Deutschland und in die Schweiz zum

Studium schickten, zeigte sich jedweder westlichen Neuerung gegenüber aufgeschlossen.

Die Petersburger Psychiatrie entwickelte sich damals unter dem mächtigen und in vielerlei Hinsicht eher hemmenden Einfluß von Wladimir Bechterew (1857–1927). Als General und Akademiemitglied hatte er es zuwege gebracht, sich bei Hofe unersetzlich und gleichzeitig als Liberaler in der Öffentlichkeit beliebt zu machen; zudem war er ein blendender Organisator. Auf dem Gebiet der Psychoneurologie, wie er seine Wissenschaft nannte, mochte er einzig anatomisch-physiologischen Herleitungen seelischer Leiden trauen. Seine psychotherapeutischen Interessen konzentrierten sich auf die Hypnose. In Sowjetzeiten konnte sich Bechterews propagandistische und organisatorische Autorität erst richtig entfalten. Gekrönt wurden seine Mühen durch die Einrichtung der Zweiten Petrograder Universität im Rahmen des schon früher gegründeten Psychoneurologischen Instituts. Den neuen Machthabern war er sehr von Nutzen: Beispielsweise verfaßte er einen Appell an die Entente-Staaten, dem man die Lebensmittellieferungen während der durch die Bolschewiki nach dem Bürgerkrieg verschuldeten Hungersnot wohl nicht zum geringsten Teil verdanken durfte. Als Stalin ihn zu sich bestellte, besaß er den Mut zur Diagnose: Paranoia. Danach hatte Bechterew noch einen ganzen Tag zu leben. Die Kremlärzte gaben eine Darmvergiftung durch Lebensmittelkonserven als Todesursache an. Dies geschah im Jahr 1927.[33]

Neben Bechterew wirkten die Petersburger, Petrograder bzw. Leningrader Analytiker geradezu unscheinbar. Private Praxen gab es wie überall. Eine Zeitlang praktizierte hier Aron Salkind; Ilja Perepel machte Analysen von den zehner Jahren bis zu seiner Emigration in den späten Zwanzigern; Tatjana Rosenthal vermochte die Psychoanalyse gar den Bedingungen des Bechterewschen Instituts anzupassen. Zu einer aktiven organisatorischen und propagandistischen Tätigkeit etwa nach Moskauer Vorbild kam es in »Piter« allerdings nicht.

Keine Vereinigung, aber ein Organ

Nach 1910 betrat die Psychoanalyse die internationale Arena. Aus dem Steckenpferd eines einzelnen Helden wuchs – über das Zwischenstadium eines monolithischen Zirkels von Aposteln –

allmählich eine Weltbewegung. Unmittelbar nach dem Zweiten Internationalen Kongreß in Nürnberg kam es zur Gründung psychoanalytischer Vereinigungen in Berlin, Wien und Zürich. Ferenczis Versuch, etwas Ähnliches in Budapest auf die Beine zu stellen, scheiterte zunächst. Auch in den USA, wo Freud eben mit sensationellem Erfolg seine Vorlesungen gehalten hatte, gab es vorläufig keinen eigenen Zusammenschluß; die amerikanischen Analytiker traten der neugebildeten Amerikanischen Psychopathologischen Vereinigung bei. In Frankreich und Italien war die Psychoanalyse in jenen Jahren praktisch noch unbekannt.

Vom 4. bis 11. September 1911 tagte in Moskau der Erste Kongreß des Russischen Verbandes der Neuropathologen und Psychiater. Das im Vorfeld erschienene Heft der Zeitschrift *Psychotherapie* brachte eine vom Nürnberger Kongreß eingegangene Mitteilung über die Bildung der Internationalen Psychoanalytischen Gesellschaft nebst regionaler Filialen. Doch die organisatorischen Anstrengungen der Moskauer Analytiker gingen in andere Richtung; die Institutionalisierung der Psychoanalyse in Rußland nahm ihren eigenen, unvergleichlichen Lauf.

Der wiedergewählte Vorstand des Russischen Verbandes der Neuropathologen und Psychiater kürte Nikolai Bashenow (1857 bis 1923) zu seinem Vorsitzenden. Bashenow sympathisierte mit der Analyse und den Analytikern, er unterstützte Ossipow, und zumindest ein Fall ist bekannt, da er eine schwierige Patientin zu Freud schickte.[34] Bashenow leitete auch den Moskauer *Literarisch-künstlerischen Zirkel* – jenen elitären Klub von Schriftstellern, Professoren, Rechtsanwälten, Ärzten und kaufmännischen Mäzenen (siehe Kap.2). Chodassewitsch zeichnete folgendes Bild: »Der Psychiater Bashenow, ein dicker, kahlköpfiger Mann mit rotem Gesicht und stumpfer Nase, wie ein Teekessel mit abgeschlagener Tülle; ein Kenner von guten Weinen und ›Frauenherzen‹ ...«[35] Bashenow war außerdem ein angesehener Freimaurer. Im Jahr 1908 hatte er in seinem Amt als Logenmeister der *Loge zur Befreiung* gemeinsam mit D. Bebutow eine Reise nach Paris unternommen, wo er die Anerkennung der Moskauer und Petersburger Logen durch die französischen Freimaurer des *Grand Orient* erlangte.[36]

Zum Sekretär des Verbands wählte man Nikolai Wyrubow, Redakteur der Zeitschrift *Psychotherapie* und sehr für die Psychoanalyse eingenommen. Einer von zwei Sekretariatsmitarbeitern wurde Ossipow. Mithin waren die Psychoanalytiker im »Ältestenrat« des Verbandes, der sämtliche Nervenärzte und Seelendoktoren Rußlands vereinte, recht gut, wenn nicht gar dominierend vertreten. Anstatt also eine isolierte psychoanalytische »Sekte« zu gründen, wie nach dem Nürnberger Kongreß in anderen europäischen Ländern geschehen, hielten es die russischen Analytiker für das beste, in den Institutionen breiter Medizinerkreise Vorposten zu beziehen. Was wohl ein weiteres Indiz dafür ist, daß die Psychoanalyse in Rußland auf weniger Widerstand traf als im Westen.

Daß dort in Büchern zur Geschichte der Psychoanalyse verschiedentlich dennoch von der Gründung einer russischen Vereinigung weit vor 1920 die Rede ist, geht auf Auskünfte von Ernest Jones zurück, der sich wiederum auf Freud berief. Am 2. Mai 1911, so Jones, habe Doktor Drosnes aus Odessa Freud besucht und ihm berichtet, er habe gemeinsam mit Ossipow und Wyrubow den Beschluß gefaßt, eine Russische Psychoanalytische Vereinigung zu gründen.[37] Dies reichte Freud und später Jones aus, eine solche Organisation für existent zu erklären. Offizielle Mitteilungen lassen sich dazu allerdings nirgends finden. Allem Anschein nach zogen auch Wyrubow und Ossipow die Alliance mit den Neuropathologen und Psychiatern einem »Alleingang« vor.

Wohl um dem Verdacht zu begegnen, daß dafür ausschließlich taktisch-organisatorische Gründe sprachen, suchte Nikolai Ossipow in einem Aufsatz im zentralen Blatt der russischen Psychiater des gleichen Jahres die Psychoanalyse auf raffinierte, bisweilen paradoxe Weise mit der akademischen Tradition in Einklang zu bringen: Freud wird mit Rickert und die Psychoanalyse insgesamt mit dem Neukantianismus verteidigt. Die Welt sei unendlich vielfältig, und die Wissenschaft gelange auf dem Wege der Vereinfachung, durch »Stilisierungen« verschiedener Art zur Erkenntnis, zitiert Ossipow den Freiburger Philosophen und bezeichnet im weiteren als die »Freudsche Stilisierung«, was nach dem gleichen Prinzip funktionieren soll: »Die Emotionen aus einer von ihnen, nämlich der sexuellen, herzuleiten stellt ein zulässiges Verfahren der Wirklichkeitsvereinfachung im genannten Sinne dar«[38], behauptete der junge Doktor, der selbst in Freiburg studiert hatte.

Ein Jahr später, also 1912, begannen die Analytiker sich unter Leitung Serbskis zu regelmäßigen Seminaren zu treffen, den sogenannten »Kleinen Freitagen« (im Unterschied zu den »Großen« des Verbandes); »Moderator« war Ossipow. Die Institution der »Kleinen Freitage« bestand bis zum Zweiten Weltkrieg fort. Ihre psychoanalytische Orientierung war allgemein bekannt und fand in der Folge sogar von offizieller sowjetischer Seite Bestätigung: »Die Referate waren in der Mehrzahl nicht klinischer, sondern sozialpsychologischer Natur, mit einem deutlichen Übergewicht hin zum Freudismus.«[39]

Die Zeitschrift *Psychotherapie* in Rußland beginnt etwa zeitgleich mit dem ersten Fachblatt der Wiener Analytiker zu erscheinen, so daß sich wohl sagen läßt, es ist weltweit überhaupt das zweite »Organ« der psychoanalytischen Bewegung gewesen. Seine analytische Ausrichtung sollte sich von Jahr zu Jahr verstärken: 1910 waren es 42% der Artikel, die psychoanalytische Positionen vertraten, 1911 62%, 1912 71% und 1913 gar 87%.[40]

Schon die allererste Nummer verdeutlichte, wohin die Zeitschrift steuerte: Der Psychoanalyse sollte in Konkurrenz zu anderen psychotherapeutischen Richtungen, insbesondere der Hypnose, zum Durchbruch verholfen werden. Der einleitende Aufsatz kam von Juri Kannabich, der die Entwicklung psychiatrischer Ideen im 19. Jahrhundert referierte, verschiedene Schulen der Hypnotherapie vorstellte, um schließlich auf die Psychoanalyse als »der Wissenschaft letztes Wort« zu verweisen. Ossipows Beitrag war ein Überblick zur Freudschen Analyse, der in den nächsten Nummern fortgesetzt wurde (von diesen Texten war in Freuds Brief an Jung die Rede gewesen). Wyrubows Artikel befaßte sich mit der »kombinierten Hypnose-Analyse-Methode« zur Behandlung von Angstneurosen – einer der zahlreichen Versuche russischer Psychotherapeuten, beides unter einen Hut zu bekommen.[41]

Hypnose und Machttrieb

Die Popularität der Hypnose in Rußland und anschließend in der Sowjetunion war unvergleichlich größer als im Westen. Mit den Jahren sollte sich die Schere diesbezüglich immer mehr spreizen. Freuds Kritik an Hippolyte Bernheim und sein eigener Verzicht auf die Anwendung von Hypnose[42] wirkten sich für selbige auf lange Sicht verheerend aus; erst in den siebziger Jahren begann sich das Interesse an dieser vergessenen Kunst wieder etwas zu beleben. In der UdSSR war und blieb Hypnose über lange Zeit die einzig legale und selbst in düstersten Zeiten ausgiebig praktizierte psychotherapeutische Methode (siehe auch Kap. 9). Dies verwundert nicht – hat sie doch sichtlich einiges gemein mit den psychologischen Mechanismen, durch die eine totalitäre Macht sich etabliert. Nicht zufällig hat Freud die Macht des Führers über die Masse mit der des Hypnotiseurs über sein Medium verglichen, und Ende der Achtziger haben sowjetische Historiker den Stalinismus allen Ernstes als Phänomen einer Massenhypnose zu charakterisieren versucht. Als Metapher taucht die Hypnose in Erinnerungen an besagte Zeit des öfteren auf – zum Beispiel bei Nadeshda Mandelstam. Eine Ausrichtung der Psychotherapie auf die Hypnose war auch für Nazideutschland charakteristisch. Und schließlich wurde die Methode in der UdSSR Anfang bis Mitte der achtziger Jahre, in einer unbestimmten, von apokalyptischen Ahnungen erfüllten Zeit, wieder beängstigend populär. Kein Zweifel: Je paranoider eine Gesellschaft, um so größere Bedeutung erlangt in ihr die Hypnose.

Wie bei manch anderer sowjetischer Tradition lagen die Anfänge, die den vornehmen Stand der Hypnose in Rußland begründeten, weiter zurück. Vom Treiben russischer Hypnotiseure aus früherer Zeit wissen wir aus detailfreudiger Quelle: Ossip Mandelstams *Rauschen der Zeit*. Um 1905 war der Dichter mit dem Sohn Boris Sinanis (1851–1920) befreundet, »eines bekannten Petersburger Arztes, der mit Hypnose arbeitete«, und ging in dessen Haus ein und aus. »Sie waren eine starke Familie – kraft ihres intellektuellen Charakters, der in eine ausdrucksvolle Urwüchsigkeit überging.«[43] Der politisch überaus aktive Sinani wirkte als »Ratgeber und Vertrauter der damaligen ZK-Mitglieder der Sozial-Revolutionäre«. Was sein eigentliches Fach anging, so hielt er zwar nur wenige Patienten, die aber »in sklavischer Furcht, besonders die Patientinnen«[44].

Nicht schlechter als ein Psychoanalytiker empfindet Mandelstam die Gespaltenheit in der Person Sinanis: »Dieser eingefleischte Rationalist bedurfte auf Grund eines fatalen Widerspruches selber der Autorität und verehrte sie ganz unwillkürlich, was ihn sehr quälte.«[45] Beständig las der Doktor »diese schädlichen Schundbücher voller Mystizismus, Hysterie und allerlei Pathologischem. Er kämpfte mit ihnen, verwahrte sich gegen sie, konnte jedoch nicht von ihnen loskommen und kehrte immer wieder zu ihnen zurück«[46] – es waren seine erzrussischen Feinde. Dagegen half nur der Verstand (»gleichzeitig Freude, Gesundheit, Sport und fast eine Religion«), doch sein »gieriger Geist zehrte im Grunde an einer kargen Kost: die ewigen Streitigkeiten zwischen Sozial-Revolutionären und Sozial-Demokraten«[47], wie sich Mandelstam wissend im fernen Jahr 1925 erinnert. In diesem markanten Porträt drückt sich viel von dem aus, was die russische (und vor allem die Petersburger) Psychiatrie in den nächsten Jahrzehnten hartnäckig begleiten würde: Rationalismus in der Theorie, Hypnose in der Praxis und die Abhängigkeit von der jeweils geltenden politischen Autorität.

Die russischen Psychoanalytiker suchten diesem Einfluß nach Kräften zu widerstehen.

A. Pewnizki zum Beispiel meinte dazu: »Früher haben wir mit Hypnose gearbeitet ... Das Besondere an dieser Methode – wie auch an der Suggestionstherapie – ist, daß der Arzt gar nicht wissen muß, warum der Patient sich ihm unterwirft.«[48] Pewnizki verglich die Leistungen des von ihm verehrten Freud in der Psychotherapie mit denen Paul Ehrlichs in der Pharmakologie: Salvarsan, das erste effektive Mittel gegen die Syphilis, war eine taufrische Sensation und galt als jüngster Beweis für die Macht der Erkenntnis. Dagegen nahm sich die Hypnose in Pewnizkis Augen wie Kurpfuscherei mit primitiven Mitteln aus, deren Mechanismen der Wissenschaft noch dazu ein Rätsel waren. Mit den Jahren wurde die Hypnose von Moskauer Analytikern immer kritischer gesehen. Die Verfahrensweisen von Bernheim, Charcot und Dubois erschienen ihnen im Vergleich zu dem, was die Wiener und Zürcher Analytiker trieben, geradezu archaisch.

Von den primitiven Lösungsansätzen Abstand gewinnend, die die Hypnose ihren Verfechtern für das Problem von Macht und Unterwerfung bot, favorisierten die Moskauer Psychotherapeuten immer deutlicher den Ansatz Alfred Adlers, der das Phänomen des »Machtstrebens« in das psychoanalytische Lexikon eingebracht hatte. In den fünf Jahrgängen der Zeitschrift *Psychotherapie* ist diese Tendenz – insbesondere ab 1913 – deutlich zu verfolgen. Zumindest zwei ihrer Stammautoren, Berstein und Salkind, demonstrierten ihre bewußte Hinwendung zur »individualpsychologischen Analyse«, während Kannabich und Wyrubow, betrachtet man die angeführten Quellen und die verwendete Terminologie, mit Adler immerhin zu sympathisieren schienen. Dahinter verbargen sich gewiß auch persönliche Kontakte. In der *Psychotherapie* fanden sich regelmäßig Berichte aus der Feder von Adlers Frau, der russischen Sozialistin Raissa Timofejewna, zur Sitzungstätigkeit des *Vereins für freie Psychoanalyse* – jener Gruppierung, die sich 1911 vom Stamm der Freudschen Bewegung abgespalten hatte.

Allem Anschein nach lag die mit Adlers »Machtstreben« angesprochene Problematik den Interessen der russischen Analytiker, eingedenk ihrer politischen Ambitionen und Freimaurerkontakte, um einiges näher als die nicht so sehr tagespolitisch orientierten Ideen Freuds. Ein Einfluß Jungs ist – trotz seiner persönlichen Beziehungen zu einer Reihe von Autoren dieser Zeitschrift – überhaupt nicht zu spüren; einzige Ausnahme ist ein den Assoziationstests gewidmeter Aufsatz von Jewgeni Dowbnja, der jedoch eher den szientistischen als den mystischen Vorgaben Jungs folgt.

Welch heikle und hochgespannte Erwartungen man in Rußland an die in den Kinderschuhen steckende Psychoanalyse richtete, mag aus einem Aufsatz von 1913 deutlich werden, den die an ein breiteres liberales Publikum gerichtete Zeitschrift *Nowy shurnal dlja vsech* (Neues Journal für jedermann) abdruckte. Ein gewisser Wawulin behauptet dort, die Psychoanalyse sei imstande, alle Rätsel der Psychiatrie zu lösen, und darüber hinaus könne sie in der Strafverfolgung gute Dienste tun. Der Autor kommt auf die Ergebnisse von Assoziativtests zu sprechen und schätzt ein: »Man darf hoffen, daß weitere Arbeiten auf diesem Gebiet dazu führen, daß die Gerichtspraxis in Zukunft mit ruhigem Gewissen auf die Erbringung von Corpora delicti gegen die Delinquenten verzichten kann. Das Gericht wird sich in solchem Falle mit unfreiwilligen Geständnissen begnügen ..., auf die man bei weiterer Vervollkommnung der psychoanalytischen Methode mit hoher Sicherheit rechnen kann ... Was vermittels der Hypnose nicht zu machen war, wird mit der neuen Methode gelingen.«[49]

In ihren besten Arbeiten ließen sich die Moskauer Psychoanalytiker vorzüglich vom eigenen Verstand und der eigenen klinischen Erfahrung leiten, die ohnehin den Rahmen jeder therapeutischen Schule sprengten. Pewnizki zum Beispiel war einer der ersten, die die Analyse bei der Behandlung von Alkoholikern einsetzten. Sein bereits erwähnter Aufsatz zu diesem Thema aus dem Jahr 1912 könnte heute noch, über achtzig Jahre später, unredigiert in jeder psychologischen Zeitschrift Rußlands stehen. Und er würde wohl die gleichen Reaktionen ernten: die gleiche Begeisterung auf der einen, die gleichen Einwände von der anderen Seite. Alkoholiker sind Menschen der Menge, schreibt Pewnizki. Die Psychoanalyse könne in einer Reihe von Fällen, die der Autor durch Krankengeschichten illustriert, durchaus wirksam sein; doch im Anschluß brauche der Alkoholiker »eine Gesellschaft, die ihn auf den Weg bringt«. Abstinente Kommunitäten seien nötig, außerhalb derer auch einem durch Analyse geheilten Patienten der Rückfall drohe. Der Artikel, der es verdient gehabt hätte, von Lehrbuch zu Lehrbuch übernommen zu werden, ist so gründlich vergessen wie sein Autor.

Ein Fall von Sadismus

Die Jahre nach 1910 waren die Blütezeit der professionellen klinischen Psychoanalyse in Rußland. Wenn auch nicht in dem krassen Mißverhältnis nachfolgender Jahrzehnte, wurde ihr Gebrauch zum eigentlichen Zweck, also auf der Analysecouch, schon jetzt von den Umtrieben psychoanalytischen Denkens in der öffentlichen Kultur – in der Kunst ebenso wie in der Politik – weit in den Schatten gestellt. Nikolai Wyrubows Aufsatz in der *Psychotherapie*, worin er den Versuch unternahm, die Reden der Abgeordneten in der Staatsduma anhand typischer Floskeln und Versprecher psychoanalytisch zu deuten, ist hierfür nur ein Beispiel.

Psychoanalytische Ideen drangen vehement in die Köpfe russischer Bildungsbürger im allgemeinen und Psychiater im besonderen vor. Indirekt mag dies auch ein Fall bezeugen, wo einer seine gewichtigen Schlüsse sehr deutlich aus einem psychoanalytischen Verständnis heraus zog – ohne sich etwa auf Freud zu berufen, vielmehr so, als ob es sich von selbst verstünde.

Im Jahr 1912 veröffentlicht Dr. N. Krainski äußerst brisantes Material, durch nichts als die Überschrift – *Pädagogischer Sadismus* – kommentiert. Dargelegt wird die Krankengeschichte des 48jährigen Bezirksschulinspektors K., der als über alle Maßen strenger und grausamer Examinator berüchtigt war. Jedes Frühjahr während der Prüfungszeiten unternahm K. eine Inspektionsreise: »Der Beamte zog durch seinen Bezirk eine blutige Spur.« Seine sinnlose Strenge in den Prüfungen, so Krainski, habe in achtzehn Fällen zum Selbstmord von Schülern geführt. Dabei handelte es sich um einen klugen und im dienstlichen Umgang ausnehmend höflichen Mann, gegen den vorzugehen selbst die ihn einträchtig hassenden Lehrer nicht für möglich hielten.

Drei Jahre vor Erscheinen des Artikels war K. mit Klagen über Nervosität, Schlaflosigkeit, Anfälle von Lustlosigkeit und

Melancholie in Krainskis Sprechstunde gekommen. Die Untersuchung ergab, daß der Patient zu Zwangsvorstellungen und Selbstmordgedanken neigte. Seinen ehelichen Pflichten kam er nur sehr zurückhaltend nach, Fälle von Untreue gab es nie. Im Gegensatz dazu waren seine erotischen Phantasien außerordentlich üppig und zynisch gefärbt. »K. empfand Wollust bei der seelischen Peinigung der Schüler durch strenge Befragung im Unterricht. Mit der Zeit wurden diese Folterübungen zu einem unbezähmbaren Bedürfnis. Nur wenn er einen Schüler in Nöte brachte, empfand er sexuelle Erregung ... Bei diesen Gelegenheiten kam es zu Erektionen und mitunter sogar zu Samenergüssen. Die höchste Lust genoß K., wenn die Schüler sich anschließend umbrachten.«[50]

Als K. merkte, daß Krainski seine wahren Probleme erkannt hatte, brach er die Behandlung ab. Die Schweigepflicht zu verletzen, um K.s Tun Einhalt zu gebieten, konnte der Arzt sich nicht entschließen. Dennoch schien sein Mitwissen den Patienten zu zügeln. Einmal nahm Krainski an einer der Prüfungen teil, was, wie der Arzt mutmaßte, den zwei betroffenen Schülern das Leben rettete.

Dann erkrankte K. plötzlich an einem Sarkom. Schwerkrank fuhr er zu einer Prüfung nach Gomel, trieb einen letzten Schüler in den Tod und starb unmittelbar darauf.

Krainski wartete ein Jahr ab und veröffentlichte den Fall. Vorsätzlich oder nicht: Im Text waren genügend Anhaltspunkte verblieben, anhand derer Bezirksschulinspektor Kossakowski aus Vilnius unschwer als der Prüfungsmörder zu identifizieren war. Die Presse sorgte dafür, daß die Sache zum Skandal geriet. Der Sohn des Verstorbenen, ein Leutnant, forderte Doktor Krainski zum Duell. Dieser ließ durch die *Börsennachrichten* verlauten, er sei bereit, »nach den üblichen Regeln Satisfaktion zu geben«, wenn der junge Kossakowski sich nicht mit seinen Erklärungen zufriedengebe. Der bestand auf dem Duell. Die Unterredungen der Sekundanten führten zu widersprüchlichen Ergebnissen. Nach fünfstündigen Verhandlungen erkannte ein Offiziersehrengericht »die Herausforderung als dem Duellkodex gemäß« an.

Kossakowski setzte die Frist für das Duell bis zum 26. Januar 1913. Über den Rest der Geschichte schweigt unsere Quelle[51] sich aus. Außer Zweifel steht nur, daß Krainski aus dieser Prüfung mit dem Leben und in Ehren davongekommen sein muß, denn am

Ende des gleichen Jahres wurde er zum außerordentlichen Professor der Warschauer Universität berufen.[52]

In den Kulissen der Seele

Überraschend gefragt war die Psychoanalyse im stürmisch sich entfaltenden russischen Theaterleben jener Jahre. Der hervorragende Schauspieler Michail Tschechow, Neffe des großen Anton Tschechow, bezeichnete Freud als den Mentor seiner Jugend. In einem Zustand schwerer nervlicher Zerrüttung hatte er sich einst, allen Psychiatern mißtrauend, selbst kuriert: durch die Theaterarbeit, durch Lektüre, Alkohol und Anthroposophie. In schwersten Zeiten, so berichtet er, habe sich immer einer der »drei Altväter« – Schopenhauer, Darwin oder Freud – auf seinem Nachttisch befunden; zwischendurch, in lichten Momenten, zog es ihn eher zu Tolstoi und Wladimir Solowjow. Er litt größte, an Paranoia grenzende Qualen, die er jedoch immer noch vor anderen zu verbergen wußte, sogar als sie ihn in die Nähe des Selbstmords trieben. Einmal meinte er plötzlich zu wissen, daß »die Welt eine potentielle Katastrophe war, die der grenzenlose Raum hervorgebracht hatte«. Es war übrigens das Jahr 1917 und ein solches Gefühl vielleicht nicht unbedingt aus der Luft gegriffen. »Die Menschen wollten nicht nachdenken; ich bemitleidete sie, empörte mich über sie, hielt sie insgeheim für nicht normal.«[53]

Tschechow war bei mehreren Hypnotiseuren in Behandlung, ging auch in die Sprechstunde des berühmten Psychologen Georgi Tschelpanow, der ihm riet, sich mehr für Religion zu interessieren, anstatt Philosophie und Psychologie zu betreiben – all dies half nicht. Auf dem Höhepunkt der Krankheit verließ ihn nach vier Jahren des Zusammenlebens seine bildschöne Frau – und zog zu einem dahergereisten Hypnotiseur.

Konstantin Stanislawski, mit dem Tschechow zusammenarbeitete, schickte ihm ein Konzilium geschätzter Moskauer Psychiater ins Haus. Solange sie ihm ihre gewöhnlichen Fragen stellten, gab er bereitwillig Auskunft, und ein »feiner, delikater Kontakt stellte sich her«. Dann jedoch bat ihn eine der Leuchten – offenbar mit der Absicht, zu provozieren –, in den Spalt zwischen Couchrücken und Wand zu kriechen. Ein anderer schlug einen gemeinsamen Spaziergang vor. Tschechow war entrüstet:

»Was wollten die für ein Spiel mit mir treiben?« Am Ende erklärte er sich einverstanden, mit einem von ihnen, dem Kleinsten und Dürrsten, mitzugehen, wobei er jede Bewegung von ihm mit Mißtrauen verfolgte ... Das Konzilium nahm lange kein Ende. »Die Begegnung mit den Herren Koryphäen (vor denen ich bis dahin allen Respekt hatte) ließ mich noch mehr an den Menschen verzweifeln«, erinnert sich Tschechow. Beim Weggehen meinten die Doktoren, sie würden Stanislawski ihre Diagnose zustellen.[54]

Dieser nun hatte seine eigenen Behandlungsmethoden. Einmal kam Tschechow zu ihm und behauptete, er könne nicht mehr arbeiten, weil er neuerdings stottere. Stanislawski erklärte, er brauche nur das Fenster aufzumachen, und das Stottern werde vergehen. So geschah es auch. Diese Episode atmet den Geist der Hypnose. Doch am Ende landet Tschechow in Krjukowo zur Behandlung, also in einer Klinik, wo die Psychoanalytiker das Sagen hatten (wir kommen auf sie zurück).

Tschechow berichtet, daß er mit Stanislawski stundenlang darüber diskutierte, ob der Schauspieler »persönliche, unbearbeitete Gefühle bei der Arbeit zulassen oder vermeiden sollte«. Stanislawski war überzeugt, »daß private, dem Affekt entspringende Erinnerungen, wenn sich der Akteur auf sie konzentriert, zu lebendigen, kreativen Empfindungen führen, wie sie auf der Bühne zu gebrauchen sind«[55]. Tschechow hingegen war der Ansicht, dies sei unproduktiv, der Schauspieler müsse seine Rolle neu entwerfen und persönliche Affekte dabei vergessen. Als Argument für diese Position führte er an, daß affektiv besetzte Erinnerungen, wie Stanislawski sie sehen wollte, bei den Schauspielern »und vor allem den Schauspielerinnen« schon öfters zu »nervösen oder gar hysterischen Zuständen« geführt hätten. Tschechows Ansicht ist psychologisch gut zu verstehen: Für den Psychotiker, der seinen Wahn unter Kontrolle halten will, kann eine Vertiefung in die eigene affektive Sphäre freilich nicht von Nutzen sein.

Stanislawski zeigte sich den eigenen Gefühlen und denen seiner Schauspieler gegenüber wenig besorgt. »Wir sind gut Freund mit dem Unbewußten«[56], schreibt er in seinem berühmten Buch *Die Arbeit des Schauspielers an sich selbst*. Das Unbewußte war überhaupt einer seiner Lieblingsbegriffe, mit dem er noch in den Arbeiten der dreißiger Jahre operierte, da zu befürchten stand, daß der Gebrauch solcher Worte ein Verbot des Buches nach sich zog. Seine »Psychotechnik« war vornehmlich darauf gerichtet, den jeweiligen Akteur in ein Befinden zu versetzen, »aus dem heraus in einem Künstler der unbewußte schöpferische Prozeß der organischen Natur aufkeimen kann«[57]. Folgerichtig ergab sich die Frage: »Wie geht man nun bewußt an etwas heran, was offenbar seiner ganzen Natur nach dem Bewußtsein nicht unterworfen, was ›unbewußt‹ ist?« Das Stanislawski-System umfaßte eine Anzahl von Techniken, die es ermöglichten, das Unbewußte durch Identifikation, Versenkung in persönliche Erinnerungen, Körperarbeit usw. zu aktualisieren. »Zum Glück gibt es keine scharfgezogenen Grenzen zwischen bewußtem und unbewußtem Erleben.«[58]

Der Schöpfer dieses Systems berief sich nicht auf Freud, wiewohl er dessen Bücher gekannt haben muß und mit großer Wahrscheinlichkeit von ihnen beeinflußt war. Die Analogien und konzeptionellen Zusammenhänge zwischen der »Freudschen Lehre«, wie die Psychoanalyse in Rußland seinerzeit hieß, und dem Stanislawski-System sind offensichtlich und lohnten eine spezielle Untersuchung.

Einer der größten Theaterautoren und -initiatoren seiner Zeit, Nikolai Jewreinow (1879–1953), tat sich in den Jahren vor der Revolution mit einer neuen Philosophie der »Theatralisierung des Lebens« und »Intimisierung des Theaters« hervor, die eine Ausweitung seiner Theatererfahrung auf alle Lebensbereiche bedeutete, im Stil eines Nietzsche formuliert war und sich mit den Jahren immer mehr an die Psychoanalyse anlehnte. Als Mann der Moderne gab Jewreinow eine eindrucksvolle Erscheinung ab, »bewegte sich in ausgesprochen theatralischer Manier, war herausfordernd gekleidet, glänzte durch Esprit und propagierte unentwegt seinen geliebten Oscar Wilde«[59]. Jewreinows erotische Inszenierung der *Salome* war übrigens 1908 behördlicherseits verboten worden, was ihn nicht davon abhalten konnte, schon bald sein recht gewagtes Buch *Nacktheit auf der Bühne* herauszubringen. Der Körper interessierte ihn als Plastik, als Fokus verschiedenster menschlicher Interaktionen. Ungefähr zur gleichen Zeit veröffentlichte Jewreinow seine kapitale *Geschichte der Körperstrafen in Rußland*[60].

Aufgewachsen im russischen Symbolismus, suchte er nach neuen Wegen zu dessen Auslegung und Anwendung, führte ihn dabei aber ungewollt ins endgültige Abseits. Seinen theoretischen Streifzügen entsprangen zwei Bücher: *Der Ursprung des Dra-*

mas. Die archaische Tragödie und die Rolle des Ziegenbocks in der Geschichte ihrer Entstehung sowie *Asasel und Dionysos.*[61] Gegenstand beider Arbeiten ist ein bestimmendes Sujet des Symbolismus: der Mythos vom sterbenden und wiederauferstehenden Gott. Im Lichte von Jewreinows »komparativer Folkloristik« entdeckt man den Keim der Tragödie in verschiedenen phallischen Fruchtbarkeitskulten; der nietzscheanische »Geist der Musik« wird auf einen »Reigen betrunkener Männer anläßlich eines Festopfers« zurückgeführt. Dionysos schließlich ist eigentlich ein Bock, genauer: »Der Ziegenbock ist das zoomorphe Emblem des Dionysos.« Die gleiche Verwandtschaft bindet ihn an den semitischen Gott Asasel, wie überhaupt alle orgiastischen Kulte der Vorzeit die Tragolatrie, d. h. die Opferung eines Bockes als des geilsten aller Tiere, einschlossen. Das Ganze erinnert schon sehr an Konstantin Waginows Roman *Bocksgesang*, den schwermütigen Abschied von den Illusionen der Intelligenzija. Im Unterschied zu diesem findet sich in Jewreinows Texten jedoch nicht ein Fünkchen Ironie. Konnte es sein, daß er als Theatermann nicht die Blasphemie spürte, die seinen Erörterungen anhaftete?

Jewreinows schöpferische Wege folgten einem Grundgedanken, welcher hieß: »Der Mensch ist ein Theatertier.« Theatralik sei ein urtümlicher, biologischer Zug des Menschen – und nicht nur des Menschen. (Eins von Jewreinows Büchern heißt denn auch *Theater im Tierreich.*) Was immer der Mensch im Beisein anderer tue – Schiffe bauen und Liebe machen, in die Kirche gehen und Krieg führen –, es sei ein Spiel vor Publikum; und was der Mensch tut, wenn er allein ist, nennt Jewreinow *Theater für sich* (so der Titel seines dreibändigen Hauptwerks). Die Apologie der Theatralik, der Wille zum Theater, der Instinkt zur Verwandlung der Welt, das Einssein von Theatralik und Erotik – dies sind die Grundpfeiler seines Konzepts.

Einige Zeit später erdachte Jewreinow den Begriff der Theatertherapie. Menschen werden bekanntlich gesund, wenn ihr Leben eine Verwandlung erfährt. Was aber vermag es stärker zu verwandeln als das Theater, welches so ganz auf den »Verwandlungsinstinkt« und die uns seit Aristoteles vertraute Katharsis setzt? Im Petrograd des Jahres 1920 ergeht Jewreinows Aufruf »an unsere Ärzte und gleichzeitig auch an die Bühnenschaffenden, sich diese Heilmethode zunutze zu machen; in ihren Händen (so seltsam es auf den ersten Blick erscheinen mag) liegt ein – unter Umständen sehr wirksames – Mittel zur Gesundung der

Menschheit«[62]. Daß Jewreinow mit seinen emphatisch vorgetragenen Konzeptionen der Zeit weit voraus ist, beweist heute eindrucksvoll ein ganzer Zweig der westlichen Sozialpsychologie und Psychotherapie, der weitgehend auf einer solchen »Theatermetapher« aufbaut.[63]

Am meisten freilich interessierte den Maestro das *Theater als solches* (auch dies ein Buchtitel von ihm). Hier trat Jewreinow als Erfinder eines eigenen Genres auf, welches er »Monodrama« nannte: ein theatergemäßes Pendant zum Bewußtseinsstrom, »eine dramatische Vorführung, die im Bestreben, dem Zuschauer so viel als möglich vom Seelenzustand des Akteurs mitzuteilen, dessen Umgebung so in Szene setzt, wie er sie wahrnimmt«. Am Petersburger Theater für Parodie und Groteske *Zerrspiegel* inszeniert er 1912 sein eigenes Stück *Die Kulissen der Seele*, das zur modernen Lesart des Menschen ein anschauliches Bild liefert, worin Tragödie und Ironie, Mystik und Analyse ihren Platz haben. Im Prolog malt ein Professor irgendwelche Schemata an die Tafel und meint, daß es sich beim nun zur Aufführung kommenden Werk »um eine streng wissenschaftliche Arbeit handelt, welche den modernsten Resultaten der empirischen Psycho-Analyse völlig gerecht wird«[64] – es fallen die Namen Wundt, Freud und Ribot. Juri Annenkows Dekorationen stellen die Kulissen der Seele dar: Herz, Nervenstränge, Lungenflügel. Die Seele selbst wird von drei Schauspielern gegeben: Einer verkörpert das rationale Ich, ein zweiter das emotionale Ich, der dritte das unterbewußte Ich. Zwischen den beiden Erstgenannten entbrennt ein komischer Streit um die Beziehungen zur Ehefrau und zur Geliebten, die beiden zupfen einander bei den Nervensaiten, es kommt zum Selbstmord; das unterbewußte Ich schläft derweil und erwacht erst, kurz bevor der Schuß fällt.[65] Eisenstein, der die Aufführung sah, erlebte es so: »Bei Jewreinow wartet das unterbewußte ›Ich‹. Wartet, bis das emotionale Ich lange genug die Nerven strapaziert hat ... Endlich erdrosselt das emotionale ›Ich‹ seinen rationalen Gegner ... Es fällt ein Schuß. Aus dem geborstenen Herzen hängen Streifen von roter Seide – Theaterblut. Und dem schlafenden unterbewußten ›Ich‹ nähert sich ein Straßenbahnschaffner. Er hat eine kleine Laterne in der Hand. (Es ist dunkel geworden auf der Bühne.) ›Bürger, Sie müssen umsteigen ...‹«[66] Jewreinow organisierte 1920 eine Neuinszenierung des Stücks, wobei er sich darauf beschränkte, seinen Protagonisten neue, dem Zeitgeist entsprechende Namen zu geben: Die drei hießen jetzt Kontroll-Ich, Agit-Ich und Instinkt-Ich.

Jewreinow beruft sich in praktisch jedem seiner theoretischen Bücher auf Freud. »Und daß all unsere Träume reinstes Theater sind, wissen wir mit Sicherheit, nämlich aus der genialen *Traumdeutung* des Sigmund Freud.«[67] Seine ausführliche Analyse der Erotik im allgemeinen und allerlei sexueller Perversionen im besonderen, gesehen als Theaterspiel, stützt sich vorrangig auf die Illustrationen aus dem Krafft-Ebing[68], doch die Kenntnis der psychoanalytischen Literatur steht auch hier außer Frage.

Am deutlichsten ausgeprägt ist die psychoanalytische Orientierung in zwei interessanten Broschüren aus den zwanziger Jahren: *Der Untergrund des Genies. Die sexuellen Triebkräfte im Schaffen Dostojewskis* von Jewreinows Frau Anna Kaschina (1923) sowie *Rasputins Geheimnis* (1924) von Jewreinow selbst.

Das Dostojewski-Büchlein aus der Feder der jungen Schauspielerin, die kurz zuvor den berühmten Theaterautor geheiratet hatte, enthält die Widmung: »Meinem ›alten Mann‹ – N. N. Jewreinow – von seiner ›jungen‹ Frau«. Daß der gestandene Ehepartner beim Schreiben wenn nicht geholfen, so doch über die Schulter geschaut hat, kann nicht bezweifelt werden. Freud wird in höchsten Tönen gefeiert: Er sei »berühmt durch seine Entdeckungen«, habe »die tiefsten Seelengeheimnisse« gelüftet und »endlos weite Horizonte« gesichtet, ein »höchst genialer«, ein »äußerst bemerkenswerter« Mann.[69] Jedoch ist die einzige von Freuds Entdeckungen, die sich die Verfasserin wirklich zu eigen gemacht hat, daß Neurosen (wie auch alles übrige auf der Welt) in der Sexualität ihren Ursprung haben. Es gibt interessante Differenzen zwischen ihrer Dostojewski-Interpretation und den Deutungen von Rosenthal und Freud (siehe Kap. 6), doch alles in allem ist das Buch nicht mehr als ein typisches Zeichen der Zeit – Ausdruck einer Mode, der sie gehorchte, ohne zu meinen, daß man sich dafür schämen mußte.

Eine ganz andere Zukunft war Jewreinows Buch über Rasputin[70] beschieden. In einer klaren und deutlichen Sprache verfaßt, voller Details, die auch ein halbes Jahrhundert später noch skandalös wirken würden (im Jahr 1990 wurde es von neun russischen bzw. ukrainischen Verlagen gleichzeitig nachgedruckt), darf man es zu jenen Quellen rechnen, worin die Enkel ihrer eigenen Vorgeschichte in Reinkultur begegnen können. Den Regeln der dramatischen Kunst folgend, liefert Jewreinow zunächst eine Exposition, worin er Rasputins Kraft und Einfluß in ihren unerhörten Ausmaßen schildert: Der sibirische Bauer wurde zum ungekrönten Monarchen Rußlands. Darin lag sein Geheimnis. Jewreinow läßt verschiedene mögliche Erklärungen Revue passieren. Die erste (für ihn und seine Leser wahrscheinlichste) hat mit Hypnose zu tun. Tatsächlich existieren Quellen, die besagen, daß Rasputin bei einem der Petersburger »Magnetiseure« Privatunterricht in Hypnose genommen hat. Obendrein, so fügt Jewreinow hinzu, sei Rasputin ein hervorragendes schauspielerisches Naturtalent gewesen; alles, was er anfing, ließ er zum Spektakel werden. Ferner sucht Jewreinow mit Hilfe diverser Quellen den Nachweis zu erbringen, daß Rasputin zu den Geißlern gehört habe.

Doch all diese Erklärungen können Jewreinow nicht ganz befriedigen. Er greift auf die einschlägigen Kompendien zum Hypnotismus zurück und zitiert Bechterew, der in seinen Betrachtungen zu Rasputin vorschlug, den gewöhnlichen Hypnotismus von dessen »sexueller Spielart« zu unterscheiden, was aus Bechterews Sicht die besondere Wirkung des Alten auf die feinen Damen der Gesellschaft erklären konnte. Auf der Suche nach einer ernsthafteren Idee gelangt Jewreinow zu Wjatscheslaw Iwanow, Nietzsche und Freud. Bei den ersten beiden borgt er sich das Bild der Maske, mit der sich einer identifiziert und so sehr verschmilzt, daß er auch andere an sie glauben läßt. Wie er es von den Geißlern kannte, habe Rasputin sich als Christus verstanden und alles getan, daß auch die anderen diesen Eindruck gewannen. Jewreinow verweist an dieser Stelle auf die »umfangreiche Literatur von Freud« zu diesem Thema, vor allem auf die Schrift *Totem und Tabu*, die bereits auf russisch vorlag. Jewreinows Schlußdiagnose lautet, Rasputin sei »ein hysterischer Epileptiker mit manifester erotisch-religiöser Manie« gewesen.

Im Jahr 1920 schließlich entstand Jewreinows bekanntestes Stück *Die Hauptsache*. Sein Held mit Namen Paraklet, »d. h. Helfer, Tröster, Ratgeber«, führt sich ein als Impresario eines Theaters, welches »schlechtweg ›das Leben‹«[71] heißt. Eine der Masken, die er sich im Lauf der Handlung überstülpt, ist die des Doktor Fregoli. Doch anders als sein berühmter Wiener Kollege mit dem etwas ähnlich klingenden Namen leistet dieser Doktor den Leuten Hilfe höchst praktischer Art und hat dafür recht eigenwillige, theatralische Mittel parat. Er engagiert sich ein paar Schauspieler und gibt ihnen kleine Szenen vor, worin sie sich jeweils in irgendeinen ahnungslosen Unglücksraben zu verlieben haben, der dies alles für bare Münze nimmt: in ein schüchternes Mädchen, einen neurasthenischen Jüngling, eine alte Jungfer ... Die bösen Folgen solcher Übergriffe in fremdes Leben dringen nicht ins Bewußtsein und erst recht nicht bis auf die Bühne vor. Statt dessen wird eine ideologische Begründung geliefert, die den bolschewistischen Genossen an der Spitze des neuen Staates durchaus akzeptabel erscheinen mußte und ihren eigenen Bestrebungen entgegenkam. Doktor Fregoli extemporiert vor den Akteuren: »Ich spreche vom Sozialismus ... Sein Programm ist sehr vielversprechend – vor allem will er die Rollenverteilung auf einer gerechteren Grundlage vornehmen. Aber seine Tätigkeit kann sich leider nur auf Fragen rein materiellen Charakters beziehen ... Die Gleichberechtigung beim Genuß materieller Güter gibt noch keine Garantie für die Gleichberechtigung der geistigen und ästhetischen Güter. Noch existieren Millionen von Menschen, denen infolge ihrer Armut die einfachsten Lebensfreuden versagt bleiben ... Das ist natürlich kein Argument gegen den Sozialismus, sondern nur ein Beweggrund, der uns bestimmen sollte, im Interesse einer höheren Moral auf weitere Abhilfsmittel zu sinnen.«[72]

Diese Art von Theatertherapie hat nichts mehr mit der alten Katharsis gemein, sie ist ein totalitäres Amateurprojekt, die technische Zuarbeit zum Großexperiment psychischer Manipulation. Ihr Urheber ist, soviel steht fest, ein Intellektueller von Format, den Michail Bulgakow, welcher mit ihm in jenen Jahren Umgang pflegte, in seinen *Aufzeichnungen auf Manschetten* voller Begeisterung porträtiert hat[73] – wie überhaupt Bulgakows Roman *Der Meister und Margarita* in mancher Hinsicht die Idee der *Hauptsache* wiederaufzunehmen scheint.[74] Ein Deus ex machina gibt den Leuten das, was sie allein niemals kriegen; ein ständiges Spektakel läuft ab, dessen Fäden in einer Hand zusammenlaufen. Doch ist der Unterschied ebenso signifikant: Der Autor des Stücks, Jewreinow, wie auch seine Zuschauer, die Autoren der Revolution, identifizieren sich nicht etwa mit den namenlosen Unglücklichen, sondern mit dem weisen Organisator ihrer Geschicke. Bei Bulgakow ist es gerade umgekehrt: Autor und Leser finden sich, ihre Leiden und Hoffnungen, in des Meisters und Margaritas Schicksal wieder. Bei Jewreinow gibt es keinerlei Hinweis auf Magie, alles, was der Doktor tut, geht mit rechten Dingen, d. h. theatralisch sauber über die Bühne: mittels Verkleidung, Geld, Schauspielerei. Der allmächtige Voland läßt seinen Schützlingen die Wahl und kann über deren Antwort, bevor sie ihm nicht gegeben wird, nur spekulieren. Jewreinows irdischer Doktor hingegen entscheidet über die Probleme leibhaftiger Menschen so, wie eben ein Theaterautor für seine Figuren entscheidet. Alles in allem tritt Jewreinow also den Beweis an, daß »weitere Abhilfsmittel« technisch machbar sind, und er führt vor, wie er sie mit seinem Instrumentarium und im Rahmen der totalitären Idee produzieren würde.

Die Hauptsache, die im revolutionären Petrograd unverzüglich zur Aufführung kam, hatte nicht nur dort Erfolg – sie ist später in über zwanzig Ländern aufgeführt worden. Damals aber, am 7. November 1920, inszenierte Jewreinow auf dem Schloßplatz gleich noch seine kolossale *Einnahme des Winterpalais*, an der siebentausend Personen mitwirkten. Daß ihm Dmitri Filossofows Anschuldigung, er sei ein bolschewistischer Agent, bei seiner Emigration 1925 peinliche Momente bescherte, leuchtet ein. Im übrigen hatte Jewreinow im Ausland noch ein langes, produktives Leben vor sich.

In Jewreinows »Theatralisierungsdenken«, das, Kriege und Revolutionen einkalkulierend, ungerührt seinen Regeln folgte, zeigt sich besonders drastisch die Kontinuität, die dem Geist der elitären Intelligenzija vor und nach der Oktoberrevolte eigen war. Wen wundert da noch die herzliche, wenn auch von Hintergedanken nicht ganz freie Solidarität mit Trotzki, wie sie in einem von Jewreinows Büchern, das etwa zur selben Zeit wie *Die Hauptsache* entstand, zum Ausdruck kommt: »... unendlich dankbar bin ich, und mit mir alle meine (bewußten und unbewußten) Gesinnungsgenossen, Lew Dawydowitsch Trotzki für die so wertvolle Unterstützung, die unsere Idee der Theatralisierung des Lebens in seinen jüngsten literarischen Arbeiten gefunden hat.«[75]

In Marietta Schaginjans Roman *Eigenes Schicksal* (geschrieben 1916, als die Autorin noch den Symbolisten nahestand, erschienen jedoch erst 1923, also unter den Bolschewiki) nimmt die Psychiatrie-Problematik einen zentralen Raum ein. Die Handlung spielt in einem kaukasischen Sanatorium, für das die Klinik in Krjukowo vor den Toren Moskaus Modell gestanden haben könnte. Die psychiatrische Heilkunst und mit ihr die Figur des Chefarztes Förster sind so idealisch geschildert, daß der Eindruck entsteht, die Autorin müsse dort vor nicht langer Zeit als

Patientin gute Erfahrungen gemacht haben. Das Personal des Sanatoriums folgt dem Leitgedanken einer »organischen Heilung«, welcher sich von der Psychoanalyse ebenso distanziert wie von Jewreinows Theatertherapie. Ober-Förster im Originalton: »Alles Theater ist Magie ... Niemals und unter keinen Umständen würde ich es zulassen, daß meine Patienten sich im Theater vergnügen.« Jewreinow selbst bekommt sein recht gehässiges Spiegelbild in dem manischen Patienten Jastrebzow, von dem alles Übel in diesem Sanatorium ausgeht. Sich der typischen symbolistischen Begrifflichkeit bedienend, »treibt er jeden nur noch tiefer in die Versuchung«, inszeniert im Sanatorium eine Aufführung des Stücks *Ich habe geträumt*, bringt einen Mitpatienten soweit, daß er Selbstmord begeht, und verleumdet am Ende gar noch den genialen Förster.

Auch die Psychoanalyse wird kräftig karikiert. Eine mondäne Dame »mit fortschrittlichen Ansichten« schreibt aus der Hauptstadt einen Brief ins Sanatorium: »Die ganze Psychopathologie ist kompletter Unsinn, mit Ausnahme der psychischen Analyse. Die geht so, daß man sich unbedingt auf ein Sofa legen und assoziieren muß, und der Doktor sitzt mit dem Stift daneben und schreibt alles genau auf. Das ist die ganze Therapie. Und heraus kommen Ergebnisse, daß die Medizin Bauklötzer staunt.« Bezüglich eines Neurasthenikers sagt der eine Psychiater zum anderen: »Mit Leib und Seele ist er dieser Rumliegerei verfallen. Seine ganzen vollgeschriebenen Papierchen hebt er auf und behauptet steif und fest, er tät daraus einen zweiten Zarathustra machen.« Der andere drückt es noch unverblümter aus: »Assoziieren im Liegen ist geistige Unzucht!« Übrigens: Auch Chefarzt Förster »gebraucht die psychische Analyse, aber furchtbar selten und vorsichtig«[76].

Viel später, im Jahr 1954, als die Schaginjan ihren Roman für eine sowjetische Neuauflage umschreibt, legt sie Förster eine lange und ziemlich flache antifreudistische Tirade in den Mund.

Vor dem Krieg

Der Moskauer Analytiker Aron Salkind beschreibt in einem Artikel aus dem Jahr 1913 die Entrüstung und Verachtung, mit denen man den Ideen Freuds und Adlers im Westen begegnete, und er fügt gelassen hinzu: »Zum Glück stehen die Dinge hier in Rußland unvergleichlich besser.«[77]

Tatsächlich: Der Betrieb war am Laufen, und man durfte mit Optimismus in die Zukunft sehen. Die Kontakte der Moskauer Psychoanalytiker nach Wien waren vorzüglich geregelt und von größter Operativität. Beinahe jede Nummer der *Psychotherapie* brachte ausführliche Resümees zu den zentralen Veröffentlichungen der Internationalen Psychoanalytischen Gesellschaft, meist noch im selben Jahr, höchstens ein Jahr später. Regelmäßig wurden Übersetzungen der neuen Arbeiten von Freud abgedruckt; der legendäre Artikel *Über »wilde« Psychoanalyse* zum Beispiel, auf deutsch 1910 erschienen, kam russisch im Heft № 3 des Jahrgangs 1911 der *Psychotherapie* heraus. Später, im Jahr 1919, mußte Freud Sabina Spielrein, die sich als Übersetzerin seiner Schriften anbot, enttäuschen: Es gab kaum noch etwas zu übersetzen, praktisch alles lag schon vor.

Im Gegenzug wurden Arbeiten russischer Autoren gern im Westen gedruckt. So brachten die Wiener Analytiker in der Doppelnummer 7/8 des Jahrgangs 1911 ihrer Zeitschrift gleich vier Artikel aus Rußland: einen von Tatjana Rosenthal aus Petersburg, einen von D. Epstein aus Kiew und zwei von Moshe Wulff aus Odessa – darunter ein ausführlicher Überblick über die russische psychoanalytische Literatur. Vergleichshalber sei angemerkt, daß die Psychoanalyse in England erst zu existieren anfing, als Jones 1913 dorthin zurückkehrte, und daß sie bei den Franzosen zu jener Zeit noch immer nur ein mildes Lächeln hervorrief.

In den Jahren nach 1910 gab es in der Zeitschrift *Psychiatrie der Zeit* regelmäßig Annoncen, worin das psychotherapeutische Sanatorium eines gewissen Chruschtschow in besagtem Krjukowo seinen Gästen exzellente Bedingungen versprach. Unter den aufgeführten Methoden der Psychotherapie stand die Analyse nach Freud an erster Stelle. Den medizinischen Bereich des Sanatoriums leitete Juri Kannabich, zu den beschäftigten Ärzten zählten Salkind und Wyrubow. Im Statut des Hauses war festgelegt, daß Ärzte, Schriftsteller sowie Angehörige der Familie Tschechow als Patienten Vergünstigungen genossen; offenbar hatte Anton Tschechow zu Lebzeiten etwas mit der Einrichtung des Sanatoriums zu schaffen gehabt.[78] Mindestens bis zur bolschewistischen Revolution blieb es in Betrieb. Zum Beispiel waren Sergej Solowjow, Jewgeni Wachtangow, Alexander Blok und eben Michail Tschechow hier in Behandlung.

Die Zeitschrift *Psychotherapie*, die in der Druckerei des Generalstabs hergestellt wurde, mußte bei Kriegsausbruch 1914 ihr Erscheinen einstellen. Die Psychoanalytiker publizierten jedoch weiter. So erschien in der Märznummer der *Psychiatrie der Zeit* selbigen Jahres ein großer Aufsatz Moshe Wulffs, worin er die Behandlungserfolge bei einem jungen Mann, der am Leben und am Sex keinen Spaß mehr hatte, detailliert schilderte.[79]

Der Weltkrieg setzte dem produktiven Wirken der russischen Analytiker ein vorläufiges Ende. Viele Ärzte waren an der Front, solvente Patienten nunmehr rar. Auch die in den Jahren des Krieges um sich greifenden deutschlandfeindlichen und antisemitischen Stimmungen bekamen der Psychoanalyse nicht zum besten. Der nächste Akt des psychoanalytischen Dramas in Rußland würde nach 1917 beginnen und in anderen Dekorationen gespielt werden, die Akteure würden einen gänzlich anderen Text zu sprechen haben; nur die Besetzung der Rollen sollte sich nicht allzu gewaltig ändern.

5. KAPITEL

SABINA SPIELREIN: REINES SPIEL MIT EINEM RUSSISCHEN FRÄULEIN

Ihre Geburt liegt über ein ganzes Jahrhundert zurück, mehr als fünfzig Jahre sind seit ihrem Tod vergangen. Ihre Enkel und Urenkel, die Nachfahren ihrer Patienten und die Schüler ihrer Schüler könnten unter uns sein. Es gibt sie nicht.

Ihren Beruf zu liquidieren, hatte das Sowjetregime sich vorgenommen. Unter seiner Fuchtel konnte sie die Arbeit, wenn überhaupt, nur in aller Heimlichkeit fortsetzen; wer bei ihr in Behandlung war und ob sie Schüler hatte, ist nicht bekannt.

Ihr Volk zu liquidieren, hatte das Naziregime sich vorgenommen. Zusammen mit ihren zwei Töchtern wurde Sabina Spielrein an der Mauer der Rostower Synagoge erschossen.

Schwerer Fall

Aus dem Tagebuch der Sabina Spielrein (Datum unbekannt):

»... gestern z. B.: als mich die Hausfrau an ihr Herz drückte, mich küßte, mir sagte, sie hätte mich so gern, ich wäre ein so guter Mensch usw. Ich war tief gerührt. Habe ich das verdient? Kann man mich wirklich so lieben? ... Ich hätte ihr vieles vieles sagen wollen, aber ich konnte nichts. Ich umarmte sie bloß und sprach dann von der eigentümlich phantastischen Beleuchtung des Korridors ...«[1]

Sabina Spielrein wurde 1885 als Kind eines reichen jüdischen Kaufmanns aus Rostow am Don geboren. Sie hatte drei jüngere Brüder: Isaak, Jan und Emil. Alle drei genossen eine hervorragende Ausbildung in Westeuropa und wurden später sowjetische Professoren; von Isaak Spielrein, dem Nestor der Psychotechnik in der Sowjetunion, wird an dieser Stelle noch zu berichten sein.

Über ihre Kindheit, die sie in Rostow verlebte, wissen wir beinahe nichts. Chaim Weizmann, Mitgründer Israels und sein erster Präsident, der aus dem weißrussischen Pinsk stammte und zur selben Zeit wie die Spielrein in Genf studierte, hat diesbezüglich aufschlußreiche Erinnerungen hinterlassen. Seine Frau, die er hier im Jahr 1900 kennenlernte, stammte aus demselben Milieu: »Ich traf sie zum erstenmal in Gesellschaft einer kleinen Gruppe russisch-jüdischer Mädchen, Schulfreundinnen aus Rostow am Don. Wie viele ihrer Generation war sie nach Genf gekommen, um Medizin zu studieren, da die Universitäten des eigenen Landes verschlossen waren. Doch die kleine Gruppe junger Mädchen ... unterschied sich auffallend von dem Gros jüdischer Studentinnen, die damals an den Schweizer Universitäten studierten, in Aussehen, Benehmen und Lebensauffassung. Sie waren anders und weit anziehender als ihre Landsmänninnen aus dem jüdischen Siedlungsgebiet und beschäftigten sich weniger mit revolutionärer Politik. Nicht daß sie politisch indifferent gewesen wären, aber sie studierten eifriger und verschwendeten weniger Zeit in öffentlichen Versammlungen und endlosen Diskussionen, wie das der russische Durchschnittsstudent im Ausland so häufig tat ... Unter den Studenten wurden diese Mädchen scheel angesehen, weil sie nicht so waren wie die andern. Aber sie kümmerten sich wenig um den Neid und die Mißbilligung, die sie erregten ...«[2] Der Neid hatte seinen Grund: Die kleine jüdische Gemeinde in Rostow, berichtet Weizmann weiter, sei relativ vermögend gewesen; sein Schwiegervater gehörte (ebenso wie Sabinas Vater) zu den privilegierten »Gilde-Kaufleuten«. Von daher bildeten die Rostower Mädchen einen Kontrast zur Mehrzahl der russisch-jüdischen Studentinnen in Genf, »die meistens einen unterernährten, verkümmerten, nervösen und oft verbitterten Eindruck machten«[3].

Die Spielrein allerdings war krank. Über das genaue Krankheitsbild wissen wir nichts. Nur die Daten ihres Aufenthalts an der legendären Burghölzli-Klinik bei Zürich sind bekannt: 17. August 1904 bis 1. Juni 1905.[4]

Leiter der Klinik war Eugen Bleuler, einer der Begründer der modernen Psychiatrie; die Behandlung Sabinas übernahm der junge Assistenzarzt Carl Gustav Jung. Durch welche Umstände sie in die Klinik kam, welches Behandlungsprogramm sie absolvierte und wie lange sie nach Verlassen der Klinik noch weiterbehandelt wurde – darüber liegen gleichfalls keine Auskünfte vor. Als Freud später seinen Aufsatz zur Geschichte der psychoanalytischen Bewegung schrieb, fragte er bei Karl Abraham um

Angaben zum Beginn der analytischen Arbeit am Burghölzli nach. Abraham antwortete, daß Jung dort schon von Dezember 1904 an einen Hysteriefall analysiert habe.[5] Die Rede kann eigentlich nur von Sabina Spielrein sein, denn sie war Jungs erste Analysepatientin.

Aus einem Brief Jungs an Freud (datiert vom 23. Oktober 1906) erfahren wir weiteres über die Anamnese:

»Ein Erlebnis aus jüngster Zeit muß ich bei Ihnen abreagieren, auf die Gefahr hin, Sie zu langweilen. Ich behandle gegenwärtig eine Hysterie nach Ihrer Methode. Schwerer Fall, 20jährige russische Studentin, krank seit sechs Jahren.

1. Trauma: 3.–4. Lebensjahr. Sieht, wie der Vater ihren älteren Bruder auf den nackten Hintern schlägt. Starker Eindruck. Muß nachher denken, sie hätte dem Vater auf die Hand defäkiert. Vom 4.–7. Jahr angestrengte Versuche, sich auf die eigenen Füße zu defäkieren, folgendermaßen: Sie setzt sich mit einem untergeschlagenen Fuß auf den Boden, preßt die Ferse gegen den Anus und versucht, zu defäkieren und zugleich die Defäkation zu hindern. Hält so mehrfach den Stuhl bis zwei Wochen lang zurück! Weiß nicht, wieso sie zu dieser sonderbaren Geschichte gekommen ist; es sei völlig triebartig gewesen, dabei ein wonniges Schauergefühl. Später wurde dieses Phänomen durch heftige Onanie abgelöst.

Ich wäre Ihnen äußerst dankbar, wenn Sie mir Ihre Ansicht über diese Geschichte in wenigen Worten mitteilen würden.«[6]

Die Korrespondenz zwischen Freud und Jung hatte eben erst begonnen, es war Jungs zweiter Brief an den künftigen Lehrer, und er bemühte sich, Vertrauen in seine Professionalität als praktizierender Analytiker zu wecken. Freud wiederum, zwanzig Jahre älter als Jung, war erfreut über dieses erste Zeichen der Aufmerksamkeit für seine Arbeit seitens eines professionellen Psychiaters, noch dazu aus einer Klinik von Ruf; seine Antwort war dementsprechend herzlich. Ausführlich ging er auf das wenige ein, was er erfahren hatte:

»An Ihrer Russin ist erfreulich, daß es eine Studentin ist; ungebildete Personen sind für uns derzeit allzu undurchsichtig. Die berichtete Defäkationsgeschichte ist hübsch, nicht ohne zahlreiche Analogien … Infantile Fixierung der Libido auf den Vater, der typische Fall, als Objektwahl; analer Autoerotismus. Die dann von ihr gewählte Stellung muß sich ins Einzelne auflösen lassen, scheint noch aus anderen Momenten zusammengesetzt. Welchen?

Die Analerregung muß sich dann in den Symptomen als Triebkraft erkennen lassen; selbst im Charakter. Solche Leute zeigen häufig typische Kombinationen gewisser Charakterzüge. Sie sind sehr ordentlich, geizig und trotzig, was sozusagen die Sublimierungen der Analerotik sind. Fälle wie dieser, auf verdrängter Perversion beruhend, sind besonders schön zu durchschauen.

Sie haben mich also gewiß nicht gelangweilt. Ich freue mich sehr mit Ihren Zuschriften ...«[7]

Das Vögeli

Aus dem Tagebuch der Sabina Spielrein (28. August 1909):

»Um das gestrige Thema kurz zu vollenden, will ich erwähnen, daß ich es nie könnte, mich absichtlich so vors Fenster zu stellen. Das Bewußte will auf eine vorsichtige Art umgangen werden und dann ... läßt man sich eine kleine Freiheit gerne gefallen. Als ich bis auf den Gürtel fertig angekleidet war, sah ich, daß ein netter junger Herr in mein Zimmer blickte; ich fühlte mich tief erröten, und dieses leichte Spiel des Unbewußten, das ich objektiv betrachtete, war mir sehr angenehm. Einen Moment zögerte ich. Die Bescheidenheit überwog, und ich versteckte mich hinter dem Vorhang. Etwas später guckte ein älterer Herr vom oberen Fenster heraus, und ... wie sonderbar! Ein tiefer Ekel bemächtigte –«[8]

Die vierundzwanzigjährige Medizinstudentin Sabina Spielrein ließ sich, da sie dies niederschrieb, die »kleine Freiheit« sichtlich noch einmal gefallen, und offenbar dachte sie dabei an ihren Analytiker, dem diese Zeilen vermutlich banal vorgekommen wären. Der spätere Leser hingegen findet darin einen verborgenen Sinn und eine Vorahnung dessen, was ihr im Leben noch widerfahren sollte.

Jung steckte mitten in der Therapie seines ersten Analysefalls, als Freud ihm von einer neuen Entdeckung berichtete. Es gebe »über Grenzen der Therapie und Mechanismen derselben« noch manches zu sagen, so schrieb er Jung am 6. Dezember 1906, was er bislang für sich behalten habe oder »so dargestellt, daß nur der Kundige es erkennt«, denn: »Übelwollenden Leuten kann man keine Erklärungen geben ... Ihnen wird es nicht entgangen sein, daß unsere Heilungen durch die Fixierung einer im Unbewußten regierenden Libido zustande kommen (Übertragung), die einem nun bei der Hysterie am sichersten entgegenkommt. Diese gibt die Triebkraft zur Auffassung und Übersetzung des Unbewußten her; wo diese sich weigert, nimmt sich der Patient nicht die Mühe oder hört nicht zu, wenn wir ihm die von uns gefundene Übersetzung vorlegen. Es ist eigentlich eine Heilung durch Liebe.«[9]

Die hier erstmals beschriebenen Zusammenhänge sind für den Analytiker von heute offensichtlich und gewiß. Freud aber war damals gerade erst dabei, das Wesen der Übertragung für sich zu formulieren: In der Zuneigung, die der Patient für seinen Arzt empfindet, werden jene Gefühle wieder wach und von neuem durchlebt, die früher einmal im Unbewußten verblieben und krankheitsauslösend gewesen waren. Die Liebe eines erwachsenen Menschen, in die hinein die vergessenen, doch immer noch verheerend wirkenden Leidenschaften und Ängste des Kindes übertragen werden und somit ins Bewußtsein treten – sie kann der Weg sein, auf dem sich lernen läßt, in dieser Welt zu leben. Ein Weg zur Heilung, nicht zum Glück, denn diese Liebe kann keine Befriedigung finden, jetzt sowenig wie damals.

Die Analyse der Sabina Spielrein ging ins vierte Jahr, als Freud von Jung die folgende Geschichte erfuhr: »Eine hysterische Patientin erzählte mir, ein Vers aus einem Lermontowschen Gedicht gehe ihr beständig im Kopfe herum. Das Lied handelt von einem Gefangenen, dessen einziger Kamerad ein Vogel in einem Käfig ist. Den Gefangenen beseelt nur *ein* Wunsch: er möchte in seinem Leben, als höchste Tat, irgendeinem Wesen die Freiheit schenken. Er öffnet den Käfig und läßt seinen geliebten Vogel fliegen. Was ist der höchste Wunsch der Patientin? Sie sagt: ›Ich möchte in meinem Leben einmal einem Wesen durch psychoanalytische Behandlung zur völligen Freiheit verhelfen.‹ In ihren Träumen verdichtet sie sich nachgewiesenermaßen mit mir. Wie sie zugibt, wäre eigentlich ihr höchster Wunsch, von mir ein Kind zu haben, das alle ihre unvollendbaren Wünsche zur Vollendung brächte. Dazu müßte ich natürlicherweise vorher den ›Vogel fliegen‹ lassen. (Im Schweizerdeutschen sagt man z. B.: Hat Dein ›Vögeli‹ auch schon gepfiffen?)«[10]

Diesen Brief hat Vladimir Nabokov im Jahr 1974 kommentiert.[11] Er erläutert dem Leser der amerikanischen Ausgabe des Briefwechsels, daß es mitnichten um ein Gedicht von Lermontow, sondern um Puschkins *Vöglein* gehe, allerdings habe eine »Verballhornung« stattgefunden. Puschkin schrieb das Gedicht in

Kischinjow, dem Ort seiner ersten Verbannung; in der Fremde folgt der Held dem alten Brauch seiner Heimat und läßt wie in jedem Frühling einen Vogel frei:

> Getröstet schlägt mein Herz, genesen!
> Was groll ich meinem Mißgeschick,
> Solang noch einem Gotteswesen
> Ich schenken kann der Freiheit Glück![12]

Von Käfig und Gefangenem nicht die Spur. Dafür begegnet man beidem in einem anderen Puschkin-Gedicht, dem allseits bekannten *Gefangenen* (»Ich sitz hinter Gittern, im feuchten Verlies …«[13]). Aber dort wird der Adler, »mein Leidensgefährte«, nicht in die Freiheit entlassen, er darf, dem Gefangenen gleich, nur vom Fliegen träumen. In dem einen Gedicht also sitzt der Vogel mit dem Gefangenen im Käfig, im anderen kommt er frei. Welches von beiden spukte der russischen Patientin im Kopf herum?

Es müssen etliche russische Gedichte gewesen sein, die das Fräulein dem jungen Doktor vorlas und übersetzte, wenn dabei Puschkin und Lermontow durcheinandergerieten und alle möglichen Verse zusammengebacken wurden. Noch wichtiger für das Verständnis der Situation scheint jedoch etwas anderes. Im Kopf kreisende Gedichte nimmt Jung als eine Art Symptom; ein Symptom aber bedarf der Auslegung, darauf gründet die psychoanalytische Therapie. Die Patientin hat ihre eigene Sicht: Sie träumt davon, Psychoanalytikerin zu werden, und repetiert deshalb Verse, die davon handeln, wie einem Lebewesen die Freiheit geschenkt wird. Für den Analytiker hingegen ist diese Interpretation nur ein nächstes Glied in der Kette von Symptomen, welches darauf hindeutet, daß die Patientin sich in ihren Träumen mit dem Analytiker verwechselt. Der deutet nun das Ganze so: Die Patientin sieht sich als Gefangene und träumt, ihr Doktor riefe sie – wie im Gedicht der Adler – nach dort, »wo das Meer blaut«. Ihr Traum von der Befreiung eines Lebewesens ist für ihn der Wunsch, von ihm ein Kind zu gebären. Dafür aber müßte zunächst er (Vorsicht, Genrewechsel: vom romantischen russischen Vers zur schweizerdeutschen Zote!) »'s Vögeli usla«, den Vogel aus dem Bauer lassen. Kurz: Sabina Spielrein – denn um sie handelt es sich natürlich – versteht die Verse, die ihr durch den Kopf geistern, als Berufswunsch, Jung als sexuellen Annäherungsversuch. Wer recht hatte, sie oder er, jeder für sich oder keiner von beiden, das würde die Zukunft zeigen …

Unterdessen wuchs Freuds Vertrauen zu Jung immer mehr. Auf dem Internationalen Kongreß für Psychiatrie und Neurologie, der im September 1907 in Amsterdam stattfand, war er es, der die Psychoanalyse vertrat. Es war der erste Auftritt eines Analytikers vor offiziell versammelter Psychiaterschaft. Er nutzte die Gelegenheit, um über einen Fall zu referieren, den er bestens kannte: den Fall Sabina Spielrein. Doch er mußte eine bittere Niederlage einstecken. Beide Seiten verhielten sich äußerst aggressiv zueinander. Eine der beisitzenden Autoritäten tat kund, die Freudsche Methode könne man unmöglich ernst nehmen, da jedes Wort sexuell ausgelegt werde, was für den Patienten äußerst schädlich sei; er selbst untersage seinen Patienten einfach, das Wort Sexualität auch nur in den Mund zu nehmen ... Der Versammlungsleiter mahnte den Redner, zum Ende zu kommen, Jung verletzte das Reglement, indem er der Aufforderung nicht sogleich folgte. Als man ihn schließlich zum Verlassen des Podiums nötigte, verließ er empört den Saal.[14]

Diese Praxis hält von der Theorie ab

Aus dem Tagebuch der Sabina Spielrein (21. September 1909):

»Mutter sagt, es sei unmöglich, daß ich und mein Freund Freunde bleiben, nachdem wir uns bereits Liebe schenkten. Die reine Freundschaft verträgt der Mann auf die Dauer nicht. Bin ich gut zu ihm – dann will er Liebe haben, bin ich stets kalt – dann verleidet ihm die Geschichte.«[15]

Zugleich mit Sabina Spielrein wurden am Burghölzli vier weitere ihrer Landsleute in der Psychoanalyse unterwiesen: Fanja Schalewskaja, Max Eitingon, Esther Aptekmann und Tatjana Rosenthal – allesamt Juden und aus Südwestrußland gebürtig. In der Geschichte der Psychoanalyse würden sie sehr unterschiedliche Rollen spielen. Die bedeutendste, doch wohl auch am meisten zwiespältige Figur von allen war Max Jefimowitsch Eitingon, der kurz nach Jung die Verbindung zu Freud knüpfte. In den ausgedehnten Spaziergängen, die Freud mit Eitingon Anfang 1907 durch die Straßen von Wien unternahm, sehen Historiker den allerersten Versuch einer Lehranalyse. Im September selben Jahres schreibt Freud an Jung aus Rom: »Eitingon ... ist jetzt hier und wird mich wahrscheinlich bald besuchen, um mir Detaileindrücke von Amsterdam zu berichten. Er scheint sich wieder mit irgendeinem Frauenzimmer versehen zu haben. Diese Praxis hält von der Theorie ab. Wenn ich meine Libido (im gewöhnlichen Sinne) ganz überwunden haben werde, mache ich mich an ein *Liebesleben des Menschen.*«[16]

Voller Ressentiment, dessen tiefere Ursachen bald schon zutage treten würden, schreibt Jung zurück: »Ich halte Eitingon für einen absolut kraftlosen Schwätzer – kaum ist dieses lieblose Urteil heraus, so fällt mir ein, daß ich ihn um die rückhaltlose Abreagierung der polygamen Instinkte beneide. Ich ziehe ›kraftlos‹ als zu kompromittierend zurück. Etwas Tüchtiges wird er gewiß nie leisten, vielleicht wird er einmal Duma-Abgeordneter.«[17]

In Jungs Verhältnis zu Eitingon mischten sich Ironie und Mißtrauen mit verhohlenem Neid: Eitingon war reich, während Jung vor Freud zugeben mußte, daß sein Auskommen lediglich auf dem Vermögen seiner Ehefrau gründete. Dazu kam eben, daß Eitingon sich die Freiheit zur Polygamie nahm: eine Neigung, die Jung, ein Pfarrerssohn, bei anderen verurteilte, in sich selbst jedoch längst wachsen fühlte.

Der amerikanische Historiker James Rice, der diese Episode aus dem Briefwechsel zwischen Freud und Jung näher analysiert hat,[18] will hierin ein Stück jenes »Russenklischees« erkennen, das, gang und gäbe in der europäischen Kultur vom Anfang des Jahrhunderts, auch um Freud und Jung keinen Bogen gemacht hatte. Eine wichtige Komponente dieses Klischees war laut Rice die sexuelle Freizügigkeit, die man bei den Russen sehen wollte und – durchaus natürlich – mit gespaltenen Gefühlen aufnahm. Unverkennbar ist andererseits, daß die Verquickung von Polygamie und Impotenz wie auch der Gedanke, der »kraftlose Schwätzer« Eitingon könne gut einmal Mitglied des – politisch impotenten! – russischen Parlaments werden, den Rivalen demütigen soll, wofür die russische Exotik nur als probates Mittel herhalten muß.

Mit Klischees ist hier in der Tat längst nicht alles erklärt. Im selben Brief wird der Schreiber durch seine freien Assoziationen vom Russen Eitingon zum Deutschen Otto Gross geleitet, einem Analytiker der ersten Stunde, der später drogenabhängig wurde: »Dr. Groß hat mir gesagt, er habe die Übertragung auf den Arzt gleich wieder weg, da er die Leute zu Sexualimmoralisten mache … Der wahrhaft gesunde Zustand für den Neurotiker sei die sexuelle Immoralität. Damit assoziiert er Sie an Nietzsche.«[19]

Man muß kein Psychoanalytiker sein, um aufzumerken, wenn Jung in einem Brief gleich zweimal dasselbe Motiv ins Spiel bringt. Leute, die sich eine »rückhaltlose Abreagierung der polygamen Instinkte« erlauben, und dies noch dazu mit ihren Patienten, reizen Jung. Er schreibt über sie, als müßte er mit ihnen ins Gericht gehen: mit Hilfe des Russenklischees bringt er sexuelle Freizügigkeit und Schwätzerei auf einen Nenner, mit dem Nietzsche-Klischee Immoralität und Streben nach Macht. Jung kämpft dabei nicht so sehr gegen seine Konkurrenten als vielmehr gegen sich selbst. Mit seinen theoretischen Ansichten, einstweilen noch recht orthodox, scheint er sich selbst auf Linie bringen zu wollen: »Mir scheint, Groß gerate mit den Modernen zu weit in die Lehre des sexuellen Kurzschlusses, der weder geistreich, noch geschmackvoll, sondern nur bequem und darum alles andere, nur kein Kultur erzeugendes Moment ist.«[20]

Mitunter versucht Jung auch, die eigenen Empfindungen zu analysieren, stößt dabei jedoch auf unüberwindliche Barrieren. Für ihn, der nie eine Analyse absolvierte, nicht einmal in der primitiven Form, in der sie Freuds früheste Schüler in aller Regel über sich ergehen ließen, mußte die Korrespondenz mit dem Lehrmeister die Analyse ersetzen und all deren Fatalitäten auf sich ziehen: in erster Linie natürlich Widerstand und Übertragung. Bisweilen kam es vor, daß Jung Freuds Briefe über Monate unbeantwortet ließ; oft genug fand er Ausflüchte, seine »Intimitäten« zur Sprache zu bringen. Freud wies ihn zunächst milde, dann in zunehmend schärferem Ton darauf hin. In seinem Brief vom 28. Oktober 1907 findet Jung für den Schreibverzug exakt die gleichen Begründungen, wie sie ein Patient gebrauchen würde, der nicht zur Sitzung erscheint oder Lügen auftischt. Da wäre zunächst die »Arbeitsüberlastung«. Alsdann die Befangenheit »in affektiven Dingen, wofür Sie den prächtigen Ausdruck ›Selbsterhaltungskomplex‹ gefunden haben«[21]. Einige Zeilen weiter unten hat Jung eine andere Idee. Der »Selbsterhaltungskomplex« rühre nämlich daher, »daß meine Verehrung für Sie einen ›religiös‹-schwärmerischen Charakter hat, der mir zwar keine Molesten verursacht, mir aber wegen seines unverkennbar erotischen Untertones ekelhaft und lächerlich ist. Dieses abscheuliche Gefühl stammt daher, daß ich als Knabe einem homosexuellen Attentat eines von mir früher verehrten Menschen unterlegen bin ... Ich fürchte deshalb Ihr Vertrauen. Auch fürchte ich dieselbe Reaktion bei Ihnen, wenn ich Ihnen von meinen Intimitäten spreche.«[22]

Doch auch diese Erklärung führte nicht zur Änderung der Lage – wohl weil sie nicht ausreichend war. Die Abstände zwischen den Briefen wurden immer größer. In einem der anstehenden Rechtfertigungsversuche (diesmal zum 7. März 1909) klagt Jung aufs neue: »... zu schlimmer Letzt nimmt mich gegenwärtig ein Komplex furchtbar bei den Ohren; nämlich eine Patientin, die ich vor Jahren mit größter Hingabe aus schwerster Neurose herausgerissen habe, ... machte mir einen wüsten Skandal ausschließlich deshalb, weil ich auf das Vergnügen verzichtete, ihr ein Kind zu zeugen. Ich bin immer in den Grenzen des Gentleman ihr gegenüber geblieben, aber vor meinem etwas zu empfindsamen Gewissen fühle ich mich doch nicht sauber, und das schmerzt am meisten, denn meine Absichten waren immer rein gewesen. Aber Sie wissen es ja, daß der Teufel auch das Beste zur Schmutzfabrikation verwenden kann. Ich habe dabei unsäglich viel gelernt in der Weisheit der Eheführung, denn bislang hatte ich von meinen polygamen Komponenten trotz aller Selbstanalyse eine ganz unzulängliche Vorstellung. Jetzt weiß ich, wo und wie der Teufel zu fassen ist.«[23]

Ein Pakt mit dem Teufel

Aus dem Tagebuch der Sabina Spielrein (28. August 1909):

»Und doch wurde es mir jedesmal so schwer, als ich mich in die Stimmung des im grünen Teppich versinkenden einsamen Häuschens vertiefte. Ich könnte nicht mich so ganz dem friedlichen Leben im Familienkreise hingeben. Ich muß Menschen mit heißen Strebungen um mich haben, ich muß das Leben vieler Einzelner erleben, ich muß von tiefen und großen Gefühlen beseelt werden, ich muß Musik, muß Kunst um mich haben. Wahrhaftig, ich könnte nie befriedigt werden.«[24]

Die Liebe zwischen Psychiater und Patientin ist schon des öfteren beschrieben worden. Einen Menschen zu lieben, den man nicht versteht, ist furchtbar. Diesen Menschen als »krank« zu bezeichnen schafft immerhin eine Orientierung; sich seine Ausweglosigkeit vor Augen zu führen heißt auch, die eigenen Befürchtungen zu mildern. »Schizophrenie« ist solch ein Schildchen für Leute, die keiner versteht – der jedenfalls nicht, der ihnen dieses Schildchen anhängt. Einen Roman zu schreiben über einen

Arzt, der eine schizophrene Geliebte hat und sich an ihr zugrunde richtet, heißt, dem Leser ein Bild seiner eigenen Ängste zu machen und ihn so womöglich von ihnen zu kurieren. Der eingeweihte Leser wird erfahren, wovor er sich im Dickicht menschlicher Beziehungen in acht zu nehmen hat. In den Romanen, die es von dieser Sorte schon gibt (die Liste der Autoren reicht von Scott Fitzgerald bis zu Michail Tschulaki, einem russischen Autor der achtziger Jahre), wird die Patientin dem Arzt regelmäßig zum Verhängnis; er kann seinem Gefühl und also auch ihrem Leiden nicht widerstehen, wodurch er seine seelische Gesundheit, im mindesten aber die Selbstachtung einbüßt.

Der Psycho*analytiker*, der sich auf derlei einläßt, hat anderes im Sinn. Die Liebe soll nicht den Arzt krank, sondern den Patienten gesund machen. Seine Leidenschaften sind unausweichliche Realität, ja sogar erwünscht, sie sind etwas, womit der Analytiker zu arbeiten hat. Nach Geist und Buchstaben der psychoanalytischen Methode darf der Analytiker jedoch keine sexuellen Beziehungen mit dem Patienten oder der Patientin eingehen, sie sind mit einem institutionellen Tabu belegt. Psychoanalyse darf für keine der beteiligten Seiten zur sexuellen Befriedigung herhalten. Diese von Freud formulierte Forderung ist kaum je bezweifelt oder bestritten worden, wiewohl es vorkommen mochte, daß man in der Praxis davon abging. Sie ist als »Abstinenzregel« in den Grundbestand der analytischen Methodik eingegangen.

Am 9. März 1909 teilt Freud seinem Kollegen Jung mit: »Von jener Patientin, die Sie die neurotische Dankbarkeit der Verschmähten kennengelehrt hat, ist eine Kunde auch zu mir gedrungen.« Der Wiener Psychiater Muthmann sei bei ihm vorstellig geworden und habe von einer Frau berichtet, die sich als Jungs Geliebte ausgab. »Wir waren ... in der Vermutung einig, daß die Sache anders liege und nicht ohne Zuhilfenahme der Neurose von Seiten der Angeberin zu erklären sei.«[25]

Freud spart nicht mit Worten, um seinem Lieblingsschüler Trost zu spenden; er sei da in eine schwierige, im übrigen nicht ungewöhnliche Lage geraten: »Verleumdet und von der Liebe, mit der wir operieren, versengt zu werden, das sind unsere Berufsgefahren, derentwegen wir den Beruf wirklich nicht aufgeben werden.« – »Bist mit dem Teufel du und du / und willst dich vor der Flamme scheuen?« zitiert Freud Goethe, den er als den Herrn Großvater tituliert (es ging die Legende, daß Jung ein Nachfahre des großen Klassikers sein sollte). Am Ende tröstet Freud seinen

Sprößling noch damit, daß er ihn nebst »Ihrer lieben Frau« zum Nachtessen einlädt.[26]

Diesmal antwortet Jung unverzüglich. »Lieber Herr Professor! Es drängt mich, Ihnen sofort zu antworten. Ihre gütigen und befreienden Worte haben mir sehr wohl getan. Übrigens dürfen Sie nicht nur jetzt, sondern auch für alle Zukunft gänzlich beruhigt sein, daß nichts Fließ-Ähnliches passiert ... In den letzten 14 Tagen hat mich bloß der Teufel geplagt in Gestalt des Neurosenundankes. Deshalb werde ich aber doch der [Psychoanalyse] nicht untreu«[27], versichert er Freud, welcher ja gar kein Wort des Zweifels geäußert hatte.

Von der »neurotischen Dankbarkeit der Verschmähten« hatte der Lehrer geschrieben; nun wollte der Schüler vom Teufel »Neurosenundank« erfahren haben. Der Ausdruck wirkt einigermaßen unpassend: Wofür sollte der Teufel – selbst wenn man ihn als Neurotiker schmähte – ihm, Jung, denn dankbar sein? Der verbale Fauxpas verriet freilich Jungs wahre Gefühle gegenüber jener Frau, die ihm jetzt wie der Teufel vorkam – und die es im übrigen gar nicht gab: »Die von Muthmann kolportierte (sic!) Geschichte ist mir ganz dunkel. Eine Geliebte habe ich wirklich nie gehabt, sondern bin überhaupt der denkbar harmloseste Ehemann. Daher meine große moralische Reaktion! Ich kann mir absolut nicht denken, wer das gewesen sein könnte. Ich glaube nicht, daß es die gleiche ist. Vor solchen Geschichten graust mir.«[28]

Jung spricht hier offenbar mit gespaltener Zunge. Gewiß ist er sich im klaren, daß die Gerüchte seine Beziehungen zu ebenjener Frau betreffen, von der zuvor in den Briefen an den Lehrer ausführlich genug die Rede war. Es steht für ihn einiges auf dem Spiel, und wohl aus diesem Grund – ein anderer wäre nicht auszumachen – erinnert er an jenen für Freud so schmerzlichen Bruch mit dem Vertrauten früherer Jahre Wilhelm Fliess[29], gekoppelt an das naive Versprechen, daß dergleichen ihm, Jung, niemals passieren werde. Freud mögen die stilistischen und emotionalen Fehlgriffe seines »Kronprinzen« sehr wohl aufgefallen sein.

Kaum zwei Monate waren vergangen, seit Freud erste Kunde von Jungs skandalöser Affäre bekommen hatte, da erhielt er am 30. Mai 1909 diesen Brief:

»Sehr geehrter Herr Professor!
Ich wäre Ihnen sehr dankbar, wenn Sie mir eine kleine Audienz erteilen können! Es handelt sich da um eine für mich äußerst

wichtige Angelegenheit, welche zu vernehmen Sie wahrscheinlich interessieren wird.

... Sie haben vielleicht an eine kühne Sucherin des Ruhmes gedacht, die Ihnen eine krüppelhafte ›weltberühmte‹ Arbeit bringen will, od. an was in der Art.

Nein, das ist es nicht, was mich zu Ihnen führt.

Sie haben mich auch in Verlegenheit gebracht.

Hochachtungsvoll Ihrer gütigen Antwort entgegensehend

S. Spielrein«[30]

Wie oft schon mochte die Spielrein in ihrem Leben mit einem jener »Russenklischees« konfrontiert gewesen sein (hier: die Erwartung des Westens, als Russe sei man unweigerlich angetreten, die Welt auf den Kopf zu stellen), daß sie Freud gleich aus freien Stücken von ihrer abweichenden Interessenlage Mitteilung machte! Allein, es half nicht.

Just um diese Zeit bekam Carl Gustav Jung Besuch von Michail Assatiani, einem jungen Psychiater aus Moskau, der dort Psychoanalyse betrieb, jedoch über das Ausbleiben therapeutischer Ergebnisse klagte. Jung schrieb an Freud, daß es für Assatianis mangelnde Erfolge neben der »Unvollständigkeit seiner Kunst« noch einen weiteren Grund gebe: »es liegt am russischen Material, in dem das Individuum noch so schlecht differenziert ist wie ein Fisch in einem Schwarm. Dort wollen vorerst Massenprobleme gelöst sein.«[31] Assatiani verstand, nebenbei gesagt, kein Deutsch, das Gespräch lief über eine Dolmetscherin, was Jung nach eigener Auskunft besonders ermüdend fand.

Wer dolmetschte da: etwa Sabina Spielrein? Mit Sicherheit läßt sich das nicht sagen, es gab ja am Burghölzli noch andere Russen. Doch Jungs Befinden, wie es sich ablesen läßt an besagtem Widerwillen gegen das Dolmetschen und auch an seiner gereizten Reaktion auf das »russische Material« an sich, hat gewiß damit zu tun, wie die Dinge um ihn standen. (Seine Bemerkung bezüglich der »Massenprobleme« hätte, nebenbei gesagt, auch aus dem Munde eines Bolschewiken stammen können ...)

Jung war zu dieser Zeit gerade mit dem Umzug der Familie in sein neues Haus am See beschäftigt, an jenen beschaulichen Ort, wo er den Rest seines Lebens zu Hause sein würde. Freuds Glückwünsche mögen ihn allerdings kaum frohgestimmt haben.

»Lieber Freund

Ich rufe Heil! über das neue Haus und hätte gerne feierlicher getan ... Ihr Schweigen wußte ich mir natürlich aufzuklären und ließe Ihnen auch heute noch Zeit, wenn nicht gleichzeitig mit Ihrem Brief ein anderer gekommen wäre, den ich beilege. Sonderbar! Was ist das? Wichtigtuerei, Tratschsucht oder Paranoia? ... Ihr Schweigen werde ich in dem Sinne auslegen, Sie wüßten nichts ... Ihr Russe (ich bewundere übrigens wieder einmal ausdrücklich Ihre Geduld oder besser Ergebung) hat wahrscheinlich irgendwelche utopische, weltbeglückende Therapieträume, und dann geht es ihm zu langsam. Ich glaube, die Kunst sich zu plagen, geht der Rasse am ehesten ab.«[32]

Dieses Schreiben Freuds ist in verschiedener Hinsicht interessant. Erstens gab es in dem Brief der Spielrein keine Hinweise, die unbedingt auf Jung hätten schließen lassen (von ihrer Zürcher Adresse vielleicht abgesehen). Trotzdem legt er ihn bei, und sein bestimmter Kommentar läßt keinen Zweifel, wie klar er in dieser Angelegenheit inzwischen sieht. Dann kommt Freud, ohne zu säumen, auf jenen anderen und die Russen im allgemeinen zu sprechen, preist Jungs Geduld im Umgang mit diesen Leuten und hängt ihnen utopische Träume sowie die Unlust zu arbeiten an – vermutlich mit Sabina Spielreins Brief im Hinterkopf, die dort zwar das Gegenteil behauptete, aber ja nicht einmal Jung in Ruhe arbeiten ließ, geschweige denn selbst etwas Nützliches tat ... Freud ist zu dieser Zeit wohl schon im Begriff, sich in fachlichen Belangen mehr gen Amerika zu orientieren – die Russen darf er nun getrost links liegenlassen. Fräulein Spielrein läßt er ein nüchternes Antwortschreiben zukommen, worin er ihr die Bitte um eine Audienz abschlägt; sie solle ihr Anliegen lieber schriftlich darlegen.[33]

Die Gegenübertragung wird entdeckt

Aus dem Tagebuch der Sabina Spielrein (28. August 1909):

»... wenn doch das Leben so von dümmsten Formalitäten umstrickt ist, welchen man, seien sie noch so kleinlich, folgen muß, will man nicht ausgerottet werden? Na, das sind bekannte Dinge. Ich denke, für heute genug. Die Hauptsache konnte ich nicht sagen, und das ist, daß ein Freund mich liebt. Davon später.«[34]

Am 4. Juni 1909 kommt Jung endlich der Aufforderung Freuds nach und schickt ihm zunächst ein Telegramm und noch am selben Tag einen längeren Brief. Im verzweifelten Versuch, sich Freuds Vertrauen zu erhalten und gleichzeitig weiteren Indiskretionen der Spielrein zuvorzukommen, offenbart er sich – wenn auch, wie wir noch sehen werden, nicht restlos. Die Patientin wird beschuldigt, den Therapeuten verführt zu haben, er legt ihr Vorgehen als Rache aus für seine Weigerung, den ständigen hysterischen Anmaßungen nachzugeben, und vergleicht sie mit Otto Gross, in dem Freud einen Abtrünnigen sieht.[35] Gleichwohl bezeichnet er die Spielrein als seinen »psychoanalytischen Schulfall« und bekennt, er habe jahrelang ein freundschaftliches Verhältnis zu ihr gepflegt, »solange bis ich sah, daß dadurch ein unbeabsichtigtes Rad ins Rollen geriet«. Keinem von seinen Patienten, schreibt er, habe er »dieses Maß an Freundschaft gegeben« und von keinem ähnlichen Schmerz »geerntet« wie von Gross und der Spielrein.[36]

Jungs Auskunft decke sich mit seinen Vermutungen, erwidert Freud, und weiter: »Solche Erfahrungen, wenngleich schmerzlich, sind notwendig und schwer zu ersparen. Erst dann kennt man das Leben und die Sache, die man in der Hand hat. Ich selbst bin zwar nicht ganz so hereingefallen, aber ich war einige Male sehr nahe daran und hatte a narrow escape ... Es schadet aber nichts. Es wächst einem so die nötige harte Haut, man wird der ›Gegenübertragung‹ Herr, in die man doch jedesmal versetzt wird, und lernt seine eigenen Affekte verschieben und zweckmäßig plazieren.«[37]

Freud gibt sich so, wie wir es von ihm gewohnt sind: nüchtern, ironisch, als strenger Moralist. »Das ›großartigste‹ Naturschauspiel bietet die Fähigkeit dieser Frauen, alle erdenklichen psychischen Vollkommenheiten als Reize aufzubringen, bis sie ihren Zweck erreicht haben. Wenn das geschehen ist oder das Gegenteil gesichert, dann kann man über die veränderte Konstellation staunen.«[38] Dem Schützling rät er zunächst, aus alledem seine Lehren zu ziehen, um ihm alsdann Trost zuzusprechen und begütigend die Schulter zu klopfen ... Immerhin scheint es ihm einen Unterschied zu machen, ob die Verführerin ihr Ziel erreicht hat oder nicht. Selbst kann er »davon« nie betroffen gewesen sein.

Doch was die Hauptsache ist: Er lernt aus fremden Fehlern. Zum ersten Mal taucht in diesem Brief – einstweilen noch in Anführungszeichen – der Begriff der Gegenübertragung auf, womit die Emotionen bezeichnet sind, die der Analytiker gegenüber dem Patienten oder der Patientin aufbringt und die zwangsläufig von seinen eigenen Problemen getrübt sind. Vom bewußten Umgang mit diesen Problemen hängen die professionellen Spielräume des Analytikers und der Fortgang jeder Analyse ab. Man darf sehr wohl annehmen (wie dies beispielsweise der französische Psychoanalyse-Historiker Alain de Mijolla tut[39]), daß Freud die ganze Bedeutung der Gegenübertragung erst an den Kalamitäten Jungs mit seiner russischen Patientin ermaß. Öffentlich äußerte sich Freud zum Thema Gegenübertragung schon bei nächster Gelegenheit: auf dem Nürnberger Kongreß im April 1910.

An Sabina Spielrein schickte Freud sodann einen neuen Brief, worin er ihr, ohne auf Jung das geringste kommen zu lassen, die »Selbstprüfung« nahelegt, ob ihre jetzigen Gefühle »nicht etwa verdienen, unterdrückt und erledigt zu werden« – und zwar ohne »Heranziehung dritter Personen«[40]. Der Tonfall des Briefes indes ließ der Adressatin die Hoffnung, daß die Verwicklungen, derer sie sich bediente, noch kein Ende hatten.

Jung fuhr erst einmal fort, Reue zu zeigen – im »theologischen« Stil, wie Freud es spöttisch genannt hatte. Dieser bat ihn im nächsten Brief inständig, » jetzt nicht zu stark in die Zerknirschung und Reaktion zu gehen«, und nahm ihn mit einer Metapher ins Gebet, die er bei Lassalle entlehnte: »›Mit einem leisen Stirnrunzeln über den Widerstand der Materie setzte der Forscher seine Arbeit fort.‹ Kleine Laboratoriumsexplosionen werden bei der Natur des Stoffes, mit dem wir arbeiten, nie zu vermeiden sein. Vielleicht hat man die Epouvrette wirklich nicht schräg genug gehalten oder zu rasch erwärmt. Man lernt so, was von der Gefahr am Stoff und was an der Handhabung liegt.«[41] Zu jener Zeit bildete sich bei Freud die Gewohnheit heraus, Jungs Gattin und »neue Haus-Frau« Emma mit Grüßen zu bedenken.

Unterdessen nimmt die Affäre einigermaßen häßliche Formen an. Hineingezogen sind nunmehr Sabinas Eltern, Jungs Frau und natürlich Freud. Die Spielrein hinterträgt ihm unermüdlich neue Einzelheiten, vorgeblich zu dem Zweck, er, Freud, möge ihr daran demonstrieren, daß Jung ihrer Liebe würdig und kein Schuft sei. Freuds Ratschlag, ihre Gefühle zu unterdrücken, schlägt sie nicht deshalb in den Wind, weil es über ihre Kräfte geht, sondern weil es ihr nicht tauglich erscheint: »denn wenn ich es Dr. Jung gegenüber tue, so kann ich niemand mehr lieben, lasse ich hingegen das Pförtchen offen, so findet sich schon mancher Jüngling, der einem mehr oder weniger sympathisch vorkommt, bei dem man Ähnlichkeiten mit dem Geliebten findet und den man schließlich auch lieb gewinnt«[42]. Sabinas Mutter erhält einen anonymen Brief; Sabina vermutet in Emma Jung die Verfasserin. Schließlich ist es Jung selbst, der Mutter Spielrein einen weiteren Brief schreibt.

In kühlem Ton trennt er darin die Rolle des Arztes von der des Liebhabers, und zwar mit dem Argument, der Arzt werde für seine Arbeit bezahlt und kenne darum seine Grenzen sehr genau. Mann und Frau können andererseits nun einmal ihre Beziehungen nicht endlos auf einem unverbindlich freundschaftlichen Niveau halten. So ergeht an Frau Spielrein das ernstgemeinte Angebot, sie solle ihm, Jung, doch ein Honorar aussetzen, »als angemessene Entschädigung« dafür, daß er sich von nun an streng auf seine Rolle als Arzt beschränke – er nennt sogar eine genaue Summe. »Als Freund Ihrer Tochter hingegen müßte man es dem unbekannten Schicksal überlassen, was geschehen wird. Denn zwei Freunde hindert niemand zu tun, was sie wollen.«[43]

All dies hätte bei einem anderen Stand der Beziehung als normal gelten können. Hier aber kamen solche Vorschläge längst zu spät, Jung gestand sich die Pleite selbst schon ein: »Ich bin ihr also vom Arzte zum Freunde geworden, indem ich aufhörte, mein eigenes Gefühl in den Hintergrund zu drängen.«[44] Unter solchen Umständen war es schlechterdings nicht möglich, in die Rolle des Arztes zurückzuschlüpfen, und Jungs Angebot, sich dafür auch noch mit 10 Franken auszahlen zu lassen, darf als unsittlich, wenn nicht hämisch gelten.

Sabinas Eltern schienen indes ungewöhnlich verständige Leute zu sein. »Es ist noch ein Glück für mich«, schreibt Sabina am 13. Juni 1909 an Freud, „daß meine Eltern so vernünftig auf das Geschehen reagiert haben. Ich habe der Mutter unseren Abschiedsmodus erzählt, sie dem Vater, und der sagte bloß: ›Man hat aus ihm einen Gott gemacht, und er ist nichts als ein gewöhnlicher Mensch. Ich bin so froh, daß sie ihm eine Ohrfeige gegeben! Ich würde es selbst getan haben. Laß sie nur tun, was sie für nötig hält: Sie kann sich schon selbst helfen.‹«[45] Später würde Freud Gelegenheit haben, mit Naphtul Spielrein persönlich bekannt zu werden. Noch viele Jahre gedachte er seiner voller Respekt.

Im Aufsatz *Bemerkungen über die Übertragungsliebe* (1915) beschreibt Freud die unmittelbaren Folgen einer im Arbeitsprozeß aufkeimenden Liebe zwischen Analytiker und Patienten so: »Es gibt einen völligen Wechsel der Szene, wie wenn ein Spiel durch eine plötzlich hereinbrechende Wirklichkeit abgelöst würde, etwa wie wenn sich während einer Theatervorstellung Feuerlärm erhebt.«[46] Übertragung, ohne die eine Analyse gar nicht denkbar ist, muß sich nicht unbedingt in Form von Liebe äußern, doch ist diese eine der intensivsten Übertragungsformen, die es gibt; sie verspricht – »kunstgerechtes« Verhalten des Therapeuten vorausgesetzt – auch die größten Behandlungserfolge. Freilich müsse man damit rechnen, schreibt Freud, daß nicht alle Patienten und deren Angehörige sich mit dieser Therapie einverstanden erklären. »Wer als Angehöriger die Stellung Tolstois zu diesem Probleme zu der seinigen macht, mag im ungestörten Besitze seiner Frau oder Tochter bleiben und muß es zu ertragen suchen, daß diese auch ihre Neurose und die mit ihr verknüpfte Störung der Liebesfähigkeit beibehält.«[47] Keinesfalls aber dürfe sich die Übertragungsliebe im sexuellen Kontakt »entladen«. Der einzig richtige Weg sei es, die Verliebtheit als etwas Symbolisches zu nehmen und, ohne ihr »den Charakter einer ›echten‹ Liebe abzustreiten«, den darin verborgenen Widerstand sichtbar zu machen.

Was aber würde geschehen, stellt Freud sich und Generationen von Nachfolgern die Frage, wenn der Arzt dem Werben der Patientin oder des Patienten nachgäbe und seinen aus der Gegenübertragung resultierenden Gefühlen freien Lauf ließe? »Die Patientin würde ihr Ziel erreichen, er niemals das seinige.« Und als Illustration gibt Freud einen alten jüdischen Witz zum besten: »Zu dem ungläubigen und schwerkranken Versicherungsagenten wird auf Betreiben der Angehörigen ein frommer Mann gebracht, der ihn vor seinem Tode bekehren soll. Die Unterhaltung dauert so lange, daß die Wartenden Hoffnung schöpfen. Endlich öffnet sich die Tür des Krankenzimmers. Der Ungläubige ist nicht bekehrt worden, aber der Pastor geht versichert weg.«[48]

Perfect honesty

Aus dem Tagebuch der Sabina Spielrein (11. September 1910):

»Ja, das waren schwere 2 Nächte. Mit wilder Glut hat sich die Liebe zum Freunde meiner bemächtigt. Bald wehrte ich mich ungestüm, bald ließ ich mir jedes Fingerchen von ihm abküssen und hing vor Liebe vergehend an seinen Lippen. Wie dumm, darüber zu reden! Das bin ich also, die reine, klare Vernunft, die sich mit solchen Phantasien abgibt. Wie sollte ich mich der wilden Macht erwehren?«[49]

Dies nun schrieb Jung an Freud am 21. Juni 1909:

»Ich habe Ihnen in meiner Spielrein-Affäre Gutes zu melden. Ich habe viel zu schwarz gesehen. Ich erwartete nach der von mir herbeigeführten Trennung sozusagen mit Sicherheit eine Rache und war nun tief enttäuscht über die Banalität der Form. Vorgestern hat sich nun Frl. Spielrein bei mir eingefunden und hat in anständigster Weise mit mir gesprochen, wobei es sich auch herausstellt, daß ein über mich herumschwirrendes Gerücht gar nicht von ihr stammt.«[50]

Man kann sich kaum ausmalen, wieviel Überwindung Jung dieser Brief gekostet haben mag. Was nun folgt, ist der Offenbarungseid bezüglich seines bisherigen therapeutischen Konzepts: »... denn ich bin in weitem Maße an den hochgehenden Hoffnungen meiner ehemaligen Patientin schuldig. So diskutierte ich ernstlich ... mit ihr das Problem des Kindes, wobei ich mir einbildete, ich rede theoretisch, natürlich stak Eros dahinter. So schob ich auch alle andern Wünsche und Hoffnungen ganz auf die Seite meiner Patientin, ohne das gleiche an mir zu sehen.« Jung versteigt sich nunmehr zu der Behauptung, es sei Fräulein Spielrein selbst gelungen, sich von der Übertragung frei zu machen. Alle Vorwürfe – Hysterie, Erpressung ... – wie weggeblasen. Statt dessen weiß er ihre Motive voll und ganz nachzuvollziehen: »Die Absicht, zu Ihnen zu kommen, zielte nicht etwa auf Intrige, sondern darauf, den Weg zu mir zu einer Unterredung zu bahnen.« Er bekennt (wenn auch nicht völlig unverblümt), gesündigt zu haben, und er bereut alles, was darauf folgte: »Ohne in eine hilflose Reue zu verfallen, beklage ich doch die Sünden, die ich begangen ...«[51]

Kaum hat Jung zugegeben, daß sein Brief an Sabina Spielreins Mutter eine Täuschung war, fügt er eine Erklärung an, mit der sich nun wieder nicht bloß Freud, sondern jeder halbwegs erwachsene Mensch genasführt vorkommen muß. »Als sich auf diese Weise die Situation so zugespitzt hatte, daß bei weiterm Perseverieren der Beziehung nur noch sexuelle Akte das Bild richtig abschließen konnten, da wehrte ich mich in einer Weise, die sich moralisch nicht verteidigen läßt. In meinem Wahne befangen, ich sei quasi das Opfer der sexuellen Nachstellungen meiner Patientin, schrieb ich an deren Mutter, daß ich nicht der Befriediger der Sexualität ihrer Tochter, sondern bloß der Arzt sei, weshalb sie mich von der Tochter befreien solle. In Anbetracht des Umstandes, daß die Patientin noch kurz vorher meine Freundin war, die mein weitgehendes Vertrauen hatte, war meine Handlungsweise eine durch die Angst eingegebene Schufterei, die ich Ihnen als meinem Vater ungern eingestehe.«[52]

Zu guter Letzt sucht er seinen Lehrer, den symbolischen Vater und ganz realen Konkurrenten, zum Beistand, wenn nicht gar zum Komplizen in dieser Angelegenheit zu gewinnen: Freud soll ihm als Kronzeuge dienen und damit eine der Kapitulationsbedingungen erfüllen: »Nun möchte ich Sie noch um eine große Gefälligkeit bitten, nämlich Frl. Spielrein kurz mitteilen zu wollen, daß Sie von der Sache durch mich nun vollends unterrichtet seien, auch speziell über den Brief an die Eltern, den ich am meisten beklage. Ich möchte gerne meiner Patientin diese Genugtuung verschaffen, daß Sie und Patientin um meine ›perfect honesty‹ wissen. Ich bitte Sie nun vielmal um Entschuldigung, daß meine Dummheit Sie mit in diese Sache hineingezogen hat.«[53]

Der Psychiater Carl Gustav Jung, Autor einer Reihe glänzender Arbeiten, Freuds bester Schüler und Gefolgsmann, hatte eine Niederlage erlitten und sah sich gezwungen, sie unter erniedrigenden Umständen einzugestehen. Verloren hatte er gegen eine ehemalige Patientin, die sein Chef für schizophren erklärt hatte. Verloren auf eigenem Boden, in der für ihn angestammten Sphäre des »Beziehungshandwerks«, als es lediglich galt, eine Übertragung zu bearbeiten, die Gefühle der Patientin an die Realität anzubinden.

Drei Tage später kommt Freud der praktisch unerfüllbaren Bitte seines Schülers nach, dessen »perfect honesty« zu bezeugen, und schreibt an Sabina Spielrein:

»Sehr geehrtes Fräulein Collega

Ich habe heute durch Dr. Jung selbst Einsicht in die Sache bekommen, wegen welcher Sie mich besuchen wollten, und sehe nun, daß ich Einiges richtig erraten, anderes fälschlich zu Ihrem Nachteil construirt habe. Wegen dieses letzteren Anteils bitte ich Sie um Entschuldigung. Meinem Bedürfnis nach Achtung vor den Frauen entspricht es aber sehr, daß ich mich geirrt habe und daß die Verfehlung dem Manne und nicht der Frau zur Last fällt, wie mein junger Freund selbst zugibt. Nehmen Sie den Ausdruck meiner vollen Sympathie für die würdige Art, wie sie den Conflict gelöst haben.

Ihr in Hochachtung ergebener Freud.«[54]

Jetzt endlich beginnt sich Freud dafür zu interessieren, wer dieses Fräulein Spielrein eigentlich ist. Ihr Schreibstil fällt ihm auf: »… merkwürdig ungelenk – ist sie wohl keine Deutsche?«[55], fragt er bei Jung nach. Dieser ist wieder einmal um eine sofortige Antwort verlegen. Schließlich schreibt er: »Ich möchte Ihnen zu allererst danken für Ihre freundliche Hilfe in der Spielrein-Angelegenheit, die sich ja jetzt so günstig erledigt hat. Ich habe wieder einmal zu schwarz gesehen. Frl. Spielrein ist eine Russin, das klärt ihre Ungelenkigkeit auf.«[56]

So also erfährt Freud von Sabina Spielreins Herkunft, und jetzt erst dürfte ihm ein Licht aufgehen, daß die Hauptperson in Jungs Liebesposse niemand anderes war als jene russische Patientin, deren »Defäkationsgeschichte« ihm Jung vorzeiten unterbreitet hatte. Mit einiger Mühe hätte Freud den Brief gewiß in seinem Archiv finden können: Es war der zweite in einer Folge, die inzwischen auf über hundert angewachsen war. Ein alles in allem erstaunlicher Brief: Da wollte Jung Freuds Meinung über eine zwanzigjährige Patientin hören, die angeblich schon sechs Jahre krank war, schrieb aber von nichts anderem als von den Analspielen der Dreijährigen; bat um Rat in einem schweren Fall und sagte mit keinem Wort, worin die Schwierigkeit bestand, auch nicht, was er selbst schon getan hatte oder zu tun gedachte … Dieser Brief war ein beredtes Symptom. Ankämpfend gegen ein fremdes Gefühl und im Bestreben, das eigene brodelnde Unbewußte zu ergründen, hätte Jung damals selbst einen Analytiker nötig gehabt. Doch wie jeder Patient vermochte er das Problem nicht beim Namen zu nennen; er verbarg, was ihn eigentlich bewegte, und hüllte seinen Brief in den Deckmantel professionellen Interesses. Freud aber nahm all das für bare Münze und fing an, über den Analcharakter zu referieren. Worauf Jung sein doppeltes Spiel weiterspielte, noch einige Male um Rat nachsuchte, ohne seine Empfindungen zu offenbaren, ja ohne auch nur den Namen des Fräuleins zu nennen. Der nicht umsonst (denn in der Psychoanalyse, lehrt uns Freud, gibt es keine Zufälle, jedes Detail macht Sinn) *Spielrein* lautete.

Bald schon, beim Theoretisieren über die Ursachen pathogener Konflikte, würde Jung es verdächtig finden, »daß die Patienten sehr oft eine ausgesprochene Neigung haben, irgendein altes Erlebnis als die Ursache ihres Leidens anzugeben, wodurch sie in geschickter Weise die Aufmerksamkeit ihres Arztes von der Gegenwart weg auf eine falsche Spur in der Vergangenheit lenken«[57]. Eben das war es, was er damals tat: Er suchte Freud mitzuteilen, was ihm selbst an Gefühlen noch nicht klar war, und lenkte dabei vom eigenen Hier und Jetzt auf die ferne Vergangenheit seiner Patientin ab.

Ein Sprung von Jung zu Iwanow?

Aus einem Briefentwurf Sabina Spielreins an Freud (etwa 1909):

»Er wollte mir zeigen, daß wir ganz fremde Leute sind, und es ist eine Erniedrigung für mich, wenn ich zu ihm gehe ... Der Teufel sagte mir andere Dinge, doch glaubte ich nicht mehr. Tief deprimiert wartete ich auf ihn. Nun kommt der ganz freudestrahlend und erzählt in tiefster Rührung von Gross, von der großen Erkenntnis, die ihm nun aufgegangen ist (d. h. wegen der Polygamie), er will nun nicht mehr sein Gefühl zu mir unterdrücken; er gestand mir, daß ich (seine Frau natürlich ausgenommen) seine erste tiefste Freundin bin etc. etc., er will mir nun alles von sich erzählen. Wiederum also dieser eigentümlichste Zufall, daß der Teufel so unerwartet für mich Recht behielt. Sollte man den preisen oder verdammen? Dieser unsterbliche Satz: ›Ein Teil von jener Kraft, die stets das Gute will und stets das Böse schafft‹. Diese dämonische Kraft, die doch ihrem Wesen nach Zerstörung ist (das Böse) und zugleich auch die schöpfende Kraft ist, indem aus der Vernichtung (von 2 Individuen) ein neues entsteht. Das ist eben der Sexualtrieb, der seinem Wesen nach ein Zerstörungstrieb, Vernichtungstrieb für das einzelne Individuum ist und daher auch meiner Ansicht nach einen so großen Widerstand bei jedem Menschen zu überwinden hat; doch das noch einmal hier beweisen zu wollen würde viel zuviel Zeit bei Ihnen in Anspruch nehmen.

's ist Zeit zum Schlafen!«[58]

Als Sabina Spielrein sich von ihrem Gefühl für Jung allmählich lösen konnte, machte sie eine Entdeckung, die sich abhob von dem, was Freud damals annahm: Der Sexualtrieb ist nicht die einzige Macht, der der Mensch unterworfen ist. Es wirkt zugleich eine Art Gegenspieler, der nach Zerstörung und Vernichtung des Lebens trachtet. Ein Gedanke, den Freud zunächst nicht mochte – mußte er doch zur Überarbeitung seiner Libidotheorie führen und eine Revision nicht weniger Grundannahmen der psychoanalytischen Methodik nach sich ziehen. Später jedoch sollte er zum Fundament seines letzten großen Lehrsatzes werden: von Eros und Thanatos als den zwei ebenbürtigen Antrieben der menschlichen Natur.

Sabina Spielrein war gerade dabei, in Fachkreisen Anerkennung zu erringen. Ihre Beziehungen zu Jung schienen sich auf einem von beiden akzeptierten Niveau eingepegelt zu haben. Sie träumte weiter davon, ein Kind zu haben, das in ihrer Phantasie, wie sie auch Freud wissen ließ, von Jung gezeugt, den Namen Siegfried tragen und zum zweiten Erlöser der Menschheit werden sollte, da es die Vorzüge der Arier und der Semiten in sich vereinte. Irgendwann im Lauf des Jahres 1911 fing Jung ein neues Verhältnis an, wieder war es eine Patientin von ihm, die später einmal Psychiaterin sein würde – sie hieß Toni Wolff. Die Beziehung sollte sich über Jahrzehnte hinziehen. Im selben Jahr verteidigte Sabina Spielrein erfolgreich ihre Dissertation und ging daran, den Aufsatz *Die Destruktion als Ursache des Werdens*[59] zu schreiben, der die Fachwelt aufmerken ließ. Davon ließ sie Jung so wissen:

»Liebes! Empfangen Sie nun das Produkt unserer Liebe, die Arbeit, Ihr Söhnchen, Siegfried. Das hat eine Riesenmühe gegeben, aber für Siegfried ist mir nichts zu schwer. Wenn die Arbeit von Ihnen in den Druck aufgenommen wird, fühle ich meine Pflicht Ihnen und Ihrem Söhnchen gegenüber erfüllt. Dann erst bin ich frei. Die Arbeit geht mir weit über mein Leben, deshalb habe ich so Angst ...«[60]

Spielreins Erörterungen gehen von der Frage aus, wieso der mächtige Geschlechtstrieb nicht pure Lust, sondern auch negative Gefühle wie Aufruhr, Angst und Ekel beschert. In ihrem umfänglichen Essay wechseln Zitate von Jung mit Darlegungen zu Gogols *Revisor*, auf Otto Gross folgt der weise Fürst Oleg[61], Shakespeare auf Zarathustra. Zwar läßt die Spielrein auch ihre Erfahrungen mit Patienten einfließen, doch nehmen Mythologie und Kulturgeschichte ungleich mehr Raum ein. Als primäre Quellen dienen Nietzsche und Freud. Indirekt ist ein starker Einfluß von Wladimir Solowjow und Wjatscheslaw Iwanow zu spüren.

Um etwas Neues zu schaffen, müsse das, was ihm vorausging, zerstört werden. Darum sei jedem Akt des Erschaffens auch ein Auflösungsprozeß eingeschrieben. Der Selbsterhaltungstrieb berge in sich Lebens- und Todesinstinkt als zwei gleichwertige Komponenten. Für die Liebe und die Schöpfung sei der Drang zu Tod und Zerstörung nichts Fremdes, kein Makel, von dem sie geläutert sein wollen. Im Gegenteil, der Todesdrang sei dem Willen zum Leben, dem Wunsch nach dessen Fortsetzung in einem anderen Menschen eingeschrieben. Die Autorin liefert zunächst verschiedene biologische Exempel, um anschließend zu mythologischem und literarischem Material überzugehen. Als Beleg für ihre Thesen dienen all jene Fälle, wo die Liebe den Haß gebärt, wo sie aus dem Tod hervorgeht oder den Tod nach sich zieht: Sadisten und Masochisten kommen ebenso vor wie Selbstmörder aus Liebe, allen voran Romeo und Julia; dazu Fürst Oleg, dem der Tod im Schädel des geliebten Pferdes auflauert – letzteres eine Inkarnation seiner Sexualität und darin gleichbedeutend mit dem Tod. Liebe habe zur Kehrseite den Wunsch, das Liebesobjekt zu vernichten, jegliche Geburt sei Tod und jeglicher Tod sei Geburt.

Das theoretische Fazit: Der Arterhaltungstrieb, welcher das Alte auflösen muß, damit das Neue zustande kommt, sei seinem Wesen nach ambivalent. »Der Selbsterhaltungstrieb ist ein ›statischer‹ Trieb, insofern er das bereits bestehende Individuum gegen fremde Einflüsse zu schützen hat, der Arterhaltungstrieb ist ein ›dynamischer‹ Trieb, der die Veränderung, die Auferstehung des Individuums in neuer Form anstrebt.«[62]

Sabina Spielrein trug einen Teil dieses Textes auf der Sitzung der Wiener Psychoanalytischen Vereinigung vom 29. November 1911 vor. Unter den zwanzig Anwesenden waren Freud, Federn, Rank, Sachs, Stekel und Tausk. Der Vortrag entfachte eine lebhafte Diskussion.[63] Tausk z. B. fiel Spielreins deduktives Herangehen auf, das für einen Psychoanalytiker eher unüblich war, er vermißte das klinische Material. Die schrecklichen Umstände seines Todes nur wenige Jahre später würden für die abstrakten Ideen der Spielrein das Äußerste an konkreter Anschauung sein (siehe Kap. 1).

Freud urteilte über Sabina Spielrein und ihren Vortrag kurze Zeit später so: »Sie ist sehr gescheit; alles, was sie sagt, hat Sinn, ihr Destruktionstrieb ist mir nicht sehr sympathisch, da ich ihn für persönlich bedingt halte. Sie scheint mehr Ambivalenz, als normal ist, zu führen.«[64]

Achtzehn Jahre später hieß es bei ihm dann: »Ich erinnere mich meiner eigenen Abwehr, als die Idee des Destruktionstriebs zuerst in der psychoanalytischen Literatur auftauchte, und wie lange es dauerte, bis ich für sie empfänglich wurde.«[65] Es mußte einige Zeit vergehen, ehe sich Freud entschloß, in seiner berühmten Abhandlung *Jenseits des Lustprinzips* die grundlegenden Thesen der Sabina Spielrein wieder aufzugreifen. Die Referenz erfolgte in der für ihn charakteristischen Manier: »In einer inhalts- und gedankenreichen, für mich leider nicht ganz durchsichtigen Arbeit hat Sabina Spielrein ein ganzes Stück dieser Spekulation vorweggenommen.«[66] Jung empfand den Verweis als unzureichend: Die Idee vom Todestrieb, schrieb er, gehöre seiner Schülerin, Freud habe sie aufgegriffen.[67] Wie dem auch sei: Die Fußnote bei Freud blieb das einzige Denkmal, das für Sabina Nikolajewna errichtet wurde.

Allerdings ist die von Freud getroffene Einschätzung doch seltsam zwiespältig: Kann denn etwas »inhalts- und gedankenreich« erscheinen, was einem »nicht ganz durchsichtig« ist? Die Vorreiterschaft Sabina Spielreins wird von Freud formell anerkannt – der russische Kontext, der, für sie wesentlich, die Arbeit zum großen Teil hervorgebracht hat, ist Freud jedoch wieder einmal fern. Dies muß es sein, was ihm den »Durchblick« trübte.

In Komposition und Art des verwandten Materials läßt die Abhandlung Sabina Spielreins an Solowjows berühmte Schrift *Der Sinn der Liebe* denken. Auch er stellte die Formen der Vermehrung bei den Insekten und Fischen an den Anfang, auch er meinte: »Der Gott des Lebens und der Gott des Todes sind ein und derselbe Gott«[68] – selbst wenn seine Schlüsse in andere Richtung gingen (siehe Kap. 1). Sabina Spielrein hatte der Tradition des russischen Symbolismus, welcher auf der Philosophie Nietzsches gründete und in ihrer Jugendzeit Mode gewesen war, augenscheinlich ganz wesentliche Erkenntnisse zu verdanken. So nimmt es nicht wunder, daß sie Nietzsches Traum von der ewigen Wiedergeburt, den in der russischen Kultur viele (von Fjodorow bis Mereshkowski) weiterträumten, ausführlich zitiert – jedoch nur, um ihm einen neuen, psychologischen Sinn zu geben. Die ewige Wiedergeburt, ebenso die Idee des Übermenschen deutet sie als Ergebnis der Identifizierung Nietzsches mit seiner Mutter: Seine Liebesbindung an sie reiche so weit, daß er sich selbst als die Mutter und die Mutter als er zu imaginieren imstande sei. So gehe er gewissermaßen mit sich selbst schwanger und von daher tatsächlich der ewigen Wiedergeburt entgegen. Er selbst, der Mensch an sich und die Menschheit im ganzen – sie seien für Nietzsche die Mutter, die ein prächtiges Kind austrägt. Der Mensch ist das, was überwunden werden muß, denn der Mensch gebärt den Übermenschen.[69]

Sabina Spielrein zitiert in ihrem Aufsatz Nietzsche weit öfter als beispielsweise Freud oder Jung (in dessen damaligen Briefen der Philosoph gleichfalls recht gehäuft vorkommt). Mit dieser Arbeit ein tieferes Nietzsche-Verständnis erlangt zu haben, hielt Spielrein sich selbst zugute,[70] wie Paul Federn darin nicht zuletzt einen »Beitrag zur Analyse der für die Menschheit so bedeutsamen mystischen Denkungsweise«[71] sah, womit ungefähr das gleiche gemeint sein dürfte.

Der geistige Vater des Nietzscheanismus in Rußland Wjatscheslaw Iwanow hatte sich, wie wir wissen, vor allem auf Dionysos und die »Religion des leidenden Gottes« berufen und war darin Jung sehr nahe gekommen. In seinem Manifest *Nach den Sternen*, veröffentlicht 1909, geht es ihm in erster Linie um das Verhältnis von Sinnlichkeit und Tod: »... beide tragen die Spuren des Eros, aus beiden ersteht die Liebe, die ihnen von Grund aus eigen und zugleich ewig fremd ist.«[72] Iwanow schöpft aus den gleichen Quellen wie die Spielrein: neben Nietzsche die Mythen der Welt und die russische Literatur des neunzehnten Jahrhunderts. »In der tief im Instinkt verwurzelten Gewißheit, daß das Männliche dem Tode geweiht ist, daß es den Besitz der Frau mit dem Leben zu bezahlen hat, liegt der düstere Zauber jener von heimlichem Sehnen und mystischem Schrecken gezeichneten Wahrheit, den uns Puschkins *Ägyptische Nächte* bescheren.«[73] Und ebenso wie in Spielreins Aufsatz muß sich bei Iwanow die hohe Mythologie mit Beispielen aus dem Leben der Bienen vertragen, denn »im biologischen Phänomen des Todes der Männchen nach dem Akt der Begattung widerspiegelt sich die höchste Wahrheit«. Dionysos' Wesen repräsentiere die Verschmelzung von Leben und Tod in den zyklischen Akten seines ewigen Erstehens und Vergehens, und wenn in ihm überhaupt Triebe wohnen, dann fraglos in dieser Zwiegestalt.

Ob Sabina Spielrein Iwanow gelesen hatte und wie sie zu ihm stand, läßt sich nicht mit Bestimmtheit sagen. Fest steht nur, daß sich damals eine Generation, ja eine ganze Kultur – von den Gymnasiasten bis hin zu den elitären Philosophen und Dichtern – in seine Bücher vertiefte. Später wurden sie auf verschiedenste Weise wiedergelesen und weitergedacht: von Berdjajew, dem Philosophen, ebenso wie von Bakst, dem Maler, Mereshkowski, dem Schriftsteller, und Bachtin, dem Philologen. Iwanows nebulöse Symbolik »ließ Dekadente und Neorealisten, Symbolisten und Idealisten zu einer Herde verschmelzen«[74], sie schien für die russische Moderne einen gemeinsamen Nenner zu bilden.

Was Freud allenfalls aus zweiter Hand hätte aufnehmen können (durch Nietzsche vor allem oder durch seine russischen Schüler und Patienten), war für Sabina Spielrein die Kultur, in der sie aufwuchs.[75] In gewissem, symbolischem Sinne hatte sie sich ihren Traum tatsächlich erfüllt: Nicht Siegfried, doch immerhin ein Aufsatz war geboren, worin zwei geistige Traditionen, die »arische« und die »semitische«, zueinanderfanden.

Nachdem der Verweis auf Sabina Spielrein erfolgt ist, setzt Freud seine Erörterungen in *Jenseits des Lustprinzips* auf recht ungewöhnliche Weise fort. Er unterwirft sich einer ihm fremden Logik und bewegt sich langsam, umständlich und, wie er selbst sagt, »hinkend«, vom Todestrieb-Gedanken zur benachbarten Idee von der Wiedervereinigung der Geschlechter fort. Hier kommt er natürlich auf den Platonischen Mythos des Androgynen zu sprechen, erwähnt beiläufig noch eine analoge Theorie in den *Upanishaden*, um sich plötzlich – nachdem er doch all dies eigenhändig niedergeschrieben hat! – in die Rolle eines *advocatus diaboli* gedrängt zu fühlen. Es ist frappierend, bei diesem sonst so geschliffenen und von sich überzeugten Denker die Irritation zu spüren, mit der er, zurückschreckend vor zu viel Berührung mit einer ihm fremden Tradition, unversehens einhält: »Ich glaube es ist hier die Stelle abzubrechen. ... Man könnte mich fragen, ob und inwieweit ich selbst von den hier entwickelten Annahmen überzeugt bin. Meine Antwort würde lauten, daß ich weder selbst überzeugt bin noch bei anderen um Glauben für sie werbe. Richtiger: ich weiß nicht, wie weit ich an sie glaube.«[76]

Fürwahr: Der Gedanke des Todestriebes lenkt den psychoanalytischen Diskurs von der ödipalen Logik weg auf eine prinzipiell andere, die dionysische Schiene. Freuds klarer, rationaler, heterosexueller Gedankengang kommt hier plötzlich – im Licht der gänzlich anders gearteten Ideen eines Platon, eines Nietzsche und des russischen Symbolismus – ins Schwimmen. Die psychoanalytischen Grundwerte sind in Gefahr. Aber Freud bricht rechtzeitig ab, wobei er den moralischen Charakter seiner Vorbehalte und im Grunde eine Art Selbstzensur zugibt: »... Nur daß man leider selten unparteiisch ist, wo es sich um die letzten Dinge, die großen Probleme der Wissenschaft und des Lebens handelt. Ich glaube, ein jeder wird da von innerlich tief begründeten Vorlieben beherrscht, denen er mit seiner Spekulation unwissentlich in die Hände arbeitet.«[77]

Der Platz neben Freud

Am 11. Oktober 1911 wurde Sabina Spielrein in die Reihen der Wiener Psychoanalytischen Vereinigung aufgenommen. Es war dieselbe Sitzung, in der Freud Alfred Adler und fünf seiner Getreuen ausschloß. Damit begann in der psychoanalytischen Bewegung die Phase der Spaltungen und quälenden Kämpfe. Es war auch die Zeit, da der »alte Meister«, wie Freud sich selbst nannte, einen »Sohn« nach dem anderen exkommunizierte und sich statt dessen immer enger an eine Schar von »Ziehtöchtern« band. Paul Roazen zählt ein knappes Dutzend Psychoanalytikerinnen, die nacheinander den Platz neben Freud einnahmen: angefangen mit Eugénie Sokolnicka, die trotz bei Freud absolvierter Analyse 1934 Selbstmord beging, bis hin zur Fürstin Marie Bonaparte und etlichen Freundinnen der Anna Freud.[78] Sabina Spielrein hätte von Rechts wegen der erste oder zumindest ein vorderer Rang in dieser Liste zugestanden. Was Freud ihr am 27. Oktober 1911 anläßlich des Streits mit Adler und dessen Anhängern zu schreiben hatte, läßt die Bedeutung ermessen, die dieser »Frauenbund« für ihn zu jener Zeit (und auch später noch) besaß: »Sie haben als Frau das Vorrecht, feiner zu beobachten und Affekte intensiver einzuschätzen als andere. Es macht sich dann sehr schön, wenn Sie gleichsam mit weicher Hand über Runzeln und Falten streichen wollen.«[79] Jung durfte er die Aufnahme des Fräulein Doktor Spielrein in den Verein mitteilen, »die mir unerwartet ins Haus gefallen ist«, und fügte nicht ohne Stolz hinzu: »Sie fand, daß ich nicht bösartig aussehe, wie ich nach ihrer Vorstellung sollte.«[80]

Einstweilen waren die Verhältnisse noch so, daß Freud dem jungen Kollegen seine Eindrücke nicht vorenthielt. Am 30. November schreibt er ihm über den erwähnten ersten Auftritt des neuen Mitglieds: »Die Spielrein hat gestern ein Kapitel aus ihrer Arbeit vorgetragen (bald hätte ich das Ihrer groß geschrieben), woran sich eine lehrreiche Diskussion schloß. Mir fielen einige Formulierungen gegen Ihre (jetzt ernsthaft) Arbeitsweise in der Mythologie ein, die ich der Kleinen auch vorbrachte. Sie ist übrigens recht nett, und ich fange an zu begreifen.«[81] Mannhaft gibt Jung zurück: »Die Spielreinsche neue Arbeit will ich gern ins *Jahrbuch* ... nehmen. Sie wird allerdings noch viel Überarbeitung verlangen. Die Kleine verlangte stets sehr viel von mir. Jedoch ist sie es wert. Es freut mich, daß Sie auch nicht schlimm von ihr denken.«[82] Dessenungeachtet schob er, kaum daß er den Aufsatz von ihr erhalten hatte, eine vernichtende Kritik nach[83] und gab somit zu verstehen, daß das Todestrieb-Konzept doch nur Sabinas und nicht ihrer beider Kind gewesen war. Man muß wiederum nicht den Psychoanalytiker bemühen, um zu ahnen, daß die idyllische Eintracht nicht mehr lange Bestand haben konnte. Am 21. März 1912 hatte Freud an Jung geschrieben: »Wir arbeiten fleißig ... und bedauern sehr, daß die Unterstützung von Zürich auszubleiben beginnt, während das Ausland sich uns gut anschließt. In Rußland (Odessa) herrscht zur Zeit eine Epidemie in [Psychoanalyse].«[84] Rückblickend läßt sich diese Bemerkung Freuds leicht deuten: Zürich war für ihn Jung, während Rußland in seinen Augen nun vor allem durch die Spielrein verkörpert war. Freud traf die Wahl – ohne vorerst den Mut zum Bekenntnis aufzubringen.

Wer hat denn eigentlich die Neurose?

In den Beziehungen zwischen Freud und Jung hat Sabina Spielrein eine maßgebliche Rolle gespielt. Jungs erste Analysepatientin bot sich allen bis dahin noch unbearbeitet gebliebenen Instinkten des Therapeuten als Zielscheibe. Doch anstelle der »hysterischen Psychose«, dem »analen Charakter« durfte man nun über ihre ungewöhnliche Aufnahmefähigkeit staunen, ihr weibliches Feingefühl und nicht zuletzt ihre Fähigkeit, die Fülle dessen, was Jung ihr im Lauf dieser langen Beziehung geben konnte, kreativ weiterzuentwickeln. Aus der »neurotischen Dankbarkeit der Verschmähten« wurde die Produktivität einer begabten Kollegin, die sich erkenntlich zeigte, indem sie ihren eigenen Weg gehen und dennoch, wie immer die konkreten Beziehungen sich künftig gestalteten, der gemeinsamen Sache verpflichtet bleiben würde.

Der Briefwechsel zwischen Freud und Jung ist ein historisches und persönliches Zeugnis von ungewöhnlicher Eindringlichkeit. Es ist zugleich das dramatischste Dokument, das die Geschichte der Psychoanalyse zu bieten hat, und zweifellos eines der herausragenden Denkmäler jener verflossenen Epoche, als die Menschen einander noch Briefe schrieben. Bei seiner Betrachtung lassen sich sehr unterschiedliche Aspekte wahrnehmen, die zu Interpretationen verschiedenster Art herausforderten und wohl noch weiter herausfordern werden. Der Bezug zu Sabina Spielrein scheint uns dabei besonders nutzbringend zu sein.[85]

Die Begegnung mit ihr eröffnet Jung vollkommen neue Seiten des eigenen Eros, den er offenbar im Zaum seiner glücklichen Ehe sicher wähnte. Ethische Prinzipien und reales Innenleben zeigen sich nun so wenig aufeinander abgestimmt, daß ihn auf dem Höhepunkt der Krise schon die banale Einladung zu Vorträgen in Angst und Schrecken versetzen kann: »Ich bin so gründlich davon überzeugt, daß ich mir selber die längsten ethischen Vorträge zu halten habe, so daß ich kein Gran Mut aufbringen kann, öffentlich ethisch fördernd zu wirken, vollends vom psychoanalytischen Standpunkt aus!«[86] Zu dieser Zeit balanciert er so unentschlossen »auf der Mitte des Waagebalkens zwischen dionysisch und apollinisch«, daß er wie im zarten Jünglingsalter die unterschiedlichsten Denksysteme für sich durchprobiert. Hin und her schwankend, nach passendem Halt suchend, will er das innere Chaos fremden Formeln unterwerfen, um es zu ordnen. Das eine Mal fragt er sich, »ob es sich nicht lohnen würde, wieder ein paar der ältern Kulturdummheiten, wie z. B. die Klöster, einzuführen«, ein anderes Mal verfällt er darauf, Freud über mehrere Briefseiten hinweg Nietzsche zu predigen oder aber mit obskuren Mutmaßungen über die Vorzüge homosexueller Kommunen zu behelligen.

»Es kocht allerdings verschiedenes in mir, besonders die Mythologie ..., das Kochende ist der Ehekomplex, wie es sich für diese Altersstufe offenbar geziemt. Meine Träume gefallen sich in vielsagenden Symbolen, z. B: meiner Frau wird der rechte Arm abgeschnitten.«[87]

Die mit der Spielrein-Affäre eingetretene Krise führte Jung in der Tat zu jenen Visionen, die erstmalig in seinem Werk *Metamorphosen und Symbole der Libido* formuliert waren und ihn sein ganzes weiteres Leben beschäftigten. Doch die Freudsche Psychoanalyse – jenes Denksystem also, das ihm am nächsten zur Hand war, nach dessen Regeln sein Verstand damals funktionierte und das ja eigentlich für solche Krisenfälle bestimmt schien – genügte ihm nicht mehr.

»Daß ich in der [Psychoanalyse]-Eschatologie Meinungen habe, die nicht die Ihrigen sind ..., werden Sie mir wohl kaum verübeln. Ich wäre nicht auf Ihre Seite getreten, wenn mir die Ketzerei nicht etwas im Blute läge ... Ich lasse Zarathustra für mich reden: ›Man vergilt einem Lehrer schlecht, wenn man immer nur der Schüler bleibt. Und warum wollt ihr nicht an meinem Kranze rupfen? ...‹ Solches haben Sie mir durch die [Psychoanalyse] gelehrt.«[88] Wieder einmal, wie so häufig in der Geschichte der Psychoanalyse, mußte Nietzsche als Verbündeter herhalten, wenn ein Freud-Schüler sich vom Meister zu distanzieren suchte.[89]

Diese Suche nach neuer geistiger Orientierung, wie sie Freud in den Briefen Jungs des Jahres 1909 bereits hatte »grollen« hören, mußte der Lehrer dem Schüler verübeln. Weder der moralische Fehltritt noch die professionellen Fehler Jungs gaben den Grund dafür her, daß Freud sich ihm gegenüber nun kühler benahm. Weitaus fataler für ihn war der theoretische Dissens. Freud begriff diese Abtrünnigkeit auf die übliche Weise, nämlich als neurotische Störung. Die Folge war, daß Jung als intellektueller Partner verworfen und als Patient eingestuft wurde.

»Was Sie ... über die notwendige intellektuelle Selbständigkeit sagen und durch das Zitat von Nietzsche verstärken, hat in allem meinen Beifall. Wenn aber ein Dritter diese Stelle lesen könnte, würde er mich fragen, wann ich solche Versuche zur geistigen Unterdrückung unternommen habe, und ich müßte sagen: Ich weiß es nicht. Ich glaube, nie. Adler hat allerdings Ähnliches geklagt, aber ich bin der Überzeugung, daß er seine Neurose hat reden lassen.«[90]

Freud hatte Adler schon bei früherer Gelegenheit als Neurotiker bezeichnet, der seine Neurose verleugnete (die Erbsünde für jeden Analytiker!), womit er zu den Akten gelegt war; Jung bekommt vorerst noch die Chance geboten, seine Neurose selbst einsehen zu dürfen: »Meinen Sie aber, daß Sie persönlich freier von mir sein wollen, was kann ich besseres tun, als meine Dringlichkeit aufgeben, meine unbeschäftigte Libido anderswo unterbringen und abwarten, bis Sie entdeckt haben, daß Sie ein größeres Stück Annäherung vertragen?«[91]

Auf dem Gipfel ihres Konflikts kommen sie voller Bitterkeit auf die Probleme zu sprechen, derentwegen der Gemeinde der Psychoanalytiker noch manche Zerreißprobe bevorstand:

»Um eines bitte ich: in diesen Äußerungen wollen Sie ein *ehrliches Bestreben* erblicken und nicht das entwertende Wiener Kriterium des egoistischen Machtstrebens anwenden oder weiß Gott was für andere Insinuationen aus dem Gebiete des Vaterkomplexes. Ich höre das in diesen Tagen von allen möglichen Seiten, so daß ich mit Schmerz konstatieren muß, daß ein größerer Teil der Psychoanalytiker die [Psychoanalyse] zu dem Zweck mißbraucht, um andere und deren Fortschritte zu entwerten durch die bekannten Komplexinsinuationen ... Was sie könnte denken machen, ist komplexbedingt. Diese Schutzfunktion der [Psychoanalyse] war noch zu entdecken.«[92]

Widerwillig muß Freud dem zustimmen:

»Die Mißbräuche der [Psychoanalyse], auf die Sie hindeuteten, in der Polemik und zur Abwehr des Neuen, machen mich selbst seit längerer Zeit nachdenklich; ich ... kann vorläufig nur das Hausmittelchen dagegen empfehlen, daß sich jeder von uns mit der eigenen Neurose eifriger beschäftigt als mit der des Nächsten.«[93]

Freud weiß natürlich, daß Appelle dieser Art nicht hilfreicher sind als der Ratschlag für einen Neurotiker, sich gefälligst zusammenzureißen.

»Lieber Herr Professor!

Darf ich Ihnen einige ernsthafte Worte sagen? Ich anerkenne meine Unsicherheit Ihnen gegenüber, habe aber die Tendenz, die Situation in ehrlicher und anständiger Weise zu halten. Wenn Sie daran zweifeln, so fällt das Ihnen zur Last. Ich möchte Sie aber darauf aufmerksam machen, daß Ihre Technik, Ihre Schüler wie Ihre Patienten zu behandeln, ein *Mißgriff* ist. Damit erzeugen Sie sklavische Söhne oder freche Schlingel ... Unterdessen bleiben Sie immer schön oben als Vater. Vor lauter Untertänigkeit kommt keiner dazu, den Propheten am Bart zu zupfen und sich einmal zu erkundigen, was Sie denn zu einem Patienten sagen, welcher die Tendenz hat, den Analytiker zu analysieren anstatt sich selber? Sie fragen ihn doch: ›Wer hat denn eigentlich die Neurose?‹«[94]

»... Was groll ich meinem Mißgeschick, / Solang noch einem Gotteswesen / Ich schenken kann der Freiheit Glück!« – so hatte die junge Sabina Spielrein dem Analytiker ihre Begeisterung in Versen kundgetan. Jedoch, zum Grollen gibt es immer Grund: Denn einer, der die wahre Freiheit erlangen will, muß sich zuvörderst seines Befreiers entledigen. Der Erfolg hat sich dann eingestellt, wenn der Patient von sich aus den Kontakt zum Analytiker abbrechen kann, den aufzubauen so viel Zeit und Mühe gekostet hatte. Hinter solch einem Erfolg kann eine wahre Tragödie stecken. Soll man das wirklich alles so einfach zum Tausch hingeben: der Freiheit zuliebe die Nähe, um der Reife willen die Bindung, für Aufrichtigkeit die Ambivalenz opfern?

Auch als Jung schon gar kein Blatt mehr vor den Mund nimmt,

hält er den Bruch noch für vermeidbar und hofft die Beziehung zu Freud auf anderer Ebene weiterführen zu können:

»Sehen Sie, mein lieber Herr Professor, solange Sie mit diesem Zeugs laborieren, sind mir meine Symptomhandlungen ganz wurscht, denn die wollen gar nichts bedeuten neben dem beträchtlichen Balken, den mein Bruder Freud im Auge trägt ... *Lieben* Sie denn die Neurotiker so sehr, daß Sie immer ganz eins mit sich selber wären? Sie *hassen* vielleicht die Neurotiker ...«[95]

Gebührender Haß

Die Beziehung näherte sich ihrer tragischen Lösung. Es steht uns nicht an, darüber zu urteilen, wer im Recht war und wer nicht: der große Lehrmeister, dem zur Vollkommenheit wohl nur fehlte, daß ihm seine Größe gleichgültig gewesen wäre; oder der glänzende Schüler, der allzuviel Ungeduld an den Tag legte, seinen Meister zu beerben. Oder lag es an beider Methode, die wohl zuließ, die Situation zu erfassen, jedoch nicht half, sie zu verändern; oder führten etwa jene Mächte zum verhängnisvollen Bruch, die in der Natur des Menschen liegen und bei den Großen der Spezies nur klarer hervortreten? Oder – cherchez la femme! – war Sabina Spielrein die Schuldige, weil sie nicht aufhörte, zu beiden Helden der Geschichte beste Beziehungen zu pflegen?

Im Januar 1913 teilte Freud ihr mit:

»Mein persönliches Verhältnis zu Ihrem germanischen Heros ist definitiv in die Brüche gegangen. Sein Benehmen war zu schlecht. Es hat sich in meinem Urteil viel geändert, seitdem ich jenen ersten Brief von Ihnen erhielt.«[96]

Im Mai schrieb er ihr noch einmal annähernd das gleiche:

»Es thut mir leid zu hören, gerade jetzt, daß Sie sich in Sehnsucht nach J. verzehren, wo ich besonders schlecht mit ihm stehe und beinahe bei der Überzeugung angelangt bin, daß er das große Interesse nicht wert ist, das ich ihm geschenkt habe ... Ich stelle mir vor, Sie lieben Dr. Jung noch so stark, weil Sie den ihm gebührenden Haß nicht ans Licht gebracht haben. Anfangs schien es zu gehen, als ich in unserer ersten Korrespondenz Partei ergreifen sollte. Ich freue mich wenigstens, daß ich für seine persönlichen Leistungen jetzt so wenig verantwortlich bin wie für seine wissenschaftlichen.«[97]

Diese Bemerkung Freuds muß doch verblüffen. »Gebührender

Haß« – von Anfang an? Dagegen steht eine neunjährige Korrespondenz, bestehend aus 359 Briefen, die das kolossale Kapital gemeinsamer Interessen, den aufrichtigen Respekt voreinander und die gegenseitige Sympathie dokumentieren. Da lohnt es schon, Jungs Position entgegenzuhalten, wie sie in einem seiner letzten Briefe an die Spielrein zum Ausdruck kommt:

»Die Liebe von S. zu J. hat in letzterem etwas bewußt gemacht, das er vorher nur undeutlich ahnte, nämlich eine schicksalsbestimmende Macht des [Unbewußten], die ihn später zu den allerwichtigsten Dingen führte.«[98]

Jede allzu eindeutige Interpretation des höchst komplizierten Verhältnisses beider Männer muß unweigerlich in die Irre gehen. Intellektuelle ebenso wie soziale und politische, jedoch auch ganz im Privaten liegende Gründe führten das Zerwürfnis herbei. Man denke nur an Jungs mystische Affinitäten, die Freud so überaus fremd waren; um wieviel »hassenswerter« mußte ihm jene Form der Kollektivierung des Unbewußten scheinen, zu der Jung bald schon Zuflucht nahm, als er die neue Realität der germanischen Rasse begrüßte.

Genausogut läßt sich ihr Konflikt als Ausdruck einer unüberwindlichen männlichen Rivalität begreifen, in der es keinen wirklichen Frieden geben kann. Die zunächst provokante, später eher vermittelnde Zwischenposition Sabina Spielreins fügt sich in dieses Schema sehr gut ein.

Oder man nimmt den Bruch als Folge von persönlichen Unverträglichkeiten einerseits, die bis dahin von fachlichen Ambitionen recht und schlecht überspielt worden waren, von Gefühlen aus der Übertragung andererseits; schon in einem seiner ersten Briefe an Jung hatte Freud ihre charakterlichen Unterschiede hervorgehoben und sich selbst einen Psychastheniker, den anderen einen Hysteriker genannt. Falls dies tatsächlich von Belang war, so hat Sabina Spielrein auch hier, weitgehend ungeschützt zwischen den Fronten lavierend, Bewundernswertes geleistet.

Wie immer man die Dinge sehen mag, soviel steht fest: Im Zeitraum von 1909 bis 1923 ließ die Spielrein ihre Korrespondenz mit beiden nicht abreißen. Erhalten sind zwanzig Briefe von Freud und vierunddreißig von Jung, der größere Teil davon nach 1913 geschrieben, als der Bruch erfolgt und der Briefwechsel untereinander abgebrochen war. Die Russin blieb gewissermaßen das Band, das beide künftig noch verbinden sollte – die Instanz, die als Zeugin für die Fehler des anderen und als Richterin zur

Sanktionierung eigener Unfehlbarkeit angerufen wurde. Und sie blieb die attraktive Frau, um deren Gunst sich beide auch weiterhin redlich mühten.

Der Rest

Doch es geschah, daß Sabina Spielrein mit Pawel Naumowitsch Scheftel, einem Arzt aus Rostow, die Ehe schloß.

Freud erfuhr davon im Sommer 1912, als er in Karlsbad weilte. Mit seinen Glückwünschen sprach er die Erwartung aus, sie müsse nun wohl von ihrer neurotischen Anhänglichkeit an Jung halb geheilt sein. »Bleibt noch die andere Hälfte; die Frage ist, was geschieht mit der.« Freud und die Spielrein hatten zuvor bereits eine Analyse vereinbart – zu dem Zweck, »den Tyrannen … zu beseitigen«, wie Freud schrieb. Er hielt es nun für angebracht nachzufragen, ob die Spielrein nach der Heirat ihre diesbezüglichen Pläne vielleicht geändert hatte. »Ich meine, der Mann, von dem Sie soviel Sympathisches zu sagen haben, besitzt auch Rechte … Erst der Rest, der ihm nicht gelingt, gehört der Analyse.«[99]

Sabina Nikolajewna erwartete ein Kind. Früher hatte Freud einmal einen ihrer Träume als Wunsch interpretiert, von Jung ein Kind zu empfangen, wovon auch in ihrem Tagebuch zur Genüge die Rede gewesen war, und er hatte dazu gemeint: »Sie könnten es ja haben, wenn Sie es wollten, aber es wäre viel zu schade um Sie …«[100] Damals mußte sie mit Erstaunen feststellen, wie wenig Freud sich scheute, in das Leben seiner Patienten »mit Rat und Tat« einzugreifen und ihre »Sublimationspläne« zu unterstützen.

Jetzt wünschte Freud Sabina, sie möge »ganz geheilt« sein von ihren einstigen Phantasien, durch die arisch-semitische »Mischvereinigung« mit Jung einen neuen Heiland zu gebären. Derlei Phantasien, fügte Freud hinzu, seien ihm gar nicht sympathisch gewesen: »In seiner antisemitischesten Zeit hat ihn der Herrgott aus bester jüdischer Rasse geboren werden lassen. Aber ich weiß, dies sind meine Vorurteile.«[101] Dieser Gedanke, von der Enttäuschung über Jung vermutlich ebenso wachgerufen wie vom Vorgefühl einer bedrohlichen historischen Situation, würde in seinen Briefen an die Spielrein noch öfters auftauchen:

»Ich kann es gar nicht hören, wenn Sie noch von der alten Liebe und den verflossenen Idealen schwärmen, und rechne auf einen Bundesgenossen in dem großen, kleinen Unbekannten.

Selbst bin ich, wie Sie wissen, von jedem Rest von Vorliebe fürs Ariertum genesen und will annehmen, wenn es ein Junge wird, daß er sich zum strammen Zionisten entwickelt.

Schwarz muß er oder es auf jeden Fall werden, kein Blondkopf mehr, lassen wir die Irrlichtereien fahren! ...

Wir sind und bleiben Juden. Die Anderen werden uns immer nur ausnützen und uns nie verstehen oder würdigen.«[102]

Jung war der einzige unter seinen nächsten Schülern, der nicht Jude war. Durch sein Interesse am »Numinosen« und am Geist der Rasse geriet er zeitweilig sogar unversehens in die Nähe zur nationalsozialistischen Bewegung. Wußte Sabina Spielrein davon? Und wenn ja, würde sie in dem Augenblick daran denken müssen, da man den Pulk Rostower Jüdinnen und Juden mit Gewehrkolben zur Synagoge trieb?

Wahrscheinlich fiel es Freud nicht weniger schwer, sich von seinen Gefühlen gegenüber dem einstigen Schüler und Erbfolger zu befreien, als es Sabina Spielrein mit dem Therapeuten und Liebhaber erging. In den beharrlichen Anspielungen auf ihre Vergangenheit und dem wiederholten Vorschlag, sie zu analysieren, ist ein persönliches Interesse Freuds zu erkennen, der immer Gelegenheit suchte, an den Schülerinnen die dramatischen Auseinandersetzungen mit den Schülern abzureagieren. Für die Spielrein hätte eine solche Analyse kaum produktiv sein können; ob sie sie überhaupt brauchte, steht zu bezweifeln. Nach Wien fuhr sie damals jedenfalls nicht.

Ihre Briefe an Freud und Jung sind getragen von einem sensiblen Verständnis für die Situation und einer Ausgewogenheit, wie sie die Adressaten durchaus vermissen lassen.

»Der Vorwurf der Einseitigkeit scheint mir Freud gegenüber sehr ungerecht, da jeder von uns, namentlich einer, der ein mächtiges Weltgebäude aufbaut, zuerst als Riese imponiert und dann, wenn man seiner genug hat und sich vom Banne seines Einflusses befreien will, wird er einseitig und abgeschmackt erklärt. Haben Sie den Mut, Freud in seinem ganzen Umfange anzuerkennen ... Erst dann sind Sie vollkommen frei, und erst dann sind Sie der Größere. Sie werden selbst darüber staunen, wie mächtig sich Ihre ganze Persönlichkeit und Ihre neue Lehre dadurch objektivieren und erweitern wird.«[103]

In ebenso klaren, begütigenden Worten schreibt sie auch an Freud.

»Ich habe J. trotz aller seiner Verirrungen gern und möchte

ihn wieder den unsrigen zuführen. Sie, Herr Professor, und er wissen es gar nicht, daß Ihr beide viel inniger zusammengehört, als man es glauben könnte.«[104]

Soviel man weiß, hat Sabina Spielrein 1912 in Rußland Vorträge zur Psychoanalyse gehalten. Dann ging sie nach Berlin, wo es ihr offenbar an Patienten mangelte, so daß sie Freud um Unterstützung bat. Diesem wollte es jedoch nicht gelingen, von seiner früheren Wahrnehmung abzurücken. Er reagierte immer noch nach demselben Muster und interpretierte ihr fachliches Anliegen sogleich wieder im Kontext des für ihn noch unbewältigten Dreiecks:

»Liebe Frau Doktor

Jetzt fangen Sie auch an meschugge zu werden, und zwar unter den nämlichen Symptomen wie Ihre Vorgänger! Eines Tages erhielt ich Nichtsahnender einen Brief von Frau Jung, ihr Mann sei überzeugt, ich habe etwas [gegen] ihn. Das war der Anfang, das Ende kennen Sie. Und Ihr Argument, daß ich Ihnen noch keinen Pat. geschickt habe? Das trat genauso bei Adler auf, der sich für verfolgt erklärte, weil ich ihm keine Pat. geschickt hätte ...

Was soll ich in aller Welt nach unseren bisherigen Beziehungen gegen Sie haben? Spricht da etwas anderes als Ihr eigenes schlechtes Gewissen, daß Sie sich von Ihrem Idol nicht frei gemacht haben? Überlegen Sie es noch einmal und schreiben Sie mir dann darüber.«[105]

Patienten hatte Freud in Berlin keine, und er riet der Spielrein, sich an Abraham zu wenden. Außerdem gab es in Berlin noch ihren gutsituierten Landsmann Max Eitingon, zu dem sie aber offenbar keine Beziehungen hatte. Am Ende zieht die Scheftelsche Sippe in die Schweiz, zunächst nach Lausanne, später nach Genf. Hier nun ereignet sich eine weitere erstaunliche Episode.

Die Analytikerin des Jean Piaget

Im Rahmen ihrer praktischen Tätigkeit Anfang der zwanziger Jahre in Genf führt Sabina Spielrein eine Lehranalyse mit einem jungen Mann durch, der später einmal zu den großen Psychologen des Jahrhunderts gehören würde. Die Analyse, täglich in den Morgenstunden vollzogen, nahm acht Monate in Anspruch.

Wie Jean Piaget es später darstellte, sei die Spielrein von der Internationalen Gesellschaft nach Genf geschickt worden, um die Lehre zu verbreiten, und er habe mit Vergnügen die Rolle des »Versuchskaninchens« gespielt. Die Sitzungen seien also weder therapeutisch noch didaktisch gemeint, sondern »Werbeveranstaltungen« gewesen. Trotz aller theoretischer Vorbehalte zeigte sich Piaget überaus interessiert.

Das Jahr 1921, in dem diese Analyse stattfand, führte im Leben des fünfundzwanzigjährigen Jean Piaget zu einer Wende. Seine kognitive Energie, bis dahin bald von der Klassifizierung der Weichtiere, bald von philosophisch-epistemologischen Fragen angezogen, setzte endlich am gültigen Punkt an. Die Analyse half Piaget, seine realen Interessengebiete zu erkennen und sich von Behinderungen zu lösen, über die wir nicht ins Bild gesetzt sind. Schließlich brach die Spielrein die Analyse selbst ab, da sie es, Piagets Darstellung zufolge, nicht der Mühe wert fand, »jeden Tag eine Stunde Zeit mit einem Kerl zu vertun, der sich weigerte, die Theorie zu schlucken«[106]. Ohnehin zeigte Piaget keine Ambitionen, Psychoanalytiker zu werden, wiewohl er am Berliner Kongreß 1922 teilnahm, wo auch die Spielrein anwesend war, und sein Name vorübergehend in den Annalen der Schweizer Psychoanalytischen Vereinigung auftauchte.

In Piagets Autobiographie kommt besagte Analyse nicht vor. Jedoch bestätigt ein Interview, das er James Rice 1976 gab, die Tatsache, daß Sabina Spielrein seine Analytikerin gewesen sei; er beschreibt sie als einen sehr klugen Menschen mit vielen originellen Ideen.[107] Weiter erzählte er Rice, er habe nach ihrer Rückkehr in die Sowjetunion vergeblich versucht, zu ihr Kontakt aufzunehmen.

Für unser Thema von Belang ist, daß die Liste psychologischer Veröffentlichungen Piagets eröffnet wird durch eine 1920 in Paris erschienene größere Abhandlung mit dem Titel *Die Psychoanalyse in ihren Beziehungen zur Kinderpsychologie*[108]. Ein Jahr später startet er die Versuchsserie, die den Beginn der Experimentalforschung in der Entwicklungspsychologie markiert, und noch im selben Jahr veröffentlicht er seinen ersten Aufsatz zur Entwicklung von Sprache und Denken beim Kind. Er entdeckt die sogenannte egozentrische Rede, die annähernd die Hälfte der Sprechtätigkeit des sechsjährigen Kindes ausmacht und zur Bewältigung interner Denkaufgaben benötigt wird. Dieser egozentrischen Rede stellt Piaget in seinen frühen Arbeiten die sozialisierte Rede gegenüber, die erstere allmählich verdrängt und es dem Kind erlaubt, mit den Eltern und Altersgefährten zu kommunizieren. Das Konzept, welches Piaget in einer Vielzahl experimenteller Untersuchungen über mehr als ein halbes Jahrhundert hinweg weiterentwickelt hat, errang weltweit Anerkennung.

Auf dem 6. Internationalen Psychoanalytischen Kongreß in Den Haag 1920 hielt Sabina Spielrein »aus Lausanne« einen Vortrag, den die *Internationale Zeitschrift für Psychoanalyse* in gekürzter Form referierte. *Zur Frage der Entstehung und Entwicklung der Lautsprache* hieß das Thema. Darin unterbreitete die Spielrein ihren Kollegen die These, daß es zweierlei Sprachen gebe: die »autistischen«, nicht auf Kommunikation absehenden sowie die »sozialen Sprachen«. Die autistischen Sprachen seien die primären, die sozialen gehen aus ihr hervor. Die ersten Worte sozialer Rede – »Mama« und »Papa« – leitet die Spielrein aus den Tönen ab, die das Kind beim Saugen von sich gibt. »Infolge der zuerst beim Saugakte durch ein anderes lebendes Wesen vermittelten Lustempfindung erhalte das Kind den Sinn für ein außenstehendes lustbringendes Objekt, ... welches man durch Rufen des vom Saugakte abgeleiteten Wunschwortes herbeiführen könne.«[109]

Vor das gleiche Problem gestellt wie Piaget, geht Spielrein allerdings in eine andere Richtung: Sie betrachtet nicht die formale Logik kindlicher Denkoperationen, die zu ergründen Piagets Verdienst sein wird, sondern sie analysiert, wie die intensive emotionale Beziehung zwischen Eltern und Kind sich auf dessen Denken und Sprache auswirkt. Man kann sich gut vorstellen, wie viele Male zwischen beiden sowohl Analogien als auch Unterschiede in den Sichtweisen zur Debatte standen, wenn der Klient während der Sitzungen seine Zweifel an den theoretischen Grundlagen der Analyse äußerte und die Therapeutin, eingedenk ihrer »propagandistischen Aufgaben«, Gegenargumente ins Feld führte.

Ein Plakat, darauf stand: LIEBE

Kurz nach Ausbruch des Ersten Weltkriegs hatte Pawel Scheftel seine Frau Sabina in Genf sitzengelassen und war zurück nach Rußland gegangen. Wieder in Rostow am Don, schloß er flugs die Ehe mit einer russischen Ärztin. Im Jahr 1924 kommt eine Tochter zur Welt ...

Einem Brief Freuds von 1913 ist zu entnehmen, daß Sabina Nikolajewna sich auch im zweiten Jahr ihrer Ehe noch »in Sehnsucht nach J.«[110] verzehrte. Vielleicht war dies schon Grund genug für Scheftels Abreise – falls Freud nicht bei dem für ihn anscheinend so wichtigen Thema um einiges übertrieben hat.

Sabina Spielrein veröffentlicht 1923 noch zwei kleinere Fallbesprechungen der Art, wie sie gemeinhin die engeren Interessensphären des betreffenden Analytikers erkennen lassen. Der erste Aufsatz heißt *Das Automobil als Symbol der Manneskraft*[111]. Eine Patientin fand sich im Traum in einem Auto wieder und hatte Angst, gegen eine Mauer zu fahren, doch das Auto lenkte stets, wohin sie wünschte. Die Autorin deutet die Mauer als Hindernis zur Vereinigung mit dem Geliebten, während das Auto für sie die Manneskraft symbolisiert, die aus Sicht der jungen Frau alle Hindernisse überwinden würde. Der zweite Aufsatz[112] analysiert ebenfalls die Träume zweier Mädchen: die eine gesund, die andere an Schizophrenie leidend. Darin fielen die Sterne als goldener Regen vom Himmel, und am Himmel prangte ein Spruchband, auf dem in großen Lettern das Wort LIEBE stand.

Was bewog die Autorin, sich dieser Themen anzunehmen: die Gefühle, die sie nach wie vor für Jung empfand? die Sehnsucht nach dem Ehemann? oder nach neuer Liebe?

Ihr berufliches Fortkommen war mäßig. Den Mitgliedsbeitrag für die Wiener Psychoanalytische Vereinigung vermochte sie 1919 nicht zu zahlen, und Freud mußte ein Wort für sie einlegen, daß sie das Journal ihrer Zunft dennoch zugesandt bekam. 1922 hatte sie Streit mit den Genfer Psychoanalytikern und suchte Freud zur Stellungnahme zu bewegen; dieser stimmte ihr in den anstehenden theoretischen Fragen zu, mochte jedoch zur Diskussion nicht extra anreisen. Am Psychoanalytischen Kongreß 1922 in Berlin nahm Sabina Spielrein teil. Ihr Auftritt dürfte für die Lösung der nicht einfachen Frage, ob die Russische Psychoanalytische Vereinigung in die Gesellschaft aufgenommen werden sollte, von Bedeutung gewesen sein (siehe Kap. 6).

1917 gab es die erwähnten Komplikationen um Emil Medtners Jung-Übersetzungen (siehe Kap.2). Sie lehnte die Redaktion aus Qualitätsgründen ab und zog sich mit dem Argument aus der Affäre, die Kenntnis der russischen Sprache und der psychoanalytischen Terminologie seien zweierlei Dinge. Besonders störte die Spielrein, daß frühere Freud-Übersetzungen, mit denen man die Terminologie in Einklang hätte bringen müssen, in Zürich nicht aufzutreiben waren. Terminologische Divergenzen aber müßten zu Irritationen beim russischen Leser führen, «außerdem ist ja vorläufig wegen den politischen Ereignissen in Rußland der Boden für wissenschaftliche Sachen noch unfruchtbar«[113], weshalb sie Jung riet, der Veröffentlichung einstweilen die Zustimmung zu versagen. Jung folgte dem Ratschlag glücklicherweise nicht. Daß sich Sabina Spielrein später doch noch an Jung-Übersetzungen beteiligte, rief Freuds Eifersucht wach.[114]

Licht ins Dunkel

Welch markante Rolle Sabina Spielrein in der Geschichte der Psychoanalyse spielte, ist bis hierhin schon ersichtlich geworden. Dennoch und vielleicht gar aus ebendiesem Grund blieben ihr Leben und ihr Werk geheimnisumwoben. Auf ihre Darstellung des Destruktionstriebs nahmen Analytiker in der von Freud vorgeführten Weise Bezug; auch bei Jung findet sich ein entsprechender Verweis. Doch mehr war über ihr Leben in Westeuropa und in der UdSSR lange Zeit nicht in Erfahrung zu bringen.

Ihr Name geriet erst wieder ins Blickfeld der Historiker, als 1974 endlich der Briefwechsel zwischen Freud und Jung erschien; die Erben hatten mit ihrer Zustimmung lange gezögert. Das Register zählt nicht weniger als vierzig Verweise auf die Spielrein und ihr Werk, und welche Schlüsselrolle ihr in den Beziehungen beider zufiel, konnte keinem verborgen bleiben.

Im Jahr 1977 dann bekam der italienische Psychoanalytiker und Jungianer Aldo Carotenuto einen dicken Packen Papier auf den Tisch: gefunden im Keller jenes Genfer Gebäudes, welches zu Claparèdes Zeiten das Institut für Psychologie beherbergt hatte. Es handelte es sich um Briefe und Tagebücher aus der Hinterlassenschaft Sabina Spielreins. Den glücklichen Fund verarbeitete Carotenuto zu einem Buch, das sogleich in alle möglichen europäischen Sprachen übersetzt wurde – nur nicht ins Russische.

Spielreins Leben und Wirken nach 1923, dem Jahr ihrer Rückkehr nach Rußland, blieben jedoch weiterhin im dunkeln. Die von der Internationalen Gesellschaft in regelmäßigen Abständen veröffentlichten Mitgliederlisten der Russischen Psychoanalytischen Vereinigung führten bis 1934 ihren Namen und nannten ihre Rostower Adresse. Ihre letzte Veröffentlichung im Westen fiel ins Jahr 1931.[115]

Dem eine Weile in der UdSSR lebenden schwedischen Journalisten Magnus Ljunggren gelang es, in Moskau die Nichte Sabina Nikolajewnas ausfindig zu machen. Ihr knapper Bericht wurde unverzüglich veröffentlicht und in nachfolgende Ausgaben von Carotenutos Buch eingefügt.

Auch ich hatte wiederholt Gelegenheit, mit Menicha Spielrein und weiteren ihrer Moskauer Verwandten zusammenzutreffen, die Sabina Nikolajewna in der Regel kaum kannten, da sie, wie sich herausstellte, in den dreißiger Jahren so gut wie nie in Moskau gewesen war. Im Russischen Staatsarchiv entdeckte ich einige Dokumente, die zum Wirken der Spielrein nach ihrer Rückkehr aus Westeuropa Auskunft geben, darunter ihr Personalbogen als Mitarbeiterin des Staatlichen Psychoanalytischen Institutes. Ein noch glücklicherer Umstand führte mich in Petersburg mit ihrer »Beinahe«-Stieftochter zusammen, die niemand anderes als Pawel Scheftels leibliche Tochter war. Nina Pawlowna, Verlagsmitarbeiterin und professionelle Übersetzerin, hielt die Erinnerung an ihre merkwürdige Stiefmutter in Ehren, war jedoch höchst erstaunt, als ich die ihr gewidmeten Bücher aus aller Herren Länder vorwies. In ihrer Familie hatte man die Kunde, daß Sabina Nikolajewna und ihr Mann irgendwann einmal »bei Freud« gewesen waren; mehr wußte man über die Vergangenheit, insbesondere über das Leben der Spielrein im Westen, nicht. Um so Aufregenderes gab es indes über die sowjetische Hälfte dieses Lebens zu erfahren.

Die Rückkehr: nicht zum Mann ...

Im Januar 1917 hatte Sabina Nikolajewna Spielrein einen Traum, aus dem – und wie sie ihn Jung gegenüber zu deuten wußte – einiges über ihr Leben und ihr emotionales Befinden in den Schweizer Jahren erkennbar wird. Darin begibt sich Bechterews Frau, die in ihrer Nachbarschaft wohnte, auf die Heimreise nach Rußland. Sie hat ihr Töchterchen dabei. Die Spielrein bittet Frau Bechterewa, von Rußland aus ihren Eltern einen Kartengruß zu senden. In dem Traum wollte die Spielrein die Erfüllung ihrer Wünsche erkennen: »eine Größe in der Psychiatrie« zu sein wie Bechterew und in die Heimat zu fahren. Die wichtigste Frage für sie, »die ich mir öfters bewußt vorlege«, ist jedoch: »Werde ich mit meinen Landsleuten in Kontakt treten können?«[116]

Nur fünf Jahre später hatte alles Zaudern ein Ende. Welche Rolle mögen die privaten, familiären Umstände bei dieser Entscheidung gespielt haben? Es war jedenfalls nicht ihr Mann, zu dem sie zurückkehrte. Bezeugt ist nur die berufliche Seite der Angelegenheit. Von Spielreins im Winter 1922/23 getroffenem Entschluß erfahren wir aus Freuds Brief vom 9. Februar 1923:

»Liebe Frau Doktor
Ich habe Ihren Brief erhalten und glaube wohl, daß Sie recht haben. Ihre Absicht, nach Rußland zu gehen, scheint mir viel besser als mein Rat, es mit Berlin zu versuchen. In Moskau können Sie neben Wulff bei Ermakow Ausgezeichnetes leisten. Und endlich sind Sie auf vaterländischem Boden. Es sind schwere Zeiten für uns alle.«[117]

Daß Freud zunächst darauf verfiel, sie nach Berlin zu schikken, wo Max Eitingon seine psychoanalytische Poliklinik betrieb und somit vielen Analytikern Arbeit verschaffte, leuchtet ein. Ihre vermutliche Schülerin Fanja Lowzkaja (siehe Kap. 2) war just so verfahren: Sie ging von Genf nach Berlin, um bei Eitingon zu arbeiten. Daß die Spielrein anders entschied, mochte mit ihrem distanzierten Verhältnis zu Eitingon zu tun haben. Freud wiederum kannte die Zustände in Rußland nur zu gut: Ossipow, mit dem er brieflich in Kontakt stand, war längst vor den Bolschewiki nach Prag geflohen, der Nachruf auf Tatjana Rosenthal veröffentlicht; zudem hatten die Bolschewiki Lou Andreas-Salomé um ihr ganzes Vermögen gebracht, so daß sie auf finanzielle Hilfe angewiesen war; die wenigen Leute, die Freud nun noch einfallen, sind auch wirklich die, mit denen die Spielrein in Moskau zu arbeiten beginnt.

Freud kannte ferner Sabina Spielreins familiäres Dilemma: In seinen Briefen fehlt der höfliche Gruß an den werten Gatten, und da er ihren Entschluß guthieß, dürften die Kollegen und nicht Scheftel seine Hoffnungen genährt haben.

Er wußte also bestens Bescheid – und riet ihr dennoch zu gehen. Sergej Pankejew erinnerte sich, Freud gefragt zu haben, ob er denn in Rußland bleiben solle, wenn dort einmal die Revolution ausbräche. Freud habe zugeraten. Und als Pankejew dies einem entfernten Verwandten von Freud weitererzählte, der in Rußland studiert hatte, reagierte dieser so: »Wissen Sie, der Freud kennt die menschliche Intelligenz sehr gut, aber die bolschewistische kennt er anscheinend nicht.«[118]

… und nicht zum Bruder …

Isaak Spielrein, der anerkannte Führer der Psychotechnik-Bewegung[119] in der UdSSR, war ein Mann von solider Bildung und ungewöhnlicher Tatkraft. Er hatte in Deutschland bei Hermann Cohen Philosophie studiert (zu Cohens Studenten in jenen Jahren zählten übrigens auch Sergej Rubinstein, ein anderer großer sowjetischer Psychologe »in spe« sowie Boris Pasternak), war während des Kriegs interniert gewesen und in die Heimat zurückgekehrt, als die Revolution schon gelaufen war. Zuvor, im Sommer 1919, hatte er noch Sigmund Freud einen Besuch abgestattet, war über Konstantinopel nach Tiflis gelangt und eine Zeitlang in der von Kirow geleiteten sowjetischen Botschaft des damals noch unabhängigen Georgien beschäftigt. Schließlich traf er 1921, zwei Jahre vor seiner Schwester, in Moskau ein.[120]

Hier arbeitete er zunächst im Pressebüro des Volkskommissariats für Auswärtige Angelegenheiten und später im Zentralinstitut für Arbeit. Dessen Direktor, der Dichter Alexej Gastew, vertrat zu Beginn der zwanziger Jahre linksradikale Ansichten, von denen man sich anhand folgender Episode ein Bild machen kann: Im Jahr 1921 starb Isaak Spielreins Mutter. Er ging zum Institutsdirektor und bat um Urlaub für die Beerdigung. Gastew lehnte ab: Eine solche Gepflogenheit rühre von bourgeoisen Vorurteilen her. Wozu Urlaub, wenn sie doch schon tot sei …

Spielreins Wege trennen sich von denen Gastews recht bald. Im Jahr 1923 wird er zum Chef der Sektion Psychotechnik am Institut für Philosophie und gleichzeitig zum Leiter des Labors für industrielle Psychotechnik beim Volkskommissariat für Arbeit berufen. Hier arbeitet man unter seiner Leitung an einer ganzen Anzahl von Aufträgen in angewandten Bereichen der Psychologie: Beratungen von Betrieben bei Produktionsumstellungen, die Ausarbeitung von Beförderungsrichtlinien für die Rote Armee und dergleichen. Auf theoretischem Feld war Spielrein ein Anhänger von William Stern, zu dem er sich sogar noch 1930 auf einem nationalen Verhaltensforscherkongreß zu bekennen wagte.

Spielreins Interessen gingen jedoch über die ohnehin weit gesteckten Grenzen der Psychotechnik noch hinaus. Sein Buch *Die Sprache des Rotarmisten*[121] birgt eine gründliche, in der Methodik vielleicht bis heute in Rußland unübertroffene soziolinguistische Untersuchung. Mittels grammatischer Analyse, Häufigkeitsindex und einer statistischen Erhebung sprachlicher

Fehlleistungen setzt sich ein getreues Bild der Sprache des Rotarmistenjahrgangs 1924 zusammen. In Arbeiten wie dieser wurde die Wissenschaft ihrer vielleicht wichtigsten Funktion gerecht: Realität abzubilden, sie so zu beschreiben, wie sie wirklich war.

Den Eindruck von Sachverständnis und seltener Präzision erweckt auch eine »sozialpsychologische Studie« mit dem Titel *Zum Wechsel der Vor- und Familiennamen*[122], die aus dem Jahr 1929 stammt. Spielrein analysiert hier Fälle unmotivierter Namenswechsel, wie sie in einem Land, dessen Identität im Schwinden war, an der Tagesordnung schienen. Dabei wurden Spielreins Statistiken zufolge häufiger russische gegen jüdische Namen eingetauscht als umgekehrt; einen jüdischen Namen zu tragen, galt offenbar in den zwanziger Jahren eine Zeitlang als schick.

Isaak Spielrein – übrigens auch Verfasser eines Jiddisch-Lehrbuchs – wurde 1928 verantwortlicher Redakteur der neuen Zeitschrift *Psychotechnik und Psychophysiologie der Arbeit* und außerdem zum Vorsitzenden der Gesamtrussischen Psychotechnischen Vereinigung gewählt. Im Moskau des Jahres 1931 organisierte er eine Internationale Konferenz für Psychotechnik. Es ist die Fachrichtung, über die die sowjetische Psychologie in jener Zeit Anschluß an das Weltniveau gewinnt: Gemeinsam mit William Stern und Henri Piéron saß Spielrein im Präsidium der Internationalen Psychotechnischen Gesellschaft.

Isaak Spielreins Tochter erinnert sich, daß Sabina 1931 nach Moskau kam, um an dieser Konferenz teilzunehmen. Ansonsten ist eine fachliche Zusammenarbeit der Geschwister nicht bezeugt. Ein breiter gestreutes wissenschaftliches Interesse und eine taktische Flexibilität, die eine einigermaßen stabile Präsenz in der sowjetischen Wissenschaft ermöglichten, charakteristisch beispielsweise für Alexander Lurija oder Aron Salkind, kamen für Sabina Spielrein nicht in Frage. Wobei sie – wiederum im Unterschied zu den Genannten – sehr genau wußte, mit wem und woran sie sich zu messen hatte …

Die Arbeit der Psychotechniker nahm unterdessen gigantische Formen an. Die Ideologie des »neuen Massenmenschen«, mit der Sabina Spielrein nichts anzufangen wußte, errichtete sich hier eine weitere Domäne. Im Jahr 1930 gab es in der UdSSR fünfhundert »organisierte Psychotechniker«. Am 25. Juli 1931 verabschiedete das Kommissariat auf Vorlage Isaak Spielreins den Beschluß zur Einrichtung einer Hochschule für Psychotechnik. Ein 1932 abgehaltener Kongreß entwickelte den Plan, allein durch das vom Volkskommissariat für Arbeit aufgebaute System psychotechnischer Beratungsstellen drei Millionen Menschen zu erfassen.

Drei Jahre später, im Oktober 1934, war das ganze weitverzweigte Netz psychotechnischer Institutionen bereits wieder abgeschafft. Per Dekret des Rates der Volkskommissare wurden neunundzwanzig Forschungsinstitute aufgelöst, die von Spielrein betreute Zeitschrift *Psychotechnik* durfte nicht mehr erscheinen. Am 25. Januar 1935 wurde Isaak Spielrein verhaftet; man warf ihm vor, an der trotzkistischen Opposition beteiligt zu sein. Seine Tochter berichtet: »Es war mein neunzehnter Geburtstag … Erst 1939 bekam ich gesagt, daß mein Vater zu zehn Jahren ohne Posterlaubnis verurteilt worden war.« Diese Formel war gleichbedeutend mit Erschießung.

Rückkehr zur »Arbeit mit Wonne«

Laut offiziellem Bulletin der Internationalen Psychoanalytischen Gesellschaft war Frau Doktor Spielrein, Mitglied der Schweizerischen Psychoanalytischen Vereinigung, im Herbst 1923 mit Alexander Lurija und zwei weiteren Kollegen aus Kasan in die Reihen der eben gegründeten Russischen Vereinigung aufgenommen worden.

Am Psychoanalytischen Institut (siehe Kap. 6) hielt sie einen Vorlesungskurs zur Psychologie des unbewußten Denkens. Lurija und Wygotski, beide jung an Jahren, der eine wissenschaftlicher Sekretär des Instituts, der andere im Begriff, gleichfalls Mitglied der Psychoanalytischen Vereinigung zu werden, könnten im Auditorium gesessen und diese Vorlesungen als den »letzten Schrei« der internationalen Wissenschaft aufgefaßt haben, von deren realem Leben sie abgeschnitten waren; bei talentierten jungen Leuten vermögen Inspirationen dieser Art die Ausrichtung ihrer Forschungsinteressen nachhaltig zu beeinflussen.

Sabina Spielrein hielt auch 1923 noch ein Seminar zur Psychoanalyse des Kindes sowie Sprechstunden in der Ambulanz des Institutes. Sie war sogleich ins sogenannte Präsidium gewählt worden, das der Psychoanalytischen Vereinigung und dem Psychoanalytischen Institut übergeordnet war (siehe Kap. 6) und die fünf angesehensten Analytiker Rußlands vereinte. Auf der Novembersitzung der Vereinigung referierte sie zum Thema *Den-*

ken bei Aphasie und infantiles Denken und kam zu dem Schluß, daß die in der Aphasie auftretenden Denkstörungen Analogien zum frühkindlichen Denken aufweisen; beide Formen wiederum erhellen die bei der individuellen Sprachentwicklung ablaufenden Prozesse. Alles in allem sind diese Ideen nicht weit entfernt von den Erkenntnissen Alexander Lurijas in seinen nachfolgenden neuropsychologischen Arbeiten zur Aphasie, die ihm zum Ruhm verhalfen.

Sabina Spielrein könnte somit eine Mittlerfunktion ausgefüllt haben zwischen jenen zwei bestimmenden Richtungen der internationalen Psychologie, die erst Jahrzehnte später entdecken würden, wie nah sie einander im Grunde waren: der »genetischen Epistemologie« eines Jean Piaget auf der einen und der »kulturhistorischen Theorie« Lew Wygotskis auf der anderen Seite. Eine detaillierte Analyse der Arbeiten Spielreins sowie der frühen Schriften von Piaget, Wygotski und Lurija unter dem Aspekt ihres genuinen Zusammenhangs steht noch aus.

Sabina Spielreins Personalbogen beim *Narkompros* besagt, daß die Wissenschaftlerin vom September 1923 an drei Anstellungen hat: als wissenschaftliche Mitarbeiterin am Staatlichen Psychoanalytischen Institut, als pädologische Ärztin im *Städtchen der Dritten Internationale* (eine Art Kinderdorf?) und als Leiterin der Sektion Kinderpsychologie an der Ersten Moskauer Universität. Als ihren Beruf gibt sie »Psychiater und praktizierender Pädologe« an. Der Fragebogen ist bemerkenswert sorgfältig ausgefüllt. Jermakow, Lurija und andere Institutsmitarbeiter haben auf den entsprechenden Bögen eine Vielzahl bürokratischer Fragen ihrer eklatanten Überflüssigkeit wegen ausgelassen; die Spielrein dagegen gibt nach bestem Wissen und Gewissen und mit viel Respekt vor dem Ritual Auskunft – wie es sich gebührt bei Fragen, die eine Macht, der man vertraut und die zu unterstützen man freiwillig ins Land gekommen ist, an einen stellt.

Im einzelnen schreibt Sabina Spielrein: »Ich begann sehr früh mit selbständigen Forschungen, teils zu Themen eigner Wahl, teils zu Themen, die durch Prof. Bleuler oder Jung angeregt wurden.« Ferner habe sie »neben selbständiger Arbeit«, die die Spielrein für die Zeit vor der Revolution als Haupteinnahmequelle angibt, »in der psychiatrischen Klinik Prof. Bleulers, in der psychoneurologischen Klinik Prof. Bonhoeffers (Berlin) sowie zur Psychoanalyse bei Doktor Jung in Zürich und bei Prof. Freud in Wien« gearbeitet. In München befaßte sie sich mit

Mythologie und Kunstgeschichte, am Rousseau-Institut in Genf sei sie als pädologische Ärztin und im Labor des Psychologischen Instituts von Prof. Claparède (Genf) als Psychologin beschäftigt gewesen.

In die Spalte »Wünsche an die Leitung« trägt sie ein, daß sie es für erforderlich halte, von der momentanen Überbelastung befreit zu werden und mehr Selbständigkeit eingeräumt zu bekommen, insbesondere auch die Möglichkeit, sich Schüler zu halten. Ebenso unbefriedigend findet sie, daß sie am Psychoanalytischen Institut nicht die Möglichkeit habe, mit den Kindern zu arbeiten, wodurch die Beschäftigung mit den Erzieherinnen sich auf »rein theoretische Betrachtungen und ›platonische‹ Fernbefunde« reduziere. Auf die Frage: »Betreiben Sie freischaffende wissenschaftliche oder künstlerische Tätigkeit?« gibt sie zur Antwort, die Arbeit als Ärztin sei für sie sowohl wissenschaftlich als auch künstlerisch zu verstehen.

Schließlich, auf die Frage, ob der Mitarbeiter/die Mitarbeiterin mit seiner/ihrer Arbeit zufrieden sei: »Ich arbeite mit Wonne, fühle mich zu meiner Tätigkeit wie geboren bzw. ›berufen‹ und sehe im Leben keinen anderen Sinn.«[123]

Zu diesem Zeitpunkt, im Jahr 1923, hatte sie dreißig wissenschaftliche Arbeiten veröffentlicht. Dem Fragebogen vertraut sie an, daß zwei neue Arbeiten zum symbolischen Denken kurz vor ihrer Vollendung und Veröffentlichung in Rußland stehen. Dazu sollte es nicht mehr kommen. 1923 erscheinen im Westen noch sieben ihrer Aufsätze. In Rußland hingegen ist, soweit bekannt, keine einzige Zeile je von ihr erschienen.

In einem von Alexander Lurija nachgelassenen Entwurf eines Inhaltsverzeichnisses für den zweiten, nicht erschienenen Band der Anthologie *Psychologie und Marxismus*[124] wird ein Artikel von Sabina N. Spielrein mit dem Titel *Das Problem des Unbewußten in der modernen Psychologie und der Marxismus* aufgeführt, der aber anscheinend nie wirklich geschrieben worden ist (neben dem Titel steht mit Bleistift M. W. Netschkina als weitere mögliche Autorin vermerkt, später einmal offizielle Historikerin der Dekabristenbewegung). Man kann nur ahnen, wie Sabina Spielrein, vor kurzem noch im engen geistigen Kontakt mit Freud, Jung, Claparède und Piaget, zu den Ambitionen ihres Assistenten Boris Fridman steht, der im ersten Band betreffender Anthologie über Dutzende von Seiten fleißig Zitate von Freud, Engels, Plechanow und Kautsky aneinanderreiht.

Im engen, rührigen Kreis der Moskauer Analytiker von damals hätte sie einen ausnehmend guten Stand haben müssen, war sie doch näher in Kontakt mit den international führenden Größen gewesen, als es je einem anderen Moskauer Kollegen gelang. Sie war über die aktuellen theoretischen Debatten gut im Bilde und mit allen bekannt, die in der europäischen Bewegung eine Rolle spielten, ob nun als Vorsitzende nationaler Vereinigungen, Chefredakteure einschlägiger Zeitschriften oder in anderer Funktion, gar nicht zu reden von Freud persönlich. Und wenn sie nur gewollt hätte, wäre es ihr andererseits ein leichtes gewesen, über den Bruder schnellstens Anschluß an jenen Zweig der sowjetischen Psychologie zu finden, der gerade die stürmischste Entwicklung nahm.

Sie nutzte das eine sowenig wie das andere.

In Moskau war sie einsam. Die Interessen der Analytikerkollegen, die es fertigbrachten, über Jahre hinweg das Verhältnis von »Freudismus«, »Reflexologie« und »wissenschaftlichem Materialismus« zu debattieren, waren nicht die ihren. Und anders als in Genf machte es in Moskau keinen Sinn, Freud um Hilfe zu bitten – selbst wenn es denn möglich gewesen wäre.

Ihre rätselhaft anmutende Zurückhaltung gegenüber dem Treiben der Moskauer Vereinigung darf man wohl als indirekten Beweis dafür verstehen, daß deren äußere Aktivitäten wie auch interne Verhältnisse selbst in besten Zeiten, Anfang der zwanziger Jahre, weitab von dem lagen, was sich in den europäischen Zentren der Psychoanalyse tat.

Die letzte Wahl

Jeder ihrer Schritte ist rätselhaft und wirft Fragen auf. Wissen wir denn wirklich, warum sie nach Rußland zog? Und wieso kehrte sie nicht wenigstens in den Westen zurück, als dies, Mitte der Zwanziger, Leuten mit Beziehungen noch möglich war – und wie es vor allem diejenigen ihrer Kollegen taten, die so wie sie mit dem Leben im Ausland schon Erfahrung hatten?

Etwa anderthalb Jahre nach ihrer Rückkehr ereignete sich in ihrem eigentümlichen Familienleben noch einmal eine Wende: Sie zog wieder mit ihrem Mann zusammen und verlegte dafür ihren Wohnsitz von Moskau nach Rostow am Don. Im Jahr 1926 wurde Sabina Nikolajewna und Pawel Naumowitsch eine zweite

Tochter namens Eva geboren. Sie war nur zwei Jahre jünger als Nina, Pawel Scheftels Tochter aus zweiter Ehe, und vierzehn Jahre jünger als Sabinas Älteste, Renata.

In Rostow lebte auch noch der alte Naphtul Spielrein, der bis vor kurzem mehrere einträgliche Häuser im Zentrum von Rostow sowie eine Handelsgesellschaft besessen und wenigstens einen Teil seines Besitzes auch über die NÖP-Zeit gerettet hatte.

Die Geschichte hatte wieder einmal die Kulissen gewechselt. In den dreißiger Jahren wohnten die Eheleute mit ihren zwei Kindern in drei vom Pferdestall eines alten Rostower Gutshauses abgetrennten Zimmern. In einer der Kammern stand ein selbstgezimmertes Regal mit Büchern: vielbändigen Ausgaben in deutsch und französisch. »Das, was man bei uns ›wissenschaftliche Mitteilungen‹ nennt«, beschreibt sie Nina Pawlowna. Man erkennt darin unschwer die Periodika der Psychoanalytischen Gesellschaft.

Ein Detail aus meinem Interview mit Nina Pawlowna[125] ist besonders bemerkenswert. Auf die Frage nach des Psychoanalytikers typischem Requisit, der Couch nämlich, wurde meine Gesprächspartnerin lebhaft: Ja, es habe in dem einstigen Stall ein Zimmer gegeben, worin nichts weiter stand als eine Pritsche. Ob Sabina Spielrein Patienten empfing, wußte Nina Pawlowna nicht sicher zu sagen, sie vermutete es.

Etwas Geheimnisvolles sei an ihr gewesen, hörte ich weiter. Einmal habe Sabina die Hände über den Kopf eines Mädchens gehalten, ohne ihn zu berühren, und davon seien die Schmerzen verschwunden. Von ihrer Arbeit sprach sie nie ein Wort. Ferner entsann sich die Nichte, daß Sabina Nikolajewna mit einem Dichter aus Leningrad korrespondierte, der mit Spitznamen Krokodil hieß – sie habe ihm Träume gedeutet und Ferndiagnosen gestellt.

Im Westen wurde einmal der Verdacht geäußert, Sabina Spielrein sei Dozentin an der Rostower Universität gewesen; anderen Quellen zufolge habe sie ein psychoanalytisch arbeitendes Waisenhaus gegründet. Beides läßt sich nicht bestätigen. Nach Auskunft von Nina Pawlowna arbeitete sie an einer Schule als Pädologin, nach der Abschaffung dieser Disziplin dann halbtags als Schulärztin. Gleichzeitig mit Bruder Isaak wurde 1935 auch der Vater der beiden verhaftet. Als er wieder freikam, war er den letzten Heller los.

Nina lernte Sabina Nikolajewna erst im Herbst 1937 kennen.

»Sie war, wie alle ringsum fanden, furchtbar unpraktisch. Anziehen tat sie nur, was irgend jemand ihr schenkte. Sie sah aus wie ein altes Weiblein, obwohl sie es den Jahren nach gar nicht war. Sie ging gebeugt, in einem alten, schwarzen Rock, der bis zur Erde reichte. Dazu trug sie Spangenschuhe, Marke ›Herbst des Lebens‹, wie man heute sagen würde, ich glaube, die hatte sie noch aus Berlin. Meine Großmutter zog sich so an. Sie war vom Leben mitgenommen, das sah man.« Ein andermal aber meinte Nina Pawlowna, daß Sabina Ähnlichkeit mit Lidija Ginsburg gehabt hätte: auch so eine grauhaarige, gebeugte Frau von ungewöhnlicher geistiger Klarheit und intellektueller Kraft.

Pawel Scheftel starb 1937 an einem Herzinfarkt. In seiner Familie blieb er dem Anschein nach bis zuletzt unverstanden; es hielten sich Legenden über seinen Jähzorn sowie gewisse Eigentümlichkeiten, die ihm als Geisteskrankheit ausgelegt wurden. Seine Rückkehr zu Sabina – zehn Jahre, nachdem er sie verlassen hatte – wurde von der boshaften Umgebung ähnlich interpretiert. Doch bestanden zwischen Sabina Nikolajewna und ihrem Mann tiefe und anscheinend unerschütterliche Bindungen. Wie sie sein Andenken pflegte, bezeugt eine von Nina Pawlownas Kindheitserinnerungen. Das ordnungsliebende Mädchen war einmal bei Sabina Nikolajewna zu Besuch gewesen und hatte aufgeräumt, dabei auch einige auf dem Schreibtisch verstreute Postkarten eingesammelt. Sabina Nikolajewna zeigte sich bestürzt und erbost: Sie hatte seit dem Tod ihres Mannes auf dessen Schreibtisch nichts verändert, alles war so, wie er es hinterlassen hatte.

Ein halbes Jahr nach seinem Tod tat sie etwas, woran man die Spielrein aus jungen Jahren wiedererkannte. Sie ging zu Scheftels zweiter Frau und schlug ihr vor, die Verantwortung für die Töchter zu teilen: »Falls Ihnen etwas zustoßen sollte, nehme ich Nina zu mir; falls mir, nehmen Sie Eva.« Die Frauen gaben sich das Wort. Aufs Schlimmste gefaßt, machten sie die Töchter sogleich miteinander bekannt: Sabina lud Nina zu Neujahr ein. Der Tannenbaum stand in dem leeren Zimmer mit dem Couchersatz. Renata war über Neujahr aufs Land gefahren. In Nina Pawlownas Erinnerung eine schöne, kultivierte junge Dame im Abendkleid.

Dann brach der Krieg aus. Sabina Nikolajewna hätte sich aus Rostow evakuieren lassen können, sie tat es nicht. Die andere Frau des verstorbenen Gatten – Russin, nicht Jüdin – handelte kurz entschlossen und konnte so ihre Tochter retten. Sabina Spielrein hingegen entschied, mit ihrer Kleinen in der besetzten Stadt auszuharren. Dem nicht genug: Kurz vor Beginn der Okkupation kehrte auch noch Renata aus Moskau zurück. Zu dritt warteten sie, daß die Nazis kamen: eine alte Rostower Jüdin mit zwei jungen Töchtern …

Ob wohl in der kurzen Zeit, die blieb zwischen zwei Genoziden, dem kommunistischen und dem faschistischen, die Erinnerung an den einst von ihr entdeckten Todestrieb wiedererwachte? Hat er womöglich gar im entscheidenden Moment das Handeln jener Frau bestimmt, die zuerst um seine Existenz wußte? Wir werden nie erfahren, welche Rolle Thanatos in ihrem Innenleben spielte und ob sie mit seiner Hilfe die blutige Absurdität zu begreifen suchte, die sich ringsum abspielte: das elende, einsame Rostower Leben, die Hinrichtung des Bruders als trotzkistischer Agent, die fiebernde Betriebsamkeit all jener um sie her, die, wie immer sie es in ihrer Sowjetsprache nannten, stets nur den Tod gebar.

Eines zumindest scheint klar: Jene intuitive Lebenstüchtigkeit, die ihr im unglaublich schwierigen Beziehungsgeflecht zwischen Jung und Freud den rechten Weg gewiesen, versagte in diesem Augenblick gänzlich. Sie, die so geschickt gewesen war, dem Spiel der in ihr waltenden Kräfte die Richtung zu geben und ihm gar noch einen originellen philosophischen Sinn abzugewinnen – sie zeigte sich auf tragische Weise inkompetent, als es galt, der nackten Geschichte die Stirn zu bieten.

Die Stieftochter Nina Pawlowna hat wohl recht, wenn sie die von Sabina Spielrein getroffene letzte Wahl als logischen Schluß aus dem begreift, was sie von der Welt wußte, in der sie lebte. Wissen und Erfahrung, wie sie ihr zu Gebote standen, unterschieden sich gravierend von dem, was jene andere Frau ihres Mannes verinnerlicht hatte – ganz zu schweigen von dem, was wir heute wissen.

Die bessere Hälfte ihres Lebens hatte sie mit den Deutschen verbracht und mochte nicht glauben, daß von ihnen Gefahr ausging. Auch Freud zögerte mit seiner Ausreise bis zum allerletzten Moment, da er meinte, von einem Volk, das Goethe hervorgebracht habe, könne so viel Übel nicht ausgehen. Dabei war Sigmund Freud dem Herd des aufkeimenden Wahnsinns viel näher und hatte eine Vielzahl prominenter Freunde, die bereits emigriert waren …

Dagegen hörten die Spielrein und alle um sie her Nachrichten von der Welt einzig aus dem sowjetischen Radio. Für den Teil, den zu kontrollieren sie in der Lage war, wußte sie nur zu gut, wieviel Lüge diese Meldungen enthielten. Nichts von dem, was die Sowjetmacht ausstrahlte, fand ihr Zutrauen. Vielleicht hielt sie sogar die Nachricht von der Vernichtung der Juden durch die Nazideutschen für ein Lügenmärchen der bolschewistischen Propaganda. Das Vertrauen in sie war ihr schon einmal teuer zu stehen gekommen.

Sie muß geglaubt haben, daß der Einzug der Deutschen die Rückkehr zu einer menschenwürdigen Existenz bedeuten würde.

Damit endet die Geschichte ihres Lebens. Eine außergewöhnliche Geschichte, in der die Tugenden des menschlichen Geistes sich auf mannigfaltige und sehr traurige Weise mit seinen Unzulänglichkeiten verflochten.

6. KAPITEL
DIE PSYCHOANALYSE IM LAND DER BOLSCHEWIKI

Am Scheideweg

Richtig populär wurde die Psychoanalyse in Rußland erst nach der Revolution 1917. Die Aufzählung der vielen dafür vorhandenen Belege ließe sich nach alter Tradition mit einem Lenin-Zitat eröffnen: »Die Freudsche Theorie ist jetzt auch solch eine Modenarrheit.«[1] Sergej Jermolinski, ein Freund Michail Bulgakows, erinnert sich mit Ironie der vorherrschenden Geschmäcker Moskauer Intellektueller in den zwanziger Jahren und bemerkt: »Freud und Spengler waren in Mode gekommen.«[2] Und Nadeshda Mandelstam zufolge, deren Neutralität in dieser Frage man trauen darf, galt Freud in Charkow 1922 als amüsante Novität: »Alle sprachen zwar davon, doch die Kenntnisse waren allzu verwirrt und vage.«[3]

Daß die Psychoanalyse bei der neuen, politikversessenen Elite beliebt war, konstatierte auf seine Weise auch der bolschewistische Schriftsteller Alexander Woronski, der selbst Anteil an der Gründung der Moskauer Psychoanalytischen Vereinigung hatte. Besonders rasch, so schrieb er, seien »die dem Marxismus frönenden, Marxisten mimenden Teile der Intelligenzija« den Verlockungen des »Freudismus« erlegen.[4]

Fjodor Stepun, ein Philosoph mit gänzlich konträren politischen Ansichten, setzt seine Eindrücke vom nachrevolutionären Moskau in ein erstaunliches Bild: »In jedwede Behörde ging man wie ins psychoanalytische Institut.«[5] Dabei hat er wohl einigermaßen banale Dinge im Sinn, etwa die Notwendigkeit, anhand verschlüsselter Andeutungen und Gesten die eignen Leute von den anderen unterscheiden zu müssen; um als Metapher Verwendung zu finden, muß das psychoanalytische Institut jedenfalls ein ausreichend gängiger Begriff gewesen sein.

Wiktor Schklowski, der Begründer der *Formalen Schule* in der Literaturtheorie (und nach eigener Aussage »kein Sozialist, sondern Freudianer«), sah die Dinge auf seine Weise: »Jemand schläft und hört, wie es an der Haustür klingelt. Er weiß, daß er aufstehen müßte, mag aber nicht aufstehen. Deshalb erfindet er einen Traum, bezieht das Läuten an der Tür in diesen Traum ein ... Rußland hat die Bolschewisten erfunden wie einen solchen Traum ..., schließlich sind nicht die Bolschewisten daran schuld, daß sie ihm im Traum erschienen ... Aber nicht alle waren eingeschlafen, und nicht alle konnten denselben Traum haben.«[6] Der Dichter Nikolai Gumiljow schrieb bis kurz vor seiner Erschießung durch die bolschewistischen Exekutoren an der Novelle *Die lustigen Brüder*. Der Held, ein Reisender, dessen ganzes Gepäck aus Papirossy und einem Bändchen Nietzsche besteht, hat Erfahrungen mit der Psychoanalyse hinter sich. Er stößt dann allerdings auf eine russische Sekte, die sich zur Aufgabe gemacht hat, die Welt ins Mittelalter zurückzubefördern. Die mystische Versuchung ficht den Helden heftiger an als alle Analyse, und er zieht mit den Sektierern, die utopische Stadt zu suchen, »die auf keiner Karte zu finden ist, aber für die Welt eines Tages wichtiger sein wird als Moskau«[7]. Der Kinderbuchautor Kornej Tschukowski schreibt 1924 in sein Tagebuch: »Lese Freud – ohne großes Interesse«, um gleich darauf die ihn in seiner Schlaflosigkeit plagenden Gefühle als »Todesdrang« zu interpretieren.[8] Und schließlich Dichterkollege Michail Kusmin, der seinen Freud im Jahr 1926 las, also kurz vor Niederschrift des Poems *Die Forelle bricht durchs Eis*, worin an Träumen und wandelnden Toten kein Mangel ist: »Kaum lieg ich da, schon gibts einen Traum und die Deutung nach Freud dazu. Klar, ein dreckiger Jude und Spekulant, aber es geht um interessante Dinge.«[9] Wie es überhaupt interessant scheint, den Einfluß der Psychoanalyse auch bei denen zu verfolgen, die sich ihr gegenüber distanziert verhielten und nicht als glühende Verfechter auftraten.

Letzteren zuzurechnen sind zweifellos Lew Wygotski und Alexander Lurija. In ihrem Vorwort zur russischen Ausgabe von Freuds *Jenseits des Lustprinzips* (1925) heißt es: »Bei uns in Rußland findet der Freudismus große Beachtung nicht nur in Kreisen der Wissenschaft, sondern ebenso beim breiten Lesepublikum. Inzwischen sind schon beinahe alle Arbeiten Freuds ins Russische übertragen und erschienen. Vor unseren Augen etabliert sich in Rußland eine neue und originelle Strömung der Psychoanalyse, die eine Synthese von Freudismus und Marxismus unter Einbeziehung der Lehre von den bedingten Reflexen herzustellen sucht.«[10]

»Wir standen alle unter dem Einfluß von Freud«, weiß eine der wichtigsten Physiologinnen der Sowjetzeit, Natalja Traugott, über ihre Generation zu sagen. Sie studierte in den Jahren 1926/27 an der pädologischen Abteilung des Leningrader Instituts für Pädagogik und kann sich gut an die damals unter den freudbegeisterten Studenten kursierende »Folklore« erinnern, zum Beispiel dieses: »Die Affekte eingeklemmt, Komplexe unterm Kissen: Ohne Freud, ohne Freud bist du aufgeschmissen.«[11] Was nicht etwa heißt, daß die Psychoanalyse planmäßiges Unterrichtsfach gewesen wäre.

Die praktizierende Analytikerin Sara Neiditsch, die etwa 1920 von Petrograd nach Berlin ging, hat in der *Internationalen Zeitschrift für Psychoanalyse* einen ausgewogenen und gewiß objektiven Bericht gegeben: »Die offiziellen Vertreter der Wissenschaft beschäftigen sich mit der Psychoanalyse theoretisch wenig, praktisch gar nicht. In den wissenschaftlichen Sitzungen hört man manchmal unter anderem beifällige Bemerkungen über die Freudsche dynamische Auffassung der seelischen Prozesse; die Sexualtheorien finden a priori wenig Sympathie. Trotzdem ist die Stellung der offiziellen Sphären zur Psychoanalyse keine ungünstige ...«[12]

Der Psychoanalyse entlehnte Vorstellungen finden zu jener Zeit auch Eingang in die literarischen Debatten. Mit Erstaunen nahm Ossip Mandelstam bei den Schriftstellerkollegen ein wiederaufgeflammtes Interesse für Psychologie und Alltag wahr.

»Seit das Geschwür des psychologischen Experiments ins literarische Bewußtsein drang, ist der Prosaist zum Chirurgen geworden, die Prosa: zur klinischen Katastrophe ...«[13], schrieb er 1922.

In der Tat dachten die Literaten der zwanziger Jahre nicht selten in vereinfachten psychoanalytischen Kategorien. Alexander Woronski, Kopf der Gruppe *Perewal* (Wasserscheide), war zum Beispiel der Meinung, die Revolution habe »neue Helden von besonderer Veranlagung, mit besonderen Empfindungen bewußter und unbewußter Art hervorgebracht«[14]. Bei Babel, Pilnjak und Pasternak fand er das Augenmerk auf die »unbewußten Quellen des Lebens« sogar überzogen, während Woronskis Erzfeinde im Literaturbetrieb seiner Ansicht nach an zu viel Rationalität krankten. Im übrigen bedienten sich die hier gemeinten Autoren aus dem Lager des *Proletkult*[15] annähernd der gleichen Sprache: Aufgabe des Schriftstellers sei es, »in den großen, feuchten Keller des Unterbewußtseins elektrisches Licht zu legen«[16], formulierte die Zeitschrift *Na postu* (Auf dem Posten). Und selbst noch im Jahr 1962 hielt die *Kurze literarische Enzyklopädie* zum Stichwort Woronski folgendes für mitteilenswert: »Wie schon Trotzki ... unterschätzte W. die Rolle der Weltanschauung im künstler. Schaffen und stellte ihr das ›Unbewußte‹ gegenüber, ... was damals zur Bezeichnung ›Woronschtschina‹[17] führte.«[18]

In den ausbrechenden Krieg gegen die »Woronschtschina« wurden die besten Autoren der Epoche hineingezogen. Dabei gingen die Ideologen der neuen Macht nicht fehl, wenn sie Samjatins Roman *Wir*, die erste Antiutopie des 20. Jahrhunderts, als konterrevolutionär bezeichneten. Ihre Angriffe gegen Samjatin, Pilnjak und eben Woronski führten sie in einer Sprache, worin Freudismus und Marxismus in gleich primitiver Form vermengt waren: »Der Sinn ihrer [genannter Autoren – A. d. A.] Äußerungen ist klar. Das Schreiben ist ein Traum, und als solcher ist es unbewußt ... Doch wird es ihnen, den in ihrem Innersten bourgeoisen Autoren, nicht gelingen, das Bewußtsein aus dem Felde zu schlagen, denn jede bewußte Wahrnehmung der sozialen Realität verkündet ihnen den eigenen nahen, unausweichlichen Tod.«[19]

Unterdessen schrieb Samjatin furchtlos und ohne Umschweife: »In Schlafwagenabteilen findet man immer einen kleinen Porzellanschalter: dreht man ihn nach rechts, brennt volles Licht, dreht man ihn nach links, wird es dunkel, stellt man ihn in die Mitte, leuchtet ein blaues Lämpchen, bei dem alles zu erkennen ist, das aber weder beim Einschlafen stört noch wach macht. Wenn ich schlafe und träume, ist der Schalter meines Bewußtseins nach links gedreht; wenn ich schreibe, steht er in der Mitte, und mein Bewußtsein brennt wie das blaue Lämpchen. Ich träume auf dem Papier, meine Phantasie arbeitet ebenso wie im Traum, sie bringt dieselben Assoziationen hervor, doch dieser Traum wird sorgsam vom Bewußtsein (blaues Licht) kontrolliert. Es ist wie im Traum, sobald man daran denkt, daß es sich um einen Traum handelt; sobald man das Bewußtsein voll einschaltet, verschwindet der Traum.«[20] So beginnt Samjatins Aufsatz *Hinter den Kulissen*, den er für die von ihm selbst initiierte Anthologie *Wie wir schreiben*[21] verfaßte. Dem Band vorausgegangen war eine Umfrage, die Samjatin an Autoren seiner Wahl – Gorki, Bely u. a. – verschickt hatte, bestehend aus sechzehn Fragen zu den verschiedensten Aspekten des literarischen Handwerks, zum Beispiel auch solchen: »Narkotika während der Arbeit: in welchem Umfang?« oder »Auf welchen Wahrnehmungsformen (Sehen, Hören, Tasten) bauen Ihre Bilder vorwiegend auf?«

Doch bei aller Forschheit mochte Samjatin schon nicht mehr auf die Quelle verweisen, die seiner Methode bei der Beschäftigung mit der Psychologie des Schreibens zugrunde lag; der entsprechende Text verblieb als Fragment nicht nur hinter den Kulissen, sondern auch in der Schublade: »Das Zimmer, in dem mein Schreibtisch steht, wird jeden Tag ausgefegt, und dennoch würden sich, wenn ich die Bücherregale von ihrem Platz rückte, wohl in manch verborgenen Winkeln Staubnester finden: graue, flockige Knäuel, worin vielleicht sogar Leben ist, aus denen eine Spinne hervorspringt und die Wand hinaufeilt.

Diese verborgenen Winkel gibt es auch in der Seele eines jeden von uns. Von da locke ich (unbewußt) winzige, kaum sichtbare Spinnen hervor, füttere sie, und allmählich wachsen sie zu meinen [Helden] heran. Das ist etwas wie die Freudsche Therapiemethode, wenn der Arzt den Patienten soweit bringt, zu beichten und alle ›zurückgehaltenen Emotionen‹ aus sich herauszuschleudern.«[22]

Wsewolod Iwanow, ein *Serapionsbruder* wie z. B. auch Michail Soschtschenko (siehe Kap.10), schrieb aus diesem Anlaß: »Der Mensch hat für gewöhnlich zwei Leben. An dem zweiten, unterschwelligen (neuerdings nennt man es das unbewußte) mag er nicht gern rühren. Wozu auch? Nur in seltenen Fällen tritt das zweite Leben an die Oberfläche und macht das erste kaputt.«[23] Der Roman *Y*, an dem Wsewolod Iwanow Mitte bis Ende der Zwanziger schrieb und der erst Ende der Achtziger erschien, ist in Sprache, Fabel und gedanklichem Aufbau ganz von der Psychoanalyse durchdrungen, die er teils referiert, teils parodiert oder aber einfach mitschwingen läßt.

Iwanows Erzähler ist Buchhalter im »Psychiatrischen Krankenhaus ›E. Kraepelin‹, anderthalb Autostunden von Moskau entfernt«[24]. Die Situation in der Klinik wird mit dem Blick des Insiders beschrieben: Ein Teil der Ärzte, darunter auch der Direktor, tritt für die Theorie »nosologischer Einheiten« ein – das heißt, »grob gesprochen, für die Annahme, Krankheiten des Menschen und seiner Psyche als unerschütterlich gegebene Varietäten zu betrachten«[25]. Die andere Partei »besteht auf vertieften Einblicken in die Psyche« und praktiziert eine »erhöhte Psychotherapie«, wobei Adlersche Begriffe wie »Machttrieb« und »Flucht in die Krankheit« fallen. Als der Buchhalter den

Entschluß faßt, das Rauchen aufzugeben, wird er vom wahnsinnigen Doktor Andrejschin, Stationsarzt der »Halbruhigenabteilung«, daran erinnert, »daß ich schon als Zweijähriger wenn nicht zum Mord, so zu Gewalttaten gegen mein Kindermädchen neigte«[26]. (Freuds *Geschichte einer infantilen Neurose* läßt grüßen – hatte Iwanow sie etwa gelesen?) Im Laufe der bizarren, oft genug absurden Handlung liest man Wehklagen wie: »Psychoanalyse hin, Psychoanalyse her, ich kam mir jedenfalls vor, als wäre ich der in den Dreck Gezogene!«[27]

Die Hauptfiguren des Romans, der mit seinen verwickelten Strängen die damaligen Metamorphosen der sowjetischen Psychoanalyse nachzuzeichnen scheint, rüsten sich am Ende zum Auszug aus der Moskauer Anstalt in Richtung Ural, wo sie die »Psychoabteilung« eines Baukombinats zu leiten beabsichtigen, die sich nach den Vorgaben eines Vierjahrplans mit der »psychischen Umformung der Menschen« befaßt. Und nur der Buchhalter als erzählendes Ich scheint zu ahnen, daß da »ein einzigartiges psychologisches Experiment anläuft, realer und faßbarer als alle kühnen Träume des Doktor Andrejschin«[28].

Horror vacui

Das die politischen »Größen« immer mehr beschleichende Gefühl, in eine Sackgasse geraten zu sein, zwang dazu, nach neuen Ideen Ausschau zu halten. Von den vielen Problemen, mit denen die russische Literatur im Jahre 1923 zu kämpfen hatte, sah Jewgeni Samjatin als hauptsächlichstes die fehlende philosophische Synthese: »... aber eben danach besteht jetzt ein dringendes Bedürfnis, danach hungert man, dürstet man. Alles, was nötig war, und alles, was möglich war, ist zerstört ...«[29] Und er beschreibt den Horizont des neuen Menschen als *Horror vacui*.

Das ganze Spektrum linksradikaler Rezepte war hinreichend bekannt und bereits vor der Revolution vielfach diskutiert worden; jetzt, wo man danach gehandelt hatte und gescheitert war, nahm das Insistieren darauf einen rein rituellen Charakter an. Der »Rechtsruck« hin zu ökonomischer Liberalisierung, worauf sich Lenin zaudernd und mit vielerlei Inkonsequenzen eingelassen hatte, bedeutete für die Bolschewiki nichts anderes als eine Einbuße an der so liebgewonnenen Macht. In dieser Situation war der Wunsch nur natürlich, sich aus den herkömmlichen Entscheidungsmustern (links-rechts, d.h. radikale Nationalisierung contra Freisetzung von Privatinitiative) herauszukatapultieren, was von vielen als möglich angesehen wurde. Die neue Dimension des revolutionären Prozesses war eine »Umformung des Menschen«, die tiefgreifende Änderung seiner Natur nach sozialistischen Maßgaben. Wie hatte doch Nikolai Jewreinow 1920 die Thesen seiner von Trotzki unterstützten »Theatertherapie« (siehe Kap. 4) begründet: »Das ist natürlich kein Argument gegen den Sozialismus, sondern nur ein Beweggrund, der uns bestimmen sollte, im Interesse einer höheren Moral noch auf weitere Abhilfsmittel zu sinnen.«[30]

Später, schon in den dreißiger Jahren, kam selbiges auf ungewöhnlich beredte Weise in Andrej Platonows Fragment gebliebenem Roman *Die glückliche Moskwa* vor. »Man hat es irgendwie satt, die ganze Zeit ein alter naturgegebener Mensch zu sein: Öde ist im Herzen.«[31] Und dabei wußte man, »was für ein selbstgemachtes, kümmerlich gebautes Wesen der Mensch noch war, nicht mehr als ein vager Keimling und ein Entwurf von etwas Gültigerem, und wieviel noch zu arbeiten war, damit sich dieser Keimling zu der fliegenden höheren Gestalt entfaltete, die in unserem Traum begraben ist«[32]. So fühlen Platonows Helden, die Nietzsche bestimmt nicht gelesen haben. Am schwersten hat es in dieser neuen Welt die menschliche Sexualität: »... denn entweder gelingt es dem Sozialismus, ins Innere des Menschen bis zum letzten geheimen Winkel vorzustoßen und dort den Eiter herauszulassen, der sich tropfenweise über die Jahrhunderte angesammelt hat, oder aber es geschieht nichts Neues, und jeder Bewohner zieht sich zurück, um allein zu leben, und wärmt in sich sorgsam den schrecklichen geheimen Winkel der Seele ...«[33] Ohne den Namen Freud in den Mund zu nehmen, entdeckt der Held des Romans, daß die »Leidenschaft des Lebens« nicht im Magen liegt, sondern an anderer Stelle, die »verborgener, schlimmer und schändlicher ist«[34], und er muß jetzt endlich Licht in die Sache bringen, denn: »Er fürchtete seit langem insgeheim um den Kommunismus: Wird ihn nicht das wütende Zittern besudeln, das minütlich aus den Niederungen des menschlichen Organismus aufsteigt?«[35]

Wirklich fatal: Was nützten die schönsten ökonomischen und politischen Veränderungen, wenn man sich nun allem Marxismus zum Trotz mit psychologischen und pädagogischen Experimenten abgeben mußte!

Politische Leitfigur auf diesen für den Bolschewismus ungewohnten Wegen war zweifellos Lew Trotzki. Für die Ausführung der Umerziehungspläne verantwortlich zeichnete Volksbildungskommissar Anatoli Lunatscharski. Die maßlosen Propagandisten der betreffenden Ideen waren die *Proletkult*-Funktionäre. Schwankend, den gesunden Menschenverstand nur allmählich aufgebend, unterstützten den Kurs viele bolschewistische Intellektuelle, allen voran Nadeshda Krupskaja, die Anfang der Zwanziger über das Volkskommissariat für Bildung die politische Aufsicht führte, sowie Nikolai Bucharin.

Die philosophische Basis zur Idee der Umformung des Menschen lieferten weder Marx noch Freud, sie kam von Nietzsche. Es war sein romantischer Traum vom Übermenschen, aus dem die Verachtung für den leibhaftigen Erdenmenschen sprach, den Klein- und Spießbürger; es waren sein radikaler Appell zum totalen Wertewandel und nicht zuletzt auch seine Geringschätzung jedwedem Wirklichkeitsbezug gegenüber, die nunmehr im bürokratischen Verfahren des Volksbildungskommissariats (*Narkompros*) in die Tat umgesetzt wurden. Nietzsches Einfluß auf das bolschewistische Bewußtsein bleibt eine sehr interessante, immer noch nicht völlig geklärte Frage. Verschiedene Untersuchungen zeigen die Anverwandlung seiner Ideen in den Arbeiten von Bogdanow, Lunatscharski und natürlich Gorki.[36]

Doch Nietzsche als legitimen Ahnherrn der neuen Politik zu feiern ging nicht an. Schon zu Jugendzeiten solcher Funktionäre wie Trotzki hatte er die russische Bühne besetzt gehalten, war durch die Diskussionen von einst auf Dauer kompromittiert – und er war schlicht nicht neu genug. (Was freilich für andere Bastler an der menschlichen Natur, die deutschen Nationalsozialisten, ebenso zutraf und sie nicht daran hinderte, Nietzsche auf das Schild ihrer Politik zu heben.)

Für die Bolschewisten jedenfalls war Freud die bessere Adresse.

In der Werteskala des bolschewistischen Bewußtseins rangierte die Wissenschaft weit oben. Sogar Stalin, der zuletzt jedem den Garaus machte, der ihm die naiven Verbesserungsversuche an der bösen, verschlagenen, eigennützigen Natur des Menschen, die doch nur mit Gewalt zu disziplinieren war, ins Gedächtnis zurückrufen wollte – sogar er verpackte seinen Wahn in pseudowissenschaftliche Formen. Im Unterschied zu ihm waren jene, die für *Narkompros* und *Proletkult* wegweisend auftraten, begabte Intellektuelle. Sie vermochten zu glänzen: Trotzki als Publizist,

Lunatscharski als Redner, Bogdanow als Philosoph, Blonski als Psychologe ... Diese Leute verstanden wirklich etwas von Wissenschaft, sie wußten das intellektuelle Niveau des Einzelnen sehr wohl einzuschätzen und reagierten, anders als ihre Nachfolger im politischen Amt, auf Dünnbrettbohrer gleichermaßen allergisch. Ihre marxistische Schule – gepaart zunächst mit der Emigrantenerfahrung in Westeuropa, dann mit Routine in der bürokratischen Führung großer, chaotischer Organisationen – hatte es ihnen zur Gewohnheit werden lassen, sich alles Geschehen in abstrakten wissenschaftlichen Kategorien und Begriffen zu vergegenwärtigen und diesem Bild auch zu folgen. In der kritischen Philosophie unserer zweiten Jahrhunderthälfte, die die Extreme eines solchen Rationalismus zu spüren bekam, wird die entsprechende Grundeinstellung als Logokratie bezeichnet: der Glaube, daß das Wissen um die Wahrheit allein die Welt schon verändern müsse. Am stärksten ausgeprägt findet sich dieser Kult des Bewußtseins bei Trotzki, der sich auch nicht scheute, ihn in seinen politischen Reden zu propagieren (siehe Kap. 7).

So mußte Nietzsche mit seinen irrationalen Phantasien als naiv und unannehmbar gelten. Freud, der die Zuständigkeit des Bewußtseins für Änderungen im menschlichen Verhalten behauptete, schien für die anstehenden Aufgaben schon geeigneter. Diese Akzente sind es zweifellos auch, auf die die Freudsche Lehre in den Texten sowjetischer Analytiker wie Iwan Jermakow im wesentlichen zurechtgestutzt war. Der »Freudismus«[37], wie die Theorie der Psychoanalyse gern genannt wurde (es klang in den Ohren des Bolschewiken wie Marxismus), galt als wissenschaftlich sanktionierte Verheißung einer realen und nicht bloß literarischen Umformung des Menschen kraft der Änderung seines Bewußtseins. Der Maßstab war freilich ein anderer – doch nicht umsonst hatte Bucharin ja von der bürgerlichen Wissenschaft der Liliputs und der proletarischen Wissenschaft der Gullivers gesprochen. Freud – samt seiner Couch und Einzelpatienten, an denen Jahre herumzudoktern war – erschien ihnen vermutlich nur als Vorbote zukünftiger psychoanalytischer Fabriken: etwas wie Saint-Simon und seine mickrige Kommune, aus der die wahren, die Gulliverschen Baustellen des sowjetischen Kommunismus sprießen würden. Nur noch einige Zeit sollte vergehen, bis Aron Salkind den Durchbruch der von ihm geführten Pädologie beim wissenschaftlichen Bau »des neuen Massenmenschen« verkünden würde.

Zeitzeugen jener Jahre heben die für manchen erstaunliche Rehabilitierung des Privatlebens hervor. Heimkehrer aus einem Krieg, der sich fast ein ganzes Jahrzehnt hingezogen hatte, Städter, die begonnen hatten, das durch den Kriegskommunismus beinahe vollständig zum Erliegen gekommene Alltagsleben wieder in Gang zu bringen, Bürokraten, Intellektuelle und NÖP-ianer fanden mit einemmal ins zivile Leben zurück. Die christliche Moral war diskreditiert, die kommunistische etablierte sich zögerlich, sogar die Bolschewisten vom Leninschen Typus verlegten sie in die ferne Zukunft, während sie in ihrem Privatleben ein durchaus konventionelles Verhalten pflegten. Millionen mußten ihr Leben neu ordnen. Jugendliche, Flüchtlinge, auch Aktivisten – alle vermißten sie moralische Normen, schlüssige und irgendwie begründete Handlungsmuster im zwischenmenschlichen Bereich, in der Familie und sogar im Beruf. Die moderne Wissenschaftsgeschichte sieht bekanntlich die Konjunkturen von Fächern wie Psychoanalyse, Sozialpsychologie oder Sexualwissenschaft immer mit gesellschaftlichen Umbruchzeiten verknüpft, da an der Stelle tradierter Normen und Verhaltensregulatoren ein Vakuum herrscht, das die Wissenschaft schleunigst auszufüllen hat.

Plötzlich interessierten sich alle für das Sexualleben. Alexandra Kollontai, vor kurzem noch das Idol der revolutionären Matrosen, nunmehr Botschafterin in Stockholm, veröffentlichte in *Krasnaja now* (Rotes Neuland) einen offenen Brief an die proletarische Jugend, worin sie behauptete, daß auch Parteigenossen zu lieben verstünden und, mehr noch, auf Liebe ein Anrecht hätten. Woronski sah sich gezwungen, die Replik einer entrüsteten Bolschewikin abzudrucken, die Kollontais opportunistische Position mit den kleinbürgerlichen Versen einer Anna Achmatowa verglich. (Während Pitirim Sorokin zum Fall Kollontai meinte, der revolutionäre Enthusiasmus dieser Frau sei die indirekte Befriedigung ihrer Nymphomanie und nichts weiter.[38]) Schließlich mußte Lunatscharski die Diskussion mit einem soliden Wortbeitrag beenden, worin er zu erklären versuchte, warum der Staat sich nicht in der Lage sehe, auch noch diesen Lebensbereich zu reglementieren.[39]

In den zwanziger Jahren häufen sich pseudowissenschaftliche Broschüren mit allerlei Empfehlungen zur Einschränkung des Geschlechtslebens und seiner Überführung auf ein »bewußtes« Niveau. Zweifellos die Krönung waren die mehrfach aufgelegten »Gebote« Aron Salkinds, denen zufolge die Klasse um der revolutionären Zweckmäßigkeit willen sehr wohl das Recht habe, sich in das Geschlechtsleben ihrer Mitglieder einzumischen (siehe Kap. 8). Die zu gewärtigenden Ergebnisse sind in Samjatins Roman *Wir* und auch in Platonows erst Ende der Achtziger veröffentlichter *Antisexus*-Phantasie[40] beschrieben. Pantelejmon Romanow[41] wiederum erfaßte die Schwierigkeiten, vor denen der »neue Durchschnittsmensch« steht, als er sich zum ersten Mal verliebt: Er schämt sich seiner bürgerlichen Gefühle und fühlt sich, als gar noch Eifersucht aufkommen will, sogleich wie ein Konterrevolutionär. Lidija Ginsburg schrieb 1925: »Erotik wurde zum ganz wesentlichen Bestandteil von Literatur, ohne dadurch ihre Anstößigkeit zu verlieren.«[42] Und Ossip Mandelstam, der 1922 die tiefere Bedeutung seiner Metapher noch gar nicht ermessen konnte, nannte das Interesse zeitgenössischer Literaten an Psychologie und Alltag »die Affäre eines Steinbrucharbeiters mit seiner Schubkarre«[43].

Ein Bild vom damaligen Leben zeichnen einige soziologische Befragungen zur Sexualität Jugendlicher, die aus jener Zeit überliefert sind.[44] Insgesamt gesehen zeugen sie von einem ungeordneten und unkonventionellen Sexualverhalten studentischer Jugend am Anfang der zwanziger Jahre. Der hohe Anteil von Frühehen, dazu Scheidungen und Abtreibungen in großer Zahl und eine sich in kurzer Zeit beinahe verdoppelnde Geburtenrate gingen einher mit unrealistischen Einstellungen, allgemeiner Unzufriedenheit und häufigen Klagen über sexuelle Störungen. Drei Viertel der 1927 befragten männlichen Studenten in Odessa hielten ein intensiveres Sexualleben für wünschenswert, 41% klagten über Potenzprobleme. »Die Vorlesungen, viel geistige Arbeit und verausgabte intellektuelle Energie, verbunden mit falscher Ernährung, verschärfen die sexuellen Probleme erheblich« – so ein Betroffener. Nach Angaben von Salkind litten 85% der Jugendlichen darüber hinaus an »nervösen oder bronchialen Beschwerden«. Die unmittelbar nach dem Selbstmord Sergej Jessenins (1925) um sich greifende Suizidwelle widerspiegelt die Verwirrung der Jugend in den großen Städten auf deutliche Weise. Zum Thema »soziale Geschlechtshygiene« befragt, äußerten die Studenten radikale Forderungen (der Staat habe eine »allgemeine Verfügbarkeit« von Frauen zu sanktionieren, kostenlose Freudenhäuser einzurichten und dergleichen mehr), während man sich zum Beispiel über die Schädlichkeit der Masturbation und die Unzulässigkeit von Homosexualität nahezu einig war.

Den proklamierten Zielen der neuen Kultur entsprach der unglaublich hohe Grad an sexueller Regression, wie er gleichfalls in den Umfrageergebnissen deutlich wird. Mehr als die Hälfte aller Studentinnen an den Universitäten von Moskau, Odessa und Omsk hatten laut Befragung bis zu ihrem dreißigsten Lebensjahr noch keinen sexuellen Verkehr. 80% der männlichen Studenten hatten in ihrem Leben mindestens schon einmal den Versuch unternommen, auf Dauer sexuell enthaltsam zu leben. Mit Befriedigung konstatiert Salkind, daß über ein Drittel der erfaßten Moskauer Studenten sexuell nicht aktiv sind, da sie »ihre sexuelle Energie auf schöpferische soziale Tätigkeit umschalten«. Weniger als die Hälfte der Studenten in Odessa glauben, daß es Liebe gibt, obwohl 63% angeben, sie in ihrem Leben schon einmal empfunden zu haben. Kaum jede zweite Studentin beabsichtigt, irgendwann zu heiraten; immerhin ein Viertel selbiger befürworten die »freie Liebe«.

Die ausgeprägte Disharmonie realer und vorgestellter sexueller Verhaltensweisen ließ den heftigen Wunsch nach einem geistigen System aufkommen, welches die zwischenmenschlichen Beziehungen erklären konnte, ohne den Leitbildern der bolschewistischen Ideologie zu widersprechen, die diese jungen Leute enthusiastisch vertraten. Wobei wiederum jede Geistesrichtung dem gewaltigen Block unbefriedigter Bedürfnisse automatisch anverwandelt und somit entstellt wurde.

In dieser Situation wundert es nicht, daß die zweibändige Ausgabe der Freudschen *Einführung in die Psychoanalyse*, die der *Gossisdat*-Verlag 1922 in 2 000 Exemplaren herausbrachte (eine Auflage, die Jones noch dreißig Jahre später gigantisch vorkommt[45]), binnen vier Wochen ausverkauft war.

Auf die Kinder eingeschwenkt

Mit alledem in Zusammenhang zu sehen ist auch das besondere, für die Kultur der zwanziger Jahre insgesamt typische Interesse am Phänomen Kindheit. Es stellte sich allmählich ein, noch dazu bei ganz verschiedenen Leuten gleichzeitig, und wurde durchaus als etwas Neues empfunden.

»Man schwenkte auf die Kinder ein« – so charakterisierte Lidija Ginsburg beim Zurückdenken an die Zwanziger den damaligen Literaturbetrieb. »Erfinder der Kinderliteratur« war in ihren Augen Kornej Tschukowski, vor 1917 schon ein angesehener Journalist und Literaturkritiker, der sich nach der Revolution angeblich selbst »wie neugeboren vorkam«. Kurz nach Belys *Kotik Letajew* erscheinen beinahe gleichzeitig *Lüvers' Kindheit* von Pasternak und Mandelstams autobiographische Kindheitsskizzen. In Ginsburgs Tagebuch der Jahre 1925/26 heißt es: »Alle sind furchtbar beunruhigt: was denn, etwa schon wieder Iwan Iwanowitsch und die Psychologie? Nein, dann schon lieber Klein Wanja: erstens ein stilles Wasser, zweitens weniger Präzedenzien; drittens mehr Paradoxa.«[46]

Gorki schreibt *Meine Universitäten*, und Kusma Petrow-Wodkins Knaben[47] werden zum Sinnbild einer neuen Epoche in der Malerei. Nikolai Rybnikow führt eine Unmenge von Journalen, in denen er bis ins kleinste die kindliche Entwicklung seiner Probanden dokumentiert, und versucht, *Narkompros* zum gigantischen Projekt der Einrichtung eines Biographischen Instituts zu bewegen, das sich systematisch einer solchen Sammeltätigkeit widmen könnte. Eine neue Wissenschaft vom Kind soll aus der Taufe gehoben werden, Gulliversche Größenordnungen soll sie haben, um mit Bucharin zu sprechen, und dem großen Plan der Umformung des Menschen gewidmet sein. Auf der Tagesordnung steht die Gründung der Pädologie.

Verschiedenartigste Vereinigungen und Institutionen mit medizinisch-psychologisch-pädagogischer Ausrichtung und mehr oder weniger deutlichem psychoanalytischem Einschlag schießen wie Pilze aus der Erde. Im Frühjahr 1918 entsteht in Moskau das Institut des Kindes mit zwei Filialen – einer somatischen und einer psychologischen – sowie einem Experimentalkindergarten. Im August 1919 wird in Petersburg das Klinische Psychotherapeutische Institut gegründet. Als Direktor wird der uns bereits bestens bekannte Aron Salkind berufen; zu seiner kleinen, dreiköpfigen Belegschaft zählt mit Ilja Perepel noch ein weiterer Psychoanalytiker. Gleich in den ersten Jahren nach der Revolution wächst sich Bechterews Institut zu einem großen Klinik- und Forschungsbetrieb aus, bestehend aus der Psychoneurologischen Akademie mit nachgeordneter Zweiter Petrograder Universität. Der Akademie angeschlossen wird das von A. Gribojedow geleitete sogenannte Institut für Kinderuntersuchung, an dem Tatjana Rosenthal 1918 ihre psychoanalytische Arbeit mit Kindern aufgenommen hat.

Suizid №1, Emigration №1 ... – es geht los.

Die Rosenthal war eine Persönlichkeit, deren Weg für die psychoanalytische Bewegung in Rußland bezeichnend erscheint. In ihrem ausführlichen Nachruf schrieb die Freundin Sara Neiditsch: »Wenn die Psychoanalyse in Petersburg in den letzten Jahren irgendwelche Wurzeln faßte, so ist es zum größten Teil ihrer Tätigkeit zu verdanken.«[48] In ihrer Jugend war sie engagierte Sozialdemokratin, beteiligte sich an der Revolution des Jahres 1905, war in der jüdischen Arbeiterbewegung aktiv und eine Zeitlang Vorsitzende der Studentinnenvereinigung an der Moskauer Frauenuniversität. 1906 tauchte sie »müde, in einer etwas zerrütteten geistigen Verfassung« in Zürich auf, hatte die Wahl zwischen der medizinischen und der juristischen Fakultät und zu entscheiden, welche Profession ihrer aktiven Rolle in der Gesellschaft am besten anstünde. Der Zufall wollte es, daß sie eben in dieser Zeit auf ein Buch von Freud stieß. »Welch eine Harmonie würde sich aus dem Zusammenwirken von Freud und Marx ergeben!«[49] soll sie ausgerufen haben. Den Doktortitel für Psychiatrie in der Tasche (den sie fast gleichzeitig mit der am selben Ort studierenden Sabina Spielrein erlangt), kehrt die Rosenthal nach Petersburg zurück und widmet ihre ganze Energie der Praxis und Propaganda der Psychoanalyse.

Über ihre eigentliche Tätigkeit wissen wir nicht viel. 1919 arbeitet sie an Bechterews eben eingerichtetem Institut für Gehirnpathologie und leitet dort die neuropsychopathologische Kinderabteilung. Im Wintersemester 1919/20 hält sie hier eine Reihe Vorlesungen zur Psychoanalyse. Auf dem Gesamtrussischen Kongreß zur Fürsorge für geistig behinderte Kinder, der 1920 in Moskau abgehalten wird, reicht Tatjana Rosenthal einen Resolutionsantrag ein, der der Forderung Ausdruck gibt, »daß alle Ärzte und Pädagogen, die sich mit der Erziehung von Kindern befassen, mit der Psychoanalyse vertraut sein sollen«[50]. Aus unbekanntem Grund, so Neiditsch, sei dieser Antrag nicht veröffentlicht worden.

In einer von Bechterew herausgegebenen Zeitschrift erscheint 1919 ihr Artikel *Leiden und Schaffen Dostojewskis*[51]. Die hier angewandte Methode nennt die Rosenthal »psychogenetisch« und ihre Entwicklung ein Verdienst Freuds, wobei sie sich zugleich von dessen psychosexuellem Monismus distanziert. Das eigentlich Interessante an diesem Artikel ist jedoch etwas anderes. In ihrer klinischen Deutung Dostojewskis kommt die Rosenthal dem Meister nämlich deutlich zuvor. Sieben Jahre später erst griff Freud, ohne die Rosenthal zu erwähnen, in seinem Essay eine ganze Reihe ihrer Thesen auf. Bei beiden ist von Dostojewskis Ambivalenz, von der Rolle traumatischer Kindheitserfahrungen und der Natur seiner Epilepsie die Rede. Besonders in letzterem Punkt ist der Grad der Übereinstimmung ihrer Urteile beträchtlich. Wie später Freud behauptet die russische Forscherin, Dostojewski habe nicht an genuiner (bei Freud: organischer), sondern an affektiver Epilepsie gelitten. Ihre klinischen Argumente und sogar ein Teil der angeführten Beispiele sind dieselben wie bei Freud: Die Anfälle wurden durch seelische Erschütterungen hervorgerufen, einen Persönlichkeitsabbau gab es nicht, das Gefühlsleben zeichnete sich durch ungewöhnlich starke Ambivalenz aus; während der Zwangsarbeit besserte sich sein Befinden, die Anfälle hörten vorübergehend auf.[52] Und wie um Freuds Gedanken[53] im voraus zu illustrieren, zitiert die Rosenthal den Schriftsteller so: »Oh, Straflager und Sibirien, das war ein großes Glück für mich. Ach, Sie müßten einmal im Straflager sein!«[54]

Die Rosenthal hätte dieses Glück vermutlich ereilt, wäre sie nicht 1921 freiwillig aus dem Leben geschieden.

Sara Neiditsch schreibt in ihrem Nachruf: »Sie war ein sehr komplizierter Mensch und bei unzweifelhafter großer Begabung und äußerer Tatkraft voll tiefer, innerer Unzufriedenheit. Hinter einem kühlen Äußern, einer sicheren Manier in ihrem ganzen Auftreten, einem scharfen Verstande und Klarheit des Denkens verbarg sich eine stete innere Unruhe, eine weiche, romantisch-mystische Seele. Ein kleines Bändchen Gedichte, die im Jahre 1917 in Petersburg erschienen, äußern am besten diese Stimmungen ... Jung, sie war 36 Jahre alt, begabt, tatkräftig und erfolgreich in ihrem Berufe, Mutter eines zärtlich geliebten und begabten Kindes, hat sie sich selbst das Leben genommen, war Schicksal und Opfer ihres eigenen Willens und ihrer eigenen Kraft ...«[55]

Zuletzt verlieren sich die Spuren der Rosenthal fatalerweise im dunkeln. Das Jahr der Aufstände von Kronstadt und Tambow[56], des Hungers und der anbrechenden NÖP mag genügend Anlässe geboten haben, daß die einstige Bund[57]-Aktivistin sich das Leben nahm. Ein Analytiker ist, wie man aus der Geschichte der Psychoanalyse weiß, vor Selbstmord nicht gefeit. Dennoch steht zu hoffen, daß einige Rätsel in Tatjana Rosenthals Leben eines Tages zu lösen sein werden: Wer analysierte sie in Zürich?

Was trieb sie in den Jahren von 1911 bis 1919 in Petersburg? Wie war ihr Verhältnis zu Bechterew? Kannte Freud ihre Arbeit über Dostojewski? Warum tauchen ihre Gedichte in keiner Bibliographie auf? Und wie erging es ihrem Kind? …

Im selben Jahr 1921, als Tatjana Rosenthal ihrem Leben ein Ende setzte, ging ein anderer Pionier der russischen Psychoanalyse, Nikolai Ossipow, nach Prag in die Emigration. Bis zu seinem Tod 1934 praktizierte er dort als Analytiker und lehrte im gleichen Fach an der Karls-Universität. Gemeinsam mit seinem Schüler Fjodor Dossushkow begründete Ossipow die Psychoanalyse in der Tschechoslowakei. Es ist der einzige Ort, an dem eine von russischen Analytikern ausgehende Tradition bis heute ungebrochen existiert.

Auf dem VI. Kongreß der Internationalen Psychoanalytischen Gesellschaft in Den Haag 1920 kämpfen die Russen unübersehbar um Geltung. Als ihre offizielle Vertreterin ist Sabina Spielrein aus Lausanne angereist. In der geschäftlichen Sitzung ergreift sie das Wort und schlägt vor, für das offizielle Mitteilungsblatt der Gesellschaft, die *Internationale Zeitschrift für Psychoanalyse*, welche auf deutsch und auf englisch erscheint, »den Kongreßbericht ins Russische zu übersetzen und auch russische Beiträge zur Psychoanalyse zu sammeln und eventuell zu publizieren. Reik meint, daß die Druckkosten zur Publikation dieser russischen Literatur heute noch zu groß wären, um dieses Unternehmen zu lohnen … Prof. Freud weist darauf hin, daß eine eventuelle Subventionierung dieser Aktion eine Angelegenheit des psychoanalytischen Fonds sei, der sich dafür interessieren werde.«[58]

Die Anregung der Spielrein wurde zum Teil verwirklicht: Annotationen russischer Veröffentlichungen und offizielle Mitteilungen zur Tätigkeit der Russischen Psychoanalytischen Vereinigung waren von nun an in der Zeitschrift zu finden.

Post aus Kasan

Auf der Jubiläumssitzung der Moskauer Filiale des Psychologenverbandes im Jahr 1974 berichtete der namhafte Neuropsychologe Alexander Lurija: »Ich weiß noch, es gab für mich eine Zeit – so in den Jahren 1918, 1919, 1920, als sehr junger Mann – da befaßte ich mich mit allem, was mir unter die Finger kam. Mich faszinierten die Gesellschaftswissenschaften, brennend interessierte ich mich für Fragen der Entwicklung der verschiedensten Soziallehren und des utopischen Sozialismus.«[59] Lurija hatte gerade erst an der juristischen Fakultät der Kasaner Universität zu studieren begonnen, da wurde aus ihr die Fakultät für Gesellschaftswissenschaften – und das hieß zum Beispiel, daß der vormalige Professor für Kirchenrecht nun Soziologievorlesungen hielt. »Und wie das so bei jungen Leuten ist: Mir, dem mittelmäßig begabten Studenten, schwebte eine ganze Anzahl Projekte vor, die zwar unausführbar, doch für die eigene Motivation außerordentlich von Bedeutung waren.«

Lurijas Begabungen waren alles andere als mittelmäßig, und sein gewichtigstes Projekt wurde binnen zwei Jahren Wirklichkeit. Der neunzehnjährige Student im entlegenen Winkel des großen Landes, wo die Bolschewiki das Unterste zuoberst gekehrt hatten, gründete einen psychoanalytischen Zirkel, schrieb sich mit Freud persönlich[60] und erreichte, daß seine Kasaner Gruppe von der Internationalen Psychoanalytischen Gesellschaft anerkannt wurde. Die Zirkelteilnehmer – sieben Ärzte, zwei Pädagogen, fünf Psychologen und eine Historikerin (nämlich die spätere Akademieprofessorin Miliza Netschkina) – kamen regelmäßig zusammen, um erschienene Freud-Übersetzungen wie auch die Bücher Dostojewskis und Rosanows zu diskutieren. Die Sitzungsprotokolle und sonstige Dokumente dieser Gruppe wurden – anders als bei den übrigen psychoanalytischen Unternehmungen in Rußland – von Alexander Lurija in vorzüglicher Ordnung gehalten.

Kasan war durchaus nicht die gottverlassene Provinz, die man sich vorstellen mag. Eine der Teilnehmerinnen des Zirkels darf hier als Beispiel gelten: Rosa Awerbuch, Jahrgang 1883, die von 1901 bis 1909 in Berlin und Zürich studiert hatte, war 1912 nach Rußland zurückgekehrt und »in staats- und stadtamtlichen Diensten« beschäftigt gewesen, ehe sie 1917 die Arbeit an der Kasaner Universitätsklinik aufnahm.[61] Im Jahr 1921 erschien in Kasan ihre Übersetzung von *Massenpsychologie und Ich-Analyse* – weil es dasjenige von Freuds Büchern war, welches seinen hiesigen Anhängern im Moment am aktuellsten erschien.

Denkbar wäre, daß auch die langjährigen freundschaftlichen Beziehungen zwischen Freud und dem Nestor der Kasaner neuropathologischen Schule Liweri Darkschewitsch (alle Mediziner des Zirkels waren seine Schüler) auf die Aktivitäten des Kasaner

Zirkels und dessen Anerkennung durch die Internationale Gesellschaft ihren Einfluß hatten. Ob irgendeiner der Beteiligten je Psychoanalyse praktizierte, ist dagegen nicht bekannt. Fest steht nur, daß die Existenz des Kasaner Zirkels weitreichende organisatorische Folgen hatte.

Psychoanalyse am Volksbildungskommissariat

Im Mai oder Juni 1922 wird in Moskau die Russische Psychoanalytische Vereinigung (RPSAO) gegründet. In den Akten der Hauptverwaltung Wissenschaft des Volkskommissariats für Bildungswesen finden sich ihre Gründungsdokumente.[62] Darin heißt es, die Psychoanalyse sei »ihrem Wesen nach eine Methode zur Erforschung und Erziehung des Menschen in seinem sozialen Umfeld, die zur Auseinandersetzung mit primitiven, asozialen Antrieben diesbezüglich unterentwickelter Persönlichkeiten beiträgt und sowohl für die reine Wissenschaft als auch für angewandte Bereiche von immensem Interesse ist«. Es folgt eine lange Aufzählung von »Anwendungsgebieten«, wobei die Psychiatrie an hinterster Stelle rangiert. Den Antrag haben vierzehn Personen unterzeichnet: vier Pädagogen (ausnahmslos in führenden Ämtern beim Volksbildungskommissariat), vier Ärzte, zwei Professoren für Kunstgeschichte und zwei für Physik sowie zwei Schriftsteller.[63] Obenan stehen die Unterschriften von Otto Schmidt und Iwan Jermakow.

Das Volkskommissariat für Bildungswesen, *Narkompros* im gängigen Kürzel, war eine Behörde ganz ungewöhnlicher Art.[64] Der riesige, sich immer mehr aufblähende Apparat wurde von Leuten gelenkt, die völlig verschieden waren. Bolschewistische Kommissare, eben zurück von der Front, saßen an einem Tisch mit vom Publikum angehimmelten Bohemiens, Ministerialbeamte der alten Schule mit radikal gesinnten Reformpädagogen, Universitätsprofessoren mit dem »weiblichen Anhang« der neuen Führungselite.

»Der Dienst im Narkompros ist mir als freudvolle Oase in Erinnerung, wo man sich mit Freunden zusammentat, leuchtende, weltumspannende Utopien entwarf und den ganzen Schlamassel vergaß, der einen umgab« – so schrieb die Tochter von Wjatscheslaw Iwanow, die von 1918 bis 1920 in der Abteilung Schulwesen arbeitete; ihre Vorgesetzte war Nadeshda Brjussowa, die

Schwester des berühmten Dichters. Iwanow selbst leitete in dieser Oase eine von zwei Sektionen Theaterkunst. Seine Chefin war Olga Kamenewa, Trotzkis Schwester und Lew Kamenews Frau. Trotzkis Frau wiederum stand im *Narkompros* der Abteilung Museen vor.[65]

Die leuchtenden Utopien wurden von abenteuerlich besetzten Gremien begutachtet und auf höchstem bürokratischem Niveau sanktioniert, wobei die Strukturen aus den Behörden des alten Imperiums entlehnt schienen. Beispielsweise prüfte das Präsidium des Staatlichen Wissenschaftsrates (GUS) beim *Narkompros* unter Leitung von Michail Pokrowski am 24. Dezember 1924 eine Vorlage von Prof. I. Iwanow mit dem Titel *Über die Kreuzung von Mensch und Affe auf künstlichem Wege*. Das Gutachten dazu hatte Otto Schmidt erstellt, der auch beauftragt wurde, zur »gründlichen Prüfung« dieses Vorschlags eine Kommission zu bilden.[66]

Lediglich von drei Gründungsmitgliedern der Russischen Psychoanalytischen Vereinigung weiß man, daß sie Erfahrungen in praktischer Analyse besaßen: Iwan Jermakow, Juri Kannabich und Moshe Wulff; und nur letztgenannter konnte sich einiger Reputation unter den Kollegen im Ausland erfreuen. Die Beteiligung führender Theoretiker der pädagogischen Reformen wie Schazki und Blonski sowie des Chefs der Hauptverwaltung Sozialerziehung beim *Narkompros*, Weisberg, sicherte den Psychoanalytikern den nötigen offiziellen Rückhalt, machte jedoch auch Zugeständnisse erforderlich, was gewisse, der neuen Obrigkeit genehme Maßstäbe und Formen betraf. Dieses Grüppchen wurde verstärkt durch Otto Schmidt, dessen politische Karriere just zu dieser Zeit einen steilen Aufschwung nahm.[67]

Handelnde Personen und ihre Darsteller

Den in russischen Ohren seltsam klingenden Namen und das charakteristische Äußere dieses Mannes kannte in der UdSSR jedes Kind. Der berühmte Polarforscher Otto Julewitsch Schmidt (1891–1956), Expeditionsleiter auf der *Sedow* und der *Tscheljuskin*, Leiter der Hauptverwaltung Nördlicher Seeweg und von 1939 bis 1942 Vizepräsident der Akademie der Wissenschaften der UdSSR, war einer jener Väter der Stalinschen Fünfjahrpläne, um die eigens eine Legende gewoben war. Wozu waren diese

Expeditionen eigentlich nütze? Wen beabsichtigte diese Hauptverwaltung über den Nördlichen Seeweg zu befördern? Wer immer sich im Innern des Landes und außerhalb derlei Fragen stellte – an der wissenschaftlichen Autorität des skurrilen Mathematikers mit dem schwarzen Rauschebart konnte es keinen Zweifel geben. War er doch bereits vor der Revolution als Privatdozent an der Kiewer Universität tätig gewesen und hatte später, während er schon in hohen sowjetischen Ämtern präsidierte, immer noch Zeit gehabt, eine Theorie zu entwickeln, die weithin Ansehen genoß und deren Gegenstand allein jeden noch so hohen Posten rechtfertigen mochte: Es ging um die Entstehung des Sonnensystems. Schmidt, der 1919 in die bolschewistische Partei eingetreten war, spielte bei den Unternehmungen der neuen Machthaber von Anfang an eine gewichtige Rolle. In den zwanziger Jahren war er – gleichzeitig oder nacheinander – in den Kollegien der Volkskommissariate für Versorgung, Finanzen und Bildung, in der Staatlichen Plankommission und der Hauptverwaltung Statistik präsent. Von 1921 bis 1924 führte er außerdem den Staatsverlag *Gossisdat* und sorgte während dieser Zeit für das Erscheinen etlicher hervorragender Bücher, allem voran die *Psychologische und Psychoanalytische Bibliothek*. Anschließend wechselte er auf den eher obskuren Posten des Sektionsleiters Naturwissenschaften an der Kommunistischen Akademie, wo er, wie uns die Sowjetische Enzyklopädie informiert, »eine Reihe unrichtiger, undialektischer Richtlinien erließ«. Anscheinend hatte er es nur seiner Reaktionsschnelligkeit zu verdanken, daß er nicht das Schicksal vieler seiner Mitstreiter an der Kommunistischen Akademie teilen mußte, die es in den dreißiger Jahren auf etwa die gleichen Breitengrade verschlug wie den Expeditionsleiter auf seinem Eisbrecher *Tscheljuskin*, nur in gänzlich anderer Eigenschaft. Der heldenmütige Polarforscher und begabte Wissenschaftsorganisator ging so sehr in seiner Rolle auf, daß er, immer an den heikelsten Punkten zugegen, alle Repressionswellen ungeschoren überstand. Sein Einfluß und das ihm entgegengebrachte Vertrauen in ideologischen Fragen lassen sich am besten bemessen, wenn man weiß, daß er in den schwierigen Jahren von 1924 bis 1941 ununterbrochen als Chefredakteur der *Großen Sowjetischen Enzyklopädie* amtierte – jenem Leitfaden also, der allen Phänomenen der Weltordnung, lebende und tote Führer inklusive, die offiziellen bolschewistischen Zensuren erteilte.
Erster Präsident der Vereinigung russischer Psychoanalytiker

wurde Iwan Dmitrijewitsch Jermakow (1875–1942). Von Haus aus Psychiater, widmete der Serbski-Schüler seine ersten Forschungsberichte den an der Front des Russisch-Japanischen Krieges beobachteten psychischen Erkrankungen.[68] Als Serbski und Ossipow 1911 zum Zeichen ihres Protests gegen die Beschneidung traditioneller universitärer Freiheiten durch die Regierung den Dienst an der psychiatrischen Universitätsklinik in Moskau quittierten, harrte Jermakow aus. Hier nahm die erbitterte Feindschaft zwischen ihm und Ossipow ihren Anfang. Und tatsächlich sollten beider Wege sich mehr und mehr scheiden – wodurch letztlich die Alternative angezeigt war, vor der jeder russische Intellektuelle stand.

Von 1913 an sind Jermakows Veröffentlichungen der Psychoanalyse verbunden. Zeit seines Lebens hat er viel geschrieben, wobei die für einen Arzt ungewöhnlich ausgeprägten literarisch-künstlerischen Interessen im Lauf der Jahre immer stärker in den Vordergrund drängten. Es kam so weit, daß sich die Zeitschrift *Unter dem Banner des Marxismus* in dem Bemühen, die großen russischen Philosophen der Gegenwart ideologischer Fehler zu überführen, zu der Frage aufschwang: »Weiß man etwa nicht, daß Husserl sich auf russisch wie Spet buchstabiert, Freud, sagen wir, wie Jermakow und Bergson wie Lossew?«[69]

Der *Psychoneurologische Anzeiger* für das Jahr 1917 brachte einen Artikel Jermakows *Über das Delirium tremens*. Die Nummer erschien am 25. Januar, gewissermaßen am Vorabend der Revolution. Gegenstand und letzte Schlüsse des Aufsatzes sind recht bedeutungsschwanger, das Ende liest sich wie ein Credo der künftigen sowjetischen Psychoanalytiker: »Wir stehen am Beginn einer neuen Epoche in der Entwicklung unserer Gesellschaft. Weder dürfen wir die Realität fliehen, noch die Sinne betäuben – vielmehr sollten wir unsere Pupillen weiten und versuchen, zu durchdringen und zu begreifen, was uns umgibt, und all unsere Kräfte in den Dienst jener lichten Zukunft stellen, die (so glauben wir) unser Land erwartet.«[70]

In den ersten Jahren nach der Revolution hatte Jermakow eine Professur am Staatlichen Psychoneurologischen Institut inne und gründete dort eine Sektion Psychologie. Im Jahr 1921 hob er das Psychoanalytische Kinderheim-Laboratorium aus der Taufe, aus dem 1923 das Staatliche Psychoanalytische Institut hervorging, dessen Direktor Jermakow bis zu seiner Schließung bleiben würde. Auch die 1921 erfolgte Gründung der *Moskauer*

Vereinigung zur Psychoanalyse des künstlerischen Schaffens ging auf ihn zurück.

Stanislaw Teofilowitsch Schazki (1878–1934) sollte in der Geschichte der Russischen Psychoanalytischen Vereinigung eine überraschend gewichtige, wenn auch eher hintergründige Rolle spielen. Als Mitglied des Staatlichen Wissenschaftsrates und aktiver *Narkompros*-Funktionär war er Nadeshda Krupskaja, die zu Lebzeiten ihres Mannes in Bildungs- und Erziehungsfragen allerhand Einfluß besaß, aufs engste verbunden. Schazkis Organisationstalente waren im übrigen bereits vor der Revolution zum Tragen gekommen. Im Jahr 1906 hatte er in Moskau die *Settlement*-Gesellschaft ins Leben gerufen, eine Rehabilitations- und Erziehungskolonie für Kinder, die durch Mäzene aus der Kaufmannschaft finanziert wurde und aus Gruppen (»Klubs«) zu je fünfzehn Zöglingen bestand, die wie kleine autonome Republiken mit aus ihrer Mitte gewählten Führern funktionierten. Den Angaben eines Inspektionsberichts zufolge, der 1908 zur Schließung von *Settlement* führte, herrschte in den Räumlichkeiten der Kolonie »höchster Komfort, alles solide gebaut, überall elektrisches Licht gelegt, hervorragende Badezimmer vorhanden«. Die Kinder wurden jedoch nach Ansicht der Obrigkeit falsch erzogen: Der Umgang mit den Erwachsenen war allzu familiär, man gab sich die Hand zum Gruß, und bei jeder Gelegenheit wurden Versammlungen einberufen, wo ein Versammlungsleiter nebst Schriftführer gewählt und geheim abgestimmt wurde.[71]

1919 gründete Schazki die gleichfalls selbstverwaltete *Erste Versuchsstation für Volksbildung*. Lenin, der durch die Krupskaja von der Station hörte, soll positiv reagiert haben: »Das ist doch mal eine echte Sache und nicht bloß Gerede.« Etliche Jahre später, nämlich 1928, besuchte der bedeutende amerikanische Philosoph John Dewey die Station. Er fand sie unvergleichlich. »Die Revolution hat den modernen Reformpädagogen Wind in die Segel gegeben; in solcher Lage haben sich die Reformer in noch keinem Land befunden«[72], schrieb er. Die *Versuchsstation* war in Malojaroslawez, Gouvernement Kaluga, gelegen, was Schazki nicht daran hindern konnte, zweimal monatlich in Moskau an den Sitzungen der von ihm geleiteten Sektion Pädagogik bei der Russischen Psychologischen Vereinigung teilzunehmen.

Als Schazki dann aus allen ihm auf den Leib geschriebenen Rollen gedrängt war, bekleidete er bis zu seinem Tod 1934 den Altersposten eines Direktors am Moskauer Konservatorium. Die

Krupskaja brachte es immerhin noch zustande, einen rührenden Nachruf auf ihn zu schreiben.

Nicht minder interessant zu verfolgen ist der im anhaltenden Zickzack verlaufende Lebensweg eines anderen Theoretikers und Organisators der sowjetischen Pädagogik, welcher für die Entwicklung der Psychoanalyse in Rußland von Bedeutung war: Pawel Petrowitsch Blonski (1884–1941). Wie die übrigen Beteiligten hatte Blonski schon vor der Revolution die Zeichen für seine berufliche Karriere gesetzt. Er war Privatdozent, Historiker auf dem Gebiet der klassischen Philosophie, außerdem Sozialrevolutionär mit einiger Untergrunderfahrung. Der bedeutende neuplatonische Philosoph Alexej Lossew schrieb, Blonskis Schrift über *Die Philosophie Plotins* sei für den Neuplatonismus epochemachend gewesen.[73] In seiner Autobiographie hebt Blonski hervor, wie fern ihm alle herkömmliche Pädagogik stand; schon als Jugendlicher hatte er sich gern über die Absurditäten der Gymnasialerziehung lustig gemacht, später fand er es endgültig »nicht mehr komisch, sondern mies«. Die ganze vorrevolutionäre Pädagogik sei ein »sehr, sehr ausgeklügeltes System der Erziehung zu einem stumpfen, gewissenlosen Menschen« gewesen. Mit revolutionärer Leidenschaft nahm Blonski »die Zerschlagung dieser verfluchten Erziehung« in Angriff. Später gestand er ein, seine Arbeitsschulprojekte von 1918 seien so geschrieben, »als wäre die klassenlose Gesellschaft schon errichtet gewesen«[74].

Seit 1922 wirkte Blonski im *Narkompros*. Er war beteiligt an der Erarbeitung neuer Lehrpläne, sogenannter GUS-Programme, zu deren mühevoller Umsetzung in die Praxis das Kommissariat Jahrzehnte brauchen würde. Anscheinend vermochte diese Arbeit Blonski nicht zufriedenzustellen. »Wie einer sprudelnden Quelle«[75] wendet er sich der Pädologie zu und wird zu einem ihrer führenden Theoretiker. Schließlich schreibt Blonski 1935, aller Ämter ledig, die *Studien zur kindlichen Sexualität*: ein interessantes, ganz auf den Dialog mit der Psychoanalyse setzendes Buch.[76]

Eine weniger markante Figur unter den Gründervätern der Vereinigung war Wladimir Newski (1876–1937). »Er hielt die Zügel so vieler verschiedener Angelegenheiten in der Hand, daß sich schwerlich sagen läßt, welches sein eigentliches Amt war ... Entscheidend ist, daß Newski zu dem kleinen Häuflein von Leuten gehörte, die bei der Parteiführung Vertrauen genossen und somit gleich auf mehreren Gebieten Leitungsposten innehatten«[77], heißt es in einer speziell seiner Person gewidmeten Abhandlung aus jüngerer Zeit.

Alexander Woronski (1884–1943) kennen wir inzwischen. Er entstammte dem unmittelbaren Zentrum des bolschewistischen Untergrunds der ersten Generation. Als die Psychoanalytische Vereinigung gegründet wurde, stand er gerade der Hauptverwaltung Politische Bildung im *Narkompros* vor und war außerdem Chefredakteur der opulenten politisch-literarischen Zeitschrift *Krasnaja now*. Wenn einer zu den Siegern gehört habe, dann er, meint Nadeshda Mandelstam in ihren Memoiren, und doch: »Die Ironie des Schicksals wollte es, daß auf alle das gleiche Unglück wartete.«[78]

Man war geschickt genug gewesen, auch einige bei der Intelligenzija in gutem Ruf stehende Namen auf die Liste der Gründer zu setzen. Sie waren mit Bedacht ausgewählt und sollten die Verbindung der Russischen Psychoanalytischen Vereinigung zur breiten intellektuellen Elite symbolisieren. Alexander Gabritschewski war darunter, ein Kunstwissenschaftler und einer der besten sowjetischen Kulturgeschichtler überhaupt. Der Kreis um ihn, wozu sich beispielsweise Gustaf Spet und Michail Bulgakow, Wassili Kandinski und Robert Falk zählten, wird von seiner Frau Natalja Sewerzowa wie folgt beschrieben: »Immerzu stießen neue Leute dazu, oftmals vollig gegensätzlich und unversöhnlich in ihrer Art, die sich gegenseitig inspirierten … Man besuchte sich des Abends, trank zusammen Wodka oder ging auf ein Bier in die Kellerkneipen am Arbat. Gegessen wurde wenig, gescherzt viel, über das Leben klagte keiner. Man tat seine Arbeit, bekam dafür ein Almosen und war zwei Wochen später, bis zum nächsten Zahltag, ohne einen Heller in der Tasche.«[79] Die Wohnung der Gabritschewskis, eines der Zentren dieses geselligen Lebens, befand sich in der Nikitskaja-Straße, unmittelbar neben der Villa, wo die Psychoanalytische Vereinigung ihren Sitz hatte.

Etwas später als die bis hier Genannten traten der Vereinigung bei: der Neuropathologe und künftige Spiritus rector der Pädologie Aron Salkind (siehe Kap. 4 und 8); der Staatsrechtler Michail Reisner (1869–1929), einer der Autoren der ersten sowjetischen Verfassung (vor allem aber Vater von Larissa Reisner, jener romantischen Heldin der russischen Revolution – und damit Schwiegervater zunächst von Fjodor Raskolnikow, dann von Karl Radek), der ungarische Exilkommunist N. Vargyas, damals Philosoph am *Institut der Roten Professur*[80], der zu freudo-marxistischen Themen schrieb, der bolschewistische Diplomat Wiktor Kopp, der später Botschafter in Tokio war ... Ein Achtel der Mitglieder der Internationalen Psychoanalytischen Gesellschaft gehörten der Russischen Vereinigung an – insgesamt dreißig.

Wie zu bemerken ist, waren Ärzte und erst recht praktizierende Analytiker in dieser Gruppe nur schwach vertreten; dafür gab es um so mehr namhafte Bolschewiki, die der herrschenden Macht im Lande denkbar nahestanden. Politisches Kalkül mag demnach bei der Gründung der Vereinigung ebenso Pate gestanden haben wie der nur zu verständliche Wunsch solcher Leute wie Jermakow, Wulff oder Gabritschewski, Gleichgesinnte um sich zu scharen.

Wer nun konnte als oberster Schirmherr gelten?

Jean Marti, der in diesen Dingen gut Bescheid weiß, vertritt die Ansicht, das Ehepaar Schmidt habe sich auf ihren Verwandten, den alten Bolschewiken und Volkskommissar für Arbeit Wassili Schmidt, verlassen können, dessen Politik es war, »Spezialisten«, die sich durch ehrliche Arbeit zum Wohle der neuen Ordnung nützlich machten, nach Kräften zu fördern.[81] Lurija erinnerte sich, daß die Organisatoren der Vereinigung von »Radek und einer Reihe anderer«[82] unterstützt wurden; er äußerte das Anfang der Siebziger, also in einer Zeit, da man die Namen dieser »anderen« tunlichst nicht in den Mund nahm. Und so ist es wohl am wahrscheinlichsten, daß Lew Trotzki hinter alledem stand – einer, der für die Unterstützung der Psychoanalyse seine besonderen Gründe hatte (siehe Kap. 7).

Dank der Fürsprecher in höchsten Instanzen bekam man jedenfalls ein bemerkenswertes Gebäude zur Verfügung gestellt: die Rjabuschinski-Villa in der Malaja Nikitskaja. Der einundzwanzigjährige wissenschaftliche Sekretär der Einrichtung Alexander Lurija erhielt »ein prächtiges Arbeitszimmer mit Seidentapeten, wo es sich furchtbar festlich ausnahm, wenn, ich glaube alle zwei Wochen, die Psychoanalytische Vereinigung tagte«[83]. Später fiel dieses Haus Maxim Gorki zu, dessen Museum es heute beherbergt.

Die Kasaner Episode

Die damals von Otto Rank und Ernest Jones redigierte Internationale *Zeitschrift für Psychoanalyse* brachte 1922 – in einer Reihe mit Korrespondenzen aus den allseits bekannten »Zweigvereinigungen« in Großbritannien, Wien, Berlin u. a. – auch eine Information zur *Kasaner Psychoanalytischen Vereinigung*.[84] Sie enthält eine Liste von vierzehn Mitgliedern, die mit jener aus dem Lurija-Nachlaß ungefähr übereinstimmt; später kommen noch einmal sieben Ehrenmitglieder (allesamt Ärzte aus Kasan) hinzu.[85] Daneben werden die Sitzungsberichte der Kasaner Zusammenkünfte von 1922 und 1923 veröffentlicht. Schließlich findet sich unter der Rubrik *Zur psychoanalytischen Bewegung*, wo aus noch nicht offiziell in die Gesellschaft aufgenommenen Ländern wie etwa Frankreich, der Schweiz u. a. berichtet wird, auch ein Abschnitt zu Rußland, wobei hier ausschließlich von Moskau die Rede ist.

Der Antrag der Russischen Psychoanalytischen Vereinigung auf Aufnahme in die Internationale Gesellschaft wurde auf deren VII. Kongreß in Berlin (25.–27. September 1922) behandelt und gab Anlaß zur Diskussion. Nachdem zunächst die eben erst gegründete Indische Vereinigung aufgenommen worden war, empfahl Jones als Präsident der Gesellschaft, dem auch die Vorbereitung des Kongresses oblegen hatte, die Entscheidung über den Antrag der Russen noch zu vertagen. Freud selbst mischte sich ein. (Es war der letzte Kongreß, bei dem er zugegen war.) Er zeigte sich über den Stand der Dinge in Moskau informiert und plädierte dafür, die Russen sogleich aufzunehmen. Daraufhin meldete sich Douglas Bryan, seinerzeit Jones' Stellvertreter in der British Society, zu Wort und erklärte, eine Aufnahme der Russischen Vereinigung sei schon aus rein formalen Gründen unmöglich, da ihre Statuten noch nicht vorlagen. Dem mußte Freud notgedrungen zustimmen; sein Vorschlag war nunmehr, »der Kongreß möge die Zentralleitung ermächtigen, die Aufnahme der Moskauer Gruppe vorzunehmen, sobald die notwendigen Aufnahmebedingungen erfüllt seien«[86]. Dieser Antrag wurde angenommen.

Sodann brachte Jones eine neue Frage auf die Tagesordnung. Er schlug vor, das Statut der Internationalen Gesellschaft dahingehend zu ändern, daß regionalen Gruppen in den Mitgliedsländern die Möglichkeit gegeben sein sollte, durch bestehende Ortsgruppen kooptiert zu werden. Freud präzisierte, daß dieses Verfahren nur für kleinere lokale Gruppen Anwendung finden sollte; mit dieser Prämisse fand die Änderung einhellige Zustimmung. Im Verlauf der Diskussion trat das Mitglied der Wiener und der Schweizer Vereinigung Sabina Spielrein auf und äußerte sich – wie, ist leider nicht bekannt – zur möglichen Anwendung des neuen Statuts auf die Verhältnisse in Rußland. Gemeint sein konnte nur die Konkurrenz zwischen den von Freud unterstützten Moskauern und den Kasanern, hinter denen Jones stand. Mit dem von der Leitung wie üblich gewählten Kompromiß bekam Kasan faktisch eine begrenzte Souveränität zugesprochen.

Die hieraus entstandene Situation war wohl der hauptsächliche Anlaß, weshalb es zum Besuch von Wera und Otto Schmidt bei Freud und Abraham im Herbst des Jahres 1923 kam.[87] Karl Abraham war Zentralsekretär der Internationalen Gesellschaft; seine und Freuds Protektion mochten gewichtiger sein als Jones' Widerstand. Und tatsächlich hatte die auf diese Gespräche folgende Nummer der Zeitschrift mitzuteilen, daß Jones die provisorische Aufnahme der Moskauer Vereinigung vorbehaltlich der Bestätigung des Kongresses verfügt habe.[88] Diese erfolgte 1924 in Salzburg.

Vor der Reise der beiden Schmidts war es auch zu Verhandlungen zwischen Moskau und Kasan gekommen. Das Ergebnis war ein am 4. September in Kasan gefaßter Beschluß: »Zum Zwecke der Konzentration der psychoanalytischen Bewegung in Rußland ist der Beitritt der Mitglieder der Kasaner zur Russischen Psychoanalytischen Vereinigung mit Sitz in Moskau anzustreben. Die Übersiedlung A. Lurijas sowie der Doktoren B. Fridman und R. Awerbuch nach Moskau wird vereinbart.«[89] Bei gleicher Gelegenheit wird Lurija zum Sekretär der Russischen Vereinigung gewählt.

Bleibt zu bemerken, daß Jones selbst 1957, als er den Anmerkungsapparat für seine dreibändige Freud-Biographie erstellte, die Kasaner Gruppe offenbar immer noch als autarke Einheit innerhalb der Internationalen Gesellschaft ansah. Jones' Hinhaltemanöver bezüglich des Beitritts der Russischen Vereinigung sowie einige verhohlene Meinungsunterschiede zu Freud in dieser Frage lassen sich mit seinem besonderen Interesse an den Geschicken der Kasaner leicht erklären. Wohl weil ihm klar war, daß dem Ansinnen Rußlands letztlich nachgegeben werden mußte, sprach er sich dafür aus, regionalen Gruppen (respektive der Kasaner) den Beitritt zu ermöglichen. Diese nicht ganz durchsichtige Politik ließ Jones sich von Freud absegnen.

Die ratlosen Moskauer Gründerväter, die überall im Land gewaltigen Einfluß besaßen, zogen sich aus der internationalen Affäre, indem sie Lurija und seine Leute einfach nach Moskau holten. Mit dem Kasaner Zirkel hörte auch das Problem auf zu existieren. Es ließe sich sogar denken, daß der junge Lurija das Ränkespiel zu diesem Zweck selbst angezettelt hatte. Später, als Schriftführer der Russischen Vereinigung, mochte Lurija in seinen offiziellen Berichten nicht mehr an dieser Geschichte rühren und behauptete einfach, die Vereinigung sei von der internationalen psychoanalytischen Bewegung sogleich und ohne weiteres akzeptiert worden.

Die drei Organisationen sowjetischer Analytiker

M. Astwazaturow, einer jener Psychoneurologen der Bechterew-Schule, die gegen die Psychoanalyse Front machten, schrieb 1924: »Die Anhänger der Freudschen Lehre bilden eine besondere Kaste mit eigenen Zeitschriften und eigenen Kongressen.«[90] Das war nun wohl auch in Rußland nicht anders zu erwarten ...

Die Mitgliederverzeichnisse der Russischen Psychoanalytischen Vereinigung waren im Fachblatt der Internationalen Gesellschaft mehrere Male zu finden. Der 1924 abgedruckte Stand umfaßte neben den uns bekannten Gründungsmitgliedern noch Sabina Spielrein sowie drei Kasaner Analytiker mit Lurija an der Spitze, die im Herbst 1923 dazugekommen waren.[91] In einer der Internationalen Gesellschaft sechs Jahre später übermittelten Liste fehlten die meisten Kunstwissenschaftler und Schriftsteller aus frühen Tagen, dafür fanden sich zwei Namen, die in der kommenden Zeit für die sowjetische Wissenschaft von Belang sein sollten: Lew Wygotski, der mit seinen Arbeiten zur Theorie des Denkens Weltruhm erlangen würde, sowie Nikolai Bernstein, der spätere Begründer der »Aktivitätsphysiologie«.[92]

Die Geschäfte der Russischen Psychoanalytischen Vereinigung waren eng verflochten mit der Tätigkeit zweier weiterer Organisationen, in denen sich Analytiker zusammengefunden hatten: dem Staatlichen Psychoanalytischen Institut zum einen, dem Kinderheim-Laboratorium zum anderen. Alle drei Institutionen lebten von den Aktivitäten ein und desselben Personenkreises: Institutsdirektor und bis 1924 auch Präsident der Vereinigung war Iwan Jermakow. Da wie dort spielte Moshe Wulff eine maßgebliche Rolle: In der Vereinigung leitete er die medizinische Sektion (und löste später Jermakow als Präsident ab), im Institut die poliklinische Abteilung. Als Schriftführer der Vereinigung und wissenschaftlicher Sekretär des Instituts fungierte Alexander Lurija. Die Leitung des Kinderheim-Laboratoriums lag formell gleichfalls in den Händen Jermakows, für die wissenschaftliche wie auch praktische Arbeit war hier jedoch Wera Schmidt zuständig. Ihr Mann gab im Staatsverlag, den er selbst leitete, die vielbändige *Psychologische und psychoanalytische Bibliothek* heraus, deren Zusammenstellung und Redaktion sich wiederum kein anderer als Jermakow zu seiner Lebensaufgabe gemacht hatte.

Dieses Grüppchen Leute hatte sich relativ früh, jedenfalls schon vor 1921 gefunden und bestand in dieser geschlossenen Form ungefähr fünf, sechs Jahre lang. Es verfügte über weitreichende intellektuelle und politische Kontakte; neuen Personen war der Zugang zu diesem Olymp jedoch verwehrt. Sabina Spielrein war in dieser Hinsicht ein bezeichnendes Beispiel. Sie kam 1923 nach Moskau (Freud selbst hatte ihr, wie wir uns erinnern, den Segen gegeben), und voller Tatkraft suchte sie sich in die laufenden Arbeiten zu integrieren. Laut Lehrplan des Instituts hielt sie einen Zyklus Vorlesungen, Seminare zur Psychoanalyse des Kindes, ein Schülerpraktikum (d.h. Lehranalysen), und sie teilte sich im Ambulatorium eine Sprechstunde mit ihrem neuen Assistenten Fridman. Falls von alledem überhaupt etwas zustande kam, dann nur für kurze Zeit: Schon bald reiste die Spielrein ab: nach Rostow am Don, wo sie ein schweres Los erwartete (siehe Kap. 5). Keine der drei psychoanalytischen Institutionen vermochte eine Frau zu halten, die der Qualifikation nach in Rußland ihresgleichen nicht hatte.

Weiter erfahren wir aus der *Internationalen Zeitschrift für Psychoanalyse*, daß sich 1923 ein »Präsidium« konstituierte, welchem die »geschäftliche Leitung der Vereinigung und des Instituts«[93] anvertraut war. Ihm stand wiederum Iwan Jermakow vor, Vizepräsident war Otto Schmidt, Alexander Lurija spielte den Sekretär, Moshe Wulff und Sabina Spielrein waren »Mitglieder«. Leider taucht dieses Organ, dem, mit Ausnahme Schmidts, nur wirklich kompetente Analytiker angehörten, in keinem späteren Dokument wieder auf.

Im Nachlaß Jermakows gibt es zwei Versionen eines Funktionsplans des Staatlichen Psychoanalytischen Instituts, die eine Menge Fragen klären helfen. Das Psychoanalytische Institut ist dort als Sitz der Psychoanalytischen Vereinigung benannt, Versammlungsort zu »organisatorischen wie propagandistischen Anlässen«. »Die ideelle Führung bleibt der Vereinigung vorbehalten.« Fünf Unterabteilungen des Instituts waren vorgesehen: das Kinderheim, die Ambulanz, die Klinik, das psychologische Labor und die Bibliothek. Jermakow und Wulff beabsichtigten, gemeinsam eine Vorlesungsreihe zur allgemeinen Psychoanalyse zu halten; außerdem plante Jermakow einen Spezialkurs zur Anwendung der Psychoanalyse in der Pädagogik.

Von den elf im Institut vorgesehenen Seminaren sollten zehn eine künstlerisch-pädagogische Ausrichtung haben. Seminarleiter waren in erster Linie die Genannten, aber auch andere Namen tauchten auf: Das Seminar *Musik für Kinder* sollte zum Beispiel von Nadeshda Brjussowa abgehalten werden. G. Weisberg von der Hauptverwaltung Sozialerziehung beim *Narkompros* bot ein Seminar zu Fragen der Organisation von Kinderkollektiven an. Die Ausnahme, allerdings an erster Stelle der Liste rangierend, war das Seminar Moshe Wulffs zum therapeutischen Einsatz der Psychoanalyse. Neben den Seminaren gab es im Institut Kolloquien, die die Pädagogische Sektion gemeinsam mit Schazkis Versuchsstation abhielt, und Tagungen einer literarischen Sektion, an denen Woronski teilnahm.

Zwischen Lew Trotzki und Wasja Stalin

Die Nähe der sowjetischen Psychoanalytiker zur Macht in den zwanziger Jahren ist ein einzigartiges Phänomen. Die personellen Verflechtungen ebenso wie die vielen Punkte, an denen sich ihre ureigenen Postulate mit der herrschenden ideologischen Linie berührten, hat es in dieser Form nie und nirgends sonst gegeben. Selbst in einem anscheinend so politikfernen Projekt wie dem Psychoanalytischen Kinderheim-Laboratorium kommt diese Nähe zum Tragen.

Eine spezielle Ausbildung in Psychoanalyse hatte die faktische Leiterin des Heims Wera Schmidt, Pädagogin von Haus aus, offenbar nicht. Gleichwohl wurden ihre Veröffentlichungen in den internationalen Fachblättern von ausländischen Kollegen geschätzt. Wera Schmidt schrieb dort über Methoden und Erfahrungen bei der Arbeit des Kinderheim-Laboratoriums, eine monographische Abhandlung galt der Entwicklung ihres eignen Sohnes Alik. Anna Freud und Marie Bonaparte sollen für diese Arbeiten Interesse gezeigt haben. Von Wilhelm Reich stammt die

Beobachtung, die Leitung der Internationalen Psychoanalytischen Gesellschaft habe zur experimentellen Arbeit Wera Schmidts ein »halb skeptisches, halb feindseliges Verhältnis« an den Tag gelegt.[94]

Von Wera Schmidts Broschüre[95] und den regelmäßigen Berichten Alexander Lurijas abgesehen, die durch die Internationale Gesellschaft öffentlich gemacht wurden, verfügen wir bezüglich der Arbeit des Kinderheims über einiges Archivmaterial. Da ist zum Beispiel Iwan Jermakows handgeschriebener Entwurf zu einem Bericht mit der Überschrift »Das Psychoanalytische Labor-Institut *Internationale Solidarität*«[96], worin die Geschichte seiner Entstehung, die Quellen zur Finanzierung, »Besonderheiten des pädagogischen Herangehens« und »Pläne für die wissenschaftliche Arbeit« dargelegt sind. Der Text ist undatiert, er dürfte aus dem Jahr 1923 stammen. Daneben existieren die Gründungsdokumente des Instituts, Personalbögen der Mitarbeiter, Inspektionsberichte verschiedener Kommissionen des *Narkompros*, Stellungnahmen der wissenschaftlich-pädagogischen Sektion und des Staatlichen Wissenschaftsrates beim *Narkompros* zu diesen Berichten nebst der entsprechenden Korrespondenz.[97] Interessante Details finden sich darüber hinaus in den unveröffentlichten Erinnerungen Alexander Lurijas und in den Arbeiten Jean Martis (der die Informationen vermutlich von Moshe Wulff bezog).

Das *Kinderheim-Laboratorium* wurde im August 1921 eröffnet – im zweiten Stock ebenjener Villa in der Malaja Nikitskaja, wo sich das Staatliche Psychoanalytische Institut befand. Es in die verworrenen Organisationsstrukturen des *Narkompros* einzugliedern erwies sich von Anfang an als schwierig. Jermakows Bericht sagt aus, daß es zunächst dem Akademiezentrum angehörte, welchem die nicht direkt der Hauptverwaltung Wissenschaft unterstehenden Forschungseinrichtungen zugeordnet waren; anschließend wechselte es in die Zuständigkeit der Hauptverwaltung Sozialerziehung, wozu die Kinderheime üblicherweise gehörten, »bis das Volkskommissariat für Bildungswesen auf einer besonderen Sitzung beschloß, das Institut wieder dem Akademischen Zentrum anzugliedern, was bis heute so geblieben ist«[98]. Somit war es faktisch in den Rang eines Wissenschaftsinstituts erhoben. Rein formell und wohl auch in der Sache bildeten das Staatliche Psychoanalytische Institut und das Kinderheim-Laboratorium eine einzige Organisation. Jermakow verwendet dafür zuweilen den Namen *Psychoanalytisches Laborinstitut*.

Allerdings erhielt es vom Akademischen Zentrum kein Geld. Jermakows Bericht zufolge wurde es »anteilmäßig« von drei sowjetischen Organisationen »unterhalten«: der Hauptverwaltung Sozialerziehung, dem Volkskommissariat Versorgung und dem Staatsverlag (letzterer ließ dem Institut einige Prozente der Einnahmen aus der *Psychologischen und Psychoanalytischen Bibliothek* zukommen). Das Institut war zeit seines Bestehens in finanziellen und materiellen Nöten. Im März 1922 stattete ihm »ein Vertreter der deutschen Bergarbeitervereinigung *Union*«[99], Genosse Witt, einen Besuch ab. »Er zeigte sich an der Arbeit des Instituts inhaltlich interessiert«, führte Verhandlungen mit Vertretern der Komintern, des Wissenschaftsrats und des Verbandes russischer Bergarbeiter, schließlich »übernahm er als Bevollmächtigter der *Union* die Patenschaft über das Kinderheim«.[100] Ein neuer Name für die Einrichtung – *Internationale Solidarität* – war die Folge.

Zum Institutspersonal gehörten neben dem hauptamtlichen Direktor acht Angestellte mit pädagogischen Aufgaben, dazu »weitere Mitarbeiter, die aufgrund erfolgter Kürzungen nicht fest angestellt werden konnten«, unter ihnen Moshe Wulff.

Im »inhaltlichen« Abschnitt seines Textes betont Jermakow »die Erfolge der neuen Richtung in der Psychologie, die mit den früheren idealistischen Strömungen gänzlich gebrochen hat«, und formuliert als wissenschaftliches Ziel »methodisch geführte Beobachtungen an einer speziellen Kindereinrichtung«, wie sie bislang »nirgends, weder im Westen noch bei uns« angestellt worden seien. Der praktische Sinn solcher Tätigkeit bestehe in der Erarbeitung von Methoden zur Prophylaxe krankhafter Erscheinungen in der Entwicklung der Psyche. Die Psychoanalyse charakterisiert Jermakow als »wirkungsvolle Methode zur Befreiung eines geschädigten Menschen von seiner sozialen Beschränkung«. Es stelle sich die Aufgabe »der Erziehung einer sozial wertvollen Persönlichkeit im Kollektiv«.

Da nun Jermakow die Insassen des Heimes beschreibt, trifft er eine Feststellung, die auf den Charakter der von ihm geführten Einrichtung ein völlig verändertes Licht wirft. »Kinder: in der Mehrzahl Kinder von Parteiarbeitern, welche ihre gesamte Zeit verantwortungsvoller Parteiarbeit widmen und daher nicht in der Lage sind, ihre Kinder zu erziehen.«[101] Eine analoge Aussage gibt es von Lurija: Im »psychoanalytischen Kindergarten«, wie er es nennt, seien die Kinder hochgestellter Persönlichkeiten erzogen worden, insbesondere der Sohn der Schmidts (jener Alik, den Wera Schmidt über viele Seiten beschrieben hat) sowie ... ein Sohn Stalins.[102]

Gemeint sein kann nur Wassili Stalin, Jahrgang 1921.

Es hat den Anschein, als sei das psychoanalytische Laborkinderheim eine Eliteeinrichtung gewesen, wo Parteifunktionäre, die nicht gewillt oder »in der Lage« waren, ihre Kinder selbst zu erziehen, diese in gute Hände gaben. Daß sie alles dafür taten, das Heim – und sei es aus den Mitteln deutscher Gewerkschaftsverbände – mit dem Notwendigen zu versorgen, verstand sich daher von selbst. Die wissenschaftliche Observation unter Aufsicht des Akademischen Zentrums, Psychoanalyse und andere Finessen mochten teils dazu herhalten, die genannten Privilegien zu kaschieren, teils modische Zugaben sein, gegen die man vorläufig nichts einzuwenden hatte.

Die pädagogischen Prinzipien des Hauses klingen in Jermakows Darlegung nichtsdestoweniger überzeugend. Zumindest theoretisch war die psychoanalytische Arbeit darin tatsächlich verankert. Das für die spätere Entwicklung entscheidende, jedoch am wenigsten erforschte Alter liege unter vier Jahren, schreibt Jermakow. Das Augenmerk auf die erogenen Zonen, die instinktiven Triebe sei dabei von enormer Bedeutung. »Negatives, in den Augen des Erwachsenen Unanständiges gibt es für das Kind nicht. Jede kindliche Äußerung ist von Wert, sie erlaubt uns, die Innenwelt des Kindes gründlicher und besser kennenzulernen. Damit das Kind sich frei entdecken kann, muß eine Atmosphäre des vollen Respekts und Vertrauens geschaffen werden: vom Erwachsenen zum Kind wie auch umgekehrt.« Und schließlich, ganz im Pathos von Jermakows eigenen theoretischen Schriften, das letzte Prinzip: »Das Kind wird groß durch Einschränkung der Vorherrschaft des ›Lustprinzips‹ über das ›Realitätsprinzip‹. Jedoch muß eine solche Einschränkung durch das Kind selbst erfolgen und darf in ihm kein Gefühl der Schwäche erzeugen, es muß zu einem Gefühl der Beherrschung, der bewußten Zielsetzung führen.«

Das Personal des Laborkinderheims hatte folgende Leitsätze zu verinnerlichen:

»Ein Kind läßt sich nur erforschen, wenn man Kontakt zu ihm, Rapport herstellt.«

»Kontakt herstellen läßt sich nur, wenn das Personal an jenen unbekannten, im Unbewußten liegenden Prozessen arbeitet, die es verhindern, das Kind zu sehen, zu begreifen und mit ihm Kontakt zu haben, und statt dessen beim Kind unverständlich scheinende Reaktionen wie Bockigkeit u. a. auslösen.«

»Durch den Kontakt mit der Erzieherin (Übertragung) wird es dem Kind ermöglicht, Verbindung zur Realität aufzunehmen und Abstand von gewissen Körpergelüsten (z. B. analen) zu gewinnen, die seine Entwicklung hemmen und zur Asozialität führen.«

»Dazu muß das Kind der Erzieherin nicht nur auf der Ebene der alltäglichen Beziehungen Vertrauen schenken, sondern auch in jenen Sphären, die üblicherweise als unanständig gelten. Vieles von dem, was einen Patienten von seiner Neurose heilt, ist dem Menschen erst in dem Moment in die Hand gegeben, da er den Mut findet, sich vor sich selbst und dem anderen zu öffnen.«[103]

Es existierte ferner ein Forschungsplan, der u. a. Programme zur Kontaktaufnahme mit Neuankömmlingen, die Führung von Journalen und Persönlichkeitsbildern, die Typisierung dominanter erogener Zonen, die Analyse von Spielhandlungen, kindlichen Ängsten, Trauminhalten und Erzeugnissen kindlicher Kreativität (Zeichnungen, Plastiken) beinhaltete.

Jedoch fehlt in dem von Jermakow verfaßten Papier der Hinweis auf jenes Prinzip, das von Beginn an als erste Voraussetzung für den Erfolg des ganzen Unternehmens betrachtet wurde: Alle Mitarbeiter und Erzieherinnen der psychoanalytischen Kindereinrichtung hatten selbst eine Analyse zu durchlaufen. Auch ein Besucher aus Wien (»Herr Dozent Pappenheim«) wies in seinem knappen Bericht für die *Internationale Zeitschrift für Psychoanalyse* speziell darauf hin, daß angeblich »alle Pflegepersonen, die mit den Kindern in Berührung kommen, zur Beseitigung der schädlichen Einwirkung ihrer eigenen Komplexe analysiert werden«[104]. Doch war die Verwirklichung dieser Idee unter den gegebenen Bedingungen offenbar so schwierig, daß Jermakow sie in seinem Bericht nicht einmal mehr in Aussicht stellte. Für diese Unterlassung sollte er eines Tages die Rechnung präsentiert bekommen.

Fünf Inspektionen und eine einzelne Meinung

Die Protokolle und Begleitpapiere der Inspektionen, die wir im Archiv des *Narkompros* auffanden, lassen einen Eindruck von der Atmosphäre entstehen, in der die Arbeit der Moskauer Analytiker damals vonstatten ging.[105]

Der Kommission, die das psychoanalytische Kinderheim im April 1923 inspizierte, gehörten an: das Mitglied des Staatlichen Wissenschaftsrates I. L. Zwetkow sowie die *Narkompros*-Inspektoren R.W. Larikowa und P. W. Karpow. Ihr ausführlicher Bericht wurde dem Akademiezentrum als übergeordneter Stelle vorgelegt. Es heißt darin, der Stellenplan sei seit der Gründung des Hauses im August 1921 von 51 auf 18 Stellen gekürzt worden. Zu Beginn der Arbeit waren vierundzwanzig Kinder aufgenommen worden, zum Zeitpunkt der Inspektion befanden sich zwölf im Heim: fünf Vierjährige, vier Dreijährige und drei Zweijährige. Die Kinder seien adrett gekleidet und kontaktfreudig gewesen. Die Küche war nach Ansicht der Inspektoren gut, das Büro vorzüglich geführt. »Das sogenannte Archiv befand sich in völliger Unordnung.« Die Finanzierung erfolgte aus drei Quellen: Pro Quartal des Jahres 1923 erhielt das Kinderheim-Laboratorium 30 000 Rbl. von der Stadtkämmerei (*Mosfinotdel*), 3 600 Rbl. vom Staatsverlag und 1 545 Rbl. von den Eltern der beherbergten Kinder. (Daß hohe Parteifunktionäre es vorzogen, ihre Kinder, für die zu sorgen sie keine Zeit hatten, auf Staatskosten erziehen zu lassen, verwundert nicht.) Außerdem traf im Juni 1922 die erste Lebensmittellieferung von den deutschen Gewerkschaften ein: dreihundert Kilo Mehl, zweihundert Büchsen Kondensmilch und einiges mehr. Weitere Lieferungen sollten folgen. Ansonsten wurde das Kinderheim durch das Volksbildungskommissariat und die Hauptverwaltung Sozialerziehung versorgt. In seinen Lagerkammern fand die Kommission nicht angebrochene Lebensmittelvorräte.

Zur Forschungsarbeit sagt der Bericht nur wenig. Die Beobachtung der Kinder erfolge seitens der Erzieherinnen, die Journale führen, Persönlichkeitsbögen sowie Statistiken erstellen usw. Die Kinder dürfen zeichnen und schnitzen, es werden Kreisspiele und vieles mehr angeboten. Über alles werde peinlich Buch geführt, wodurch bereits eine Menge hervorragendes Material zusammengekommen sei. Die Arbeit habe deskriptiven Charakter. Ein Labor sei nicht vorhanden; die üblichen medizinischen Untersuchungen erfolgen nicht. Die Kinder werden auch nicht gewogen, es gebe nicht einmal eine Waage dafür.

Hier nun die Zusammenfassung der Kommission (der Stil ist ungeglättet):

»Das Kinderheim wird äußerlich gut unterhalten, gleiches betrifft die da wohnenden Kinder. Aber nicht das bestechende

Äußere darf Sinn und Zweck des Ganzen sein, der die Existenz des so kostspieligen Kinderheims rechtfertigt, sondern seine wissenschaftliche Tätigkeit ... Plan und Methoden der Untersuchung tragen zufälligen dilettantischen Charakter, weil alles nur dem deskriptiven Charakter angehört; jede Laborarbeit fehlt völlig, und die Personen, die an der richtigen Durchführung einer wissenschaftlichen Untersuchung der Kinder Interesse zeigen, sind auf diesem Gebiet nur wenig kundig, gelinde gesagt.

Das Äußere und die Beobachtung sind natürlich einfach realisierbar, deshalb ist dieses erste Arbeitsstadium auch verwirklicht. Zu ernsthafter Labortätigkeit ist es noch nicht gekommen, ja, es wird in dieser Richtung nicht einmal der Versuch unternommen, obwohl das Kinderheim auf die Bezeichnung Laboratorium und Institut Wert legt, aber angesichts dessen, daß die wissenschaftliche Arbeit nicht auf dem nötigen Niveau steht, spricht sich die Kommission dagegen aus, das betreffende Kinderheim als wissenschaftliche Institution anzuerkennen.«[106]

Am 26. April 1923 wird die Angelegenheit im Präsidium der Sektion Pädagogische Wissenschaften beim Staatlichen Wissenschaftsrat verhandelt. Den Vorsitz hat Michail Pokrowski. Außerdem anwesend sind Zwetkow, Blonski, Schazki und drei weitere Präsidiumsmitglieder. Auch Jermakow ist der Einladung gefolgt. Im Sitzungsprotokoll ist schon nicht mehr von einem Kinderheim-Laboratorium, sondern vom Psychoanalytischen Laborinstitut *Internationale Solidarität* die Rede. Nach Anhörung der Kommission sowie Jermakows kommt das Präsidium zu folgendem Schluß:

»a) es besteht die Ansicht, daß die am Kinderheim geleistete Forschungsarbeit in ihrer jetzigen Form und gemessen an den Ergebnissen unverhältnismäßig große Mengen staatlicher Mittel verschlingt;

b) es besteht kein Anlaß anzunehmen, daß die Tätigkeit des psychoanalytischen Laboratoriums *Internationale Solidarität* für die unmittelbar anstehenden Aufgaben des Wissenschaftsrats zu gebrauchen ist.«[107]

Schazki beharrte auf einer ganz eigenen Meinung, die wiederzugeben lohnt.

»Davon ausgehend, daß durch den Beschluß des Präsidiums die Frage der Schließung des betreffenden Kinderheims akut gestellt ist, kann ich mich mit den vorgetragenen Argumenten nicht einverstanden erklären.

Das Problem, an dem die betreffende Einrichtung arbeitet, ist so wichtig, daß jeder Versuch in dieser Richtung Unterstützung verdient. Im vorliegenden Fall wurde zweifelsfrei festgestellt, daß eine gute Führung der pädagogischen Arbeit gegeben ist – die Behandlung der Kinder geschieht umsichtig, behutsam, liebevoll. Die Pädagogen arbeiten viel an den Methoden der Beobachtung und Aufzeichnung pädagogischer Sachverhalte. Ihr Material ist sehr interessant. In wissenschaftlicher Hinsicht wären größere Anstrengungen wünschenswert, doch ist dies offenbar nicht so einfach und der betreffenden Einrichtung nicht anzulasten. Insofern kann nur von einer Verbesserung oder evtl. Reorganisierung (wirtschaftlich) in einigen Tätigkeitsbereichen der Einrichtung die Rede sein: höhere Wirtschaftlichkeit, Organisierung anatomisch-physiologischer Beobachtungen, nicht aber von einer völligen Einstellung der Tätigkeit. Eine sehr große Anzahl wissenschaftlicher Kräfte in aller Welt arbeitet zu Problemen der Psychoanalyse in der Pädagogik. Es liegt eine ganze Reihe interessanter ausländischer Arbeiten vor (z. B. zur *Psychoanalyse in der Schule*) – und in ganz Rußland gibt es nur einen einzigen Ort, wo diese Fragen Anwendung finden können: die Psychoanalytische Vereinigung und das betreffende Kinderheim als ihre Basis.

S. Schazki«[108]

Zwei Tage darauf kam die Sache vor die nächsthöhere Instanz: das Präsidium des Wissenschaftsrats. Der enthielt sich in dieser heiklen Frage lieber eines eignen Standpunkts und ließ den Vorgang noch höher gehen, nämlich an das Kollegium des *Narkompros*. Vielleicht war dies der Anlaß, weshalb Nadeshda Krupskaja in diesen Tagen vom Präsidium des Wissenschaftsrats »zur Diskussion einiger die Sektion Pädagogische Wissenschaften betreffenden Fragen« geladen wurde. Wie nahe sie Schazki stand, wußte jeder.

Zwei Sitzungen an einem Tag

Am 16. Mai faßte das Präsidium des *Narkompros* unter Leitung von Michail Pokrowski aufgrund einer Vorlage von Otto Schmidt den Beschluß, das Laborinstitut *Internationale Solidarität* »versuchsweise auf ein Jahr« weiterzubetreiben und zur Optimierung seiner Arbeit eine weitere Kommission zu bilden.[109] Selbige bestand dieses Mal nicht aus minderbemittelten Inspektoren. Vielmehr waren die Besten des Fachs vertreten, Leute, die zur

Psychoanalyse wenn nicht unmittelbar Bezug, so eine deutliche Affinität hatten: Bem, der die Kommission leitete, sowie Otto Schmidt, Blonski, Kornilow und Gliwenko. Von fünf Angehörigen der Kommission also drei Gründungsmitglieder der Psychoanalytischen Vereinigung und dazu mit Blonski und Kornilow zwei angesehene und kompetente Psychologen.

Während die Kommission ihrer Arbeit nachging, brauten sich über dem Psychoanalytischen Institut und seinem Kinderheim immer neue bürokratische Wolken zusammen: Am 9. Juni war es schon der Rat der Volkskommissare (Sownarkom) höchstselbst, der eine Untersuchung der *Internationalen Solidarität* verlangte.[110] Im Archiv überlebte bis in unsere Tage eine umfängliche Korrespondenz zwischen *Narkompros* und *Sownarkom*, worin die höhergestellte Instanz immerzu Rechenschaft über die Ergebnisse der Inspektionen verlangt und die untergeordnete mit nichtssagenden Antwortschreiben reagiert. Da im Briefwechsel nie das Psychoanalytische Institut, immer aber das Kinderheim-Laboratorium *Internationale Solidarität* angesprochen ist, muß dieses der Stein des Anstoßes gewesen sein.

Erhalten sind die Sitzungsprotokolle der Kommission, die nicht zuletzt ihren Arbeitsstil erkennen lassen.[111] Erstmals traf sie am 17. September zusammen; anwesend waren Bem, Schmidt, Kornilow und ein Schriftführer. Dem Protokoll läßt sich entnehmen, daß man die Sache ernsthaft anging. Punkt 1: Zusammensetzung der Kommission. Ihrem Mitglied Blonski war wegen Nichtanwesenheit eine Mißbilligung auszusprechen. Als Gutachter sollten Sabina Spielrein und Alexander Lurija hinzugezogen werden. Die Untersuchung war vor Ort zu beginnen, der Lokaltermin im Laborinstitut wurde für den 20. September anberaumt.

Doch es sollte anders kommen, als die rührigen Pläne es vorsahen. Noch am selben 17. September traf sich die Kommission in Anwesenheit des Leiters der Hauptverwaltung Wissenschaft N. Petrow zum zweiten Mal. Ohne Aufschub, ohne alle Untersuchungen und Expertisen wurde ein fertig vorliegender, fünf Punkte umfassender Beschluß gefaßt. Konstatiert wird darin »der hohe pädagogische Wert dieser nicht nur in Rußland, sondern in Europa einzigartigen Einrichtung, die wahrhaft befähigt ist, Phänomene des psychischen Lebens des Kindes unter Objektivität garantierenden Bedingungen zu erforschen«. Nach Ansicht der Kommission ist die Einrichtung mithin berufen, »auf der Grundlage psychoanalytisch gewonnener Erkenntnisse nach Methoden zur Herausbildung der sozial wertvollen Persönlichkeit im Kollektiv zu forschen«, wozu es notwendig sei, die Aufgaben des Kinderheims hinsichtlich »des Studiums der Sozialwerdung des Kindes« zu erweitern. Ferner wird von der Kommission die Empfehlung ausgesprochen, das Kinderheim dem Psychoanalytischen Institut zu unterstellen – dies »unter der Bedingung, daß marxistisch geschulte Leiter auf seine Arbeit Einfluß nehmen«. Bezüglich der Kinder wird empfohlen, den »proletarischen Anteil« zu verstärken, ihre Anzahl insgesamt zu erhöhen und somit die Unterhaltskosten relativ zu senken. Die erzieherische ebenso wie die wissenschaftliche Arbeit des Hauses schätzt die Kommission als hervorragend ein.

Wer hatte diese fünf Punkte zu Papier gebracht? Spielrein und Lurija gewiß nicht; sie einzubeziehen war gar keine Zeit gewesen. Auch Schmidt und Kornilow wurden hier wohl vor vollendete Tatsachen gestellt, und Petrow verstand von Psychoanalyse nicht die Spur.

Das gesamte Protokoll ist später noch einmal kopiert und der Resolution beigefügt worden, die dem *Narkompros* übergeben wurde. Nur ein Punkt des so plötzlich aufgetauchten Textes war wieder entfallen – ein bezeichnender und ganz verblüffender Punkt: »g) die Hauptverwaltung Wissenschaft ist zu beauftragen, alsbaldig die Frage der Einrichtung eines Psychoanalytischen Instituts und der Anbindung des Kinderheims an selbiges zu prüfen.«

Wer hat der Kommission hier seine Meinung zur Psychoanalyse in die Feder diktiert – und anscheinend vergessen, daß ein solches Institut bereits existierte? Es muß einer gewesen sein, der an der Entwicklung einer einschlägigen Psychoanalyse politisch interessiert war; einer, der sich über diese Fachrichtung genauso profund wie über ideologische Themen zu äußern wußte; ein offensichtlich Mächtigerer als Schmidt und Kornilow, einer nämlich, der Petrow vorschreiben konnte, was in dessen Behörde zu geschehen hatte, und dessen Anweisungen umgehend, noch am selben Tag, ausgeführt wurden; einer schließlich, der wohl wußte, wessen Kinder in dem Heim erzogen wurden, und der sich nicht nur traute, auf diesen Umstand hinzuweisen, sondern auch gleich noch vorschlug, die Besetzung durch einen höheren Anteil Proletarierkinder »aufzulockern« ... Von allen überhaupt in Frage kommenden Personen kann es eigentlich nur Trotzki gewesen sein.

Just zu jener Zeit, ganze zehn Tage nach den hier geschilderten Vorgängen, schreibt Trotzki seinen Brief an Iwan Pawlow, worin er bekennt, mit dem »Freudismus« vertraut zu sein, ihn als eigentlich wertvoll einschätzt und im Grunde den Vorschlag unterbreitet, eine mögliche Synthese aus der Pawlowschen Theorie der bedingten Reflexe und der Freudschen Psychoanalyse unter seine Fittiche zu nehmen (siehe Kap. 7). Dieses zeitliche Zusammentreffen wirkt so wohlbedacht, wie jene zwei bürokratischen Ideen zueinander passen: der an Petrow gerichtete Vorschlag zur Gründung eines psychoanalytischen Instituts einerseits, der Vorstoß in Sachen »Freudismus« bei Pawlow andererseits. Bezeichnend sind aber auch die Fehler, die Trotzki dabei unterlaufen: Den Moskauer Psychoanalytikern, die politischen Rückhalt dringend nötig hätten, schlägt er, wenn unsere Hypothese zutrifft, ein Institut zu gründen vor, das sie schon haben; politische Unterstützung trägt er dagegen Pawlow an, der zu jener Zeit bereits die Zusammenarbeit mit den Bolschewiki meidet und auf Trotzkis Beistand empört verzichtet ...

Wie immer es sich zugetragen haben mag: Die Einmischung höhererseits entschied das Schicksal jener in das System der Hauptverwaltung Wissenschaft eingebundenen Institution, die stracks sogar in den Status einer »nicht nur in Rußland, sondern in ganz Europa einzigartigen« vorrückte.

Im darauffolgenden Monat bestätigte das Kollegium des *Narkompros* den von der Kommission vorgelegten Bericht und nannte deren Schlüsse »absolut zutreffend«[112]. In der vom *Narkompros* angenommenen Entschließung stand unter Punkt Eins vermerkt, es werde »der Erhalt des Kinderheims, welches eine überaus wertvolle Arbeit bei der Beobachtung und Erforschung des Kindes an sich und der kindlichen Sexualität im besonderen leistet«, für notwendig befunden; danach dann die Instruktionen, die den Schlußfolgerungen der Kommission in allen Punkten folgten. Besonders bemerkenswert erscheint hier der Verweis auf die kindliche Sexualität, der von der Führung des *Narkompros* bis dahin kein einziges Mal Beachtung geschenkt worden war. Die Entschließung wurde nach oben durchgestellt, wo sie auf der Sitzung des Kleinen Rates der Volkskommissare vom 25. Januar 1924 »zur Kenntnis genommen« und schließlich am 6. Februar von Alexej Rykow im Namen des Großen Rates bestätigt wurde.[113]

Eine Übertragung im Rahmen des Kollektivs

Kurz nach dieser höheren Segnung reisen die Schmidts nach Wien, wo sie Freud persönlich über ihre Arbeit Auskunft geben. Am 18. Oktober 1923 erstatten die beiden vor der Moskauer Vereinigung über ihre Reise »zum Zwecke direkter Kontaktaufnahme mit den psychoanalytischen Gruppen« Bericht. Es heißt dort: »Besonderes Interesse wurde der Arbeit des Moskauer Kinderheims und des Staatlichen Psychoanalytischen Instituts entgegengebracht. Professor Freud, Doktor Otto Rank und Doktor Karl Abraham gaben zur Arbeit des Kinderheims eine Reihe interessanter Urteile ab. Diskutiert wurde insbesondere die Frage des Verhältnisses von kollektiver Erziehung und Psychoanalyse (d. h. wie es dem Ödipuskomplex im Rahmen der Kollektiverziehung ergeht).«[114] Diese Wiener Unterredung, in der sich die Moskauer Initiatoren der Psychoanalyse den »Weltgrößen« gewachsen zeigten und erleben durften, daß ihre einschlägigen Probleme auch hier durchaus gesprächswürdig waren, markiert gewiß den vorläufigen Höhepunkt in der Entwicklung der russischen psychoanalytischen Bewegung. Annähernd simultan (die Geschichte wollte es so) erfuhr sie – und konkret das Ehepaar Schmidt – Bestätigung von Freud *und* von Trotzki: von der Führung der Internationalen Psychoanalytischen Gesellschaft *und* vom Präsidium des *Narkompros*. Unmittelbar nach der Visite in Wien und Berlin wird die Russische Psychoanalytische Vereinigung als vollwertiges Mitglied in die Reihen der Internationalen Gesellschaft aufgenommen.

Doch der Triumph – wenn es denn einer war – währte nicht lang. Bald schon wurden um die Moskauer Psychoanalyse die Fäden einer neuen Intrige gesponnen.

Im Juli 1924 erreichte das *Kuratorium beim Psychoanalytischen Institut* ein viele Seiten umfassendes, von sieben Erzieherinnen unterzeichnetes Schreiben des pädagogischen Kollektivs des Kinderheim-Laboratoriums.[115] Aufgrund seiner dreijährigen Erfahrung sei das Kollektiv zur Auffassung gekommen, daß eine Fortsetzung der Arbeit unter den gegebenen Umständen nicht mehr möglich sei. Im Ausland, so stellen die Pädagogen fest, sei eine seriöse Ausbildung in Psychoanalyse die Grundvoraussetzung zu ihrer Ausübung. Nach einer solchen Ausbildung verursache die Arbeit mit Kindern, deren Erziehung und insbesondere Sexualerziehung, beim Pädagogen nicht mehr jene »inneren

Konflikte, die die Arbeit furchtbar hemmen und sich auf den Zustand seines Nervensystems auswirken«. Eine solche Ausbildung, unterstreichen die Autorinnen des Schreibens, sei nicht erfolgt. Infolgedessen sei im Kinderheim-Laboratorium eine besondere Situation eingetreten. »Die gespannte Atmosphäre beruht auf dem sogenannten Übertragungseffekt, von dem Freud in seinen Werken sehr viel und ausführlich schreibt: Ein Anteil des Bezugs zum Vater oder zur Mutter wird vom Kind auf eine andere Person übertragen ... Dies erzeugt eine immense Bindung an diese Person.«

Im weiteren Text des Schreibens erfährt dieser theoretische Aufhänger seine konkrete Auflösung. Es geht im wesentlichen um den Konflikt zwischen den Pädagoginnen und dem Leiter des Psychoanalytischen Instituts Jermakow. »Das Moment der Übertragung ist ein wirkungsvolles erzieherisches Mittel; unter den im Kinderheim gegebenen Bedingungen, angesichts des mangelnden Respekts seines Leiters vor der Persönlichkeit des Pädagogen ... wendet es sich jedoch ins Negative ... Da unserer Einrichtung eine Einzelperson vorsteht, war diese lange Zeit das einzige Objekt der Übertragung für das gesamte Kollektiv. Das daraus erwachsene mächtige Abhängigkeitsgefühl war durch nichts zu überwinden, da wir keine Analyse durchlaufen hatten.« Natürlich schätzen die Pädagoginnen ihre Arbeit und deren Ergebnisse viel zu sehr, um eine Schließung des Hauses in Erwägung zu ziehen; seine Einzigartigkeit, die Fülle des gesammelten empirischen Materials werden als Argumente genannt. Jedoch werde dieses Material von keinem genutzt, was auf Unzulänglichkeiten in der Arbeitsorganisation – Fehlen von Plan und Methode, Willkürlichkeit der Aufgabenstellung, keinerlei Möglichkeit, Initiative zu ergreifen usw. – zurückgeführt wird. »Die Folge ist eine tiefe Unzufriedenheit bei der Arbeit, wobei einem jegliche Chance genommen ist, aus eigener Kraft Besserung herbeizuführen.« Dazu kommt, daß besagtes Material nicht einmal verfügbar ist: Selbst Mitarbeitern des Psychoanalytischen Instituts und Mitgliedern der Psychoanalytischen Vereinigung ist der Zutritt zum Kinderheim verwehrt, und »es entsteht die völlig unnormale Situation, daß alles bis heute gesammelte Material nur einem einzigen Menschen zugute kommt.« (Wir erinnern uns: Auch Sabina Spielrein zeigte sich unzufrieden damit, daß sie im Institut weder die Möglichkeit hatte, die Kinder selbst zu beobachten, noch deren Erzieherinnen analysieren konnte, wodurch ihre Arbeit den Charakter »rein theoretischer Betrachtungen und platonischer Fernbefunde« bekam.)

Abschließend kommt man noch einmal auf die »riesige Unzufriedenheit« des Personals, einhergehend mit der »ausnehmenden gesellschaftlichen Wichtigkeit der Einrichtung«, zu sprechen. Unorganisiertheit, tiefgreifende Entfremdung von der Arbeit – in drei Jahren seien insgesamt fünfzig Erzieherinnen angestellt gewesen ... All dies habe zur Zersetzung des Kollektivs geführt.

Die nun folgenden Vorschläge des pädagogischen Kollektivs sind vielfältig und ebenso durchdacht wie die Schilderungen zum Stand der Dinge. An der Spitze des Kinderheims solle »eine Person mit großer gesellschaftlich-pädagogischer Erfahrung« stehen. Als Konsultanten könnten »einige Mitglieder der Russischen Psychoanalytischen Vereinigung« zu Rate gezogen werden. Eine ein- bis zweijährige Fortbildung des Kinderheimpersonals am Psychoanalytischen Institut sei zu organisieren. Für diese Zeit müsse Ersatzpersonal zur Aufrechterhaltung des Heimbetriebs gefunden werden, da die psychoanalytische Ausbildung mit der laufenden Arbeit nicht zu vereinen sei.

Dieses einzigartige Dokument läßt mehrere Deutungen zu. Es klingt einerseits nach dem, was man einen »Weiberaufstand« zu nennen gewohnt war, ein für das sowjetische System insgesamt typisches Ereignis, mit dem man überall dort rechnen konnte, wo ein reines Frauenkollektiv von einem Mann geleitet wurde. Andererseits ist unübersehbar, daß dem Konflikt Interessenunterschiede zwischen dem Ehepaar Schmidt (er ein Adressat des Briefes, sie zweifellos die Verfasserin) und Jermakow zugrunde liegen. Eben zurück aus Wien und Berlin, sahen die Schmidts es höchstwahrscheinlich als strittige Frage an, wer die russische Seite in der Internationalen Gesellschaft repräsentieren und dort Einfluß nehmen sollte, wobei sich Otto Julewitsch vielleicht als Thronanwärter für die vaterländische Psychoanalyse betrachtete. Gewiß zutreffend waren allerdings auch die sachlichen Vorwürfe seitens des Personals, welches zur psychoanalytischen Arbeit tatsächlich kaum die ausreichende Qualifikation besaß. Seine Einschätzung der organisatorischen Fähigkeiten Jermakows anzuzweifeln, besteht ebensowenig Grund. Und nicht zuletzt mögen die sich abzeichnenden Veränderungen der politischen Situation und deren Auswirkungen auf die Psychoanalyse ihren Teil dazu beigetragen haben, daß der persönliche Konflikt eskalierte.

Der Brief des pädagogischen Kollektivs war an das »Kuratorium des Psychoanalytischen Instituts« gerichtet, und der einzige, der je offiziell als Kurator dieser Institution bezeichnet wurde, war Schmidt. Daß er den Brief weiterleitete, war also seine Pflicht und Schuldigkeit – was immer ihn noch dazu bewegen mochte. Der Hauptverwaltung Wissenschaft fiel natürlich nichts Besseres ein, als eine neue Kommission zusammenzurufen. Die Psychoanalytische Vereinigung hatte dazu am 3. Juli ihre eigene Anhörung. In der anschließenden Resolution stand zu lesen: »Das Kinderheim-Laboratorium kann den Anforderungen psychoanalytischer Arbeit nur dann genügen, wenn die Erzieherinnen über gute theoretische und praktische Kenntnisse der Psychoanalyse verfügen und selbst eine Analyse durchlaufen haben.« Dem Psychoanalytischen Institut wurde empfohlen, baldigst eine entsprechende Fortbildung des Personals in die Wege zu leiten, bis zu deren Abschluß »das Institut keine Verantwortung für die pädagogische Arbeit des Heims übernehmen kann«[116].

Der Kurator wäscht seine Hände in Unschuld

»Sich in den zwanziger Jahren mit Psychoanalyse zu befassen, war nicht bloß ungefährlich – es verschaffte Prestige«, erinnert sich Natalja Traugott.[117] Doch das Gewitter zog herauf. Am 24. April 1924 forderte Albert Pinkewitsch, Ressortleiter in der Hauptverwaltung Wissenschaft, eine »gründliche Reorganisierung des Instituts hinsichtlich der Erweiterung seines Aufgabenbereichs auf dem Gebiet der pädologischen Forschung«[118]. Wieder einmal versuchte man höheren Orts, Psychoanalyse und die neue Wissenschaft von der Umformung des Menschen in einen Topf zu werfen ... Die aktuelle Kommission hielt es für das beste, dies als zwar wünschenswert, jedoch nicht praktikabel zu erachten.

Ende November 1924 wurden das Psychoanalytische Institut und das Kinderheim-Laboratorium *Internationale Solidarität* verwaltungsmäßig getrennt, wobei man das Budget des Instituts einfach halbierte. Außerdem wurden alle am Institut beschäftigten Pädagogen entlassen und statt dessen vier neue Erzieherinnen für das Heim angestellt. War das die Verwirklichung von Wera Schmidts Idee, für die Zeit der Psychoanalyseausbildung der »festen Kader« auf ein, zwei Jahre neue Kräfte zu engagieren? Leider kam es anders.

Otto Julewitsch Schmidt schickte der stellvertretenden Volkskommissarin für Bildung Warwara Jakowlewa und dem Chef der Hauptverwaltung Wissenschaft Nikolai Petrow einen Brief.

»Verehrte Genossen!
Vor drei Jahren wurde unter meiner Mitwirkung am Psychoanalytischen Institut ein Kinderheim-Laboratorium eingerichtet. Da ich auf dem Gebiet der Psychoanalyse kundig bin, im Präsidium der Russischen Psychoanalytischen Vereinigung sitze und mich schon mehrfach veranlaßt sah, Versuche zur Schließung des Heimes abzuwenden, hat sich die Meinung gefestigt, daß ich vor dem Narkompros und der Partei für die Arbeit des Kinderheim-Laboratoriums einzustehen habe.

Diese hat eine sehr interessante Entwicklung genommen, die wissenschaftlichen Resultate wurden im Ausland veröffentlicht und riefen bei Freud und seinen Nachfolgern ebenso wie bei Ärzten und Pädagogen in aller Welt Aufmerksamkeit hervor.

Mit zunehmendem Alter der Kinder hat sich jedoch das unzureichende Niveau der psychoanalytischen Ausbildung der Erzieherinnen als Manko deutlich bemerkbar gemacht. Nicht länger gewillt, sich bei unserer experimentellen Arbeit, auf die die Welt schaut, mit den vorhandenen begrenzten Mitteln zufriedenzugeben, faßten wir Beschlüsse, die den Leitungswechsel im Haus ebenso angingen wie die Kaderfortbildung.

Wie bekannt, erklärte sich die Hauptverwaltung Wissenschaft mit diesem Vorgehen einverstanden und beschloß darüber hinaus, das gut eingeführte Kinderheim als Laboratorium nicht allein der psychoanalytischen Arbeit, sondern allen Einrichtungen der pädagogischen Forschung zur Verfügung zu stellen.

Die Psychoanalytiker haben auf das Kinderheim faktisch keinen Einfluß mehr.

Ich wünsche der Hauptverwaltung Wissenschaft bei der vielfältigen Ausbeutung unseres Erbes Erfolg, halte es jedoch für meine Pflicht, den Genossen, an die dieser Brief adressiert ist, zur Kenntnis zu geben, daß ich mit dem Kinderheim künftig nichts mehr zu tun habe und für seine Arbeit in keiner Weise, weder direkt noch mittelbar und auch nicht moralisch, die Verantwortung übernehme.«[119]

Auf diesem Brief, datiert vom 20. November 1924, gibt es zwei Vermerke: »Der Abteilung Wissenschaft zur Kenntnis. 28. 11. Petrow« sowie »Zu den Akten. 24. 6. 1925«. Daraus geht hervor, daß Schmidts Brief auch bei der Schließung des Psychoanalytischen Instituts noch eine Rolle gespielt haben muß. Im Text wird jedoch nicht andeutungsweise Kritik am Institut bzw. an dessen Führung geübt, auch von einer Kompromittierung der Psychoanalyse nicht die Spur; allenfalls die ironisch kaschierte Verletztheit den »verehrten Genossen« gegenüber ist zu bemerken. Was veranlaßte Schmidt dazu, die Verantwortung für das Kinderheim von sich zu weisen? Ideologische Probleme können es nicht gewesen sein: Nach allem, was wir wissen, stand die Psychoanalyse im Jahr 1925 diesbezüglich noch auf festen Füßen.

Jean Marti erwähnt Legenden, die über das Heim im Umlauf waren: An den Zöglingen würden Versuche angestellt, ihre sexuelle Entwicklung würde künstlich stimuliert.[120] Gerüchte über sexuelle Experimente an den Kindern bezeugt ebenso Iwan Jermakows Tochter; sie bereiteten ihrem Vater einigen Ärger.[121] Auch Wera Schmidt hat davon geschrieben. Es darf als wahrscheinlich gelten, daß derlei willkürlich angezettelter Klatsch der eigentliche Grund für die zahlreichen Inspektionen gewesen ist. Die am 2. Januar 1925 zusammengerufene Kommission scheint die Gerüchte bestätigen zu wollen, in ihrem Bericht heißt es u. a.: »Sexuelle Äußerungen wie z. B. Onanie sind bei den meisten im Heim wohnenden Kindern zu beobachten. Kinder, die eben erst aus ihren Familien ins Kinderheim gekommen sind, onanieren hingegen nicht.«[122]

Es ist schon ein Skandal – besonders wenn man bedenkt, wer die Eltern dieser Kinder sind. Am 24. Februar erläßt Pinkewitsch die nächste Anordnung: Das Kinderheim ist endgültig vom Psychoanalytischen Institut zu trennen und in die Zuständigkeit der Hauptverwaltung Sozialerziehung zu überführen; das Institut selbst darf »nur im Falle seiner Angliederung an ein anderes (z. B. das Psychologische) Institut« in Moskau verbleiben. Plötzlich kommt von irgendwoher der Gedanke auf, das Institut nach Leningrad zu verpflanzen. Vielleicht kehrt hier durch die Hintertür die alte Idee zurück, »eine Synthese von Freudismus und Marxismus unter Einbeziehung der Lehre von den bedingten Reflexen herzustellen«[123]? (Pawlow war in Leningrad!) Jermakows Stellungnahmen dazu besagen, das Psychoanalytische Institut habe mit dem Psychologischen nichts als den Gleichklang im Namen gemein; das Psychoanalytische Institut sei das einzige seiner Art nicht nur in der UdSSR, sondern in ganz Europa usw. usf., darum müsse es in der Hauptstadt verbleiben; zudem wohnen sämtliche Mitarbeiter des Instituts in Moskau, und deshalb käme seine Überführung einer Schließung gleich ...[124] Ausrichten ließ sich mit diesen Einwänden nichts mehr.

Das Präsidium des *Narkompros* unter Vorsitz von Lunatscharski faßte im Januar 1925 den kuriosen Beschluß: »Gegen den Umzug des Instituts zur Erforschung trockener Wüstengebiete nach Leningrad und die Aussiedlung des Psychoanalytischen Instituts aus Moskau bestehen keine Einwände.« Und noch einmal extra: »Betr. Gen. Schmidt. Die vollzeitliche Tätigkeit des Gen. Schmidt am Narkompros ist erforderlich ...«[125]

Am 14. August 1925 fällt im Großen Rat der Volkskommissare unter Vorsitz des Volkskommissars für Gesundheitswesen Nikolai Semaschko auf eine Vorlage von Pinkewitsch hin die Entscheidung: »Das Psychoanalytische Institut und das Laboratorium *Internationale Solidarität* sind zu liquidieren.«[126]

Das Ende

Erhalten geblieben ist ein *Arbeitsplan* des Instituts für die letzte Saison seines Bestehens von September 1924 bis Juli 1925.[127] Täglich wurden Vorlesungen abgehalten, zweimal pro Monat fanden Sitzungen der Russischen Psychoanalytischen Vereinigung statt, zweimal traf sich außerdem die Sektion Pädagogik. Neben seiner Arbeit an klinischen Themen hielt Jermakow Vorlesungen zu Psychoanalyse und Literatur und betrieb Hypnoseforschung, was ihn zu jener Zeit außerordentlich interessierte. Außerdem war über das damals bereits geschlossene Kinderheim Rechenschaft abzulegen – dieser Aufgabe widmete er sich gemeinsam mit Wera Schmidt. Rosa Awerbuch setzte ihre noch in Kasan begonnenen Versuche fort, das Werk Wassili Rosanows psychoanalytisch zu deuten; Boris Fridman bereitete eine Arbeit zur Psychoanalyse des Idealismus (am Beispiel von Turgenjews *Rudin*) zum Druck vor. Einzig neu war der Name Wilhelm Rohr, ein politischer Emigrant aus Deutschland, der auf deutsch Vorlesungen zur *Psychoanalyse des kollektiven Denkens* hielt.

Im November 1924 fanden in der Vereinigung Neuwahlen statt: Moshe Wulff, der wohl angesehenste unter den Kandidaten, der engen Kontakt zu Freud hielt und viel für die Psychoanalyse in Rußland getan hatte, wurde zum neuen Präsidenten gewählt. Wiktor Kopp, ein Funktionär der trotzkistischen Opposition (siehe Kap. 7), wurde Vizepräsident, Lurija Sekretär und Kannabich weiteres Vorstandsmitglied.[128]

Auf dem X. Kongreß der Internationalen Psychoanalytischen

Gesellschaft in Innsbruck 1927 hieß es im Rechenschaftsbericht ihres Präsidenten Max Eitingon: »In Rußland, einem an sich älteren Land des analytischen Interesses, ist der Kreis, der um die Psychoanalyse sich tiefer bemühte, gewachsen, und unsere dortigen Kollegen arbeiten begreiflicherweise unter sehr schweren Bedingungen. Ich erlaube mir, Ihnen in unser aller Namen unsere tiefe Sympathie auszusprechen.«[129] Freud, der die Situation besser kannte oder aber im Unterschied zu Eitingon (siehe Kap. 7) keinen Grund zum Heucheln hatte, schrieb am 23. Februar 1927 in einem Brief an Ossipow, der zu diesem Zeitpunkt längst emigriert war, daß den Analytikern in Sowjetrußland offenbar schlechte Zeiten bevorstanden: Die Bolschewiki schätzten die Psychoanalyse nun als systemfeindlich ein.[130]

Die Arbeit der sowjetischen Psychoanalytiker ging indes weiter: bis Anfang der Dreißiger ohne Unterbrechung, wenn auch nicht mehr so aktiv wie zuvor. Ihr Zentrum war Moskau, das eine oder andere passierte zudem in Leningrad, Odessa, Charkow und Rostow. Um 1930 hatte Jakow Kogan, der Psychiater und Übersetzer aus Odessa, in seinem Arbeitszimmer ein Doppelporträt hängen: Auf der Vorderseite war Pawlow zu sehen, auf der Rückseite Freud. Tagsüber, wenn sich Doktor Kogan um seine Kranken kümmerte oder Vorgesetzte kamen, sah Pawlow von der Wand auf sie herunter; des Abends drehte er das Bild um und konnte unter den Augen von Freud heimlich seine Psychoanalyse-Patienten empfangen ...[131] Der Leningrader Doktor Ilja Perepel schrieb einige kleine Büchlein zur Psychoanalyse, die er auf eigene Kosten erscheinen ließ; das letzte, welches 1928 herauskam, enthielt ein dem Autor und seiner Methode sehr wohlwollend gesonnenes Vorwort des hervorragenden Physiologen Alexej Uchtomski.[132]

Die Psychoanalytiker versuchten sich aufrichtigen Herzens nützlich zu machen. Insbesondere Wulff trieb interessante angewandte Forschungen; als die Ergebnisse zugänglich wurden, war er freilich schon emigriert.[133] Auf der Basis massenhafter Untersuchungen von Moskauer Bus- und Straßenbahnfahrern gewann er Erkenntnisse hinsichtlich der Verbreitung sexueller Störungen (Potenzschwäche) in dieser Berufsgruppe. Eine tiefergehende Analyse zeigte, daß viele Chauffeure häufig während der Fahrt sexuell erregt sind, während beim Geschlechtsverkehr umgekehrt ihre Gedanken zur Arbeit hinter dem Steuer abschweifen. Für dieses merkwürdige Phänomen bietet Wulff eine psychodynamische Erklärung an, die allerdings dem Wohle des Proletariats nicht unmittelbar dienlich sein konnte. Von ganz ähnlichen Beobachtungen an Druckereiarbeitern weiß Boris Pilnjak in seinem Roman *Das Reifen der Früchte* zu berichten: »... die Veränderung der Psyche durch das Blei – eine von mehreren Moskauer Psychoanalytikern aufgestellte Theorie«.[134]

Die Russische Psychoanalytische Vereinigung setzte ihre Tätigkeit fort; den Berichten an die Internationale Gesellschaft zufolge wurden im Zeitraum von 1925 bis 1927 fünfzehn bis zwanzig Sitzungen pro Jahr abgehalten. Dabei gab es 1926 vor allem Vorträge zu Problemen der Pädologie, jener Wissenschaft also, die im Schoße der Vereinigung gezeugt und geboren wurde, um später, ganz im Einklang mit den Gesetzen der Psychoanalyse, Vatermord zu begehen (siehe Kap. 8). Im April 1927 trat Lurija vom Posten des Sekretärs der Vereinigung zurück. Auf ihn als Wissenschaftler wartete eine große Zukunft: In den sechziger Jahren wurde er zu einem der führenden Neuropsychologen der Welt ...[135] Ende der Zwanziger, so behaupten seine Erinnerungen, trieb es ihn eher in die angewandte Forschung. Auf Wyschinskis Wunsch konstruierte er einen simplen Lügendetektor, der im Assoziationstest Verwendung fand und mit Pneumosensoren arbeitete, die das Zittern der Finger aufzeichneten. (Daß sein Gerät der Idee nach mit den Assoziationstests C. G. Jungs aus früherer Zeit zu tun hatte, ist offensichtlich.) Lurijas Amt im Vorstand der Vereinigung übernahm Wera Schmidt, die im September 1927 mit einem Vortrag zum Psychoanalytikerkongreß nach Innsbruck reiste.

Am 3. November 1927 trat Wulff eine Dienstreise nach Berlin an, von der er nicht zurückkehrte. Auf dem XI. Kongreß der Internationalen Gesellschaft in Oxford 1929 berichtet der Vorsitzende Eitingon darüber mit folgenden Worten: »Die Situation unserer russischen Gruppe konnte sich natürlich infolge der Umstände, unter denen sie arbeitete, nicht verändern, besonders da das geschätzte langjährige Haupt ihrer Gruppe seinen Wohnsitz verlegt hat. In bewundernswürdiger Tapferkeit sehen wir unsere Kollegen in der Moskauer Gruppe, wie auch einzelne in Kiew und Odessa, um die Behauptung und Vertiefung ihres psychoanalytischen Besitzes weiterringen.«[136]

Bis 1933 wirkt Wulff in Deutschland. Er veröffentlicht viel in den Blättern der Internationalen Gesellschaft. Nach der Machtergreifung durch die Nationalsozialisten muß er wieder emigrieren, diesmal nach Palästina, wo er gemeinsam mit Eitingon eine regionale psychoanalytische Vereinigung ins Leben ruft. Nach Eitingons Tod wird Wulff Präsident der Palästinensischen Vereinigung und bleibt es volle zehn Jahre. In seiner neuen Heimat tut er im Grunde nichts anderes, als er in Rußland getan: Zum Beispiel sorgt er für das Erscheinen einer Reihe von Freud-Werken in hebräischer Übersetzung. Wulff stirbt 1971 als sehr alter Mann.

Seine Emigration fiel (wie schon acht Jahre zuvor die Ossipows) mit dem Selbstmord eines Kollegen zusammen: Adolf Joffe, einst Adlers Patient und später Trotzkis »Freund und Kampfgefährte«, schied aus dem Leben (siehe Kap. 7). Es war die Zeit der vollständigen »ideellen und organisatorischen Zerschlagung« der trotzkistischen Opposition.

Die Tätigkeit der Russischen Vereinigung kam allmählich zum Erliegen. Zwar hat es in den Dreißigern noch ein paar Sitzungen gegeben, deren eine den »Arbeitsplan für 1931« zum Gegenstand hatte. Später schrieb ein weiterer Emigrant, der Leningrader Ilja Perepel, in einer amerikanischen Zeitschrift: »Die psychoanalytische Bewegung verlor immer mehr an Bedeutung, um 1930 war sie praktisch tot. Von da an existierte sie auch offiziell nicht mehr.«[137]

Doktor F. Lehrman, der 1936 aus New York nach Moskau kam, traf sich mit Wera Schmidt, die ihm erzählte, daß die Zusammenkünfte der Psychoanalytiker immer noch stattfänden, bis zu fünfzehn Leuten wären jedesmal anwesend.[138] Zwei Jahre später sprach der Emigrant Perepel in seinem Artikel von einem »Todesurteil« gegen die Psychoanalyse, das angeblich vom Regime gerade gefällt worden sei, und er rief die Kollegen im Westen zur Einmischung auf.[139] Beides – und eine Reihe weiterer Auskünfte ebenso – muß man wohl am ehesten als Legenden sehen. Die medizinische Praxis der Psychoanalytiker lebte in Form heimlicher und vermutlich unentgeltlicher Aktivitäten einzelner weiter. (Als Beispiel hierfür mag die Behandlung Michail Soschtschenkos dienen, die 1937 vom Leningrader Arzt Margolis durchgeführt wird – siehe Kap. 10.) Ansonsten ist das schreckliche Schicksal der Sabina Spielrein bestes Indiz dafür, wie solchen Initiativen unter den unmenschlichen Bedingungen der dreißiger Jahre im »Normalfall« begegnet wurde. Jede systematische, geschweige öffentliche Aktivität, sagen wir, in Form von Zusammenkünften psychoanalytischer Zirkel, hätte alle Beteiligten in höchste Gefahr gebracht.

Der Psychiatrieprofessor A. Tschistowitsch wurde 1948 vom Dienst an der Militärmedizinischen Akademie in Leningrad suspendiert, weil er in seinen Vorlesungen zum Traumgeschehen »Mosaiksteinchen der Psychoanalyse« verwendet und dies bei der entsprechenden Untersuchung im Rahmen der Parteiversammlung auch nicht geleugnet hatte.[140] Aron Belkin berichtet übrigens, er habe 1952 in Sibirien eine Psychoanalyse durchlaufen; Analytiker sei Professor I. Sumbajew gewesen.[141] Wie die sowjetischen Lagerinsassen überhaupt in den verschiedensten Sphären der Kultur geistigen Trost suchten: im Marxismus die einen, im orthodoxen Christentum die anderen, die dritten gar im Buddhismus. So hat Jewgeni Gnedin (sein Vater war Leonid Parvus, legendärer Mäzen des Genossen Lenin im Jahre 1917!) berichtet, wie er im Anschluß an die gräßlichsten Folterungen, in der Einzelzelle liegend, zu einem neuen Glauben gefunden habe, der ihn heute an Buddhismus und Yoga erinnere.[142]

Jermakows Bibliothek

Als eine wirkliche Großtat der Moskauer Psychoanalytiker darf die Herausgabe der vielbändigen *Psychologischen und Psychoanalytischen Bibliothek* gelten. Innerhalb sehr kurzer Zeit, von 1922 bis 1928, wurde eine kolossale übersetzerische und editorische Arbeit geleistet. Neben einer Neuauflage von Freuds *Abhandlungen zur Sexualtheorie* erschienen u. a. folgende Übersetzungen: die *Vorlesungen zur Einführung in die Psychoanalyse*, *Zwei Kinderneurosen*, zwei vorzüglich zusammengestellte Bände mit Aufsätzen von Freud (*Grundlegende psychologische Theorien in der Psychoanalyse* sowie *Methode und Technik der Psychoanalyse*), zwei weitere mit Aufsätzen seiner Schüler (*Psychoanalyse im Kindesalter*, *Psychoanalyse und Charakterkunde*), Jungs *Psychologische Typen*, außerdem Bücher von Melanie Klein und Ernest Jones.[143]

Die Übersetzungen der grundlegenden theoretischen Bücher in dieser Sammlung – *Einführung in die Psychoanalyse*, *Totem und Tabu* u. a. – stammen von Moshe Wulff, der vor allem (neben Nikolai Ossipow) auch die adäquate russische Terminologie erarbeitete. Ansonsten jedoch lag dieses grandiose und erfolgreiche Unternehmen in den Händen von Iwan Jermakow.

Zu vielen der in der *Bibliothek* erschienenen Bücher hat Jermakow auch die Vorworte geschrieben. An ihnen läßt sich ablesen, daß dem Autor besonders an den ethischen und aufklärerischen Aspekten der Psychoanalyse gelegen war; allenthalben betonte er die Rolle der »einsichtigen« Mechanismen des Bewußtseins in ihrem schwierigen Ringen mit dem trägen Unbewußten. Anderen Grundgedanken Freuds – etwa der Übertragung, der kindlichen Sexualität, der Bisexualität oder dem Todestrieb – schenkte er weit weniger Aufmerksamkeit. Ob eine derartige Vergröberung tatsächlich seinem Bild von Psychoanalyse entsprach oder lediglich ein Resultat der über Jahre fortgesetzten Versuche war, dem Niveau seines Auditoriums, wie er es einschätzte, entgegenzukommen, läßt sich schwer sagen.

Jermakows Nachlaß enthält das Protokoll einer Sitzung des von ihm geleiteten psychoanalytischen Zirkels, die am 6. Mai 1922 stattfand. Alle sieben Teilnehmer waren anscheinend Laien, die eben ihre Liebe zur Analyse entdeckten. Jermakow leitete eine Art Gruppensitzung, in der die klassischen Themen diskutiert wurden – so zum Beispiel das Verhältnis von Unbewußtem und Intuition. Eine der Anwesenden bemerkte etwas distanziert und spöttisch, sie habe viele Patienten erlebt, denen durch die Analyse geholfen worden sei, ihr selbst aber gebe sie gar nichts. Daraufhin ließ Jermakow sein Credo verlauten: »Der Gesunde reißt sich zusammen, was der Psychoneurotiker schon nicht mehr vermag ... Der Erwachsene hat das Ziel, sich mit seiner Umwelt ins Benehmen zu setzen. Der Psychopath hingegen steht sich nur selbst im Weg. Wir holen den Patienten in die Wirklichkeit zurück, indem wir ihm zur Selbsterkenntnis verhelfen – d. h. zur Erkenntnis seines Unbewußten. Im Grunde ist es das, was passiert.«

Im Rahmen seiner *Bibliothek* gibt Jermakow auch zwei eigene Bücher heraus, die beide eine psychoanalytische Betrachtung der russischen Literatur zum Inhalt haben: eines zu Gogol, das andere zu Puschkin[144] – Bücher, die aus dem Blickfeld der Forschung verschwunden sind und kaum je dorthin zurückkehren werden.

In diesen wortreichen und unstrukturierten Arbeiten – »Studien« bzw. »Skizzen« genannt – meint man die Persönlichkeit des Autors deutlich wahrzunehmen. Jermakow möchte bei Gogol eine »unterdrückte Aggressivität« sehen; das Bestreben, sich im eigenen Werk fremder Themen zu bedienen, trage »preziöse, zwanghafte Züge«. »Eine solche, für Neurotiker äußerst typische Erscheinung konnte ich an einer Vielzahl von mir analysierter Fälle studieren.«[145]

Es heißt, das »Steckenpferd«, welches der Psychoanalytiker am liebsten reitet, ist meist aus dem eignen Stall.

»Etwas Eitles, Trostloses ist in alledem, worauf sich unsere Sehnsüchte und Erwartungen richten«, beginnt seine Analyse der Gogolschen Erzählungen. Jermakow kann in seinen Texten die eigene Angst nicht verhehlen. Befangenheit ist zu spüren, Selbstzensur: Der Autor fürchtet die Integrität, über die er schreiben will, und sieht sie darum auch nicht mehr. Manchmal bricht diese Selbstbeschränkung hervor. Zum Beispiel bei der Betrachtung Tschitschikows, jener so bedeutsamen Figur in Gogols Schaffen. Plötzlich fällt sich Jermakow selbst ins Wort: »Darin steckt vielleicht viel Symbolik, die aufzudecken ich hier aber leider nicht die Möglichkeit habe.« Und als er auf die inzestuösen Motive in der Novelle *Schreckliche Rache* hinweist – sie sind kein Geheimnis, Gogol beschreibt unumwunden, wie der alte Hexenmeister seine Tochter begehrt –, da heißt es bei Jermakow auf einmal: »Mag es noch so zweifelhaft sein, was ich hier zu sagen habe – mir scheint wichtig, das Ganze immerhin zu erwähnen.« Zu Gogol gibt es etliche Medizinermärchen: Er sei Syphilitiker gewesen, heißt es, außerdem schizophren, und gestorben sei er an der Onanie. In Jermakows Abhandlung finden sich allerlei Anspielungen, doch kaum klar formulierte und untermauerte Thesen. Rosanow, der von Psychoanalyse keine Ahnung hatte, wagte zwanzig Jahre vor Jermakow die Behauptung, Gogols sexuelles Geheimnis hätte in seiner Nekrophilie bestanden. Auch Berdjajew, der etwa zeitgleich mit Jermakow über Gogol schrieb, wollte »irgendein ungelöstes Rätsel«[146] in ihm sehen. Jedoch stellte er es in einen gänzlich anderen Zusammenhang, den auch Jermakow sehen mußte, ohne aber im geringsten darauf einzugehen: »In der unerträglichen revolutionären Schuftigkeit steckt ein Gogolscher Geist ... Vielleicht ist gerade dieses Stück Gogol das Düsterste und Trostloseste an der russischen Revolution.«[147]

In den *Kleinen Tragödien* Puschkins, jenem großartigen und unendlich vielschichtigen Zyklus der Weltliteratur, mag Jermakow nur eines erblicken, und seine Wahrnehmung scheint durch die Projektion eigener Empfindungen verzerrt: »Das vorherrschende Gefühl in allen vier Tragödien ist die Angst.« Der geizige Ritter hat Angst, seine Reichtümer zu verschwenden; Mozart hat Angst, weil er dem »schwarzen Mann« das Requiem nicht gab ...

Bei Jermakow haben sich die Puschkinschen Helden beinahe in ihr Gegenteil verkehrt. Don Juan ist in seinen Augen ein Verbrecher, der die eigene Schuld ins Unbewußte verdrängt und deshalb verurteilt ist, seine Tat wieder und wieder zu begehen. Auch er empfindet Angst und nichts als Angst – gepaart allenfalls mit Zerstreutheit, Hilflosigkeit und zwanghafter Unterwürfigkeit, die auf den Ödipuskomplex zurückgeführt wird. (Dagegen fand die Achmatowa an Don Juan beispielsweise die «Mischung von kalter Grausamkeit und kindlicher Sorglosigkeit«[148] bemerkenswert.)

Puschkin, Rußlands leuchtendes Genie, wird also zu einem Dichter der Angst, der romantischste seiner Helden ist in Furcht und Demut gefangen. »Angst holt die abgründigsten Seiten der menschlichen Seele herauf.«

Gleiches, nur noch einen Deut heftiger, im ein Jahr später erschienenen Gogol-Buch. »Da stehen die Todgeweihten und schauen vor sich hin: Sie warten, warten auf den Tod – und ach, wie schlimm ergeht es dem schwachen, elenden Menschen.« Gemeint ist die Novelle *Der Wij* – doch längst nicht nur sie. Da schreibt einer, der den Bürgerkrieg hinter sich hat und den großen Terror noch vor sich. In dem Moment aber, da er dies niederschreibt, entscheiden die allgewaltigen, über Leben und Tod so vieler richtenden Instanzen das Schicksal des Psychoanalytischen Instituts und damit auch seines Direktors.

Ilja Ehrenburg ließ seinen Erzähler gemeinsam mit Julio Jurenito, dem »Meister« und Übermenschen, den Kreml besuchen und berichten, wen er dort traf (nämlich Lenin? oder Trotzki?) – und daß ihm das Ganze nicht geheuer war, hatte seinen Grund:

»Nicht daß ich an die reizenden, von müßigen Gattinnen ehemaliger Staatsanwälte erfundenen Legenden glaubte, in denen die bolschewistischen Führer als ein Mittelding zwischen Jack, dem Aufschlitzer, und apokalyptischen Heuschrecken dargestellt werden. Nein, ich fürchtete einfach Menschen, die die Gewalt haben, nicht nur mit sich selbst, sondern auch mit andern etwas anzustellen. Diese Angst vor der Obrigkeit empfand ich schon als Kind ... Als ich in den späteren Jahren eine Reihe meiner Altersgenossen und Schulkollegen in der Rolle von Ministern, Kommissaren und sonstigen Machthabern sah, begriff ich, daß meine Angst nicht von diesen Personen hervorgerufen wurde, sondern von gewissen Nebensächlichkeiten, wie Portefeuilles, Mandaten usw. Mit einem Worte, ich erklärte dem Meister, daß ich zu diesem hochstehenden Kommunisten nicht gehen werde, weil ich ihn zu sehr fürchte ... Denn wer weiß schon, was dieser Mann eigentlich will – aber *was* er will, das darf er auch, das steht auf jeden Fall fest.«[149]

Inzwischen ist eben alles anders, und für einen russischen Intellektuellen wie Ehrenburg verdient Übermensch genannt zu werden, wer wie Jurenito keine Angst hat, sich mit den Mächtigen zu unterhalten.

Tatsächlich geht Jermakow seiner Posten recht schnell verlustig: Erst ist er nicht mehr Direktor des Psychoanalytischen Instituts, denn es wird 1924 geschlossen, dann löst ihn Wulff vom Amt des Präsidenten der Russischen Psychoanalytischen Vereinigung ab. Die von ihm herausgegebene Bibliothek, in die er zweifellos unendlich viel Kraft investierte, wurde 1928 eingestellt. Danach gab es von Jermakow auch keine Veröffentlichungen mehr, wenngleich er zu schreiben nicht aufhörte. (Immerhin durfte er 1930 noch Freuds Buch *Die Zukunft einer Illusion* herausgeben.) Ein dickes, im selben Stil wie die anderen Bücher gehaltenes Manuskript zu Dostojewski findet sich im Nachlaß, dazu verschiedene Essays und literaturkritische Aufsätze. Mit besonderer Leidenschaft sammelte er folkloristische Stickereien der Krimtataren, denen er gleichfalls einige größere Abhandlungen widmete. Mit Theorie und Praxis der Psychoanalyse befaßte er sich in den Dreißigern offensichtlich gar nicht mehr. Seine Werke verlieren mit den Jahren fast gänzlich ihre analytische Färbung.

Im Jahr 1940 wurde Jermakow unter den üblichen Anschuldigungen verhaftet und kam zwei Jahre später im Lager um.

Revolution und Traum

Nikolai Jewgrafowitsch Ossipow, Jermakows Altersgefährte und einstiger Kollege auf den »Kleinen Freitagen«, später Emigrant und Dozent an der Prager Karls-Universität, lebte und arbeitete weitab von den Stürmen des Jahrhunderts.[150] In den kurz vor seinem Tod niedergeschriebenen Memoiren wiederholt er mehrfach, er habe sich für Politik niemals interessiert. Doch wie es so schön heißt: Wer sich für Politik nicht interessiert, für den wird *sie* sich interessieren. Politische Unannehmlichkeiten, die ihn wie versehentlich trafen, haben Ossipow sein ganzes Leben verfolgt. So wurde er 1899 als Rädelsführer des ersten allgemeinen Studentenstreiks aus dem zweiten Studienjahr der Moskauer Universität ausgeschlossen. »Ich war von jeder Politik weit entfernt ..., tanzte viel und arbeitete wenig. Wieso ich von den Kommilitonen ins Exekutivkomitee gewählt wurde, ist mir schleierhaft ... und bevor ich von dieser Wahl erfuhr, war ich verhaftet.«[151] Im Jahr 1911, schon als Assistent, sah er sich mit Serbski ein weiteres Mal gezwungen, die Moskauer Universität zu verlassen – aus Protest gegen die Politik des damaligen Volksbildungsministers. 1921 ergreift Ossipow vor den neuen Machthabern die Flucht. »Die präbolschewistische Etappe der Revolution erweckte in mir einen bleibenden Abscheu vor allen sozialistischen Bewegungen. Die Bolschewiki waren für mich absolut unakzeptabel.«[152]

Ossipow arbeitete viel als Psychotherapeut. (Für das geplante Buch zur *Psychologie des Neurotikers*, das zu vollenden ihm nicht vergönnt war, verfügte er über Material aus 1 030 ambulanten Fällen.) Mit Freud stand er im Briefwechsel. In Prag verfaßte er seine wichtigsten theoretischen Schriften. Die histologischen Neigungen der Jugendzeit ließ er weit hinter sich, und das brennende Interesse seiner in der UdSSR verbliebenen Kollegen an den »materialistischen« Ideen von gewissen Zusammenhängen zwischen psychodynamischen Prozessen und dem Hirnsubstrat, die auf den frühen Freud zurückgingen und später bei Lurija zur Reife gelangen sollten, teilte er nicht im geringsten. Spaßeshalber hielt er sich eine Zitatensammlung aus Arbeiten russischer Psychiater, wo jeweils mitgeteilt wurde, daß organische Veränderungen im betreffenden psychiatrischen Fall nicht nachzuweisen gewesen seien, um am Ende nur wieder munter die dogmatische Behauptung aufzustellen, daß die Krankheit auf anatomisch-physiologischen Veränderungen gründe.[153] Doch im Unterschied zu Jung wie den meisten seiner russischen Zeitgenossen verhielt sich Ossipow auch dem saftlosen Mystizismus der »Dionysos-Jünger« gegenüber mißtrauisch. Seine Erfahrung – die politische ebenso wie die psychoanalytische – half ihm, die Gedanken klar zu halten: Zwischen dem, was er wußte, dem, was er noch zu erfahren hoffte, und dem, was zu begreifen er gar nicht erst versuchte, machte er einen präzisen Unterschied.

Das Irrationale existiert. Vor allem existiert es in uns selbst. Im erwachsenen, beherzten Menschen ruft es den Definitionen Ossipows zufolge nicht (wie bei der Wahrnehmung realer Gefahren) Angst, sondern Grauen hervor. Das Grauen selbst und aller darum entfachter satanischer Zauber seien ein vorübergehend und scheinbar Irrationales; ihrer Natur nach seien sie unbegreiflich, solange sie unbegreiflich seien. Rationalismus erlöse von Angst, nicht aber vom Grauen; dieses müsse man ganz durchleben, ausdeuten, bewerten.

In gewissem Maße entwickeln sich Ossipows Interessen parallel zu denen Jermakows. Auch er hegt eine Vorliebe für die analytische Zergliederung der russischen Klassiker, und mehr noch, es ist derselbe Aspekt, der ihn daran interessiert: *Das Schreckliche bei Gogol und Dostojewski* heißt einer seiner wichtigsten Aufsätze. Die Tonart, die er dort anschlägt, ist jedoch eine gänzlich andere. Versucht Jermakow lediglich mit einiger Penetranz nachzuweisen, daß Gogol, Puschkin und Dostojewski samt ihrer Heldenriege sich untentwegt ängstigen, so fragt Ossipow vor allem danach, wie sie ihrer Angst Herr werden. »Wie man den Teufel zum Trottel macht« – das ist für Ossipow der zentrale Gogolsche Gedanke.

Die erotischen Alpträume aus dem *Wij*, die inzestuöse Fabel in *Schreckliche Rache*, die blutrünstigen Szenen im *Taras Bulba* werden als wiedererweckte Kinderängste analysiert, »ein Kindheitserbe – unser eigenes und das der ganzen Menschheit«[154], Ängste der Kindheit im Leben eines erwachsenen Menschen – darin liegt die Neurose. »Die Angst des Vaters ist die Auferstehung unserer kindlichen Angst«, schreibt Ossipow und denkt dabei an Gogols Figuren ebenso wie an seine tschechischen Patienten – und an die zu Hause gebliebenen Landsleute wohl erst recht.

Die grauenhaften Ereignisse, wie sie sich in Gogols Novellen und überhaupt im Leben mitunter häufen, haben mit Sexualität viel, doch nicht ausschließlich zu tun. Zu Leben und Tod, ihrer Verflochtenheit miteinander führt der Analyse letzter Schluß. »Der Fehler vieler Freudisten, unter ihnen Jermakow, liegt darin, daß sie Freud fälschlich einen Pansexualismus anhängen und seine Lehre beim genüßlichen Wühlen in sexuellen Dingen vollends entstellen. Denn Freud behauptet neben dem Sexualtrieb als *einem* Grundantrieb des Menschen noch einen *weiteren, ebenso grundlegenden*: den Todestrieb.«[155] In Freuds Idee vom Todestrieb, gemeinhin als tragisch empfunden, erblickt Ossipow ein Mutpotential. Wenn der Todestrieb so natürlich und fundamental sei wie der Lebenswille, dann sei die Todesangst ebenso symptomatisch zu verstehen wie die Angst vor der Sexualität. »Todesangst ist ein neurotisches Symptom«[156], schreibt Ossipow, kurz bevor er stirbt. »Gogol und Dostojewski sollten, obwohl sie selbst von infantil-archaischen Ängsten geplagt sind, uns lehren können, diese Ängste zu überwinden, mit ihnen die Schüchternheit abzulegen ... und mutig zu sein.«[157]

Ossipows Aufsatz *Revolution und Traum* erschien 1931.[158] (Aus einem seiner Briefe[159] wird ersichtlich, daß er diesen Text – vermutlich in einer Übersetzung – an Freud zu schicken beabsichtigte.) Der Grundgedanke ist so einfach wie paradox. Beim gesunden Menschen ist das psychische Gleichgewicht im Traum auf sonderbare Weise gestört, um hernach im Wachen wiederhergestellt zu werden. Läßt sich Gleiches nicht auch in der Gesellschaft zu Zeiten von Revolutionen beobachten?

Ossipow wagt den systematischen Vergleich zweier Phänomene, die ihm gleichermaßen vertraut sind. Der Traum sei nach Freud die Erfüllung unterdrückter Wünsche, der Aufstand gewisser »Sub-Ichs« gegen jene, die gewöhnlich die Zügel hielten; und auch die Revolution sei die Realisierung verdrängter, unterdrückter Wünsche der einen Klasse. Die Ambivalenz und Labilität des Traums, der ihm innewohnende Narzißmus und die Archaik der Symbole kommen auf vergleichbare Weise in der Revolution zum Ausdruck: »Offiziersburschen, die zu unzähligen Malen ihr Leben für das der Offiziere eingesetzt hatten, rissen diesen nun die Haut von den Schultern – um sogleich zu Sklaven der neuen Obrigkeit zu werden.«

Und tatsächlich: Die »narzißtische Selbstbestätigung als Klasse« in den revolutionären Massen führt – der skurrilen Phantasie des Träumenden vergleichbar – zu gravierenden Verletzungen des Realitätsprinzips. Ossipow geht noch weiter: »Revolution und Traum sind von gleichem *Inhalt*: Infantile, archaische ›Wünsche‹ treten zutage, die, ob verdrängt oder nicht, vorzugsweise narzißtisch sind. Gleich ist auch die *Form* dieser Entäußerungen ... Sie ist nicht unmittelbar verständlich, verworren, dem Anschein nach sinnlos, wie ein Bilderrätsel. Revolution und Traum bedürfen gleichermaßen der *Deutung*. Diese zeigt, daß die Losungen der Revolution ein Deckmantel sind, ein blauer Dunst – so wie die Masken der Träume.«

So läßt sich also »eine Nation im Zustand der Rechtsordnung vergleichen mit einem Individuum im Wachzustand, eine Nation im Zustand der Revolution mit einem Individuum im Zustand des Träumens«. Ossipow empfindet das Paradoxe der Analogie, doch er bleibt fest: »Revolution und Traum sind ein und dasselbe Phänomen, nämlich eine Äußerung von Narzißmus, nur auf verschiedenen Stufen des Seins.«

All dies ist klar formuliert, sauber analysiert – ohne Angst. Es war wohl tatsächlich so: »Neurotiker und Psychotiker haben Angst, wo der gesunde Mensch allenfalls Grauen empfinden kann.«[160]

Als Ossipow 1934 an einer Herzkrankheit gestorben war, gaben seine Freunde – der Literaturwissenschaftler A. Bem, der Psychoanalytiker Fjodor Dossushkow und der Philosoph Nikolai Losski – ihm zu Ehren nacheinander zwei Bücher heraus. Ihr gemeinsamer Titel: *Leben und Tod.*

Das Kreuz auf seinem Grab in Prag trägt die Inschrift: »Doktor der Medizin N. E. Ossipow, Dozent der Moskauer Universität«.

7. KAPITEL
LEW TROTZKI UND GENOSSEN: ANALYSE NAHE DER MACHT UND DEM TOD

In der westlichen Literatur zur Geschichte der sowjetischen Psychoanalyse wird den ideologischen Debatten vom Ende der zwanziger Jahre unverhältnismäßig viel Aufmerksamkeit geschenkt.[1] Insgeheim scheint man den Beteiligten von damals zuzustimmen, die ja nicht selten wirklich glaubten, es hinge von der Kraft und Lauterkeit ihrer Argumente ab, welchen Fortgang die Dinge nahmen. Dabei lag ihre Zukunft in der Hand von Leuten, die sich nicht einmal richtig in der Marxschen, geschweige in der Freudschen Terminologie auskannten. Die Diskussionen, deren Ausgang von vornherein feststand, hatten keine reale Bedeutung. Wirklich von Interesse ist vielmehr, wie es den Menschen erging.

Feuer und Wasser

Kurz nach dem Ersten Weltkrieg teilte Freud Ernest Jones mit, ein Kommunist sei bei ihm gewesen und habe ihn halb zum Bolschewismus bekehrt. Auf Jones' Verblüffung hin ließ Freud die Erläuterung folgen: Die Kommunisten seien des Glaubens, daß nach ihrem Sieg einige Jahre der Not und des Chaos folgen müßten, und dann hielte der Wohlstand Einzug. Freud hatte dem Bolschewiken erwidert, er glaube die erste Hälfte der Prophezeiung.[2]

Hanns Sachs, ein weiterer Analytiker aus Freuds engstem Kreis, erinnert sich: »Als in späteren Jahren, nach der Revolution, die russische Regierung (*gossudarstwenoje isdatelstwo*[3]) eine Zeitlang Freuds Werke veröffentlichte, sprach ich sehr optimistisch über den möglichen Einfluß der Psychoanalyse auf die Gestaltung des neuen Rußlands. Doch seine Antwort war skeptisch, was die *âme russe* betraf: ›Diese Russen sind wie Wasser, das alle Gefäße ausfüllt, aber von keinem die Form behält.‹«[4]

Das zwiespältige Interesse an Rußland, wie es für Freuds Umgebung charakteristisch war, ist bis zum heutigen Tag ein ganz normaler Zug linker westlicher Intellektueller. Prototypisch für solch ein Verhalten war bereits Marx, der Rußland nahezu sein ganzes Leben für eine schreckliche Bedrohung der Zivilisation gehalten und die Gründung der Ersten Internationale als Mittel gegen einen grassierenden russischen Einfluß im Westen betrachtet hatte. Am Ende seines Lebens glaubte er plötzlich daran, daß es in Rußland einen Sozialismus geben könne, war begeistert, daß man sein *Kapital* ins Russische übertrug, und fing selbst an, Russisch zu lernen; nach seinem Tod fand man in Marx' Arbeitszimmer zwei Festmeter russische Literatur.[5]

James Rice, der Freuds Nichte befragt hat, spricht davon, daß Freud »Dutzende von Verwandten im russischen Imperium« gehabt habe. Sie hätten dem jungen Freud des öfteren Patienten aus Shitomir geschickt, einer der größten jüdischen Ansiedlungen in der Ukraine, die viele Male unter grausamsten Pogromen zu leiden hatte.[6] Auch zum »revolutionären Kampfgeschehen« Westeuropas hatte Freud sozusagen familiären Kontakt – nämlich in Person seines Onkels Josef Freud, der in den sechziger Jahren im österreichischen Gefängnis saß und dem eine eindrucksvolle Passage der *Traumdeutung* gewidmet ist.[7] Unlängst ist in Polizeiarchiven seine Akte aufgefunden worden. Onkel Josef hatte eine für damalige Verhältnisse immense Summe Rubel aus den jüdischen Fälscherwerkstätten Londons bei sich getragen, die zur Unterstützung des Aufstands in Litauen bestimmt war.[8]

Freuds eigene politische Ansichten waren nicht sehr radikal. Viele Male bekannte er sein Mißtrauen gegenüber den utopischen Ideen des gesellschaftlichen Umbaus, und mit den Jahren nahm die Skepsis nur noch zu. Im Februar 1918 schrieb er an Lou Andreas-Salomé: »Der Zustand Ihres Vaterlandes und die Diskreditierung radikaler Bestrebungen tut mir sehr leid. Ich glaube, zu Revolutionen kann man erst ein freundliches Verhältnis gewinnen, wenn sie vorüber sind; sie sollten darum in sehr kurzer Zeit abgelaufen sein. Die Menschenbestie braucht doch vor allem Bändigung. Kurz, man wird Reaktionär, wie übrigens schon der Rebell Schiller angesichts der französ. Revolution.«[9]

Trotz seines nüchternen Blicks auf die Ereignisse gab Freud damals die Hoffnung noch nicht auf, was ihm nach Jahren wieder einfiel: Im November 1930 sandte ihm Arnold Zweig ein Manifest zur Unterzeichnung, welches er oder seine Freunde verfaßt hatten und das zum Beistand für Sowjetrußland aufrief. Freud lehnte es ab, sich zu beteiligen, wobei er bekannte, einst Sympathien für linke Ideen gehegt zu haben und nunmehr von ihnen enttäuscht zu sein: »... was ich von solcher Hoffnung nähren könnte, ist in diesem Jahrzehnt der Sowjetherrschaft untergegangen. Ich bleibe ein Liberaler vom alten Schlag. In meiner letzten Schrift[10] habe ich das Gemisch von Despotismus und Kommunismus unbarmherzig kritisiert.«[11] Im Juni 1933 schreibt Freud an Marie Bonaparte, die Welt verwandele sich nun in ein großes Zuchthaus, und er prophezeit eine »paradoxe Überraschung« für Nazideutschland: »Sie haben dort mit der Todfeindschaft gegen den Bolschewismus begonnen und werden mit etwas enden, was von ihm nicht zu unterscheiden ist«, und wenn es aus diesen beiden trostlosen Alternativen zu wählen gälte, zöge er, Freud, die Russen vor, weil »der Bolschewismus doch revolutionäre Ideale aufgenommen hat, der Hitlerismus nur mittelalterlich-reaktionäre«[12].

Einige von Freuds besten Schülern waren aktive Sozialdemokraten. Historiker haben herausgefunden, daß Freud selbst wie nahezu alle Mitglieder der Wiener Psychoanalytischen Vereinigung sozialdemokratisch wählte.[13] Sogar Jung, der sich im politischen Spektrum rechts von den meisten seiner Kollegen befand, charakterisierte die bolschewistische Revolution in Rußland als »Bewußtseinserweiterung«[14]. Auf der Seminarsitzung vom 13. März 1929 äußerte er: »Feuer setzt allem ein Ende, selbst der Welt. Feuer, das der Saft der Kultur ist, kann ausbrechen und alles zerstören. Das geschieht von Zeit zu Zeit, zum Beispiel in der bolschewistischen Revolution, als die Kulturform die Spannung der Energie nicht mehr aushalten konnte und das Feuer hervorbrach und die russische Zivilisation zerstörte.«[15] Es fällt auf, daß Freud und Jung bei dem Versuch, eine je eigene Metapher für die rätselvolle russische Seele zu finden, zu einem exakt komplementären Ergebnis gelangen: Freud vergleicht sie mit dem Wasser, Jung mit dem Feuer.

Psychoanalyse des Proletariats

Daß Psychoanalyse und Sozialismus zwingend etwas miteinander zu tun haben, ist ein Gemeinplatz der Ideengeschichte, der so originelle Denker wie Herbert Marcuse und Erich Fromm herausgefordert sowie deren zahlreiche Anhänger letztlich auch auf die Barrikaden der »Studentenrevolutionen« in Europa und Amerika geführt hat. Die Enttäuschung über den Sozialismus Stalinscher Prägung in der UdSSR und die Erschütterung über den Triumph des Nationalsozialismus in Deutschland waren gleichermaßen Anstoß für die Hinwendung vieler linker Intellektueller zur Psychoanalyse. Wenn es sich als so schwierig erwies, den Sozialismus zu errichten, wenn die Massen bereit waren, derart menschenfeindliche politische Regimes zu stützen, dann hieß das, es ging nicht bloß um Politik, sondern um etwas, das in der Natur des Menschen lag. Die professionellen Analytiker wiederum waren linken Ideen allzeit spürbar gewogen – vor dem Zweiten Weltkrieg ebenso wie danach.[16] Jacques Lacan zum Beispiel hat einmal erklärt, seine Lehre beziehe sich auf Freud wie die Leninsche auf Marx.[17]

Das Verhältnis von Freud und Marx wurde erstmals 1909 auf einem Vortragsabend der Wiener Psychoanalytischen Vereinigung diskutiert. Das Hauptreferat mit dem Titel *Zur Psychologie des Marxismus* kam von Alfred Adler. Für ihn war dies nicht bloß Theorie. Adler war mit einer russischen Sozialistin verheiratet,[18] kannte Trotzki bestens, Alfred Joffe war sein Patient. Lou Andreas-Salomé, die mit Adler vertrauten Umgang pflegte, nannte ihn einen Marx-Anhänger und notierte 1912: »Grade wie im Proletariat die soziale Utopie aufrecht erhalten wird durch Gründe zu Neid und Haß, so entsteht nach Adler im Kinde durch sozialen Vergleich das hinaufgesteigerte utopische Persönlichkeitsideal.«[19]

Die Diskussion zu Adlers Referat ließ drei verschiedene Positionen erkennen. Adler selbst und der ihm beipflichtende Paul Federn vertraten die Meinung, die von Neurotikern unterdrückten Aggressionstriebe gehen beim Proletariat in jenes Klassenbewußtsein über, von dem bei Marx die Rede war. Die konkurrierende Auffassung (Maxim Steiner) besagte, der Sozialismus sei selbst bloß ein neuer Religionsersatz, vielleicht auch eine besondere Form von Neurose. Freud strebte wie stets in politischen Fragen einen liberalen Kompromiß an.[20]

Zehn Jahre vergingen, Revolutionen erschütterten Ost- und Mitteleuropa, und derselbe Federn bediente sich des neuen historischen Materials in seinem Buch *Zur Psychologie der Revolution* als Stütze für die Behauptung, der Bolschewismus sei nichts anderes als die Ablösung patriarchaler Macht durch die matriarchalen Prinzipien der Brüderlichkeit. Die Räte verkörperten die positive Rückkehr zu vorpatriarchalen Formen brüderlicher

Kooperation, doch existiere die stete Gefahr eines »psychologischen Thermidor«, einer Restauration des Vaterprinzips also. Federn sah voraus, daß die ihres Vaters beraubten Brüder Ersatz suchen würden, und dann liefe die Diktatur des Proletariats Gefahr, zur Tyrannei zu werden.[21]

Die ersten revolutionären Regimes waren der Psychoanalyse wohlgesonnen – und dies nicht nur in Rußland. Während der kurzen Siegesphase der ungarischen Revolution im Jahr 1919 wurde Sándor Ferenczi, einer von Freuds vertrautesten Kollegen, zum Direktor des Psychoanalytischen Instituts an der Budapester Universität berufen. Selbst Che Guevara sah sich als Freund und Kenner der Psychoanalyse.

Der Freudo-Marxismus in Rußland

In Rußland stand das Problem der Vereinbarkeit von Marxismus und Psychoanalyse vermutlich erstmals im Kasaner Zirkel zur Debatte. Das Protokoll einer Versammlung im Jahr 1922 konstatiert eine Analogie zwischen den Methoden von Marx und Freud in folgenden Punkten: »1) sind beide zutiefst analytisch; 2) beschäftigen sich beide mit dem Unbewußten des Menschen; 3) nehmen beide die Persönlichkeit in ihrer sozialen und historischen Determination zum Objekt der Untersuchung; 4) erforschen beide eine Dynamik.«[22] Bei gleicher Gelegenheit wurden Lurija, Awerbuch, Fridman und Netschkina beauftragt, eine gesonderte Diskussion dieses Themas vorzubereiten. Die drei Erstgenannten fuhren nach Moskau und beeilten sich, die Diskussion auf den Seiten der Parteipresse in Gang zu bringen.

Von 1923 an sorgten die Moskauer Psychoanalytiker dafür, daß das Thema auf den Tagesordnungen ihrer Versammlungen wie auch in den Zeitschriften, in denen sie veröffentlichten, ständig präsent war. Sie hatten einen »sozialen Auftrag« entgegengenommen, der es ihnen erlaubte, unter einigermaßen privilegierten Bedingungen zu existieren, und dieser Auftrag hieß: dem Bolschewismus ein neues ideologisches Gesicht zu verschaffen. Andererseits mußten sie die heftigen Angriffe vieler ihrer Widersacher parieren, welche nicht müde wurden, die Unvereinbarkeit von Psychoanalyse und sowjetischem Marxismus zu postulieren und am politischen Prestige des »Freudismus« zu kratzen. Den Rang einer »einzig materialistischen Konzeption des Menschen«

nahm die Reflexologie Wladimir Bechterews ebenso für sich in Anspruch wie Iwan Pawlows Physiologie der bedingten Reflexe, daneben wurde im Umfeld der Pädologie ein Komplex von Ideen entwickelt, der in der Folge unter der etwas sperrigen Bezeichnung *Kulturhistorische Tätigkeitstheorie von Lew Wygotski, Alexej Leontjew und Alexander Lurija* die sowjetische Bühne beherrschen sollte.

In dieser eher politisch als wissenschaftlich geführten Auseinandersetzung waren für die sowjetischen Analytiker zwei Strategien denkbar. Die eine – nennen wir sie »die Sonderfall-Theorie« – hatte zu beweisen, daß die Psychoanalyse als ein Sonderfall dieser oder jener Variante besagter »materialistischer Konzeption des Menschen« zu verstehen sei – Sonderfall genug, um dem Marxismus nicht zu widersprechen und der sowjetischen Wissenschaft sogar mit empirischen Forschungen unter die Arme greifen zu können. Diese Sonderfall-Theorie wurde zunächst von dem später namhaften Philosophen Bernard Bychowski ausgeführt. Mit umfänglichen Freud-Zitaten suchte Bychowski in der Zeitschrift *Unter dem Banner des Marxismus* den Beweis anzutreten, daß Freuds Lehre monistisch, materialistisch und dialektisch sei. Als Grundmuster diente ihm dabei Bechterews Reflexologie, der er die Psychoanalyse als Sonderfall andiente.[23] Der erste, der ihm eine Zeitlang in diesen Prämissen folgte, war Aron Salkind[24]. Eine konkrete Ausführung dieser Strategie hätte freilich unlösbare logische Probleme beschert. Und selbst wenn man davor die Augen verschloß, ordnete sich die Psychoanalyse hier anderen Konzeptionen unter, was manch einem genehm sein mochte – den Analytikern selbst nicht.

Eine andere, tiefer greifende Prämisse ließe sich heute als »Komplementär-Theorie« bezeichnen. Die Psychoanalyse und die jeweilige materialistische Konzeption ergänzten einander als verschiedene Betrachtungsweisen ein und derselben Erscheinung. Nahm man dies als gegeben hin, so waren die Psychoanalyse, die Reflexologie und die Pawlowsche Physiologie Welten gleichen Ranges, die sich nicht logisch zueinander verhalten mußten. Daß die »Komplementär-Theorie« der Psychoanalyse weit mehr Entfaltungsraum bot als die »Sonderfall-Theorie«, ist leicht einzusehen. Der sie ins Gespräch brachte, war Lew Trotzki.

Michail Reisner, ein Juraprofessor mit guten Kontakten zur Führung, entwickelte dieses Thema in seinen Artikeln der Jahre 1923 und 1924 weiter.[25] Besonders würdigte er die psychoanalytische Theorie der Verdrängung, womit er spätere, im Westen unternommene Versuche einer Synthese von Freud und Marx, für die die Namen Reich und Marcuse stehen, in gewisser Weise vorwegnahm. Das Pathos der sexuellen Revolution, wie es die westlichen Freudo-Marxisten prägte, geht Reisners Aufsätzen allerdings völlig ab.

In dem 1925 erschienenen Sammelband *Psychologie und Marxismus*[26], herausgegeben vom neuen Direktor des Institutes für Psychologie Konstantin Kornilow, haben psychoanalytische bzw. freudo-marxistische Ideen gegenüber anderen Ansätzen sichtlich den Vorrang. Alexander Lurija deutet hier die Psychoanalyse als ein »System monistischer Psychologie«; Reisner erörtert das Verhältnis von freudianischer Sozialpsychologie und Marxismus; Fridman steuert einen Aufsatz zum Thema *Die grundlegenden psychologischen Anschauungen Freuds und der historische Materialismus* bei. In den Versuchen dieser Autoren, Anschauungssysteme vergleichend nebeneinanderzustellen, ist die Angst noch nicht zu spüren, die in ihren nur wenige Jahre später folgenden Texten so eklatant zutage treten würde. Die genannten Arbeiten bedienen durchaus die akademische Tradition und sind wohl gerade deshalb heute hoffnungslos veraltet. Ernsthaften Psychoanalytikern konnten ihre Prämissen indes schon seinerzeit schwerlich akzeptabel erscheinen.

Lew Wygotski, der wohl bekannteste unter den sowjetischen Psychologen, tat damals seine eigene Ansicht zur »marxistischen Psychoanalyse-Kritik« kund, die allerdings jahrzehntelang unbeachtet blieb. Als geübter Methodologe verwies er auf die Kluft zwischen Freuds Ideen und allem, was sich seine sowjetische Anhängerschaft an willkürlichen Ausdeutungen, Anpassungen und Verkürzungen erlaubt hatte. »Keine psychoanalytische Zeitschrift würde die Aufsätze Lurijas und Fridmans drucken, soviel ist sicher«, resümiert er in dem 1927 verfaßten, doch erst ein halbes Jahrhundert später erschienenen Aufsatz. Tatsächlich seien die Ideen der Psychoanalyse völlig verschieden von dem, was die bolschewistischen Theoretiker ihnen anhängen, und wer beide Systeme, Freudismus und Marxismus, zueinanderrücke, führe den Leser in die Irre. »Es entsteht eine höchst sonderbare Situation: Während Freud und seine Schüler sich nie zu Monisten, Materialisten, Dialektikern und Jüngern des historischen Materialismus erklärt haben, wird ihnen kurzerhand gesagt: Ihr seid das eine so gut wie das andere und das dritte nicht minder;

ihr wißt selber nicht, was ihr seid.«[27] Wygotski hatte völlig recht. Wäre dieser Text jedoch Ende der zwanziger Jahre erschienen, hätte er als politische Denunziation gewirkt. Vielleicht war dies der Grund, weshalb Wygotski, der ja selbst der Russischen Psychoanalytischen Vereinigung angehörte (zumindest in der Mitgliederliste des Jahres 1929 zu finden ist) und dort Freunde und Mitarbeiter hatte, seine Position nicht preisgab.

Adolf Joffe als Patient

Der sowjetische Freudo-Marxismus der zwanziger Jahre, ein merkwürdiges, überraschendes Phänomen, das weder Wurzeln noch später Folgen zu haben schien, besitzt immerhin eine gewisse Vorgeschichte.

Adolf Abramowitsch Joffe (1883–1927) war eine der Zentralfiguren in der russischen Revolution: zunächst professioneller Untergrundkämpfer, einer der Organisatoren des Oktoberaufstands, nachher ein bedeutender Diplomat; ab Juli 1917 im ZK der RSDRP (Bolschewiki), im Oktober Vorsitzender eines Militärrevolutionskomitees. Chef der russischen Delegation bei den Brester Friedensgesprächen, Teilnehmer an den Rapallo-Verhandlungen. Botschafter in Deutschland, China, Japan, Österreich ... Einer der Führer der trotzkistischen Opposition in der Partei. Nach ihrer Zerschlagung beging er Selbstmord.

Soweit die offizielle Vita. Aus seiner Autobiographie[28] sind detailliertere Auskünfte zu beziehen. Im Jahre 1908, als er Trotzki in Wien begegnete und mit ihm gemeinsam die *Prawda*[29] redigierte, war er gerade zum fünften Mal aus der Haft geflohen. Mit seinen fünfundzwanzig Jahren hatte er bereits allerhand geleistet: Propagandaarbeit in verschiedenen Städten Rußlands, die unglaublich scheinende Flucht aus dem Sewastopoler Militärgefängnis, Lieferung illegaler Literatur nach Baku, Ausweisung aus Deutschland per Sondererlaß des Reichskanzlers. Dazu noch Student an zwei Fakultäten: der medizinischen in Berlin und der juristischen in Zürich.

Eine verblüffende Tatsache allerdings erfahren wir nur, wenn wir Joffes Autobiographie beiseite legen und Trotzkis Erinnerungen[30] zur Hand nehmen. Dem reifen Genossen mögen die bis dahin begangenen revolutionären Heldentaten des jungen Mannes als »geringfügige politische Vergangenheit« erschienen sein. In

Wien jedenfalls ist Joffe Medizinstudent und ... Patient. »Ungeachtet der imposanten äußeren Erscheinung, etwas zu imposant für sein Alter, des sehr gemessenen Tonfalls, der sanften Nachgiebigkeit im Gespräch und der ausnehmenden Höflichkeit, alles in allem Anzeichen innerer Ausgeglichenheit – ungeachtet all dessen war Joffe Neurotiker seit seiner Jugend.« Trotzkis Beobachtungen wiesen zunächst folgendes aus: »An seinem Blick, der abwesend und zugleich höchst konzentriert schien, ließ sich die Anspannung innerer Kämpfe ablesen.« Nun ja. Wirklich erstaunlich war etwas anderes: »Schon wenn es galt, mit einzelnen Leuten Absprachen zu treffen, insbesondere am Telefon, zeigte er sich nervös, verstört und erschöpft.«

Wien war zu jener Zeit die Weltmetropole der Psychoanalyse. Alfred Adler wurde Joffes Analytiker. Der Musterschüler Freuds war just damit beschäftigt, eine eigene Version der Psychoanalyse vorzulegen, worin er den primären Charakter eines Motivs nachzuweisen suchte, welches ihm ebenso fundamental erschien wie der Eros bei Freud, nämlich: der Trieb zur Macht. Es läßt sich annehmen, daß die Erfahrung des Umgangs mit den jungen russischen Marxisten Adler bei der Entwicklung dieser Ideen sehr zupaß kam.[31]

Freud indes versagte Adlers neuen Einsichten die Anerkennung, worauf dieser mit seinen Anhängern alsbald die Wiener Psychoanalytische Vereinigung zu verlassen hatte. Trotzki war über Adlers Nöte informiert, verstand sie allerdings auf eigene Art. Joffe sei »in psychoanalytischer Behandlung bei dem bekannten Wiener Arzt Alfred Adler, der als Schüler des Professors Freud begonnen hatte, sich aber dann in Opposition zu seinem Lehrer stellte und eine eigene individualpsychologische Schule gründete«[32]. Letzteres geschah im Jahr 1911. Trotzki traf sich »gelegentlich« mit Adler; später, im Jahr 1923, faßte er diese Begegnungen so zusammen: »In den Jahren meines Wiener Aufenthalts hatte ich recht engen Kontakt zu den Freudianern, las ihre Werke und besuchte gar mitunter ihre Zusammenkünfte.«[33] Über Adler lesen wir in Trotzkis Erinnerungen: »Einen ersten, im übrigen recht knappen Einblick in die Geheimnisse der Psychoanalyse erhielt ich vom Renegaten und nunmehrigen Oberpriester der neuen Sekte persönlich. Mein wirklicher Führer durch die Gefilde jener damals noch weithin unbekannten Ketzerlehre war jedoch Joffe. Als junger Mediziner war er Anhänger der psychoanalytischen Schule, als Patient hingegen leistete er den nötigen Widerstand und verlieh dergestalt seiner psychoanalytischen Propaganda eine skeptische Note.« Trotzkis eigenes Verhältnis zu den »Freudisten« war durchaus zwiespältig: »Die Kombination eines physiologischen Realismus mit geradezu belletristischen Analysen von Seelenzuständen hat mich an ihrer Methode stets befremdet.«[34]

Trotzki memorierte all dies mit einer Sachkenntnis, die er nicht allein Joffe verdankte. Im Jahr 1931 sah er sich gezwungen, seine Tochter zu verschiedenen Berliner Analytikern zu schicken; nach zweijähriger Behandlung nahm sie sich das Leben. Wie Isaac Deutscher, Autor einer dreibändigen Trotzki-Biographie, bemerkt, hatte Trotzki sich tiefgründig und systematisch mit Fragen der Psychoanalyse befaßt und wußte somit auch um die Unzulänglichkeiten dieser Methode.[35] Damals in Wien jedenfalls blieb er dem jungen Gesinnungsgenossen nichts schuldig: »Zum Ausgleich für die Lektionen in Psychoanalyse predigte ich Joffe die Theorie der permanenten Revolution und die Notwendigkeit der Spaltung von den Menschewiki.«[36]

Joffes psychoanalytische Behandlung war intensiv (fünf- bis sechsmal pro Woche suchte er in jenen Jahren seinen Analytiker auf), und sie war teuer. Adlers Honorar wurde gewiß nicht aus der Parteikasse beglichen; Joffe verfügte über eigene Mittel, denn sein Vater war ein reicher Kaufmann auf der Krim.

Wie lange die Behandlung dauerte, wissen wir nicht. Fest steht nur, daß Joffe 1912 neuerlich verhaftet wurde und bis kurz vor der Februarrevolution zur Zwangsarbeit in Sibirien war. Dort versuchte er sich an seinen Leidensgefährten mit Laienanalysen, worüber er – aus der Verbannung! – in der Zeitschrift *Psychotherapie* Bericht erstattete. Die unbestreitbar dürftige Abhandlung, von der Zeitschrift wohl vor allem als politische Provokation gedruckt, ist dem Fall eines verbannten Feldschers gewidmet, den zu behandeln Joffe sich bemüht hatte. Nach einer Vielzahl vorgetäuschter Suizidversuche brachte der Feldscher sich vor den Augen seiner Frau und seiner Freunde tatsächlich um; etliche Sitzungen mit Joffe hatten anscheinend nichts ausrichten können. Der Aufsatz endet mit einer effektvollen Passage, die in den Ohren dessen, der Joffes weiteres Schicksal kennt, aufregend klingt: »Soviel zu dem tragischen Schicksal eines der vielen ›gesunden‹ Menschen unserer Zeit – ein durch und durch rätselhaftes Leben! Wenn es überhaupt einen Schlüssel für dieses Geheimnis geben sollte, so kann er nur darin liegen, das ›Geheime‹ offenkundig, das ›Unbewußte‹ bewußt zu machen … Irgendwann einmal wird diese Aufgabe zur Gänze gelöst sein – und dann wird vielen, vielen ein ähnlich tragisches Schicksal erspart bleiben.«[37]

Joffe blieb nichts erspart.

Die Revolution hat besser getan

Nach siebenjähriger Unterbrechung begegneten Joffe und Trotzki sich wieder. Letzterer berichtet: »In die Petersburger Duma gewählt, wurde Joffe dort zum Kopf der bolschewistischen Fraktion. Das kam für mich unerwartet, doch hatte ich im Wirrwarr der Ereignisse kaum Muße, mich der Fortschritte meines Wiener Gefährten und Schülers zu freuen. Als ich dann selbst Vorsitzender des Petrograder Sowjets war, meldete Joffe sich eines Tages im Smolny für die bolschewistische Fraktion der Duma zu Wort. Ehrlich gesagt, waren meine Erinnerungen noch lebhaft genug, um in diesem Moment aufrichtiges Lampenfieber für ihn zu empfinden. Er aber begann seine Rede in so ruhigem, selbstsicherem Ton, daß all meine Befürchtungen im Nu zerstreut waren. Das vielköpfige Auditorium des Weißen Saales im Smolny sah einen eindrucksvollen Mann am Rednerpult stehen, brünett, mit silbrigem Vollbart – Tüchtigkeit und Selbstvertrauen in Person, so mußte es scheinen.«[38] Tiefe, samtige Stimme, vollendeter Satzbau, elegante Gesten, ruhige Ausstrahlung, die Fähigkeit, sich aus dem Umgangston auf natürlichste Weise in ein wackeres Pathos hinaufzuschwingen … – Trotzki weiß, wovon er redet, und er gibt den Begabungen des Vierunddreißigjährigen die allerbesten Noten. »In der ausgesuchten Kleidung des Diplomaten, mit einem weichen Lächeln auf dem ruhigen Gesicht«[39] habe Joffe neugierig beobachtet, wie die rhetorischen Geschosse rings um ihn einschlugen, ohne seine Schritte im geringsten zu beschleunigen oder zu verlangsamen …

Als Trotzki sich später im fernen Mexiko daran erinnert, hält er das Andenken des Freundes in Ehren und versäumt auch nicht, die erstaunliche Metamorphose dieses Menschen herauszustreichen: »Ich konnte nur staunen: Die Revolution hatte seinen Nerven besser getan als jede Psychoanalyse … Die Revolution hatte ihn aufgehoben, sein Rückgrat gestreckt, die starken Seiten seines Intellekts und seines Charakters gebündelt. Nur manchmal gewahrte ich in der Tiefe seiner Pupillen eine übermäßige, nahezu beängstigende Konzentration.«[40]

Um das Persönlichkeitsbild Adolf Joffes und seine Neurose näher beleuchten zu können, lohnt es, eine Stelle in seiner Korrespondenz mit Lenin zu betrachten. In einem Brief an Joffe vom 17. März 1921 schreibt Lenin: »Mit großer Betrübnis habe ich Ihren sehr erregten Brief vom 15. III. gelesen. Ich sehe, daß Sie durchaus Grund zur Unzufriedenheit und sogar Empörung haben, aber ich versichere Ihnen, daß Sie bei der Suche nach den Ursachen auf einer falschen Fährte sind.

Erstens. Sie irren sich, wenn Sie sagen (wiederholt), daß ›ich das ZK bin‹. Das kann man nur schreiben, wenn man nervlich sehr gereizt und übermüdet ist ... Weshalb denn derart die Nerven verlieren, daß sie etwas so *völlig Unmögliches, völlig Unmögliches* schreiben. Ich das ZK! Sie sind übermüdet.

Zweitens. Ich bin mit Ihnen nicht im geringsten unzufrieden, hege nicht einen Funken Mißtrauen Ihnen gegenüber ...«[41]

Was konkret zu dieser Verstimmung führte, muß hier nicht weiter interessieren. Offenbar hatte Joffe, der seine Position von seiten Lenins und des Zentralkomitees mißachtet sah, ihn eines, sagen wir, undemokratischen Verhaltens bezichtigt. Man mußte sich freilich seiner Position überaus sicher sein und ein mutiger Mann dazu, um Lenin vorzuwerfen: »Das ZK, das sind Sie.« Und der so Beschuldigte reagiert äußerst nervös, wiederholt das Gesagte noch einmal, unterstreicht es dick – und ohne auf den Kern der Sache einzugehen, gibt er Joffes Übermüdung als Ursache ihrer Meinungsverschiedenheit an. Er empfiehlt Joffe, Urlaub zu machen – »überlegen Sie, ob es im Ausland, in einem Sanatorium nicht besser wäre« –, und schließt mit einem seiner typischen Komplimente: »Sie waren und bleiben einer der ersten und führenden Diplomaten und Politiker.«[42]

Im November 1924 wird Joffe als Botschafter nach Wien beordert, und die Diplomaten vor Ort ahnen, was der Grund für die Ernennung ist: Joffes Krankheit und die Notwendigkeit, sich von den besten Wiener Ärzten behandeln zu lassen, dazu wohl auch sein schwindender Einfluß in Moskau. Übers Jahr wird Joffe erneut nach Wien kommen, diesmal schon als Privatperson und als Patient.[43] Er wird begleitet von seiner Familie und seinem Hausarzt Juri Kannabich, dem Psychotherapeuten und letzten Präsidenten der Russischen Psychoanalytischen Vereinigung.

Von 1925 bis 1927 war Joffe Stellvertretender Vorsitzender in Trotzkis Hauptkommission Konzessionen (*Glawkonzesskom*) der UdSSR. Seine behandelnden Ärzte in Rußland – neben

Kannabich der Neuropathologe Sergej Dawidenkow – waren Koryphäen, die der Psychoanalyse gegenüber Sympathie hegten, sie wahrscheinlich auch praktizierten.

Keinen Tag ohne Sinn

Was dann geschah, wissen wir aus Joffes Abschiedsbrief an Trotzki vom 16. November 1927. Der Brief war zur Verbreitung unter den Genossen bestimmt und in 300 Exemplaren vervielfältigt worden.[44]

Das hauptsächliche Mittel zur geistigen und organisatorischen Zerschlagung der trotzkistischen Opposition bestand darin, daß die Partei, wie Joffe es formulierte, »systematisch verhinderte, daß die Oppositionellen arbeiten konnten«. Nach dem Politbüro-Beschluß über die Entfernung Joffes aus allen Ämtern in Partei und Sowjets verschlechterte sich seine Gesundheit zusehends. Die Professoren teilten ihm mit, daß an Arbeit nicht zu denken sei, in den russischen Sanatorien könne man ihm auch nicht helfen, er müsse mindestens ein halbes Jahr ins Ausland fahren, um sich zu kurieren. Früher war dies, wie wir wissen, kein Problem gewesen. Nun aber wurde die Frage im ZK immerzu »zwecks weiterer Beratung aufgeschoben«. Außerdem weigerte sich die Kreml-Apotheke, ihm Arzneimittel auszuhändigen ... Joffe fiel bei dieser Gelegenheit ein, er habe »der Partei Tausende Rubel überlassen, jedenfalls mehr, als ich die Partei kostete, seit mich die Revolution meines Eigentums entledigte«. Nun konnte er nicht einmal mehr seinen Arzt bezahlen.

»Vor mehr als dreißig Jahren«, so schrieb er Trotzki, »machte ich mir die Philosophie zu eigen, daß ein Menschenleben nur so weit und so lange einen Sinn hat, wie es ein Dienst an dem Unendlichen ist, welches für uns die Menschheit darstellt, denn insofern alles übrige endlich ist, hat es keinen Sinn, daran zu wirken.« (»Vor mehr als dreißig Jahren« war Adolf Joffe ein zehn-, zwölfjähriger Knabe gewesen.) »Ich darf, denke ich, mit Recht von mir behaupten, mein ganzes bewußtes Leben dieser Philosophie treu geblieben zu sein ... Ja, so gesehen darf ich wohl sagen, keinen Tag in meinem Leben habe ich ohne Sinn gelebt.«[45]

Wie sehr dieser grenzenlose Altruismus – bolschewistisch und mosaisch gleichermaßen – zum Beispiel einem Alfred Adler nahestand, läßt sich schwer sagen. Der Analytiker hätte gewiß versucht, die lebenspraktischen Konsequenzen hervorzukehren, um seinem Patienten anschließend eine irdische, begrenzte, dafür aber menschliche Realität schmackhaft zu machen. Hätte Adler die Joffesche Philosophie als Symptom seiner Neurose interpretiert, so wäre er wohl am ehesten zu dem Schluß gekommen, daß dieser Patient nicht zu heilen war.

Trotzki kannte und begriff diese Philosophie nur zu gut. Und dennoch sprach er am Grab des Freundes, wissend, wie anstekkend das Beispiel für seine Anhänger sein konnte, die Warnung aus: »Möge keinem von euch einfallen, es diesem alten Kämpfer im Tode nachzutun – tut ihm nach, was er im Leben getan!«[46]

Unter den eigenen Händen

In Trotzkis Texten findet sich ein besonderes Motiv, das vom bekannten leninistisch-stalinistischen Begriffsvokabular deutlich abweicht. Dieses Motiv muß es wohl sein, was ihn für seine Epigonen mit und ohne Bart an allen Ecken und Enden unseres Planeten so anhaltend interessant macht.

»Der Mensch wird endlich daran gehen, sich selbst zu harmonisieren. Er wird es sich zur Aufgabe machen, der Bewegung seiner eigenen Organe – bei der Arbeit, beim Gehen oder im Spiel – höchste Klarheit, Zweckmäßigkeit, Wirtschaftlichkeit und damit Schönheit zu verleihen. Er wird den Willen verspüren, die halbbewußten und später auch die unterbewußten Prozesse im eigenen Organismus: Atmung, Blutkreislauf, Verdauung und Befruchtung zu meistern, und wird sie in den erforderlichen Grenzen der Kontrolle durch Vernunft und Willen unterwerfen. Das Leben, selbst das rein physiologische, wird zu einem kollektiv-experimentellen werden. Das Menschengeschlecht, der erstarrte Homo sapiens, wird erneut radikal umgearbeitet und – unter seinen eigenen Händen – zum Objekt kompliziertester Methoden der künstlichen Auslese und des psychophysischen Trainings werden. Das liegt vollkommen auf der Linie seiner Entwicklung.«[47]

Der Träumer im Rock des Volkskommissars hatte beschlossen, weiter zu gehen als seine Kollegen. Er mochte nicht nur das ins Licht rücken und gezielt regulieren, was in der Fabrik oder auf dem Markt vor sich ging, er wollte heran auch an das, was im Ehebett passierte und gar im Inneren des menschlichen Organismus. Bestimmtheit, Zweckmäßigkeit – für ihn die allerhöchsten Kriterien – waren nur auf einem Wege zu erlangen: durch Bewußtwerdung. Schönheit war ihm nur ein Synonym für Klarheit. Und umgekehrt: Alles Unbewußte, Unwägbare, Spontane war häßlich und widerwärtig. Nichts durfte mehr von selbst geschehen wie in der vermaledeiten Vergangenheit. Nur das Durchdachte, Bewußte, Planmäßige sollte existieren.

»Im Zuge seiner Weiterentwicklung führt der Mensch eine Säuberung von oben nach unten durch: Zuerst säubert er sich von Gott, dann säubert er die Grundlagen des Staatswesens vom Zaren, dann die Grundlagen der Wirtschaft von Chaos und Konkurrenz, und schließlich seine Innenwelt von allem Unbewußten und Finsteren.«[48] Wie flott und flüssig, beinahe unmerklich Trotzkis Feder hier vom Atheismus und Sozialismus zur Psychoanalyse gleitet, von den bolschewistischen Banalitäten zu den wahrhaft extravaganten Ideen, utopischer noch als die kommunistische Utopie! Und das Ganze fügt sich gut in die altvertrauten Formen: eine Säuberung von oben nach unten.

In alledem überlagern sich jugendliche Romantik und revolutionäre Pragmatik: Das alte Leben ist verhaßt, das neue will kontrolliert sein. »Die kommunistische Daseinsform wird nicht wie ein Korallenriff zufällig entstehen, sondern bewußt aufgebaut, durch die Idee überprüft, ausgerichtet und korrigiert werden. Wenn das Dasein aufhört, eine Elementargewalt zu sein, wird es aufhören, schal zu sein.«[49]

Was, so ließe sich fragen, ist an Korallenriffen schlecht? Doch für Trotzki existiert keine Natur, wo das Schöne aus sich selbst heraus entsteht. Der Mensch kann und muß sie gestalten. Er tut es ja schon. Und wenn er die Natur der Dinge bereits im Griff hat, warum soll er dann nicht auch seiner eigenen an die Wurzel gehen? »Wir können eine Eisenbahn quer durch die Sahara bauen, den Eiffelturm errichten, drahtlos mit New York konferieren. Und den Menschen zu verbessern, sollten wir nicht in der Lage sein? O nein, wir werden es sein! Eine neue, ›verbesserte Auflage‹ des Menschen herzustellen – darin liegt die künftige Aufgabe des Kommunismus.«[50]

So weit, so gut – nur kann der Marxismus allein hierfür nicht genügen. Er lehrt, wie die Produktionsverhältnisse zu ändern sind, der Mensch soll sich wohl automatisch mitändern. Dies aber, sah man, geschah nicht ohne weiteres – und sowieso mußte es für jeden Revolutionär ein Unding sein, daß irgend etwas »automatisch« und ohne weiteres passierte. So kam es, daß zu jener Zeit manch einer »fremdging« und Ausschau hielt nach einem möglichen, den neuen Aufgaben angemessenen »Überbau« für den Marxismus. Später, im Laufe der dreißiger Jahre, schrieben viele linksorientierte Intellektuelle, darunter auch so seriöse Köpfe wie Karl Mannheim[51], über die »Umformbarkeit des Menschen« vermittels der Psychoanalyse. Trotzkis Fingerzeige erschienen vor diesem Hintergrund nicht übel. In seiner Logik stellte die Freudsche Lehre eine direkte Fortsetzung, wenn nicht den Gipfel des Marxismus dar, wie letzterer die Fortsetzung, wenn nicht der Gipfel der Wissenschaften an sich war. An der Basis machte der Marxismus der Natur den Garaus, im Überbau besorgte das die Psychoanalyse!

»Der Mensch hat zuerst die dunklen Elementargewalten aus der Produktion und der Ideologie vertrieben, indem er die barbarische Routine durch wissenschaftliche Technik und die Religion – durch Wissenschaft verdrängte. Dann hat er das Unbewußte aus der Politik vertrieben, indem er die Monarchie und die Stände durch die Demokratie und durch den rationalistischen Parlamentarismus und schließlich durch die kristallklare Sowjetdiktatur ersetzte. Am schlimmsten hat sich die blinde Naturgewalt in den Wirtschaftsbeziehungen festgesetzt – aber auch von dort vertreibt sie der Mensch durch die sozialistische Organisation der Wirtschaft. Dadurch wird ein grundlegender Umbau des traditionellen Familienlebens ermöglicht. Im tiefsten und finstersten Winkel des Unbewußten, Elementaren und Untergründigen hat sich die Natur des Menschen selbst verborgen. Ist es denn nicht klar, daß die größten Anstrengungen des forschenden Gedankens und der schöpferischen Initiative darauf gerichtet sein werden?«[52]

Na klar doch. Nur Schufte und Spießbürger können da noch Zweifel hegen. Moralische Probleme sind bei der Umgestaltung des Menschen gar nicht denkbar. Probleme sieht Trotzki überhaupt nur zwei. Erstens braucht es Kühnheit und Tatkraft auf diesem so wichtigen Gebiet. Hier weiß der Revolutionsratsvorsitzende von einst, was zu tun ist. Man muß es wieder und wieder sagen, darf es an Redekunst und Überzeugungskraft nicht fehlen lassen: »Der Mensch wird sich selbst als Rohstoff, bestenfalls als Halbfabrikat betrachten und sagen: ›Jetzt bist du an der Reihe, hochverehrter homo sapiens, jetzt nehm ich dich mir vor, mein Bester!‹«[53] Zweitens: die Wissenschaft. Trotzki kennt das Problem und formuliert es kundig, auf »materialistische« Art:

»Als erstes muß man den Menschen von allen Seiten kennen: seine Anatomie, seine Physiologie und auch den Teil der Physiologie, der sich Psychologie nennt.«[54]

Was sein muß, muß sein …

Noch viele Jahre später würde Trotzki zu diesen Überzeugungen stehen. »Die Anthropologie, die Biologie, die Physiologie und die Psychologie haben Unmengen von Material zusammengetragen, um die Aufgaben der Entwicklung und Vervollkommnung von Körper und Geist für die Menschheit lösbar zu machen. Hingebungsvoll ist Sigmund Freuds Psychoanalyse dabei, den Deckel von dem Brunnen zu ziehen, welcher so schön poetisch die menschliche Seele genannt wird. Und was tritt zutage? Unser bewußtes Denken ist im Walten dunkler psychischer Mächte nur ein kleiner Bezirk … Begibt sich das Denken jedoch kühn genug in die Tiefen seiner psychischen Ursprünge hinab, so wird es Licht in die geheimnisvollen Seelenkräfte bringen und sie dem Verstand und dem Willen unterwerfen können. Der Mensch wird die anarchischen Kräfte seiner Gesellschaft besser begreifen und an sich zu arbeiten beginnen, sich selbst sozusagen in die Retorte des Chemikers stecken … Der Mensch von heute mit all seinen Widersprüchen und Unstimmigkeiten bricht einer neuen und glücklicheren Rasse Bahn.«[55] Der dies im November 1932 in Kopenhagen von sich gab, war ein Emigrant, ein Gejagter. Ein begnadeter Redner, der es zuwege brachte, Tausende von Zuhörern zu beeindrucken, war er immer noch.

Es sollte Lew Trotzkis letzter öffentlicher Auftritt sein.

Die Brunnenmetapher

Der Physiologe Iwan Pawlow war für die Machthaber ein unbequemer Mann – er nahm sich einiges heraus, was man einem anderen nie und nimmer verziehen hätte. Im Jahr 1920 bat er um seine Ausreise. Die Frage wurde auf höchster Ebene (Lenin, Gorki, Lunatscharski …) erörtert. Mit der Zusage, Brennholz und Fleisch für Pawlows Labor bereitzustellen, dazu vielleicht das eine oder andere beschlagnahmte Gut wieder herauszurücken, schließlich wohl auch mit einigen Drohungen konnte man Pawlow zum Bleiben bewegen.

Etwa zur gleichen Zeit liefen die Vorbereitungen zur Ausweisung einer ganzen Anzahl Gelehrter.[56] Es traf vor allem die, die berühmt und mit der neuen Macht uneins waren: Berdjajew, Iljin und etliche andere. Mit Pawlow ging man anders um. Vielleicht lag das daran, daß sein Fach von den Bolschewiki als strategisch wichtig eingestuft wurde, hatte es doch unmittelbar mit den Plänen zur organisierten »Umkrempelung« des Menschen zu tun. (Es sei daran erinnert, daß etwa zur selben Zeit der Astronom und »Kurator« der sowjetischen Psychoanalyse, Genosse Otto Schmidt, im Volkskommissariat für Bildung ein Projekt zur Kreuzung von Mensch und Affe zu begutachten hatte ...)

Lenin regelte es mit der Tscheka, daß Pawlow zu Vorträgen in den Westen reisen durfte. Zurück von der Reise, zeigte er sich mündiger denn je. Bekannt ist der Vortrag, den er am 25. September 1923 hielt und der mit Kritik an den Bolschewiki nicht geizte.[57] Zwei Männer, beide gleichermaßen verantwortlich für die Geschicke des Landes, reagierten darauf sehr unterschiedlich. Nikolai Bucharin las Pawlow in langen, vulgären, alles in allem sehr bezeichnenden Artikeln die Leviten: »... und was unsere führenden Kreise angeht, so können wir Prof. Pawlow versichern, daß sie von Biologie und Physiologie weit mehr verstehen als Prof. Pawlow von den Gesellschaftswissenschaften«[58] (mehr zu dieser Kontroverse im folgenden Kapitel 8). Kurz nach seiner Vorlesung erhielt Pawlow außerdem von Trotzki einen privaten Brief.[59] Nicht so privat allerdings, daß er nicht doch in den von Trotzki kurz vor seiner Emigration vorbereiteten *Gesammelten Werken* Platz gefunden hätte, noch dazu als beinahe einziger Text dieses Genres, was deutlich macht, von welch prinzipieller Bedeutung Thema und Adressat des Briefes für Trotzki waren.

Der Grund, weshalb sich der Volkskommissar an den Akademieprofessor wendet, ist überraschend: Es geht um den Vorschlag, Pawlows Physiologie der bedingten Reflexe mit der Freudschen Psychoanalyse zu koppeln. Trotzki formuliert respektvoll, bekennt seinen Dilettantismus in den behandelten Fragen, vergißt aber nicht, seine persönliche Bekanntschaft mit den Wiener Freudianern in Erwähnung zu bringen, was seinem Vorstoß einige Rechtfertigung verleihen soll. Trotzki schreibt: »Ihre Lehre von den bedingten Reflexen erfaßt, so will mir scheinen, Freuds Theorie als Sonderfall.«[60] Pawlow brauchte dem nur zuzustimmen, und die Psychoanalyse wäre in Rußland kraft seiner Autorität beglaubigt gewesen. In dem Bestreben, zwei der bedeutendsten Lehrmeinungen des Jahrhunderts als vereinbar und einander ergänzend darzustellen, versteigt sich Trotzki zu einem eindrucksvollen Gleichnis: »Pawlow wie Freud meinen, der ›Boden‹ der Seele sei die Physiologie. Aber Pawlow steigt wie ein Taucher auf den Grund hinab und erforscht den Brunnen sorgsam von unten nach oben, Freud steht über dem Brunnen und sucht mit scharfem Blick die ständig bewegte Wasseroberfläche zu durchdringen und die Gestalt der Dinge, die im Trüben darunter liegen, zu erkennen oder zu erraten.«[61] Die gleiche Logik verbinde Marx und Freud. »Der Versuch, die Psychoanalyse als ›unvereinbar‹ mit dem Marxismus zu erklären und den Freudismus einfach zu ignorieren, ist allzu einfach, genauer: einfältig. Wir sind ja nicht gezwungen, den Freudismus gleich zu adoptieren.«[62]

Trotzki war im Jahr 1923 der zweite Mann im bolschewistischen Staat. Pawlow, der Nobelpreisträger, vielleicht noch die größte im Machtkreis der Bolschewiken verbliebene intellektuelle Kapazität, war gleichfalls nicht irgendwer. Zudem hat Trotzki persönlich, als er noch im Land war, das Dokument zur Veröffentlichung freigegeben. Es besteht kein Zweifel, daß Trotzkis Brief an Pawlow als überlegter politischer Schachzug zu verstehen ist und einen strategischen Gedanken verfolgte, den zu verheimlichen Trotzki auch dann nicht für nötig befand, als er damit gescheitert war.

Seither sind Pawlow und Freud unzählige Male verglichen und einander gegenübergestellt worden. Jahrzehnte dogmatischer Wortklaubereien haben in Rußland jegliches Interesse an der einst von Trotzki aufgeworfenen Frage verlöschen lassen. Dabei haben die Autoritäten selbst nicht nur einmal ihren Respekt voreinander bekundet. Ein amerikanischer Mathematiker, der in den dreißiger Jahren Moskau besuchte, traf sich mit Pawlow und erfuhr, daß dem Physiologen die Idee der Reflexhemmung nach dem Lesen von Freuds und Breuers *Studien über Hysterie* gekommen sei. Als der Amerikaner einmal in Wien weilte und Freud davon erzählte, soll dieser finster erwidert haben: »Hätte Pawlow früher davon erzählt, hätte ich wenigstens etwas davon gehabt.«[63] Verschiedene Psychoanalytiker der ersten Stunde äußerten sich beifällig zu Pawlows Experimenten wie auch zu seinen Theorien. Jones zum Beispiel veröffentlichte Anfang der zwanziger Jahre eine anerkennende Rezension zur englischen Übersetzung von Pawlows Buch über die höhere Nerventätigkeit.

Im Umkreis von Pawlow wiederum wirkten selbst in finstersten Zeiten Menschen, die den Ideen der Psychoanalyse gegenüber aufgeschlossen waren. 1947 erschien in Leningrad ein Buch von Sergej Dawidenkow, in dem mit viel Beschlagenheit und intellektueller Verve einer Synthese aus den Theorien der Pawlowschen Physiologie und Evolutionsgenetik sowie der Ethnographie von James Frazer und Lew Sternberg nachgegangen wird. Von Freud als einem »subtilen Beobachter« und »begabten Kliniker« ist die Rede, auf den sich der Verfasser in der Darlegung seiner Grundideen ausdrücklich beruft.[64] Dawidenkow war ein Neuropathologe von Rang und Namen, der übrigens bereits Anfang der Zwanziger als Rektor der Universität in Baku mit Wjatscheslaw Iwanow zusammenarbeitete, einige Zeit lang als Arzt im Kreml beschäftigt war und dann die Leitung der Leningrader Klinik für Neurosen übernahm, wo Pawlow *seine* »Mittwoche« abhielt. Natalja Traugott, die Anfang der dreißiger Jahre daran teilnahm, bezeugt, daß klinische Vorträge über die psychoanalytische Betreuung der Patienten bei diesen Anlässen keine Seltenheit waren. In den Seminaren kam Pawlow auch auf theoretische Fragen zu sprechen. Über Freud äußerte er sich gelassen und meinte, dieser grübe von oben und sie von unten. Die Formel, im Grunde identisch mit Trotzkis Brunnenmetapher, hält am Gedanken fest, daß Psychoanalyse und »materialistische Physiologie« Komplementärwissenschaften seien.

Doch auf Trotzkis Flehen hat der vierundsiebzigjährige Pawlow, soweit bekannt ist, nie reagiert. Bucharin hatte es eher vermocht, seine Sympathien zu gewinnen. Überliefert ist Pawlows folgender Ausspruch: »Nikolai Iwanowitsch ist ein großartiger Mensch, ein wirklicher Intellektueller. Wie kommt so einer bloß dazu, Revolutionär zu werden? Ein echt russisch-intellektueller Schleimpfropfen wie er!«[65]

Eine Chance für die Mächtigen und eine für die Psychoanalyse

»Was soll man aber zur psychoanalytischen Theorie von Freud sagen? Ist sie mit dem Materialismus, wie z. B. Gen. Radek meint (und ich mit ihm), vereinbar?« fragt Trotzki in seinem Buch *Literatur und Revolution*[66], das für die trotzkistische Bewegung programmatisch genannt werden kann. Die Texte, die Trotzki, damals mächtiger Führer eines totalitären Staates, publizierte, die Briefe, die er schrieb, allein schon die Gerüchte über deren Inhalt wurden als Instruktionen verstanden. Freilich nicht von allen: Zeitgleich brachten die zentralen bolschewistischen Blätter mehrere Artikel, worin man die Freudsche Lehre und damit indirekt auch jene, die sie in Rußland förderten, heftig attackierte. Die Überlegungen Moskauer »Freudo-Marxisten« vom Schlage eines Lurija oder Fridman jedenfalls standen theoretisch und auch politisch den Positionen Trotzkis sehr nahe.

Georgi Malis, Verfasser des 1924 in Charkow erschienenen Büchleins *Die Psychoanalyse des Kommunismus*, nimmt auf Trotzki ausgiebig Bezug, spinnt begeistert dessen Ideen fort und spricht aus, was der Meister sich entweder nicht zu sagen getraut hatte oder worauf er einfach nicht gekommen war. Das Buch beginnt mit einer durchaus wichtigen Feststellung: »Daß der Psychoanalyse bei uns heute so viel Raum zur Entfaltung gegeben wird, ist *kein Zufall*.«[67] Die Psychoanalyse sei neben dem Marxismus hauptsächlich beteiligt an dem Wertewandel, der über kurz oder lang das gesamte intellektuelle Leben der Menschheit verändern werde. Der Stand der Dinge kann den Autor dabei allerdings nicht zufriedenstellen: »Das menschliche Denken muß auf ideologischem Gebiet die gleiche Revolution in Gang setzen, die derzeit in der Ökonomie vonstatten geht.« Die fortschreitende Entfaltung der Kultur zwinge den Menschen, mehr und mehr von seinen Wünschen zu verdrängen, weshalb die Zahl der Nervenkranken so sehr im Wachsen begriffen sei. In der harmonischen Gesellschaft von morgen werde es, ähnlich wie in der Urgemeinschaft, nichts mehr zu verdrängen geben: »Die neue Gesellschaft, deren qualvolle Geburt wir miterleben dürfen, wird allen Menschen Befriedigung jeglicher Art verschaffen.« Keine Neurosen mehr im Kommunismus, keine Religion, keine Philosophie, keine Kunst. Was also dann? »Die gesellschaftliche Ordnung wird die soziale Verwirklichung des menschlichen Unbewußten sein.« Die Antwort klingt wohl ein wenig abstrakt. Man schreibt das Jahr 1924, eine kommunistische Regierung ist an der Macht und bedarf konkreterer Empfehlungen. Malis setzt zwangsläufig alle Hoffnungen auf die Kinder und deren Erziehung im neuen Geist: Man müsse sie »in monolithischen sozialen Formationen mit gewählter Führung zusammenschließen«; diese »kommunistischen Scharen« könnten »das Kind ganz in Anspruch nehmen«. Die Hauptfeinde jedoch, die dieser Entwicklung hin zum Goldenen Zeitalter im Wege stehen, sind unversehens die Lehrer. Gegen sie hegt der Autor einen geradezu kindlichen Haß, der mehr als alles andere über Malis' Buch staunen läßt. »In der Mannigfaltigkeit der kommunistischen Gesellschaft wird jedes einzelne ihrer Glieder seinen realen Platz finden – dann nämlich, wenn es keine ›Pädagogen‹ mehr gibt, Leute, für die schon heute kein Platz mehr ist.« Die Schulreformer, von Malis als »Schnellpädologen« abgestempelt, werden ihrer Aufgabe nicht gerecht. Lehrer seien »die gebrochensten Elemente der Gesellschaft«, schreibt er. Die Psychoanalyse ist es, die als kommunistische Alternative zur Pädagogik herhalten muß – radikaler als alles, was das Volksbildungskommissariat als Linie vorschreibt.[68]

Die politische Bindung der russischen Psychoanalytiker an Trotzki ist ein Umstand, der in der westlichen Literatur zur Geschichte der Psychoanalyse gern vernachlässigt wird. Dabei sind es nicht allein seine öffentlichen Äußerungen und deren große Resonanz, die diese These stützen. Die historische Entwicklung der psychoanalytischen Bewegung verläuft mit dem Auf und Ab in Trotzkis politischer Karriere eindeutig synchron. Ihre Blüte Anfang der Zwanziger ist die Zeit, da Trotzki den größten Einfluß besitzt. Im Jahr seines Absturzes, 1927, flieht Moshe Wulff, und die Russische Psychoanalytische Vereinigung gerät in die Krise. Anfang der Dreißiger schließlich, da mit allem abgerechnet wird, was an den intellektuellen Widerpart Stalins denken läßt, erinnert an die eben noch so munteren Aktivitäten russischer Analytiker auch nichts mehr. In den ideologischen Polemiken vom Ende der zwanziger Jahre werden die Psychoanalytiker (wie späterhin die Pädologen) nicht selten des Trotzkismus bezichtigt. Und tatsächlich zählten einige Mitglieder der Russischen Psychoanalytischen Vereinigung – so zum Beispiel der Schriftsteller Alexander Woronski und der Diplomat Wiktor Kopp, Vizepräsident der Vereinigung – zum Führungskreis der trotzkistischen Opposition.

Die Moskauer Analytiker waren aktiv und aus freien Stücken am kommunistischen Aufbau beteiligt. Fasziniert von den aufgezeigten Perspektiven einer wissenschaftlich fundierten Umgestaltung des Lebens, gelockt von der ungewöhnlichen Nähe zur Macht und der Möglichkeit, am politischen Intrigenspiel beteiligt zu sein, glaubten sie allen Ernstes, ihr psychoanalytisches Wissen hätte einen obligatorischen Beitrag zum Sieg der neuen Ideen zu leisten. Auch die außerordentlichen Privilegien, derer sich die Psychoanalytiker Anfang der zwanziger Jahre erfreuen durften, so zum Beispiel die Versorgung mit Lebensmitteln aus den Spendenlieferungen deutscher Gewerkschaften, hätten ohne den

Rückhalt oberster Instanzen schwerlich zustande kommen können. Unterstützung durch die Größen der Politik erfuhr man im sowjetischen System stets anonym und darum ohne Nachweis. Von Anzeichen dafür, daß die Psychoanalytische Vereinigung und ihr Kinderheim durch mehrere Persönlichkeiten (Krupskaja, Radek, sogar Stalin) protegiert wurden, sprachen wir bereits. Diese indirekten Zeugnisse sind dennoch nicht zu vergleichen mit den unmißverständlichen, politisch durchdachten Aktionen Trotzkis.

Die Gruppe Moskauer Analytiker und Philosophen, welche Freuds Ideen in die marxistische Presse lancierte und sie verteidigte, untermauerte damit zugleich Trotzkis Thesen, die dem Zeitungsleser nur zu gut bekannt waren. Daß sie darauf bestanden, sich mit allem beschäftigen zu dürfen, was ihnen einen Nutzen versprach, ist das eine; gleichzeitig aber beteiligten sie sich an einem heiklen politischen Spiel, von dem keiner wußte, wie es ausging.

Dieser politische Aspekt der Tätigkeit der Russischen Psychoanalytischen Vereinigung ist ungemein wichtig. Weder darf man sich ihre führenden Köpfe als Dissidenten vorstellen, die dem herrschenden System mutig widerstanden hätten, noch waren sie die intelligenten Autisten, die sich um den politischen Prozeß nicht kümmerten und ausschließlich Patienten und Bücher im Kopf hatten. Beides würde die Akteure der zwanziger Jahre mit jenen in einen Topf werfen, die ihre politische und klinische Erfahrung in Rußland ein halbes Jahrhundert später sammelten. Schon gar nicht zu vergleichen ist ihre Situation mit der raschen und restlosen Unterdrückung der Psychoanalyse in Nazideutschland, »eine der wenigen Taten, die Hitler vollständig gelungen sind«[69], wie Jones schreibt. Und schließlich lassen auch die heute für Analytiker im Westen gängigen Formen der friedlich distanzierten Koexistenz mit dem Staat keinen Vergleich zu.

Die Leute, die damals die Revolution managten, standen vor einem grundlegenden Problem, das alle übrigen Schwierigkeiten in sich einschloß: Die neue Gesellschaft war da, doch leben ließ es sich darin nicht – keiner konnte und, was die Hauptsache war, keiner wollte es. Daß dem so war, ist längst bekannt und bewiesen, die Menschen in der Sowjetunion unterscheiden sich von der übrigen Welt darin, daß sie es am eigenen Leibe zu erfahren hatten. Schauen wir, wie jene sich aus der prekären Lage zu manövrieren gedachten, die zuallererst mit ihr konfrontiert waren und sie im Griff zu haben glaubten.

Die eine Variante war, nachzugeben. Die Leute, soweit es möglich war, leben zu lassen, wie es ihnen gefiel. Man verbindet diesen Weg mit dem Namen Lenin und dem Begriff der Neuen Ökonomischen Politik (NÖP).

Die zweite: eine künstliche Auslese jener, die gewillt waren, in der neuen Gesellschaft zu leben, und die Beseitigung aller übrigen. Wir kennen auch diesen Weg, er assoziiert Stalin und die GULags.

Es hat den Anschein, als wäre Trotzki, dem seine politischen Gegner stets Anmaßung vorwarfen, auf der Suche nach dem dritten Weg gewesen – dem ehrgeizigsten und romantischsten, dem unwahrscheinlichsten auch von allen. Wenn die Menschen in der neuen Gesellschaft nicht lebensfähig waren, mußte man sie ändern – sie, die Menschen, ihre Natur! Und er wußte schon wie: Ein paar riskante Seitfallschritte weg vom Marxismus waren nötig.

Liest man Trotzkis Arbeiten aus den Zwanzigern, kommt man zu dem Schluß, der Träumer aus dem Kreml müsse das Ganze ernstlich geglaubt haben: Die modernste aller Wissenschaften würde ihm im Handumdrehen den Stein des Weisen liefern, der es den Menschen ermöglichte, in der Seit' an Seit' mit den Genossen errichteten Gesellschaft glücklich zu sein. Und war er gefunden, ließ sich alles übrige rechtfertigen. Wohl deshalb ist er in den – für ihn und die Geschichte – entscheidenden Jahren so passiv gewesen: weil er sich übernommen hatte. Pawlow und Freud unter einen Hut bringen, mit beiden im Namen der siegreichen Partei einen Pakt schließen und zu guter Letzt den verehrten *homo novus* in Betrieb nehmen wollen … Wie sollte einer da nicht anmaßend erscheinen!

Reich in der Kommunistischen Akademie

Im Jahr 1929 kommt Wilhelm Reich für zwei Monate nach Moskau – der Psychoanalytiker und Kommunist, der zeit seines Lebens versucht hat, eine Synthese aus Freud und Marx zu erzielen und praktisch zur Anwendung zu bringen. Die Sexualität habe durch Freud Gestalt angenommen wie zuvor die Ökonomie durch Marx, meinte er.[70] Sein Steckenpferd war die sexuelle Revolution, und Anfang der dreißiger Jahre suchte er mit unglaublicher Energie die Kommunistische Partei Deutschlands ebenso wie die

Vierte Trotzkistische Internationale für seine »Sexual-Politik« zu gewinnen. 1931 gründete Reich einen *Deutschen Reichsverband für proletarische Sexual-Politik*, den sogenannten *Sex-Pol*. Was Rußland anbelangte, so schrieb er im Oktober 1933 an Trotzki einen Brief, in dem er seine Eindrücke auf den Punkt brachte: Der dortige Vorstoß der Reaktion erkläre sich aus der Tatsache, daß »die sexuelle Revolution im Jahr 1923 eingestellt« worden sei. Die weitere Korrespondenz bezeugt, daß Trotzki sich der Einladung zur Teilnahme an der sexuellen Weltrevolution höflich entzog.[71] Ein Jahr später versuchte Reich, Sergej Eisenstein zu agitieren, und landete auch hier einen Mißerfolg.[72]

Zur Verkündigung seiner Ideen hielt Reich 1929 in Moskau einige Vorträge an der Kommunistischen Akademie und veröffentlichte einen Artikel in der Zeitschrift *Unter dem Banner des Marxismus*.[73] Darüber hinaus hatte seine Visite keinerlei Folgen, es gelang ihm nicht, die Kommunistische Akademie von der Notwendigkeit einer sexuellen Revolution zu überzeugen. Später würde er die »Speichellecker Moskaus« beschuldigen, bei der KPD in Deutschland eine Kampagne gegen ihn angezettelt zu haben.[74]

Zurück in Wien, veröffentlichte Reich in einem psychoanalytischen Fachblatt einen Bericht über die Reise[75]. Die Russen machen nicht gegen die Psychoanalyse als empirische Methode Front, schrieb er, sondern gegen den »Freudismus«, den sie als irrige Soziallehre auffassen. Die Jugend habe sich für die Psychoanalyse sehr interessiert; die führende Partei sei aber dagegen aufgetreten, weil die Diskussion über die Psychoanalyse die politische Arbeit störe. Am aggressivsten sei er, Reich, in Moskau von Aron Salkind kritisiert worden, der ihm vorgeworfen habe, er würde der Kommunistischen Partei den wahren Inhalt der Freudschen Lehre aus taktischen Gründen verschweigen. In Berlin war es unterdessen der eben aus Moskau emigrierte Moshe Wulff, der Reich in der nächsten Nummer desselben Blattes attackierte: »Die Publikation Reichs ist, im Grunde genommen, nur ein Versuch, die psychoanalytischen Lehren den Wünschen und Forderungen ihrer kommunistischen Kritiker anzupassen, um diesen die psychoanalytischen Lehren von ihrem Standpunkt aus annehmbar zu machen. Der Psychoanalyse ist es aber bei diesem Versuch schlecht ergangen, es wurde ... so viel vom Grundlegenden aufgeopfert, daß das Übriggebliebene noch kaum den Namen Psychoanalyse verdient.«[76] Vielmehr sei die Psychoanalyse »in einem Lande, wo die strengste Parteizensur herrscht, wo es keine Wortfreiheit, ja keine Denkfreiheit gibt«[77], zum Scheitern verurteilt – und dies, obwohl sie Wulff zufolge auf großes Interesse »in den weiten Kreisen der Intelligenz außerhalb der kommunistischen Partei, bei den Wissenschaftlern, Pädagogen, Juristen, teilweise sogar bei den Ärzten«[78] stoße.

In seinem Buch *Die Massenpsychologie des Faschismus*, das wenige Monate nach dem Machtantritt der Nazis erschien,[79] konstatiert Reich eine massenhafte Unterstützung des Faschismus seitens der Arbeiterklasse und erklärt diese vom orthodoxen Marxismus konsequent ignorierte Tatsache als Realisierung autoritärer Charakterstrukturen, wie sie bei sexuell unterdrückten Menschen im Einflußbereich patriarchaler Macht entstünden. (Der ungarische Reich-Forscher Ferenc Eros vertritt die Meinung, daß »alle späteren Theorien von Faschismus und autoritärem Charakter bei Reich ihren Anfang nehmen«[80].)

Reichs Ansichten vollzogen mit der Zeit eine interessante Wandlung, wie sie auch für sowjetische Freudo-Marxisten in ihrer allmählichen Umqualifizierung zu Pädologen (siehe Kap. 8) typisch war. Er, der einst mit traditioneller psychoanalytischer Arbeit begann, gelangte – für einen Analytiker allerhand! – zur Überzeugung, daß alle Therapie sinnlos sei. »Eine Individualtherapie ist keinen Pfifferling wert! Man kann freilich Geld damit verdienen, hie und da behilflich sein. Doch in Bezug auf die sozialen Probleme, die Probleme der seelischen Hygiene ist sie vollkommen nutzlos.«[81] Ebenso wie sein Widersacher Aron Salkind in der Sowjetunion verlegt sich Reich auf die Arbeit mit Kindern. Nur eine solche Arbeit, so will ihm jetzt scheinen, gibt einem Mittel in die Hand, die menschliche Natur in gewünschter Weise zu verändern. »Nichts macht Sinn außer der Arbeit mit Kindern. Ich rate Ihnen, auf das unverdorbene Protoplasma zurückzugehen.«[82]

1934 wird Reich aus der Internationalen Psychoanalytischen Gesellschaft ausgeschlossen. Jones schreibt: »Freud hatte anfänglich eine hohe Meinung über ihn gehabt; durch Reichs politischen Fanatismus war es jedoch zwischen ihnen sowohl persönlich als auch wissenschaftlich zu einer Entfremdung gekommen.«[83] Annähernd zur selben Zeit, wenn auch wohl aus anderen Gründen, erfolgt der Ausschluß aus der KPD. Reich beschloß seine Tage im amerikanischen Gefängnis, wohin er wegen der Verwendung des von ihm erfundenen »Orgon-Akkumulators« geraten war, welcher nicht die behördliche Zulassung erlangt hatte.

Ein Mann von seltener Integrität

Merkwürdig verflochten mit Sowjetrußland, der bolschewistischen Politik und gar mit Trotzkis Schicksal sind Leben und Wirken eines der führenden Männer in der frühen psychoanalytischen Bewegung: Max Eitingon (1881–1943). Geboren im weißrussischen Mogiljow, lebte er seit seiner Kindheit in Deutschland, studierte an der philosophischen Fakultät der Universität in Marburg, einem Zentrum der russischen Studentenschaft im Westen, und wechselte später zur Medizin. Als Assistent am Burghölzli arbeitete er mit Jung zusammen, und er war der erste Ausländer, der Freud aufsuchte, um seine Begeisterung über dessen Arbeiten kundzutun und ihn außerdem in einem schwierigen Fall zu konsultieren. Im Jahr 1909 (zeitgleich mit Tatjana Rosenthal und ein Jahr früher als Sabina Spielrein) promovierte er an der Zürcher Universität über den Assoziations-Test bei Epilepsie.[84]

Jung, Eitingons Mentor in Zürich, verhielt sich ihm gegenüber recht ironisch. Wir erinnern uns, daß er Freud schrieb, Eitingon werde vielleicht einmal Duma-Abgeordneter.[85] Jones wiederum mochte nicht glauben, daß Freud den intellektuellen Fähigkeiten Eitingons (der dem Meister im übrigen vollkommen ergeben gewesen sei, »der leiseste Wunsch desselben war für ihn Befehl«[86]) tatsächlich Anerkennung zollte. Ansonsten sei Eitingon, so Jones weiter, »leicht beeinflußbar« gewesen, »so daß man nicht immer sicher war, welche Meinung er hatte«[87].

Sándor Radó, ein direkter Mitarbeiter, beschreibt ihn in seinen Erinnerungen so: »Eitingon war ein Mann von glänzender philosophischer Bildung, ungewöhnlich zurückhaltend und gut organisiert. Freud erhob er sich zum Idol ... Dieser Mensch hat in seinem ganzen Leben nicht einen klinischen Artikel geschrieben, nichts außer ein paar Reden allgemeinster Art. Er organisierte. Das bedeutete, sein Name erschien dort, wo andere die Arbeit machten. Doch verstehen Sie mich nicht falsch. Er war ein Mann von seltener Integrität.«[88] Eine gewisse Zwiespältigkeit, um nicht zu sagen, Geheimnistuerei ist für nahezu alle Erinnerungen an Eitingon kennzeichnend. Übrigens hatten Analytiker wie Ferenczi und Binswanger von Eitingon eine recht hohe Meinung. Lew Schestow, der große Philosoph der russischen Emigration, ein Mann von unübertrefflichem Anstand, verhielt sich ihm gegenüber gleichfalls respektvoll (siehe Kap. 2).

Freud hegte zu Eitingon grenzenloses Vertrauen, das sich mit den Jahren immer noch verstärkte. 1920 wurde Eitingon in das sogenannte Komitee berufen, eine Art Geheimbund aus Freuds getreuesten Schülern, sechs an der Zahl, der von entscheidendem Einfluß auf die Politik der Internationalen Psychoanalytischen Gesellschaft war. Eitingon legte ein großartiges organisatorisches Können an den Tag. Als Freuds Musterschüler und enger Vertrauter ergriff er bei verschiedenen Unternehmungen die Initiative. Zum Beispiel gilt die Einrichtung des Berliner Psychoanalytischen Instituts mit angeschlossener Poliklinik, das im Jahr 1920 eröffnet wurde, als sein Verdienst. Hier war es erstmals möglich, systematisch Patienten aufzunehmen und ein durchdachtes psychoanalytisches Training zu organisieren. (Das Berliner Institut war zweifellos auch Vorbild für das Staatliche Psychoanalytische Institut in Moskau.) 1926 wurde Eitingon zum Präsidenten der Internationalen Psychoanalytischen Gesellschaft gewählt und bekleidete dieses Amt über viele Jahre mit Erfolg.

Nie vergaß Eitingon Freuds Geburtstag, und dieser, der ansonsten immer unzugänglicher wurde, hatte für Eitingon stets ein offenes Ohr. Im Jahre 1929 zum Beispiel empfing der kranke Freud nur zwei Geburtstagsgäste: Lou Andreas-Salomé und Max Eitingon.[89]

Eitingon war vermögend, und dieser besondere Vorzug wird von allen, die über ihn schreiben, in Erwähnung gebracht. Jones beispielsweise bezeichnet ihn als den einzigen Psychoanalytiker der Welt, der seinerzeit private Mittel besaß.[90] Bekannt ist, daß Eitingon die Gründung eines psychoanalytischen Verlages in Wien, der Freuds Arbeiten edierte, die Einrichtung des Berliner Instituts, dessen Direktor er war, die Zeitschriften der Gesellschaft und andere Periodika, eine berühmt gewordene Porträtbüste seines Meisters und vieles mehr aus eigener Tasche finanzierte. Schließlich hat er in den schwierigen Nachkriegsjahren auch Freud selbst wiederholt Geld geliehen, was in dessen Familie sogar Unmut hervorrief.

Freud hat derlei Hilfe sehr zu schätzen gewußt. Den Charakter ihrer Beziehung verdeutlicht ein Brief an Eitingon von 1922, der das fünfzehnjährige Jubiläum ihrer Bekanntschaft zum Anlaß für folgende Bemerkungen nimmt: »Durch viele Jahre bemerkte ich Ihr Bestreben, mir näher zu kommen, und hielt Sie ferne. Erst als Sie das herzliche Wort gefunden hatten, Sie wollten zu meiner Familie – im engeren Sinne – gehören, überließ ich mich dem leichten Vertrauen früherer Lebensjahre ...« Und der Brief gipfelt in dem Vorschlag, »unser bisheriges von der Freundschaft zur Sohnschaft gestrecktes Verhältnis noch über jenen Zeitraum, der bis zu meinem Lebensende verlaufen mag, aufrecht zu erhalten«[91]. Weitere zehn Jahre später gratuliert Freud Eitingon zum Fünfzigsten und schreibt: »Auch ich sage es ja nicht oft, aber ich vergesse nie daran, was Sie in diesen Jahren ... für unsere Sache, die ja uneingeschränkt die Ihre ist, in Ihrer stillen und dabei unwiderstehlichen Art geleistet haben.«[92] Die offiziellen Glückwünsche der Internationalen Psychoanalytischen Gesellschaft an ihren »geliebten Präsidenten« waren von Ferenczi verfaßt. Darin würdigt er Eitingons »hohe Verdienste«, seine »unsichtbare und wirkungsvolle Tätigkeit« als Schlichter und Vermittler, die »Liebenswürdigkeit und Hilfsbereitschaft« seiner Person.[93]

Historiker, die Eitingons gewichtigen Anteil an der Entwicklung der internationalen psychoanalytischen Bewegung immer wieder hervorheben, erwähnen seine außerordentliche Findigkeit und Energie im Organisieren, seine Fähigkeit, aus jedem Umstand das Beste zu machen.[94] Elisabeth Roudinesco nennt ihn in ihrer *Geschichte der Psychoanalyse in Frankreich*, die noch vor Auftauchen der ihn kompromittierenden Materialien erschien, einen Helden der Diaspora, einen rastlosen Wanderer, immer auf der Suche nach Heimat und Identität, einen Peer Gynt des zwanzigsten Jahrhunderts sogar. »In Zürich war er Wiener, in Wien Berliner, und in Berlin träumte er von Jerusalem. Russe war er überall ... – und obendrein Jude.«[95]

Es hieß, Eitingon sei durch Erbschaft zu seinem Vermögen gekommen. Andererseits weiß Jones zu berichten, daß das Familiengeschäft, aus dem Eitingon sein Einkommen bezog, sich in Amerika befand. Die Krise von 1929 habe Eitingon in Schwierigkeiten gebracht, und er habe für den Unterhalt des Berliner Instituts bei den Kollegen sammeln müssen, ein Jahr später noch einmal, um den Verlag zu retten.[96]

Unmittelbar nach Hitlers Machtantritt reiste Eitingon nach Wien, um die Situation mit Freud zu erörtern. Die Nazis verlangten die Entfernung aller Juden aus leitenden Ämtern in den wissenschaftlichen Instituten und Organisationen. Freud gemahnte Eitingon zur Standhaftigkeit: »... ich werde ganz wie Sie erst im allerletzten Moment den Platz räumen, und wahrscheinlich auch dann nicht.«[97] Beiden sollte die Ausreise noch glücken.

Freud emigrierte jedoch tatsächlich erst fünf Jahre nach Eitingon (siehe Kap. 9), der bereits im August 1933 handelte und von allen Positionen, die er in Berlin bekleidete, zurücktrat.

Eitingon ging nach Palästina und gründete dort eine Filiale der Internationalen Psychoanalytischen Gesellschaft, die bereits 1934 offiziell anerkannt wurde, sowie das Psychoanalytische Institut in Jerusalem. Die palästinensische Gruppe zählte zunächst sechs Mitglieder, von denen vier – Eitingon, Moshe Wulff, Je. Schalit und A. Smeljanskaja – aus Rußland kamen.[98]

Sowjetische Pelze für die internationale Psychoanalyse

Max Eitingon (sowjetische und israelische Quellen nennen ihn Mark) war Inhaber einer Firma, die mit Pelzen aus Sowjetrußland handelte. Ihr entsprang sein Vermögen, und sämtliche Unterfangen der Berliner Analytiker wurden hauptsächlich daraus finanziert. Sándor Radó erinnert sich:

»Jeder Pfennig, den das [Berliner Psychoanalytische – d. A.] Institut ausgab, kam von Eitingon. Sein privates Einkommen rührte nicht etwa aus einer Arztpraxis her, die er gar nicht hatte. Das Geld floß aus Pelzgeschäften, die in fünf Ländern bestanden. Eitingon war einer der wichtigsten Pelzhändler überhaupt. Es gab Niederlassungen in Rußland, in Polen, dort sogar zwei, noch zwei in Deutschland und eine hier [in den USA – d. A.]. Als der Alte starb, übernahm Max Eitingons Halbbruder die ganzen Geschäfte. Dann kam die Weltwirtschaftskrise, und zu der Zeit ging ihre Firma baden und machte Bankrott. Aber eine Zeitlang, sogar noch unter den Kommunisten, hatten sie den größten Pelzhandelsvertrag mit den Russen.«[99]

Das Außenhandelsmonopol war eine von Lenins fixen Ideen und, was noch wichtiger ist, eine der wenigen, die seine Regierung verwirklichen konnte. Es steht völlig außer Zweifel, daß die umfänglichen Exportgeschäfte der Gebrüder Eitingon mit russischen Pelzen nur aufgrund von Beschlüssen auf höchster politischer Ebene zustande kommen konnten. Valuta, die an den üblichen staatlichen Import-Export-Kanälen vorbei erwirtschaftet wurde, pflegte in einen Fond zur Finanzierung diverser Sonderaufgaben zu gehen.

Wo immer die durch die Pelzimporte der Eitingons hereinkommenden Gelder noch hinflossen – fest steht, daß ein gewisser Teil davon zur Finanzierung der psychoanalytischen Bewegung verwandt wurde. Daß es sich dabei nur um Max Eitingons Privatmittel gehandelt haben könnte, ist schwer vorstellbar. Wahrscheinlicher ist, daß die Bücher der Firma einer strengen Revision in Moskau unterlagen. Wenn dies zutrifft, so sind Eitingons Verdienste um die Berliner Psychoanalyse von der bolschewistischen Regierung finanziert und kontrolliert worden.

Es waren dies die Jahre, als Trotzki in Sachen Psychoanalyse die meiste Initiative zeigte – jener Mann also, der sich an der Spitze einer absoluten, durch nichts und niemanden kontrollierten Staatsmacht befand. Später, als er diese Position einbüßte, blieb ihm immer noch das Amt des Vorsitzenden der Hauptkommission Konzessionen, einer Behörde, die die Handelsgeschäfte mit Ausländern und hier insbesondere einen klassischen russischen Handelszweig, das Rauchwarengeschäft, kontrollierte. Sein Stellvertreter in diesem Amt war Joffe.

Duma-Abgeordneter wurde er nicht. Aber vielleicht NKWD-Offizier?

Max' Namensvetter Naum Eitingon (resp. Ettingon; Varianten gibt es auch beim Vornamen, der in manchen westlichen Quellen mit Leonid angegeben wird; eine Verwandtschaft mit Max Eitingon wird verschiedentlich angenommen) war ein hoher Funktionär des Stalinschen Geheimdienstes NKWD und an einer Vielzahl geheimer Operationen führend beteiligt.[100] »Naum Eitingon zog die Fäden vieler, womöglich aller im Ausland geführten Diversionsaktionen des NKWD«, heißt es in einem Buch zweier Moskauer Historiker.[101] Die spektakulärsten Aktionen organisierte er selbst. So zum Beispiel die Ermordung des vormaligen NKWD-Offiziers und Überläufers Ignaz Reiss 1937 in der Schweiz, die Entführung des Generals Miller aus Paris im selben Jahr, den tödlichen Anschlag auf Trotzkis Sohn Lew Sedow in einem Pariser Krankenhaus 1938 und schließlich im Jahr 1940 in Mexiko den Mord an Trotzki. Kein anderer als Eitingon war der Geliebte von Caridad Mercader, er selbst lenkte und honorierte vor Ort die Aktionen ihres Sohnes Ramon, als dieser in Trotzkis Haus eindrang und die Vorbereitungen für das Finale mit dem Eispickel traf.

Als Naum Eitingon aus Mexiko zurückkehrte, ehrte ihn der

dankbare Stalin mit einer Audienz und dem Lenin-Orden. Er umarmte ihn und gab ihm zu verstehen: Solange er, Stalin, lebte, würde Eitingon kein Haar gekrümmt werden. Als Stellvertretender Chef der GRU (Hauptverwaltung Aufklärung) beim Generalstab leitete Naum Eitingon bis ins Jahr 1952 die sowjetische Diversionstätigkeit im Westen. Erst kurz vor Stalins Tod enthob man ihn des Postens, auf dem er alle seine Kollegen überlebt hatte. Ende 1953 wurde er als Berijas Komplize zu zwölf Jahren Gefängnis verurteilt. Dennoch schien das Versprechen des Potentaten auch noch über dessen Tod hinaus zu gelten. Nachdem er seine Frist verbüßt hatte, kehrte Eitingon nach Moskau zurück, bekam den unauffälligen Posten eines Redakteurs im Verlag *Meshdunarodnaja kniga* (Internationales Buch) und lebte ungeschoren bis ans Ende seiner Tage.

In wenigstens eine dieser kriminellen Affären – das skandalöse Kidnapping des General Miller – war, wie gerichtlich bezeugt ist, der Psychoanalytiker Max Eitingon verwickelt.

Jewgeni Karlowitsch Miller war Oberhaupt des ROWS, einer Emigrantenorganisation der Weißen. Etwa von 1925 an wurden ROWS und Trotzkisten von der sowjetischen Propaganda immer wieder der Vorbereitung gemeinsamer Sabotageakte im Landesinnern bezichtigt.[102] Die Führungsspitze der Organisation war von Agenten durchsetzt, die einen Erfolg nach dem anderen verbuchen konnten: Sawinkow und Schulgin wurden in die Sowjetunion zurückgeholt, die Generäle Kutjopow und Miller verschwanden ganz ... Die Entführung Millers war Teil einer noch größeren, unheilvolleren Affäre. Naum Eitingon leitete sie gemeinsam mit dem weißgardistischen General Nikolai Skoblin in die Wege, einem Doppelagenten des sowjetischen NKWD und des deutschen Sicherheitsdienstes, der später die Führung des ROWS übernahm. Skoblin ließ Dokumente fälschen, die beweisen sollten, daß Marschall Tuchatschewski es mit den Deutschen hielt. Über den Präsidenten der Tschechoslowakei gelangten sie in Stalins Hände. Daß Hitler von dieser Aktion informiert war und sie billigte, weiß man. Nicht bekannt ist, ob Stalin wußte, daß die ihm übergebenen Dokumente eine Fälschung waren. Im Ergebnis jedenfalls wurde die gesamte sowjetische Generalität kurz vor Ausbruch des Krieges liquidiert.[103]

Die Entführung des Generals Miller durch Naum Eitingon im September 1937 verschaffte Skoblin die Möglichkeit, an die Spitze der weißen Emigrantenbewegung zu treten. Einer anderen Version zufolge wurde Miller entfernt, weil er über Skoblins Machenschaften zuviel wußte. Die Sache beschäftigte schließlich die französische Polizei, die ansonsten derlei Vorfälle in Emigrantenkreisen nach Möglichkeit nicht zur Kenntnis nahm. Skoblin verschwand für immer von der Bildfläche, vor Gericht kam seine Frau, die populäre Sängerin Nadeshda Plewizkaja.

Nikolaus II. höchstpersönlich hatte einst im Krimkurort Liwadja zu ihr gesagt: »Ich meinte immer, man könnte gar nicht russischer sein, als ich es bin. Ihr Gesang hat mir das Gegenteil bewiesen.«[104] In ihrer stürmischen Jugend hatte die Sängerin gemeinsam mit Nikolaj Kljujew, dem Flagellantendichter, in vielen Städten Rußlands gastiert. In Berlin gehörte Max Eitingon zu ihren Verehrern. (Erinnert sei hier noch einmal an die Worte Freuds, mit denen er vorzeiten die romantischen Schwärmereien des jungen Eitingon kommentiert hatte: »Diese Praxis lenkt von der Theorie ab.«[105]) Vor Gericht nun plauderte die Plewizkaja aus, Max habe sie »von Kopf bis Fuß eingekleidet« und auch die Herausgabe ihrer beiden autobiographischen Bücher finanziert. (Skoblin und die Plewizkaja hätten zehnmal mehr ausgegeben, als sie verdienten, steht irgendwo in den Prozeßprotokollen vermerkt.) Auch in den Ermittlungsakten, die die französische Polizei übrigens bis heute teilweise zurückhält, taucht Max Eitingon an mehreren Stellen auf. Die Plewizkaja sagte aus, Max habe sie zwei Tage nach Millers Entführung zum Bahnhof begleitet, wo sie den Zug nach Florenz nahm, um von dort nach Palästina zu fliehen. Der Historiker J. Dziak, der den Fall im Auftrag der amerikanischen Militärspionageabwehr untersuchte, vermutet sogar, daß die Plewizkaja und Skoblin von Max Eitingon angeworben worden waren.[106] Selbiger sandte ihnen – schon aus Jerusalem – eine Bibel, welche diverse Chiffreschlüssel enthielt; sie wurde bei einer Haussuchung gefunden und diente in der Anklage gegen die Plewizkaja als hauptsächliches Corpus delicti. Die Hypothese findet ihre Bestärkung durch das vor kurzem in einem New Yorker Archiv aufgefundene Gefängnistagebuch der Primadonna.[107]

Die Sängerin wurde von einem französischen Gericht für die Beteiligung an Millers Entführung verurteilt. Während der Verhandlung, über deren Verlauf man in den Memoiren der zugegen gewesenen Nina Berberowa nachlesen kann,[108] stritt die Plewizkaja alles ab, bekannte jedoch später ihrem Rechtsanwalt, daß die Anschuldigungen der Wahrheit entsprachen.[109] Sie starb 1940 im französischen Gefängnis.

Fügt man also die Aussagen der Plewizkaja den Erinnerungen Radós hinzu, so wird Eitingon zum mutmaßlich Beteiligten an einem sehr heiklen politischen Spiel, das für ganz Europa von Bedeutung war und in dem der »Geschäftsführer der internationalen Psychoanalyse« die Aufträge des Stalinschen Geheimdienstes erfüllte. Allerdings handelt es sich bei allem, was bislang gegen Eitingon vorliegt, um indirekte Aussagen, so daß letzte Schlüsse in dieser Angelegenheit noch nicht zu ziehen sind. Radós Auskünfte über Eitingons Finanzsituation und seine sowjetischen Kapitalquellen haben immerhin Gewicht. Alles in allem gibt es inzwischen ausreichend Informationen, die nahelegen, in Max Eitingon einen Mitwisser und in dieser oder jener Form Mitbeteiligten am Tun seines Namensvetters zu sehen – und die internationale analytische Bewegung Anfang und gar Mitte der zwanziger Jahre als von der Sowjetunion »gesponsort« zu betrachten.[110]

In diesem Lichte bekommen die psychoanalytischen Interessen eines weiteren sowjetischen Politikers gleichfalls ihren Sinn: Wiktor Kopp, Diplomat der bolschewistischen Schule, von 1919 bis 1921 erster sowjetischer Gesandter in Berlin. Als Trotzki bereits mehrere Versuche unternommen hatte, die Psychoanalyse in den Dienst des Kommunismus zu stellen, und sich selbst vorsichtig als ihr Verteidiger gerierte, trat Kopp in die Russische Psychoanalytische Vereinigung ein und war binnen kurzem ihr Vizepräsident. Auch er war 1909 in Wien gewesen, hatte mit dem drei Jahre älteren Joffe und unter Trotzkis Leitung an der *Prawda* gearbeitet; später, im Jahr 1918, war es dann wiederum Joffe, der ihm den Weg zu einer diplomatischen Karriere ebnete.[111] In der Wiener Emigration lag es natürlich auf der Hand, die psychoanalytischen Interessen und den entsprechenden Bekanntenkreis seiner *Prawda*-Kollegen zu teilen. Konkretere Aktivitäten seinerseits, die die Ernennung zum Vizepräsidenten der Russischen Vereinigung begründen könnten, sind allerdings nicht bekannt. In der Folge war Kopp Botschafter in Japan und Schweden; 1927 stieß er zur trotzkistischen Opposition. Zum Zeitpunkt seiner Wahl in das Vizepräsidentenamt hatte er die Funktion des Bevollmächtigten für Auswärtiges beim Rat der Volkskommissare inne und gehörte dem Kollegium im Volkskommissariat für Auswärtiges an, was wohl hieß, daß er die außenwirtschaftlichen, diplomatischen und finanztechnischen Operationen der bolschewistischen Regierung zu koordinieren hatte.

Man darf annehmen, daß Kopps Führungstätigkeit in der Psychoanalytischen Vereinigung eher operativen als wissenschaftsorganisatorischen Zwecken zugute kam. Davon zeugen indirekt auch solche außerordentlichen Verknüpfungen zwischen den Zentren der Psychoanalyse in Moskau und Berlin in den Jahren 1923/24 wie die Bezuschussung des Staatlichen Psychoanalytischen Instituts in Moskau durch die Berliner Gewerkschaften oder aber die Reise von Otto und Wera Schmidt nach Berlin. Daß Kopp darüber hinaus auch mit dem Pelzhandelsunternehmen der Eitingons zu tun hatte, läßt sich vermuten. Als Vizepräsident der Russischen Psychoanalytischen Vereinigung wurde Kopp zum offiziellen Partner von Max Eitingon, wodurch eine aus westlicher Sicht legal erscheinende Verbindungsstrecke etabliert war, derer man sich bedienen konnte, wenn es darum ging, eine gänzlich anders geartete Zusammenarbeit zu kaschieren.

Eine Art konspirative Linie kristallisiert sich heraus: von Lew Trotzki über Wiktor Kopp zu Max Eitingon, wobei vermutlich von Anfang an auch Adolf Joffe, Naum Eitingon und Otto Schmidt einbezogen waren. Diese Fäden waren freilich nicht in erster Linie zur verdeckten Finanzierung der internationalen psychoanalytischen Bewegung geknüpft (zu deren Mittelpunkt Berlin nicht zuletzt aufgrund dieser Zuwendungen geworden war). Sie mochten anderen politischen Zielen dienen, die uns bis heute nicht ganz klar sind. Vielleicht ging es um die organisatorische und finanzielle Vorbereitung anstehender Initiativen der trotzkistischen Opposition.

Der Selbstmord der Intelligenz

Eitingon wäre längst nicht der einzige Intellektuelle, der an den Verbechen des Stalin-Regimes im Ausland beteiligt war. Weit berühmtere Leute sind mit von der Partie gewesen – auch solche, die mit Rußland an sich nichts zu tun hatten. Unter Naum Eitingons Leitung war der mexikanische Künstler David Siqueros am bewaffneten Überfall auf Trotzki beteiligt, und der chilenische Dichter Pablo Neruda wurde aus dem diplomatischen Dienst entlassen, weil er Siqueros ein Visum verschafft hatte, mit dem dieser sich nach dem Attentat der Verfolgung durch die mexikanischen Behörden entziehen konnte. Mark Zborowski, ein Anthropologe, der im Team von Margaret Mead gearbeitet hatte, wirkte bei der

Ermordung von Lew Sedow und Ignaz Reiss unmittelbar mit; später gab er den Amerikanern das Agentennetz des KGB preis, wofür er von ihnen begnadigt wurde.[112]

Der Schriftsteller Sergej Efron, Ehemann von Marina Zwetajewa, ein Eurasier[113] aus Überzeugung, war ebenfalls an den Unternehmungen der Gruppe um Naum Eitingon beteiligt. Der Mord an Reiss geht auf sein Konto, und er mischte auch bei Millers Entführung mit. Efron gelang es 1937, sich aus Paris in die UdSSR abzusetzen, wovon er Jahrzehnte seines Lebens im Exil geträumt hatte. In der Heimat wurde er einige Zeit später verhaftet und starb. Die Zwetajewa, die von den Unternehmungen ihres Mannes wohl erst nach seiner Abreise erfuhr, wurde in Emigrantenkreisen von jedermann geschnitten. Niemand wollte mit der Frau eines bolschewistischen Agenten etwas zu tun haben. Nur Eitingons in Paris lebende Cousine stand ihr bei ...[114] Am Ende ging auch die Zwetajewa, geniale Dichterin und eine Frau von makellosem Anstand, in die UdSSR zurück, und zwar freiwillig – zu ihrem Mann, dem Mörder, und in die Fänge einer mörderischen Macht.

Das Schicksal der Zwetajewa, die ihre Freiheit aufgab und auf den Selbstmord zusteuerte, ist symbolisch für Generationen russischer Intellektueller. Iwan Pawlow schrieb: »Es läßt sich ohne Übertreibung sagen, daß die Intelligenz, wie es sie einmal gab, zum einen Teil ausgemerzt und zum anderen demoralisiert wird.«[115] Doch Rußlands Intelligenzija hat ihr Schicksal mit eigener Hand besiegelt, sie selbst und keine Macht von außen ist für ihren Tod verantwortlich. Dies konnten diejenigen bestätigen, deren politische Reputation ohne Makel geblieben war. Berdjajew hat die russische Revolution den Selbstmord der Intelligenz genannt.[116] Und Nina Berberowa schreibt mit der ihr eigenen Prägnanz: »Wenn ich jetzt ... zurückblicke, erkenne ich, daß die Vernichtung der Intelligenz nicht direkt erfolgt ist, sondern auf einem sehr verzweigten Weg, wobei es sogar eine gewisse Zeit der Blüte gab. Diese Blüte zu leben war nicht so einfach; es war so, daß einige Leute gleichzeitig blühten und zugrunde gingen und andere mit in den Abgrund rissen, ohne sich dessen bewußt zu sein.«[117] Die Berberowa führt einige Beispiele an und wählt dabei aus Hunderten möglicher Namen just solche, die auch in unserer Geschichte eine Rolle spielen: Trotzki, Woronski, Pilnjak.

Keine Theorie kann uns helfen zu verstehen, wie Max Eitingon – einer, der Freud liebte und von ihm geliebt wurde, der im heiklen und schwierigen Metier der Psychoanalyse Erfolg hatte, allzeit beachtet und von sensiblen, feingeistigen Leuten umgeben war – wie dieser Mann es fertigbrachte, in seinem Inneren so widersprüchliche Motivationen zu vereinen. Spekulationen sind möglich. Wir wissen nicht, wie Eitingon zum bolschewistischen Rußland stand. (Es gibt allerdings eine Quelle, die bezeugt, er habe Freud dazu bewegen wollen, einen Text, den er für antisowjetisch hielt, zurückzuziehen.[118]) Glaubt man Aron Steinberg, so waren in Eitingons »psychoanalytischem Salon« zu Berlin Ideen einer »geistigen Revolution« im Schwange; Eurasier seien häufige Gäste gewesen, ihr Ideologe Pjotr Suwtschinski im besonderen.[119] Andererseits macht Ernest Jones darauf aufmerksam, daß Eitingon Mitte der zwanziger Jahre eine regelrechte Deutschfreundlichkeit an den Tag gelegt habe.[120] Um so mehr muß er das nazistische Deutschland nach seiner erzwungenen Emigration gehaßt haben.

War er also von dem Wunsch beseelt, sich an diesem Land, das er geliebt und das ihn und sein Werk so rauh und sinnlos verstoßen hatte, zu rächen? Am ehesten ließe sich glauben, jemand habe ihn davon überzeugen können, daß sein Tun notwendig sei, um das neue Rußland gegen Deutschland zu feien. Aber vielleicht war Max Eitingon mit seinem analytischen Gespür, den ausgezeichneten Kontakten und vorzüglichen organisatorischen Fähigkeiten selbst der Initiator dieser weitreichenden Affäre, die ursprünglich auf die Verwirklichung einer wie auch immer gearteten »eurasischen Idee« gerichtet gewesen sein mag? In diesem Falle hätte das Doppelspiel eines bei Heydrich ein und aus gehenden Skoblin, welches für die sowjetische Seite ungeheuer katastrophale Folgen hatte, Eitingons Ansinnen mit auf den Kopf gestellt.

Es kann auch noch anders gewesen sein. Nehmen wir an, Anfang der zwanziger Jahre erhielt Max Eitingon durch die Vermittlung von Naum Eitingon, Wiktor Kopp und schließlich Lew Trotzki Geld, um seine psychoanalytischen Vorhaben zu bestreiten. Wenn dies keine bolschewistische »Hilfeleistung« für eine fortschrittliche westliche Wissenschaft war, dann vielleicht ein Entgelt für Mittler- oder aber Überwachungsdienste in den Kreisen der Emigration. Trotzkis Absturz und der veränderte Charakter des Sowjetregimes ließen diese Quellen zwangsläufig versiegen, wovon nicht nur Eitingons Pelzgeschäfte, sondern auch die Berliner psychoanalytische Klinik betroffen waren. Die Krise in Amerika war ein günstiger Vorwand, um den Kollegen die entstandenen Schwierigkeiten zu begründen. Doch die Geschichte ging weiter. Hitler riß die Macht an sich, was für Max Eitingon und sein psychoanalytisches Werk wie für alle deutschen Juden eine existentielle Bedrohung darstellte. Gewöhnt an ein Doppelleben und den Ruch finanzieller und politischer Abenteuer, ließ Eitingon die alten Kontakte wieder aufleben. In der Hoffnung, dem Faschismus zu widerstehen, wagte er ein riskantes Spiel.

Vielleicht aber war alles viel einfacher. Die Vorschüsse, aufgebraucht für alles mögliche, so zum Beispiel die Aktivitäten Wiener, Berliner und nun auch noch palästinensischer Analytiker, mußten abgegolten werden. Naum Eitingon, das Haupt der sowjetischen Spionageabwehr, hatte ausreichend Mittel in der Hand, um seinen Bruder, Halbbruder, Stiefbruder, entfernten Verwandten oder bloßen Namensvetter, das Haupt der internationalen Psychoanalyse, ins Verbrechen zu treiben.[121]

Szenen aus dem Leben

Wie wir bereits wissen, ist der große russische Philosoph Lew Schestow, der inzwischen als politischer Flüchtling in Paris lebte, in den zwanziger und dreißiger Jahren wiederholt in der Villa seines Freundes, des Psychoanalytikers Max Eitingon, im schicken Berliner Bezirk Tiergarten zu Besuch gewesen. Einmal traf er dort seinen alten Vertrauten Aron Steinberg, gleich ihm Jude und Philosoph aus Rußland, einst Gründer der Freien Philosophischen Vereinigung im nachrevolutionären Petrograd, nun schon bald Mitglied des Jüdischen Weltkongresses.[122]

Der gläubige Jude Steinberg sah auf das Treiben in Eitingons »psychoanalytischem Salon« mit Ironie und einer gewissen, instinktiven Beunruhigung. »Schestows Berlinbesuche gaben ... Doktor Eitingon den gewünschten Anlaß, um neben den Leuten der eignen Zunft auch die intellektuelle Emigration verschiedenster Länder bei sich zu versammeln«, schreibt Steinberg in seinen Erinnerungen. Dies bestätigt eine weitere Quelle. Im Juni 1924 bekam Wjatscheslaw Iwanow vom Volksbildungskommissariat eine unbefristete »Dienstreise« ins Ausland bewilligt; Schestow wird dies von einem seiner Freunde mitgeteilt, dazu der Wunsch, man möge Iwanow »soweit bringen«, seine Gedichte

»bei Dr. Eitingon vorzutragen, wie im vergangenen Jahr Remisow seinen Petka« gelesen habe.[123]

Vermutlich sind viele unserer Helden in der Tiergartener Villa gewesen. Wjatscheslaw Iwanow mag sich hier mit Lou Andreas-Salomé unterhalten, Moshe Wulff mit seinen Kollegen der Spielrein gedacht haben, und ganz gewiß kamen Otto und Wera Schmidt während ihrer Berlinreisen nicht umhin, Eitingons Salon aufzusuchen ... Auch Freud war mitunter da. Die Anwesenheit Naum Eitingons unter einem seiner dienstlichen Pseudonyme versteht sich von selbst. Daß Wiktor Kopp ein häufiger Gast war, ist ebenso wahrscheinlich. Ob Trotzki einmal hier war? Joffe? Medtner? Jermakow? Bullit? Bely? Salkind? Pankejew? Eisenstein? Nabokov?

Lassen wir die Spekulationen beiseite. An dem Abend, auf den sich Steinberg in seiner Erinnerung bezieht, war in der Villa die übliche Gästeschar versammelt: Schestow, der Eitingon wieder besuchte und bei dieser Gelegenheit auch seine Schwester, die Psychoanalytikerin, sehen wollte; »einige Literaturkundler, aus Rußland gebürtig, die mit der Zeitschrift *Imago* zu tun haben«; »Psychoanalyse-Spezialisten, Anhänger aller möglichen Synthesen« – ja und dann ... »An dem betreffenden Abend fand sich plötzlich und aus heiterem Himmel die vielgerühmte russische Sängerin Nadeshda Wassiljewna Plewizkaja in Begleitung von General Skoblin und einer ganzen Suite unter den Gästen.«[124]

Steinbergs Memoiren überliefern uns Fragmente von Gesprächen. »Beide, Freud und Schestow, reißen die ewig gleiche Maske vom Gesicht unserer Zivilisation, die Maske der Lüge und Heuchelei«, wiederholte ein junger Mann in diesem Kreis ein um das andere Mal. Nadeshda Eitingon, die Ausrichterin des Salons, redete Schestow zu, »etwas von sich« vorzulesen, und hatte Erfolg. Der »Eurasier« Suwtschinski, einer von den Verehrern der Sängerin, jubelte: »Nein, so etwas! Schestow und die Plewizkaja – das wird in die Geschichte eingehen!«

»Schöne Geschichte! Und wir stecken drin«, kalauerte Steinberg, der nichts Gutes ahnte, bissig vor sich hin. Nach südrussischer Sitte sang die Plewizkaja aus dem Stegreif »zu Ruhm und Ehren« Schestows, wobei sie sich gleich einmal in seinem jüdischen Vor- und Vatersnamen vergriff. Steinberg erschien das Ganze als »unerträglicher Hohn«, als Narretei »zur Ergötzung eines Publikums von wer weiß welchem Kaliber«. Ungewöhnlich eindringlich fragt er deshalb bei Suwtschinski nach: »Sagen Sie, wer hat sich diese peinliche Szene ausgedacht? Etwa die Plewizkaja selbst?« Schestow jedenfalls brachte man dazu, an der Tafel aus seinem philosophischen Werk zu lesen. Er trug eine Parabel mit dem Titel *Der Philosoph von Milet und die phrygische Hirtin* vor. Thales von Milet war stets so sehr in seine erhabenen Gedanken vertieft, daß er einmal nicht bemerkte, wie er sich dem Rande einer mit Wasser gefüllten Zisterne näherte. Er stolperte und fiel hinein. Sogleich ward der stille Abend von wohltönendem Gelächter erfüllt: Es war ein phrygisches Hirtenmädchen, das ihre Ziegen von der Weide heim in die Stadt trieb. Es fragt sich nun, wer hier im Recht war? Die Philosophie lehrt, daß der Gelehrte recht tat, der nicht schaute, wohin er lief, doch dafür dem ursprünglichen Wesen der Dinge auf die Spur kam. Doch könnte es durchaus sein, schloß Schestow seine Parabel, daß das zum Lachen aufgelegte Hirtenmädchen am Ende weiser gewesen war als der weise Mann von Milet.

»Her-rrlich! Ganz hervorr-rragend!« trällerte die Plewizkaja, klatschte begeistert in die Hände und tat vor Schestow eine Verbeugung.

Allmächtig, weil wahr

Das Jahrhundert der Aufklärung hatte mit der Zerstörung des alten, sinnerfüllten Weltbilds angefangen, das ganz auf die Vernunft setzte – eine höhere zwar, die aber dennoch der des Menschen ähnlich und ihm daher im Grunde plausibel war. Die Welt eines Newton oder Darwin maß der Vernunft eine gänzlich andere Rolle zu. Der Mensch vermag den Lauf der Planeten zu verstehen und die Entwicklung des Affen, nur der Sinn des Ganzen bleibt ihm verschlossen. Ebensowenig begreift er den Sinn der Brownschen Bewegung von Menschen, Gütern und Ideen in der neuen Gesellschaft. Er hat in dieser Gesellschaft seinen Platz, das Leben lehrt ihn, diesen Platz zu schätzen und um ihn zu kämpfen; doch nicht das geistige System seiner Ansichten, Meinungen und Geschmäcker ist es, was seine Rolle und Bestimmung definiert. Sein Platz im Leben läßt sich nicht mehr logisch faßbar aus dem Sinn desselben ableiten. Der Sinn schwindet, der Platz ist noch da und auf ihm verloren der Mensch.

Der Marxismus änderte die Situation von Grund auf. Die Geschichte hat, anders als die Darwinsche Evolution, wieder einen Sinn, der zu begreifen ist. Mehr noch: Aufgrund seiner neuen Erkenntnisse ist der Mensch imstande, die Welt zu verändern! Die Veränderung der Welt wird zur Hauptaufgabe der angesehensten Institution dieser neuen Gesellschaft erklärt – der Wissenschaft. Und dem neuen System sinnstiftender Werte gemäß wird eine neue Platzordnung installiert.

Der Mensch hat den Glauben an das Primat der Vernunft, den Sinn des Lebens, die letztliche Rationalität des Seins zurückgewonnen. Das zähe, armselige, unerträgliche Leben, in dem nicht mehr Vernunft ist als in einem Glas voller Blutegel, kann und muß auf ein neues, bewußtes Fundament gestellt werden. Vernunft erwächst nicht mehr aus einem jenseitigen Gott, aus keinem abstrakten, entfremdeten Absolutum; Vernunft entsteht direkt und unmittelbar unter den Händen des Menschen und seiner Genossen. Für Trotzki war dies das Allerwichtigste: »Der sozialistische Aufbau ist seinem innersten Wesen nach ein bewußter, planmäßiger Aufbau ..., der Versuch, die menschlichen Beziehungen zu rationalisieren ..., sie dem wissenschaftlich gerüsteten Verstand unterzuordnen.« Und die Bedingungen dafür seien nunmehr im Weltmaßstab gegeben: »Die Produktionskräfte sind längst reif für den Sozialismus ... Was noch fehlt, ist der letzte subjektive Faktor: Das Bewußtsein steht hinter dem Leben zurück.«[125]

In Trotzkis Reden und Handeln wurde die Idee der Aufklärung in Rußland mit einhundertfünfzig Jahren Verspätung in die Tat umgesetzt – im Sinne des Dostojewskischen Gedankens, demzufolge die russische Idee nichts anderes sei als die Vollstreckung aller übrigen Ideen dieser Welt. Trotzkis Lieblingsidee einer »Säuberung von oben nach unten« – weg mit Gott und dem Zaren, mit Chaos und Konkurrenz, allem Finsteren und Unbewußten! – ist der Aufklärung letztes Wort. Kein sehr dramatisches mehr, eher ein tragikomisches. Gewalt war auf diesem Weg unvermeidbar; im übrigen war die Aufklärung zu allen Zeiten, und nicht nur in Rußland, von Gewalt begleitet gewesen. Trotzkis Niederlage setzte einen Endpunkt hinter eine ganze historische Epoche – vielleicht die beste Zeit, die Intellektuelle je hatten. Der politische Sieg Stalins bedeutete den Triumph einer finsteren, sich selbst genügenden Macht über die hehren, abstrakten Träumereien, den Triumph des Willens über die Vernunft, des Bodens über die Kultur, des Charismas über die Utopie, Nietzsches über Hegel. Er bedeutete das Scheitern der Aufklärung, den experimentellen Nachweis, daß ihre großen Projekte lebensuntüchtig, im mindesten aber unzulänglich waren.

Lenin hat den Satz gesagt, und Stalin hat ihn viele Male wiederholt: »Die Lehre von Marx ist allmächtig, weil sie wahr ist.« Zumeist wird dies als dumpfe Tautologie begriffen. Dabei ist es eine tiefsinnige, wahrhaft philosophische Formulierung, die besagt: Man muß nur die Wahrheit finden – und schon ist die Welt eine andere. Sie wandelt sich wie von Zauberhand – revolutionär, schlagartig. So war die Revolution auch gedacht: ein einmaliger Akt allumfassender Einsicht und Erleuchtung. In der Psychoanalyse gibt es einen analogen Begriff: den Insight. Es handelt sich um das plötzliche Begreifen und Neustrukturieren einer zurückliegenden Erfahrung, um einen entscheidenden Moment in der analytischen Therapie.

Im übrigen hat kein noch so eifriger Psychoanalytiker je nachvollziehen wollen, was in jeder einzelnen Zelle des Organismus passiert. Die wahre Kunst der Psychoanalyse besteht gerade in der Herstellung einer subtilen Balance zwischen dem, was ans Licht darf und also willkürlich zu regulieren ist, und dem, was im Unbewußten zu verbleiben hat. Im Menschen gibt es Abläufe, die gar nicht ins Bewußtsein zu holen und zu steuern sind, und solche, die sich zwar vergegenwärtigen lassen, ohne Bewußtsein jedoch viel reibungsloser erfolgen. Jeder Schauspieler, jeder Redner, jeder, der tanzen kann, weiß, daß man nur darüber nachzudenken braucht, was man gerade tut – schon gerät man ins Stolpern. In gewissen Etappen schaltet sich das Bewußtsein zu und dann wieder ab – wenn nämlich andere Faktoren, emotionale oder intuitive (Neugier, Erregung, Inspiration oder aber Furcht), wichtiger sind. All dies geschieht außerhalb des Bewußtseins und ist von ihm auch ersatzhalber nicht zu leisten. Ein erstaunlicher Zug kommunistischer Theoretiker war, wie hartnäckig, über Jahrzehnte hinweg, sie immer wieder versuchten, diese Faktoren in allen Bereichen – Wirtschaft, Arbeitsorganisation, Schulbildung wie auch in philosophischen Exkursen über das Denken und in der Psychoanalyse – zu negieren. »Sie wollten alles organisieren, die Sonne sollte fahrplanmäßig aufgehen, und das Wetter sollte in ihrer Kanzlei gemacht werden. Der Anarchismus des Lebens, die Tatsache, daß es sich im Unterbewußtsein abspielt und daß der Baum selber am besten weiß, wie er wachsen soll, das alles ist ihnen unbegreiflich«[126], wie Wiktor Schklowski 1923 höchst treffend schrieb.

Die Psychoanalyse verknüpfte die Entwicklung praktischer Methoden der Bewußtmachung des Unbewußten mit einer gründlichen Erforschung desselben. Plötzliche Vergegenwärtigungsakte sind nur infolge jahrelanger Analysearbeit am Unbewußten zu erwarten. Der Bolschewismus zäumt das Pferd vom Schwanz auf. Das Unbewußte, Spontane wird entwertet. Eine Berechtigung hat nur, was ins Bewußtsein dringt und sich dort mit der einzig wahren wissenschaftlichen Theorie arrangiert.

All dies erscheint wie die Konsequenz einer Grundidee des Bolschewismus, der Verstaatlichung des Eigentums. In der Tat: Privateigentum läßt sich »unbewußt« verwalten – aufgrund von Tradition, Lebenserfahrung, Intuition. Kollektives Eigentum – sagen wir, einer Aktiengesellschaft – verwaltet sich demokratisch, wobei dieselben Quellen sich nur summieren. Staatseigentum aber will wissenschaftlich verwaltet sein – was immer das heißt.

In einer solchen Weltordnung ist die Idee realer als die Wirklichkeit selbst. Die bolschewistische Wissenschaft gleicht ihrer bürgerlichen Schwester aufs Haar, doch ist sie in Wahrheit deren Kehrbild: Anstelle von Fakten nimmt sie Pläne und anstelle von Hypothesen die Realität. Wenn diese mit der Planidee nicht übereinstimmt, muß sie geändert oder beseitigt werden, so wie ein Wissenschaftler eine unzutreffende Hypothese korrigiert oder verwirft. Der in den Jahren nach der Revolution unter Trotzkis Leitung eingeführte sogenannte Kriegskommunismus bedeutete die totale Kontrolle des Staates nicht nur über die materielle und geistige Produktion, sondern auch über Verteilung und Konsum. Alles hatte von nun an nicht mehr den kleinlichen individualistischen Bedürfnissen, sondern der Vernunft zu gehorchen. Jedem seine Ration – ein Darüber war ebenso unvernünftig wie ein Darunter. Eine Ration Brot, soweit vorhanden, ist leicht zu bemessen; im Bereich der Kultur oder, sagen wir, der Sexualität ein vernünftiges Maß festzulegen ist schon schwieriger.

Eben dafür brauchte es verschiedene Wissenschaftsbereiche. In die frühen zwanziger Jahre fallen die heroischen Versuche, Normen zu schaffen für eine wissenschaftliche Arbeitsorganisation ebenso wie für den Alltag, den Urlaub, die Ernährung, Erziehung und überhaupt alles, wovon ein Mensch lebt. Das Drama lag darin, daß derlei Versuche, wissenschaftlich gesehen, durchaus nicht immer ungeschickt waren, im Gegenteil; die größten Leistungen der sowjetischen Wissenschaft, die in der Welt Anklang fanden, gingen daraus hervor. Auf Untersuchungen, angestellt zum Zweck der Erarbeitung wissenschaftlich begründeter Instruktionen für elementare Arbeitstätigkeiten (wie halte ich einen

Hammer, wie gehe ich usw.), gründete beispielsweise die unter Physiologen in aller Welt anerkannte Konzeption von Nikolai Bernstein. Arbeiten zur wissenschaftlichen Arbeitsorganisation leitete Alexej Gastew, der extremistisch gestimmte Dichter der Linken Front; auch hier gab es ausgesprochen seriöse Forschungen zur Psychotechnik, die ihrer Zeit voraus waren. Die in ihrem Umfang beispiellosen pädologischen Feldforschungen galten der Einführung wissenschaftlicher Prinzipien bei der Erziehung der heranwachsenden Generation. Zur Arbeit in den wildwuchernden Planungsbehörden wurden neben einer Masse halbgebildeter Leute auch große Gelehrte herangezogen, der Theologe und Mathematiker Pawel Florenski beispielsweise; der liebe Gott mag wissen, ob er bei diesen Verrichtungen von Nutzen sein konnte. Selbst die GPU und die Oberste Staatsanwaltschaft wollten nicht zurückstehen: So organisierte Wyschinski eine Arbeitsgruppe zur Anwendung assoziativer Tests in Ermittlung und Untersuchung. (Daß Methoden physischer Einwirkung hier dennoch ungleich praktischer waren, kann allerdings nicht verschwiegen werden.)

Träume wahr werden lassen

Es ist aufschlußreich, die Ideen Trotzkis und der Moskauer Analytiker vom Anfang der zwanziger Jahre aus heutiger Sicht, mit der ganzen schwierigen Jahrhunderterfahrung im Rücken, zu betrachten. Bemerkungen des englischen Dichters Wystan Hugh Auden hierzu ersparen uns an dieser Stelle umständlichere Erörterungen: »Marx und Freud gingen beide von den Gebrechen der Zivilisation aus – der eine von den Armen, der andere von den Kranken. Beide sahen das menschliche Verhalten nicht vom Bewußtsein bestimmt, sondern von instinktiven Bedürfnissen, von Hunger und Liebe. Beide wünschten sich eine Welt, in der rationales Kalkül und Selbstbestimmung möglich sind. Was sie unterscheidet, ist der unüberbrückbare Abstand zwischen dem, der die Menge auf der Straße beobachtet, und dem, der den Patienten in seinem Behandlungszimmer vor sich hat ... Der Sozialist wirft dem Psychologen vor, er unterstütze den Status quo, indem er den Neurotiker an das System anpaßt und ihm somit die Möglichkeit nimmt, Revolutionär zu werden; der Psychologe erwidert, der Sozialist versuche sich an den eigenen Schnürsenkeln hochzuziehen ... – und nachdem er per Revolution die Macht ergriffen habe, würde er doch nur die alten Daseinsbedingungen wiederherstellen. Recht haben beide. Solange die Zivilisation ist, wie sie ist, wird die Zahl von Patienten, die der Psychologe heilen kann, stets sehr gering sein; sobald aber der Sozialismus an die Macht kommt, wird er seine Energie auf das Innere des Menschen richten müssen und einen Psychologen dazu brauchen.«[127]

Freud sah die Dinge auf seine Weise. Im Jahr 1913 sagte er dem Sohn von Theodor Herzl, dem Sozialisten und Begründer des Zionismus, der die Welt effektiver als viele andere zu ändern verstand, sinngemäß: »Ihr Vater ist einer von denen, die Träume wahr werden lassen. Das ist ein seltenes und gefährliches Unterfangen ... Ich würde solche Leute einfach so bezeichnen: Sie sind die schärfsten Widersacher meiner wissenschaftlichen Arbeit. Mein bescheidener Beruf besteht darin, Träume zu vereinfachen, sie klarer und ordinärer zu machen. Diese Leute hingegen verkomplizieren die Probleme, stellen sie auf den Kopf, kommandieren die Welt herum ... Ich befasse mich mit Psychoanalyse; sie befassen sich mit Psychosynthese.«

Und Freud ermahnte den jungen Hans: »Halten Sie sich von denen fern, junger Mann. Halten Sie sich von denen fern, auch wenn Ihr Herr Vater einer von ihnen ist. Vielleicht gerade deshalb.«[128]

8. KAPITEL
DIE PÄDOLOGISCHEN PERVERSIONEN IM SYSTEM

Dneprostroi der Wissenschaften

Als Aron Salkind ausgangs der zwanziger Jahre einen Erfolgsbericht zum Entwicklungsstand der sowjetischen Pädologie liefern sollte, hatte er ein Problem: Das in den Jahren der Sowjetmacht erreichte Niveau lasse sich nicht wie üblich mit dem vor der Revolution vergleichen – die Pädologie habe nämlich damals noch gar nicht richtig existiert.[1] Salkind, an beinahe sämtlichen nennenswerten Unternehmungen in der Geschichte der sowjetischen Pädologie federführend beteiligt, kann schwerlich als unbefangener Zeuge gelten, doch in diesem Punkt übertreibt er nur wenig.

Gründer der komplexen (interdisziplinären, wie wir heute sagen würden) Wissenschaft vom Kind und ihr Namensgeber war ein Klassiker der amerikanischen Psychologie: Stanley Hall, der, nebenbei gesagt, auch als Organisator der legendären Amerikareise Freuds 1909 in die Geschichte einging. Später gehörte Hall zu den Gründungsmitgliedern der Amerikanischen Psychoanalytischen Vereinigung. Das war 1911, im selben Jahr, als in Brüssel der Erste Pädologische Kongreß stattfand.

Die Wege der Pädologie und der Psychoanalyse haben sich im Westen ebenso wie in Rußland hartnäckig gekreuzt. Das darf nicht verwundern: Beide Disziplinen eint das spezielle Augenmerk auf die Kindheit des Menschen, dazu noch ihre betont praktische Ausrichtung. Während jedoch die Psychoanalyse den Siegeszug durch die Geisteswissenschaften, das Sozialwesen und den Alltag des westlichen Menschen fortsetzte, ging die Pädologie ihrer eigenständigen Bedeutung recht schnell wieder verlustig. Jahrzehnte später hatte Lew Wygotski den Lesern der eben gegründeten sowjetischen Zeitschrift *Pädologie* mitzuteilen, daß diese progressive Wissenschaft im Westen, ganz im Unterschied zur UdSSR, schon längere Zeit mehr tot als lebendig sei.[2]

Das Kräfteverhältnis in der Sowjetunion ergab eine umgekehrte Konstellation: Gegen Ende der zwanziger Jahre war die

Psychoanalyse praktisch »aus dem Rennen«, während die Pädologie einen beispiellosen Aufschwung nahm. Freilich hatten mehrere ihrer »Galionsfiguren«, allen voran Aron Salkind, eine psychoanalytische Ausbildung genossen, wie auch die konzeptionellen Gipfelleistungen in diesem Fach, wozu vor allem die späten Arbeiten von Wygotski und Blonski zu rechnen sind, unbestreitbar von einem Dialog mit der Psychoanalyse zehren. Polina Efrussi, der man wahrlich keine Sympathien für die Psychoanalyse nachsagen konnte, bemerkte 1923: »Aus der Psychiatrie und der Psychopathologie kommend, haben die Freudschen Methoden in den letzten Jahren auch die russische Pädologie infiltriert.«[3]

Eine weitere wichtige Quelle für die pädologische Bewegung der Nachrevolutionszeit war die neuropathologische Schule Wassili Bechterews. Im Rahmen seiner Psychoneurologischen Akademie entstand schon 1909 die erste pädologische Forschungseinrichtung in Rußland, finanziert durch den Kaufmann und Mäzen Simin.[4] Bechterews wissenschaftlichem Maximalprogramm, orientiert am Anspruch einer komplexen Erforschung des Menschen, sollte in der Folgezeit des öfteren mit ausgesprochen bürokratischen Maßnahmen auf die Sprünge geholfen werden. Einige Jahre nach Bechterews Tod und dem Zerfall der Psychoneurologischen Akademie »wurde auf einer Sitzung unter der Leitung der Genn. Stalin, Molotow und Woroschilow, unter Beteiligung von A. M. Gorki ... der Beschluß über die Reorganisierung des Instituts für Experimentalmedizin in Leningrad als landesweites Forschungsinstitut zum allseitigen Studium des Menschen gefaßt«. Dieser Beschluß, so ein Augenzeuge damals, »fand großen Widerhall ... und ließ dem Institut angesichts der immensen Bedeutung der gestellten Aufgabe und dem Ausmaß des angestrebten Unternehmens den Spitznamen ›*Dneprostroi*[5] der Wissenschaften‹ zuteil werden«[6]. Allseitiges Studium, Komplexforschung, fachübergreifende Synthesen ... – Phantasien, denen Bechterew schon vor der Ersten Russischen Revolution nachgehangen hatte, fanden großen Anklang im totalitären Umfeld, wo sie mehr als eine Generation beflissener Planer und Administratoren überlebten.

In methodologischer Hinsicht war die Pädologie ein für den Anfang des Jahrhunderts an sich charakteristisches Wissenschaftsphänomen. Konzeptionen, die gleich den Status eines autonomen Wissensgebiets, wenn nicht einer ganzen Wissenschaft beanspruchten, entstanden nicht in beharrlicher Kollektivarbeit über Generationen, sondern im revolutionären Akt eines singulären Genies, das eine neue Weltsicht eröffnete. Die Psychoanalyse ist ein Beispiel dafür. Im Normalfall ging daraus eine wissenschaftliche Schule hervor: eine unter mehreren auf ihrem jeweiligen Gebiet, was ihrem Nutzen und ihrer Bedeutung keinen Abbruch tat. Nicht so allerdings in einem Land, wo eine allgemeine Atmosphäre von Intoleranz herrschte, Macht- und Überlebenskämpfe das Dasein bestimmten. Hier ging eine neue Schule zwangsläufig den anderen Weg: Die Konkurrenz mußte ausgeschaltet, das Deutungsmonopol für den jeweiligen Gegenstand erworben werden. Der eigene Standpunkt hatte als der einzig richtige und jeder andere schlicht als unwissenschaftlich zu gelten. Dieser Prozeß wurde in der Regel nicht als interner wissenschaftlicher Disput, sondern als »Grenzkrieg« zwischen verschiedenen, zum gleichen Gegenstand forschenden Disziplinen wahrgenommen: etwa zwischen Biologie und Soziologie, Psychologie und Physiologie, Pädologie und Psychotechnik, Pädologie und Pädagogik. Endlose Verhandlungen über »Demarkationslinien«, die vorschreiben, mit welchem Gegenstand sich das eine Fach von Rechts wegen beschäftigen darf und von welchem das andere die Finger zu lassen hat, prägen die Wissenschaftsgeschichte in totalitären Gesellschaften. Der Grad an Abstraktion, mit dem diese Auseinandersetzungen geführt werden, entspricht dem Denkapparat der politischen Führer. Zudem lassen sich solche interdisziplinären Konflikte, anders als die meisten Sachdiskussionen, rasch und per Dekret lösen: Eine der streitenden Parteien braucht nur »abgeschafft« und die andere als würdige Alleinvertreterin der Wahrheit eingesetzt zu werden. Daneben gibt es jedoch noch ein anderes Lösungsschema: die verordnete Synthese zweier Wissenschaften mit nachfolgender Schaffung neuer Organisationsstrukturen. Dies bewirkt, daß die Repräsentanten der verschiedenen Wissenschaften nunmehr zum behördlichen Kontakt miteinander verurteilt sind, was ihrer »gegenseitigen Befruchtung« Vorschub leisten soll.

Die organisierte Vereinfachung der Kultur

»Hört die Revolution!« hatte Alexander Blok 1918 die Intelligenzija aufgerufen. Pflicht und Schuldigkeit des Künstlers sei es, »den Entwurf zu schauen ...«. Was sah dieser vor? »Alles umzugestalten. Und so einzurichten, daß alles zum Neuen sich wandelt; damit unser verlogenes, schmutziges, ödes, häßliches Leben zu einem gerechten, reinen, heiteren und schönen Leben werde.«[7]

Für die sozialen Schichten, aus denen die Pädologie ihre »Kader« rekrutierte, war eine derart emphatische Begrüßung der neuen Macht auffallend charakteristisch. Bechterew, für den Stimmungsumschwung innerhalb der Intelligenzija mitverantwortlich, sagte Ende 1923 auf dem Allunionskongreß der Wissenschaftler: »Noch im Jahr 1920, als ich mich öffentlich für die Sowjetmacht ausgesprochen hatte, ließ mancher Fachkollege kein gutes Haar an mir, ich galt als treuloser Verräter. Heute dagegen erscheint es in Kreisen der Wissenschaft beinahe als verschroben, die Riesenerfolge und die historische Genialität der Oktoberrevolution nicht sehen zu wollen.«[8]

Iwan Pawlow hatte von alledem eine andere Meinung. Ende 1923 meldete er sich zu Wort: Es sei einfach nicht zu begreifen, woher die Bolschewiki ihre Überzeugung nehmen, daß die Weltrevolution vor dem Sieg stünde; »um dieser Weltrevolution willen gibt man heutzutage riesige Summen aus, in Japan und sonstwo, während unser Akademielabor mit drei Goldrubeln pro Monat abgespeist wird«; obendrein »bilden diese Leute sich ein, sie könnten, trotz eingestandener Inkompetenz, das ganze Bildungswesen von heute reformieren«.[9] Dem Gelehrten ist schleierhaft, wie die Bolschewiki ihre hohen Ziele erreichen wollen – mit Arbeitern, über deren Unbildung man sich doch gewiß im klaren ist. Hingegen sind »die gebildeten Leute zu stummen Zeugen und Handlangern degradiert und müssen zusehen, wie rücksichtslos und größtenteils stümperhaft das Leben von Grund auf umgekrempelt und ein Fehler nach dem anderen begangen wird … Sie machen sich in Ihrem Amt ein zu einfaches Bild vom Menschen, wenn Sie meinen, es reiche zu, daß man ihn zum Beispiel auf alle möglichen endlosen Versammlungen zwingt, wo er sich immer wieder die gleichen Belehrungen anhören muß, damit er ein wirklich gesellschaftliches Wesen werde.« (Letztere Zeilen schrieb Pawlow an die Regierenden erst später, am 19. Oktober 1928.[10])

Bucharins Erwiderung war temperamentvoll und zur Sache: »Aber natürlich bauen wir um! Und zwar so, wie wir es brauchen! So wie wir uns selbst umgebaut haben, wie wir den Staat umgebaut haben, die Armee und die Wirtschaft, so wie wir Väterchen Fjodoruschka und Mütterchen Warwaruschka, die hausbackenen russischen Hinterwäldler, umgebaut haben: zur aktiven, willensstarken, schnellwachsenden, lebensprallen Volksmasse!«[11] Umbauen, wie man es braucht – das war die Devise. Das Wissen um die »hausbackene« Beschränktheit, die Bucharin ebenso verachtet wie Pawlow, vermag ihn nicht vom Glauben an die Möglichkeit eines solchen »Umbaus« abzubringen (wie Pawlow es logisch fände), im Gegenteil, sie läßt seinen Enthusiasmus ins Unermeßliche wachsen.

Die Wissenschaft vom Umbau des Menschen ist die neue Humanwissenschaft. Anstelle der Frage »Was ist das?« steht nun auf lange Zeit eine andere, nämlich: »Wie kriegen wir das umgebaut?« Alles Innewohnende, Stabile, Unantastbare ist neuerdings suspekt und obsolet, davon zu reden kleinlich und unwichtig, es existiert nicht mehr; einzig von Belang ist, wie sich ein Entwicklungsprozeß durch äußere Faktoren beeinflussen läßt. In seinem Referat auf dem Ersten Pädologischen Kongreß tat Bucharin den bemerkenswerten Ausspruch: »Die Frage des sozialen Umfelds und des Einflusses des sozialen Umfelds müssen wir dahingehend lösen, daß der Einfluß des sozialen Umfelds eine größere Rolle spielt, als gemeinhin angenommen wird; Veränderungen lassen sich wesentlich rascher bewerkstelligen, und jene tiefgreifende Reorganisierung, die wir Kulturrevolution nennen, hat ihr sozialbiologisches Äquivalent bis in die physiologische Natur des Organismus hinein.«[12] In dieser Aussage liegt nichts, was die Methodik der Pädologie spezifisch auszeichnete. Es ist lediglich ein Anwendungsfall des allgemeingültigen Prinzips, das da lautet: »Keine Festung ist so stark, daß die Bolschewiki sie nicht einnehmen könnten.«

In diesem Punkt war bereits ein Konsens erzielt. Dem Parteiführer pflichtete auch der für das Gesundheitswesen zuständige Volkskommissar Nikolai Semaschko als Kongreßredner bei: »Ein verstärktes Augenmerk auf den Einfluß äußerer Faktoren kennzeichnet derzeit die Entwicklung der allgemeinen pädologischen Wissenschaften, einschließlich der medizinischen.« Selbiges, nur aggressiver, äußert Lenins Witwe Nadeshda Krupskaja, die bereits an Prestige verloren hat: »In der Mißachtung des Einflusses äußerer Faktoren sieht mancher ein Gegengift, womit sich das immer tiefere Eindringen des Marxismus in die Schule abwenden ließe.«[13] Das immer tiefere Eindringen des Marxismus in die Schule besteht in der Ermächtigung äußerer Faktoren zu immer forcierterem Eindringen in den Menschen; die äußeren Faktoren zu mißachten heißt, gegen den Marxismus Stellung zu beziehen. Nach dem gleichen Prinzip funktionierten später auch Lyssenkos Attacken gegen die Genetik, es war das Dilemma der sowjetischen Wissenschaften überhaupt, die schon damals vor die Wahl gestellt waren: entweder das Zeitliche zu segnen oder zu geloben, jedwede Festung zu stürmen, jedweden Umbau zu meistern.

Am unverblümtesten von allen drückte sich jedoch Volksbildungskommissar Anatoli Lunatscharski aus: »Die Pädologie ... leuchtet uns auf dem entscheidenden Weg zur Herstellung des neuen Menschen, die parallel zur Produktion neuer Ausrüstungen in der Wirtschaft zu organisieren ist.«[14] Frappierend ist nicht allein, daß ein kulturvoller, intelligenter Mensch so etwas sagt, sondern, daß derlei Gedanken in der neuen Welt bereits das Normalste zu sein schienen und keinen mehr aufregten: Zu einer wirklich riskanten Metapher hätte sich Lunatscharski auf diesem Kongreß, der einen Tag nach Bechterews überraschendem Tod begann, wohl kaum entschlossen.

Schon etliche Jahre früher durfte man von Pawel Blonski, dem einstigen Neuplatoniker und jetzigen *Narkompros*-Funktionär, solches lesen: »Neben der Pflanzen- und Viehzucht muß es eine weitere Wissenschaft dieser Art geben: die Menschenzucht ... Die Pädagogik muß in einer Reihe mit der Zootechnik und der Phytotechnik ihren Platz finden und sich der Methoden und Prinzipien genannter Wissenschaften bedienen, die mit ihr verwandt, jedoch bereits weiter fortgeschritten sind.«[15] Dieser absolut ernstgemeinte Text war Kernstück eines Lehrbuchs für Pädagogik, das wohl nicht nur einer Lehrergeneration den Weg wies. Noch bestimmter drückte Bucharin sich aus: »Wir sollten unsere Kräfte nicht an ein allgemeines Palaver verschwenden, sondern sie darauf konzentrieren, in kürzester Frist eine ausreichende Stückzahl von aktiven Arbeitern zu produzieren, qualifizierte, speziell geschulte Maschinen, die man sofort einführen und dann in breitem Umfang zum Einsatz bringen könnte.«[16]

Die Psychoanalytiker der alten Schule sahen sehr wohl, welche Gefahr ihrem Werk drohte. Moshe Wulff zum Beispiel betonte 1926: »Die ideale Pädagogik muß von allen abseitigen, d. h. außerhalb des Kindes gelegenen Zielen, Prinzipien und Interessen absolut frei sein.« Und an anderer Stelle: »Ich erlaube mir diese triviale Wahrheit zu wiederholen, da in letzter Zeit unter dem Einfluß falsch verstandener Erkenntnisse der Reflexlehre die alte, naive Vorstellung vom Kind als einer *tabula rasa*, worauf sich

Beliebiges schreiben ließe, fröhliche Urständ feiert. Wieder einmal werden Behauptungen aufgestellt, wonach beim Kind mit Hilfe entsprechender ›Reizfaktoren‹ der dem Pädagogen jeweils genehme ›bedingte Reflex‹ auszulösen und so am Ende gar der ›benötigte Menschentyp‹ (!) herzustellen wäre.«[17]

Freud selbst äußert sich in seiner Schrift *Die Zukunft einer Illusion* (deren russische Übersetzung Iwan Jermakow 1930 erstaunlicherweise noch herausbringen durfte) mit einer Mischung aus Respekt und Ironie über jenes »Goldene Zeitalter«, da eine »Neuregelung der menschlichen Beziehungen«[18] möglich sein würde. »Die Großartigkeit dieses Planes, seine Bedeutsamkeit für die Zukunft der menschlichen Kultur wird man nicht bestreiten können.«[19] Seine Zweifel, ob diese Idee überhaupt zu verwirklichen wäre, gesteht er im selben Atemzug ein – und »man kann vor dem ungeheuerlichen Aufwand an Zwang erschrecken, der bis zur Durchführung dieser Absichten unvermeidlich sein wird«[20], fügt er höchst treffend hinzu.

Den ideellen und politischen Holzweg, auf dem die einstigen »Macher« der Revolution sich wiederfanden, ertrugen und reflektierten sie auf verschiedene Weise. Die Krupskaja gab 1923 eine einfühlsame Beschreibung des Taylor-Systems, in dessen Vorzügen (Kleinteilung der Arbeit, genaue Funktionspläne für jeden Arbeiter – möglichst schriftlich! – usw.) sie ein Rezept für den Kampf gegen den Bürokratismus sowjetischer Ämter sah.[21] Emmanuel Jentschmen, ein kampfgestählter Kommandeur von der Bürgerkriegsfront, erklärte gar in seiner »Theorie einer neuen Biologie« jedes Nachdenken über Erkenntnis, Verstand und Weltanschauung zum Ausbeutertrick; nach der Niederschlagung der Ausbeuter werde die massenhafte Aushöhlung und letztendliche Zerschlagung der »reaktionären Erkenntnis« folgen, womit dem »einheitlichen System der organisierten Bewegung« ein Triumph auf der ganzen Linie gesichert sei.[22]

»Ich bin«, erklärte Jentschmen, »den aufgestandenen Volksmassen durch frühzeitige Herbeiführung eines organischen Kataklysmus in meinem Inneren um einige Jahre voraus.« Er empfahl sich darum mit vollem Ernst in den Führungskreis eines »-Revolutionären Wissenschaftsrates der Republik« und auch gleich in den einer »Weltkommune nebst nachgeordneten Organen für die ganze Republik oder den Erdball«. (Für dieses Amt hatte übrigens schon der geniale Welimir Chlebnikow kandidiert.)

Bei aller Absurdität des Gedankens: Er trägt das Siegel dessen, was jüngst noch als russische Hochkultur galt. Wie reimte doch damals Chlebnikows Freund und Wjatscheslaw Iwanows Schüler Moshe S. Altman (auch er ein Kommissar, der zwanzigjährig mit der Tscheka durch die ukrainischen Dörfer gezogen war, später namhafter Literaturprofessor):

> ... Nur, seh ich alle die Eugeniker,
> dann fühle ich beflißner Bücherwurm
> mich doch als dekadenter Neurastheniker.[23]

»Alle die Eugeniker« meint das Gequirl neumodischer Wissenschaften, denen die Jugend von damals abwechselnd oder gleichzeitig frönte. Altman bekennt in seinen Erinnerungen, er habe seine »hyperlangen und hyperrevolutionären« Aufsätze nach der neuen Rechtschreibung verfaßt, Tagebuch indes noch nach den alten Regeln geschrieben.[24] Iwanow nahm diese generationstypische Zerrissenheit in ihm wahr, zog es aber vor, sie zu ignorieren: »zwei Lieder hörte ich und hab nur eins vernommen ...«[25].

Auf die Widerlegung von Jentschmens Wahn verwandte Bucharin immerhin Dutzende von Zeitschriftenseiten.[26] Mit anderen Opponenten teilte er die Ansicht, daß man sich jede Reaktion hätte sparen können, wäre die »Theorie der neuen Biologie« nicht bei jungen Kommunisten auf so viel Anklang gestoßen.

Aber das waren immer noch die Geplänkel netter, kultivierter Leute. Dagegen traf das Manifest des Literaten Michail Lewidow, abgedruckt in *Krasnaja now*, wo auch Bucharin und Lunatscharski veröffentlichten, wohl eher den Ton kampferfahrener Parteigenossen: »Zum Glück ist das verfluchte Wort vom ›Intellektuellen‹ bei der jungen Generation aus dem Verkehr geraten – dieses schlappe, schwammige, verdruckste Hosenscheißerwort, das in keiner Menschensprache sonst zu finden ist ... In zwanzig, dreißig Jahren wird die Sippe der Intellektuellen von russischem Boden verschwunden sein.«[27] Der immer noch würdevollste Ausweg für einen Intellektuellen, schreibt Lewidow im Klartext, sei der Selbstmord, ein würdeloser die Emigration; am widerwärtigsten jedoch seien ihm diejenigen Intellektuellen, die es vorzögen, in Sowjetrußland wohnen zu bleiben.

Lewidows poetische Anwandlungen entsprachen der Prosa des Alltags. Im Jahr 1923 wurde für die Ausbildung eines Studenten acht- bis zehnmal weniger ausgegeben als 1914; das Durchschnittsgehalt eines Dorflehrers ging im gleichen Zeitraum auf weniger als ein Fünftel des Vorkriegsstands zurück. Die Pro-

Kopf-Ausgaben für Bildung lagen insgesamt um ein Vierfaches niedriger … »Und dabei ist, was die Volksbildung angeht, das Vorkriegsniveau gewiß nicht unser Ideal«[28], merkt der diese Zahlen anführende *Narkompros*-Beamte melancholisch an.

52% der Kinder im Schulalter waren 1923 in keiner pädagogischen Einrichtung gemeldet: vier Millionen Kinder blieben also ohne jede Bildung. Nur 32% der Bevölkerung des Landes konnten lesen und schreiben. Die vor dem *Narkompros* stehenden Aufgaben – Einführung der Grundschulpflicht, Beseitigung des Analphabetentums – waren kolossal.

Die Behörde erließ eine Serie von Anweisungen, die den Unterrichtsablauf radikal veränderten. Zensuren und Zwischenprüfungen wurden abgeschafft, Hausaufgaben ebenso. Der Staatliche Wissenschaftsrat unter Vorsitz von Blonski, Schazki und der Krupskaja sorgte für die Einführung neuer Lehrpläne. Die völlig unvorbereiteten Lehrer drohten die Kontrolle über ihre Schüler zu verlieren und sperrten sich gegen die Neuerungen. »Der Lehrer sabotierte nicht, … er war einfach unfähig, die Menge neuer Ideen zu fassen und zu verdauen«, und dies sei, so argumentierte man damals im *Narkompros* voller Nachsicht, »nicht des Lehrers Schuld, sondern seine Not und sein Unglück«[29].

Das vorgelegte Tempo der Kulturrevolution zu bremsen, war Lunatscharski und seinen Kollegen jedoch nicht möglich. Bucharins Umbau (»wie wir es brauchen«!), Lewidows »organisierte Vereinfachung der Kultur« hatten vorwärtszuschreiten, und zwar nach Plänen, die von den intellektuellen Führungskräften des *Narkompros* zu erstellen waren. Neue Zeiten brachen an, wie Lewidow sie sich in seinen süßesten Träumen nicht hätte ausmalen können.

Die Infrastruktur der Utopie

Auf dem Ersten Psychoneurologischen Allunionskongreß in Moskau, Januar 1923, äußerte die eher akademisch veranlagte Polina Efrussi ihr Erstaunen, welches Ausmaß die Arbeit praktischer Psychologen – der Pädologen und Psychotechniker also – inzwischen angenommen hatte und welch guten Rufes sie sich erfreuten. »Die Neubewertung der Psychologie in ihrer Bedeutung für das tägliche Leben ist rings um uns her mit unerwarteter Schnelligkeit vor sich gegangen.«[30]

Auch der Betrachter von heute reibt sich die Augen: Woher kamen plötzlich die Mittel für eine derart stürmische Entfaltung intellektueller Tätigkeit in dem bettelarmen, unbedarften Land?

Schwer nachzuvollziehen sind die Hoffnungen, die die neue Führung in die Pädologie setzte. Man verhielt sich zur Wissenschaft im allgemeinen wie zu einer mächtigen, magischen Kraft, die jedes Problem kurzerhand zu lösen versprach. Lunatscharski, dessen Behörde einfach überfordert war, schon mit einem Bruchteil der ihr übertragenen Aufgaben auf Jahrzehnte ausgelastet schien, erklärte auf dem Ersten Pädologischen Kongreß: »Unser Schulsystem verdient dann erst normal genannt zu werden, wenn es flächendeckend mit wissenschaftlich geschulten Pädologen versorgt ist ... Wir müssen dorthin kommen, daß in jedem Lehrer, im Hirn eines jeden Lehrers ein wenn auch kleiner, so doch wackerer Pädologe wohnt.«[31] Weder Brennholz noch Gebäude, nicht einmal Lehrer waren es, was Lunatscharski in erster Linie für den Aufbau eines normalen Schulbetriebs benötigte – Pädologen mußten es sein.

Um das Reich der Vernunft errichten zu können in einem Land, dessen Bewohner zu siebzig Prozent weder lesen konnten noch begreifen, was die Redner auf den Tribünen von ihnen wollten, mußte eine neue intellektuelle Elite her, soviel war klar. Zumindest durfte man sich den Tausenden junger Leute nicht in den Weg stellen, die, von abstrakten Ideen ergriffen, unverzüglich ihren Dienst auf den Baustellen der großen Utopien leisten wollten. Die Zahl der pädagogischen Hochschulen im Land wuchs 1919/20, also im Lauf eines einzigen Studienjahres, auf das Anderthalbfache; überfüllt waren sie dennoch: 1921 gab es sechsmal mehr Studenten als 1914.[32]

Aus Lidija Ginsburgs Erinnerungen an die emsigen jungen Intellektuellen von damals klingt leise Ironie: »In den Jahren des Kriegskommunismus, als die anständigen, traditionellen Berufe unsicher geworden und oft gar nicht mehr auszuüben waren, wollte der intellektuelle Nachwuchs plötzlich massenweise Korrepetitor, Schauspieler, Schriftsteller oder Journalist werden, also das, was man mit Hingabe und Vergnügen in seiner Freizeit tat, zum Beruf machen ... Eine gewisse Leichtigkeit und Treuherzigkeit war im Spiel, dazu der wahnsinnige Druck einer schnellebigen Zeit – das Schauspiel einer soeben für immer entschwundenen alten Welt hatte Eindruck hinterlassen ... Und es waren ja trotz allem Brotberufe – nur konnte keiner damals ahnen, wie hart dieses Brot sein würde.«[33]

Reformpädagoge, Pädologe oder Psychotechniker zu werden, war anscheinend ebenso modern.

Folgende Hochschuleinrichtungen verkündeten 1922 die Aufnahme des Studienbetriebs: eine Kurshochschule[34] für Pädologie, eine für psychologische Forschung und eine für wissenschaftliche Pädagogik, ein Zentralinstitut für Volksbildungsorganisation, eine Akademie für Sozialerziehung, ein Institut für Behindertenpädagogik ... Pädagogen wurden außerdem an vier pädagogischen Instituten und neun pädagogischen Fachschulen ausgebildet. Darüber hinaus existierten verschiedenste Forschungszentren: das Psychologische Institut an der Ersten Moskauer Universität unter Georgi Tschelpanow, das Zentrale Pädologische Institut unter Nikolai Rybnikow, das Staatliche Moskauer Psychoneurologische Institut unter Alexander Netschajew, das Staatliche Medizinisch-pädologische Institut des Volkskommissariats für Gesundheitswesen unter M. Gurewitsch, das Laboratorium für experimentelle Psychologie und Kinderpsychoneurologie am Neurologischen Institut der Ersten Moskauer Universität unter Grigori Rossolimo, die Klinik für medizinische Pädagogik unter Wsewolod Kaschtschenko, das Zentrallabor für Hilfsschulpsychologie unter P. Sokolow, das Psychologische Versuchslabor der Generalstabsakademie unter T. Segalow, das Zentralinstitut für Arbeit beim Allunionszentralrat der Gewerkschaftsverbände unter Alexej Gastew, das Labor für industrielle Psychotechnik beim Volkskommissariat für Arbeit unter Isaak Spielrein, das Zentrale Humanistische Institut für Pädagogik unter W. Schulgin, das Museum für Vorschulerziehung unter Je. Arkin und sogar ein Institut für Sozialpsychologie unter R. Wipper.[35]

Gleich zwei Volkskommissariate – das für Bildung und das für Gesundheitswesen – erklärten sich für die neue Wissenschaft Pädologie zuständig. Doch auch das Volkskommissariat für Verkehrswesen richtete pädologische Dienststellen ein, die Volkskommissariate der einzelnen Industrien zogen bald darauf nach. Das Volkskommissariat für Arbeit und der Gewerkschaftsdachverband kümmerten sich um die Psychotechnik.

Nicht allein in den Metropolen wurde rege Arbeit geleistet, die Provinz schlief auch nicht. Ab 1923 erschien in Orjol unter Bechterews Mitwirkung die *Zeitschrift für Pädologie*. In der recht kurzen Zeit ihres Bestehens führte sie ihre Leser zum Beispiel auf kundige Weise in den Rorschach-Test ein, gab einen Überblick über anglo-amerikanische Intelligenztests, druckte einige Aufsätze Rigaer Psychoanalytiker und wartete schließlich mit einer bemerkenswerten empirischen Untersuchung an Orjoler Kindern auf, von der noch die Rede sein wird.

Bis Mitte der zwanziger Jahre hatten sich auf natürlichem Wege auch Berufsorganisationen gebildet – Fachverbände und Vereinigungen, die als kollektive wissenschaftliche Subjekte funktionierten. So existierten 1923 in Moskau der Psychologenverband (mit dem uns bekannten Iwan Iljin als Vorsitzendem), die Psychoanalytische Vereinigung (Iwan Jermakow) und die Vereinigung für Experimentalpsychologie (Alexander Netschajew). Im Mai 1927 konstituierte sich der Moskauer Verein für Testforschung unter Pawel Blonski. Im November des gleichen Jahres wurde die Allrussische Psychotechnische Vereinigung registriert, deren Vorsitz Isaak Spielrein übernahm. Ende 1927 schließlich führte der Pädologenverband seinen ersten Kongreß durch.

Die pädologische Bewegung schien dabei eher eine Bewegung von unten als von oben administriert zu sein. In Vorbereitung des Kongresses bemühte sich der Direktor des Pädologischen Instituts Nikolai Rybnikow um eine Erfassung einschlägiger Institutionen im ganzen Land. Daß selbst er über die Dimensionen seiner Bewegung staunte, zeigt am besten, daß die Initiativen tatsächlich vor Ort geboren wurden. »Das Netz pädologischer Einrichtungen ist außerordentlich groß – deutlich größer, als wir zu Beginn unserer Erfassung annahmen.« Besonders weitgespannt war das Netz »pädologischer Basiszellen«. Rybnikow berichtet über spezielle pädologische Institutionen in Rjasan, Taschkent, Orjol, Sarapul (Ural) ... Leider sei es Sache des Zufalls, inwieweit die einzelnen Einrichtungen untereinander Kontakt hätten, schließt Rybnikow seine Ausführungen.[36]

Aufstieg und Fall des Aron Salkind

Sabina Spielrein, die den Leidensweg der sowjetischen Psychoanalyse bis zu Ende mitgegangen ist, arbeitete um 1930 gleichfalls als Pädologin in einer Schule in Rostow am Don. In den mit Stellen gesegneten pädologischen Stützpunkten und Laboratorien saßen auch anderswo Analytiker: Es war für sie begreiflicherweise eine willkommene ökologische Nische, wohin man sich vor dem herrschenden Ausnahmezustand zurückziehen konnte.

Dagegen war Aron Borissowitsch Salkind (1888–1936) von ganz anderem Schlag – und solche wie ihn gab es zu jener Zeit nicht wenig. Seine Laufbahn vom praktizierenden Psychoanalytiker zum Organisator der »neuen Wissenschaft vom Kind« und zum Konstrukteur des »neuen Massenmenschen« ist so unglaublich wie fatal in ihrer inneren Folgerichtigkeit.

Als junger Arzt war Aron Salkind wie alle damals in Moskau wirkenden Psychoanalytiker bei den von Serbski geleiteten »Kleinen Freitagen« dabei. In seiner analytischen Arbeit tendierte er zu Adler, seine abseitigen Interessen z. B. für den Somnambulismus erschienen für einen Analytiker eher ungewöhnlich. Noch vor dem Ersten Weltkrieg veröffentlichte er in der *Psychotherapie*. Seine Aufsätze, in ehrenvoller Nachbarschaft zu respektablen Größen des Fachs stehend, verrieten den engagierten, erfolgreichen Psychotherapeuten.[37]

Etwas über Salkinds Ansichten und vielleicht auch über seine Pläne läßt sich einer damals von ihm formulierten Definition der Kreativität entnehmen: »Es ist – gleich auf welchem Gebiet – der Prozeß weitestgehender und effektivster Nutzung der geistigen Kräfte zur Erreichung eines Maximalziels im gegebenen Rahmen.«[38]

Die Revolution wird von Salkind mit Begeisterung begrüßt. Bei der Behandlung von Parteiarbeitern (das *Verzeichnis medizinischer Ärzte* von 1925 weist ihn als Psychopathologen aus!) läßt er sich überzeugen, daß die analytische Methode bei diesem Patientenkreis nicht anschlägt. Er reagiert recht schnell und entwickelt eine neue, geradezu absurd ideologisierte Sicht auf die Problematik von seelischer Gesundheit und Krankheit. »Die Große Französische Revolution war als Massenkur dem Wohlbefinden der Menschheit zuträglicher als Millionen von Badezimmern, Wasserleitungen und Tausende neuer chemischer Präparate«[39], erklärt er nun.

Übrigens beschreibt Salkind in seinen Mitte der zwanziger Jahre erschienenen Artikeln wie auch in dem Buch *Studien zur Kultur der Revolutionszeit* ein interessantes und anscheinend nirgendwo anders festgehaltenes Phänomen. Die Parteikaste zeigt unter der Last des revolutionären Aufbaus einen heftigen physischen Verschleiß. Dreißigjährige leiden an Krankheiten, wie sie Fünfundvierzigjährigen anstünden; ein Vierzigjähriger ist beinahe ein alter Mann. Gründe hierfür sieht Salkind in der permanenten nervlichen Anspannung, zu viel Arbeit, der Nichteinhaltung hygienischer Normen, kultureller Rückständigkeit und schlicht auch in der beruflichen Überforderung einzelner Funktionäre. Bis zu neunzig Prozent seiner bolschewistischen Patienten weisen neurologische Symptome auf, fast alle haben hohen Blutdruck und trägen Stoffwechsel. Für diesen Symptomkomplex hat Salkind sogar einen Namen: die »Parteitriade«. In dem Artikel *Die Krebsschäden der RKP*[40] ergänzt Salkind den Befund durch eine kundige sozialpolitische Analyse, die außerdem zeigt, daß er die innerparteiliche Situation kennt. Bei der Opposition stellt er ein gehäuftes Vorkommen von Psychoneurosen fest. Ihre Vertreter litten an übermäßiger Emotionalität, und ebendarin, behauptet der noch mitten in seiner Adler-Periode steckende Salkind, läge das Wesen der Neurose. Zur Heilung kann er in solchen Fällen nur eines empfehlen: »verstärkte Parteierziehung«.

Unter der kommunistischen Studentenschaft (die übrigens mehrheitlich die trotzkistische Opposition unterstützte) gab es nach Salkinds Ansicht 40–50% Nervenkranke, auch der klinische Krankenstand war mit 10–15% recht hoch. Einige der von ihm beschriebenen Fälle seien angeführt. Ein zweiundzwanzigjähriger Student, der es im Bürgerkrieg zum Regimentskommandeur gebracht hat, leidet an Depressionen: Das Leben unter der NÖP sei widerlich. Hysterischer Somnambulismus bei einem anderen ehemaligen Kommandeur der Roten: Auch ihm raubt den Schlaf, daß die »fetten und geschniegelten NÖP-Leute Oberwasser haben«. Die Halluzinose dieses Patienten interpretiert Salkind als »Übertritt in eine andere Welt, wo seine Begierde sich erfüllt: endlich wieder in der Schlacht, befehlsgewaltig, der Revolution auf seine Weise dienend«. Eine Kommissarin mit neuralgischen Schmerzen: im Bürgerkrieg von Weißgardisten vergewaltigt. Salkind hat zehn solcher Fälle registriert, doch in der Regel »zeigten die Genossinnen eine revolutionäre Einstellung« und gerieten nach der Vergewaltigung nicht in eine »ideologische Krise«...

Ob es an seiner psychoanalytischen Vergangenheit lag oder die Erfahrungen mit seinen »parteigebundenen« Patienten ihn solches lehrten – jedenfalls maß Salkind in Sachen Parteihygiene der sexuellen Frage eine besondere Bedeutung bei. Der moderne Mensch leide an sexuellem Fetischismus, und Aufgabe der Wissenschaft sei es, das Sexuelle an seinen Platz zu rücken. »Das Kollektiv muß eine größere Anziehungskraft ausüben als der Liebespartner.« Zu diesem Zweck erarbeitet Salkind ein ausgefeiltes System: die zwölf Gebote des Sexuallebens.[41] Sie zielen darauf, daß die Energie des Proletariats nicht durch sexuelle Beziehungen abgeschöpft wird, die seiner historischen Mission keinen Nutzen bringen.

»Das Sexuelle ist der Klassenfrage in allem unterzuordnen, darf diese nicht behindern, muß ihr zu Diensten sein.« Von daher war vor der Ehe, also mindestens bis zum zwanzigsten Lebensjahr, sexuelle Abstinenz erforderlich; der Geschlechtsakt durfte auch danach nicht zu häufig vollzogen werden; keine unnötigen sexuellen Varietäten; die Wahl des Sexualpartners hatte streng klassengebunden, nach revolutionär-proletarischer Zweckmäßigkeit zu erfolgen; Eifersucht durfte es nicht geben. Das zwölfte und letzte Gebot war das allerwichtigste: Die Klasse hat um besagter revolutionärer Zweckmäßigkeit willen das Recht, sich in das Geschlechtsleben ihrer Mitglieder einzumischen.

Auf dem Zweiten Psychoneurologischen Kongreß Anfang 1924 in Leningrad sorgten Salkinds Referate für Aufsehen. Von den 906 Delegierten des Kongresses waren nur 429 Mediziner; die meisten Anwesenden sahen sich als marxistische Pädagogen. Ein Augenzeuge konstatierte, unter den Pädagogen sei »der Schub in Richtung revolutionäre Ideologie weitaus schneller erfolgt als in anderen Schichten der Intelligenzija, deren Vertreter im engen Kreis ihrer isolierten Praxis befangen sind«[42]. Vor diesem Auditorium, das bald schon den Rumpf des pädologischen »Kaderbestands« bilden sollte, entwickelte Salkind ein über alle Maßen eklektisches Programm, das begeistert aufgenommen wurde. Der Kongreßbeobachter der *Krasnaja now* verstand es so: »Die soziogenetische Biologie in Koppelung mit der Reflexlehre unter maßvoller Einbeziehung der wertvollsten freudistischen Begriffe wie auch einzelner experimenteller Methoden Freuds stellen eine wesentliche Bereicherung der biomarxistischen Theorie und Praxis dar.«[43]

Im April 1928 nimmt die Planungskommission für pädologische Forschung der RSFSR bei der Hauptabteilung Wissenschaft des *Narkompros* ihre Tätigkeit auf; zum Vorsitzenden wird Aron Salkind ernannt. Unter seiner Redaktion kommt die Zeitschrift *Pädologie* heraus. Zwei Jahre später initiiert er einen Kongreß für Verhaltenswissenschaft, wo er sich offenbar schon als Chefideologe für den gesamten Bereich der Humanwissenschaften fühlt. Sein Vortrag mit dem Titel *Die psychoneurologischen Wissenschaften und der sozialistische Aufbau*[44] verdient besondere Beachtung, denn in der Pädologie markiert er die »große Wende«.

In den zwölf Jahren seit Bestehen der Sowjetmacht, so stellt Salkind fest, sei im Land der neue Massenmensch groß geworden. Man könne ihn in der Volkswirtschaft finden, wo er eine unerschöpfliche Initiative an den Tag lege, im Militärwesen, in der Erziehungsarbeit, in der Kunst, auch in der Wissenschaft. Mit kolossalen Anstrengungen breche sich der neue Massenmensch im Bildungswesen Bahn, denn er sei ohne wissenschaftliches System in sein Tagwerk geworfen worden. Die revolutionäre Epoche habe ihn spontan gezeugt, sein Siegeszug sei grandios. Um so fataler jedoch, daß die psychoneurologischen Wissenschaften den neuen Massen so gar keinen Rückhalt bieten. Zwischen der kulturellen und der psychoneurologischen Revolution sei eine Schere entstanden. Es fehle an populärer psychoneurologischer Literatur für die Massen, an Beratungsstellen, Instruktionen. All dies sei nicht vorhanden, statt dessen ertönen von seiten der Auguren der Psychoneurologie die bösesten Warnungen: Für die Massenarbeit ist unsere Wissenschaft noch längst nicht reif. So leisten die führenden Organe der Partei ihre kader- und erziehungspolitische Arbeit, ohne daß die Wissenschaft auf diesem Gebiet mit nützlichen Hinweisen zur Seite stünde. Nein, man höre statt dessen gar Abschlägiges, der neue Massenmensch werde einzuschüchtern versucht. Es sei vollkommen offenkundig, schließt Salkind, daß ein Großteil der Psychoneurologie den Erfordernissen der Revolution nicht gerecht werde.

Wieviel Zwang hinter der Kampagne stand, die Salkind hiermit entfacht hatte, läßt sich heute schwer einschätzen. Der ideologische »Zweifrontenkampf«[45] war, obschon bereits erklärt, noch weit von seinem Höhepunkt entfernt. Salkinds aggressives Referat eilte der Zeit offenbar voraus.

Ende 1930 wurde das Moskauer Psychologische Institut zum Institut für Psychologie, Pädologie und Psychotechnik umgebildet. Salkind löste Konstantin Kornilow als Institutsdirektor ab.[46]

Der Todesstoß für den sowjetischen Freudismus

Im Unterschied zum »neuen Massenmenschen« hatte Salkind eine Vergangenheit – ihr mußte er nun abschwören. Die eigene Biographie einfach zu vergessen und anderen vergessen zu machen, konnte man sich in seiner Stellung nicht leisten. Ihm blieb nichts weiter übrig, als die Jugendsünden neu zu interpretieren.

Die Angst vor denen, die das Recht hatten, die Dinge anders zu sehen, war einem damit nicht genommen.

Der größte Schandfleck in Salkinds Biographie war der »Freudismus«. Seine Selbstanalyse in dieser Angelegenheit fiel aus dem Rahmen und ist psychologisch von Interesse. Er habe, so schreibt er, »der Popularisierung des Freudismus in der UdSSR von 1923 bis 1925, durch die Macht der Gewohnheit auch noch später, objektiv Vorschub geleistet. Doch legte ich dem Freudismus stets mein eigenes Verständnis zugrunde, das ihn in Wirklichkeit völlig verzerrte. Dennoch nannte ich meine Ansichten weiterhin freudistisch, was ›kleine Geister‹ hat verwirren müssen.«[47]

Er habe sich immer bemüht, blickt Salkind im weiteren zurück, »die außerordentliche soziogene Abhängigkeit und Formbarkeit des Menschen und des menschlichen Verhaltens« zu begründen und auf einem »aktiven, kämpferischen, schöpferischen Persönlichkeitsbild« zu bestehen. Doch habe er dies in der alten, reaktionären Psychoneurologie und Psychologie nicht finden können. »Als ich in den Jahren 1910/11 auf Freud stieß, glaubte ich, endlich den Stein der Weisen gefunden zu haben. Tatsächlich, das Freudsche Individuum brennt und ringt, ist dynamisch, immer auf der Suche, handelt strategisch, mit bewußt wechselnden Zielsetzungen, Energiereserven usw. Kurz gesagt, das klapprige, ausgebrannte Ich der alten Psychoneurologie wird von Freud, so schien es mir damals, zum Tor der Wissenschaft hinausgefegt.« Hier darf man Salkind getrost glauben. So wurde Freud tatsächlich in den Jahren seiner größten Popularität in Rußland von der romantisch gestimmten Jugend aufgenommen, und zwanzig schreckliche Jahre später sind Salkind diese Gefühle immer noch sehr gegenwärtig. »Bei Freud lernte ich einen neuen, frischen, tätigen Teil der Persönlichkeit als den maßgebenden kennen.«

Daß Salkind natürlich schon damals (und jetzt erst recht) vom Freudismus meilenweit entfernt war, versteht sich – und selbst hierin ist er im Grunde subjektiv ehrlich: Es reicht, sich seine zwölf Gebote in Erinnerung zu rufen. Die Ansichten seiner Vorgänger den eigenen Interessen gemäß weiterzuentwickeln, wie es für einen Wissenschaftler das Normalste gewesen wäre, ließ sich für Salkind und seinen Umkreis jedoch nicht denken. Seine »Selbstkritik« hat nichts gemein mit den üblichen Reminiszenzen eines Wissenschaftlers: was er früher dachte, was er heute denkt, welchen Personen und Umständen er die Änderung seines Standpunkts zu verdanken hat, und so fort. Diese Beichte ist auch kein Theater. An der Aufrichtigkeit des Tonfalls ist zu erkennen, daß Salkind mit dem, was er sagt, eine entscheidende Handlung vollzieht: Ob ihm geglaubt wird, bestimmt über sein weiteres Schicksal.

Die Verwirrung kleiner Geister ist es also, die Salkind sich zur Last legt. »Das ist der große Schaden, den ich mit meiner ›Verbindung‹ zum Freudismus angerichtet habe, mein Teil Schuld daran, daß Freuds Popularität bei uns immer noch nicht ganz der Vergangenheit angehört.« Jedoch: »Die Festigung der Diktatur des Proletariats versetzt dem sowjetischen Freudismus den endgültigen Todesstoß.«

Wissenschaftler der alten Schule, soweit sie anwesend waren, mochten sich mit dieser Gruselmetapher nicht recht anfreunden. Ohnehin begriffen die meisten nicht den magischen Sinn dessen, was Salkind da tat. Die Krupskaja zum Beispiel fing plötzlich wieder an, Freud zu verteidigen: Man dürfe das Kind nicht mit dem Bade ausschütten, das Unbewußte spiele im Leben durchaus eine Rolle.[48] Doch was zu tun war, war getan. Salkind hatte kaum noch etwas hinzuzufügen. Die neue methodische Leitlinie ward verkündet: »Aus Sklaven der Wissenschaft werden wir zu Herren ... Die Masse der gegenwärtig anzustellenden wissenschaftlichen Untersuchungen (wenn nicht ihre Gesamtheit) sollte auf das Nächstliegende ausgerichtet sein und rasche, greifbare Aussagen für den allernächsten Zeitabschnitt erbringen.«[49] Dies, so frohlockt er, könne »den Umschwung in der sogenannten Wissenschaftsethik bedeuten« ...

Doch alles umsonst. 1932 erfolgt Salkinds Abberufung vom Posten des Institutsdirektors, den er noch kein Jahr innehatte, sowie als Chefredakteur der Zeitschrift *Pädologie* (die im übrigen auch nur noch ein Jahr länger existierte).

Als er 1936 den ZK-Beschluß *Über die pädologischen Perversionen* in die Hand bekommt, erleidet Aron Salkind einen Herzinfarkt und stirbt.[50]

Wieder einmal: die Kinder

Daß die Fragebogen-Interviews, geführt mit Schülern aus Orjol, Odessa und Samara, für die Nachwelt einmal von größerem Interesse sein würden als all die ideologischen Paradedebatten pädologischer Prominenz und die ganze raffinierte Neukonstruktion einer Wissenschaft vom Kind zusammengenommen, dürfte damals kaum einer vermutet haben.

Die Tradition der empirischen Kindheitsforschung, der man sich am Zentralen Pädologischen Institut unter Leitung von Nikolai Rybnikow rührig widmete, war bereits vor der Revolution begründet worden. Rybnikow hatte 1916 einen Sammelband mit Forschungen zum Thema *Die Ideale des Dorfkindes* zusammengestellt, der neben einer statistischen Auswertung der Antworten auf die klassische Frage: »Was willst du werden, wenn du einmal groß bist?« noch weiteres Material zu moralischen, religiösen u. ä. Vorstellungen seiner kindlichen Probanden enthielt.[51]

Die erste auf Interviews basierende Untersuchung nach 1917 wurde 1923 im Journal der Orjoler Pädologischen Vereinigung veröffentlicht und stammte von D. Asbukin, der Orjoler Schüler des Jahres 1918 befragt hatte.[52] Die Schicksalsschläge, die Orjol in der jüngsten Geschichte heimgesucht hatten, wie Asbukin sich ausdrückte, konnten ihn nicht daran hindern, insgesamt tausend Fragebögen von Zehn- bis Achtzehnjährigen einzusammeln. Jeder Bogen umfaßte dreiundzwanzig Fragen; die Befragten hatten ihre Antworten selbst eingetragen.

Achtzig Prozent der Schüler waren wenigstens schon einmal in ihrem Leben im Theater gewesen, im Kino etwas weniger. Ihre »Lieblingskunst« war die Musik, Lieblingsschriftsteller waren Puschkin und Gogol, aber auch Dumas, Shakespeare und Mayne Reid wurden gelesen. Die meisten wollten später einmal so sein wie Lenin, Trotzki, Lunatscharski, Kerenski ... Einige meinten, sie wären am liebsten Tiere: Die seien wenigstens meistens satt. Am häufigsten wünschten die Kinder Beamte, Pädagogen, Doktoren und Schauspieler zu werden.

Ein Großteil fand es in der Schule besser als zu Hause. Hausaufgaben waren zwar schon abgeschafft, aber jedes zweite Kind erledigte sie aus Gewohnheit weiterhin. Das unbeliebteste Fach war – wie zu allen Zeiten – Mathematik. Allerdings behaupteten recht viele (ca. 60%) der Schüler, sie würden in der Schule nicht gut mitkommen. Am neuen Schulsystem behagten den Kindern vor allem die »Tuchfühlung« zum Lehrer, das kostenlose Frühstück, die größeren Freiräume zum selbständigen Arbeiten und daß es keine Zensuren mehr gab. 4% der Schüler mußten schon »verdienen gehen«, doch »es war noch nicht soweit, daß die Schüler fast durchweg als Ernährer eingespannt waren, wie das später geschah«, kommentiert Asbukin.

Den in Moskau 1925/26 gesammelten Angaben von L. Geschelina[53] zufolge hatten vor Eintritt in den Kindergarten nur 3% der Arbeiter- und 28% der Angestelltenkinder »gute Hausmannskost« zu essen bekommen. Die Hälfte der Arbeiterkinder schlief mit Geschwistern in einem Bett und im Schlafzimmer der Eltern. »Wenn sich in den Köpfen der Massen nur der Gedanke verankern ließe, welch kolossalen Schaden die gemeinsamen Schlafzimmer anrichten, dann wäre der Bevölkerung mehr gedient als mit den Unmengen von pädagogischen Traktaten«[54], schrieb damals der Psychoanalytiker Ilja Perepel.

Eine Untersuchung von Julija Kashdanskaja[55] besagt, daß 1924 ganze 9% der sieben- bis zwölfjährigen Schüler in Odessa wußten, wer Lenin war. Nur einzelne konnten erklären, was Kommunisten für Leute waren und welche Ziele sie hatten. Insgesamt gaben lediglich 8% der Kinder befriedigende Antworten auf elementare Fragen aus dem sozialpolitischen Bereich. Nach zweieinhalb Jahren Unterricht mit den neuen Lehrplänen kamen zu 52% »verworrenen«, »absurden« bzw. »Ich-weiß-nicht«-Antworten noch 34% sogenannte Schablonenantworten hinzu – äußerlich richtig, doch formelhaft eingepaukt und ohne daß das Kind den Sinn erfaßt hatte. Kontrollhalber wurden zweihundert Aufsätze zu revolutionären Themen eingesammelt. Die Texte boten »einen Cocktail, worin die Ereignisse beider Revolutionen mit dem 9. Januar[56] vermixt waren«; letzterer schien den Kindern aus irgendeinem Grund besser im Gedächtnis hängengeblieben zu sein.

»Das Ausmaß an Ahnungslosigkeit bei diesen Kindern ist tragisch«, faßt Julija Kashdanskaja zusammen und zieht den Schluß: »Die Anschaulichmachung zu vermittelnder Begriffe hat eine Grenze, jenseits derer die Verstümmelung und Profanierung beginnt.« Andererseits stelle »das Übermaß blutiger Episoden im Politikunterricht der untersten beiden Jahrgänge eine Gefahr dar, da es zur Abstumpfung der Gefühle führen kann«, wie die odessitische Pädologin – sagen wir besser: Lehrerin – 1928 scharfsichtig bemerkt. Die Redaktion der Zeitschrift *Pädologie* druckte diese Bedenken ab, nicht ohne sie anmerkend als »zu kategorisch und düster« einzuschätzen.

Dabei wurden diese Schlußfolgerungen von anderen Untersuchungen nur bestätigt. Nikolai Rybnikow, der inzwischen über 100 000 Fragebögen von Schülern aus der russischen Provinz zusammengetragen hatte, mußte konstatieren, daß nur ein verschwindend kleiner Teil von ihnen über Sinn und Verlauf der jüngsten Revolution Bescheid wußte. Nichtsdestoweniger seien alle der Meinung gewesen, daß die Sowjetmacht besser als jede andere ist.[57]

Die Hälfte der Bauernkinder aus dem Gouvernement Samara Ende der zwanziger Jahre zog geistige Betätigung der körperlichen vor. Nur 11% beschäftigten sich lieber mit bäuerlichen Arbeiten. (Die Kinder aus Orjol hatten noch zehn Jahre zuvor ganz andere Antworten gegeben.) Ein Drittel der Bauernjungen äußerte ein direktes Desinteresse an landwirtschaftlicher Arbeit, 85% mochten auch nicht gern im Haus helfen. Die bauernfeindliche Politik zeigte offenbar selbst hier Wirkung.[58]

Diese pädologischen Umfragen sind heute annähernd die einzige zuverlässige Zahlenquelle, aus der man Rückschlüsse auf die wahren Empfindungen der Menschen von damals ziehen kann – einer Zeit, als die Kollektivierung gerade begonnen hatte, die Opposition in der Partei in die Zange genommen und das Land mit dem Terror vertraut gemacht wurde. Die Presse war bereits auf den Haß gegen jeden abweichenden Gedanken eingeschworen. Was ging den Leuten damals durch den Kopf?

R. Wilenkina unternahm 1928 eine anonyme Befragung jugendlicher Arbeiter: Sie konnten, was ihnen am Herzen lag, auf Kärtchen schreiben und in einen Kasten werfen. Auf diesem Weg erhielt sie sehr mannigfaltige, lebendige Äußerungen einer Generation, die bald schon in die Mühlen der Repression und des Krieges geraten würde: »Warum gibt es im 11. Jahr der Revolution immer noch kein Brot, keine Butter, kein Mehl und keinen Zucker? Soll das noch lange so gehen?« – »Wieso wird ein Bauer, der zwei Kühe hat, zum Kulaken erklärt?« – »Man muß den Bauern das ganze Land wegnehmen, daß sie zu Landarbeitern werden und auf Gehalt angewiesen sind wie die Arbeiter.« – »Wieso ziehen die alle vom Land in die Stadt? Dort muß es ja schlimm sein!« – »Warum ist Trotzki nicht erschossen worden?« – »Man hätte die Oppositionellen rumkriegen müssen, anstatt sie auszuweisen.« – »Was ist das für eine Freiheit, wenn die nicht mal ihre eigene Partei gründen dürfen?« Und schließlich noch ein charakteristisches Urteil, worin eine Stimmung zum Ausdruck kommt, die die Zukunft des Landes vielleicht besiegelt hat: »Die Jugend läuft letztendlich von der revolutionären Arbeit weg, weil das langweilig ist. Dann schon lieber Krieg.«[59]

Ende der zwanziger Jahre wurde pädologische Feldforschung

auch in entlegenen Regionen des Landes betrieben, ein neues Forschungsgebiet entstand, das der heutigen Kinderethnopsychologie ziemlich genau entspricht. Man untersuchte junge Burjaten am Baikalsee, Altaier, Usbeken, tatarische Schüler in Moskau ...

Wissenschaftsgeschichte ist primär festzumachen an der Entwicklung von Strukturen und Personen, Kategorien und Methoden, Gremien und Institutionen. Daneben bietet die Geschichte der Sozialwissenschaften, welche eine ständig im Wandel begriffene Realität zum Gegenstand haben, jedoch noch eine wichtige Sekundärperspektive: die einfache Abbildfunktion, das unverwechselbare Spiegelbild dessen, was die Wissenschaft im geschichtlichen Moment an Wirklichkeit vorgefunden hat. Manchmal ist es vor allem dies, was bleibt.

Auf höchster Ebene

Unter ideologischen Beschuß geriet die Pädologie, gleich nachdem die philosophische Schule Abram Deborins zerschlagen und der »Zweifrontenkampf« ausgerufen war.[60] Die Sitzung des Präsidiums der Kommunistischen Akademie Anfang 1931 zog einen Schlußstrich unter die »große Wende« im wissenschaftlichen Leben und verabschiedete auf Vorlage von Otto Schmidt (bis vor kurzem noch »Kurator« der sowjetischen Psychoanalyse!) eine Resolution insbesondere zu folgendem Punkt: »An Bedeutung gewinnt die Entlarvung jeglicher pseudomarxistischer Strömungen vom Typ der Kornilowschtschina und Bechterewschtschina[61] in der Psychologie.«

In der daraufhin einsetzenden Kampagne gegenseitiger Anschwärzung und Abschlachtung teilt auch die Zeitschrift *Pädologie* unter Salkinds Leitung kräftig aus. Dieser scheut sich nicht einmal, die Kollegen zu freiwilliger, präventiver Selbstanklage aufzurufen. »Würden die Pädologen, die sich so gern reden hören, etwas aufmerksamer die ideologischen Diskussionen an der pädologisch-psychologischen Front verfolgen – sie begriffen von allein, daß ihre Entfremdung vom aktuellen Leben organisch zu tun hat mit ihrer marxistischen Jungfräulichkeit«[62], schreibt die Zeitschrift in ihrem Leitartikel im Januar 1931. Daß Blonski, Bassow, Wygotski oder Lurija in diesen gefährlichen Zeiten besonders redselig gewesen wären, ist unwahrscheinlich, und Jungfräulichkeit darf man ihnen erst recht in keiner Beziehung nachsagen. Ihre vornehme Zurückhaltung galt wohl eher jener von Salkind bemühten Form der Selbstkritik. Schon die nahe Zukunft würde zeigen, wie recht sie daran taten.

Von nun an war jede Nummer der Zeitschrift gefüllt mit ideologischer Scharfmacherei, für die P. Lewentujews Artikel *Die politischen Perversionen in der Pädologie* ein drastisches Beispiel abgab. Sogar terminologisch schien die Pädologie hier am eigenen Grab zu schaufeln. Salkinds Abberufung als Chefredakteur Ende 1931 und die Einstellung der Zeitschrift ein Jahr später waren nahezu folgerichtig. Isaak Spielrein, der sich in die Diskussion so gut wie gar nicht einmischte und auch auf Kritik an seiner Person nur sparsam reagierte, blieb noch drei Jahre länger Redakteur von *Psychotechnik und Psychophysiologie der Arbeit*; seine Verhaftung und die Schließung der Zeitschrift fielen praktisch zusammen.

Und dennoch kam der Schlag, der die Pädologie mitten im Jahr 1936 traf, für alle überraschend. Bis zu diesem Zeitpunkt waren die pädologischen Lehrbücher ständig aufgelegt, neue Kader ausgebildet und an den Schulen immer noch mehr Pädologen eingestellt worden. Deren Befugnis hatte man in jüngster Zeit sogar erweitert: einer Order des *Narkompros* zufolge waren die Pädologen zusätzlich zu ihren bisherigen Verpflichtungen nunmehr auch für die Einschulungsuntersuchungen verantwortlich.

Am 4. Juli 1936 erging der Beschluß des Zentralkomitees der KPR (B) *Über die pädologischen Perversionen im System des Narkompros*[63]. Die pädologische Bewegung wird darin mit Begriffen gekennzeichnet, von denen jedem sowjetischen Menschen inzwischen die Ohren klangen: An den Schulen seien schädliche Organisationen mit eigenen Leitzentralen entstanden. Unheil angerichtet hatte die Pädologie nach Ansicht des Zentralkomitees vor allem durch pseudowissenschaftliche Experimente, Unmengen überflüssiger Untersuchungen, sinnloser und gefährlicher Tests und Interviews – all dies mit dem Ziel, möglichst viel negative und pathologisch pervertierte Informationen zu erlangen, die den sowjetischen Schüler, seine Familie und Verwandtschaft sowie sein gesellschaftliches Umfeld brandmarken sollten. Die Überprüfungen zur geistigen Reife und Begabung von Schülern seien eine maßlose Verhöhnung der lernenden Kinder. Besonderes Augenmerk wird in dem Beschluß den Sonder- und Hilfsschulen zuteil. Die meisten der dort Lernenden sind nach Meinung des namenlosen Verfassers dieses Kommuniques völlig normale Kinder. Mehr noch, unter ihnen seien Talente; die Überführung in die normalen Schulen habe unverzüglich zu geschehen.

Daneben werden die pädologischen Grundthesen einer »philosophischen Analyse« unterzogen. Hauptsatz der Pädologie sei die fatalistische Annahme von Determinationen in der Entwicklung der Kinder durch biologische und soziale Faktoren. Diese zutiefst reaktionäre Hypothese befinde sich in schreiendem Gegensatz zum Marxismus und aller Praxis des sozialistischen Aufbaus, die ein erfolgreiches Erziehungswerk leiste.

Der konkrete Anlaß zur Demontage der Pädologie war keinem klar. Man forschte nach heimlichen Vorgängen, zufälligen Verkettungen. Gerüchteweise war zu hören, daß die Pädologen sich am Sohn einer sehr hochgestellten Persönlichkeit (der Legende zufolge Andrej Shdanow) »vergriffen« hätten: Man stellte ihm angeblich eine wenig schmeichelhafte Diagnose, wodurch der Herr Vater auf die Pädologie aufmerksam geworden sei.

Tatsächlich sind eine gewisse, freilich sehr einseitige Kenntnis der Materie und Spuren persönlicher Betroffenheit in dem Beschlußpapier nicht zu verkennen. Es unterscheidet sich im Tonfall etwas von den nebulösen Abgrenzungen und abstrakten Anwürfen, die längst zur Stilnorm im ideologischen Palaver geworden waren und erst ganz woanders, hinter verschlossenen Türen, zu einem unzweideutigen Urteilsspruch gefroren. Hier fand man eher Motive aus den in Fachkreisen geführten Debatten wiedergekäut.

Keine andere »Pseudowissenschaft« in der sowjetischen Geschichte ist eines besonderen ZK-Beschlusses gewürdigt worden. Die ungewöhnlich hohe Ebene, auf der über das weitere Schicksal der Pädologie verhandelt wurde, bedarf einer Erklärung. Lag es tatsächlich an der persönlichen Kränkung einer Führungsperson? Oder war der Beschluß nur Zwischenergebnis irgendwelcher dunkler Machenschaften im Apparat, Bestandteil eines verfehlten politischen Kalküls, Vorstufe zu etwas, das dann aus irgendeinem Grund doch nicht in Gang kam?

Erstaunlich an dem Beschluß sind vor allem eine ganze Reihe Details, die schwer auf einen Nenner zu bringen sind. Den Pädologen in ihrer rastlosen Tätigkeit mit immer größerer Breitenwirkung und dem neuentstandenen Netz von Sonderschulen ließen sich natürlich leicht diverse Mängel ankreiden. Doch die gänzliche Abschaffung der pädologischen Beratungsstellen und vor allem die Schließung der Sonderschulen entbehrten, von möglichen politischen Hintergedanken abgesehen, jeder realen Grundlage. Mit jenem der Pädologie zugeschriebenen »Hauptsatz«, ihrem angeblichen Fatalismus und dergleichen »antimarxistischen Entstellungen« (an denen die Theoretiker der Pädologie sowieso keine Schuld trugen[64]), hatten die Sonderschulen absolut nichts zu schaffen. Das Merkwürdigste von allem aber ist, daß der ZK-Beschluß, der doch nichts Geringeres beinhaltete als den Vorwurf antimarxistischer Gruppenbildung (Organisationen, die »Massenexperimente an Kindern« begangen haben sollten!), vergleichsweise gelinde Folgen hatte. In der Situation des Jahres 1936 hätten derlei Anschuldigungen, noch dazu im Namen der höchsten politischen Instanz, eigentlich ausgereicht, um persönliche Repressionen nach sich zu ziehen. Doch nichts geschah. Das Wort »Schädlingstätigkeit«, in solchen Fällen die unselige Parole, kam in dem Beschluß nicht vor. Die Pädologie als Wissenschaft wurde liquidiert; ihre Vertreter kamen, anders als beispielsweise die führenden Psychotechniker, mit dem Schrecken davon. Den *Narkompros*-Funktionären Rußlands und vieler anderer Republiken wurde fast durchweg erst später, in den Jahren 1937/38, und unter anderen Vorwänden der Marsch geblasen. Der Pädologie-Beschluß führte nicht einmal zu einer breiten ideologischen Kampagne, wie es etwa 1931 nach der Einmischung des ZK in die Belange der Philosophie der Fall gewesen war.

Vielleicht sollte die Aktion ursprünglich der eindrucksvollen und (die Opfer waren arme Kinder!) zu Herzen gehenden »Entlarvung« des populären Genossen Bucharin dienen, der die Pädologie viele Jahre öffentlich unterstützt hatte. Doch Bucharin gab sich Blößen, und das Problem war auf viel einfachere Art zu erledigen. Das bereits aufgerollte schwerste Geschütz aus dem ideologischen Arsenal schoß für dieses Mal seine Salve in die Luft.

Für die Geschicke der sowjetischen Pädologie und Pädagogik war der Beschluß dennoch folgenschwer. Eine unmittelbar nachfolgende Serie von Anweisungen des *Narkompros* führte zur Schließung aller pädologischen Einrichtungen und Dienste, zur Entfernung der betreffenden Bücher aus den Bibliotheken, zur Zusammenlegung der Lehrstühle an den Instituten, zu Umschulungskursen für die »Pädologen von gestern« sowie zur Auflösung von Sonderschulen aller Art. In den an ihrer Statt wiedereröffneten Sanatorien des *Narkompros* fanden nur noch psychisch schwerstgeschädigte Kinder Platz; nicht einmal Fälle von Oligophrenie zählten hierzu. Eine extra Vorschrift erging zur Tilgung aller pädologischen Abschlüsse aus den Akten der Studenten. Wissenschaftliche Fragebogenaktionen waren von nun an generell untersagt.[65]

Einige Monate später erließ Boris Wolin, zweiter Mann im *Narkompros*, die Order *Zur Kontrolle der Ausführung eines Beschlusses des ZK der KPR (B)*.[66] Dessen Verfügungen betreffs der Pädologie war bislang nur unbefriedigend Folge geleistet worden. Allein in Moskau existierten immer noch vierzig Sonderschulen mit siebentausend Schülern. Auch Schulen für »geistig behinderte« und »schwererziehbare« Kinder fristeten noch ein Dasein. Der massenhafte Schulwechsel hatte logischerweise riesengroße Schwierigkeiten mit sich gebracht. Das Schulsystem war durcheinandergeraten, die Lehrerschaft verunsichert, die Schüler waren außer Rand und Band. Im Erlaß des *Narkompros* wurde mitgeteilt, die Hilfsschülerin A. Stepannikowa sei einige Tage nach ihrer Umschulung dem Unterricht ferngeblieben; sie habe sich beklagt, daß ihr das Lernen an der neuen Einrichtung zu schwer falle. Nachdem sie die Schule einige Zeit geschwänzt habe, sei sie selbst (!) im Amt mit der Bitte vorstellig geworden, wieder in die Hilfsschule gehen zu dürfen.

Narkompros-Chef Bubnow setzte eine Reihe Versammlungen an, auf denen er die Motive für den ZK-Beschluß zu erläutern und nebenbei die Verantwortung für den Aufbau der pädologischen Wissenschaft von sich zu schieben versuchte. In seinen Reden vor den Lehrerkollegien lag das Gewicht weniger auf dem Sonderschulproblem (er mußte davon ausgehen, daß der Wechsel kranker und auffälliger Kinder an die Normalschulen den Lehrern am wenigsten gefiel) als auf der angeblich unkontrollierten Tätigkeit der Pädologen, ihrer zunehmenden Unabhängigkeit von der Schulverwaltung trotz klarer Unterstellungsverhältnisse. Die Hauptattacke jedoch führte Bubnow gegen den gerade verstorbenen Salkind: Er wurde als autokratischer Führer der Pädologie gezeichnet und seine Ansichten nunmehr als »menschewistische Apologie der Spontaneität« und »vorrangig mit dem Freudismus gekoppelte volkstümlerisch-sozialrevolutionäre Lehre« abgekanzelt. Wygotski, der auch schon gestorben war, wurde von Bubnow als »die andere Säule der heutigen Pädologie« benannt.[67] Das Ganze war wohl nicht mehr als ein Versuch, die große, schreckliche Gefahr zu bannen, die allen Anwesenden drohte – nicht zuletzt Andrej Bubnow selbst.

Die Überlebensversuche der Pädologie sahen ähnlich aus wie die angrenzender Disziplinen: Hauptsächlich bestanden sie in einer hypertrophierten Entwicklung angewandter Bereiche, die nicht durch reale wissenschaftliche Erkenntnis untersetzt waren. Anstelle von Wissenschaft, deren Sinn es ist, Realität zu fassen und zu beschreiben, wie sie ist, trat ein spezifisches Phänomen des sowjetischen Geisteslebens: die »Lehre«. Sie enthielt in gemischter Form Fragmente realer Anschauung sowie, davon vollkommen losgelöst, Versprechungen, die widersetzliche Realität gefügig zu machen. Ein Charakteristikum dabei war, daß jeweils »Führungspersonen« auf den Plan traten, die die Zügel der Wissenschaft ebenso in die Hand nahmen, wie andere Führer Parteien zu lenken pflegen oder den Eisenbahnverkehr rangieren.

Psychoanalyse, Psychotechnik, Psychologie und Pädagogik teilten dieses Schicksal mit der sowjetischen Pädologie. Daß sie sich hin und wieder doch darüber erhoben, war dem Wirken hervorragender Einzelakteure zu verdanken. Die ungeheure politische Zentrifuge preßte den Wissenschaften neben Sturzbächen von Hohlheit und Plattheit auch einzigartige geistige Leistungen ab – letztere freilich zumeist außerhalb der Strukturen.

9. KAPITEL
WILLIAM C. BULLITT: BOTSCHAFTER UND SATAN IM BULGAKOWSCHEN MOSKAU

Der Botschafter der USA in Rußland (1933–36) und Frankreich (1936–41), William Bullitt, ist eine Zeitlang Freuds Patient gewesen und sorgte später für dessen Ausreise aus dem besetzten Wien. Psychoanalytikern ist Bullitt auch deshalb ein Begriff, weil er Freud als Mitautor an einer Biographie des amerikanischen Präsidenten Th. Woodrow Wilson gewinnen konnte, die er, Bullitt, jedoch im wesentlichen allein geschrieben hat.[1] Die Geschichte der Diplomatie sieht in ihm eine Schlüsselfigur der USA-Außenpolitik vor dem Zweiten Weltkrieg. Ein eingeweihter Kreis von Slawisten weiß außerdem, daß er mit dem berühmten Schriftsteller Michail Bulgakow in Kontakt stand.

Einiges also ist über Bullitt bekannt. Das meiste indes kann man nur ahnen.[2]

Von Wilson und Lenin zu Roosevelt und Freud

Bill Bullitt, Sproß einer philadelphischen Familie – und zwar der Art, die man in Amerika aristokratisch heißt: die Vorfahren väterlicherseits Hugenotten, mütterlicherseits polnische Juden, beide zu den Siedlern der ersten Generation an der Ostküste zählend –, studierte an der Yale und der Harvard University. Nach dem Abschluß reiste er als Kriegskorrespondent durch ganz Europa und war anschließend im State Department unter Präsident Wilson tätig.

Die Exklusivität seiner Biographie hat viel mit Rußland zu tun. Im April 1919, während er an der Pariser Friedenskonferenz teilnahm, wurde er von Wilson als Chef einer halboffiziellen Mission nach Moskau geschickt. Was sich dort im Kreml tat, hielt Bullitt für nicht weniger wichtig als die Vorgänge in Versailles.

Der amerikanischen Delegation – bestehend aus einem Diplomaten mit zweijähriger Berufserfahrung, einem Journalisten und einem Militär von der Aufklärung – unterbreitete Lenin den folgenden Vorschlag: Sowjetrußland sei bereit zum Kontrollverzicht auf sechzehn vormals dem Zarenreich angehörende Gebiete, wozu nicht nur Polen, Rumänien und Finnland, sondern auch alle drei baltischen Republiken, dazu noch die halbe Ukraine, der Westteil Weißrußlands, der ganze Kaukasus und die Krim sowie der ganze Ural und Sibirien einschließlich Murmansk gehören sollten. »Lenin bot an, die kommunistische Hoheit auf Moskau und ein kleineres angrenzendes Territorium plus jene Stadt, die heute als Leningrad bekannt ist, zu beschränken.«[3] Nicht ganz klar ist, was Lenin im Gegenzug erwartete. Vermutlich lag ihm an der Zulassung zu den Pariser Verhandlungen und der Anerkennung der neuen russischen Regierung durch die bisherigen Verbündeten. Bullitt war von Lenin begeistert: »Nicht auszudenken, wenn ich einen Vater wie ihn gehabt hätte!«[4] Den Vater würde er später noch finden. Lenin verhielt sich zu dem Amerikaner jedenfalls recht warmherzig und nannte ihn seinen Freund.

Rußlands kommunistischer Lenker und dessen Pläne hatten Bullitt ausreichend beeindruckt, daß er bei seiner Rückkehr nach Paris alles unternahm, um Wilsons Interesse dafür zu wecken. Der Präsident jedoch, für sein »eingleisiges Denken« bekannt, hatte mit den englisch-französischen Reparationsforderungen den Kopf voll und ließ die Offerten Rußlands unbeachtet.

Ohnehin war dem antikommunistisch gesinnten Präsidenten das geringste Zeichen eines Interesses für das russische Experiment von amerikanischer Seite ein »rotes Tuch«. Erstes und für Jahrzehnte Maßstäbe setzendes Zeichen dieser Art war John Reeds Buch gewesen: *Zehn Tage, die die Welt erschütterten.* Der Journalist war bald nach der Revolution in einem Moskauer Krankenhaus in den Armen seiner Lebensgefährtin Louise Bryant an Typhus gestorben. Einige Jahre später wurde die Bryant Bullitts Frau. Diese Verbindung reichte aus, um Bullitt linker Sympathien zu verdächtigen.

Aus Protest, daß seine diplomatische Zuarbeit ignoriert worden war, schrieb Bullitt dem Präsidenten einen zornigen Brief mit seiner Kündigung. In der langen Beschwerdeliste stand obenan, daß »Rußland, für uns beide doch bisher stets ein Lackmuspapier guten Willens, nicht einmal gehört worden ist«[5]. Bullitt äußerte bei dieser Gelegenheit die Überzeugung, daß durch die Ignoranz der Vereinigten Staaten gegenüber Rußland und der allzu engen Bindung an Frankreich aus den Bedingungen des Versailler Vertrags Ungerechtigkeiten erwachsen mußten. Deutschland werde unnötig gedemütigt und der Völkerbund einem neuen Krieg bald hilflos gegenüberstehen.

Nach seiner Kündigung wurde Bullitt Redakteur bei der *Paramount Pictures Corporation.* (Vielleicht kam durch seine Vermittlung zustande, daß Eisenstein 1929 in Hollywood arbeiten konnte.) Für lange Zeit ging er nach Europa. Er schloß Freundschaft mit Scott Fitzgerald und traf in Paris Ernest Hemingway. Der Langeweile und vor allem der Prohibition in ihrem Land entflohen, ließen es sich die Amerikaner im billigen Nachkriegseuropa wohl sein und feierten ihr »Fest fürs Leben«. Das Ergebnis waren berühmte Romane (von denen Scott Fitzgeralds *Tender Is the Night*, wie bereits erwähnt, zu unserem Thema am besten paßt) und durchschnittliche Krankengeschichten. Louise Bryant wurde in dieser Zeit alkoholabhängig.

1926 erschien Bullitts eigener Roman *It's not done*[6]. Die Handlung spielt im heimatlichen Philadelphia; der junge Held kämpft gegen die konservativen Gepflogenheiten seiner Umgebung, heiratet aus Trotz die Frau, die er liebt, und muß am Ende seinen Sohn, den man kommunistischer Aktivitäten beschuldigt, vor dem Gefängnis retten. Das Buch hatte wohl nicht sonderlich viel Erfolg. Doch da nahm Bullitts Leben die neue, unglaubliche Wendung, welche letztlich auch zu einem zweiten Buch führte, mit dem sein Name in die Geschichte einging.

Ab 1925 ist Bullitt bei Sigmund Freud in Analyse. Wie und warum es den brillant wirkenden, weltgewandten Mann auf die Wiener Couch verschlug, wissen wir nicht. Vielleicht war ein Grund, daß seine Frau trank. Einem Freund hatte er erzählt, daß er (ein vorzüglicher Reiter) einmal beinahe vom Pferd gestürzt sei, wobei er gespürt habe, daß ein unbewußter Suizidtrieb in ihm walte.[7] Über den Verlauf der Kur gibt es leider keine Aussagen. Doch wie es bei Freud nicht selten passierte: Aus dem Patienten wurde allmählich ein Schüler und Intimus.

Über mehr als zehn Jahre reiste Bullitt regelmäßig nach Wien und erörterte mit Freud Probleme privater wie politischer Natur. Ende 1930 ließ der kranke Professor dem Schriftsteller Arnold Zweig auf dessen wiederholten Vorschlag, ein Buch über Nietzsche und den Willen zur Macht zu schreiben, die folgende Erwiderung zukommen: »Das gelbe Buch[8], das Sie von mir wünschen, kann ich doch nicht schreiben. Ich weiß zu wenig von dem

Machtstreben der Menschen, da ich doch als Theoretiker gelebt habe ... Auch möchte ich ja überhaupt nichts mehr schreiben, doch schreibe ich wieder eine Einleitung für etwas, was ein anderer macht, ich darf nicht sagen, was es ist ... Sie können es nicht erraten.«[9] Die Rede war vom Vorwort zu dem Buch *Thomas Woodrow Wilson: A psychological study*, das Bullitt am Ende unter seinem *und* Freuds Namen veröffentlichte; Freud hatte natürlich an erster Stelle zu stehen.

Es kam äußerst selten vor, daß Freud als Mitautor in Erscheinung trat, in späten Jahren so gut wie nie mehr. Außerdem gibt es aus seiner Feder wohl keine zweite Abhandlung über einen Politiker. Historiker und Analytiker sind sich bis heute nicht einig über den Wert des Buches an sich und den Anteil, den Freud daran hatte, im besonderen.

Von Bullitt weiß man, daß er Freud 1930 in Berlin aufsuchte. Dieser, krank und in düsterer Stimmung, meinte, er habe nicht mehr lange zu leben, und keiner werde an seinem Tod Anteil nehmen, denn er habe schon alles geschrieben, was er hatte schreiben wollen, sein Kopf sei leer. Bullitt erzählte Freud von der Idee zu einem Buch, worin er seine Studien zu Clemenceau, Orlando, Lloyd George, Lenin und Wilson zu vereinen gedachte. Daraufhin verblüffte ihn Freud mit dem Vorschlag, das Wilson-Kapitel gemeinsam zu schreiben. »Als er erfuhr, daß Wilson sein Jahrgang war – 1856 –, begann er sich sofort für ihn zu interessieren.« Das Kapitel wuchs sich zu einem Buch aus, das in erster Fassung 1932 fertiggestellt war, um dann noch mehrere Male umgearbeitet zu werden. Der endgültige Text wurde von beiden 1938 abgezeichnet – jedes Kapitel bekam zwei Unterschriften! –, durfte zu Lebzeiten von Wilsons Witwe jedoch nicht erscheinen.[10]

Aus dem Buch und seiner Entstehungsgeschichte wird klar, daß Bullitt, wiewohl selbst kein professioneller Analytiker, die analytischen Ansichten Freuds teilte und auch dessen philosophische Weltsicht ausreichend verstand, um für einen Dialog mit ihm gewappnet zu sein. »Er war ein Jude, der zum Agnostizismus konvertierte. Ich war immer ein gläubiger Christ. Oftmals waren wir verschiedener Meinung, doch ernsthaften Streit gab es nie«, schrieb Bullitt in seiner einleitenden Bemerkung zum Buch. Politisch lagen sie in der komplizierten Zeit zwischen den Weltkriegen praktisch auf einer Linie. So waren beide der Meinung, daß »Wilsons Weigerung, sein ›Schmalspurdenken‹ auf Rußland zu lenken, die folgenschwerste seiner in Paris getroffenen Entscheidungen war«[11]. Was die Vorgänge in Rußland betraf, dürfte Bullitt für Freud über viele Jahre eine wichtige, wenn nicht überhaupt die verbindliche Informationsquelle gewesen sein.

Nach den Präsidentenwahlen 1933 stieß Bullitt zur neuen Roosevelt-Administration und wurde sehr bald als Botschafter in die UdSSR geschickt. George Kennan, einer der berühmtesten amerikanischen Diplomaten aller Zeiten und damals Bullitts Mitarbeiter, gesteht in seinen Memoiren, »daß wir stolz auf ihn waren und uns seiner nie zu schämen brauchten ... Der Bullitt, den wir damals in Moskau erlebten, war charmant, geistreich, gebildet, phantasievoll – ein Mann von Welt, der es geistig mit jedermann aufnehmen konnte ... Er hatte ein bemerkenswert lebhaftes Temperament und gestattete niemandem in seiner Nähe, in dumpfe Langeweile zu versinken. Wir alle profitierten von seiner Heiterkeit, seinem Beharren darauf, daß das Leben ständig interessant, voller Bewegung, immer in Gang sein sollte.«[12] Gerade recht für eine »einsame, weit vorgeschobene Insel amerikanischen Denkens in einem wahren Meer von Übelwollen«[13], wie Kennan die Moskauer Gesandtschaft empfand.

Henry A. Wallace, später Vize-Präsident der USA, der Bullitt gleichfalls gut kannte, charakterisiert ihn in seinen unveröffentlichten Memoiren, die im *Office of Oral History* der Columbia University zu finden sind, als »Persönlichkeit von ungewöhnlicher Anziehungskraft«. Er sei unglaublich viel auf der Welt herumgekommen, habe ein Faible für ausgefallenes Amüsement und geistreiche Konversation besessen, zugleich jedoch Festigkeit in seinen Überzeugungen und eine seltene Offenheit an den Tag gelegt. »Er hatte unglaublich viel Geschichten und Anekdoten auf Lager ..., die von seinen Begegnungen mit allerlei Prominenz im Ausland handelten.«[14] Der amerikanische Finanzier James Paul Warburg richtete gemeinsam mit Bullitt 1933 eine Wirtschaftskonferenz in Europa aus. Seine Eindrücke von damals hören sich so an: »Bullitt ist ein rechter Heißsporn; mit einer Entrüstung, die ihresgleichen sucht, macht er einem Szenen, um sich hinterher vor Lachen auszuschütten ... Der Erfolg der Konferenz bereitet ihm überhaupt keine Sorgen; Ökonomie scheint ihn kaltzulassen. Er ist eine jener amüsanten Naturen, die den Weg mehr schätzen als das Ziel.«[15] Gleichzeitig unterstützte Warburg damals Bullitts Kandidatur auf das Botschafteramt, denn es war aus seiner Sicht »der einzige weit und breit, der a) Europa gründlich kannte und b) wirklich Verhandlungsgeschick besaß«[16].

Bullitt sei »ein *maverick* in des Wortes jeglicher Bedeutung« gewesen, schreibt Warburg: ein Wanderer, ein Eigenbrötler, ein Dissident ... Ein sowjetischer Historiker findet zu seiner Würdigung andere Worte. »Bullitt war eine in Diplomatenkreisen ungewöhnliche Figur ... Ein Mann der Extreme, der leicht seine Überzeugungen wechselte, ehrgeizig und mißtrauisch.«[17] Und eine heutige, ansonsten eher in nüchternem Ton gehaltene Biographie Bullitts beginnt so: »Er war ein Mensch voller Geheimnisse und Paradoxa.«[18]

Der Satansball im Spasso-House: drei literarische Versionen

Am 23. April 1935 fand im Spasso-House, der prächtigen Villa am Arbat, wo auch heute noch der amerikanische Botschafter residiert, ein Empfang statt. Es kamen fünfhundert geladene Gäste, »alles, was in Moskau Rang und Namen hatte – außer Stalin«[19].

Die Amerikaner hatten ihren Spaß und mühten sich redlich, damit auch die Gäste auf ihre Kosten kamen. Dies war nicht so einfach. Die bolschewistischen Intellektuellen (anwesend waren Bucharin, Bubnow, Radek) hielten sich nur noch mit Mühe an der Macht, ihre Tage waren gezählt. Die Oberkommandierenden der Armee (Tuchatschewski, Jegorow, Budjonny) waren bereits zu Geiseln im doppelten Spiel der sowjetischen und deutschen Aufklärungsdienste geworden. Die Theaterelite (Meyerhold, Tairow, Nemirowitsch-Dantschenko, Bulgakow) mußte immer damit rechnen, aus heiterem Himmel den Prozeß gemacht zu bekommen – kurz für die einen, quälend lang für die anderen.

Die Gäste versammelten sich um Mitternacht. Man tanzte im Säulensaal, von der Empore strahlten verschiedenfarbige Projektoren. In einer Voliere flatterten Singvögel, in den Ecken des Bankettsaals gab es Gehege mit Zicklein, Schäfchen und Bärenbabys. Käfige mit Hähnen hingen an den Wänden. Um drei in der Früh sollten sie krähen. »Style russe«, wie es Jelena Bulgakowa, die Frau des Schriftstellers, in ihren Tagebuchaufzeichnungen spöttisch auf den Punkt bringt.[20] Vor allem die Garderobe fand bei ihr Beachtung. Alle Herren mit Ausnahme der Militärs waren im Frack erschienen. Bulgakow hatte keinen, er kam im schwarzen Anzug, seine Gattin trug ein »nachtblaues Abendkleid mit blaßrosa Blumen«. Auffällig die Kleidung der Bolschewiken: Bucharin im altmodischen Gehrock, Radek in Wanderkluft, Bubnow in Khakiuniform. Auch ein in Moskaus diplomatischen Kreisen weithin bekannter Spitzel war anwesend, »unsere Haus-GPU«, wie Bubnows Frau sich ausdrückte, ein gewisser Baron Steiger – auch er natürlich befrackt. Den Frack mit den längsten Schößen – bis zu den Hacken reichend – trug der Dirigent.

Den Aufzeichnungen der Bulgakowa nach zu urteilen, war der Empfang amüsant, doch bei weitem nicht aufregend. Um so rätselhafter die Folgen, die er aus ihrer Sicht gehabt haben soll: Unter dem Eindruck dieses Abends habe ihr Mann das 23. Kapitel seines Romans neu geschrieben, bekannt unter dem Titel *Der große Ball beim Satan*. Es steht so in der letzten Fassung von *Der Meister und Margarita*, dem in Rußland meistgelesenen Roman des zwanzigsten Jahrhunderts.

Die Ballszene sei in dieser endgültigen Version erst später entstanden, schon auf dem Krankenlager, kurz vor Bulgakows Tod, wie die Witwe schreibt; » ... der Empfang bei W. C. Bullitt, dem amerikanischen Botschafter in der UdSSR, ist eingeflossen«. Ihr selbst, so bekennt sie, habe eine andere, frühere Variante »schrecklich gut« gefallen, die sie den »kleinen Ball« nennt; dort spielte die Szene in Volands Schlafzimmer, also im Zimmer Stjopa Lichodejews. Jelena Sergejewna fand den »kleinen Ball« so entschieden besser als den »großen«, daß der kranke Bulgakow – »vorsichtshalber«, wie sie es formuliert – die alte Version vernichtete, als seine Frau nicht zu Hause war.[21]

In der Botschaft betrachtete man die zum »Frühlingsfest« erklärte Party als ein Ereignis von Rang. Botschafter Bullitt schrieb an Präsident Roosevelt am 1. Mai 1935: »Es war ein außerordentlich gelungener Empfang, repräsentabel und lustig zugleich ... Zweifellos der beste, den es in Moskau seit der Revolution gegeben hat. Wir haben eintausend Tulpen aus Helsinki kommen lassen, eine große Zahl Birken vorzeitig zum Knospen gebracht und an der Stirnseite des Bankettsaals eine Art Kolchose eingerichtet: mit akkordeonspielenden Bauern, Tänzern und allerlei ›baby things‹ – Vögeln, Ziegen und zwei kleine Bären.«[22]

Die Einrichtung einer »Kolchose« im Speisesaal des Spasso-House war ernsthaft und aufwendig betrieben worden. Der Botschafter hatte einen Sinn für ausgefallenes Amüsement, seine Gesandtschaft wurde in einschlägigen Diplomatenkreisen sogar »Bill-Bullitt-Zirkus« genannt. (Bei dem, was sich das diplomatische Korps vor seinem Amtsantritt an Vergnügungen geleistet hatte, war, wie Bullitt einschätzte, »ein Tenor schon das Äußerste an Lebendigkeit gewesen«.) Nach den Maßgaben des Botschafters sollte der anstehende Ball »alles übertreffen, was Moskau vor und nach der Revolution gesehen« hatte. »The sky's the limit« – so instruierte er seine Untergebenen, als er im Winter 1934/35 nach Washington fuhr. Für die Vorbereitung des zu seiner Rückkunft anberaumten Ereignisses hatten Charles Thayer, einer der Botschaftssekretäre, sowie Irina Wiley, die Frau des Botschaftsrats, zu sorgen. Alle anfallenden Kosten trug der Botschafter selbst.

Thayer hatte bereits leidige Erfahrungen mit der Entfaltung amerikanischer Lustbarkeit unter Moskauer Bedingungen gemacht: Auf dem vorangegangenen Empfang war der berühmte Durow mit seinen Seehunden aufgetreten. Letztere jonglierten ganz ordentlich, solange Durow noch nicht betrunken war, hielten sich jedoch im Anschluß mit einem Bad in der Salatschüssel schadlos ... Diesmal hatte man sich die Tiere direkt beim Moskauer Zoo ausgeliehen. Thayer ging argwöhnischer vor, glaubte keinem sowjetischen Dompteur und vergewisserte sich vielmehr selbst, daß Hammel und Ziegen beim besten Willen in keinen Bankettsaal paßten – sosehr man sie im Zoo auch schrubbte, stinken würden sie doch. Am wenigsten streng rochen Bergziegen, also wurden sie für den Ball engagiert. Nicht weniger Mühe bereitete es, Tulpen herbeizuschaffen, die nach langer Suche im ganzen Sowjetreich schließlich doch aus Finnland geliefert wurden. Eine tschechische Jazzband war verpflichtet, die gerade in Moskau gastierte, ebenso ein Zigeunerorchester nebst Tänzern. Als die Gäste eingetroffen waren, ging das Licht aus, und an der hohen Saaldecke erstrahlten Mond und Sterne. (Die Projektoren bediente »der Direktor des Kammertheaters« – etwa Tairow?) Zwölf Hähne saßen in den zugehängten Käfigen. Als man auf Thayers Kommando die Tücher entfernte, fing nur ein einziger zu krähen an, immerhin hübsch laut – ein anderer büxte aus und landete in der Entenpastete, die man aus Straßburg hatte kommen lassen.[23]

Bullitt hatte für die neugegründete Moskauer Botschaft ausnahmslos Junggesellen in Dienst genommen, um einer übermäßigen Indiskretion vorzubeugen, die die Diplomatengattinnen seiner Ansicht nach unweigerlich mit sich gebracht hätten. Bald jedoch führten »romantische Neigungen, wie sie Junggesellen nun einmal eigen sind, und daraus sich ergebende Verwicklungen zu weit beträchtlicheren Informationsverlusten, als man sie von Ehefrauen hätte erwarten können. Heute verfährt man bei der Rekrutierung der Kader für die Moskauer Botschaft gerade umgekehrt: tunlichst keine Ledigen.«[24]

Um neun Uhr morgens fand der Ball seinen Abschluß mit einer kaukasischen Lesginka, getanzt von Tuchatschewski und Lelja Lepeschinskaja, der berühmten Ballerina des Bolschoi-Theaters, die häufig im Hause Bullitt zu Gast war. Der Botschafter lebte in Moskau mit seiner Tochter Anne; die Gattin war in Amerika geblieben. Eine längere Liaison verband Bullitt mit Franklin Roosevelts persönlicher Sekretärin. Bei einer ihrer Visiten in Moskau, so ihre Aussage, traf sie den Botschafter in flagranti mit Lelja Lepeschinskaja an. In der Botschaft zweifelte niemand daran, daß die Ballerina, die gute Kontakte zu den Mächtigen des Landes unterhielt, für den NKWD arbeitete.

Bei aller romantischen Verinnerlichung, die diese Ansammlung amerikanischer »Einspänner« im Moskauer Ambiente unweigerlich erzeugte, waren die Gastgeber von der Gegenwart russischer Bären auf dem Fest nachhaltig beeindruckt. Sie gaben Thayers Memoiren letztlich sogar den Titel: *Bären im Kaviar*.

Kein Durow also war nötig, damit russische Raubtiere und sowjetische Menschen sich zu einer poetischen Mise en scéne fügten, deren Symbolik die Amerikaner bei aller erworbenen Ortskundigkeit unmöglich ganz zu würdigen wußten. Radek, bekannt für seinen Esprit, entdeckte eines der Bärenkinder mit einer Milchflasche zwischen den Pfoten auf dem Rücken liegend; er zog den Sauger auf eine Flasche Sekt. Das Bärchen tat eine paar kräftige Schlucke vom Cordon Rouge, ehe es den Schwindel mitbekam. Der heimtückische Radek hatte sich inzwischen aus dem Staub gemacht, und Marschall Jegorow, der zufällig in der Nähe war, nahm das greinende Bärenkind auf die Arme, um es zu beruhigen. Während der Marschall das Kleine wiegte, erbrach es sich ausgiebig auf die ordensgeschmückte Uniform. Thayer erschien am Tatort. Ein halbes Dutzend Kellner umkreiste den General und mühte sich, die Uniform zu säubern, während dieser brüllte: »Sagen Sie Ihrem Botschafter, daß sowjetische Generäle es nicht dulden, wenn man mit ihnen wie mit Clowns umspringt.«[25]

Vor dem Hintergrund solch bemerkenswerter Details, dem Augenmerk des Satirikers ebenso würdig wie dem des Historiographen, nimmt sich Jelena Bulgakowas Beschreibung des Balles recht dürftig aus. Was nun den Satansball in *Der Meister und*

Margarita angeht, so fällt es zunächst schwer, Berührungspunkte mit dem amerikanischen »Frühlingsfest« zu erkennen, welches wohl eher im Stil von Scott Fitzgeralds *Der Große Gatsby* gedacht war.

Für die Russen indes bekam der luxuriöse Ball, auf dem sich die Opfer gemeinsam mit ihren Henkern amüsieren durften, um dann vor den Augen der fassungslosen Gastgeber beinahe samt und sonders binnen weniger Monate in den Tod zu gehen, im nachhinein einen ganz eigenen Beigeschmack. Als Bulgakow die entsprechende Szene schrieb, war er vermutlich einer der wenigen Gäste von damals, die noch am Leben waren. Und doch war nicht Abadonna, als er die Brille abnahm, sondern die nackte, schöne Margarita auf Bulgakows großem Ball die Hauptperson.

Wer dieses Romankapitel noch einmal zur Hand nimmt, kommt an einer Tatsache nicht vorbei, die den heutigen Leser überraschen mag: Nicht die politischen Anspielungen, nicht die Trauer über die Toten und nicht die Rachegelüste gewinnen auf dem Großen Ball beim Satan die Oberhand. All die »Könige, Herzöge, Ritter, Selbstmörder, Giftmischerinnen, Galgenschwengel, Kupplerinnen, Kerkerknechte, Falschspieler, Scharfrichter, Denunzianten, Verräter, Geisteskranken, Spitzel, Sittenstrolche«[26] läßt der Autor »antanzen«, um doch nur eine einzige Kategorie von Leuten näher vorzuführen, die im weitesten Sinne und in einer weniger poetischen Sprache als Sexualstraftäter zu bezeichnen wären. Ein gewisser Jacques zum Beispiel, der des Königs Geliebte vergiftet haben sollte, sowie ein »umgekehrter Fall« – der Liebhaber einer Königin, welcher seiner Angetrauten Gift gab; die russische Gutsfrau, der es gefiel, dem Zimmermädchen das Gesicht mit der Lockenschere zu verbrennen, und die Neapolitanerin, die fünfhundert Ehefrauen aus der Umgebung half, sich ihrer lästig gewordenen Männer zu entledigen; Frida, die von ihrem Prinzipal vergewaltigt worden war und daraufhin ihr Kind erstickte; die Inhaberin eines Straßburger Bordells von dubiosem Ruf; eine Moskauer Schneiderin, die zwei Löcher in die Wand ihres Ateliers gebohrt hatte, und die Damen haben es alle gewußt; der junge Mann, der sein Mädchen ans Freudenhaus verhökerte ... Und natürlich war auch Messalina im Strom der Gäste, und nach ihr hörte Margarita auf, Sünden und Gesichter zu unterscheiden.

Das erotische Knistern dieser gemächlichen Prozession, in der nackte, schöne Sünderinnen gemeinsam mit ihren Schändern und Verderbern auf dem Großen Ball erscheinen, läßt sich unmöglich ignorieren. (Folgerichtig wurde von den sowjetischen Zensoren bei der ersten Veröffentlichung des Romans in den sechziger Jahren praktisch die gesamte Szene gestrichen.) Freilich ist Margarita nicht die erste *femme nue* in der russischen Literatur, doch geschieht ihre Entblößung in skandalöser Öffentlichkeit – und was noch unerhörter ist, sie empfindet keine Scham. Sie ist in ihrer Blöße nicht einmal allein. »Die nackten Frauenkörper gingen zwischen befrackten Männern. Ihre brünetten und weißen, kaffeebraunen und schwarzen Körper schwebten Margarita zu …«[27] Die Sexualität ist hier nicht individualisiert; anders als etwa Nabokov kümmert Bulgakow überhaupt nicht, auf welch besondere Weise seine Helden Sünde begehen. Der Satansball ist nicht von der üblichen Art psychologischer Erotik des zwanzigsten Jahrhunderts, sondern eher ein erotisches Epos, ein statisches Abbild von Sex in seiner immer gleichen, unüberwindlichen Gewalt. Die Macht der Begierde kennt nicht Zeit noch Raum, ihr sind alle Länder und alle Epochen untertan …

Aber ein paar Extras gibt es anscheinend doch, die das von Voland diesmal heimgesuchte sowjetische Ambiente zu bieten hat. Zwar sind nur ganz wenige politische Verbrecher zum Satansball erschienen, doch die stammen sichtlich von Moskaus Straßen.

Die »ganz Neuen«, wie Zeremonienmeister Korowjew sie nennt, sind Politische. Die beiden zuletzt eintreffenden Giftmischer, deren Vorstellung seitens Korowjews vergleichsweise matt und nebulös ausfällt, haben als einzige in der Gästeschar aus dem Jenseits nicht aus Liebe gesündigt. Vielleicht haben heutige Forscher recht, wenn sie in Korowjews Worten zunächst eine Anspielung auf Jagodas Aussagen vor Gericht sehen, in denen er behauptete, Jeshow vergiftet zu haben. *Unverhohlen* politischer Natur sind dann jedenfalls die Fehltritte des allerletzten Gastes: Baron Maigel, der »Spitzel und Spion«, dessen Blut zur Krönung des Festes vergossen werden sollte. Prototyp für ihn war Boris Steiger, die »Haus-GPU«. Es heißt, Steiger habe das Amt des Bevollmächtigten für Außenbeziehungen im Volksbildungskommissariat innegehabt und regelmäßig die ausländischen Gäste begleitet, wenn sie ins Künstlertheater gingen – Bullitt zum Beispiel.[28]

Die Sünden der »Neuen« waren also überhaupt nicht mehr sexuell motiviert – anders als bei den großen Sündern der Vergangenheit, die ausschließlich ihrer Liebesabenteuer wegen in die

Hölle gefahren waren. Sollte das heißen, Moral sei für verflossene Generationen sexuell zu definieren gewesen, während die Zeitgenossen von nun an eher wegen ihres politischen Handelns vor dem Richter stünden?

Im Schaffen Michail Bulgakows scheint eine solche Idee ihre Wurzeln nicht zu haben. Denkbar wäre, daß sie von William C. Bullitt stammte.

Was Margarita nicht wußte

Doch zurück zu den Tatsachen – denen des Balles, die also weder in Jelena Bulgakowas noch in Charles Thayers Beschreibung viel mit dem berühmten Kapitel aus *Der Meister und Margarita* zu tun haben. Höchstens ein paar hübsche Details finden sich wieder. Das Rauschen wie von Flügeln, das Margarita an diesem Abend mehrere Male irritiert, erklärt sich bei Thayer zum Beispiel ohne weiteres: Als besondere Attraktion hatte man sich beim Moskauer Zoo eine Vielzahl exotischer Vögel ausgeborgt, die während des Balles aus ihren Käfigen gelassen wurden und durch das ganze Haus flatterten; am nächsten Morgen mußte das gesamte Personal mit dem Botschafter an der Spitze auf Vogelfang gehen. Ferner ließe sich die Odyssee des sowjetischen Piloten anführen, den man Blumen für den Ball der Amerikaner aufzutreiben befohlen hatte – von Moskau auf die Krim, von da in den Kaukasus und schließlich nach Helsinki –, was ein bißchen an Stjopa Lichodejews wundersame Reise im Roman erinnert. Und dann wäre da noch der Frack des Dirigenten, der Michail nach Jelena Bulgakowas Worten am meisten beeindruckt haben soll[29] und den nachher – allerdings bei anderer Gelegenheit, im Varieté – Voland getragen hat.

Mit diesem Frack hat es jedoch eine seltsame Bewandtnis: Er kam nämlich in Jelena Bulgakowas originalen Aufzeichnungen nicht vor und wurde von ihr erst nachträglich, beim Überarbeiten des Tagebuchs in den Sechzigern, hinzugefügt, als sie »halb entfallene Einzelheiten aus dem Gedächtnis kramte, auf die sie damals nicht geachtet hatte«[30], wie die russischen Herausgeber anmerken. Man könnte nun vermuten, der Autorin ginge es an dieser Stelle weniger um Fakten als um den Versuch, im nachhinein etwas zu untermauern, was sie von ihrem Mann gehört, aber nie ganz verstanden hatte: daß nämlich der Satansball im

Roman und die Botschaftsparty im realen Leben etwas miteinander zu tun haben sollten. Warum aber war ihr, der Augenzeugin im Spasso-House, Urbild der Margarita und später Assistentin ihres Mannes beim Redigieren des Manuskripts, nicht klar, worauf dieser Zusammenhang beruhte? So daß sie in die neue Fassung ihres Tagebuchs »halb entfallene Einzelheiten« implantierte, die das Problem doch nicht lösen konnten?

Es muß etwas anderes sein als *le style russe* samt Birken, Bären, Hähnen und »Horchern«, was Bullitts und Volands Festivitäten miteinander verbindet, etwas Wesentlicheres. Etwas, das Bulgakow womöglich vor seiner Frau verheimlichte.

Der Teufel für die Russen

Das Beglaubigungsschreiben bekam Kalinin am 19. Dezember 1933 überreicht. Die ersehnte diplomatische Anerkennung der Sowjetunion durch die USA war ein großer Erfolg. Der erste Botschafter, noch dazu ein Freund Lenins, wurde »mit hysterischen slawischen Gefühlsausbrüchen« empfangen, wie amerikanische Zeitungen befanden. Auch Bullitt trug seine Begeisterung zur Schau. Auf dem ersten Bankett im Kreml, wo er zugegen war, bestand er die Feuertaufe zahlloser Trinksprüche, die man stehend und ohne einen Bissen zu absolvieren hatte, bis Stalin endlich von sich aus einiges Entgegenkommen verhieß. (Es ging zum Beispiel um ein Grundstück für den Bau des neuen Botschaftsgebäudes in den Moskauer Leninbergen.) Begeistert erstattete Bullitt an Roosevelt Bericht und beschrieb dabei seine erfolgreiche Verhandlungstaktik, die stark an Volands berühmten Ratschlag erinnert: »... bittet niemals um etwas! Niemals und niemanden, vor allem keinen, der stärker ist als Ihr. Man wird Euch alles von selbst offerieren ...«[31] Die kurz zuvor beim Schreiben jener »Psychobiographie« über Präsident Wilson erworbene Finesse konnte ihm allerdings nicht viel weiterhelfen, als in Stalin einen »Zigeuner« zu sehen, »mit Wurzeln und Emotionen, die über die Grenzen meines Verstands hinausgehen«[32]. Woroschilow hingegen bezeichnete er als »einen der charmantesten Menschen, denen ich je begegnet bin«[33].

Wenn man Henry Wallace glauben darf, so hatte Bullitt in den ersten Jahren seiner Mission eine durchaus hohe Meinung von den Bolschewiki. Wallace, dem damaligen Landwirtschaftminister, redete er zu, die Erfahrungen der Russen auf diesem Gebiet ernst zu nehmen, wobei er sich aus irgendeinem Grund besonders gründlich über ihre Erfolge bei der künstlichen Besamung ausließ. Hin und wieder wurde Bullitt von Stalin empfangen, einmal verbrachten sie eine ganze Nacht zu zweit im Gespräch. Bullitt nannte ihn einen großen Mann, auch wenn er seinen Abscheu nicht verhehlen konnte, daß Stalin ihn »mit offenem Mund« geküßt habe. Das Übermaß an Alkohol und die Tischrituale im Kreml waren gleichfalls nicht nach seinem Geschmack. Wallace über Bullitt: »Er war ein freier und liberaler Geist, pilgerte gern durch die Gegend und ertrug es nicht, wenn man ihm Schranken setzte oder nachspionierte.«[34] So nimmt es nicht wunder, daß sich Bullitts Verhältnis zu Sowjetrußland mit den Moskauer Jahren deutlich abkühlte. Nach dem Krieg, so Wallace, bezeichnete er die sowjetischen Kommunisten als »eine Bande von derselben Sorte wie die spanische Inquisition«. Er liebe die russischen Menschen sehr, pflegte er zu betonen, und von den Moskauerinnen sei er regelrecht begeistert: Sogar beim Bau der Metro machten sie den Männern etwas vor. Doch letztlich kam es soweit, daß Wallace, nach dem Krieg ein gemäßigter Befürworter der Annäherung an die Sowjets, seinem Kollegen Bullitt Sprunghaftigkeit und übertriebenen Antisowjetismus vorwarf; Leute wie er seien die Wegbereiter des kalten Krieges gewesen, schreibt er. »Er war ein bezaubernder Mensch, doch emotionalen Erschütterungen und jähen Wendungen hilflos ausgeliefert.«[35]

Stalin hatte indessen keine seiner Zusagen eingehalten, auf den Leninbergen wurde längst die neue Universität gebaut, und Leute, die Bullitt für sich einzunehmen versucht oder aber liebgewonnen hatte, verschwanden von der Bildfläche. Am 1. Mai 1935, kurz nach dem Frühlingsball, schrieb er an Roosevelt: »Es steht natürlich nicht in meiner Macht, auch nur einen von ihnen zu retten.« Georgi Andrejtschin, vor kurzem noch Bevollmächtigter des Innenministeriums für die Kontakte zur amerikanischen Botschaft, habe ihm aus der Untersuchungshaft einen auf Toilettenpapier geschriebenen Brief zukommen lassen, »in dem er mich anfleht, keine Versuche zu seiner Rettung zu unternehmen, da man ihn sonst sicher erschießen würde«[36]. Ob Bullitt an die Authentizität solcher Botschaften glaubte oder nicht (wahrscheinlich tat er es, sonst hätte er Roosevelt nicht davon unterrichtet) – bewirken konnte er wirklich nichts. Andrejtschins Nachfolger war Boris Steiger; auch er kam bald darauf ins Gefängnis, wie der amerikanische Botschafter seinen Präsidenten wissen ließ.

Später würde Bullitt die Rolle, die er gegen Ende seiner Amtszeit in Moskau spielte, für einen Diplomaten recht ungewöhnlich beschreiben: »Ich piesackte die Russen wie der Teufel. Ich tat, was ich konnte, damit die Dinge für sie unerfreulich liefen.«[37]

Einmischung höhererseits

Michail Bulgakow befand sich in ständiger, furchtbarer Gefahr, wie sie ein Mensch auf Dauer nicht aushalten kann. »Sie haben uns wohl sehr satt?« fragte ihn Stalin während des berühmten Telefongesprächs.[38] »Verlassen Sie sich auf meinen Geschmack: Er führte die Unterhaltung energisch, klar, staatsmännisch und elegant«[39], schrieb Bulgakow hinterher an einen Freund. Er versuchte also dem Generalsekretär beizubringen, daß er »seit Ende 1930 an einer schweren Neurasthenie mit Angstschüben und Herzbeklemmung«[40] litt und nur eine Reise ins Ausland, gemeinsam mit der Frau, helfen konnte. Als man ihm das Visum verweigerte, begab er sich zu dem Hypnosearzt Doktor Sergej Berg in Behandlung.

Gleich die ersten Sitzungen – Jelena Bulgakowas Tagebuch besagt, daß sie im November 1934 stattfanden – schlugen an. Am 21. November suggerierte der Doktor seinem Patienten, daß er am nächsten Tag allein würde ausgehen können. Dies geschah tatsächlich, es war das erste Mal seit einem halben Jahr.[41] Keine zwei Monate später begann der euphorische Bulgakow selbst als Hypnotiseur in Erscheinung zu treten. Sein Medium war der Bühnenbildner Wladimir Dmitrijew. Nach dem ersten Versuch rief dieser an, »ganz begeistert«, und verlangte nach mehr: »Die düsteren Gedanken seien weg, er erkenne sich selbst nicht wieder.«[42]

Im Februar 1935 führte Berg bei Bulgakow drei weitere Séancen durch. Eine davon sei »außerordentlich erfolgreich« gewesen, nach der zweiten aßen die Bergs, die Bulgakows und weitere Gäste gemeinsam zu Abend. »Im Fortgehen sagte Berg, er sei überglücklich, daß es ihm gelungen sei, ausgerechnet M. A. zu heilen.«[43]

Dann wurde Doktor Berg selbst krank. Er bat Bulgakow, sein Fernbleiben zu entschuldigen, und fuhr fort: »Darüber, daß Sie vollkommen genesen sind, bin ich unendlich froh; es hätte im übrigen auch gar nicht anders kommen können – da Sie doch über einen so kräftigen Rückhalt, so gute Werte für eine absolute und dauerhafte Gesundheit verfügen!«[44] Gleichzeitig sandte er dem Patienten sein Honorar zurück: »Für das Vergnügen, einem guten Bekannten einen Besuch abzustatten, lasse ich mich ungern bezahlen.«

Es ist interessant, wie Bulgakow in seinem Antwortschreiben an Berg selbst in den Tonfall des Hypnotiseurs verfällt. Der Brief vom 30. März 1935 soll hier ungekürzt vorgestellt werden:

»Lieber Sergej Mironowitsch!

Es betrübt mich zu erfahren, daß die leidigen Schmerzen Sie immer noch weiter plagen. Ich hoffe, glaube, wünsche, diese hartnäckigen Scheußlichkeiten möchten baldigst von Ihnen weichen.

So wird es sein.

Wie die Frühlingssonne an Kraft gewinnt, werden auch Sie wieder auf die Beine kommen.

An Sie denkend, mag ich gar nicht von meinen Geschichten schreiben. (?)

Kurz und knapp: ich fühle mich sehr gut. Sie haben es zuwege gebracht, daß die verfluchte Angst mich nicht mehr peinigt. Sie ist fern von mir und kaum mehr zu spüren. Ich werde Sie besuchen. Die herzlichen Gespräche mit Ihnen sind mir in guter Erinnerung. Daß Jelena Sergejewna Ihnen einen vorzüglichen Gruß übermitteln läßt, versteht sich von selbst.

Sofija Borissowna die besten Wünsche von uns beiden.

Ihr M. Bulgakow«[45]

Die infantile Position des suggestiblen Patienten, der sich in Abhängigkeit von einem fremden Willen begibt und fähig ist, ohne Wenn und Aber auf magische Unterstützung von außen zu setzen, manifestiert sich in Bulgakows Schaffen als glänzende, ironische Phantasie, in welcher Wünsche tatsächlich wahr werden – mögen Laien und Tschekisten dies getrost als Zaubertrick und Hypnose mißverstehen: »Die kultivierten Leute stellten sich auf den Standpunkt der Untersuchungsbehörde: Hier war eine Bande von Hypnotiseuren und Bauchrednern am Werk, die ihre Kunst meisterlich beherrschten«[46], heißt es am Schluß des Romans. Der Leser teilt diesen behördlichen Standpunkt natürlich nicht. Er traut dem Autor und seinem tragischen Talent: Daß Zeichen und Wunder geschehen, ist nicht nur möglich, es ist der einzige Ausweg aus der absurden sowjetischen Situation.

In Bulgakows Spätwerk aus den Dreißigern, den Theaterstükken ebenso wie dem Roman, ersteht dieses Bild mit ganzem Ernst und Glauben. Der allmächtige Gönner, im Besitz der absoluten weltlichen Macht oder mit magischer Omnipotenz ausgestattet, eilt herbei, den armen, kranken Künstler zu retten. Einige Jahre zuvor hatte Bulgakow solches von Stalin erwartet. Nun, Mitte der dreißiger Jahre, richten sich seine Hoffnungen auf den amerikanischen Botschafter in Moskau.

Im Dezember 1933 ist Jelena Bulgakowa die offizielle Mitteilung über die Ankunft des »neuen« amerikanischen Botschafters eine Tagebucheintragung wert.[47] Etwas an diesem Umstand schien die Bulgakows zu interessieren. Dabei war es genaugenommen nicht der »neue«, sondern der erste überhaupt – und ein »Neuling« ohnehin nicht. Doch der Chronistin ging es wohl nicht um die politische Dimension der Angelegenheit. Dahinter stand vermutlich eher ihre Sorge um die Autorenrechte für eine Inszenierung der *Tage der Turbins* in den USA, worüber seit geraumer Zeit verhandelt wurde. (Im März 1934 wurden *Die Tage der Turbins* tatsächlich – und just an Bullitts heimatlicher Yale University – aufgeführt.[48]) Es dauerte dann auch gar nicht lange, bis Bullitt das Stück gesehen hatte und sich – durch die Vermittlung des *Intourist*-Büros[49] – das Textbuch kommen ließ, das von da an nicht mehr von seinem Schreibtisch verschwand. Übrigens behauptet auch Charles Thayer, daß seine Bekanntschaft mit dem eben in Moskau eingetroffenen Botschafter über Bulgakows Stück ihren Anfang nahm. Thayer hatte gerade Russisch zu lernen begonnen und versuchte, eine Anstellung in der neuen Botschaft zu finden. Der Botschafter wohnte damals noch im Hotel Metropol; mit Mühe fand Thayer an der Garde der Moskauer Türhüter vorbei den Weg zu ihm und stellte sich vor. Bullitt bat ihn, eine Seite aus einem vor ihm liegenden Manuskript zu lesen – es waren *Die Tage der Turbins*. Russisch lesen konnte Thayer zwar noch nicht, dafür kannte er das Stück und fing an, es nachzuerzählen. Bullitt bemerkte den Schwindel, lernte den jungen Mann jedoch schätzen – aus ihm wurde sein persönlicher Dolmetscher und später ein vielbeschäftigter Diplomat.[50]

Bei einer spielplanmäßigen Aufführung des Stückes im Künstlertheater lernten Bulgakow und Bullitt sich am 2. September 1934 schließlich kennen. Bullitt suchte den anwesenden Autor in der Pause auf und meinte, »er sehe das Stück zum fünften Mal, lobte es überschwenglich. Er sieht es sich mit dem englischen Exemplar des Stückes in der Hand an, sagt, in den ersten Vorstellungen hätte er oft hineingeschaut, jetzt selten.«[51]

Den Aufzeichnungen Jelena Bulgakowas ist zu entnehmen, daß das Ehepaar einige Male auf offiziellen wie auch nichtoffiziellen Empfängen in der Botschaft zugegen war. Anfangs scheint dieser Kontakt sensationell, die Freunde der Familie »platzten vor Neugier – eine Bekanntschaft mit Amerikanern!«[52]. Später werden die entsprechenden Eintragungen gelassener, bisweilen monoton. Am 16. Februar 1936 notiert sie: »Bullitt war wie immer sehr liebenswürdig ...«, am 19. Februar: »Die Amerikaner sind sehr nett.«[53] Am 28. März: »Waren um 4.30 Uhr bei Bullitt. Die Amerikaner – er auch – waren noch liebenswürdiger als sonst.« Zwei Wochen später: »Wie immer waren die Amerikaner erstaunlich liebenswürdig zu uns.«[54] Der Botschafter schmückte sich offenbar gern mit der Freundschaft zu dem Schriftsteller, stellte ihn anderen europäischen Gesandten vor und rühmte seine Arbeiten.

Die Bulgakows sowie Bullitt und sein Gefolge verkehrten miteinander, wie gute Bekannte dies zu tun pflegen: manchmal beinahe täglich, dazwischen wieder mit größeren Pausen – dann nämlich, wenn Bullitt in Washington weilte. Am 11. April 1935 haben die Bulgakows die Amerikaner bei sich zu Gast (»Kaviar, Lachs, selbstgemachte Pasteten, Radieschen, frische Gurken, gedünstete Champignons, Wodka, Weißwein«[55]). Am 19. April folgt ein Mittagessen bei Botschaftssekretär Charles Bohlen; am 23. April dann das Frühlingsfest. Am 29. April finden sich Bohlen, Thayer, Irina Wiley und noch einige weitere Amerikaner wiederum bei den Bulgakows ein. »Mrs. Wiley lud uns ein, ›mit in die Türkei zu kommen‹.« Schon am folgenden Tag sind beide erneut in der Botschaft. »Bullitt stellte uns viele Leute vor, unter anderem den französischen Botschafter mit Frau und einen sehr lustigen Dicken – den türkischen Botschafter.«[56] Auch der nächste Abend – der dritte in Folge – wird in Gesellschaft der amerikanischen Diplomaten verbracht.

Bullitts Brief an Roosevelt aus diesen Tagen enthält besagten Satz: »Es steht natürlich nicht in meiner Macht, auch nur einen von ihnen zu retten.«

Dabei tat Hilfe not. Die ganze Zeit über versuchten die Bulgakows, die Ausreisedokumente einzureichen. Die Gelegenheit an jenem 11. April 1935, als zwei Botschaftssekretäre – Bohlen und Thayer – der Einladung gefolgt waren, ließ Bulgakow nicht verstreichen: »M. A. zeigte ihnen Photos von sich und sagte, er werde einen Auslandspaß beantragen. Shuchowizki verschluckte sich. Die Amerikaner dagegen fanden das sehr gut, er müsse unbedingt fahren«[57], schrieb die Frau in ihr Tagebuch. Im Juni 1935 waren alle Formulare ausgefüllt und den Instanzen übergeben; im August erwähnt das Tagebuch die neuerliche Absage. Am 11. Oktober fährt Bulgakow allein auf Thayers Datscha. Am 18. Oktober sind sie beim Botschafter zum Abendempfang: »Bullitt trat zu uns, sprach lange zuerst über die *Turbins*, die ihm außerordentlich gefallen, und dann: ›Wann kommt *Molière?*‹«[58] Der *Molière* »kommt« erst im Februar 1936; auf einer Generalprobe sind Thayer und weitere Botschaftsmitglieder zugegen: »Die Amerikaner waren begeistert und haben sich sehr bedankt.«[59] Am 21. Februar, zur dritten Aufführung des *Molière*: »Beim Tee in der Pause … lobte Bullitt das Stück ganz außerordentlich und M. A. überhaupt, nannte ihn einen Meister.«[60] (Wie dieses Wort in Bulgakows Ohren klang, kann man sich vorstellen.) Zwei Tage zuvor hat man Bullitts Gästen (darunter die Bulgakows und der Maler Pjotr Kontschalowski nebst Gattin als einzige Russen) eine Filmkomödie gezeigt: »ein englischer Diener bleibt, bezaubert von den Amerikanern und ihrem Leben, in Amerika«[61] – die Auswahl war sicher nicht zufällig. Bald darauf wird der *Molière* abgesetzt. Am 14. März ist das Ehepaar Bulgakow wieder zum Mittagessen geladen. »Beschlossen, nicht hinzugehen, haben keine Lust, uns Beileidsbekundungen anzuhören und Fragen zu beantworten.«[62] Vierzehn Tage später dann doch wieder eine Fahrt zu Bullitt, »die Amerikaner noch liebenswürdiger als sonst«. Jelena Bulgakowas Tagebuch verzeichnet zwei weitere Botschaftsbesuche des Schriftstellers im November.

Worüber wurde gesprochen? Manches mochte Jelena Sergejewna wissen und manches nicht; auch über das, was sie wußte, zog sie es vor zu schweigen. Mehr als wahrscheinlich ist, daß die Ausreisepläne der Bulgakows mit den Mitarbeitern der US-Botschaft diskutiert und von deren Seite – in Wort und Bild, wie wir erfuhren – begrüßt und unterstützt wurden. Mit ihnen also und in erster Linie mit dem Botschafter selbst verband Bulgakow seine hauptsächlichen Hoffnungen.

Nach Bullitts Abberufung ist Bulgakow kein einziges Mal mehr in der Botschaft gewesen. Im April 1937 erhält er wieder eine Einladung zu einem Kostümball, den die Tochter des neuen Botschafters ausrichtet. Bulgakow geht nicht hin; er gibt vor, kein passendes Kostüm zu haben.

Höhere Order

Über William Bullitt – Freuds Patient, Co-Autor und Retter in der Not, diplomatischer Gegenspieler von Lenin und Stalin, Mitarbeiter Roosevelts und Schutzheiliger Bulgakows – ließen sich wahrlich Romane schreiben.

Könnte es sein, daß es einen – einen ganz großen zumal – bereits gibt?

Skizzieren wir noch einmal kurz den Lauf der Ereignisse. Die Ausreiseanträge der Bulgakows lagen in den Behörden auf Eis. Im Juni 1934 hatte es die Absage des letzten Reisegesuchs gegeben. Darüber beklagte sich der Schriftsteller in einem neuen Brief an Stalin, auf den er diesmal keine Antwort erhielt. Den ganzen Sommer über das gleiche: »M. A. fühlt sich entsetzlich« – »Dieser Ungewißheit wegen fällt einem alles aus der Hand« – »M. A. geht es sehr schlecht – wieder Furcht vor Tod und Alleinsein, Platzangst«.[63] Am 6. September die Bekanntschaft mit Bullitt im Künstlertheater. Am 21. September nahm der Schriftsteller die Arbeit am Roman *Der Meister und Margarita* wieder auf. Am 13. Oktober notierte die Bulgakowa: »Um M. A.s Nerven steht es schlecht. Platzangst, Furcht, allein zu sein. Erwägt, ob er sich nicht durch Hypnose behandeln lassen soll.«[64] Im selben Monat entwarf Bulgakow das Schlußkapitel neu. Voland spricht mit dem Meister: »Ich habe bezüglich Ihrer Person Order erhalten. Überaus günstige Order. Man darf Ihnen gratulieren, Sie hatten Erfolg. Also, mir ist befohlen worden ...« – »Kann man Ihnen denn etwas befehlen?« – »O ja. Mir ist befohlen worden, Sie fortzuschaffen ...«[65]

In den frühen Fassungen des Romans, die vor Bullitts Ankunft in Moskau entstanden, kamen weder der Meister noch Voland vor. Den Teufel gab es schon, aber nur als reichlich abstrakte magische Kraft.[66] Mit jeder weiteren Überarbeitung nimmt er konkretere, irdischere Gestalt an, wird menschlicher, wenn auch nicht weniger skurril. Und dazu mußte er, nach herrschender Logik der Dinge, Ausländer sein. (Frühe Titelvarianten lauteten zum Beispiel: *Der Konsultant mit dem Huf* und *Das Hufeisen des Ausländers*.)

Die »Bullitt-Ära« in Moskau deckt sich recht genau mit der Zeit, da Bulgakow an der dritten Romanfassung arbeitet.[67] In ihr gewinnt der vorherige Opernteufel menschliche Züge, die, so wollen wir behaupten, dem Bild entstammen, das Bulgakow vom amerikanischen Botschafter hat: Macht, Übermut, Wendigkeit, Treue, Humor, Geschmack und Kunstsinn, eine Neigung zum Luxus und zur zirzensischen Attraktion, Einsamkeit, ein ironisches, nachsichtiges Verhältnis zu seinem eindrucksvollen Gefolge (wer will, kann sich hier die passenden Prototypen aus der Botschaftsbesatzung zusammensuchen). Sogar einige physische Merkmale sind übereinstimmend: Auch Bullitt war kahlköpfig, hatte, den Fotos nach zu urteilen, einen ausgesprochen magnetischen Blick und war außerdem wie Voland mit Gelenkschmerzen geschlagen, die von einer Streptokokkeninfektion herrührten. Außerdem weiß man, daß Bullitt gleichfalls gern Schubert hörte, dessen Musik erinnerte ihn an die glücklichen Tage seiner ersten Ehe. Und in Bullitts Residenz stand doch wohl ein Globus, an dem er seine geopolitischen Ideen so eindrucksvoll darstellen konnte, daß die Meere sich gleichsam mit Blut füllten ...? Jedenfalls hat dieser Globus nach dem Krieg Eingang in den Titel eines Bullittschen Buches gefunden.[68]

In den zwanziger Jahren, so deutet Wallace an, gab Bullitt in Paris rauschende Partys: »Da hatte er dann einen Lakaien, der die Gäste nackt bediente, oder etwas in der Art.«[69] Auch in der Folgezeit muß Bullitt Spaß daran gehabt haben, »etwas in der Art« auf die Beine zu stellen – oder immerhin davon zu erzählen. Und in Bulgakow, der nach Details und Eindrücken aus einem anderen, unerhörten Leben geradezu gierte, hatte er einen Zuhörer, den man sich dankbarer nicht vorstellen kann. »Wenn einer im Ausland gewesen war und davon erzählte, hörte Bulgakow mit offenem Mund zu«, erinnerte sich seine erste Frau Tatjana Lappa.[70]

Dazu kommt, daß Bullitts Storys und Heldentaten von einst im Moskau der dreißiger Jahre viel unglaublicher erscheinen mußten als im Paris der Zwanziger. Die Beteiligten und Augenzeugen der Moskauer Prozesse – Bucharin, Berija, Mandelstam, Soschtschenko ... – die einander fürchteten und ohnehin das Gefühl für die Normalität des Daseins längst verloren hatten, konnten sich vielleicht einigermaßen vorstellen, daß etwas wie die Liebe zwischen dem Meister und Margarita möglich war, zur Not auch Kater Behemoths Bad mit der Schneiderin in einer Wanne voll Kognak. Die erotische Pracht des Balles beim Satan ließ hingegen viel eher an die literarische Wirklichkeit eines Scott Fitzgerald (Bullitts Freund!) und dessen Romane aus dem Leben von Millionären denken, die sich dem Trunk und der Langeweile ergaben und gleichfalls Frühlingsbälle auszurichten pflegten. Aus dieser Welt schien die nackte Dienerin Gella zu stammen (»es gibt keinen Dienst, den sie nicht zu leisten vermöchte«[71]), die so mir nichts, dir nichts auftaucht und durch ihren bloßen Anblick die Moskauer um den Verstand bringt, dazu geladene Damen, ebenfalls nackt, mit befrackten Kavalieren am Arm, und als Krönung das gemeinschaftliche Bad im Bassin voller Champagner …

Bullitt und Jones handeln

»Wie muß ein Mensch wie dieser die Analyse hassen! Ich habe den stillen Verdacht, daß die Wut, mit der er den Marsch auf eine gewisse Hauptstadt betrieb, im Grunde dem alten Analytiker galt, der dort seinen Sitz hatte, seinem wahren und eigentlichen Feinde, – dem Philosophen und Entlarver der Neurose, dem großen Ernüchterer, dem Bescheidwisser und Bescheidgeber selbst über das ›Genie‹«[72], schrieb Thomas Mann 1939 in seinem Aufsatz vom *Bruder Hitler*. Der alte Analytiker, trotz aller Hinfälligkeit noch mäjestätisch und widerborstig, der allen Überredungskünsten seiner Nächsten und allen guten Beispielen seiner längst auf und davon gefahrenen Schüler zum Trotz in Wien ausharrte, schwebte in Todesgefahr.

Bullitt, inzwischen Botschafter in Paris, reagierte auf den Einmarsch der Nazis in Österreich rasch und effektiv. Er ließ Roosevelt wissen, daß man alles tun müsse, um Freud zu retten. Der Präsident wiederum wies seinen Botschafter in Wien John Wiley (vor kurzem noch Bullitts Untergebener in Moskau) an, die offiziellen Handlungsspielräume in dieser Angelegenheit auszuschöpfen. Er sprach beim deutschen Botschafter in Frankreich vor und drohte mit einem weltweiten Skandal, wenn dem berühmten Wiener Juden auch nur ein Haar gekrümmt würde. Die zweite Schlüsselfigur in dieser Aktion war Ernest Jones. Schon am Tag nach dem Einmarsch der Deutschen flog er von London nach Prag und von da aus mit einem gemieteten kleinen Eindecker weiter nach Wien – inmitten deutscher Luftlandeeinheiten stieg er aus der Maschine.[73]

Freud mußte immer noch überredet werden. Jones erzählte ihm die Geschichte des Zweiten Offiziers der *Titanic*, der mit den Worten »Nicht ich verlasse die Titanic, sie verläßt mich« vom Schiff gegangen war. Freuds französische Schülerin, die Prinzessin Marie Bonaparte, trug währenddessen das Geld zusammen, das die Nazis für den Freikauf verlangten. Nach kurzer Zeit schon konnte Bullitt den Professor und seine Familie am Pariser Bahnhof in Empfang nehmen. Freuds Tochter Anna hatte bereits mit der Wiener Gestapo Bekanntschaft machen dürfen.

Doch kehren wir zurück ins Jahr 1936: Bullitt noch in Moskau, Jones in London, Freud in Wien. Die Welt schaut mit Staunen und Entsetzen nach Moskau, wo die Prozesse im Gang sind. Im Juli 1936 wird der Beschluß über die pädologischen Perversionen gefaßt. Die ideologischen Diskussionen gehören der Vergangenheit an. Den in Rußland verbliebenen Psychoanalytikern droht Gefahr für Leib und Leben.

In Freuds Arbeitsjournal (*Kürzeste Chronik*) gibt es für den August 1936 zwei nicht restlos klare Eintragungen auf einer Zeile: »25. 8. Bullitt nach Paris. 28. 8. Jones mit Familie – Ernstl nach Rußland.«[74] Bullitt war, wie wir wissen, noch mindestens bis November 1936 (als er die Bulgakows empfing) in Moskau, doch hatte er Freud wohl beizeiten in seine Pläne eingeweiht. Was Jones anging, so ist von einer Rußlandreise absolut nichts bekannt; falls geplant, kam sie nicht zustande. Eher steht zu vermuten, daß sie Ernest Jones gar nicht betraf, sondern nur Freuds in London lebenden Enkel Ernst.

Doch sollte man das Zusammentreffen der beiden Neuigkeiten und dazu noch des Pädologie-Beschlusses in Moskau für einen Zufall halten? Daß Bullitt Mitte der dreißiger Jahre die Moskauer Psychoanalytiker kannte und unterstützte, ist sehr wahrscheinlich. Einem, der den Experimenten des Sowjetregimes zumindest anfangs aufgeschlossen gegenüberstand und der andererseits den fachlichen Kontakt mit Freud weiter pflegte, mußte die sowjetische Psychoanalyse interessant und wichtig vorkommen. Nach wie vor war die Russische Vereinigung von der Internationalen Psychoanalytischen Gesellschaft anerkannt, ihr durfte die unklare, gefährliche Situation der dort eingebundenen Kollegen nicht gleichgültig sein. Freud und der Vorstand der Gesellschaft könnten den US-Botschafter durchaus als ihren Emissär angesehen haben. Ohnehin hatte Bullitt ständig mit Bucharin, Bubnow und Steiger zu tun, war somit über die *Narkompros*-Angelegenheiten gut unterrichtet. Die Zerschlagung der Pädologie könnte der Tropfen gewesen sein, der bei ihm das Faß zum Überlaufen brachte: Spätestens jetzt wußte er, zu welchem Ungeheuer dieses Regime mutiert war und daß seine Gegenwart in Moskau nichts mehr bewirken konnte. Falls er Freud im August 1936 seine Pläne anvertraute, dann sicher nicht ohne eine Schilderung der Situation.

Die Mutmaßungen zur Rolle William Bullitts als möglicher Interessenvertreter der Internationalen Psychoanalytischen Gesellschaft in Moskau und Anwalt der hier ansässigen Analytiker, so hypothetisch sie immer sein mögen, könnten schließlich auch erklären, warum damals, Mitte der Dreißiger, kein einziger sowjetischer Psychoanalytiker zu Schaden kam. An sich hätten Leute wie Sabina Spielrein, Iwan Jermakow oder Alexander Lurija nach der Logik der Ereignisse unweigerlich den Häschern ins Visier geraten müssen.

Ereignisse dieser Art müssen allerdings nicht unbedingt logisch sein.

Sozialpsychologische Experimente im Varieté

Ähnlich wie Freud und Th. W. Wilson sind auch Bullitt und Bulgakow in ein und demselben Jahr geboren, nämlich 1891. Sowenig ihre Geschicke sich glichen, war in ihren Charakteren und Interessen doch manches Gemeinsame zu entdecken. Und daß Bullitt, ein Patient Freuds, welcher sogar Familiennamen der Deutung unterzog, sowie Bulgakow, Schöpfer einer Unzahl von komischen und seltsamen »sprechenden« Namen, den Gleichklang in ihren eigenen Namen nicht bemerkt und besprochen hätten, ist schlechterdings unvorstellbar. (Eines von Bulgakows frühen Pseudonymen hieß sogar M. Bull.)

Wovon hat Bullitt Bulgakow erzählt? Von den Pariser Frauen, den Swimmingpool-Partys in Hollywood? Oder von Freuds Theorie, der zufolge am Menschen alles, das Gute und das Schlechte, als Verwirklichung seiner Sexualität zu gelten habe, nur die aktuelle politische Lage ließ sich damit gewiß nicht erklären, obwohl, wenn man zum Beispiel bedenkt, wie sich dieser Steiger um Kopf und Kragen spioniert … Oder davon, daß er, Bullitt, naiv genug gewesen sei zu glauben, die Moskauer Bevölkerung hätte sich unter Einwirkung des großen Experiments innerlich verändert, dabei war offenkundig (man brauchte nur ins Varieté zu gehen!), daß sie sich um keinen Deut verändert hatte – naja, wenn man einmal absah vom »Apparat« …

Oder aber, daß Goethe wohl recht gehabt hatte, und die Welt, allen teuflischen Versuchungen erlegen, änderte sich gleichwohl zum Besseren? Mephistopheles' Ausspruch »Ich bin ein Teil von jener Kraft, die stets das Böse will und stets das Gute schafft«, der dem Roman *Der Meister und Margarita* als Motto dient, wird auch im Vorwort zu Bullitts Wilson-Buch zitiert (und zwar in dem Sinn, daß Wilson anders als Mephisto stets Gutes gewollt und Böses geschaffen habe). Wir wissen nicht, wer von beiden den Satz zuerst zu Papier brachte, beide Bücher sind gleichzeitig entstanden und im Laufe eines ganzen Jahrzehnts viele Male überarbeitet worden. Möglich, daß Bullitt ihn von Freud zu Bulgakow trug, genausogut ließe sich denken, daß er ihn bei Bulgakow aufgeschnappt und in seines und Freuds gemeinsames Manuskript eingebracht hat. Und selbst wenn dieses Zitat ganz zufällig in den beiden so verschiedenen Büchern an jeweils zentraler Stelle aufgetaucht wäre, deutete dies auf eine überraschende Resonanz.

Bullitts Gesprächspartner war ein Mann, dessen bisherige Lebensumstände die Vorstellungskraft schwer beanspruchten. Einst ein Venerologe, der nicht wenige Syphilitiker kuriert und einige Dutzend Abtreibungen vorgenommen hatte; einer, dessen Stekkenpferd die Politik war und in dessen Tagebuch sich seitenweise hämische Witze über die bolschewistischen Führer ebenso wie eine detaillierte Erörterung der sowjetischen Regierungsdiplomatie finden;[75] schließlich ein in seinem Lande Berühmtheit erlangender Autor, Schöpfer einer Vielzahl kauziger Typen, deren Worte und Taten Millionen von Lesern dennoch ganz natürlich vorkamen. Um so verständlicher die Neugier Bullitts, wo sich sein neuer Moskauer Bekannter mit ihm einverstanden erklären und wo er es auf einen Streit ankommen lassen würde. Freilich konnte der Botschafter nicht ahnen, von welcher Kraft und welchem Glanz die Assoziationen waren, die in diesem sympathischen Mann keimten, der nach Möglichkeit nie jemanden um einen Gefallen bat, und zu welchen Improvisationen ihn seine, Bullitts, zufälligen Worte und Gesten, seine Erscheinung wie auch seine banalen Moskauer Beobachtungen hinreißen würden; kurz, er konnte nicht ahnen, in welcherart Geschichte er einzugehen im Begriff war.

Bulgakows Romanheld, ein »ausländischer Spezialist«, kommt Anfang der dreißiger Jahre nach längerer Pause wieder einmal nach Moskau, und zwar mit konkreten Absichten: Er möchte sich »die Moskauer als Masse«[76] zu Gemüte führen und die mit der »Bevölkerung« vor sich gegangenen psychologischen Veränderungen einschätzen. Die Mittel, über die er verfügt, müssen den mit solchem nicht vertrauten Moskauern teuflisch erscheinen; die Absichten, die er damit zu verfolgen vorgibt, bringen dagegen niemanden auf die Vermutung, daß Mythologie im Spiel sein könnte. Denn da er nun einmal mit magischen Fähigkeiten ausgestattet ist, liegt deren experimentelle Nutzung nahe, und er darf sich in seinen Schlüssen der üblichen Heuristik eines Experimentators bedienen. »Die Städter haben sich sehr verändert, äußerlich, behaupte ich, wie übrigens auch die Stadt selbst ... Aber ... weit mehr interessiert mich die wichtige Frage: Haben sich diese Städter innerlich verändert?«[77] – so stellt Voland sich selbst, seinem Team und den Probanden eine durchaus professionell formulierte Frage, eine, die Freud nicht nur einmal gestellt hat (z.B. in *Das Unbehagen in der Kultur*). »Ja, das ist eine überaus wichtige Frage, gnädiger Herr«, bekommt Voland von seiner Suite die Bestätigung: die Frage nämlich, wie sehr sich der Mensch verändern läßt – etwas, wofür sich die russische Kultur, von den Symbolisten des »silbernen Zeitalters« bis hin zu Volands im Dienste der Pädologie wirkenden Zeitgenossen, immer interessiert hat. Sie interessiert Laien und Fachleute bis heute – die Frage nach dem *homo sovieticus*, wie es in heutiger Begrifflichkeit heißt. Daß bei der Erstpublikation des Romans neben dem Satansball auch fast die ganze Varietészene der Schere zum Opfer fiel, versteht sich.

Der Teufel peinigt und martert nicht nur, er stellt auf die Probe und führt in Versuchung. Von Bulgakows Zeitgenossen hat sich vor allem Wjatscheslaw Iwanow sehr deutlich dazu geäußert; Goethes Mephistopheles, so Iwanow, habe Faust ebenso einer Prüfung unterzogen wie Satan Jahwe im Alten Testament, und er sei dabei prompt auf den wunden Punkt gestoßen: »die Sphäre der Begierden«; nicht zufällig führe Fausts erste Exkursion mit seinem neuen, allmächtigen Führer gleich in die Hexenküche.[78] Anders als Goethe, Freud und Iwanow sieht nun Bulgakow die Fleischeslust nicht mehr als das Schrecklichste und Rästelhafteste am Menschen an. Der Meister und Margarita, Menschen eines neuen Zeitalters, geben sich ohne Zaudern ihrer Liebe hin, Voland muß sie nicht erst in Versuchung führen oder wie auch immer Interesse für die erotische Seite ihres Daseins wecken. Des Menschen Geheimnis liegt für Voland und Bulgakow anderswo: in der Grausamkeit und der Barmherzigkeit; in der Abhängigkeit und der Fähigkeit zum Widerstand; in der Selbsterhebung über die Masse und dem sehnlichen Einswerden mit ihr.

Er sei gar kein Artist, beteuert Voland nachträglich bei dem Versuch, seine Forschungsziele und -methoden zu erläutern, »ich wollte nur einmal die Moskauer als Masse beobachten, und das geht am besten im Theater«[79]. Tatsächlich führt er im Moskauer Varieté eine Reihe logischer, vorzüglich inszenierter experimenteller Tests durch. Reaktionstest auf Unbestimmtheit und Schweigen: Das Publikum gerät in Spannung und Nervosität. Reaktionstest auf Geld: Ein Banknotenregen provoziert allgemeine Belustigung, fassungsloses Erstaunen und Erregung. Reaktionstest auf den Tod: Der abgerissene Kopf ruft im Publikum Hysterie hervor, dann bittet eine Frauenstimme um Erbarmen. Nun ja, alles in allem angemessene Reaktionen – allgemeinmenschliche, ließe sich sagen. Voland kommt zu dem Schluß: » ... sie sind Menschen wie andere auch. Sie lieben das Geld, aber das war schon immer so. Ein bißchen leichtsinnig sind sie vielleicht ... Warum nicht ... Manchmal klopft Barmherzigkeit in ihrer Brust.«[80] Ein maßgebliches Experiment zur Überprüfung der nietzscheanisch-bolschewistischen Hypothese von der möglichen Umformung des Menschen ist damit gelaufen. Für Bulgakow und Bullitt ein Experiment im Geiste; Voland als literarische Figur hat es praktiziert; in der Realität sollte dieses Experiment noch ein halbes Jahrhundert andauern. Und so kommt es zur Diagnose, die präziser bis zum heutigen Tag nicht formuliert worden ist: »Gewöhnliche Menschen ... Erinnern an die von früher; bloß die Wohnungsfrage hat sie verdorben.«[81]

Die Idee von der Verwandlung des Menschen, ein Schlüsselproblem der Epoche, bewegte Bulgakow sehr. Im *Hundeherz* hatte er ihr bereits einmal Gestalt verliehen, *Der Meister und Margarita* war ein weiterer, nicht minder eindrücklicher Versuch. Iwan Hauslos-Besdomny durchläuft nach der Begegnung mit Voland den vollen »Umformungszyklus«: Konfrontation mit dem Teufel, verschärfte Halluzinationen und psychiatrische Behandlung machen aus dem proletarischen Dichter und Trunkenbold einen hochordentlichen sowjetischen Professor. Ein typischer *homo sovieticus*, dessen Name nur ein weiteres Mal auf die »Wohnungsfrage« anspielt, nimmt alles, was ihm geschieht, ohne großes Erstaunen zur Kenntnis.

Genauso und noch viel ungerührter berichten Soschtschenkos Helden (siehe Kap. 10) von den unglaublichsten Vorfällen aus ihrem alltäglichen Leben. Die totale Versenkung des Sowjetmenschen im sowjetischen Alltag enthebt ihn jeglicher Notwendigkeit der Reflexion, des Zweifelns, Staunens, Echauffierens ... Um das sowjetische Leben »von der Seite« zu sehen, muß schon ein Ausländer her. Ossip Mandelstam schrieb 1922: »Die Poesie des Alltags in ihrer Signifikanz ist eine Schwärmerei von Fremden, eine stets falsche Exotik, sie existiert nicht für das Auge des Einheimischen, des Hausherrn ... – im Gegensatz zum Touristen, zum Landfremden (dem Belletristen!). Der glotzt auf alles mit weiten Augen und erzählt dann von allem nur das Unpassende.«[82] Im selben Jahr erschien Ehrenburgs *Julio Jurenito*, der gänzlich auf den Kontrast zwischen zweierlei Ansichten vom sowjetischen Leben setzt: des fremden Übermenschen auf der einen, des einheimischen Simpels auf der anderen Seite. Anderthalb Jahrzehnte später werden Voland, der Meister und Besdomny vorführen, um wieviel komplizierter diese Schlüsselsituation wirklich war.

Der anhaltende Gleichmut, mit dem dieser Besdomny sein Schicksal hinnimmt (noch dazu auf seltsame Weise gepaart mit einer paranoiden Aggressivität), will dem versierten Psychiater, den Bulgakow zu Rate zieht, nicht behagen: »Iwan Nikolajewitsch müßte den Gesetzmäßigkeiten der Psychopathologie zufolge eine schwermütige Angst empfinden. Einer, der eine solche ›Teufelei‹ vorgeführt bekommt, muß zwangsläufig außer sich geraten. Im Falle des seligen Berlioz haben Sie das sehr gut getroffen, wogegen Iwan Nikolajewitsch seine Aktivität, wie mir scheint, hauptsächlich auf die Verfolgung der Feinde und die Vereitelung ihrer Vorhaben richtet und in keiner Weise auf die Ungewöhnlichkeit dessen reagiert, was da vor seinen Augen und mit ihm selber geschieht.«[83]

Doch nur Voland und Bullitt – allenfalls noch Zeitlin, dem Psychiater, und Bulgakow, dem Schriftsteller – muß das Leben Besdomnys unerhört scheinen. Für ihn selbst ist es normal, und der Schriftsteller hat dies besser begriffen als der Psychiater. Erinnert sei an jene Schauergeschichten von »psychischer Bearbeitung«, wie sie Wsewolod Iwanow in *Y* erzählt (siehe Kap. 6) – über sie staunt der Leser ebenso sehr, wundert der Held sich ebenso wenig. Wie überhaupt das Leben im Sowjetland nur für den Außenstehenden verwunderlich ist.

Der Meister und die Abhängigkeit

Ein »ausländischer Spezialist«, Theaterliebhaber im besonderen, lernte hier also einen einschlägigen Meister kennen, der in Not war und sich nicht zu helfen wußte – dem beizuspringen indes auch dem Fremden, wie sich zeigen sollte, unmöglich war. Der omnipotente Gönner reiste wieder ab und ließ den Schriftsteller nebst seiner Gefährtin mit Bedauern in Moskau zurück – sie mußten sich allein auf den Weg machen zu ihrem ewigen Haus. Bei all seinen kolossalen Möglichkeiten hatte er es doch nicht vermocht, ihm auf Erden hilfreich zu sein, allenfalls glaubte er ihn ein wenig zerstreut zu haben, wobei er mit ihm Träume von Stille genießen durfte, die ihm selbst im Leben nie gegeben waren. Daß dieser Meister sich seiner entsinnen würde, wenn er die letzten Schritte auf seinem Weg ging, ließ sich wirklich nicht vorhersehen.

Es war die Abhängigkeit, die den Meister die ganze letzte Zeit seines Lebens mit ausreichend Material und Stimuli versorgte, wie er sie für seine künstlerische Arbeit benötigte. Natürlich hat sie den Inhalt dessen, was er schrieb, nie gänzlich bestimmt. In Bulgakows letztem Roman gibt es enorm wichtige Stränge, die mit seiner Beziehung zu Bullitt, soweit erkennbar, nichts zu tun haben – die neutestamentliche Szenenfolge ist nur ein Beispiel dafür. Wie auch die Gestalt Volands eine Menge Züge an sich hat, die der Autor aus anderen Quellen geschöpft haben muß.

Der erstaunliche Interferenzeffekt, der sich in Bulgakows Roman zwischen Voland und dem Meister als literarischen Figuren ergibt, ist oft genug beschrieben worden. Die zwei so unterschiedlichen Helden bringen es, sich gegenseitig das Stichwort gebend, fertig, immer ein und dieselbe Geschichte weiterzuerzählen. Abhängigkeit schließt als einen wesentlichen psychologischen Mechanismus die Identifikation mit jenem ein, von dem man abhängt. So verfiel Bulgakow darauf, den eigenen Freund per Hypnose zu therapieren und ihn an einem einzigen Tag von »düsteren Gedanken« zu lösen, wie sie für das Jahr 1935 typisch sein mochten.[84] Alles nur, um sich womöglich mit dem Hypnotiseur, der ihn selbst aus seinen Zwängen befreite, besser identifizieren zu können und ihn daraufhin, wie wir bereits sahen, ganz anders und viel suggestiver ansprechen zu können.

Effektive Hypnose ist eine großartige Apotheose der Abhängigkeit eines Menschen von einem anderen. Nicht jeder hat das

Zeug zum Hypnotiseur; nicht jedermann ist hypnotisierbar. Bulgakow war es, und die Hypnose zählt zu den wenigen Motiven, die sich durch die ganze Struktur des Romans ziehen: Strawinski behandelt durch Hypnose, Jeshua hilft Pilatus auf ebendiese Weise, und was Voland und sein Gefolge in Moskau treiben, sehen »die Gebildeten und Kultivierten« (wie auch heute noch einige Literaturwissenschaftler) gleichfalls als Hypnose an. Im April 1938 schickte Zeitlin Bulgakow, nachdem er ihm einige Ratschläge bezüglich der »psychiatrischen« Linie im Roman erteilt hatte, ein »klassisches Buch zur Hypnose«. Diese rational nicht zu erklärende, im wahrsten Sinne des Wortes wunderbare Kunst, die die absolute Passivität des einen Subjekts und seine absolute Beherrschung durch ein anderes sowie die freiwillige, dankbare Akzeptanz dieser Herrschaft voraussetzt, war ihrem Geist nach, wir sagten es schon, der Sowjetepoche außerordentlich angemessen. Sie überstand die kommunistische Herrschaft als einzige Psychotherapie-Methode unversehrt und ging sogar gestärkt aus ihr hervor; eine Vielzahl populärer Hypnotiseure – von Wolf Messing in den dreißiger Jahren bis hin zu Anatoli Kaschpirowski in den Achtzigern – wirkten in dieser Zeit und genossen Förderung.

Bulgakow als Patient eines Hypnotiseurs und Bullitt als Patient eines Psychoanalytikers dürften ihre klinischen Erfahrungen kaum ausgetauscht haben. Von Bedeutung ist etwas anderes: Im Moskau der Stalinzeit, dieser schrecklichen, unerklärlichen und unberechenbaren Welt, konnte man nur durch ein Wunder errettet werden. Wenn einem nichts weiter übrigbleibt, als auf ein Wunder zu hoffen, dann hält man es plötzlich für möglich – und meint, es aus irgendeinem Ärmel schütteln zu müssen. Stalin kann Wunder bewirken, und manchmal tut er es; Wunder bewirken kann gewiß auch der Botschafter eines fernen und mächtigen Landes; ein Hypnotiseur kann es, und mehr noch: selbst der Patient eines Hypnotiseurs. Bedingung ist, daß ein anderer, der zum gegebenen Zeitpunkt noch konsternierter ist als man selbst, an die Möglichkeit glaubt, ihm könne ein Wunder geschehen.

Am 30. Oktober 1935 kommt Anna Achmatowa zu Bulgakow. »Sie sieht schrecklich aus. In einer Nacht wurden ihr Sohn (Gumiljow) und ihr Mann – N. N. Punin – verhaftet. Kam, um einen Brief an Jossif Wissarionowitsch [Stalin] abzugeben. Ist völlig mit den Nerven fertig, murmelt irgendwelche Worte vor sich hin.«[85]

Bulgakow half beim Aufsetzen des Briefes. Dann schlug er der

Achmatowa vor, den auf der Maschine getippten Text von Hand abzuschreiben – so war es seiner Ansicht nach besser. Sie brachten den Brief zu Stalin; vier Tage später kam ein Telegramm von Punin und Gumiljow – sie waren freigelassen worden. Ein reguläres Wunder war geschehen. Ereignisse allergrößter Wichtigkeit hingen vom Vollzug magischer Handlungen ab. Auch Bulgakows eigene Briefe an Stalin waren solch magische Handlungen, und daß sie nicht anschlugen, hieß nur, daß sie mangelhaft ausgeführt worden waren. Im Gegensatz zu Bulgakow hatte Samjatin die Erlaubnis zur Ausreise für sich erwirkt, was er sich damit erklärte, daß sein Brief »deutlich und klar« abgefaßt gewesen sei, Bulgakows Schreiben hingegen nicht.[86]

Abhängigkeiten gibt es verschiedene – so wie es verschiedene Arten von Liebe gibt. Bulgakows Abhängigkeit von Stalin, eine einseitige, rückhaltlose – rein und ideal, größer als die Abhängigkeit Molières vom Sonnenkönig – war immerhin von anderer Art als sein Verhältnis zu Bullitt. Bei aller Verschiedenheit ihrer sozialen Lage wie auch ihrer Lebensperspektiven gab es zwischen Bullitt und Bulgakow einen realen, freundschaftlichen und wohl auch beiderseitig gewollten Umgang miteinander. Infolgedessen hat Voland bei weitem mehr Ähnlichkeit mit Bullitt aufzuweisen – physisch, emotional, von Mensch zu Mensch sozusagen –, als beispielsweise König Ludwig aus Bulgakows *Molière*-Stück dem realen Stalin ähnlich ist.

All dies will freilich nicht heißen, Bullitt hätte auf die künstlerische Textur des Romans unmittelbar Einfluß gehabt. So eindrucksvoll er als Person gewesen ist, seine schriftstellerischen Fähigkeiten waren mittelmäßig. Zwischen seinem einzigen Roman *It's not done* und Bulgakows Werken lassen sich keine Gemeinsamkeiten entdecken.

Und dennoch ist es Bullitt – dem Luxus und den Frauen zugeneigt, Schubert und Goethe verehrend –, dessen Stimme wir in den Auslassungen Volands vernehmen: »Was wollt Ihr in dem kleinen Keller? … O dreimal romantischer Meister, wollt Ihr etwa nicht am Tag mit Eurer Gefährtin unter blühenden Kirschbäumen wandeln und am Abend Musik von Schubert hören?« Und weiter, zum Zeichen ihres gemeinsamen ironischen Interesses am Experiment der Züchtung einer neuen Menschenrasse: »Möchtet Ihr etwa nicht wie Faust über der Retorte hocken, hoffend, daß es Euch gelinge, einen neuen Homunkulus zu formen?«[87] Sagte er nicht einige Zeit später Gleiches einem anderen – Freud nämlich, der sich selber einen »alten Meister« genannt hat und der lange zögerte, dem Schlachthaus um ihn herum den Rücken zu kehren, den Bullitt aber schließlich doch noch, ähnlich wie Voland es tat, »in die Stille« zu ziehen vermochte?

Der Unterschied lag vor allem darin, daß Bullitt sich außerstande sah, für Bulgakow das zu tun, was er später in einer analogen Situation für Freud tun konnte – nämlich für seine Emigration zu sorgen.

Die Saga von der auswärtigen Hilfe

In Bulgakows Roman bewegen sich Sujet und Figuren auf mehreren Ebenen zugleich.[88] Nehmen wir Margarita: Des Meisters rührende Gefährtin ist außerdem eine Hexe und, kaum kaschiert, das Porträt von des Autors Gemahlin. Als Hexe erfüllt sie die Sehnsüchte, die Gefährtin und Gemahlin im Herzen tragen und mit ihren irdischen Mitteln zu erfüllen nicht in der Lage sind. Voland wiederum ist Teufel und ist Bullitt. Der mythische Voland kann auf der Folie des historischen Moskau – welches schrecklicher ist, als ein Teufel zu sein vermag – nur Gutes bewirken. Den Meister und Margarita befreit er aus den Zwängen des für sie unerträglichen sowjetischen Lebens und holt sie »heim« zu sich. Sein historischer Prototyp, so einflußreich er war, vermochte selbiges für den Autor nicht zu leisten.

Was immer man sich unter der jenseitigen »Stille«, die Voland in Aussicht stellte, vorstellen mag – ihr irdisches Pendant ist klar: das Ausland, die Emigration. Man lese noch einmal die Abschiedsszene und weiß, was diese Worte meinen: »beklemmende Traurigkeit ... süße Unruhe ... unstete, zigeunerhafte Erregung ... ein Gefühl tiefen und blutigen Beleidigtseins ... selbstbewußter Gleichmut ... schließlich eine Vorahnung beständiger Ruhe ...«[89] – es ist die genaue Gefühlslage eines Menschen, der aufgefordert ist zum freiwilligen Verlassen seiner Stadt und seiner Kultur, die er liebt, um Zuflucht zu suchen in der Emigration, die ihm Ruhe bieten kann, aber kein Licht – denn leuchten kann ihm nur das Zuhause.[90]

So sind denn alle Rechnungen beglichen; der Meister darf Voland »kühn und unverwandt« ins Gesicht schauen. »Für immer! Das muß man richtig erfassen!«[91] flüsterte wohl auch Bulgakow, als er die Ausreise beantragte. Und vielleicht hat er an dieser

Stelle die Abschiedszeremonie eines Mannes beschrieben, der mehr Glück hatte als er, der Meister – Jewgeni Samjatin nämlich, der für sich die Ausreise erwirkt hatte und an Bulgakow, welcher nie im Ausland gewesen, Briefe schickte, die den Adressaten nicht immer erreichten ... In jedem Falle hatte der Weg, auf den Samjatin sich machte, für beide etwas Jenseitiges: In dem Brief, den er kurz vor seiner Abreise schrieb, nannte Samjatin sich einen Ahasver, und ebenso wird er von Bulgakow nicht nur einmal angesprochen.[92]

Man könnte lange darüber streiten, wie das Ende der Geschichte eigentlich gemeint ist – sterben der Meister und Margarita, oder reisen sie aus? Ebenso müßig die Frage, wer Voland nun wirklich war. Doch genauso unangebracht wäre es, den Roman mehr zu mystifizieren, als der Verfasser selbst es tat, und zu übersehen, daß in den mythologischen Rahmen ein ganz reales Lebensdrama eingeschrieben steht. Des Meisters Weggang ist kein leichter Entschluß, zu dem am Ende dennoch viele gelangten – unter ihnen Bulgakow.

Auch wenn Bullitt, wie wir erfahren haben, beileibe nicht allmächtig war – die betonte Aufmerksamkeit des US-Botschafters dürfte dem Schriftsteller genützt haben. Selbst in jenen Zeiten nahmen sowjetische Behörden auf die Meinung des Auslands eine gewisse Rücksicht. Bei der Debatte um ein über die Maßen »waffenklirrendes« Stück soll Stanislawski gerufen haben: »Und was soll Amerika dazu sagen?« – im gleichen Tonfall, wie man sonst zu fragen pflegte, was wohl Stalin dazu sagen würde. Im gleichen Stil schreckte er Bulgakow während der Proben zum *Molière* mit den Worten: »Und was, wenn der französische Botschafter im zweiten Akt aufsteht und geht?«[93]

Schon in den Jahren, da Bullitt in Moskau als Botschafter amtierte, hatte es für Bulgakow keine »Stille« gegeben – doch nach dessen Abreise Ende 1936 wurde sein Leben endgültig zur Misere. Im Versuch, den Kopf aus der Schlinge zu ziehen und gleichzeitig seine Abhängigkeit zu begründen, schrieb Bulgakow *Batum*: ein Stück über Stalin, das eigens entstand, damit die Hauptfigur von ihm Kenntnis nahm. Der Psychoanalytiker müßte diesen ständigen Orientierungswechsel von einer übermächtigen Figur auf die andere (von Stalin auf den Hypnotiseur Berg, dann auf Bullitt und wieder zurück zu Stalin) als manische Suche nach einem Übertragungsobjekt deuten. Für einen Autor vom Schlage Bulgakows und in dessen heikler und demütigender

Situation ist es der Text, der (ähnlich den während der analytischen Sitzung vorgebrachten Assoziationen) die Übertragungsgefühle transportiert: Liebe, Unterwerfung, Angst. Zu Anfang, als noch Kraft und Hoffnung sind und alternative Übertragungsobjekte existieren, drückt das künstlerische Schaffen diese Bindung nur in sehr verarbeiteter Form aus, nicht zu vergleichen mit den in magischer Manier abgefaßten Petitionen an den großen Führer. Doch einmal ist die Kraft zu Ende und nur *ein* übermächtiger Adressat geblieben. Da verschmelzen die zwei so verschiedenen Genres in einem einzigen Text – darin die Liebe zum Patron, die Furcht vor seiner Macht, der Wunsch, ihm die eigenen unklaren Gefühle anzuvertrauen, unbewußte Magie und bewußte Schmeichelei, die Bitte, die Hoffnung und der Dank im voraus. Bei solch einem Text geht es um alles; wenn der Patron ihn akzeptiert, ist der Autor gerettet und »magisch aufgehoben«; wenn nicht, hat er sich ausgeliefert. Von der Nachricht, daß sein Stalin-Stück bei dem einen »gültigen« Leser auf Ablehnung stieß, wurde Bulgakow todkrank. Ihm blieb nur, seinen Roman über Voland, den Meister und Margarita zu vollenden.

Falls es tatsächlich stimmt, daß Voland eine Art Chiffre für Bullitt ist, dann hat der Autor dieses Geheimnis sorgsam gehütet. »Voland hat keine Vorbilder im Leben, laß dir das gesagt sein«[94], schärfte er dem Freund ungefragt ein. Den Erfolg seiner Bemühungen zu messen, veranstaltete er bei sich zu Hause eine Art Quiz zum Thema: »Was glaubt ihr, wer Voland eigentlich ist?« »Der Satan«, erwiderten die Gäste zögernd, und Bulgakow schien es zufrieden.[95]

Unsere Antwort – die wie jede andere höchstens ein Teil der Wahrheit sein kann – lautet anders: Voland ist Bullitt und damit des Meisters unbändiger Traum von der Emigration. So gesehen, liest der Roman sich als Hilferuf. Gleich, ob die Hilfe aus dem Jenseits oder aus dem Ausland erfolgt, gleich, ob sie hypnotischer, magischer oder ganz realer Natur ist ...[96]

»Ein kunstvoll gemischtes Kartenspiel!«

– so kommentiert es Volands Adlatus und »Magier, Kantor, Zauberer, Dolmetscher oder weiß der Teufel, was er eigentlich war«, da er in einer sich auf dem Ball verlustierenden jungen Moskauerin die Ur-ur-ur-urenkelin einer vor Jahrhunderten fehlgetretenen französischen Königin erkennt. »Es gibt Dinge, bei denen nicht nur Standesschranken, sondern selbst Staatsgrenzen völlig bedeutungslos werden.«[97]

Im Juli 1935 hielt William C. Bullitt in Virginia eine Rede: »Die edelsten, je von den Lippen eines Menschen gekommenen Worte wurden zu Huren; die edelsten, je in seinem Herzen gekeimten Gefühle mußten als Material für gröbste Propaganda herhalten, dazu da, die einfache Wahrheit zu verschleiern: daß es sich nämlich um tyrannische Diktaturen handelt, die ihr Dogma den geknechteten Völkern aufzwingen.«[98] Im November traf er sich in Berlin mit seinem Kollegen, dem US-Botschafter in Nazideutschland. Dieser schrieb später: »Seine Bemerkungen zu Rußland waren das krasse Gegenteil von dem, was er vor Jahresfrist dazu geäußert hatte.«[99] In diese Zeit fällt Bullitts Ersuchen an Roosevelt, ihn nach Paris zu schicken.

Bullitt spielte während seiner Amtszeit in Frankreich eine unerhört wichtige Rolle. In den zwei Vorkriegsjahren koordinierte er praktisch die gesamte Europapolitik der USA. Seine deutschfeindlichen Stimmungen waren binnen kurzem ebenso ausgeprägt wie seine antisowjetischen. Als intimer Freund Blums und Daladiers bestand er auf schnellstmöglicher Bewaffnung Frankreichs und wirkte gleichzeitig am Münchener Abkommen mit. Beim Rückzug der französischen Armee und Regierung aus Paris lehnte er es trotz Roosevelts ausdrücklicher Order ab, die Botschaft zu evakuieren, da dies für ihn das Eingeständnis einer Niederlage bedeutet hätte. Vor Eintreffen der Deutschen übernahm er für kurze Zeit sogar die Aufgaben des Pariser Bürgermeisters. Nachdem er Zeuge der Bombardements geworden war, ging folgende Depesche an das State Department: »Ich habe schon viele Jahre das Gefühl, weit mehr erlebt zu haben, als einem in einem Menschenleben zusteht, weshalb der Gedanke an den Tod mich nicht mehr schrecken kann.«[100]

Bullitts diplomatische Karriere endet mit einem Eklat. Einer von Roosevelts Beratern, noch dazu ein Erzfeind Bullitts, war homosexuell, was Bullitt dem Präsidenten hintertrug. Diesem erschien die Indiskretion amoralischer als das, was durch sie bezeichnet war, und Bullitt mußte ein zweites Mal seinen Hut nehmen. Sein weiteres Schicksal ist ebenso erstaunlich: Der vormalige Botschafter der Vereinigten Staaten in Paris tritt als Major in die aktiven Truppen de Gaulles ein. Im August 1944 kam Roosevelt auf Bullitt wieder einmal zu sprechen. Er sei »absolut schrecklich« gewesen, meinte der Präsident, und werde für seine Sünden im Höllenfeuer braten; er wisse gar nicht, was Bullitt jetzt eigentlich treibe – ob er an der Front gefallen sei oder noch am Leben, um am Ende französischer Premier zu werden?[101]

William C. Bullitt starb in Paris, siebenundzwanzig Jahre nach seinem Altersgenossen Michail Bulgakow – just in jenem Jahr, als an verschiedenen Enden der Welt zweierlei Bücher erschienen: in London und Boston eine psychoanalytische Abhandlung über den US-Präsidenten Th. Woodrow Wilson und in Moskau der Roman über Voland, den Meister und Margarita.

10. KAPITEL
DIE INTELLIGENZIJA AUF DER SUCHE NACH WIDERSTAND

Die Erben des Silbernen Zeitalters

Die Intelligenzija, die in Rußland zu allen Zeiten auf ihre exklusive Bestimmung Wert legte, hatte unter dem, was ihrem Land in den langen Jahren der Sowjetherrschaft widerfuhr, unglaublich zu leiden. Und doch trägt sie selbst einen nicht geringen Teil Verantwortung dafür. »Ich glaube nicht an unsere Intelligenz, die heuchlerisch, verlogen, hysterisch, ungezogen und faul ist, ich glaube nicht an sie, selbst wenn sie leidet und sich beklagt, denn ihre Unterdrücker kommen aus ihren eigenen Reihen«[1], schrieb Tschechow 1899, da es für solch harsche Worte noch einer gewissen Weitsicht bedurfte. Zehn Jahre später würden die Autoren des legendären Almanachs *Wegzeichen* diese Briefstelle zitieren, um damit ihre geharnischten Anschuldigungen an die Adresse der Intelligenzija, die inzwischen die erste russische Revolution gemacht hatte, zu bekräftigen. Als die zweite im Gang war, fand Rosanow in seinem Aufsatz *Die Apokalypse unserer Zeit* noch deutlichere Worte: »Zweifellos hat die Literatur Rußland umgebracht. Es gibt nicht einen unter den Totengräbern Rußlands, der nicht literarischer Herkunft wäre.«[2] Und weitere zwanzig Jahre mußten ins Land gehen, ehe Warlam Schalamow im GULag von Kolyma der ganzen bitteren Wahrheit über die Schuld und Hilflosigkeit der Intelligenzija ins Gesicht sehen konnte. »Die Erfahrung der humanistischen russischen Literatur hat vor meinen Augen zu den blutigen Exekutionen des zwanzigsten Jahrhunderts geführt …«[3], und: »Das Leben gründet nicht auf Vernunft – dafür tritt unsere Zeit den Beweis an.«[4]

Die Protagonisten der sowjetischen Kultur waren beileibe nicht die unschuldigen Opferlämmer des Regimes. Ihrer Herkunft nach waren viele leitende Parteikader Intellektuelle – vor allem auch die, die an der Zerschlagung der Kultur und der Verfolgung der Intelligenzija unmittelbar Schuld trugen. Noch fataler aber ist, daß die berühmtesten Schriftsteller, Musiker und Gelehrten ab Ende der zwanziger Jahre aufs engste mit den Machthabern kooperierten, und zwar in den allermeisten Fällen so lange, bis Verhaftung oder Tod es ihnen verwehrten. Dies betraf nicht nur talentlose Emporkömmlinge vom Typ eines Lyssenko, sondern auch solche Meister ihres Faches wie Stanislawski und Meyerhold, Gorki und Alexej Tolstoi, Bechterew und Kapiza …

Die dreißiger Jahre sahen manches, was die Welt bis dahin noch nicht erlebt hatte. Dazu gehörte die Entstehung der spezifisch sowjetischen »Hautevolee« in einem monströsen Zusammenspiel von Begabungen, Bestechungen, beispielloser Brutalität. Soirees, auf denen Marschälle und Politbüromitglieder die Salonlöwen abgaben, wurden ausgerichet von den Divas der Nation: Sinaida Reich (Jessenins Witwe und dann Meyerholds Frau, nach der Verhaftung ihres Mannes in der eigenen Wohnung bestialisch ermordet) sowie Natalja Saz (die mit Lunatscharski verwandt und mit Tuchatschewski intim war). Die berühmten Dichter und Schriftsteller der Dreißiger – Babel, Pilnjak, Ehrenburg, Pasternak, selbst ein Eigenbrötler wie Mandelstam –, alle hatten ihre Protegés in den höheren Kreisen. Kundig erörterten die Dichter (so z. B. Majakowski und Tschukowski, wenn man den Erinnerungen des letzteren glauben darf) beim Tee oder Wodka, wer von den Funktionären gerade an welchen Hebeln saß. Trotzki, Stalin, Kamenew, Jenukidse und sogar Woroschilow gaben Empfänge, wo Gedichte gelesen wurden und Opernsängerinnen auftraten; die Kinder der Parteikader schließlich ergriffen in der Regel intellektuelle Berufe. In den dreißiger Jahren war die Intelligenzija ein vorzüglicher Teil der Gesellschaft, sie genoß Privilegien, die denen der bürokratischen und militärischen Spitze kaum nachstanden.[5]

All dies geschah natürlich nicht nur aus purer Angst. Eine plausible Erklärung läßt sich eher in den Umständen und Gesetzmäßigkeiten finden, die auch viele westliche Intellektuelle in die Arme der gleichen Leute trieben. Von ihnen hatte keiner etwas zu befürchten – und doch neigten sehr unterschiedliche Leute, allesamt von bestem Ruf, zu einer Kooperation mit den Bolschewiki: Man denke nur an André Gide und Jean-Paul Sartre, Lion Feuchtwanger und Bertolt Brecht, Pablo Neruda und Pablo Picasso … Die einen trafen diese Wahl aus reinem Versehen oder größter Naivität, andere meinten das geringere Übel zu wählen, dritte ließen sich von ihrem Utopieglauben leiten, der Erbsünde aller Intellektuellen. Will man die bewußt getroffene und zumeist völlig uneigennützige Entscheidung dieser Leute respektieren, so darf man Gleiches ihren sowjetischen Kollegen nicht versagen, deren moralische Überzeugungen sich unter weit ungünstigeren Bedingungen gebildet hatten und die ihre lebenswichtigen Entscheidungen unter dem Druck sehr konkreter Bedrohungen (oder aber Belohnungen) fällen mußten. Selbst die stillschweigende Verweigerung gegenüber dem Regime zog unter diesen Bedingungen nicht nur den Konflikt mit der allgewaltigen Macht, sondern auch die Ächtung von seiten vieler intellektueller Kollegen nach sich.

Widerstand im doppelten Sinn

»Möge die dionysische Brandung die letzten Bastionen der Individualität hinwegspülen und durch das Mysterium des Todes in den grenzenlosen Ozean des kosmischen Ganzen versenken«[6], rief das Oberhaupt des russischen Symbolismus die Elemente zu Hilfe. Die letzten Bastionen der Individualität zu untergraben, ist das Mysterium des Todes nicht schlechter geeignet als der historische Materialismus. Wir hörten bereits von einem wahnsinnigen Kriegskrüppel und seiner absurden Konsequenz, die Predigt vom Übermenschen für bare Münze zu nehmen (siehe Kap. 2). Doch auch Lunatscharski schrieb poetische *Dionysos-Dithyramben*, und Wjatscheslaw Iwanow war eine Zeitlang Beamter in dessen Volksbildungskommissariat ...

Widerstand gegen das Regime bedeutete nicht nur Todesgefahr, es war rein intellektuell ein schwieriges Unterfangen. In dieser systematisch und über Generationen ausgehöhlten Kultur gab es für Widerstand weder eine Tradition noch eine Philosophie, noch eine Sprache. Es ist also kein Zufall, daß von allen Grundideen der Psychoanalyse gerade der Widerstand bei den russischen Berufsanalytikern die am wenigsten beachtete war. Und das, obwohl andererseits im Verhältnis der sowjetischen Intellektuellen zur Psychoanalyse die Komponente des Widerstands dominierte.

Für die einen hatte die Psychoanalyse den Ruch einer ambitionierten geistigen Verrenkung der Mächtigen; anderen erschien sie als Anschlag auf das wenige, was noch nicht unter Zensur und Kontrolle war: Träume, Gefühle, Visionen; wieder anderen war gerade die Psychoanalyse durch ihre Unkonventionalität ein Schild und ein Trost wider die Infiltrationen der herrschenden

Ideologie ... Daß es sich bei den einen, den anderen und den wieder anderen in der Regel um dieselben Leute handelte und daß diese, die die Psychoanalyse nicht nur vom Hörensagen kannten, wenig an der Zahl waren und immer noch weniger wurden, muß man kaum mehr betonen. Mit einer so gearteten Interessenlage ging nun beinahe zwangsläufig ein doppelter Widerstand einher: im politischen und im psychoanalytischen Sinn. Beide verschmolzen miteinander mehr, als es von den Klassikern der Theorie gedacht gewesen sein mochte.

Die Frage der Sexualität war für sowjetische Intellektuelle der zwanziger, dreißiger Jahre im allgemeinen weit weniger akut als die Frage der Macht. Der mit Macht und Unterwerfung beschäftigte Teilkomplex der Psychoanalyse, wie er vor allem im unsymmetrischen Verhältnis von Analytiker und Analysanden zum Ausdruck kommt, wurde hier einer systematischen Kritik unterzogen. Die Erfahrung im Umgang mit den Mächtigen war traumatisch genug, um den Verdacht zu bestärken, daß eine Anwendung der Psychoanalyse unter den leidigen sowjetischen Bedingungen nur zu neuen Formen von Totalitarismus führen konnte. Im Licht dessen, was wir heute über die Epoche wissen, hatten die Zeitgenossen, die ihren Trotzki gehört und ihren Salkind gelesen hatten, allen Grund, mißtrauisch zu sein. Selbst ein von den Vorgängen in seiner Heimat so weit entfernter Mann wie Nabokov sah in der Psychoanalyse den »Polizeistaat des Sexualmythos«[7] heraufziehen. (Was ihm an konkreter Anschauung fehlte, dürfte er durch seine Berliner Erfahrungen kompensiert haben.)

Tatsächlich geriet die Psychoanalyse immer mehr in Widerspruch zum Geist der Zeit. Die Schrecken des Lebens »draußen« wurden zu groß, als daß sich noch einer leistete, den inneren Ängsten nachzuspüren. Da Ossip Mandelstams Frau Nadeshda von den Alpträumen erzählt, die sie während der Zeit der Woronesher Verbannung heimsuchten, kurz vor ihres Mannes zweiter Verhaftung und seinem quälenden Gang in den Tod, räsoniert sie: »Welcher Freud würde es wagen, solche Träume mit verdrängten Komplexen zu erklären? Mit verdrängten Sexualempfindungen? Mit dem Ödipuskomplex oder ähnlichen Ungeheuerlichkeiten?«[8] Man darf nicht vergessen, daß selbst Freud in Wien nach dem Einmarsch der Nazis die Arbeit aus gleichen Gründen eingestellt hatte: Wenn das Bewußtsein erschüttert sei, lasse sich ein Interesse am Unterbewußtsein schwer aufrechterhalten, soll er gesagt haben. Michail Bachtin schrieb aus ähnlichem Erleben: »Das Bewußtsein ist weit furchterregender als alle Komplexe des Unbewußten.«

Ein aufschlußreicher Beleg immerhin, daß psychoanalytische Herangehensweisen in der sowjetischen Geisteswissenschaft (und offenbar selbst in ausgesprochen ideologiebefrachteten Disziplinen) auch weiterhin ein bescheidenes Dasein führten, ist eine 1935 im Akademie-Verlag (!) erschienene Untersuchung der namhaften Philologin W. Adrianowa-Peretz zum Thema *Freudsche Traumsymbolik in der Welt der russischen Volksrätsel*[9]. Die Autorin zeigt, daß in diesem Folkloregenre die nämlichen Symbole (und auch die gleichen Auflösungen) anzutreffen sind wie in Freuds *Traumdeutung*. Ihre umfängliche und gediegene Abhandlung läßt sie mit dem methodologischen Fazit enden: »Die Zusammenarbeit von Psychoanalytikern und Folkloristen kann außerordentlich fruchtbar sein.«

Im allgemeinen jedoch erlosch das Anfang der zwanziger Jahre so heftig aufgeflammte Interesse der Intellektuellen an der Psychoanalyse zusehends. Daß zum Beispiel ein Andrej Platonow oder ein Boris Pasternak sich in irgendeiner Weise damit abgegeben hätte, ist nirgends belegt. Anna Achmatowa, wohl wissend, »aus welchem Unrat / dir Verse sprießen ohne jede Scham«[10], gab ihren Nächsten mehrfach zu verstehen, daß sie gegen Freud eine tiefe Abneigung hatte. Von den großen russischen Autoren des Jahrhunderts war es wohl vor allem Nabokov, der sich über die Analyse äußerte, wobei er Freud nie anders als den »Wiener Quacksalber«[11] nannte – was ihn nicht davon abhielt, immer wieder über ihn zu sprechen und zu schreiben.

Im Leben einiger weniger sowjetischer Intellektueller von Rang spielte die Psychoanalyse allerdings eine gewichtige Rolle. Die Gründe dafür lagen, wie wir sehen werden, bei jedem anders, und überhaupt fielen die Annäherungsversuche recht verschieden aus.

Sergej Eisenstein im Gänsefußdschungel

Anhänger der Analyse wie auch ihr beständiger Kritiker war der hervorragende Filmregisseur Sergej Michailowitsch Eisenstein (1898–1948). Sein theoretisches Erbe, in Teilen postum veröffentlicht durch den Semiotiker Wjatscheslaw Wsewolodowitsch Iwanow[12], darf uns diesbezüglich als Fundgrube dienen.

Eisensteins Verhältnis zur Psychoanalyse war schwankender Natur – Zeiten lebhaften Interesses wechselten mit Phasen heftigster Ablehnung, und das sein ganzes Leben hindurch. Erstmals Freud gelesen hat Eisenstein im Frühjahr 1918, da er als Freiwilliger in der neugegründeten Roten Armeé diente. Mit kinematographischer Präzision erinnert er sich an die Heimfahrt zum Wochenendurlaub: »Später, auf der Plattform der Straßenbahn, in mörderischem Gedränge, bin ich so in das Büchlein vertieft, daß ich nicht bemerke, daß das Milchgefäß längst zerdrückt ist und die Milch Tropfen um Tropfen durch das ... Khaki des Rucksacks sickert.«[13] Eisenstein habe Freud »mit all der seinem Intellekt eigenen Fundamentalität intus«[14] gehabt, meinte Friedrich Ermler, später einmal ein berühmter Regisseur, der ihn in den frühen Zwanzigern gut gekannt hat; gewisse Szenen im Film *Altes und Neues* ließen nach Ansicht Ermlers keinen Zweifel zu, daß der Autor die Psychoanalyse für seine Arbeit genutzt hatte. Auch Ermler war ihr gegenüber aufgeschlossen, so daß derselbe Eisenstein ihm eines Tages Bescheid gab: »Wenn du nicht bald mit diesen Freud-Tiraden aufhörst, sind wir geschiedene Leute. Was bist du für ein Schwätzer! Lies Pawlow, dann wirst du sehen, daß es mehr als einen Freud auf der Welt gibt.«[15] Dieser Brachialcharme gehörte zum Stil der Epoche. Ein anderer Freund berichtet, er habe Eisenstein einen »Statthalter des Teufels« genannt; der so Geschmähte sei von der Bezeichnung angetan gewesen.

Eisenstein war befreundet mit Stefan Zweig, der kurz vor Niederschrift seines Buches *Die Heilung durch den Geist*, das einen langen, emphatischen Essay zu Freud enthält, Rußland besucht hatte. Zweig erzählte dem Regisseur hin und wieder von dem »großen Wiener«, dem Patriarchen »dieser neuen athenischen Schule, in der ein neuer Plato und Aristoteles im erdrückenden Wesen eines Menschen, der einen Wagnerschen Namen trägt, miteinander verschmolzen sind«[16], wie Eisenstein ironisch formuliert. Zweig wollte Eisenstein unbedingt mit dem edlen Mann bekannt machen, lud ihn ein, nach Wien zu kommen. Doch daraus wurde nichts. Später, im Jahr 1946, beschrieb Eisenstein seine analytischen Erfahrungen als »Streifzüge durch den phantastischen Dschungel der Psychoanalyse, durchzogen vom mächtigen Atem des Gänsefußkrauts«[17] – dies sein Ausdruck für die Freudsche Libido[18].

Des weiteren behauptet Eisenstein in seinen fragmentarischen Erinnerungen, er habe sich mit Freuds Hilfe besser im Charakter seines Lehrers Wsewolod Meyerhold zurechtgefunden. »Der ›Ödipuskomplex‹ … tritt im Spiel der Leidenschaften innerhalb der [Wiener] Schule selbst zutage: Söhne, die sich gegen den Vater erheben. Mehr aber in Auflehnung gegen das Regime und die Tyrannei des Vaters, eines Vaters, der eher einem Saturnus gleicht, der seine Kinder verschlingt, als dem harmlosen Laios … – dem Vater des Ödipus … Stammt nicht vielleicht daher das Bild der Horde, die ihren Stammesältesten auffrißt – ein ständiges Bild in der Lehre Freuds?«[19] Aber wieso gerate ich eigentlich so in Eifer, wenn ich von der Psychoanalyse rede? fragt sich Eisenstein unvermittelt selbst. Warum geht sie mir so nahe, diese interne Atmosphäre einer Gelehrtengruppe? … Die Antwort ist schnell zur Hand: Eine rundum analoge Situation habe sich zwischen Meyerhold und seinen Schülern abgespielt. »Ein genauso großer Nestor im Mittelpunkt. Genauso unendlich charmant als Meister und voll tückischer Arglist als Mensch … mit der gleichen Zwiespältigkeit und Gestörtheit des inneren Gleichgewichts … Das gleiche stürmische Wachstum von Individualitäten rings um ihn. Die gleiche Intoleranz bei dem kleinsten Anzeichen von Selbständigkeit.«[20] Eisenstein geht in seiner Introspektion noch weiter. So wie er Meyerhold gemeint hatte, als von Freud die Rede war, so stand auch hinter Meyerhold nur sein, Eisensteins, eigener Vater. Dieser habe dem kleinen Serjosha die Auskunft verweigert, woher die kleinen Kinder kamen; der Lehrer sei in Fragen der Kunst noch ausweichender gewesen. »Der Himmel wollte es, daß mein geistiger Vater sich in Sachen ›Geheimnis‹ genauso verhielt wie mein leiblicher.«[21] Der deutsch hingeschriebene Satz *Wie sag ichs meinem Kinde?* findet sich in Eisensteins Memoiren gleich viermal und sollte ursprünglich sogar für das Ganze als Titel herhalten.

Der Kreis ließe sich wieder schließen: Sein Vater versagte ihm die Aufklärung in sexuellen Dingen, Meyerhold in professionellen Belangen, und Freuds Antworten konnten ihn bei seiner Suche nach einem geistigen Patentrezept nicht zufriedenstellen. Eisenstein sieht in Freud und Meyerhold (im Vater sowieso) den lebenden Beweis, »daß Genie und Bösartigkeit eben doch in einem Menschen vereint sein können«[22], und er kann sich des Verdachts nicht erwehren, daß Freud nicht alles sagt, was er weiß.

Große Wirkung hinterließ bei Eisenstein Otto Ranks Buch *Das Trauma der Geburt*. Rank, ein großer Verehrer Nietzsches und zugleich einer von Freuds Lieblingsschülern, hatte hier neuerlich den Versuch unternommen, einen psychologisch annehmbaren Kompromiß zwischen Ödipus und Dionysos zu schmieden. In seinem Buch gab er der Embryonal- und Geburtserfahrung im analytischen Kontext eine ganz neue Bedeutung – Vorstellungen, die für die Psychotherapie von großem Gewinn sein sollten. Bachtin, der das Buch kannte, sah darin eine absurde Übertreibung der Psychoanalyse. Eisenstein dagegen war hingerissen von der Vorstellung einer ersehnten Rückkehr in den Mutterschoß, die dem Wiedergeburtsmythos konkretere Züge verlieh. Wie der Nachlaßforscher berichtet, habe Eisenstein damit eine ganze Reihe von Kulturphänomenen (einschließlich des Kriminalromans!) zu erklären versucht: nämlich als Analogie zum Minotaurus-Mythos und zur biblischen Jonas-Geschichte, die allesamt darauf hinausliefen, daß nach der höchsten Wahrheit im dunklen, unergründlichen Raum geforscht wurde, für den der mütterliche Schoß das Urbild war.[23]

Als Mensch von universaler Begabung identifizierte sich Eisenstein mit Leonardo da Vinci. Von seinen Freunden in Amerika wurde er Leonardo genannt; der Vergleich wurde zu einem beliebten Thema westlicher Eisenstein-Forscher. Was man von seinem Privatleben weiß, legt eine Analogie zu Leonardos Leben in der Darstellung Sigmund Freuds recht nahe. Rosanow hätte Eisenstein gewiß mit Freuden in seine *Mondlichtmenschen*-Sammlung eingereiht. Dagegen steht die eigene Aussage Eisensteins gegenüber seiner Biographin Marie Seton: »Viele erzählen über mich, ich sei homosexuell. Das war ich nie ... Ich denke, daß bei mir bisexuelle Tendenzen vorliegen müssen.«[24]

Wie Solowjow, Iwanow, Berdjajew, Bachtin und weitere Apologeten der »russischen Idee« war auch Eisenstein dem Platonschen Gedanken von der Androgynität als Ideal des ganzheitlichen Menschen ernsthaft gewogen, der Vorstellung von jenem »ursprünglich einigen androgynen Wesen ..., das später in zwei voneinander getrennte Arten oder Prinzipien geteilt wurde – ein männliches und ein weibliches, die in der hochzeitlichen Vereinigung die Erneuerung dieses ursprünglich einigen bisexuellen Ausgangsprinzips feiern«[25] und so jedesmal wieder mit der übermenschlichen Wesenheit in Berührung kommen. »Allenthalben ist der Erwerb solcher Prädikate einer primären Gottheit mit der Kraft zur übermenschlichen Existenz in Zusammenhang gebracht worden ... Bei Nietzsche ist dieses Element durch Zarathustra verkörpert; in jenen Momenten seiner selbstbezogenen

Ergüsse, da der Verfasser mit dem von ihm erschaffenen Übermenschenbild verschmilzt, … haben wir es mit einer Rückkehr in die Zukunft zu tun: hin zum Ideal eines ursprünglichen, vormenschlichen Seins.«[26] An anderer Stelle spricht er davon, daß das Problem des Androgynen ihn erstmals nach der Lektüre von Freuds Leonardo-Essay beschäftigt habe, nicht etwa nach dem *Zarathustra*.[27] Eine Verbindung zwischen dem Übermenschen und dem Androgynen stellt er so oder so her.

Erbittert streitet Eisenstein aber gegen das, was er – im Einvernehmen mit der tiefwurzelnden russischen Konvention – als Freuds Pansexualismus ansieht. (Vielleicht steckt in diesem Vorwurf nur eine gereizte Reaktion auf dessen Individualismus.) Mit den Jahren habe er eingesehen, daß »der primäre Impulsfond weiter gesteckt ist, daß er sich nicht auf den Sexualtrieb beschränkt, wie Freud das sieht«, schreibt er in den Memoiren. Das Unbewußte, für ihn ein Reflex frühester, undifferenzierter Ebenen des sozialen Seins, schließt in Eisensteins Selbstbeobachtung die Sexualität ein, sei jedoch vom »privaten biologischen Abenteuer der menschlichen Spezies« nicht beherrscht. Den Autor zieht es nach eigenem Bekenntnis mehr zu den »(für das begrenzte Einzelwesen unerreichbaren) kosmischen Formen einer ganzheitlichen Verschmelzung«[28]. Das sogenannte Primitive – ethnographisch behandeltes Modethema jener Jahre, als Marx ebenso wie Freud in den Köpfen vieler Intellektueller von Frazer verdrängt wurden – interessierte Eisenstein vor allem als Anhaltspunkt auf der Suche nach der synkretischen Einheit. »Ich würde von mir sagen wollen: Dieser Autor scheint ein für allemal beansprucht von einem Thema, einem Sujet, einer einzigen Idee, die da heißt: Ganzheit zu erlangen …«

Der Leser wird hier unschwer eine Neuauflage der alten Ideen Nietzsches und Iwanows erkennen. » … die Personifizierung meiner ›Prinzipien‹ – das sind natürlich Dionysos und Apoll«, heißt es denn auch bei Eisenstein. Die Synthese beider sah er – nicht anders als Rilke – in Orpheus. Kunst sei wie eine Droge, die einen in prälogische Tiefen zurückbefördere, zu Dionysos. Ein Unterschied zu den Genannten jedoch ist signifikant: Anders als Iwanow weiß Eisenstein um die Verführbarkeit der Masse aus eigener Erfahrung, und jene Bewegung »zurück und hinab« ist für ihn kein Salonthema, sondern eine reale Lebensalternative: Man muß nur auf die Straße gehen und sich der tobenden Menge zugesellen.

Oder einen Film daraus machen.

Orpheus und die Masse

Nicht das Träumen ist für Eisenstein der »Königsweg« zum Unbewußten, sondern die willentliche Erweiterung des Bewußtseins. In herbeigeführten Zuständen solcher Art sind Gesetze am Wirken, die Ursprüngliches und Ideales, Über- und Urmenschliches zur Deckung bringen. Eisenstein erforscht sie mit dem praktischen Sinn eines Produzenten, der geneigt ist, jede Information in Aktion münden zu lassen. Insbesondere die »rhythmische Trommel« fasziniert ihn als Mittel zur zeitweiligen Ausschaltung oberer Bewußtseinsschichten und völliger Versenkung ins sensitive Denken. Analog zu den fernöstlichen Schamanen und russischen *chlysty* sinnt er über Mechanismen kultischer Ekstase, gründend auf der »psychischen Trommel«, das heißt der unablässigen Wiederholung des immergleichen, nur in unterschiedliche Formen gewandeten Motivs. Über diese ekstatischen Momente will er Genaueres wissen – über die religiöse Ekstase durch das Studium der »Propheten des alten Judäa«, über die narkotische, indem er die Auswirkungen des Meskalinkonsums bei mexikanischen Indiostämmen studiert.

Doch die sowjetische Wirklichkeit sollte für ihn diesbezüglich ein weit lohnenderes Studienobjekt sein. Diese Wirklichkeit ließ er einfließen: weniger in die Texte, die zwar als freie Assoziationsketten gebaut, jedoch zur Veröffentlichung bestimmt waren und daher der Zensur und Selbstzensur unterlagen, als in die Filmbilder, die komplexer und mithin nicht so leicht zu kontrollieren waren. *Streik* ebenso wie *Oktober* und *Panzerkreuzer Potjomkin* sind reich an Massenszenen voller Panik und Gewalt, die man leicht als unmittelbare Illustration zu Freuds *Massenpsychologie und Ich-Analyse* ansehen könnte, zielten sie nicht auf eine konträre emotionale Wirkung. Im Gegensatz zu Freud stößt Eisenstein die Massenhypnose in keiner Weise ab. Nur allzu gern möchte er sich in der Menge verlieren und stiftet seinen Massenzuschauer an mitzukommen.

Und der kommt. Daß gerade diese Szenen (man denke nur an die Treppen-Sequenz im *Potjomkin*) heute die berühmtesten sind, ist kein Zufall. Um der unvergleichlich expressiven Massen willen – gewissermaßen die wahren Eisensteinschen Helden! – strömten Hunderttausende Zuschauer aller Herren Länder in Revolutionsstimmung in die Kinos, den *Potjomkin* zu sehen. Goebbels sah ihn auch und befahl seinen Filmemachern, einen eigenen, nationalsozialistischen *Potjomkin* zu drehen. Besser noch als wir spürten diese Leute die Erotik des einen, wogenden und zerfließenden, geschlechtslosen, sich selbst reproduzierenden Kollektivkörpers, in dem der Einzelne zur Ruhe findet – wie in der Gebärmutter. Die Erotik der Masse, dieses Endstadium des göttlich-platonischen Eros, ließ die vagen Phantastereien Nietzsches und Iwanows Wirklichkeit werden ... In Eisenstein hat das »Zeitalter der Massen« seinen schöpferischen Meister gefunden.

Dort aber, wo Eisenstein letztlich doch auf das Individuum zurückgreift, wählt er sich den Führer zum Protagonisten, den allmächtigen, grausamen, unberechenbaren Heroen der Masse. »... in meinen Filmen wird eine Unmenge von Leuten erschossen, splittern die Schädel von Landarbeitern, die man bis zum Hals in die Erde eingegraben hat, unter den Hufen von Pferden, ... werden Kinder auf der Treppe von Odessa zu Tode getreten, vom Dach geworfen ..., läßt man die eigenen Eltern sie umbringen ...« Die Auflistung von Schrecken, die eine halbe Seite einnimmt, bekommt ein logische Schlußpointe: »Und es scheint mir keineswegs zufällig, daß es gerade Zar Iwan Wassiljewitsch Grosny ist, der über eine ganze Reihe von Jahren mein Denken beherrscht und mein Lieblingsheld ist.«[29]

Im Film *Iwan der Schreckliche*, in Stalins persönlichem Auftrag entstanden, zeichnet Eisenstein ein bei aller Verfremdung ausnehmend schönes Bild von der Monströsität des ersten russischen Diktators. Seine Vorliebe für grausame Szenen leitet der Regisseur aus Kindheitserlebnissen her, und auch Iwans drakonische Strenge erklärt er so. Interessanter noch ist, daß Eisenstein die Grausamkeit des Zaren als den Erfordernissen der Zeit angemessen empfindet: Die »leidenschaftliche emotionale Färbung der Taten« habe es Iwan ermöglicht, »progressive staatsmännische Maßnahmen« durchzusetzen. Deutlich identifiziert sich der Regisseur mit seinem Helden (hinter dem Stalin erkennbar wird), und das Geheimnis des historischen Erfolges aller drei erklärt er aus den Narben ihrer Kindheit: »Wenn eine Reihe kindlicher Traumata emotionale Berührungspunkte hat mit den Aufgaben, die vor dem erwachsenen Menschen stehen – dann ist es trefflich!«. Die Geschäfte der Erwachsenen verlangen eine harte Gangart, und einen Vorteil hat, wer durch die Traumata seiner Kindheit dafür gerüstet ist. (Das ist auf den Kopf gestellte Psychoanalyse!) »Bei Iwan war dies der Fall.« Aber bei Eisenstein auch. »Ich glaube, daß ich in diesem Sinne mit meiner Biographie Glück hatte! Ich war für meine Zeit und mein Lebensumfeld gerade als der nützlich, der ich geworden war.«[30]

Gegen Ende seines Lebens verdroß Eisenstein an der Freudschen Analyse immer mehr das Manko an differenzierten Körper- und Antriebsmodellen, wie sie seiner synkretischen Begabung entsprochen hätten. »Der Fluch einer Erkenntnis, die das Handeln nicht beeinflussen kann, liegt auf der ganzen Psychoanalyse«[31], schrieb er 1946. Er bediente sich nun eher der Metaphern des handfesten Marxismus. Ekstatische, undifferenzierte Bewußtseinszustände (die »Prä-Psyche«) vergleicht er mehrfach mit der klassenlosen Gesellschaft. In der Prä-Psyche sieht er ein psychologisches Idealbild – ungefähr so wie einst Engels in der promiskuitiven klassenlosen Gemeinde sein soziales Ideal gefunden zu haben glaubte. In diesen primitivistischen Ideen verwirren sich Vergangenheit und Zukunft, Fortschritt und Rückschritt ebenso wie Männliches und Weibliches, Subjekt und Objekt, Individuum und Masse. Und dennoch blieb die totale Verschmelzung ein Unerreichbares.

Für Eisenstein kam diese Unmöglichkeit, die Gegensätze ganz zur Einheit zu bringen, »einem Golgatha gleich«. Der feinsinnige Intellektuelle nahm die Vielzahl Abweichungen, die ihn selbst nach eigenem Empfinden von der universalen Einheit trennten, als »Zerreißprobe für die Seele« wahr; den Widerspruch von sinnlichem und symbolischem Denken erlebte er als sein »zentrales Trauma«. Orpheus blieb unnahbar, nur ein Schatten des Dionysos, sein Barde allenfalls. Dionysos aber war auf den Straßen zugange – sterbend in den ekstatischen Massen, wiederauferstehend in ihrem irrationalen Führer.

Daß Eisenstein in Moskau persönlicher Probleme wegen einige Male Psychoanalytiker konsultierte, ist verbürgt. Doch eine Analyse kam offenbar nicht zustande. Während der kurzen Phase seines Wirkens in Hollywood Mitte der dreißiger Jahre nahm er gleichfalls die Hilfe eines Analytikers in Anspruch: eines gewissen Doktor Reynolds, an den ihn Charlie Chaplin vermittelt hatte. Eisenstein hatte Schwierigkeiten mit den Dreharbeiten zum Film *Das Glashaus*. Sein Produzent Ivor Montagu konnte sich gar nicht genug wundern, daß Eisenstein »viel Zeit – und Bares – verausgabte, nur um mit Dr. Reynolds auf unserem Balkon herumzusitzen und nach Widerständen zu forschen, die ihn, ihn selbst, daran hinderten, über seine Glashaus-Geschichte nachzudenken«[32]. Glücklicherweise, fügt Montagu hinzu, kam nichts dabei heraus. Und das, obwohl auch er Eisensteins Idee, das *Glashaus* zu inszenieren, als Zwangsvorstellung, wenn nicht gar eine Art Sucht ansah.

Für unseren Zusammenhang ist die Idee zu diesem Film ebenso interessant wie die Bedrängnis, die der Regisseur dabei empfand und dem Analytiker vortrug. Eisenstein hatte ein vom Auftraggeber vorgeschlagenes Skript abgelehnt und trug sich statt dessen mit dem Gedanken, Jewgeni Samjatins Roman *Wir* in Hollywood zu verfilmen – die großartige Satire vom sozialistischen Paradies, die den erbitterten Widerstand eines Menschen gegen die Massengesellschaft schildert, welche ihn seiner Individualität und Liebe beraubt. Augenscheinlich wollte der Autor des *Oktober* und des *Potjomkin* den Auslandsaufenthalt nutzen, um sein neues, komplizierter gewordenes Verhältnis zum Regime in der Heimat auszudrücken. Und der daraus erwachsende Zwiespalt war offenbar so groß, daß ein schöpferischer Stillstand, eine Art Stupor eintrat. »Das Ausland ist für den kreativ Tätigen ein Test unter Extrembedingungen: ob er nämlich überhaupt in der Lage ist, fern der Revolution zu arbeiten.«[33] Daß die Wahl auf Samjatins *Wir* gefallen war, hatte aber wohl zu bedeuten, daß es nicht um Nostalgie ging, sondern um ein mühevoll erworbenes neues Verständnis von sich selbst und der Gesellschaft, in der er lebte.

So wenig, wie Montagu offenbar wußte, daß Samjatins Antiutopie als Vorlage für das *Glashaus* herhalten sollte,[34] so ahnungslos wird er gewesen sein, was den Stand der Dinge in jener Utopie betraf, der sein Chef gerade entronnen war. Und erst aus heutiger Sicht läßt sich erahnen, welch unvergleichliches Gefühlsgemenge aus kreativer Energie, Angst vor der Macht, Gedankenschwulst und Idealismus da wohl dem ominösen Doktor Reynolds auf jenem kalifornischen Balkon entgegenschlug.

Der erste russische Postmodernist

Michail Bachtins Interesse an der Psychoanalyse war allem Anschein nach ein rein theoretisches. Der analytischen Praxis gegenüber dürfte er abstinent geblieben sein; weder als Analytiker noch als Patient ist er je in Erscheinung getreten. Sein hauptsächliches Interessengebiet war die Literatur – genauer gesagt, der Mensch, wie er im Lichte der Literatur erscheint. Kronzeugen seiner Ermittlungen waren Dostojewski und Rabelais. Das Dostojewski gewidmete Buch[35] (die erste Auflage erschien 1929, die zweite 1963 – allein diese Daten sprechen Bände) ist in jüngerer Zeit außerordentlich populär geworden; gäbe es einen Zitaten-Häufigkeitsindex für die geisteswissenschaftliche Forschung der letzten zehn, zwanzig sowjetischen Jahre, könnte dieses Werk ihn anführen. Doch obwohl Bachtin zu Lebzeiten relativ viel veröffentlichen konnte (viel für einen sowjetischen Wissenschaftler mit unorthodoxen Auffassungen, ist gemeint) und über ihn inzwischen eine umfangreiche Sekundärliteratur in diversen europäischen Sprachen existiert, sind seine psychologischen Konzeptionen dem Inhalt nach bis heute in Rußland wie im Westen recht wenig bekannt. Unklarheiten und Zweifel bezüglich der Urheberschaft mögen die Rezeption einiger seiner Bücher (die im Original seit den zwanziger Jahren nicht wieder aufgelegt wurden) ebenso erschwert haben wie der eingeschränkte und abseitige Kontext, in den seine grundlegenden Theoreme eingebettet sind: Die Poetik Dostojewskis oder Rabelais' ist für Psychologen und Psychoanalytiker nicht eben das geläufigste Metier. Dazu kommt noch, daß einige Schlüsselgedanken erst in fragmentarisch nachgelassenen Manuskripten ihre klarste Formulierung gefunden haben.

Bachtin ist ein jüngerer Zeitgenosse der meisten handelnden Personen unseres Buches. Geboren wurde er 1895 in Orjol. Der Zufall in Gestalt jener soziologischen Feldforschungen, die Asbukin 1918 in der mittelrussischen Stadt an der Oka anstellte (siehe Kap. 8), läßt uns einen Eindruck von der Atmosphäre gewinnen, in der Bachtin aufwuchs und lernte. (Wir erinnern uns: Achtzig Prozent der Jugendlichen waren schon einmal im Theater gewesen ...) Zum Zeitpunkt ihrer Veröffentlichung 1923 lasen sich diese Statistiken bereits wie Erinnerungen an ein verlorenes Paradies – und das ist heute noch so.

Als Michail neun war, zog die Familie nach Vilnius um, einige Zeit später nach Odessa. Die provinziellen Zentren des russischen Imperiums versorgten ihn mit einer derart glänzenden Bildung, daß der Leser seiner Bücher noch in den Siebzigern darüber aus der Fassung geriet. Im Jahr 1914 wechselte Bachtin von der Odessaer an die Petrograder Universität.

Der eigentümlichste Zug seiner Biographie hat mit dem älteren Bruder Nikolai zu tun. Die beiden waren nur ein Jahr auseinander und benahmen sich beinahe wie Zwillinge: Obwohl in den Charakteren und Gepflogenheiten offenbar recht unterschiedlich, taten sie häufig das gleiche. Ihr eindeutiges Interesse galt den Geisteswissenschaften; beide belegten das Fach Klassische Philologie an der Petrograder Universität, ihr Professor hieß Faddej Selinski und war ein Nietzscheaner. Die Kommunikation mit dem Bruder mag so gezielt und provokant, so diskursiv gewesen sein, daß sie Michail Bachtins späteres Dialog-Ideal geprägt haben könnte.

Ein Dialog, so wissen wir es von ihm, ist unabgeschlossen per se. Die Brüder aber wurden sehr bald vom Schicksal getrennt: Nikolai trat der Weißen Garde bei, heuerte nach deren Desaster als Matrose auf dem Mittelmeer an und diente einige Jahre bei der französischen Fremdenlegion in Afrika; nach einer Verwundung setzte er seine philologischen Studien an der Sorbonne fort und ging schließlich 1932 nach Cambridge, wo er an einem der Colleges ein geruhsames Lehrerdasein führte. Daß Nikolai bei all seiner Welterfahrenheit und den exzellenten Arbeitsbedingungen doch nur als »der andere« Bachtin in die Geschichte einzugehen vermochte,[36] ist aufschlußreich. Bruder Michail, der in Rußland blieb (ob nun aus Trägheit, Überzeugung oder krankheitshalber – er litt seit seiner Jugend an einer Knochenmarkentzündung, die schließlich zur Beinamputation führte), ging durch die sowjetische Hölle und konnte dort unter unsäglichen Bedingungen die gemeinsame Intuition ihrer Jugend verwirklichen.

Zeit seines Lebens hat Bachtin ein Problem besonders beschäftigt: das Verhältnis zwischen dem Ich und dem Anderen. Für die russische oder, wie in diesem Fall richtiger zu sagen wäre, osteuropäische Geistesgeschichte war dies kein neues Thema. Jüdische bzw. christlich-orthodoxe Lösungsansätze hatten zum Beispiel bereits Martin Buber und Alexej Uchtomski geliefert. Die westliche Philosophie im letzten Drittel unseres Jahrhunderts würde es endgültig in den Mittelpunkt der Aufmerksamkeit rücken – eines der zentralen Themen jener Geistesrichtung, für die man die Bezeichnung Postmoderne erst noch finden mußte.

»Aktivität bezüglich eines toten Dings, eines stummen Materials, das sich beliebig kneten und formen läßt, ist das eine – Aktivität bezüglich eines lebendigen und ebenbürtigen fremden Bewußtseins etwas anderes ... Es geht nicht um das, was im Inneren vor sich geht, sondern um das, was an der Grenze vom eigenen zum anderen Bewußtsein, an deren Schwelle passiert ... Nicht um den Anderen als Gegenstand meines Bewußtseins, sondern um jenes andere, ebenbürtige Bewußtsein, das neben meinem steht und dieses mein eigenes Bewußtsein überhaupt erst existent macht.«[37]

Andererseits hat zu gelten: Eine von anderen getroffene Aussage über den Menschen sei grundsätzlich mangelhaft. Jede Analyse, Interpretation und Wertung könne nur eine »veräußerlichende, distanzierte Bestimmung« sein. Der freie Akt formulierter Selbsterkenntnis ist für Bachtin die glaubwürdigste und wohl gar einzig zulässige Form der Aussage. »Die Wahrheit über den Menschen aus fremdem Munde ... wird zur Lüge, die ihn erniedrigt und zum Verstummen bringt.«[38]

Wohl keiner vor Bachtin hat diese Position mit solcher Entschiedenheit vertreten. Sie steht im krassen Gegensatz zu einer anderen, analytischen, die in unserem Jahrhundert weit mehr Zuspruch gefunden hat und von Freud markant formuliert worden ist: Die Wahrheit über den Menschen sei diesem selbst nicht zugänglich, da er unfreiwillig zum Opfer einer Selbsttäuschung werde. Diese Wahrheit zu ergründen sei nur ein anderer imstande – und auch nur dann, wenn er eine Anzahl feststehender Regeln befolge.

Die Wahrheit über den Menschen, wie die Psychoanalyse sie sieht, besteht in der objektiven Beschreibung seines Unbewußten, die jede Selbstbestimmung als Illusion entlarvt. Das Unbewußte kann nicht *im* Individuum zum Bewußtsein kommen; dieser Regelkreis bezieht notwendig einen anderen Menschen ein. Nur dieser ist, je nach seinen Intentionen und Fähigkeiten, in der Lage, das Bewußtsein dem Unbewußten anzunähern (was des Psychoanalytikers Aufgabe ist) oder es von ihm zu entfernen (was schlechte Eltern ihrem Kind antun). In der Geschichte der Psychoanalyse haben Beweisführungen, wonach die Selbstanalyse ein Ding der Unmöglichkeit ist, eine lange Tradition. Und daß Freud seine eigenen Träume analysierte, ließ sich nur damit entschuldigen, daß dem ersten Analytiker die Kollegen fehlten, die er hätte hinzuziehen können. Für seine Nachfolger war dann meist Freud in der Rolle jenes Anderen, der die Fehler in ihren Selbsterfahrungen aufdeckte und dem es zustand, sie zu korrigieren.

Für Bachtin hingegen ist die interne Perspektive einer externen prinzipiell überlegen: »Im Menschen ist immer etwas, was nur er selbst im freien Akt der Selbsterkenntnis und der Rede darlegen kann.«[39] Jedoch ist der Mensch mit sich – und seiner

Sicht auf sich selbst – keineswegs allein: »... in sich hineinblickend, schaut er in die Augen des Anderen oder mit den Augen des Anderen«. Nur bleibt er in Bachtins Welt stets Subjekt – jeden Versuch, als Objekt angesehen zu werden, vereitelt er unerbittlich. »Das wahre Leben eines Menschen wird erst dann zugänglich, wenn man dialogisch in es einzudringen sucht, wenn es selbst antwortet und sich frei öffnet.« In solch einem Dialog ist der Mensch nie mit sich selbst identisch: »Die Identitätsformel *A ist A* ist auf ihn nicht anwendbar.«[40]

Ähnliches hatte vor Jahren schon Wjatscheslaw I. Iwanow formuliert: »Ich wäre kein Symbolist, wenn meine Worte mit sich identisch wären.«[41] Sieht man es absolut, dann zieht diese Position Nutzen, Authentizität und ethische Zulässigkeit jeglicher Konstruktion in Zweifel, die den Menschen von außer her erklären will – wie wohl überhaupt jeder Logik, in welcher A gleich A ist. Wenn aber nur das eigene Bewußtsein gültige Aussagen zum Ich treffen kann, wie verhält es sich dann mit dem Unbewußten, das per definitionem dem eigenen Bewußtsein unzugänglich ist? Gerade Dostojewski, Bachtins bevorzugtem Kasus, ist nicht nur von Freud ein besonderes Interesse am Unbewußten nachgesagt worden. Bachtin mißt dem keinerlei Bedeutung bei. Für ihn fällt jeder Versuch einer Beschreibung des Unbewußten in die Kategorie des monologischen »fremden Worts«, während der Mensch doch stets versuche, »den ihn abschließenden und gleichsam tötenden Rahmen fremder Worte über sich zu zerschlagen«[42].

Beinahe zwangsläufig kommt dem Psychoanalytiker an dieser Stelle der Sachverhalt des Widerstands in den Sinn. Es könnte einem sogar scheinen, als sei Bachtins gesamte Konstruktion sozusagen eine Poetik des Widerstands, ein System zu seiner Rechtfertigung und Inauguration.

Urheberschaft und Dialog

Nach der Revolution kehrte Michail Bachtin Petrograd den Rücken und ging in die vertraute Provinz: erst nach Newel, dann ins weißrussische Witebsk. Er hatte glücklicherweise die Gabe, überall, wo er sich niederließ, binnen kürzester Zeit einen »Kreis« von Leuten um sich zu versammeln, die ihm geistig nahestanden. Die Bachtinschen Zirkel hatten keine Strukturen; weder Statuten noch Sitzungsprotokolle sind überliefert. Heraus kamen bei diesen Runden, wo stundenlang diskutiert und viel Tee getrunken wurde, vor allem Ideen, die – ganz im Einklang mit dem dort herrschenden Geist – viele Väter hatten. »Keine verbale Äußerung kann in ausschließlicher Weise einem einzelnen Sprecher zugerechnet werden: sie ist das Produkt der Wechselbeziehung zwischen Sprechenden.«[43] Ideen, wie Bachtin sie verstand, werden im Dialog geboren und begraben. Bücher haben gewiß eine Bedeutung (wozu hätte er sonst welche geschrieben?), sie sind jedoch im Grunde nur Gedächtnishilfen, Wegmarken an zufälligen oder aber markanten Punkten des Dialoges. Ein derart nonchalantes Verhältnis geistigem Eigentum und Urheberrechten gegenüber trifft man bei Gelehrten wahrlich selten; die meisten, und auch die allerbegabtesten (hier wäre wiederum Freud als ein passendes Beispiel anzuführen), opferten bereitwillig Beziehungen und Freundschaften, wenn es galt, sich als uneingeschränkter Eigner seiner (und manchmal nicht nur seiner!) geistigen Produktion zu artikulieren. Andererseits muß gesagt werden, daß Bachtins direkte Dialogpartner ihm an Talent und Autorität so deutlich unterlegen waren, daß ein echter Dialog nicht zustande kam. Historiker sind heute eher geneigt, den überwiegenden Teil der Hinterlassenschaft jener »Kreise« Bachtin allein zuzuschreiben.[44]

Die einzige seiner veröffentlichten Arbeiten, welche sich mit einem lebenden Autor befaßte, war eine Vorlesung zum Symbolisten Iwanow, die mit den Worten beginnt: »Soll von Wjatscheslaw Iwanow als Dichter die Rede sein, so muß man zunächst konstatieren, daß er ein Einsamer ist.«[45] Gleiches ließe sich seltsamerweise auch von Bachtin sagen – und in beiden Fällen sprechen die vielen, die sich um sie scharten, nicht gegen diese Behauptung. Übrigens schreibt der Autor über Iwanow, da er ihn mit dessen Dichterkollegen vergleicht: »Er ist weniger modernistisch; es finden sich bei ihm kaum Widerklänge der Zeit – was der Grund ist, weshalb man ihn so wenig kennt und versteht.«[46] Gerade so mag Bachtin im Witebsk des Jahres 1920 gewirkt haben, wo er vermutlich des öfteren mit Chagall und Malewitsch zusammentraf – und auch später in Petro- bzw. Leningrad, wo wiederum Bely, Blok, Florenski und Berdjajew, Mereshkowski und Samjatin als Partner im Dialog zur Verfügung hätten stehen können ... Doch Bachtin schrieb weder über sie noch mit ihnen. Sein Leben lang sprach er mit Abwesenden: Dostojewski, Rabelais ...

– an dritter Stelle (an erster, wollte man chronologisch vorgehen) hätte Freud zu stehen.

Walentin Woloschinows Buch *Der Freudismus: eine kritische Studie* erschien 1927 in Jermakows *Psychologischer und Psychoanalytischer Bibliothek* (für die es auch eine Anzeige enthält). Der Zufall wollte es, daß mit ihm die Reihe von Jermakows Editionen bei *Gossisdat* ihr Ende hatte. Vielleicht war dies sogar Kalkül: daß nämlich Schmidt oder auch Jermakow selbst angesichts der sich verschärfenden ideologischen Debatten und der abzusehenden Niederlage der Trotzkisten aus der Schußlinie zu kommen suchten, indem sie einem qualifizierten Kritiker der Psychoanalyse das Wort gaben und damit zumindest ein Niveau vorzugeben bemüht waren, welches künftige Diskussionen, wie man wohl hoffte, nicht zu unterschreiten hatten.

Zweifel an der Verfasserschaft dieses Buches äußerte als erster Wjatscheslaw W. Iwanow. Im Geleitwort zum 1973 in Tartu erschienenen Band der *Schriften zur Zeichentheorie* behauptete er kategorisch, der »Basistext« jener Abhandlung über den Freudismus stamme von Bachtin, während Woloschinow »nur geringfügige Ergänzungen und Änderungen an einzelnen Teilen«[47] vorgenommen habe. Im selben Jahr erschien auch in Saransk ein vergleichbarer Sammelband, in dessen Einleitung W. Koshinow das Buch *Freudismus* als eines derjenigen Werke bezeichnet, die Bachtins Freunde und Schüler auf Grundlage der mit ihm geführten Gespäche verfaßt hätten.[48] Die divergente Sicht der beiden Autoren ist vor allem deshalb interessant, weil sie mit einer je unterschiedlichen Wertung korrespondiert, welcher Rang im Schaffen Bachtins der Psychoanalyse zuzumessen sei. Während Iwanow der Meinung ist, daß Bachtins Entwicklung dort überhaupt ihren Ausgang nahm, und dessen gesamtes theoretisches Werk als »Überwindung der Psychoanalyse aus semiotischer Sicht« charakterisiert, fällt Koshinow dazu gar nichts ein.

Dieser Umstand ist um so merkwürdiger, da beide Autoren Bachtin persönlich gekannt haben und ihre betreffenden Aufsätze noch zu dessen Lebzeiten veröffentlichten. Bachtins amerikanische Biographen wissen mitzuteilen, er habe sich noch kurz vor seinem Tod kategorisch geweigert, die Urheberschaft am *Freudismus* mit seiner Unterschrift zu bezeugen. Diese Weigerung konnte die sowjetische Agentur für Urheberrechte WAAP indes nicht davon abhalten, die Erwähnung Bachtins in den Titeleien aller ausländischen Ausgaben des Buches offiziell zu verlangen.[49]

Strittig ist ferner die Autorschaft eines weiteren Buches von Woloschinow – *Marxismus und Sprachphilosophie*[50] – und mehrerer seiner Artikel sowie einer Abhandlung von Pawel Medwedjew mit dem Titel *Die formale Methode in der Literaturwissenschaft. Kritische Einführung in die soziologische Poetik*[51], sämtlich erschienen in den Jahren 1928/29. Im Vergleich zu den Büchern, die Bachtin unter eigenem Namen veröffentlichte, fällt ihre vordergründig marxistische Orientierung ins Auge, die mit der Originalität vieler Passagen des Textes merkwürdig zusammengeht. Alles in allem entsteht der Eindruck, als habe der Verfasser das Fähnlein nach dem Wind drehen und seine störrischen, eigene Wege gehenden Gedanken dem gängigen »sozialen Auftrag« anpassen wollen, der von Disziplin zu Disziplin nicht allzu sehr variierte.

Dennoch bleibt einigermaßen rätselhaft, weshalb Bachtin diese Bücher, falls er sie wirklich geschrieben bzw. entworfen hat, nicht unter eigenem Namen veröffentlichen konnte oder wollte.[52] Bis zu seiner Verhaftung im Januar 1929 ist er, soweit bekannt, nie Repressionen ausgesetzt gewesen. Auch dann noch verfügte Bachtin über gewichtige Kontakte, die ihm aus einer Situation halfen, in der andere rettungslos verloren gewesen wären. Maxim Gorki und Alexej Tolstoi sandten auf Bachtins Festnahme hin Telegramme »nach oben«, in denen sie für ihn bürgten. Das Dostojewski-Buch durfte, erstaunlich genug, einige Monate später (im Mai 1929) noch herauskommen. Obendrein schrieb Lunatscharski sogleich eine wohlwollende Rezension, die in der Oktobernummer von *Novy mir* erschien – als Bachtin nach wie vor in Untersuchungshaft saß! Im Verlauf der »Ermittlungen« wurden Anschuldigungen politischer Art vorgebracht, deren Monströsität an das legendäre Autodafé gegen Sokrates erinnert: Bachtin sollte angeblich der monarchistischen Bruderschaft des hl. Seraphim angehören, die Jugend bei seinen öffentlichen Vorlesungen moralisch verdorben haben; auch auf einer ominösen Liste von Mitgliedern einer künftigen Regierung Rußlands fand sich sein Name. Bachtin wurde zu zehn Jahren Lager verurteilt. Aus gesundheitlichen Gründen wurde er nicht nach Solowki[53], sondern ins kasachische Kustanai verbannt.

Anscheinend hatte Bachtin eine Strategie gewählt, die sich für sein physisches und geistiges Überleben als optimal erwies. Man stelle sich vor, er hätte seinen Namen auf allen vier Büchern stehen gehabt und sich dem Sperrfeuer der hysterischen ideologischen Polemiken sozusagen »breitseitig« ausgeliefert – die Maßnahmen zur Ausmerzung seiner Popularität wären gewiß rabiater ausgefallen. Ein Intellektueller, der die zwanziger Jahre in Leningrad zugebracht hatte, mochte durchaus ein Gespür dafür aufbringen, welches Übel man eines nicht sehr fernen Tages zu gewärtigen haben würde. So ist selbst in den klassischen Texten unter *seinem* Namen vielerorts das Anliegen spürbar, den eigenen, völlig autonomen philosophischen Diskurs in den Werken unantastbarer Größen – Dostojewski, Rabelais – zu »versenken«. Seinen Gedanken lieber im fremden Text zu finden, als ihn in der Ich-Form niederzuschreiben – das gehörte zu Bachtins ureigenem Stil.

An dieser Stelle könnte einem Jermakow wieder einfallen, der ja Gogol und dessen angeblich »unterdrückter Aggressivität« die neurotische Ader angedichtet hatte, sich fremder Themen zu bemächtigen, um eigene Befindlichkeiten auszudrücken – ein Zug, der Jermakow augenscheinlich selbst am ehesten auszeichnete (siehe Kap. 6). Die Begabung Bachtins ist jedenfalls gänzlich anderer Natur. Eher ließe sich zu einem von Jefim Etkind an der Geschichte der sowjetischen Dichtkunst aufgezeigten Phänomen ein Zusammenhang sehen: daß nämlich in der Sowjetunion große Dichter zu Berufsübersetzern wurden. Da sie keine Möglichkeit hatten, »sich selbst bis ins letzte im eigenen Werk auszudrücken«, sprachen sie zu Lesern mit Goethes und anderer großer Kollegen Zungen.[54] Ein solches indirektes Verfahren ist charakteristisch für Geistesschaffende, die die Selbstzensur gewöhnt sind. (Das Verblüffende ist, daß es später – wenn auch unter gänzlich anderen Vorzeichen – für die Ästhetik der Postmoderne ebenso typisch wurde.)

Zeitgleich mit Woloschinows Freudismus-Kritik erschien ein anderes bemerkenswertes Buch: Konstantin Waginows *Bocksgesang*. Dieser Roman schildert in bissiger Manier und nichtsdestoweniger treffend das Leben in jenem kleinen Zirkel von Intellektuellen, dem Bachtin, Woloschinow und auch Waginow selbst, der mit beiden befreundet war, angehörten: ein elendes, restlos entfremdetes Leben, das von einstweilen noch unklaren Ängsten beherrscht ist und wo an der Vergeblichkeit allen Sinnens und Trachtens schon nicht mehr gezweifelt wird. Einige Figuren im Roman sind auf reale Personen aus Bachtins Umgebung zurückzuführen; er selbst ist respektvoll verewigt in einem namenlosen Philosophen, der gegen Ende des Buches Selbstmord begeht.

In solch einer Atmosphäre mochte die Frage nach Urheberrechten fürwahr lächerlich erscheinen.

Der Freudismus

Falls die Initiative zur Abfassung einer seriösen Psychoanalyse-Kritik aus der Feder eines sowjetischen Autors tatsächlich von Schmidt oder Jermakow kam, so muß man sich wundern, daß die Offerte ausgerechnet an Walentin Woloschinow erging. Der junge Mann – ein wackerer Marxist, wie seine Ehefrau bezeugt – hatte zu jenem Zeitpunkt gerade erst an der philologischen Fakultät der Leningrader Universität sein Diplom gemacht. Zudem läßt sich nicht übersehen, daß die Ausführung dieser Idee zwar in »technischer« Hinsicht gelang, politisch jedoch einigermaßen sinnlos, wenn nicht kontraproduktiv war. Das Hammerwerk der ideologischen Debatten lief längst auf Hochtouren; es anzuhalten oder auch nur zu verlangsamen, war dieses Buch am allerwenigsten geeignet. Eher könnte man seine Rolle mit dem Handhammer des Schmiedemeisters vergleichen, womit dieser seinen groben Gesellen die Stellen anzeigte, an denen ihre Vorschlaghämmer niederzugehen hatten. Die profunden Seiten, wovon es im Buch genügend gibt, waren schnell vergessen; dafür ist das darin entworfene Anklageschema gegen die Psychoanalyse viele Male und in primitivster Form repetiert worden.

Gleich, ob der Autor Bachtin sich dahinter verbirgt oder nicht – das *Freudismus*-Buch ist die einzige gehaltvolle Auseinandersetzung mit der Psychoanalyse seit Ende der zwanziger Jahre, das einzige Juwel dieser Art im tönenden Erz von fünfzig Jahren sowjetischer Ideologieproduktion. Daß ganze Generationen von Leuten, die an der »Kritik der bürgerlichen Philosophie« ihr Auskommen hatten, sich daran festbissen, ist nur natürlich.

»Wer das geistige Antlitz des modernen Europa tiefer erfassen will, kommt an der Psychoanalyse nicht vorbei«, heißt es eingangs des Buches zum gewachsenen Einfluß dieser Lehre im In- und Ausland. Nicht einmal die Nachfolger Bergsons und Nietzsches hätten in ihren besten Zeiten solchen Zulauf gehabt wie neuerdings die Freudisten. Der ideologische Grundgedanke des Freudismus liege in der Annahme, daß die Geschicke des Menschen, der ganze Inhalt seines Lebens und Schaffens »vollständig von der Konstitution seines Geschlechtstriebes und nur ihm allein« bestimmt werden. Dieser Gedanke, erklärt der Autor überraschend, sei mitnichten neu, sondern allzeit »ein Leitmotiv von Krise und Verfall« gewesen. »Geschichtsfürchtigkeit, eine Überbewertung des Privatlebens, das Primat des Biologischen und Sexuellen im

Menschen – so die Grundzüge all dieser Epochen ...«[55] (Nicht recht klar wird, wie der Autor seinen historischen Aufriß mit dem zuvor bezeichneten Umstand in Einklang bringt, daß der Freudismus auch im eigenen Land an Popularität gewonnen hat.)

Ein neues Problemfeld und mit ihm eine neue begriffliche Ordnung werden kühn abgesteckt: Jeder psychische Inhalt sei durch und durch ideologisch, heißt es an hervorgehobener Stelle. Jede noch so vage Eingebung, jedes noch so unbestimmte Sehnen – pure Ideologie. Was Freud beispielsweise den inneren Zensor nenne, »legt unerhörten Einblick und ideologische Schärfe an den Tag, trifft unter den verfügbaren Erlebnissen eine rein logische, ethisch und ästhetisch begründete Wahl«. Auch alle übrigen von Freud beschriebenen psychischen Mechanismen seien ebensowenig naturgegeben, sondern kulturell und ideologisch bestimmt. Zwischen Bewußtem und Unbewußtem »herrscht wütende Polemik, ein Hin und Her von Mißverständnis, Ignoranz und gegenseitiger Irreführung«; dergleichen komme bei Naturkräften nicht vor. Das Bewußtsein des einzelnen sei die Ideologie seines Verhaltens. »Keine Ideologie, weder die eines Individuums noch die einer Klasse, darf man für bare Münze nehmen«; sie bedürfe immer der Interpretation.[56]

Bachtin und Woloschinow schwimmen hier mit dem Strom, in dem zum Beispiel auch Lew Wygotski und Nikolai Marr sich befinden. Im postrevolutionären akademischen Vakuum suchten die humanistisch gebildeten Theoretiker ihre unmittelbare Erfahrung auf neue Forschungsfelder zu projizieren, wobei sie Psyche, Sprache und Kunst nicht selten im Analogieschluß erfassen zu können glaubten – analog nämlich zu den waltenden Mechanismen im politischen und wissenschaftlichen Leben der sowjetischen Gegenwart. So definiert der Verfasser des *Freudismus* beispielsweise das Bewußtsein als »Kommentar, den jeder erwachsene Mensch allem, was er tut, beifügt«[57]. Mit der Erfahrung des »endgültigen Sieges des Marxismus« geschlagen, bezog man also den Grundbestand an Analogien aus der hypnotisch wirkenden sozialen Realität jener Zeit. Psyche gleich Ideologie; psychische Mechanismen sind implantierte ideologische Instrumente. Es gibt eine offizielle Ideologie und eine inoffizielle, eine Lebensideologie; jeder sowjetische Mensch kennt die Unterschiede. Das Freudsche Unbewußte ist leichter zu verstehen, wenn man es als »inoffizielles Bewußtsein« bezeichnet; im Inneren eines Menschen fristet es ungefähr die gleiche reale, doch nicht akzeptierte Existenz wie ein Untergrunddichter, -philosoph oder -maler in Stalins Staat. (Man denke an Waginows *Bocksgesang*!) Eine interessante und einleuchtende Analogie, die das sowjetische Schlüsselproblem des gespaltenen Bewußtseins auf neue Weise beleuchtet. Doch in der Folge verkennt oder versagt sich der Autor die möglichen Konsequenzen einer solchen Sichtweise und führt sie auf einen sehr schmalen Pfad: Denken ohne Bedacht auf eine potentielle Äußerung existiere nicht; jedwedes Erleben geschehe zeichenhaft; der Zeichenbestand der Psyche sei grundsätzlich die Sprache – die innere Rede; wie der Mensch seine Sprache aus dem sozialen Umfeld bezogen habe, so bestimme und kontrolliere dieses das ganze Leben hindurch seine verbalen Reaktionen; alles Verbale im Verhalten eines Menschen obliege nicht ihm, sondern seiner sozialen Umgebung – dies einige Kernsätze aus dem Buch *Marxismus und Sprachphilosophie*. In Woloschinows anderem Opus ist der Gegenstand der Analyse – das Verhältnis von Bewußtem und Unbewußtem – doch um einiges diffiziler betrachtet, nämlich als »Konflikt zwischen innerer und äußerer Rede sowie zwischen verschiedenen Schichten der inneren Rede«.

Man kommt nicht umhin festzustellen, daß Woloschinows Buch *Marxismus und Sprachphilosophie* in diesen Punkten einem ähnlich betitelten Werk zwanzig Jahre vorauseilt, nämlich Jossif W. Stalins *Der Marxismus und die Fragen der Sprachwissenschaft* und Postulaten wie diesem: »Man sagt, daß die Gedanken im Kopf des Menschen entstehen, bevor sie in der Rede ausgesprochen werden, daß sie ohne sprachliches Material, ohne sprachliche Hülle, sozusagen in nackter Gestalt entstehen. Aber das ist völlig falsch. Welche Gedanken auch im Kopf des Menschen entstehen mögen, sie können nur auf der Basis des sprachlichen Materials, auf der Basis der sprachlichen Termini und Sätze entstehen. Nackte Gedanken, frei vom sprachlichen Material, frei von der sprachlichen ›natürlichen Materie‹, gibt es nicht.«[58]

Die Idee ist konsequent – und totalitärer nicht denkbar, denn die Schlußfolgerung dürfte lauten: Der Mensch ist lesbar. Die Gesellschaft – gleichzusetzen mit den Mächtigen im Staat – tritt als Programmiererin in Erscheinung, die ihren Computer vollständig im Griff hat. Der Verdacht, es könnte in den Menschen relevante Informationen geben, auf die »der Leser« keinen Zugriff hat, hieße, der Macht ihre totale Verfügungsgewalt abzusprechen. Was der Mensch vor sich selbst verschließt, entzieht er auch der

Gesellschaft. Für solche Zweifel darf kein Raum sein. Folglich ist der Sowjetmensch zu hundert Prozent mit Sprache gefüllt. Keine »nackten Gedanken« – geschweige Gefühle. Nur Worte, nichts als Worte. Darum wohl waren die Untersuchungsrichter an Geständnissen so sehr interessiert.

Der oder die Verfasser des *Freudismus* scheinen auch dem Glauben anzuhängen, daß äußere Faktoren das Leben eines Menschen viel mehr prägen als individuelle. Der Freudismus ist dem Marxismus genau in dem Maß unterlegen, wie der Mensch durch die Gesellschaft zu kontrollieren ist. Ziel sozialer Kontrolle sei es, ein »gesundes Kollektiv« sowie eine »sozial gesunde Persönlichkeit« zu schaffen. In derlei Kollektiven und Persönlichkeiten existieren zwischen Bewußtem und Unbewußtem keine Unterschiede bzw., in der Terminologie der Verfasser, »keine Divergenzen zwischen offiziellem und inoffiziellem Bewußtsein«. Es gibt, mit anderen Worten, gar kein Unbewußtes. Und wenn doch, d. h., wenn Schichten des Bewußtseins der »herrschenden Ideologie« entzogen und damit von einem durch und durch ideologisierten Individualbewußtsein entfernt sind, so zeugt dies nur von einer niedrigen Stufe der Persönlichkeitsentwicklung. Das Unbewußte ist ein Beweis für die Degeneration der Klasse, welcher sein Träger zugehört.

Zwischen dem bei Woloschinow so überaus deutlich apostrophierten sozialen Ideal und den ebenso drastisch beschriebenen Utopien in Samjatins Roman *Wir* sind die Unterschiede nicht sonderlich groß. Woloschinow baut mit am Fundament einer durchaus ernstgemeinten, gewissenhaft auszuführenden totalitären Utopie. Man möchte nicht glauben, daß dieser Autor dem Personal jenes *Bocksgesangs* angehört, welcher doch den totalen Kontrast zwischen einem dem Verfall anheimgegebenen, nur mehr auf kleinster Flamme vor sich hin »köchelnden« Privatleben und einer nicht existierenden Gesellschaft hervorkehrt. »Ich mag dieses Petersburg nicht, mein Traum ist zuende«[59], so Waginows trostlose Rede.

Auch von Bachtin selbst wird man später ganz andere Töne hören. Vorerst aber etabliert er (oder einer seiner Bundesgenossen) in der Psychologie das düstere Ideal eines Staates, wo keine Divergenz zwischen offizieller und lebenspraktischer Ideologie zugelassen ist, da diese von jener vollständig infiltriert und geschluckt wird.

Die unvergleichliche Ironie des realen Lebens bestand darin, daß auch der Name dessen, der dieses Buch geschrieben hatte, geschluckt wurde – so schwer war die Fracht der »offiziellen Ideologie«, so effektiv wirkte der Mechanismus der Verdrängung aller Wirklichkeit in die bodenlosen Tiefen unseres historischen Unbewußten.

Freud, Lacan und Bachtin

Zugleich jedoch enthält der frühe Versuch einer Überwindung der Psychoanalyse, wie er vor allem in den mit Gewißheit von Bachtin stammenden Werken unternommen wird, einen prophetischen Ausblick auf eine ihrer künftigen Entwicklungsrichtungen in der zweiten Hälfte des zwanzigsten Jahrhunderts. Einige von Bachtins kritischen Thesen befinden sich nämlich in paradoxer Nachbarschaft zur Konzeption Jacques Lacans und insbesondere seiner semantischen Interpretation der Psychoanalyse. Im Gegensatz zu Bachtin war Lacan von der Existenz des Unbewußten ebenso überzeugt, wie er einem Anderen das Recht zugestand, dessen Inhalte zu deuten. Doch war auch er bemüht, das Unbewußte per Analogie in besser einsehbare Wirklichkeitssphären zu überführen und dergestalt faßbar zu machen. Dazu diente ihm in erster Linie die Sprache. Das Unbewußte sei wie Sprache strukturiert, lautet Lacans Grundaxiom. Diese wiederum sei der Psychoanalyse einziges Instrument. Und jedes Wort poche auf Erwiderung – selbst wenn Schweigen die Antwort sei.

Bachtin bzw. Woloschinow schrieben ungefähr das gleiche: Generell sei Sprache »wie ein ›Szenarium‹ jener Kommunikation im engeren Sinne«, aus der sie hervorgegangen ist, und im besonderen Fall »sind alle verbalen Äußerungen des Patienten … Szenarien dieser Art und vor allem jenes kleinen sozialen Ereignisses, welches sie hervorgebracht hat – nämlich der psychoanalytischen Sitzung«[60]. Das Freudsche »Unbewußte«, meinen die beiden Autoren, korrelliere nicht mit dem Bewußtsein des Patienten, sondern mit dem des Analytikers, und zwar in Form von »Widerstand«.

Der professionelle Umgang mit dem Phänomen der Sprache, wie er Bachtin und seinem Kreis eigen ist, gründend auf der Aneignung und Weiterentwicklung des frühen russischen Strukturalismus (der sogenannten »formalen Schule«), zeigt sich vor allem im Verständnis einer ganzheitlichen, vom Ich an einen Anderen adressierten sprachlichen Äußerung als kleinster kommunikativer Einheit. Dies entspricht durchaus der semantischen Betrachtungsweise Lacans, führt bei Bachtin und Woloschinow jedoch zu völlig anderen Ergebnissen, die eben ihrer gänzlich anderen sozialen Situation (und damit einem anderen sprachlichen »Szenarium«) entsprechen.

Psychoanalyse und Formalismus, die jeweils davon ausgehen, daß Gefühle und Handlungen auch dort Gesetzen folgen, wo sie von einem selbst nicht zu kontrollieren sind, schränkten die Möglichkeiten zur Veränderung des Menschen deutlich ein. Diese Schranken galt es aus dem Weg zu räumen. Man brauchte eine neue Theorie des Bewußtseins (wenn überhaupt etwas als Theorie bezeichnet werden darf, das keinerlei Gesetze anerkennt). Bachtin mit seiner Ideologietheorie lieferte seinerzeit eine Variante; später würde Alexej Leontjew eine andere finden, die sich in der sowjetischen Psychologie auf Jahrzehnte einbürgerte: die sogenannte Tätigkeitstheorie.

In Paraphrase zu Lacan ließe sich sagen, daß für Bachtin und seinen Kreis das Bewußtsein strukturiert war wie Ideologie. Und insofern »Selbsterkenntnis ausschließlich verbal geschieht«, sei sie stets »mit der Unterwerfung unter eine soziale Norm, eine soziale Wertung verbunden«, sei, wenn man so wolle, »eine Vergesellschaftung des Ich und seines Handelns«. Lacans Erfahrung zieht diese Kausalität in Zweifel: Seine semantische Interpretation des Ich schließt einen Individualismus nicht aus; sie problematisiert das Verhältnis zum Anderen und zum großen Anderen (d. h. der Gesellschaft), ohne daß dabei das individuelle Ego gleich auf der Strecke bleiben muß.

Die Radikalität des Konzepts einer Vergesellschaftung des Bewußtseins wird in Woloschinows Auffassung vom Ich und vom Anderen etwas zurückgenommen: »Beim Versuch, mich selbst zu erkennen, betrachte ich mich nach Möglichkeit mit den Augen eines anderen Menschen, eines anderen Vertreters meiner sozialen Gruppe, meiner Klasse.«[61] Dieses Stufenmodell (der Andere – die Gruppe – die Klasse) scheint ein Vermittlungsversuch zwischen Ansichten, wie sie einem zivilisierten europäischen Individualismus akzeptabel erschienen, und Auffassungen im Geist des radikalen Marxismus zu sein. Bachtin selbst schlug jedoch in den nachfolgenden Jahrzehnten einen anderen Weg ein.

Der Philosoph sieht in den Spiegel

Galt Lacan die Beziehung zwischen dem Analytiker und dem Patienten als prototypisch für das universal-menschliche Verhältnis »Ich und der Andere«, so wählte Bachtin sich dafür eines, in dessen Dynamik er sich bestens auskannte, nämlich das Verhältnis des literarischen Autors zu seinen Figuren. Durch diese (freilich nicht nur durch sie) kann der Autor alles sagen, was er will. Erzählend führt der Autor seinen Helden so vor, wie das Ich den Anderen sieht; in einer Vielzahl von Fällen plaziert er dieses Ich jedoch *in* der Figur, dann ist diese das Ich und ihr Antagonist der Andere – schon nicht mehr für den Autor, aber für seinen Helden.

Zum ersten Mal nimmt Bachtin eine solche Analyse in den frühen zwanziger Jahren vor und kommt von da an regelmäßig darauf zurück. Sein prinzipieller Standpunkt ist die Dialogik im Verhältnis zwischen den beiden Seiten, bei aller Verschiedenheit ihres Seins, bei aller Unumkehrbarkeit ihrer Positionen im menschlichen Leben. Vergleichbare Konzeptionen auf diesem Gebiet sind in der Regel monologisch, sie gehen von der Priorität einer der beiden Positionen aus, die für die menschliche schlechthin ausgegeben wird – man installiert also entweder eine Theorie des Ichs oder eine Theorie des Anderen. Alle Psychologie mit dem Anspruch auf Wissenschaftlichkeit, so Bachtin, begebe sich automatisch in letztere Kategorie. Mit Freuds berühmter Formulierung aus seinem Werk *Das Ich und das Es*, derzufolge auch ein Teil des Ichs, »ein Gott weiß wie wichtiger«[62], unbewußt sein kann, hätte Bachtin sich wohl kaum anfreunden können. Jedes Nachdenken über ein Unbewußtes verkörpert für Bachtin per se den Standpunkt des Anderen, Außenstehenden, der über das Ich monologisiert.

An diesem Punkt verfällt Bachtin einmal mehr auf das Bild des Spiegels, das er kaum weniger häufig benutzt hat als Lacan, jedoch zu anderem Zweck: Der Spiegel ist für Bachtin ein mechanisches Mittel, das die Illusion erzeugt, den Gegensatz von Ich und Anderem aufzuheben: eine Möglichkeit, an die zu glauben er sich entschieden weigert. Der unnatürliche Gesichtsausdruck eines Menschen, der sich im Spiegel betrachtet, ist Bachtin schon Beweis genug, daß es zwischen den beiden Positionen keine Mitte geben kann. Und tatsächlich bereitet Narziß einem Philosophen, der behauptet: »Sein bedeutet, für den anderen zu sein und nur über ihn auch für sich selber«, überhaupt keine Probleme; er existiert schlicht und einfach nicht. Anders Lacan: Für ihn ist der Spiegel vor allem ein Symbol der Selbsterkenntnis – und die Begegnung mit ihm der wichtigste Moment im Leben des Menschen.

Bachtin, der an keiner Stelle zwischen Denken und Fühlen, Denken und Tun unterscheidet, operiert mit der komplexen Kategorie des Erlebens. Das Erleben sei »die Sinnspur im Sein«, es existier e nur an der Schwelle des Übergangs vom Ich zu dem Anderen, der in einem agiert. Ein Narziß, der unentwegt die Rolle des Anderen in bezug auf sich selbst spielt, handele gegen die Natur und den normalen Lauf der Dinge – nicht anders der Psychologe, der den Anderen zu objektivieren versuche. Darum auch »bestreitet Dostoevskij kategorisch, Psychologe zu sein«[63]. (Es folgt Bachtins bekannter Vorwurf an die Psychologie, sie betreibe eine »den Menschen erniedrigende Vergegenständlichung seiner Seele«.) Doch jegliches Erleben (in dem Sinn, daß einer sagt: »ich fühle«) enthalte ein Moment der Selbstbeobachtung und von daher den Standpunkt des Anderen: Man schaue auf die eigene Befindlichkeit wie in einen Spiegel. »Ich erlebe den Gegenstand meiner Furcht als furchtbar, den Gegenstand meiner Liebe als lieb; um Furcht oder Liebe überhaupt zu erleben, muß ich ein Anderer in bezug auf mich selbst werden.«

Am Ende seines Lebens wandte Bachtin diese seine frühen Ideen konsequent auch auf die Analyse des Todes an. Der Tod stehe im Bund mit dem Anderen. Den Tod festzustellen, sei dessen Privileg. »Der Tod ist unmöglich ein Faktum des Bewußtseins ... Anfang und Ende sind objektiv gegeben für die je Anderen, doch nicht für das Bewußtsein selbst ... Ein Blick aus dem Inneren des Todes, d. h. das Bewußtsein des Todes ist niemandem gegeben.«[64] In den Romanen Dostojewskis komme das Sterben selbst nicht vor, bemerkt Bachtin, nur »Morde, Selbstmorde, Rasereien«, aktiv und bewußt begangen an Anderen. Stirbt ein Mensch, sehen wir ihn abtreten, »er geht von dannen, hat sein letztes Wort gesprochen, das Wort aber bleibt Teil eines unvollendeten Dialoges«[65].

Und »wenn der Dialog zu Ende ist, dann ist alles zu Ende«.

Die Handhabe dieser Ideen für den praktischen Gebrauch ist prinzipiell und absichtlich erschwert – das ist es wohl, was sie von der Psychoanalyse am allermeisten unterscheidet. Bachtins Dialog-Konzept kann einen Essay abwerfen oder einen Roman prägen. Eine Methode, die einem konkreten Menschen behilflich sein könnte, vom Monolog zum Dialog überzugehen, bietet es in keinem Fall. Philosophisch betrachtet, müßte jede solche Methode (pädagogischer, medizinischer oder welcher Art auch immer) monologische *und* dialogische Elemente enthalten – den privilegierten Standpunkt des Anderen *und* die Chance für ihn, sich mit dem Ich im offenen und halbwegs gleichberechtigten Austausch darüber zu verständigen.

Die Psychoanalyse hat die »Privilegien des Anderen« sehr einseitig und fest in der Person des Analytikers verankert; ein Hinweis auf die Konflikte Freuds mit seinen Schülern genügt, um sich diesbezüglich keine Illusionen zu machen. Die Forderungen, die beispielsweise C. G. Jung an Freud stellte, sind den Bachtinschen Dialogvorstellungen durchaus verwandt: »Sie weisen rund um sich herum alle[n] Symptomhandlungen nach, damit setzen Sie die ganze Umgebung auf das Niveau des Sohnes und der Tochter herunter, die mit Erröten die Existenz fehlerhafter Tendenzen zugeben ... Wann Sie dann selber einmal ganz komplexfrei geworden sind ..., indem Sie sich selber einmal dort aufs Korn nehmen, dann will ich in mich gehen und meine lasterhafte Uneinigkeit mit mir selber Ihnen gegenüber mit einem Mal ausrotten.«[66] Freuds Antwort war die Aufkündigung der Korrespondenz. Wahrscheinlich hätte er in Bachtins Dialogphilosophie nur ein weiteres schnödes Exempel für die altbekannte russische Ambivalenz gesehen.

Dem Patienten gegenüber und mit ihm gemeinsam wird der Analytiker derlei Ideen, Beschwerden und Ansprüche als Widerstand deuten und der sich bildenden »Opposition« Zug um Zug das Material für die Analyse abringen. Das Procedere der Psychoanalyse ist geregelt asymmetrisch; seltene Momente des Dialogs, wo Analytiker und Patient als freie und ebenbürtige Subjekte miteinander umgehen, sind in den festen Algorithmus eines Rollenverhaltens eingezwängt. So darf der Analytiker seine eigenen Probleme und Fehler nicht etwa mit dem Patienten besprechen, dafür hat er seinen Supervisor, dem wiederum ähnliche Beschränkungen auferlegt sind. Und so immer weiter zurück, über Generationen von Analytikern – geradewegs bis zu Freud. Der Dialog ist unterbrochen, aus dem Kreis wird eine Kette oder allenfalls Spirale aus einander rekapitulierenden Monologen. Diese Grenzen sind gesetzt, und erst wenn der Patient sie verarbeitet und überwunden hat, wird er reif für einen neuen Dialog sein.

Aber Jung war ja gar nicht Freuds Patient. Was er sich ausbat, waren einigermaßen simple und vernünftige Dinge: ein Recht auf eigene Sichtweisen, gegenseitigen Respekt. Daß Jung, indem er diese Ansprüche formuliert, so allein dasteht – allein genug, um ausgerechnet den denkbar »monologischsten« aller Philosophen, Nietzsche, zum Verbündeten zu wählen! –, muß schon verwundern. Vielleicht lag es daran, daß Dialogkonzepte im philosophischen Denken des 19. Jahrhunderts nur ansatzweise vorhanden waren.[67] Die Ideen Bachtins und anderer »Dialogphilosophen« seiner Zeit – allen voran Buber – waren völlig neu und von eher latenter Aktualität. Die Philosophie des Westens würde noch Jahrzehnte danach in der Problematik des Anderen befangen sein. Von Bachtins jüngeren Zeitgenossen wäre höchstens Sartre und von den heutigen Philosophen Levinas zu nennen, die, aus anderen Richtungen kommend, vergleichbare Wege gingen.

Es läßt sich nur spekulieren: Wäre die Entwicklung der Psychoanalyse in Rußland unter normaleren Bedingungen verlaufen, hätte Bachtins Konzept Eingang finden und der russischen Psychoanalyse womöglich ein eigenes Profil verleihen können, so wie Lacan dies in Frankreich glückte. Damit wäre nicht nur die Rolle der Sprache und linguistischer Strukturen gebührend berücksichtigt gewesen – im Vergleich zu westlichen Vorbildern hätte man sich ein geringeres Maß an Härte und Disziplinierung in der therapeutischen Beziehung, mehr Handlungsspielraum des Analytikers, weniger Manipulationsgefahr in der Therapie als praktische Folgen vorstellen können. Bachtins Dialogik hätte diesem besonderen »Know-how« das konzeptionelle Gerüst geboten. Und schließlich wäre es für seine Schule ein leichtes gewesen, den Kontakt zwischen der religionsphilosophischen Tradition einerseits, der Psychoanalyse und dem Strukturalismus als *den* Grundrichtungen westeuropäischen Denkens in diesem Jahrhundert andererseits herzustellen …

Doch der leibhaftige Bachtin lebte in einer durchaus nietzscheanisch zu nennenden Welt, die bis obenhin voll mit »sozialer Praxis« war: Eine Idee wurde umgesetzt, ohne daß Komplikationen und Paradoxa Raum bekamen; Widerstand wurde mit Gewalt gebrochen. Unter diesen Bedingungen konnte Bachtins Dialogphilosophie nur als reaktionär gelten. Ihr Urheber sah dabei klar: »Die Einheit des Bewußtseins, die die Einheit des Seins ersetzt, wird unausweichlich zur Einheit *eines* Bewußtseins. Dabei ist völlig gleichgültig, welche metaphysische Form sie annimmt: die des Bewußtseins überhaupt, des absoluten Ich, des absoluten Geistes, des normativen Bewußtseins o. ä.« Grundlage ist das Bewußtsein des einen Menschen, dessen Monolog Kultstatus erfährt. »Neben diesem einen und unbedingt alleinigen Bewußtsein gibt es eine Vielzahl empirischer menschlicher Bewußtseine. Diese Bewußtseinsvielfalt ist vom Standpunkt des ›Bewußtseins überhaupt‹ zufällig und sozusagen überflüssig.«[68]

Bachtins besondere »klinische« Erfahrung – die Erfahrung des Lebens unter totalitären Bedingungen – hat ihm deutlich gemacht: In der Sphäre des Bewußtseins führt jedes Privileg unweigerlich zum Monopol. Und tatsächlich war das, was die seinerzeit herrschende »Ideologie« sagte, für seinen Geschmack wohl nicht weniger schlimm als das, was sie tat. Was um ihn her geschah, wurzelte im Rationalismus der Aufklärung. Der ganze europäische Utopismus, schrieb Bachtin, gründe auf dem monologischen Prinzip bewußter Überzeugung. Mehr noch: Der Glaube, *ein* Bewußtsein könne hinreichend sein, sei eine strukturelle Eigenart der »gesamten Ideologieproduktion der Neuzeit«. Im Unterschied dazu habe Dostojewski seinen Figuren zwar häufig das Wort abgeschnitten, »doch niemals eine fremde Stimme unterdrückt«. Seine Rolle in bezug auf seine Helden ist »die Aktivität Gottes bezüglich des Menschen, welcher ihm selbst erst ermöglicht, sich zur Gänze zu offenbaren«[69].

Bachtins Gespräch mit Dostojewski und Rabelais riß zeit seines Lebens nicht ab – doch war in seinen einsamen Dialog mit der Weltkultur implizit stets noch ein dritter Partner einbezogen: der tote Monolog, von dem sich viele seiner Zeitgenossen nährten. Wahrscheinlich erklärt die Art und Weise dieser Auflehnung gegen den Monolog die Originalität seines Dialog-Konzepts ebenso wie die Zuspitzungen und offensichtlichen Übertreibungen, die ihm dabei unterliefen.

»An jeder beliebigen Stelle eines Dialogs gibt es riesige, grenzenlose Massive vergessener Inhalte, doch nichts daran ist absolut tot: Jedweder Sinn wird seine Auferstehung feiern können.«[70]

Die Auferstehung des Dionysos

Wie es einem ewig wiederauferstehenden Gott gebührt, erscheint die dionysische Religion bei Bachtin im neuen kulturhistorischen Gewand, ohne ihre Wesenszüge dabei einzubüßen. Existierte der Dionysos-Kult für Wjatscheslaw Iwanow jenseits von Zeit und Raum, so erfährt er durch Bachtin eine sehr konkrete und plastische Verkörperung. Seine berühmte Arbeit über François Rabelais[71] entdeckt in der europäischen Kulturtradition das übergreifende Ritual von »Leben, Tod und Geburt«. Es ist der Karneval, worin sich sämtliche Rollen in ihr Gegenteil verkehren und alle Polaritäten ineinanderfließen. Bachtin hat es der »große kollektive Volkskörper« des Mittelalters angetan, für den die individuellen Vorgänge von Geburt und Tod »bloß Momente des permanenten Wachsens und der Erneuerung sind«[72]. Kraft des kollektiven Erlebens können die antipodischen Basiskategorien des menschlichen Bewußtseins zueinanderfinden. Die größte Macht in einer solchen Welt ist das Lachen, »die heitere Weltmaterie – das, was geboren wird, stirbt und wiedergebärt, was frißt und gefressen wird, letzten Endes aber immer mehr wächst und sich fortpflanzt«. Der Karneval ist das von Gelächter erfüllte Drama, in dem simultan die neue Welt geboren und die alte zu Grabe getragen wird. Von daher ist jedes Bild und jede Figur in ihm ambivalent. Selbst »Kot und Urin sind, wie alles materiell-leibliche ›Unten‹, ambivalent: Genauso wie sie herabsetzend und tötend sind, können sie erhebend und erneuernd sein, sie sind ehrbar und peinlich zugleich, in ihnen sind Tod und Geburt, Niederkunft und Agonie unauflöslich verknüpft.« Von gleicher Ambivalenz sind die Riten der Opferung, Verspottung, Verprügelung.

Allenthalben zu spüren ist Bachtins Bemühen um Klärung und Verdeutlichung dieses für ihn so attraktiven Bildkomplexes, den er bald als »karnevaleskes Ganzes«, bald als »grotesken Körper«, bald als »inoffiziellen Kanon« beschreibt: der »befruchtende und empfangende, gebärende und geborenwerdende, verschlingende und verschlungenwerdende«[73] Körper. Das Selbstverständnis des modernen Menschen hingegen (er nennt es »den neuen Körperkanon«), »der fertige, streng begrenzte, nach außen verschlossene, von außen gezeigte, unvermischte und individuell ausdrucksvolle Körper«[74], läßt ihn schier verzagen. Im neuen Kanon herrscht der individuelle Körper, und alles, was ihm geschieht, hat einen unzweideutigen Sinn: Geburt ist Geburt, Tod ist Tod und nichts sonst. Der groteske »Volkskörper« war zweigeschlechtlich; er begriff sich nicht als Einzelnes, Sterben war wie Geborenwerden, Stillen wie Zeugen; Defäkieren bedeutete zugleich, sich den schrecklichen Kosmos untertan zu machen. Auch das Androgynen-Motiv war zu Rabelais' Zeiten unerhört populär, wie Bachtin bemerkt.

Auf Rabelais bezogen, treffen wir bei Bachtin sämtliche Motive der russischen Kultur der Moderne wieder: die Idee der ewigen Wiedergeburt, die Romantik der Entindividualisierung, die Vermischung und Auslöschung von Grundkategorien der Rationalität, das Bild des Androgynen. Sie alle ergeben bei Bachtin einen ebenso runden »dionysischen Komplex«, wie man ihn bei Wladimir Solowjow, Wjatscheslaw Iwanow, Sabina Spielrein und Nikolai Berdjajew hatte finden können.

Denkbar wäre, daß Bachtin durch Iwanow überhaupt erst auf diese Ideen kam. In den zwanziger Jahren, lange vor seinem Buch über Rabelais und die »Lachkultur«, hatte Bachtin Iwanows »kolossalen Einfluß als Philosoph und als Persönlichkeit« gewürdigt und gemeint: »All seine Zeitgenossen waren Dichter und nichts sonst – er aber war zugleich Lehrer.«[75] Das »Zusammendenken von Liebe und Tod« sei Grundthema in vielen von Iwanows Gedichten. Daß sich diese Vereinigung letztlich gegen das Individuum richtet, findet Bachtins Zustimmung: »Die Ekstase der Liebe entfacht den sehnlichen Wunsch, die von der Individualisierung gesetzten Umgrenzungen zu zerschlagen; der Tod ist es, der diese Individualisierung endgültig zunichte macht. Darum ruft die Liebe den Tod auf den Plan.«[76]

Michail Bachtin ist heute der angesehenste Vertreter dieser Entwicklungslinie des russischen Denkens. Er fand den Gegenstand, an dem es sich beweisen konnte. Die russischen Ideen so glanzvoll auf das europäische Material angewandt zu haben, bescherte ihm Weltruhm. Für Europa ist dieses Material jedoch längst historisch. Und für Rußland?

Die Autorität Bachtins in der russischen Philologie wie im übrigen auch in der westlichen Slawistik scheint uneingeschränkt. Erst in jüngster Zeit hat sich einer seiner bedeutendsten Schüler, Sergej Awerinzew, kritisch mit der Karnevaltheorie auseinandergesetzt, indem er sie in einem engeren, strengeren Sinn analysierte und prüfte, inwieweit sie sich auf Rußland beziehen läßt. Darf man die mittelalterlichen Rituale des Auspeitschens und Anprangerns denn wirklich so menschlich nennen? fragt er. Birgt das Lachen in jedem Fall die Weisheit der Welt und des Menschen, besiegt es die Angst und überwindet das Leid? »Leider kennt der Totalitarismus auf seine Weise recht gut den Preis alles Unfertigen, Unabgeschlossenen, Plastischen, hat sogar ein Interesse daran, diese Aspekte hervorzustreichen und mit einer Aureole des ambivalenten Lachens und der bedingungslosen Fröhlichkeit zu versehen.«[77]

Awerinzew wagt es, zwischen dem Bachtinschen Menschenbild und dem Totalitarismus sowjetischer Prägung eine Verbindungslinie zu ziehen. Zwar habe im Beharren auf dem Unfertigen, Unabgeschlossenen sehr wohl die Chance gelegen, gegen jene zu bestehen, die das Leben zu kommandieren und die Geschichte abzuschließen wünschten. Jedoch, bemerkt Awerinzew höchst treffend, liege darin nicht minder »das seltsame Gefühl, Kind und Leichnam in einem zu sein.« Kindlich unfertig, jederzeit formbar – und zugleich totenstarr vor Angst, in dem Wissen, daß jeder Versuch einer »Formung« aus dem Kind einen Toten macht. Dieses zwiespältige Empfinden, so Awerinzew, sei das psychologische Substrat der totalitären Gesellschaft. »Denn fertig ist nur sie ... Alles Übrige muß formbar sein: zu kneten und zu tünchen, wie es ihr dünkt.«[78]

Das Regime, unter dem Bachtin lebte, mit all seinem Terror, seiner Schizophrenie und seinem »Formwillen«, rief bei seinen Untertanen (und womöglich auch bei Leuten wie Bachtin?) eine charakteristisch verzerrte Selbstwahrnehmung hervor, deren Projektionen in ihren Theorien und Gedichten ebenso erscheinen wie beispielsweise in ihrer Art, sich zu lieben. »Die Leute müssen unfertig bleiben, immer im Werden, frei zur fortwährenden Erziehung und Umerziehung unter dem Schmiedehammer – man braucht sie nicht zu fragen, muß sie nicht sonderlich ernst nehmen, und sie selbst müssen auch nicht verzagen, sie haben ja noch alles vor sich – wie Kinder.« Awerinzews Frage, worin sich dieses »Zwittergefühl von Totsein und Kindsein« und Bachtins »Ambivalenz des gebärenden Todes« voneinander unterscheiden, ist eher rhetorisch zu nennen.

Unerreichter Meister aller Karnevale in der russischen Geschichte war Iwan der Schreckliche, der die Prozeduren von Bekränzung und Entblätterung in versiertester Manier zu inszenieren wußte (was wiederum Eisenstein so schön und nicht weniger versiert für den Genossen Stalin und uns alle ins Bild setzte). Selbst dieser Stalin in seiner mürrischen Verbissenheit war dem karnevalesken Lachen für den Hausgebrauch, für die alltägliche Folter nicht abgeneigt. Die »Ethnien« der Sowjetarmee und des GULag bestanden aus nichts als Spott und Prügel, Parodien sozialer Hierarchie und abschreckender Groteske, vollzogen an den Körpern derer, die man gewaltsam zu »Androgynen« preßte. In Bachtins Büchern hat diese Art Realität keinerlei sichtbare Spuren hinterlassen, obwohl er auf seinen Odysseen genügend damit konfrontiert gewesen sein mag. Man weiß nicht recht, ob sein Kniefall vor dem »Volkskörper« aus Unkenntnis der sowjetischen Wirklichkeit geschah, die man nur einem sehr kauzigen Intellektuellen zutraut, aus völliger Entfremdung ihr gegenüber, so daß die Regionalia schon lange nicht mehr als zur Kultur gehörig empfunden wurden (eine Sicht, die nicht wenige zu teilen schienen), oder aus einer ganz neuen Spielart intellektueller Schwärmerei.

»Dionysos in Rußland ist gefährlich«, hatte Iwanow beizeiten begriffen. In diesem Sinne ist auch Rabelais eine Gefahr. Darüber schwieg Bachtin sich aus.

Dennoch hat er sich in einigen seiner Thesen und vor allem mit dem Dialog-Konzept vom Erbe gelöst. Er, der Antwort auf seine Fragen bei Dostojewski zu finden pflegte wie ungefähr Lacan bei Freud, schrieb am Ende seines Lebens von Dostojewskis Abneigung gegenüber Weltanschauungen, die der Weisheit letzten Schluß in der Verschmelzung »von allem in einem« sehen. Bewußtsein sei Vielfalt per se und könne sich nie selbst genügen. In der Überwindung des symbolistischen Ideals eines sich selbst genügenden und reproduzierenden Bewußtseins ist der Anschluß an die moderne philosophische, kulturelle und politische Problematik der Postmoderne gewonnen, wo Vielfalt, Eklektik und Unvermischtheit als Grundprinzipien des modernen Lebens gelten und zugunsten pragmatischerer Positionen auf alle Systeme und »Ismen« verzichtet wird.

Der Sowjetmensch beim sowjetischen Analytiker

Nach dem drastischen Wirklichkeitseinbruch des Krieges und dreier Revolutionen hatten Symbolismus und Dionysos-Kult ihre Attraktivität für Publikum und intellektuelle Elite in Rußland gleichermaßen verloren. »Vor diesem damenhaften Unsinn weichen mit gleichem Achselzucken sowohl ehrbare professionelle Mystiker als auch Vertreter der Wissenschaft jäh zurück«[79], schrieb Ossip Mandelstam 1922 belustigt und prophezeite im übrigen: »Die russische Prosa wird einen Schritt vorwärts tun, wenn der erste Prosaist auftaucht, der von Andrej Bely unabhängig ist.«[80]

Es dürfte kein Zufall sein, daß das womöglich plastischste Bild einer rapide sich wandelnden Wirklichkeit im Rußland jener Jahre von einem Autor stammt, der der Kultur des Silbernen Zeitalters entwachsen war, sich demonstrativ ihrer wesentlichen Komponenten entledigt hatte und nunmehr eine psychoanalytische Sicht auf die Dinge dagegensetzte – verbunden mit dem gesunden Menschenverstand des kleinen Mannes im großen Sowjetland. Diese unmögliche, zumindest von keiner Seite sanktionierte, jedoch ausgesprochen lebensnahe Mischung weckte den Zorn der Literaturverwalter und die innige Liebe der Leser: Jahrzehntelang war Michail Soschtschenko einer der meistgelesenen sowjetischen Autoren und ist heute immer noch populär. Nach all den ideologischen Wahnkonstrukten, die linker- wie rechterhand zusammengebrochen waren, mußte Soschtschenkos »Kleinkunst« Schockwirkungen hervorrufen. Die Helden dieser Texte sorgen sich um einfache Dinge, die unter den Bolschewiki nahezu in Vergessenheit geraten waren: um ihre Gesundheit vor allem und ihr persönliches Wohlergehen. Der Autor hat die Abwegigkeit seines Tuns vor Augen. Es sei ihm geradezu peinlich, in diesen stürmischen Zeiten vom Alltag eines einzelnen Menschen reden zu wollen, formuliert er in jener Art des höflichen Clowns, die für ihn typisch ist. Und ebenso Soschtschenkos Figuren: Die Wunder des neuen Lebens anstaunend, der fünf Sinne indes längst noch nicht ledig, den Stil der Leitartikel nachahmend, doch nicht bereit, an irgend etwas zu glauben, was man nicht wenigstens schon einmal mit den Zähnen geprüft hat, sind sie alles in allem meilenweit vom nietzscheanischen »neuen Menschen« entfernt. Genausowenig erinnern sie aber auch an die verstörten, heillos in die Welt geworfenen und düster vor sich hin brütenden Existenzen des europäischen Existentialismus.

Soschtschenkos Held ist der *homo sovieticus*: längst nicht die übelste Spezies der menschlichen Natur, wie sich herausstellt. »Gewöhnliche Menschen«, wie Bulgakows Übermensch Voland es sah. Sie sind gereizt von den Widrigkeiten des Lebens, permanent nervös – jedoch wenigstens nicht allein. Geübt im zweigleisigen

Denken, lange schon ohne einen blassen Schimmer von Moral, können diese Leute gerade dadurch mit sich selbst im reinen bleiben. Sie laborieren an Krankheiten besonderer Art, gegen die ganz besondere »Abhilfe« geboten ist.

Soschtschenko erzählt. Da geht einer so durch die Straßen und merkt plötzlich, daß die Frauen ihn nicht mehr beachten. Schade! denkt er. Zumal irgend so ein bürgerlicher Ökonom oder Chemiker den originellen Gedanken geäußert hat, daß nicht nur das Privatleben, sondern überhaupt alles, was man so tut, einzig und allein für die Frauen geschieht. Alles klar! denkt er und beschließt: Ich muß die Ernährung verbessern. Er ißt unentwegt, dann macht er sich ans Turnen, Körperkultur und so weiter; schließlich kleidet er sich auch noch nach der letzten Mode ein. Und dann ist es soweit: eine guckt ihn an, kann gar nicht wieder weggucken. Das kommt, weil er auf dem Markt einen Mantel gekauft hat, der ihr zuvor gestohlen worden ist. Als er die Miliz verläßt, denkt er sich: Na schön, ich werds überstehen! Mein Privatleben wird nur noch Arbeit sein. Ich werde schuften. Und was der bourgeoise Gelehrte da erzählt hat: Typisch westlicher Mumpitz![81]

Wie aber ist Abhilfe zu schaffen, wenn es einen doch »erwischt« hat? Die folgende Geschichte (*Heilkunst und Psyche*) stammt aus dem Jahr 1933, und sie deutet darauf hin, daß die Psychoanalyse allem Anschein nach immer noch praktiziert wurde, wenn auch in äußerst primitiver Form. Das Milieu, in dem die Analyse überwinterte, wie auch die Klientel, an die sie sich halten mußte, sind darin so lebendig gezeichnet, daß die Erzählung unbedingt hierhergehört.

Ein Mann geht zum Arzt ins Ambulatorium. Massenhaft Leute, fast wie in der Straßenbahn. Die meisten wollen zum Nervenarzt. Zum Chirurgen: bloß ein einziger. Zum Gynäkologen: zwei Frauen und ein Mann. Beim Nervenarzt sitzen an die dreißig davor. Dort gibts eine Unterhaltung. Der Mann hängt sich hinein, sagt: Ich staune, wieviel nervöse Krankheitsfälle es gibt. Proportional völlig unangemessen! Drauf ein andrer: Das kannst du laut sagen! Statt daß der Mensch Handel treibt, sitzt er hier rum, nicht wahr. Streuen Sie hier nicht so ungehemmt Ihre Gedanken aus! unterbricht ihn ein dritter. Sonst spreche ich gleich mal vor an zuständiger Stelle. Dort kriegen Sie was genießt von wegen, was der Mensch zu treiben hat. Er kommt aber nicht dazu vorzusprechen, weil er nämlich dran ist. Man hört ihn hinter dem Schirm sagen: An sich bin ich kerngesund, nur leide ich unter

Schlaflosigkeit. Haben Sie dafür nicht irgendwelche Tropfen oder Pillen? Drauf sagt der Arzt: Pillen machen nur Probleme. Ich halte mich da lieber an die allerneueste Heilmethode. Ich finde den Grund und kämpfe dagegen an. Der Patient begreift nicht, wovon die Rede ist. Sie holen Ihre Erinnerungen herauf, sagt der Arzt. Wir finden das Grundübel, knöpfen es uns vor, und dann könnte es sein, daß Sie wieder gesund werden. Zehn Jahre haben Sie sich geplagt, jetzt sollen Sie diese Plackerei gefälligst hererzählen. Also bleibt dem Patienten nichts weiter übrig, und er erinnert sich: Wie er heimkommt aus dem Bürgerkrieg, findet er die Frau in den Armen seines Neffen vor. Mir bricht vor Gram das Herz, erinnert er sich weiter, wie ich sehe, daß er meine Jacke anhat. Ist gut, sagt der Arzt, Sie kriegen Ihre Pillen. Und schon eilt der Nächste hinter den Schirm: der, der sich aufgeregt hat von wegen dem Handel. Ihm kann die moderne Medizin leider auch nicht helfen.

Die Blätter fallen

Der Autor dieser Erzählungen – Oberleutnant im Ersten Weltkrieg, mit fünf militärischen Orden geschmückt – war ein schwerer Neurotiker. Zur anhaltenden Hypochondrie gesellten sich periodisch wiederkehrende Depressionen. Nur seine Nächsten wußten von dem Leiden; ansonsten kannte man ihn als zurückhaltenden, vornehmen Gentleman, stets umgeben von Frauen, auf denen sein Blick mit der zärtlichen Aufmerksamkeit »des guten Neuropathologen«[82] ruhte.

Unter mehreren militärärztlichen Bulletins (Lazarett des mingrelischen Grenadierregiments, Juni 1916: Gasvergiftung; Erste Petrograder Ärztekammer, September 1916: mittelschwere Neurasthenie; Oberarzt der Kaukasischen Division, Februar 1917: Herzneurose und Neurasthenie; Ärztekommission Petrograd, Februar 1919: organischer Herzfehler) findet sich in seinem Nachlaß auch eine Diagnose, die ihm am 19. April 1937 vom Leningrader Spezialisten I. Margolis gestellt wurde.[83] Das zweiseitige, in der flüchtigen Handschrift eines Arztes geschriebene Dokument sei an dieser Stelle vollständig zitiert.

»Der Kastrationskomplex wird durch eine Reihe wertvoller Fakten aus der frühen Kindheit des Patienten ergänzt. Patient berichtet von einem stabilen Angstaffekt, aufgetreten in Zusammenhang mit einem unbedeutenden chirurgischen Eingriff nahe der Genitalien. Dieses Erlebnis war absolut vergessen (Amnesie) und von einer Schicht weniger wertvoller Affekte überlagert. Symptome und ihre Ursachen als kommunizierende Gefäße sind derart durchdrungen von *Pansexualismus*, daß sie nur der nicht sieht, der sie nicht sehen will. Patient kommt ungern auf dieses wahrhaft tragische Thema zu sprechen, seine Erörterung bewirkt bei ihm regelmäßig Verschärfung der Symptome und Absturzangst – ›daß die Libido aufhört‹. Sein Verhältnis zur Libido hat die Grenzen gesunder Abwehr überschritten, selbst auf die einfache physiologische Begierde reagiert er mit scharfer Mißbilligung, die sich stets in verschiedenen Symptomen äußert (Selbstquälereien und diverse symptomatische Leiden). Patient verdrängt die Libido und mit ihr jegliche Lust.

Patient ist aufrichtig bestrebt, in den Fakten der Vergangenheit den Kern seines Leidens zu finden. Häufiger Widerstand, der Erkenntnis und Anschauung behindert. Das Ausmaß dieses Widerstands ist Patienten oft unbegreiflich. Kastration nebst induzierter Verarmung der Libido schwächt die Persönlichkeitskonstitution allgemein und vereitelt so die rückhaltlose Attacke auf die letzten Bastionen der Neurose.

Patient scheut die Aktion (Tribut des Lebens) – insbesondere die libidinöse. Schreckt zurück, wird passiv und verschlossen. Aus dieser Kette ausbrechen läßt sich nur durch absolut freies Eindringen in alle Poren der Libido, sollte der Anblick noch so seltsam und schrecklich sein.

Ewiger Fetisch ›große Frauenbrust‹, der Patienten in Bann hält und peinigt, verweist nachdrücklich auf Ödipuskomplex.«

Es ist wohl weniger eine Diagnose als die schriftliche Fortführung einer Diskussion zwischen Arzt und Patienten, welcher seine Abwehrideen verfolgt, die es zu überwinden gilt. Manches in der Diagnose erscheint unzutreffend, manches oberflächlich; das hervorgehobene Wort Pansexualismus, den kritischen Schriften zur Psychoanalyse entlehnt, ist wohl überhaupt fehl am Platz. Eines steht jedoch fest: Doktor Margolis verhehlt seine analytische Orientierung nicht, er legt sie enthusiastisch offen und schlägt dem prominenten Patienten unzweideutig eine psychoanalytische Behandlung vor.

Was Soschtschenko von dieser Diagnose hielt und ob er eine Analyse im klassischen Sinn aufnahm, ist nicht bekannt. Daß er sich später sehr respektvoll über die »Freudisten« äußerte und Margolis' Diagnose aufbewahrte, spricht immerhin für sich.

Nachdem er offenbar mehrere Behandlungsarten ausprobiert hatte, verlegte er sich schließlich auf die Selbstanalyse, die er über Jahrzehnte hin praktizierte. Sie vermochte sein Befinden zu stabilisieren und ermöglichte ihm ein langes Schriftstellerleben, dessen widrige Umstände auch einem Gesunden viel abverlangt hätten. Verlauf und Ergebnisse der Selbstanalyse fanden in drei Büchern ihren Niederschlag.[84] Das letzte von ihnen mit dem Titel *Vor Sonnenaufgang* ist zweifellos ein Musterstück psychoanalytisch beeinflußter künstlerischer Literatur.

Soschtschenko schrieb dieses Buch 1942 in Alma-Ata, wohin er – übrigens zur gleichen Zeit wie Eisenstein – evakuiert worden war. Daß der ideologische Druck des Regimes während des Krieges spürbar abnahm, ist vielfach bezeugt. Auch mag der Kriegszustand dazu beigetragen haben, daß der ehemalige Offizier verloren geglaubten Mut zurückgewann. War dies letztlich der Grund oder zeitigte seine Selbstanalyse therapeutische Erfolge – jedenfalls verlor Soschtschenkos Stil sowohl die gewohnte feuilletonistische Spitzzüngigkeit als auch die akademische Behäbigkeit, hinter der er noch im vorausgegangenen Buch *Wiedergefundene Jugend* seine innere Erregung versteckt hatte.

Vor Sonnenaufgang ist fast durchweg von einem ungebundenen Menschen geschrieben – ungebunden im politischen wie im psychoanalytischen Sinn des Wortes. Im Ausmaß dieser Freiheit, in seiner psychologischen Tiefe und glasklaren Ausdrucksweise steht es in der sowjetischen Prosa einzigartig da. Gleichzeitig zeigte es sich in vielem der Literatur der Symbolisten verpflichtet, die Soschtschenko, wiewohl fünfzehn Jahre jünger als Blok und Bely, noch persönlich gekannt hatte. Am augenscheinlichsten sind die strukturellen und stilistischen Anklänge an Rosanow (derselbe von sich überzeugte Ich-Erzähler, die gleiche Unverblümtheit in der Beschreibung der eigenen Sexualität, die gleiche Atomisierung des Textes in elementarste Kapitelchen); und Soschtschenko machte aus seiner Sympathie für diesen Autor kein Hehl: Das zentrale Kapitel seines Buches heißt à la Rosanow *Abgefallene Blätter*.

Den Erzählstrang bildet eine lose Verkettung freier Assoziationen – jede eine Erinnerung für sich. Mit ihrer Hilfe tastet sich Soschtschenko zum Urgrund seiner Melancholie vor. Wo ist das fatale Ereignis zu suchen, mit dem alles anfing? Er wühlt in den Erinnerungen, läßt sich von ihnen aufwühlen: »Meine Gemütsbewegung hatte das, was sich ereignet hatte, wie mit einem Magnesiumblitz beleuchtet.«[85] Die entstandenen Fotografien weist Soschtschenko seinem Leser eine nach der anderen vor – von den ganz frischen bis zu den allerfrühesten. Frauen, die ihn verführten; der Vater, als er starb; Bilder von Kämpfen an der Front, Alltagsszenen, Porträtskizzen Verblichener. Doch in alledem ist die Erklärung nicht zu finden. Er geht noch tiefer: zurück zum Fünfjährigen, zum Zweijährigen. Doch hier ist das Ende der Welt, der Autor sieht nur ein Tohuwabohu, das bei der ersten Berührung durch den Verstand zerrinnt. Für Soschtschenko kein Zweifel: das ist das Jenseits.

Hier nun, im letzten Teil des Buches mit dem Titel *Vor dem dritten Lebensjahr* zieht der Autor die Wissenschaft zu Rate: die Physiologen der Pawlowschen Schule und die Freudschen Analytiker. Das Spektrum, wir sehen es, ist das gleiche wie bei Trotzki oder Eisenstein. Doch Soschtschenko, der seine Neurose zur Genüge kennt, ist an handfesten Resultaten interessiert. Er erläutert dem Leser die bedingten Reflexe und versucht deren Gesetze auf seine frühe Kindheit anzuwenden. Er fährt in das Dorf, wo er die ersten Jahre seines Lebens zubrachte, doch hier verstärkt sich seine Schwermut, ganz elend fährt er wieder nach Hause. Brom und bedingte Reflexe bleiben wirkungslos. Des Nachts quälen ihn Alpträume. Früher hatte er nie geträumt oder das Geträumte augenblicklich wieder vergessen. Jetzt suchten ihn Träume heim, kaum daß er die Augen geschlossen hatte.

Ein Arzt (war es nicht vielleicht Doktor Margolis?) meinte zu ihm: »Nur über diese Träume werden Sie sich in Ihrer Krankheit zurechtfinden.«[86] Einen der Träume deutete er als Sexualtrauma. Der Autor zeigte sich empört. »Ich habe Ihnen den Traum nach Freud gedeutet«, rechtfertigt sich der Arzt. »Ich bin ein Schüler Freuds.« Soschtschenko fand noch einen anderen, »außerordentlich klugen« Arzt. Beinahe wäre der Autor sein Schüler geworden, hätte der Mann sich nicht als »ausdrücklicher Gegner Pawlows« zu erkennen gegeben. Auch er interpretierte jeden von Soschtschenkos Träumen als erotomanisch. Und der Autor trieb seine Selbstanalyse voran, abwechselnd mit volkstümlich gehaltenen theoretischen Exkursen zum alten Thema »Pawlow und Freud«.

Der letzte Sieg

Die Geschichte hat kein Ende. Eine Analyse wie diese kann kein richtiges Ende haben. Daß das eigene Unbewußte einer Selbstanalyse verschlossen bleiben muß, ist eine Binsenweisheit der Freudschen Methode. Der Mensch ist dabei denselben Verzerrungsmechanismen unterworfen, die auch seine Symptome und Träume gebären. Nur im Kontakt mit dem Bewußtsein und Unterbewußtsein des Anderen vermag einer in sein Innerstes vorzudringen. Das Seltsame ist, daß diese Grundregel der Psychoanalyse in Rußland ausgerechnet von ihrem herbsten Kritiker, Bachtin, am glänzendsten begründet worden ist, während sie bei Freuds Sympathisanten in Vergessenheit geriet. In den Arbeiten Jermakows, Blonskis und erst recht Trotzkis galt dem Moment der Bewußtwerdung weit mehr Aufmerksamkeit als dem nicht minder wichtigen Aspekt der Übertragung. Gleiches zeichnete übrigens auch die Symbolisten aus: Die »Umstülpung« des Bewußtseins wurde als individueller kreativer Akt oder aber als kollektive theurgische Handlung verstanden, dagegen niemals als dynamischer Prozeß, den einer, kämpfend und sich sträubend, über einen Außenstehenden realisiert. Soschtschenko, der die »Pawlowsche« Vergegenwärtigung seiner reflektorischen Verbindungen und Dominanten einer Analyse bei seinem »außerordentlich klugen« Freudisten vorzog, ging den gleichen Weg.

»Was da gehemmt ist, muß befreit werden. Diese Hemmung ist zu lösen im Sonnenlicht der Logik, im Licht des wachen Bewußtseins.« Darin sah er den Sinn seiner Arbeit – sogar in staatsbürgerlicher Hinsicht. »Meine Aufzeichnungen sprechen ja vom Triumph des menschlichen Verstandes, von der Wissenschaft und vom Fortschreiten des Bewußtseins. Meine Arbeit widerlegt die ›Philosophie‹ des Faschismus, die behauptet, daß das Bewußtsein den Menschen nur in unermeßliche Bedrängnis bringe …«[87] Erstaunlicherweise hat Thomas Mann 1941 an Jungs Co-Autor, den Mythologen Karl Kerényi, beinahe das gleiche geschrieben: »… tatsächlich ist Psychologie das Mittel, den Mythos den fascistischen Dunkelmännern aus den Händen zu nehmen und ihn ins Humane ›umzufunktionieren‹«[88].

In Gestalt Soschtschenkos sah sich die russische Kultur noch ein weiteres Mal mit der Psychoanalyse konfrontiert, und diese letzte Begegnung erwies sich als außerordentlich fruchtbar. Sein Buch ist wahrhaft antifaschistisch zu nennen – nicht nur in der

Apologie des Bewußtseins, sondern ebenso im Glauben an den einzelnen Menschen mitsamt seinen Leiden, seinem Hoffen und Streben.

Genau dies waren wohl die Qualitäten, die dazu führten, daß die Parteikaste das Buch in Grund und Boden kritisierte. Das ZK der RKP (B) faßte 1946 den Beschluß *Über die Zeitschriften Swesda und Leningrad* und schoß darin vor allem gegen zwei betagte Autoren, lebende Denkmale des Silbernen Zeitalters – Michail Soschtschenko und Anna Achmatowa. Soschtschenko wird als »Hohlkopf« und »Abschaum der Literatur« bezeichnet; sein hauptsächliches Verbrechen an der Macht war selbstverständlich die »empörende Novelle« *Vor Sonnenaufgang*. Alexej Shdanow meinte in seinem Referat vor den Genossen: »Es ist schwer, in unserer Literatur etwas Scheußlicheres zu finden als jene ›Moral‹, die Soschtschenko in seiner Novelle *Vor Sonnenaufgang* predigt und in der er die Menschen und sich selbst als garstige, lüsterne Tiere schildert, die weder Scham noch Gewissen besitzen.«[89]

Der ZK-Beschluß, welcher Soschtschenko und die Achmatowa gemeinsam an den Pranger stellte, setzte in der Geschichte der Moderne in Rußland eine zutiefst symbolische Zäsur: der der Psychoanalyse am nächsten stehende russische Schriftsteller und die einzige echte Nachfahrin des Silbernen Zeitalters im gemeinsamen Beharren gegen den Terror der Mächtigen.

Dem kranken Soschtschenko gelang es, auch diesen Beschluß des allmächtigen Zentralkomitees zu überleben. Er war einer der ganz wenigen, die in sich den Mut und die Kraft fanden, den von der Partei initiierten Rufmord auszuhalten, ohne zu zerbrechen oder Reue zu zeigen, die ganz bei sich selbst blieben. Was er Psychoanalyse nannte, war für dieses Mal stärker als das, was Shdanow und Konsorten für den Kommunismus hielten.

BILANZ

Sigmund Freuds Werk und dessen Wirkung haben überzeugend vorgeführt, was in unserem Jahrhundert bis auf den heutigen Tag immer wieder bezweifelt wurde und wird: daß eine Idee sich sehr wohl über nationale Grenzen hinwegsetzen kann. Auf den konkreten einzelnen Menschen orientiert, entwickelte die Psychoanalyse einen Erfahrungsschatz, der in ganz verschiedenen Gesellschaftsordnungen grundsätzlich und ohne große Abwandlungen akzeptiert wurde.[1] Intellektuelle Werte können zu gültigen übernationalen Formen finden, so spezifisch die Vorgänge ihrer Reifung im einzelnen auch aussehen mögen. Doch will ein solcher Universalismus, in vielen Fällen das ersehnte Ziel, längst nicht immer glücken.

Man braucht nur einmal die Geschichte des Marxismus herzunehmen und kann sehen, welche unglaublichen Schwierigkeiten, welche verheerenden Deformationen auch für die Idee selbst damit verbunden sein können. Die subjektiven Absichten der Urheber mögen dabei nicht die entscheidende Rolle spielen. Zumindest waren bei Freud diesbezüglich die Befürchtungen stets ausgeprägter als die Hoffnungen. Es erscheint paradox: Mit aller Penetranz predigte der Marxismus den universellen Charakter seiner Ziele und erlitt ein totales Fiasko. Die Freudsche Lehre hingegen, äußerst unschlüssig in dieser Hinsicht, hatte durchschlagenden Erfolg.

Mit jedem Jahrzehnt unseres Jahrhunderts eroberte sich die Psychoanalyse immer neue Kulturkreise, nahm dabei durchaus nationalspezifische Züge an, wofür Lacans strukturalistische Variante in Frankreich oder aber die betont medizinische Ausrichtung der Analyse in den Vereinigten Staaten eindrucksvolle Beispiele waren und sind. Der letzte Kontinent, von dem die Psychoanalyse Besitz ergriff, war Lateinamerika, wo der Sturz eines diktatorischen Regimes diese Disziplin in schöner Regelmäßigkeit zum Aufblühen brachte. Und trotz einer langen Geschichte von Spaltungen und Divergenzen vermochte sie ihre Identität meist zu bewahren.

Man könnte den Weg, den die Psychoanalyse ging, mit der Bahn eines Kometen vergleichen, welcher verschiedene Sonnensysteme durchzieht. Der Komet ist umgeben von Vakuum, nichts auf seinem Weg erinnert an seinesgleichen. Und doch gibt es im Raum je eigene Kraftlinien, Gravitations- und Magnetfelder, die die Bahn des Himmelskörpers beeinflussen, seinen Schweif verändern und ganze Wolken von ihm abspalten, die dann im jeweiligen System eine eigene Umlaufbahn beschreiben …

In Rußland zu Beginn des zwanzigsten Jahrhunderts hat die Psychoanalyse so vehement »eingeschlagen«, daß man aus heutiger Sicht nur staunen kann: War das wirklich noch Rußland?

Allerdings ist sie unter den geistigen und politischen Bedingungen dieses Landes mutiert wie wohl kein zweites Mal in ihrer ganzen bisherigen Geschichte. Am Ende dieser stürmischen Entwicklung war sie praktisch nicht mehr wiederzuerkennen. Die nationalen Besonderheiten der russischen Kultur, die mit der einzigartigen historischen Situation korrespondierten, brachten einen intellektuellen Hybriden sondergleichen hervor. Die Ausdrücklichkeit, mit der die Psychoanalyse ansonsten stets von sich zu sagen weiß, was sie ist und was nicht, liefert ein gutes Richtmaß, anhand dessen sich die Kapriolen und Komplikationen im Zusammenspiel von wissenschaftlichen Ideen, geistigen Werten und politischen Zuständen im Rußland des zwanzigsten Jahrhunderts besonders anschaulich verfolgen lassen.

Die Psychoanalyse in Rußland war spezifisch in vielerlei Hinsicht. Theoretisch betrachtet, ist die Linie am interessantesten, die von den Adlerianern der russischen Psychotherapie nach 1910 zum Trotzkismus der sowjetischen Analytiker in den Zwanzigern führt. Die Sexualität in der Theorie und die Übertragung in der Methode der Analyse wurden konsequent verdrängt: statt dessen ging es vornehmlich um Macht und um Bewußtsein. Auch in der praktischen Arbeit erlangten Strategien der Vergegenwärtigung und der Suggestion ungleich mehr Bedeutung als die Übertragung, von der bei Analytikern der Sowjetzeit so gut wie nie die Rede gewesen ist. Wegführend von der Erforschung der Libido, hin zur Entdeckung anderer menschlicher Antriebe, verfolgte man hier eine allen üblichen Tendenzen in der Welt zuwiderlaufende Entwicklungsrichtung der Psychoanalyse.

»Man kann mit Sicherheit behaupten, daß in Rußland eine starke und fruchtbare psychoanalytische Bewegung sich entwickeln könnte, wenn sie nicht von offizieller Seite so energisch bekämpft würde«[2], schrieb 1930 in der Berliner Emigration Moshe Wulff, kurz zuvor noch Präsident der Russischen Psychoanalytischen Vereinigung. Vom heutigen Kenntnisstand aus und mit der Erfahrung der anschließenden politischen Entwicklung erscheint dieses Urteil wohl zu einfach. Man negiert das Maß intellektueller Verantwortlichkeit, beruft man sich zu ausschließlich auf den bösen Willen der Mächtigen. Im Kampf um das Sagen auf der politischen Bühne scheuten die Analytiker auch vor dramatischen Gesinnungswechseln nicht zurück. Sie ließen sich leiten von ihren eigenen utopischen Illusionen, in denen sie keine Diskrepanzen zur Psychoanalyse entdecken wollten. Ihr Glauben und Hoffen richtete sich auf die neue Macht, von deren Seite sie Billigung und Unterstützung erfuhren, solange dort Leute saßen, die ihnen im Geiste nahe waren.

Für die Arbeit russischer Analytiker von Tatjana Rosenthal bis zu Iwan Jermakow war insgesamt typisch, daß man in Fragen der Sexualität geradezu pharisäisch verfuhr. Das peinlichste und zugleich komischste Beispiel ist die Evolution Aron Salkinds: Beinahe nahtlos wurde aus dem einstigen Adlerianer ein glühender Verfechter repressiver Einflußnahme auf die Sexualität, sanktioniert per Dekret der herrschenden Klasse. Auf der anderen Seite gerieten Ansätze wie Lou Andreas-Salomés aufgeklärter »Erotismus«, Wilhelm Reichs Ideen der sexualpolitischen Emanzipation oder das Dialogkonzept des russischen »Postmoderne-Propheten« Michail Bachtin in Vergessenheit, da sie sich zur Machtproblematik nicht explizit verhielten. Der Kult der Macht als Hauptachse des totalitären Bewußtseins assimilierte geistige Potenzen beinahe jeder Art – selbst wenn sie so fernliegend waren wie die Psychoanalyse.

Und: Der Kult der Macht, gleich welcher Absichten und Umstände, verwandelt sich stets in ein Ritual des Todes. Beginnend mit Sabina Spielrein, gewann das Thema des Todestriebes erstrangige Bedeutung für die sowjetischen Analytiker, die sich hier einem Kernproblem der russischen Kultur näherten. Der Tod und die Macht bildeten gemeinsam das Universum, in dem die Psychoanalyse in Rußland und alles, was aus ihr wurde, existierten. Der Tod und die Macht bildeten jenen Doppelplaneten mit gigantischem Gravitationsfeld, um den der aus ganz anderen kosmischen Breiten stammende Komet der Psychoanalyse kreiste – so lange, bis er abstürzte: als er nämlich von jenen schwarzen Sonnen endgültig nicht mehr zu unterscheiden war.

Fjodor Stepun, der die Ereignisse in Sowjetrußland, »dieser ersten neuzeitlich eingerichteten Fabrik des standardisierten Menschentums«, aus der Emigration verfolgte, schrieb voller Entsetzen: »Offenbar besteht die Gefahr des staatlichen Despotismus weniger in politischen Verboten als in kulturpädagogischen Geboten.« Die Idee des »neuen Menschen« stand im Zentrum intellektueller Bestrebungen in Rußland – von den Dichtern des Symbolismus nach 1910 bis hin zu den Pädologen nach 1930. Später, mit zunehmender Liberalisierung des Regimes, verlor sie an Bedeutung, überlebte jedoch als sinnlose Worthülse noch bis in die Breshnew-Zeit hinein.

Die frühe sowjetische Psychoanalyse war in einem nie dagewesenen Ausmaß politisiert und staatsnah. Die Führung der Russischen Psychoanalytischen Vereinigung vom Anfang der zwanziger Jahre bestand zum überwiegenden Teil aus prominenten Bolschewiken, die die Analyse für ihre Zwecke einzuspannen beabsichtigten. Das Moskau der zwanziger Jahre erlebte die Gründung eines Staatlichen Psychoanalytischen Instituts (eine in der Geschichte der Analyse einmalige Wortfügung) und eines psychoanalytischen Kinderheims, das speziell für die Kinder höchster Parteikader eingerichtet worden war. Auf die Psychoanalyse als Teil seiner neuen Politik setzte Lew Trotzki, im Kinderheim-Laboratorium wurde Stalins Sohn Wassili, der später einmal Luftwaffengeneral und Alkoholiker werden sollte, psychoanalytisch erzogen.

Doch diese beispiellose Verbundenheit mit den Größen der Macht konnte weder die sowjetischen Analytiker noch die russische Analyse retten. Eher war das Gegenteil der Fall: Je näher man der Macht stand, um so rascher kam der Tod.

Adolf Joffe, Adlers einstiger Patient, der in der sibirischen Verbannung zum Analytiker wurde, nahm sich nach der Zerschlagung der trotzkistischen Opposition, zu deren Führern er gehörte, das Leben. Aron Salkind erlitt einen Herzinfarkt, als das Urteil gegen die Pädologie, die »Lehre vom neuen Massenmenschen«, gefällt war. Alexander Lurija, der namhafteste Psychologe der Sowjetperiode, begann seine Karriere als wissenschaftlicher Sekretär der Russischen Psychoanalytischen Vereinigung, ließ diesen Posten jedoch im Stich, um für den Generalstaatsanwalt der Moskauer Prozesse einen Lügendetektor zu bauen. Sabina Spielrein, die lange vor Freud den Todestrieb entdeckte, blieb freiwillig im von den Faschisten besetzten Rostow, wo sie mit vielen Rostower Juden den Tod fand. Als Sergej Eisenstein seine Filme drehte, schrecklich-schöne Sinnbilder des triumphierenden Totalitarismus, da waren seine Affinitäten zur Psychoanalyse eher dienlich als im Wege. Und schließlich sei an Max Eitingon erinnert, eine der rätselhaftesten und vielleicht fatalsten Figuren der intellektuellen Geschichte überhaupt ...

In der Ideengeschichte der Psychoanalyse führten der von Alfred Adler beschriebene Drang zur Macht, den Freud nie anerkannte, und der von Sabina Spielrein zuerst beschriebene und später von Freud wiederentdeckte Drang zum Tod ein getrenntes Leben. Die Geschichte der Psychoanalyse als eine Geschichte von Menschen läßt jedoch die auf den ersten Blick seltsame Frage zu, ob diese beiden Triebe wirklich so weit voneinander entfernt liegen.

Kult an der Macht und Dienst am Tod – der Eros des Unmöglichen.

Vorliegender Text hat im Vergleich zur russischen Ausgabe eine Reihe von Ergänzungen und Präzisierungen erfahren. Ernest Gellner, James L. Rice, Irina Paperno, Eric Naiman, Boris Paramonow, Eliot Borenstein, Svetlana Boym, Wiktor Kriwulin und Lesley Chamberlain reagierten mit Besprechungen und Anregungen, die dankbar berücksichtigt wurden. Der aufrichtige Dank des Autors gilt Andreas Tretner, dessen Anteil am Entstehen der deutschen Ausgabe weit größer war, als man vom Übersetzer gemeinhin zu erwarten hat.

ANMERKUNGEN

Die Schreibweise der Eigennamen im Text sowie in den erklärenden Anmerkungen folgt den Regeln der Duden-Transkription. Davon abgewichen wurde in Fällen, wo andere Formen die Konvention bestimmen (z. B. Trotzki). Dies betrifft im besonderen jene russischen Psychoanalytiker, die in der *Internationalen Zeitschrift für Psychoanalyse* veröffentlichten; die dort eingeführte Namensform wurde übernommen. Bibliographische Angaben im Anmerkungsteil folgen strikt der deutschen Bibliothekstransliteration.

Sigel

Freud, *Studienausgabe*: A. Mitscherlich, A. Richards, J. Styrachey (Hg.), Sigmund Freud, *Studienausgabe* (10 + 1 Bde. und 1 Reg.bd.), Frankfurt a. M. 1993[6]

Einführung

1 *Slawophile:* romantische geschichtsphilosophische Strömung in Rußland Mitte 19. Jh. (A. Chomjakow, I. u. P. Kirejewski, N. Danilewski u. a.), die sich primär über das Verhältnis zwischen Rußland und Westeuropa definierte und von den sogenannten »Westlern« in der russischen Geisteswissenschaft abgrenzte; eine Theorie nationaler Singularität (jedoch mit panslawistischen Akzenten) diente zu nationalistischen Protesten gegen geistige Anlehnung und politische Zugeständnisse an den Westen. – A. d. Ü.

2 Vgl. Vjačeslav Ivanov, *Po zvezdam* [Nach den Sternen], Sankt Petersburg 1909.

3 Zur Nietzsche-Rezeption in Rußland gibt es eine Reihe spezieller Untersuchungen, z. B.: *Nietzsche in Russia*, Princeton 1986; R. Danilevskij, *Russkij obraz Fridricha Nicše (predistorija i načalo formirovanija)* [Das russische Nietzschebild (Vorgeschichte und Frühstadium)], in: *Na rubeže XIX i XX vekov* [An der Schwelle vom 19. ins 20. Jahrhundert], Leningrad 1991, S. 5ff.

4 A. Benua, *Moi vospominanija* [Meine Erinnerungen], Bd. 2, Moskau 1990, S. 48.

5 A. Grigor'ev, *Vospominanija* [Erinnerungen], Moskau/Leningrad 1930, S. 116.

6 Zit. nach: A. Bogdanov, *Voprosy socializma* [Fragen des Sozialismus], Moskau 1990, S. 28.

7 Aus: *Also sprach Zarathustra*, in: Friedrich Nietzsche, *Werke in drei Bänden*, München 1965, Bd. II, S. 303.

8 Vgl. Kap. 2, Anm. 51.

9 Freud, *Studienausgabe*, Bd. IX, S. 141.
10 Ders., Arnold Zweig, *Briefwechsel*, Frankfurt a. M. 1968, S. 37.
11 Keineswegs sahen bloß Ideologen der Stalin- und Breshnew-Zeit die Psychoanalyse als einen Fremdkörper in der sowjetischen Gesellschaft. »Der Freudismus in all seinen Stadien und Varietäten ... ist in der russischen Kultur nie wirklich und lebendig erfahren worden«, schrieb der Emigrant Alexander Pjatigorski in jüngerer Zeit. (*O psichoanalize iz sovremennoj Rossii* [Über die Psychoanalyse aus dem heutigen Rußland], in: *Rossija. Russia*, 1977, 3, S. 29ff.). Auf dieser faktisch unzutreffenden Behauptung gründet auch der für sich genommen bemerkenswerte Aufsatz von Boris Groys *Rußland als Unterbewußtsein des Westens* (*Rossija kak podsoznatel'noe Zapada*, in: *Wiener Slawistischer Almanach*, 1989, 23, S. 199ff.).
12 Abweichende Ansichten zur Historie der russischen und sowjetischen Psychologie vertreten z. B. D. Joravsky, *Russian Psychology. A Critical History*, Oxford 1989; L. R. Graham, *Dialektischer Materialismus und Naturwissenschaften in der UdSSR*, Frankfurt a. M. 1974. Vgl. ferner die Standardwerke zur »vaterländischen« Psychologiegeschichte aus sowjetischer Zeit: M. G. Jaroševskij, *Istorija psichologii* [Geschichte der Psychologie], Moskau 1976²; A. V. Petrovskij, *Voprosy teorii i istorii psichologii* [Zur Theorie und Geschichte der Psychologie], Moskau 1984.
13 Brief etwa v. 16. September 1882. Friedrich Nietzsche, *Sämtliche Briefe. Kritische Studienausgabe*, Bd. 6, Berlin 1986, S. 258f.
14 Sigmund Freud, *Gesammelte Werke* (18 Bde.), London 1952, Bd. X, S. 113.
15 Brief v. 31. Juli 1935. Zit. nach: Magnus Ljunggren, *The Russian Mephisto. A Study of the Life and Work of Emilii Medtner*, Stockholm 1994, S. 221.
16 V. Chodasevič, *Konec Renaty* [Renatas Ende], in: *Serebrjanyj vek. Memuary* [Das Silberne Zeitalter. Memoiren], Moskau 1990, S. 181.
17 Michail Bachtin, *Probleme der Poetik Dostoevskijs*, Frankfurt a. M./Berlin/Wien 1985, S. 98.
18 Michail Bulgakow, *Der Meister und Margarita*, Berlin 1975³, S. 23.
19 Th. Hilbert, *Die Geschichte der Psychoanalyse in Rußland und in der Sowjetunion*, Freiburg i. Br. 1985; R. Fischer, E. Fischer, *Psychoanalyse in Rußland*, in: D. Eicke (Hg.), *Die Psychologie des 20. Jahrhunderts*, Bd. III: *Freud und die Folgen*, Zürich 1977, S. 122ff.; J. Marti, *La psychanalyse en Russie et en Union soviétique de 1909 à 1930*, in: *Critique*, 346 (1976), S. 199ff.; H. Lobner, V. Levitin, *A Short Account of Freudism: Notes on the History of Psychoanalysis in the UdSSR*, in: *Sigmund Freud House Bulletin*, 2 (1978), 1, S. 5ff.; J.-M. Palmier, *La psychanalyse en Union soviétique*, in: R. Jaccard (Hg.), *Histoire de la psychanalyse*, Bd. 2, Paris 1982, S. 213ff.; E. Roudinesco, *Histoire de la psychanalyse en France*, Bd. 2, Paris 1986; A. Angelini, *La psicoanalisi in Russia. Dai precursori agli anni Trenta*, Neapel 1988; Aldo Carotenuto, *Tagebuch einer heimlichen Symmetrie. Sabina Spielrein zwischen Jung und Freud*, Freiburg i. Br. 1986; J. L. Rice, *Russian Stereotypes in the Freud-Jung Correspondence*, in: *Slavic Review*, 41 (1982), 1, S. 19ff.; I. Maximov, *Histoire de la psychanalyse. La psychanalyse russe*, in: *L'âne*, 1983, 10, S. 3ff.; I. Manson, *Comment dit-on ›psychanalyse‹ en russe?*, in: *Revue internationale d'histoire de la psych-*

analyse, 1991, 4, S. 407ff.; A. Mikhalevitch, *Première implantation et rejet* (1904–1930), in: *Frénésie*, 2 (1989), 7, S. 125ff.; M. Ljungren, *The Dream of Rebirth. A study of A. Belyj's novel* Peterburg, Stockholm 1982; ders., *The Psychoanalytic Breakthrough in Russia on the Eve of the 1 World War*, in: D. Rancour-Laferriere (Hg.), *Russian Literature and Psychoanalysis*, Amsterdam/Philadelphia 1989, S. 174ff.; M. Miller, *Freudian Theory under Bolshevic Rule*, in: *Slavic Review*, winter 1985, S. 625ff.; ders., *The Reception of Psychoanalysis and the Problem of the Unconscious in Russia*, in: *Social Research*, 57 (1990), 4, S. 876ff.; Ch. Tögel, *Lenin und die Rezeption der Psychoanalyse in der Sowjetunion der Zwanzigerjahre*, in: *Sigmund Freud House Bulletin*, 13/1 (1989), S. 16ff.

20 Vgl. ferner einige Untersuchungen zu spezielleren Aspekten des Themas: A. Ėtkind, *Ot psichoanaliza k pedologii (iz istorii sovetskoj nauki o čeloveke)* [Von der Psychoanalyse zur Pädologie (Zur Geschichte der sowjetischen Wissenschaft vom Menschen)], in: *Čelovek*, 1990, 1, S. 20ff.; ders., *Obščestvennaja atmosfera i individual'nyj put' učenogo: opyt prikladnoj psichologii 20-ch godov* [Die öffentliche Atmosphäre und der individuelle Weg des Wissenschaftlers: die Erfahrungen der angewandten Psychologie in den 20er Jahren], in: *Voprosy psichologii*, 1990, 5, S. 13ff.; ders., *Lev Trockij i psichoanaliz* [Lew Trotzki und die Psychoanalyse], in: *Neva*, 1991, 4, S. 183ff.; A. Pružinina, B. Pružinin, *Iz istorii otečestvennogo psichoanaliza (istoriko-metodologičeskij očerk)* [Aus der Geschichte der einheimischen Psychoanalyse (Historisch-methodologische Studie)], in: *Voprosy filosofii*, 1991, 7, S. 87ff.

1. Kapitel

1 Zu Lou Andreas-Salomé gibt es eine umfangreiche, in vielem voneinander abweichende biographische Literatur. Wir stützen uns hier vor allem auf folgende Quellen: Lou Andreas-Salomé, *Lebensrückblick*, Zürich/Wiesbaden 1951; H. F. Peters, *Lou*, München 1964; R. Binion, *Frau Lou, Nietzsche's Wayward Disciple*, Princeton 1968; A. Livingstone, *Salome, her Life and Work*, New York 1984; Paul Roazen, *Brudertier. Sigmund Freud und Victor Tausk: Die Geschichte eines tragischen Konflikts*, Hamburg 1973.

2 Andreas-Salomé, *Lebensrückblick*, a. a. O., S. 74.

3 Ebd., S. 76.

4 Vgl. Ė. A. Pavljučenko, *Ženščiny v russkom osvoboditel'nom dviženii* [Frauen in der russischen Befreiungsbewegung], Moskau 1988.

5 Das sog. *Bestushewsche Höhere Frauenseminar*, das den Namen seines Gründers, des Historikers Konstantin Bestushew-Rjumin trug. – A. d. Ü.

6 Andreas-Salomé, *Lebensrückblick*, a. a. O., S. 27.

7 Ebd., S. 34.

8 Zit. nach: Peters, *Lou*, a. a. O., S. 52.

9 Brief von Ludwig Hüter an Malwida v. Meysenbug (März 1883). Zit. nach: ebd., S. 140.

10 Malwida von Meysenbug, *Memoiren einer Idealistin*, Frankfurt a. M. 1985, S. 342.

11 Ebd.

12 Andreas-Salomé, *Lebensrückblick*, a. a. O., S. 96f.

13 I. K. Chmelevskij, *Patologičeskij ėlement v ličnosti i tvorčestve Fridricha Nicše* [Das pathologische Element in Friedrich Nietzsches Person und Werk], Rede auf der Festsitzung der Russischen Ärzteversammlung in Odessa v. 22. Februar 1903, Kiew 1904.
14 Friedrich Nietzsche, *Werke in drei Bänden*, München 1965, Bd. II, S. 258.
15 Ebd., S. 330.
16 Vgl. Peters, a. a. O., S. 135ff.
17 E. Pfeiffer (Hg.), *Friedrich Nietzsche. Paul Rée. Lou von Salomé. Die Dokumente ihrer Begegnung*, Frankfurt a. M. 1970, S. 181f.
18 Brief an Franz Overbeck v. 9. September 1882. Friedrich Nietzsche, *Sämtliche Briefe. Kritische Studienausgabe*, Bd. 6, München 1986, S. 256.
19 Ebd., S. 222.
20 Ebd., S. 200f.
21 Brief v. Mitte Dezember 1882 (Entwurf). Ebd., S. 293.
22 Brief v. Mitte Dezember 1882 (Entwurf). Ebd., S. 295.
23 Brief v. 20. Dezember 1882 (Entwurf). Ebd., S. 308.
24 Nietzsche, *Werke ...*, a. a. O., Bd. II, S. 279.
25 Ebd., S. 280.
26 Elisabeth Förster-Nietzsche, *Die Entstehung von* Also sprach Zarathustra, in: Friedrich Nietzsche, *Also sprach Zarathustra*, Leipzig 1922, S. XVII.
27 Zit. nach: Pfeiffer, a. a. O., S. 256, 252.
28 Brief Nietzsches an Malwida von Meysenbug v. Dez. 1882. Vgl. Nietzsche, *Sämtliche Briefe*, a. a. O., Bd. 6, S. 303.
29 Zit. nach: Peters, a. a. O., S. 125.
30 Lou Andreas-Salomé, *Friedrich Nietzsche in seinen Werken*, Dresden 1924, S. 133.
31 Brief v. Anfang Mai 1884. Nietzsche, *Sämtliche Briefe*, a. a. O., Bd. 6, S. 500.
32 Viktor Žirmunskij, *Nemeckij romantizm i sovremennaja mistika* [Die deutsche Romantik und die moderne Mystik], Sankt Petersburg 1914, S. 193.
33 Ders., *Religjoznoe otrečenie v istorii romantizma* [Die religiöse Entsagung in der Geschichte der Romantik], Moskau 1919, S. 7.
34 Brief an Paul Rée v. 31. Oktober 1879. Nietzsche, *Sämtliche Briefe*, a. a. O., Bd. 5, S. 460. Wladimir Solowjow sah in Nietzsche übrigens einen »unmittelbaren Nachfolger« Lermontows.
35 Der *Dämon* hatte in Deutschland Erfolg. Von 1852 bis 1876 ist er dort in vier verschiedenen Übersetzungen und zudem siebenmal im Original erschienen. Vgl. *Lermontovskaja ėnciklopedija* [Lermontow-Enzyklopädie], Moskau 1981, S. 393.
36 Michail Lermontow, *Gedichte und Poeme*, Berlin 1987, S. 276ff. (Nachdichtung: Roland Erb)
37 Mit dem Nichtvollzug ihrer Ehe stand die Salomé in der Tradition russischer Volkstümlerinnen, die seit Tschernyschewskis Roman *Was tun?* für einige Generationen von Bedeutung war. Vgl. Irina Paperno, *Chernyshevsky and the Age of Realism. A Study in the Semiotics of Behavior*, Stanford 1988; Olga Matich, *Dialectics of Cultural Return: Zinaida Gippius' Personal Myth*, in: *Cultural Mythologies of Russian Modernism*, Berkeley 1992, S. 52ff.

38 Brief an Rilke v. 9. Mai 1926. Konstantin Asadowski (Hg.), *Rilke und Rußland*, Berlin/Weimar 1986, S. 379.
39 Brief v. 18. Mai 1899. Ebd., S. 95.
40 Aus den unveröffentlichten Erinnerungen der Sofija Schill. Archiv d. Moskauer Universitätsbibliothek, Kat.-No. 1004.
41 *Die Zeit* v. 15. Januar 1898, S. 40.
42 Zinaida Gippius, *Živye lica* [Lebendige Gesichter], Bd. 2, Tbilissi 1991, S. 198; zum Verhältnis von Wolynski und der Hippius vgl. Aleksandr Benua, *Moi vospominanija* [Meine Erinnerungen], Bd. 2, Moskau 1990, S. 49.
43 Aus: *Jenseits von Gut und Böse* (1886). Nietzsche, *Werke ...*, a. a. O., Bd. II, S. 717.
44 Aus: *Der Schutzbrief* (1930), in: Boris Pasternak, *Luftwege*, Leipzig 1986, S. 193.
45 Vgl. Andreas-Salomé, *Lebensrückblick*, a. a. O., S. 76.
46 Rainer M. Rilke, Lou Andreas-Salomé, *Briefwechsel*, Zürich/Wiesbaden 1952, S. 39.
47 Pikanterweise handelte es sich um Lous neuen Geliebten Friedrich Pineles.
48 Ebd., S. 42.
49 Vgl. ebd., S. 262f.
50 Peters, a. a. O., S. 279.
51 Ebd., S. 257.
52 Ebd., S. 265f.
53 Zit. nach: A. Livingstone, a. a. O., S. 9.
54 Lou Andreas-Salomé, *Die Erotik*, Frankfurt a. M. 1910.
55 Ebd., S. 16ff.
56 Ebd., S. 13f.
57 Ebd., S. 45f.
58 Nikolai Berdjaev, *Der Sinn des Schaffens*, Tübingen 1927, S. 200.
59 Andreas-Salomé, *Die Erotik*, a. a. O., S. 46.
60 Ebd., S. 38.
61 Sigmund Freud, Karl Abraham, *Briefe 1907–1926*, Frankfurt a. M. 1965, S. 118.
62 Sigmund Freud, Lou Andreas-Salomé, *Briefwechsel*, Frankfurt a. M. 1966, S. 7.
63 Andreas-Salomé, *Lebensrückblick*, a. a. O., S. 191.
64 Vgl. Dmitri Mereshkowski, *Leonardo da Vinci* (1903), Teil der Roman-Trilogie *Christ und Antichrist*. – A. d. Ü.
65 Aus: *Eine Kindheitserinnerung des Leonardo da Vinci* (1910). Freud, *Studienausgabe*, Bd. X, S. 97.
66 Paul Roazen, *Politik und Gesellschaft bei Sigmund Freud*, Frankfurt a. M. 1971, S. 93; vgl. auch R. L. Rudnytsky, *Freud and Oedipus*, New York 1987, S. 198f.
67 *Massenpsychologie und Ich-Analyse* (1921). Vgl. Freud, *Studienausgabe*, Bd. IX, S. 115.
68 Vgl. S. Freud, A. Zweig, *Briefwechsel*, Frankfurt a. M. 1968, S. 85ff.
69 Vgl. Livingstone, a. a. O., S. 152; Freud, Andreas-Salomé, *Briefwechsel*, a. a. O., S. 12.
70 Zit. nach: Roazen, *Brudertier*, a. a. O., S. 145. (In der deutschen Ausgabe des Briefwechsels ist diese Stelle getilgt. – A. d. Ü.)

71 Lou Andreas-Salomé, *Narzißmus als Doppelrichtung*, in: *Imago. Zeitschrift für Anwendung der Psychoanalyse auf die Geisteswissenschaften*, VII. Bd. (1921), S. 363.
72 Ebd., S. 366f.
73 Vgl. L. Andreas-Salomé, *Mein Dank an Freud. Offener Brief an Professor Sigmund Freud zu seinem 75. Geburtstag*, Wien 1931, S. 19ff.
74 Vgl. *Sophia und Weltseele, Weltschöpfung und Weltprozeß* (1888), in: Wladimir Solowjew, *Schriften zur Philosophie, Theologie und Politik*, München 1991, S. 72ff.; Boris Groys, *Die russische Sophiologie. Wladimir Solowjow und seine Schule*, in: A. Assmann (Hg.), *Weisheit. Archäologie der literarischen Kommunikation*, Bd. III, München 1990, S. 345ff.
75 Solowjew, *Schriften ...*, a. a. O., S. 225.
76 V. Solov'ev, *Der Sinn der Liebe*, Hamburg 1985, S. 30.
77 Ebd., S. 67.
78 Ebd., S. 43.
79 Ebd., S. 47.
80 Andreas-Salomé, *Russische Philosophie und Semitischer Geist*, a. a. O.
81 Dies., *Russische Dichtung und Kultur*, in: *Cosmopolis. Internationale Revue*, August 1897, S. 574.
82 Dies., *Lebensrückblick*, a. a. O., S. 76. Die *Narodniki* (»Volkstümler«) waren eine vormarxistisch-sozialistische Bewegung der zweiten Hälfte des 19. Jh. (Herzen, Tschernyschewski, Lawrow u. a.) mit einem an der christlichen Orthodoxie und der bäuerlichen Dorfkommune orientierten Gesellschaftsideal; nach 1900 von den russischen Sozialrevolutionären wieder aufgegriffen. – A. d. Ü.
83 Vgl. Biddy Martin, *Woman and Modernity. The (Life-) Styles of Lou Andreas-Salomé*, Ithaca 1991, S. 202f.
84 Andreas-Salomé, *Lebensrückblick*, a. a. O., S. 79.
85 Ebd., S. 78.
86 Ebd., S. 82.
87 Dies., *Fenitschka. Eine Ausschweifung*, Frankfurt a. M./Berlin 1982, S. 45.
88 Nach Lous eigner Aussage liegt der Erzählung eine verhinderte Affäre mit Frank Wedekind zugrunde. Vgl. E. Pfeiffer, [Nachw. zu] ebd., S. 124. – A. d. Ü.
89 Ebd., S. 28.
90 Dies., *Lebensrückblick*, a. a. O., S. 178.
91 Dies., *Fenitschka*, a. a. O., S. 21.
92 Dies., *Lebensrückblick*, a. a. O., S. 84f.
93 An dieser Stelle kommt die Salomé erneut auf die historische Kirchenspaltung der Russen und das traditionelle Sektierertum zu sprechen; es könnte sein, daß sie darin dem 1926 in Zürich erschienenen Buch *Geist und Gesicht des Bolschewismus* von René Fülöp-Miller folgt. Aus dem unmittelbaren Eindruck einer Reise durch Sowjetrußland beschreibt der Verfasser das dortige Leben, welches ihm wie der Triumph einer militanten apokalyptischen Sekte erscheint. Fülöp-Miller illustriert diese Idee mit vielen eindrucksvollen Beobachtungen, die teils authentisch, teils wohl auch erfunden sind. Der eloquente Verfasser – Slawist, Journalist, Verleger, Autor von Büchern über Rasputin und Dostojewski – war mit Freud persönlich bekannt. Er war es, der in den zwanziger Jahren im Münchener Piper Verlag die Dostojewski-Ausgabe edierte und dort

auch Freuds Essay *Dostojewski und die Vatertötung* abdruckte, worin sich Freud wiederum auf Fülöp-Miller bezog. Vgl. James Rice, *Dostoyevsky and the Healing Art*, Ann Arbor 1985, S. 218f.

94 Andreas-Salomé, *Lebensrückblick*, a. a. O., S. 89.
95 Vgl. Freud, Andreas-Salomé, *Briefwechsel*, a. a. O., S. 137.
96 Ebd., S. 35.
97 Ebd., S. 202.
98 Ebd., S. 64.
99 L. Andreas-Salomé, *Mein Dank an Freud*, a. a. O.
100 Livingstone, a. a. O.
101 Peters, a. a. O., S. 299.

2. Kapitel

1 Aus: *O dies Spiel, eintreten wie ein Wind ...*, in: Alexander Block, *Ausgewählte Werke*, Berlin 1978, Bd. 1, S. 153 (Nachdichtung: Adolf Endler).
2 Aleksandr Benua, *Moi vospominanija* [Meine Erinnerungen], Bd.1, Moskau 1990, S. 630.
3 Ljubov' Mendeleeva-Blok, *Byli i nebylicy* [Dichtung und Wahrheit], Bremen 1977, S. 29.
4 K. Močul'skij, Andrej Belyj, Paris 1955, S. 25.
5 Aus: *Jenseits von Gut und Böse*, in: F. Nietzsche, *Werke in drei Bänden*, Bd. 2, München 1955, S. 587.
6 Aus: *Szene aus dem* Faust (1825), in: Alexander Puschkin, *Gesammelte Werke in sechs Bänden*, Bd. 1, Berlin/Weimar 1968, S. 244.
7 Fedor Dostoevskij, *Biografija, pis'ma i zametki iz zapisnoj knižki F. M. Dostoevskogo* [Biographie, Briefe und Anmerkungen aus dem Notizbuch Dostojewskis], Sankt Petersburg 1883, S. 373.
8 Fjodor Dostojewski, *Die Dämonen*, Bd. II, Berlin/Weimar 1994, S. 302.
9 Vgl. Michail Bachtin, *Probleme der Poetik Dostoevskijs*, München 1971, S. 69.
10 Vgl. Boris Pasternak, *Luftwege*, Leipzig 1986, S. 43.
11 Vjačeslav Ivanov, *Sobranie sočinenij* [Gesammelte Werke], Bd. 4, Brüssel 1987, S. 338.
12 Aus: *Abgefallene Blätter*. V. Rozanov, *Uedinennoe* [Solitaria], Moskau 1990, S. 347.
13 Ebd., S. 148.
14 Ebd.
15 I. Annenskij, *O sovremennom lirizme* [Über das Lyrische in heutiger Zeit], in: *Apollon*, 1909, 3, S. 55.
16 *Eumel* hat der Übersetzer Eckhard Thiele das »huschende Halbwesen« *nedotykomka* in Sologubs Roman getauft. Vgl. Fjodor Sologub, *Der kleine Dämon*, Leipzig 1980.
17 Zit. nach: V. A. Fateev, *V. V. Rozanov. Žizn', tvorčestvo, ličnost'* [Wassili Rosanow: Leben, Werk, Persönlichkeit], Leningrad 1991, S. 231.
18 V. V. Rozanov, *Ljudi lunnogo sveta. Metafizika christjanstva* [Mondlichtmenschen. Eine Metaphysik des Christentums], Sankt Petersburg 1913², S. 73f.
19 Ebd., S. 130.
20 Ebd.

21 Alexander Benua, mit dem Rosanow lange Gespräche zu »aphroditischen Themen« führte, wobei er vor allem aus der Schule seiner eignen Ehe plauderte, erinnert sich, daß diese Gespräche nicht die Spur vulgär waren, sondern eine Mischung von »überaus feinsinniger Beobachtung und beinahe kindlich zu nennender Naivität«. Benua, a. a. O., Bd. 2, S. 294.
22 A. Sinjavskij, *Opavšie list'ja V. V. Rozanova* [Wassili Rosanows *Abgefallene Blätter*], Paris 1982, S. 33.
23 Freud, *Studienausgabe*, Bd. X, S. 126f.
24 Möglicherweise haben Rosanows Auffassungen zur Homosexualität auf Freuds Leonardo-Interpretation indirekt sogar Einfluß genommen. In dem betreffenden Essay verweist Freud auf Mereshkowski als eine seiner wesentlichen Quellen. Dieser wiederum war in derlei Fragen von Rosanow stark beeinflußt.
25 *Perepiska V. V. Rozanova i M. O. Geršenzona* [Der Briefwechsel zwischen Wassili Rosanow und Michail Gerschenson], in: *Novyj mir*, 1991, 3, S. 231. Die Herausgeberin W. Proskurina irrt allerdings, wenn sie die von Rosanow ausgiebig zitierten Weininger und Krafft-Ebing für Psychoanalytiker hält.
26 D. H. Lawrence, *Selected Literary Criticism*, New York 1956, S. 253.
27 Rozanov, *Uedinennoe*, a. a. O., S. 342f.
28 V. Chodasevič, *Izbrannaja proza* [Ausgewählte Prosa], New York 1982.
29 A. Belyj, *O teurgii*, in: *Novy put'*, 1903, 9.
30 K. Močul'skij, a. a. O.
31 A. Belyj, *Načalo veka* [Jahrhundertbeginn], Moskau/Leningrad 1933, S. 276.
32 Belys Berichten ist zu entnehmen, daß Brjussow sich nicht nur spiritistisch betätigte, »... auch die Atmosphäre hypnotischer Experimente war ihm nicht zu obskur ... Ausführlich hat er mich, Solowjow und Ellis [Pseud. v. Lew Kobylinski – A. d. Ü.] hypnotisiert.« A. Belyj, *Vospominanija o Bloke* [Erinnerungen an Blok], München 1969, S. 258. Näheres dazu vgl. S. Grečiškin, A. Lavrov, *Biografičeskie istočniki romana Brjusova* Ognennyj angel [Biographische Quellen zu Brjussows Roman *Der Feuerengel*], in: *Wiener Slawistischer Almanach*, , Bd. 1 (1978), S. 79ff.
33 Bely notierte dazu 1904: »Anstelle des Traums vom Mysterium, von Bruderschaft und Schwesterschaft – eine schnöde Affäre ... Ich war bestürzt, ja niedergeschmettert ... ich hatte mich so sehr bemüht, Nina Iwanowna zu erklären, daß da einer zwischen uns stand, nämlich Christus; sie war einverstanden gewesen – und nun plötzlich ›sowas‹. Meine Kraftakte in Richtung Mysterium und ›Theurgie‹ waren einmal mehr gescheitert.« (Zit. nach: ebd., S. 85.)
Über die ganze Geschichte ist viel geschrieben worden. Vgl. z. B. K. Močul'skij, *Andrej Belyj*, a. a. O.; V. Chodasevič, *Konec Renaty* [Renatas Ende], in: *Serebrjanyj vek. Memuary* [Das Silberne Zeitalter. Memoiren], Moskau 1990; M. Ljungren, *The Dream of Rebirth. A study on A. Belyj's novel* Peterburg, Stockholm 1982.
34 Der Brief befindet sich im Archiv der Staatlichen Nationalbibliothek (GNB, vorm. Leninbibliothek). Zit. nach: Ljungren, a. a. O.
35 Brief v. 3. Juni 1909. S. Freud, C. G. Jung, *Briefwechsel*, Frankfurt a. M. 1974, S. 250.
36 B.Vyšeslavcev, [Rez. zu:] *K. G. Jung, Izbrannye trudy po analitičeskoj psichologii. T. 1: Psichologičeskie tipy.* [Ausgewählte Schriften über Ana-

lytische Psychologie, Bd. 1: Psychologische Typen], in: *Put'*, Februar 1930, S.111ff.

37 Auf einem internationalen Bulgakow-Kolloquium in Paris 1991 entwickelte Lena Szilard in ihrem Vortrag über *Bulgakow und die Symbolisten* den Gedanken, Bulgakow könne mit der Geschichte des Iwan Besdomny in chiffrierter Form das Initiationsritual der Freimaurer nachgebildet haben.

38 Andrej Belyj, *Ich, ein Symbolist. Eine Selbstbiographie*, Frankfurt a. M. 1987, S. 81f.

39 Ders., *Vospominanija o Bloke*, a. a. O.

40 Sergej Averincev, [Vorw. zu:] *V. Ivanov, Stichotvorenija i poėmy* [Gedichte und Poeme], Leningrad 1978, S. 47.

41 Vgl. Anatoli Naiman, *Erzählungen über Anna Achmatowa*, Frankfurt a. M. 1992, S. 122.

42 V. Ivanov, *Sobranie sočinenij*, a. a. O., Bd. 1, Brüssel 1971, S. 825.

43 Nikolai Berdiajew, *Selbsterkenntnis. Versuch einer philosophischen Autobiographie*, Darmstadt/Genf 1953, S. 172.

44 Aleksandr Blok, *Novye materialy i issledovanija* [Neue Dokumente und Forschungen], in: *Literaturnoe nasledstvo*, Bd. 3, Moskau 1982, S. 340.

45 E. Gercyk, *Vospominanija* [Erinnerungen], Paris 1973, S. 53.

46 Zit. nach: Averincev, a. a. O., S. 45.

47 Aus: *An einen auf der Lauer Liegenden* (1909), in: V. Ivanov, *Stichotvorenija ...*, a. a. O., S. 221.

48 Ebd., S. 222.

49 Aus: *An Wjatscheslaw Iwanow* (1912). Vgl. A. Block, *Gesammelte Dichtungen*, München 1947, S. 227.

50 Vgl. Berdiajew, *Selbsterkenntnis*, a. a. O., S. 166.

51 Die Übersetzung von *sobornost* als *Ökumene* ist insofern mißverständlich, als es sich um einen zentralen Begriff der russischen Orthodoxie (und darüber hinaus insbesondere der slawophilen Philosophie) handelt – den geistig-praktischen kommunitären Zusammenhang, das Prinzip innerer Liebes- und Lebensgemeinschaft aller Gläubigen bezeichnend. Berdjajew-Übersetzer R. v. Walther wählte *Gesammeltheit*, B. Veit (Bely) *Solidarität* als Varianten einer zwangsläufig nur anzunähernden Übertragung. – A. d. Ü.

52 Vjačeslav Ivanov, *Po zvezdam* [Nach den Sternen], Sankt Petersburg 1909.

53 Berdiajew, *Selbsterkenntnis*, a. a. O., S. 167.

54 Nikolai Berdjajev, *Sobranie sočinenij* [Gesammelte Werke], Bd. 4, Paris 1990, S. 119.

55 Ivanov, *Po zvezdam*, a. a. O.

56 Sergej Bulgakov, *Avtobiografičeskie zametki* [Autobiographische Notizen], Paris 1946, S. 91.

57 Ebd., S. 99f.

58 Brief an Wjatscheslaw Iwanow v. 26. August 1909. Osip Mandel'štam, *Kamen'* [Der Stein], Leningrad 1990, S. 206f.

59 Aus: *Entferntes*, in: Boris Zajcev, *Sočinenija* [Werke], Bd. 3, Moskau 1993, S. 378.

60 Ivanov, *Stichotvorenija ...*, a. a. O., S. 285.

61 Ders., *Po zvezdam*, a. a. O., S. 153.

62 Aus: *Dryaden* (1904), in: ders., *Stichotvorenija ...*, a. a. O., S. 132.

63 Ders., *Po zvezdam*, a. a. O., S. 413.
64 Ebd., S. 125.
65 Nikolai Berdiajew, *Der Sinn des Schaffens. Versuch einer Rechtfertigung des Menschen*, Tübingen 1927, S. 204.
66 V. Ivanov, *Duchovnyj lik slavjanstva* [Das geistige Antlitz des Slawentums], in: *Sobranie sočinenij* [Gesammelte Werke], Bd. 4, Brüssel 1987, S. 668.
67 W. J. McGrath, *Dionysian Art and Populist Politics in Austria*, New Haven 1974.
68 Freud, Jung, *Briefwechsel*, a. a. O., S. 323f.
69 Ebd., S. 323.
70 Ebd., S. 325.
71 Vgl. C. G. Jung, *Wotan* (1936), in: ders., *Aufsätze zur Zeitgeschichte*, Zürich 1946.
72 *Internationale Zeitschrift für Psychoanalyse*, XVIII. Bd. (1932), 1, S. 86ff.
73 Andrej Belyj, *Vozvrat*, Berlin 1922, S. 94.
74 Mendeleeva-Blok, a. a. O., S. 50.
75 Aleksandr Blok, *Sočinenija v dvuch tomach* [Werke in zwei Bänden]. Bd. 2, Moskau 1974, S. 476.
76 Vgl. Vladimir Orlov, *Sny i jav'* [Traum und Wirklichkeit], in: Aleksandr Blok, *Pis'ma k žene* [Briefe an die Frau], Moskau 1978, S. 21.
77 Aleksandr Blok, *Novye materialy ...*, a. a. O., Bd. 1, Moskau 1980, S. 358.
78 Ebd., S. 369.
79 Ebd., S. 394.
80 Vgl. Ljungren, *The Dream of Rebirth ...*, a. a. O., S. 86.
81 Lidija Ivanova, *Vospominanija. Kniga ob otce* [Erinnerungen. Ein Buch über den Vater], Paris 1990, S. 217.
82 Ebd.
83 Vgl. W. Iwanow, *Das alte Wahre. Essays*, Berlin/Frankfurt a. M. 1954, S. 7ff.
84 Vgl. V. Ivanov, *Sobranie sočinenij*, a. a. O., Bd. 4, S. 367ff.
85 Ebd., Bd. 3, S. 562 u. 845.
86 Ivanova, a. a. O., S. 217f.
87 Nach einer persönlichen Information v. Leonid Ionin. (*Gosplan* ist die zentrale staatliche Planungsbehörde. – A. d. Ü.)
88 Lidija Ginzburg, *Literatura v poiskach real'nosti* [Literatur auf Wirklichkeitssuche], Moskau 1987, S. 221.
89 Staatliche Nationalbibliothek, Archiv 167, Verz. 14, No. 62.
90 Zit. nach: M. Ljungren, *The Russian Mephisto. A Study of the Life and Work of Emilii Medtner*, Stockholm 1994, S. 213.
91 Ebd., S. 220.
92 E. Medtner, [Vorw. zu] *K. G. Jung, Izbrannye trudy po analitičeskoj psichologii. Avtorizirovannoe izdanie pod obščej redakciej Emilija Metnera* [C. G. Jung, Ausgewählte Schriften zur analytischen Psychologie. Autorisierte Ausgabe, hg. von Emil Medtner], Bd. 1, Zürich 1929. Der erste Band enthält die *Psychologischen Typen*, der zweite (1939) die *Wandlungen und Symbole der Libido*, der dritte, im selben Jahr erschienen, den *Versuch einer Darstellung der psychoanalytischen Theorie u. a. Aufsätze.*
93 Vgl. Aldo Carotenuto, *Tagebuch einer heimlichen Symmetrie*, Freiburg i. Br. 1986, S. 148.

94 B. Vyšeslavcev, a. a. O.
95 Ljungren, *The Russian Mephisto...*, a. a. O., S. 221.
96 Vgl. ders., *The Psychoanalytic Breakthrough in Russia on the Eve of the I World War*, in: Daniel Rancour-Laferrière (Hg.), *Russian Literature and Psychoanalysis*, Amsterdam/Philadelphia 1989, S. 174ff.
97 Gercyk, a. a. O., S. 154.
98 Ebd.
99 Ivanova, a. a. O., S. 63.
100 Andrej Belyj, *Meždu dvuch revoljucij* [Zwischen zwei Revolutionen], Moskau 1934, S. 312.
101 Nikolaj Berdjaev, *Košmar zlogo dobra* [Der Alp des bösen Guten], in: *Put'*, 1926, 4.
102 Ivan Iljin, *Religioznyj smysl' filosofii. Tri reči 1914–1923* [Der religiöse Sinn der Philosophie. Drei Reden 1914–1923], Paris, S. 29f.
103 Ebd., S. 30.
104 Ebd., S. 60ff.
105 Ebd.
106 Vgl. Ivan Iljin, *Aksiomy religioznogo opyta*, Paris 1953, Bd. 1.
107 N. Poltorackij, *Ivan Aleksandrovič Il'in. Žizn', trudy, mirovozzrenie* [Iwan Alexandrowitsch Iljin. Leben, Werk und Weltanschauung], New Jersey 1989.
108 *Ustami Buninych. Dnevniki* [Aus dem Munde der Bunins. Die Tagebücher], Bd. 2, München 1981, S. 239.
109 Belyj, *Načalo veka*, a. a. O., S. 101.
110 Vgl. Andrej Belyj, *Geheime Aufzeichnungen*, Dornach 1992, S. 111.
111 Vgl. ebd.
112 Vgl. ebd.
113 Zit. nach: N. Frumkina, L. Flejšman, *A. A. Blok meždu* Musaget *i* Sirin [Alexander Blok zwischen *Musagetes* und *Sirin*], in: *Blokovskij sbornik* [Blok-Almanach], Bd. 2, Tartu 1972, S. 387.
114 A. Belyj, *Rudol'f Štejner i Gete v mirovozzrenii sovremennosti. Otvet Ėmiliju Metneru na ego pervyj tom* Razmyšlenij o Gete [Rudolf Steiner und Goethe in der Weltanschauung der Gegenwart. Antwort auf Emil Medtners ersten Band *Betrachtungen zu Goethe*], Moskau 1917.
115 Fedor Stepun, *Vergangenes und Unvergängliches. Aus meinem Leben 1884–1914*, Bd. 1, München 1947, S. 312.
116 Andrej Belyi, *Verwandeln des Lebens. Erinnerungen an Rudolf Steiner*, Basel 1990³, S. 48.
117 V. N. Vološinov, *Frejdizm* [Der Freudismus], Moskau 1927, S. 12.
118 N. Ossipov, *Psychoanalyse und Aberglaube*, in: *Internationale Zeitschrift für Psychoanalyse*, VIII. Jg. (1922), Heft 3, S. 348f.
119 Andrej Belyj, *Geheime Aufzeichnungen*, a. a. O., S. 58.
120 Ders., *Ich, ein Symbolist ...*, a. a. O., S. 17f.
121 Ders., *Ich, ein Symbolist*, a. a. O., S. 21.
122 Ders., *Kotik Letajew*, Frankfurt a. M. 1993, S. 7.
123 Aron Štejnberg, *Druz'ja moich rannich let* [Freunde meiner jungen Jahre], Paris 1991, S. 125.
124 V. Chodasevič, *Ableuchovy-Letaevy-Korobkiny* [Die Ableuchow-Letajew-Korobkins], in: ders., *Izbrannaja proza*, a. a. O., S. 151ff.; ders., *Andrey Belyj*, in: *Serebrjanyj vek. Memuary* [Das Silberne Zeitalter. Memoiren], Moskau 1990, S. 207ff.

125 Chodasevič, *Izbrannaja proza*, a. a. O.
126 Andrej Bely, *Petersburg*, Berlin/Weimar 1982, S. 99.
127 *Serebrjanyj vek*, a. a. O.
128 Berdiajew, *Der Sinn des Schaffens*, a. a. O., S. 190.
129 Ebd., S. 193.
130 Ebd., S. 194.
131 Ebd., S. 202.
132 Ebd., S. 203.
133 Ebd., S. 204.
134 Ebd., S. 213.
135 *Pamjat'*, 1989, 5. J. Barabanow, der vor einiger Zeit eine »Psychoanalyse der russischen Philosophie« vornahm, entdeckte bei dieser Gelegenheit gleich eine ganze Reihe »klassischer Neurosen«. U. E. darf eine psychoanalytische Interpretation nicht innerhalb des philosophischen Diskurses verbleiben; die Eigenarten des philosophischen Systems müssen systematisch zur Psychologie des Verfassers und seiner Zeit in Bezug gesetzt werden. Das heißt, die Psychoanalyse der Philosophie erweist sich in dem Maß als produktiv, wie es gelingt, den (kompensatorisch, rationalisierend oder wie immer gearteten) Bezug zum historischen (privaten, sozialen, politischen) Leben der Person und ihres Auditoriums herzustellen. Hierbei ist die Lebensgeschichte akademischer Philosophen und ihrer Anhänger von prinzipieller Wichtigkeit. (Vgl. E. V. Barabanov, *Russkaja filosofija i krizis identičnosti* [Die russische Philosophie und die Krise der Identität], in: *Voprosy filosofii*, 1991, 8, S. 102ff.)
136 Nikolai Berdjaev, *Duchovnye osnovy russkoj revoljucii* [Die geistigen Grundlagen der russischen Revolution], in: *Sobranie sočinenij*, a. a. O., Bd. 4, S. 105.
137 Ebd., S. 201.
138 Ebd., S. 205.
139 Zajcev, a. a. O., S. 382.
140 Gercyk, a. a. O., S. 136.
141 Berdiajew, *Der Sinn des Schaffens*, a. a. O., S. 84.
142 Ebd.
143 Ders., *Selbsterkenntnis*, a. a. O., S. 83.
144 »Vorbereitet« durch diverse Veröffentlichungen in der *Prawda*, Referate und Resolutionen auf der 12. Allrussischen Konferenz der KPR(B) usw. erfolgte, beginnend mit einer ersten Verhaftungswelle in der Nacht vom 16. zum 17. August 1922, bis Ende des Jahres die Aussiedelung von über siebzig teils namhaften Intellektuellen, die grüppchenweise nach Stettin, Konstantinopel und Varna abgeschoben wurden. – A. d. Ü.
145 B.Vyšeslavcev, *Ėtika preobražennogo ėrosa*, Paris 1931, S.VI. Aufschlußreich ist ferner eine Rezension vom selben Verfasser, in der ein geraffter Überblick über die Ideen Freuds, Adlers u.a. in der Feststellung gipfelt: »Neurosen sind Strafe für Sünde.« Ders., *Religiozno-asketičeskoe značenie nevroza* [Die religiös-asketische Bedeutung der Neurose], in: *Put'*, 1926, 5, S. 100ff.
146 Vgl. Psalm 7, 10 (hier in der Lutherschen Übertragung). – A. d. Ü.
147 Vyšeslavcev, *Ėtika preobražennogo ėrosa*, a. a. O.
148 Ebd., S. 69. Kitesh ist eine sagenhafte Stadt aus volkstümlicher russischer Überlieferung, die der Recke Ilja Muromez aus tatarischer Hand befreit haben soll; zum Schutz gegen den Einfall des Batu Khan, heißt es an ande-

rer Stelle, sei die Stadt einst in der Erde versunken und befinde sich nun am Grunde eines Sees; nur Auserwählten sei es vergönnt, von Zeit zu Zeit die Kirchenglocken der versunkenen Stadt zu vernehmen. – A. d. Ü.

149 Semen Frank, *Psichoanaliz kak mirovozzrenie* [Die Psychoanalyse als Weltanschauung], in: *Put'*, 1930, 25, S. 22.

150 N. Losskij, *D-r N. E. Osipov kak filosof* [Dr. N. E. Ossipow als Philosoph], in: A. Bem, F. Dosužkov, N. Losskij (Hg.), *Žizn' i smert'* [Leben und Tod], Bd. 1, Prag 1935, S. 51.

151 N. Baranova-Šestova, *Žizn' L'va Šestova* [Das Leben des Lew Schestow], Bd. 1, Paris 1983, S. 235.

152 Ebd., S. 242.

153 Aron Štejnberg, a. a. O., S. 248.

154 Ebd.

155 Es könnte sich um die Tschechow-Studie *Schöpfen aus dem Nichts* aus dem Aufsatzband *Anfänge und Enden* (1908) gehandelt haben, die auszugsweise 1928 in der *Neuen Schweizer Rundschau* auf deutsch erschien, oder aber um teilweise Vorabdrucke einer etwas später (1929) erschienenen Übersetzung des großen Traktats *Auf Hiobs Waage.*

156 Zit. nach: Ernest Jones, *Das Leben und Werk von Sigmund Freud*, Bd. 3, Bern/Stuttgart 1962, S. 170.

157 N. Baranova-Šestova, a. a. O., S. 22.

158 Zit. nach: ebd., Bd. 2, S. 62f.

159 Ebd., S. 207f.

160 Aus: *Ohne Gottheit, ohne Inspiration.* Aleksandr Blok, *Sočinenija v 2 tomach*, a. a. O., Bd. 2, S. 564.

161 Aus: *Renatas Ende*, in: *Serebrjanyj vek ...*, a. a. O., S. 179.

162 Chodasevič, *Izbrannaja proza*, a. a. O.

163 Ebd.

164 V. Proskurina, *K izučeniju literaturno-bytovogo konteksta tvorčestva V. Ivanova v 1915 g.* [Zum literarischen und außerliterarischen Kontext des Werkes W. Iwanows im Jahr 1915]. Vortrag auf einem Kolloquium zum Werk von Wjatscheslaw Iwanow, Genf, Juni 1992.

3. Kapitel

1 Ernest Jones, *Das Leben und Werk von Sigmund Freud*, Bd. 2, Bern/Stuttgart 1962, S. 325.

2 Paul Roazen, *Sigmund Freud und sein Kreis*, Bergisch Gladbach 1976, S. 164.

3 Karin Obholzer, *Gespräche mit dem Wolfsmann*, Reinbek, 1980, S. 235.

4 Jones, a. a. O., Bd. 2, S. 325f.

5 Freud, *Studienausgabe*, Bd. VIII, S. 216.

6 Bei der Arbeit an seinem Revolutionspoem *Die Zwölf* (1918) hatte Blok nach eigener Auskunft einen gewaltigen Lärm, »wahrscheinlich das Zusammenstürzen der alten Welt« vernommen und diese »Musik« in Verse gesetzt. Vgl. z. B. den Essay *Intelligenz und Revolution* (1918), in: *Ausgewählte Werke*, Berlin 1978, Bd. 2, S. 167ff. – A. d. Ü.

7 *Confession sexuelle d'un anonyme russe*, Paris 1990.

8 Freud, *Studienausgabe*, Bd.VIII, S. 228.

9 Erik H. Erikson, *Kindheit und Gesellschaft*, Stuttgart 1965, S. 359

10 Ebd.
11 Ebd., S. 390.
12 Aljoscha ist die Koseform von Alexej, d. i. Alexej Peschkow, wie Gorkis bürgerlicher Name lautete. Eriksons Essay stützt sich ausschließlich auf die 1938 entstandene Verfilmung des ersten Teils von Gorkis autobiographischer Trilogie (*Gorkis Kindheit*, Regie: Mark Donskoi). – A. d. Ü.
13 Erikson, S. 392.
14 Vgl. Muriel Gardiner (Hg.), *Der Wolfsmann vom Wolfsmann*, Frankfurt a. M. 1972, S. 108.
15 Zu Pankejews Lermontow-Versessenheit und dem Ausmaß seiner Identifizierung mit dessen Helden, insbesondere dem *Dämon*, vgl. Eugene Halpert, *Lermontov and the Wolf Man*, in: *American Imago*, 32 (1975), 4, S. 315ff.
16 Gardiner, a. a. O., S. 67.
17 Ebd., S. 72.
18 Aleksandr Blok, *Pis'ma k žene* [Briefe an seine Frau], in: *Literaturnoe nasledstvo*, Bd. 89, Moskau 1978, S. 112.
19 Gardiner, a. a. O., S. 72.
20 Erinnert sei hier an eine frühe, späterhin aufgegebene Hypothese Freuds: »Bei mehr als der Hälfte meiner psychotherapeutisch behandelten schweren Fälle von Hysterie, Zwangsneurose usw. ist mir der Nachweis der vor der Ehe überstandenen Syphilis der Väter sicher gelungen ...« (*Drei Abhandlungen zur Sexualtherapie*, 1905. In späteren Ausgaben war diese Passage getilgt.) Freud, *Studienausgabe*, Bd. VI, S. 138f.
21 Gardiner, a. a. O., S. 171.
22 Ebd.
23 Freud, *Studienausgabe*, Bd. VIII, S. 132.
24 Ebd., S. 133.
25 Ebd.
26 Ebd., S. 149.
27 Ebd., S. 154.
28 Vgl. J. L. Rice, *Russian Stereotypes in the Freud-Jung Correspondence*, in: *Slavic Reviews*, vol. 41, No. 1. Spring 1982, S. 13ff.
29 Freud, *Studienausgabe*, Bd. I, S. 360.
30 Ebd., S. 358.
31 Ebd., S. 359.
32 Ebd., S. 361.
33 Ebd., Bd. VIII, S. 174f.
34 *Der Bauer Marej* ist eine Erzählung aus Dostojewskis in Fortsetzungen erschienenem *Tagebuch eines Schriftstellers* (1876). – A. d. Ü.
35 Ossip Mandelstam, *Der Stein. Frühe Gedichte 1908–1915*, Zürich 1988, S. 9. (Nachdichtung: Ralph Dutli)
36 Aus: *Vom leichten Leben waren wir halb verrückt* (1913). Ebd., S. 115
37 Aus: *Den steigenden Zeiten zum höheren Ruhm* (1931). Ossip Mandelstam, *Hufeisenfinder*, Leipzig 1978, S. 141.
38 Eine in diesem Zusammenhang wichtige Arbeit darf hier aber nicht unerwähnt bleiben – N. Abraham, M. Torok, *Kryptonymie. Das Verbarium des Wolfsmanns*. Mit einer Einleitung von Jacques Derrida. Frankfurt a. M./Berlin/Wien 1979. Die Geschichte des Wolfsmanns wird hier ganz ungewöhnlich gedeutet; einige Prämissen stimmen mit unserer Analyse überein, die Schlußfolgerungen sind jedoch gänzlich andere. Die Auto-

ren sehen in Pankejews Mehrsprachigkeit den Schlüssel zur Klärung seiner Träume und seines Lebens schlechthin. Das von ihm hinterlassene Sprachmaterial, von Freud auf deutsch aufgezeichnet, wird russisch und englisch (eine der Gouvernanten war ja eine engliche Lady!) »abgehört« und nach Assonanzen »übersetzt«. So klingt z. B. das deutsche Wort *Wolf* wie russisch *gulfik* (dt.: Hosenschlitz). Aufgrund dessen könnte das in der Kindheit aufgeschnappte Wort *gulfik* mit all seiner Symbolik ins Unbewußte verdrängt und von da in verzerrter sowie ins Deutsche und später in eine Bildsprache »übertragener« Form als Wolfstraum wiederaufgetaucht sein. *Orech* (= Nuß) und *grech* (= Sünde) sind ähnlich in Zusammenhang zu bringen, so daß die Autoren die Reihe alter Nußbäume als »eine Reihe Schandtaten des ›Alten‹« deuten möchten ... Nicht mehr der miterlebte elterliche Koitus ist Inhalt des Wolfstraums, sondern die mitangehörten Tiraden der russisch sprechenden Mutter vor der englisch sprechenden Gouvernante ob der erotischen Spielereien Sergejs und seiner Schwester. So kompliziert diese Analysemethode erscheint, so viel mutet sie dem russischen Ohr an Haarspaltereien und offensichtlichen Ungereimtheiten zu. Zwar gibt es das Wort *gulfik*, es ist jedoch extrem ungebräuchlich und gehört zudem einer lexikalischen Ebene an, deren Kenntnis einem Kind nicht zuzutrauen ist; die Wörter *schestero* (dt.: die Sechs; gemeint sind die Wölfe) und *sestra* (dt.: Schwester) werden von den Autoren als assonant betrachtet, obwohl sie einander im Klang weit weniger ähneln, als die schriftliche Transkription vermuten ließe. Die von ihrer Methode eingenommenen Autoren scheuen nicht einmal davor zurück, in Sergejs Familiennamen den Namen Rank eingeschrieben zu sehen, woraus zu schlußfolgern wäre, daß – zumal in jener Zeit, da der Meister seinen Konflikt mit Otto Rank auszustehen hatte – Pankejew selbst eine Frucht Freudscher Einbildung hätte sein müssen. Überhaupt kann man sich des Eindrucks nicht erwehren, daß das Spiel mit Worten dreier Sprachen kombinatorische Möglichkeiten bereithält, die in jede gewünschte Richtung weisen können. Eine Schlußfolgerung der Autoren zumindest erscheint jedoch interessant. Sie betrifft das von Sergej tabuisierte Wort *teret'* (dt.: reiben, scheuern; auch: masturbieren), welches einst das sexuelle Spiel mit der Schwester bezeichnete und dann als eine Art »Nullexem« – die Autoren nennen es *Kryptonym* – ins Unbewußte verdrängt wurde, worauf es später in einer Menge von Bildern, Symbolen und Handlungen Sergejs wiederaufersteht: Man denke an sein Faible für Scheuerfrauen, den Umstand, daß er das Flüßchen Terjok aufsucht, nachdem die Schwester dort Gift (nämlich Quecksilber, russ. *rtut'*, auch dies scheinbar eine Ableitung von *teret'*) genommen, die Wahl eines Sexualobjekts mit Namen Therese und die Nasenschrammenphobie (Schramme = russ. *natjortost*, ein Wort wiederum vom selben Stamm).

39 Vgl. Obholzer, a. a. O., S. 10.

40 Vgl. Lacans Vortrag *Funktion und Feld des Sprechens und der Sprache in der Psychoanalyse* (1953), in: Jacques Lacan, *Schriften I*, Olten 1973, S. 71f.

41 Freud, *Studienausgabe*, Bd.VIII, S.143f.

42 Vgl. Erikson, a. a. O., S. 361.

43 Ebd., S. 362.

44 Freud charakterisiert übrigens Pankejews Kinderfrau so, wie in den Schullehrbüchern über Arina Rodionowna zu lesen stand: »... ein un-

gebildetes altes Weib aus dem Volke, von unermüdlicher Zärtlichkeit für ihn. Er ist ihr Ersatz für einen eigenen früh verstorbenen Sohn.« Freud, *Studienausgabe*, Bd.VIII, S.135.

45 Aus: *Abgefallene Blätter* (1913/15), in: Wassilij Rosanow, *Solitaria*, Hamburg/München 1963, S. 152.
46 Rozanov, *Uedinennoe*, a. a. O., S. 351.
47 Andrej Belyj, *Na rubeže dvuch stoletij* [An der Jahrhundertwende], Moskau 1989, S. 184.
48 Freud, *Studienausgabe*, Bd.VIII, S. 146.
49 Ebd., S. 229.
50 Brief an C. G. Jung v. 21. März 1912. Freud/Jung, *Briefwechsel*, a. a. O., S. 548.
51 Stefan Zweig, *Briefwechsel mit Hermann Bahr, Sigmund Freud, Rainer Maria Rilke und Arthur Schnitzler*, Frankfurt a. M. 1987, S. 167.
52 Ebd., S. 166.
53 Aus: *Dostojewski und die Vatertötung* (1928). Freud, *Studienausgabe*, Bd. X, S. 271.
54 Ebd., Bd.VIII, S. 228.
55 Ebd., Bd. X, S. 277.
56 Ebd., Bd.VIII, S. 228.
57 Ebd., S. 213.
58 Russ. *duch* bedeutet sowohl *Atem* als auch *Geist*. – A. d. Ü.
59 Freud, *Studienausgabe*, Bd.VIII, S. 184f.
60 Ebd., S. 186f.
61 Ebd., S. 185.
62 Vgl. Kap. 1., Anm. 39f.
63 Aleksandr Blok, *Sočinenija v 2 tomach* [Werke in zwei Bänden], Bd. 2, Moskau 1955, S. 653.
64 Alexander Block, *Ausgewählte Werke*, Berlin 1978, Bd. 1, S. 247f. (Nachdichtung: Heinz Czechowski)
65 Ebd., S. 248.
66 Blok, *Pis'ma k žene*, a. a. O., S. 112.
67 Michail Čechov, *Literaturnoe nasledie*, [Das literarische Erbe], Bd.1, Moskau 1986, S. 184.
68 Vgl. Belyj, *Na rubeže dvuch stoletij*, a. a. O., S. 194ff.
69 Block, a. a. O., Bd. 2, S. 180.
70 Fedor Stepun, *Vergängliches und Unvergängliches*, München 1947, S. 367.
71 Efim Etkind (Hg.), *Russische Lyrik*, München 1981, S. 146. (Nachdichtung: Rolf-Dietrich Keil)
72 Obholzer, a. a. O., S. 188.
73 Ebd., S. 185.
74 Freud, *Studienausgabe*, Bd.VIII, S. 231.
75 Gardiner, a. a. O., S. 119.
76 Freud, Andreas-Salomé, *Briefwechsel*, Frankfurt a. M. 1966, S. 89.
77 Freud, *Studienausgabe*, Bd.VIII, S. 133.
78 Gardiner, a. a. O., S. 142.
79 Freud, *Studienausgabe*, Bd.VIII, S. 231.
80 Vgl. Roazen, *Sigmund Freud und sein Kreis*, a. a. O., S. 166.
81 Vgl. Gardiner, a. a. O., S. 349.
82 Vgl. ebd., S. 148ff.
83 Ebd., S. 162f.

84 Nach dem Ersten Weltkrieg vorübergehend gültiger Einreisepaß in verschiedene europäische Länder für staatenlose russische, später auch andere Flüchtlinge, vom norwegischen Polarforscher Fridtjof Nansen initiiert. – A. d. Ü.
85 Aus: Muriel Gardiner, *Eine weitere Begegnung mit dem Wolfsmann*, in: dies., a. a. O., S. 367.
86 Ebd., S. 368.

4. Kapitel

1 Ernest Jones, *Das Leben und Werk von Sigmund Freud*, Bd. 1, Bern/Stuttgart 1960, S. 192.
2 Gemeint ist die diplomatische Note des Zaren, mit der er die erste Haager Friedenskonferenz ins Leben rief. – A. d. Ü.
3 Zit. nach: Jones, a. a. O., Bd. 1, S. 393f.
4 M. Gardiner (Hg.), *Der Wolfsmann vom Wolfsmann*, Frankfurt a. M. 1972, S. 118.
5 Jones, a. a. O., Bd. 2, Bern/Stuttgart 1962, S. 28.
6 Brief v. 4. November 1885. *Sigmund Freud, Briefe 1873–1939*, Frankfurt a. M. 1968², S. 181.
7 L. O. Darkševič, *Kurs nervnych boleznej* [Universitätslehrbuch Neurologie], Bd. 1–3, Kasan 1904–1917.
8 Ebd., Bd. 3, S. 549.
9 *Bol'šaja medicinskaja ènciklopedija* [Große Medizinische Enzyklopädie], Bd. 6, Moskau 1977, S. 587f.
10 Gardiner, a. a. O., S. 181.
11 Freud, *Studienausgabe*, Bd. X, S. 271.
12 Erstveröffentlicht in: R. Fülöp-Miller, F. Eckstein, *Die Urgestalt der Brüder Karamasoff*, München 1928. – A. d. Ü.
13 Brief v. 14. April 1929. Sigmund Freud, *Gesammelte Werke*, Nachtragsband, Frankfurt a. M. 1987, S. 669.
14 Zit. nach: Jones, a. a. O., Bd. 1, S. 465.
15 Vgl. James L. Rice, *Dostoevsky and the Healing Art*, Ardis 1985, S. 217. Den Gedanken an Rußland schien die Todestrieb-Idee auch später noch nahezulegen. Wilhelm Reich schrieb 1923 einen Aufsatz, worin er seine Ansichten zum Todestrieb ausführte »und der nach Freuds Meinung ›in dem Unsinn gipfelte, was man für Todestrieb halte, sei eine Auswirkung des kapitalistischen Systems‹«. Dennoch empfahl Freud, den Aufsatz zu veröffentlichen, und wollte eine kritische Randbemerkung dazu schreiben, »um alle politischen Interessen seitens der Psychoanalyse zu dementieren«. Nunmehr war es Eitingon, der gegen eine solche Stellungnahme Einwände erhob, und Siegfried Bernfeld fand sogar, der Kommentar käme einer Kriegserklärung gegenüber den Sowjets gleich! Vgl. Jones, a. a. O., Bd. 3, S. 200.
16 Zit. nach: M. P. Polosin, *D-r med. N. E. Osipov. Biografičeskij očerk na osnove avtobiografičeskich zapisok* [Dr. med. N. Je. Ossipow. Biographische Studie aufgrund autobiographischer Aufzeichnungen], in: A. Bem, F. Dosužkov, N. Losskij (Hg.), *Žizn' i smert'*, Bd. 1, Prag 1935, S. 11.
17 Ebd.
18 Sigmund Freud, C. G. Jung, *Briefwechsel*, Frankfurt a. M. 1974, S. 310.

19 Fedor Stepun, *Vergangenes und Unvergängliches. Aus meinem Leben. Erster Teil 1884–1914*, München 1947, S. 363f.
20 Ebd., S. 110.
21 L. M. Rozenštejn, *O sovremennych psichiatričeskich tečenijach v Sovetskoj Rossii* [Über aktuelle Tendenzen der Psychiatrie in Sowjetrußland], in: ders. (Hg.), *Psichogigieničeskie i nevrologičeskie issledovanija* [Psychohygienische und neurologische Forschungen], Moskau 1928, S. 115ff.
22 Jean Marti, *La psychanalyse en Russie et en Union Soviétique de 1909 à 1930*, in: *Critique*, 346 (1976), S. 201.
23 Rozen'štejn, a. a. O.
24 M. P. Polosin, *D-r med. N. E. Osipov...*, a. a. O., S. 11.
25 I. Ermakov, *V. P. Serbskij (nekrolog)* [W. P. Serbski (Nachruf)], in: *Psichonevrologičeskij vestnik*, 2–4, August 1917.
26 S. Freud, *Gesammelte Werke*, Zehnter Band, London 1946, S. 73.
27 Ebd., S. 71f.
28 Ebd., S. 73.
29 Jones, a. a. O., Bd. 2, S. 137.
30 Sigmund Freud, Karl Abraham, *Briefe 1907–1926*, Frankfurt a. M. 1965, S. 88f.
31 L. Ja. Droznes, *Zadači mediciny v bor'be s sovremennoj nervoznost'ju* [Die Aufgaben der Medizin im Kampf gegen die moderne Nervosität], Odessa 1907, S. 15.
32 Brief v. 21. März 1912. Freud, Jung, *Briefwechsel*, a. a. O., S. 548.
33 Das Gerücht, demzufolge Bechterew der Stalin gestellten psychiatrischen Diagnose wegen umgebracht wurde, hielt sich in der »Kremlküche« und in Kreisen der Psychiatrie seit den dreißiger Jahren hartnäckig – vgl. z. B. Lidija Šatunovskaja, *Žizn' v Kremle* [Das Leben im Kreml], New York 1982, S. 180ff.; Anton Antonow-Owssejenko, *Stalin*, München/Zürich 1983, S. 310f.; Arkadi Waksberg, *Gnadenlos. Andrej Wyschinski – Mörder im Dienste Stalins*, B. Gladbach 1991, S. 58. Von der Glaubwürdigkeit dieser Version waren Autoritäten der sowjetischen Psychiatrie, insbesondere die konservativen wie Sneshnewski, Litschko und Timofejew, ebenso überzeugt wie Bechterews Schüler (Wladimir Mjasischtschew und Samuil Mnuchin) und seine Familie, namentlich die Enkelin, Professor Natalja Bechterewa. (Einen Überblick über spätere Auskünfte von Zeitzeugen gibt F. D. Volkov, *Vzlet i padenie Stalina* [Aufstieg und Fall Stalins], Moskau 1992, S. 294f.) Für die Geschichtsschreibung ist diese mündliche Überlieferung an sich schon relevant. In Zeiten der *Glasnost* wurde der Fall auch tatsachenbezogen diskutiert: Ärzte und Historiker erörterten indirekte Indizien, die die Hypothese von Bechterews gezielter Vergiftung stützen können, so z. B. die unvollständigen offiziellen Angaben zur Todesursache und die Unterlassung einer in solchen Fällen üblichen Obduktion (vgl. *Literaturnaja gazeta*, 9. Dezember 1987 u. 28. September 1988; *Ogonek* 1988, 11, S. 7; *Medicinskaja gazeta*, 11. November 1988). Daß die verfügbaren Zeugnisse und indirekten Beweise im juristischen Sinn nicht hinreichend sind, soll hier nicht interessieren. Andererseits darf Bechterews folgenschwere Diagnose nicht etwa zu dem Trugschluß verführen, daß Stalins Politik erschöpfend im psychiatrischen Diskurs zu diskutieren wäre. Zur kritischen Auseinandersetzung mit dieser These vgl. Daniel Rancour-Laferrière, *The Mind of Stalin. A*

Psychoanalytical Study, Ann Arbor 1988 (Kap. 2); Walter Laqueur, *Stalin. Abrechnung im Zeichen von Glasnost*, München 1990, S. 181ff.
34 Vgl. Freud, Jung, *Briefwechsel*, a. a. O., S. 269.
35 V. Chodasevič, *Izbrannaja proza*, New York 1982, S. 242.
36 Vgl. B. I. Nikolaevskij, *Russkie mazony i revoljucija* [Die russischen Freimaurer und die Revolution], New York 1990.
37 Vgl. Jones, a. a. O., Bd. 2, S. 111.
38 N. Osipov, *O »panseksualizme« Freud'a* [Über den »Pansexualismus« Freuds], in: *Žurnal nevropatologii i psichiatrii imeni S. S. Korsakova*, 1911, 5–6, S. 747ff.
39 A. O. Ėdel'štejn, *Psichiatričeskie s-ezdy i obščestva za polveka (1887 do 1931)* [Psychiatrische Kongresse und Vereinigungen eines halben Jahrhunderts (1887–1931)], Moskau 1948, S. 46.
40 I. Maximov, *L'histoire de psychanalyse en Russie*, in: *L'âne*, 1983, 10, S. 3ff.
41 Ju. Kannabich, *Ėvoljucija psichoterapevtičeskich idej v XIX veke* [Die Entwicklung psychotherapeutischer Ideen im 19. Jh.]; N. Osipov, *O psichoanalize* [Über die Psychoanalyse]; N. Vyrubov, *K voprosu o geneze i lečenii nevroza trevogi kombinirovannym gipnoanalitičeskim metodom* [Zur Frage der Genese und Therapie von Angstneurosen mittels kombinierter hypnoanalytischer Methode], alle in: *Psichoterapija*, 1910, 1.
42 Vgl. Freud, *Zur Geschichte der psychoanalytischen Bewegung*, in: *Gesammelte Werke*, Zehnter Band, a. a. O., S. 54.
43 Aus: *Familie Sinani* (1925), in: Ossip Mandelstam, *Rauschen der Zeit*, Zürich 1985, S. 75.
44 Ebd., S. 76.
45 Ebd., S. 77.
46 Ebd., S. 78.
47 Ebd., S. 79.
48 A. Pevnickij, *O psichoanalize pri lečenii alkogolikov* [Psychoanalyse bei der Behandlung von Alkoholikern], in: *Psichoterapija*, 1912, 1, S. 21ff. Ähnlich wie Ossipow, Felzman u. a. hatte auch Pewnizki 1910 eine »Kreuzfahrt« durch die europäischen Zentren der Psychoanalyse unternommen, war bei dieser Gelegenheit mit Freud, Jung, Bleuler und Dubois zusammengetroffen und hatte in Paris, wo man von Psychoanalyse bis dato noch recht wenig wußte, zum Thema *Akute Phobien als Symbole heimlicher Ängste des Patienten* referiert. Daß Pewnizki gleich nach seiner Rückkehr Vorträge vor der Psychiatrischen Gesellschaft in Petersburg (*Zu einigen Fällen von Psychoanalyse*, 29. Januar 1911) sowie vor der Gesellschaft für Psychologie und Pathopsychologie (*Die psychotherapeutischen Schulen des Westens aus persönlicher Sicht*, 1. Februar 1911) hielt, ist für die damalige Situation in Rußland bezeichnend.
49 N. Vavulin, *Snovidenija – v svete nauki* [Träume im Lichte der Wissenschaft], in: *Novyj žurnal dlja vsech*, 1913, 1, S. 79ff.
50 N.V. Krainskij, *Pedagogičeskij sadizm*, in: *Sovremennaja psichiatrija*, 6. Jg. (1912), S. 655ff.
51 Ebd., 7. Jg. (1913), S. 77ff.
52 In der Emigration veröffentlichte Krainski außer seinen Memoiren (N. V. Krainskij, *Bez buduščego. Očerki po psichologii revoljucii i ėmigracii* [Ohne Zukunft. Skizzen zur Psychologie der Revolution und der Emi-

gration], Belgrad 1931; die Episode mit Kossakowski bleibt dort unerwähnt) eine Broschüre, in der er Tolstoi der Drahtzieherei für die russische Revolution bezichtigt (ders., *Lev Tolstoi kak jurodivyj* [Lew Tolstoi – ein Narr in Christo], Belgrad o. D.).

53 M. Čechov, *Literaturnoe nasledie* [Das literarische Erbe], Bd. 1, Moskau 1986, S. 184.

54 Ebd., S. 176.

55 Ebd.

56 Konstantin Stanislawski, *Die Arbeit des Schauspielers an sich selbst*, Berlin 1983, Teil 1, S. 312.

57 Ebd., S. 313.

58 Ebd.

59 Ellendea Proffer (Hg.), *Evreinov. A Pictorial Biography*, Ann Arbor 1981.

60 N. Jewreinow, *Die Körperstrafen in der russischen Rechtspflege und Verwaltung. Beiträge zur Sittengeschichte des vorrevolutionären Rußlands*, Leipzig/Wien 1931.

61 N. N. Evreinov, *Proischoždenie dramy. Pervobytnaja tragedija i rol' kozla v istorii ee vozniknovenija*, Petrograd 1921; ders., *Azazel i Dionis*, Petrograd 1924.

62 Ders., *Teatroterapija* [Theatertherapie], in: *Žizn' iskusstva*, 1920, S. 578f.

63 Vgl. z. B. J. E. Kombs, M. W. Mansfield (Hg.), *Drama in Life*, New York 1976; J. Moreno, *Gruppenpsychotherapie und Psychodrama*, Stuttgart 1973; H. Petzold, *Angewandtes Psychodrama*, Paderborn 1978.

64 Nikolai N. Efreinoff, *Die Kulissen der Seele*, Wien/Zürich/Leipzig 1920, S. 9.

65 Vgl. ebd., S.19. Vgl. auch D. Zolotnickij, *Zori teatral'nogo oktjabrja* [Die Morgenröte des Theateroktobers], Leningrad 1976, S. 161.

66 Sergej M. Eisenstein, *YO. Ich selbst. Memoiren*, Berlin 1984, Bd. 1, S. 528.

67 N. N. Evreinov, *Teatr dlja sebja* [Theater für sich], Bd. 3, Petrograd 1917, S. 34.

68 Die *Psychopathia Sexualis* des Richard Freiherr v. Krafft-Ebing erschien 1886 in Stuttgart, die russische Übersetzung schon ein Jahr später in Charkow. – A. d. Ü.

69 A. Kašina-Evreinova, *Podpol'e genija. Seksual'nye istočniki tvorčestva Dostoevskogo*, Petrograd 1923.

70 N. N. Evreinov, *Tajna Rasputina*, Petrograd 1924.

71 N. Jewreinow, *Die Hauptsache*, Berlin 1924, S. 63. In Deutschland aufgeführt unter dem Titel *Die Bühne des Lebens* – A. d. Ü.

72 Ebd., S. 64f.

73 Vgl. Michail Bulgakow, *Die rote Krone. Autobiographische Erzählungen und Tagebücher* (Gesammelte Werke, Bd. 5), Berlin 1993, S. 186f.

74 Vgl. Lesley Milne, *The Master and Margarita – a Comedy of Victory*, Birmingham 1977, S. 32. Die Autorin führt Bulgakows Figur Asasello auf ein apokryphes Buch Henoch zurück; als »Bindeglied« vermutet auch sie Jewreinow.

75 N. N. Evreinov, *Teatr u životnych (o smysle teatral'nosti s biologičeskoj točki zrenija)* [Theater bei Tieren (vom Sinn der Theatralik aus biologischer Sicht)], Petrograd 1924, S. 10.

76 M. Šaginjan, *Svoja sud'ba*, Moskau/Petrograd 1923.
77 A. Zalkind, *Individual'no-psichologičeskij analiz 3-ch slučaev somnambulizma* [Zur individualpsychologischen Analyse dreier Fälle von Somnambulismus], in: *Psichoterapija*, 1914, 3, S. 130.
78 Vgl. die *Chronik zu Leben und Werk von M. A. Tschechow* in: M. Čechov, a. a. O., Bd. 2.
79 M. W. Wul'f, *Opyt psichoanalitičeskogo razbora slučaja psichonevrologičeskogo zabolevanija* [Versuch der psychoanalytischen Darstellung am Fall einer psychoneurologischen Erkrankung], in: *Sovremennaja psichiatrija*, 1914, S. 197ff.

5. Kapitel

1 Aldo Carotenuto (Hg.), *Tagebuch einer heimlichen Symmetrie. Sabina Spielrein zwischen Jung und Freud*, Freiburg i. Br. 1986, S. 39. (Offensichtliche grammatische und orthographische Unkorrektheiten in den deutsch geschriebenen Aufzeichnungen der Spielrein sind hier und im weiteren stillschweigend einer behutsamen Korrektur unterzogen. – A. d. Ü.)
2 Chaim Weizmann, *Memoiren*, Hamburg 1951, S. 112f.
3 Ebd., S. 113.
4 Vgl. Carotenuto, a. a. O., S. 266.
5 Vgl. Sigmund Freud, Karl Abraham, *Briefe. 1907–1926*, Frankfurt a. M. 1965, S. 159f.
6 Sigmund Freud, C. G. Jung, *Briefwechsel*, Frankfurt a. M. 1974, S. 7.
7 Brief v. 27. Oktober 1906. Ebd., S. 8f.
8 Carotenuto, a. a. O., S. 40f.
9 Freud, Jung, *Briefwechsel*, a. a. O., S. 13.
10 Ebd., S. 79f.
11 Vgl. ebd.
12 Alexander Puschkin, *Gesammelte Werke in sechs Bänden*, Bd. 1: *Gedichte*, Berlin/Weimar 1985[3], S. 171 (Nachdichtung: Friedrich Fiedler).
13 Ebd., S. 162.
14 Vgl. Ernest Jones, *Das Leben und Werk von Sigmund Freud*, Bd. 2, Bern/Stuttgart 1962, S. 140.
15 Carotenuto, a. a. O., S. 42.
16 Freud, Jung, *Briefwechsel*, a. a. O., S. 98.
17 Ebd., S. 99.
18 J. L. Rice, *Russian Stereotypes in the Freud-Jung-Correspondence*, in: *Slavic Review*, 41 (1982), 1, S. 13ff.
19 Freud, Jung, *Briefwechsel*, a. a. O., S. 99f.
20 Ebd., S. 100.
21 Ebd., S. 104.
22 Ebd., S. 105.
23 Ebd., S. 229f.
24 Carotenuto, a. a. O., S. 41.
25 Freud, Jung, *Briefwechsel*, a. a. O., S. 233.
26 Ebd., S. 233f.
27 Ebd., S. 234.
28 Ebd., S. 235.

29 Mit Wilhelm Fliess, einem bekannten Berliner HNO-Arzt, führte Freud zwischen 1887 und 1904 einen regen, intimen Briefwechsel, der für die Entwicklung der psychoanalytischen Theorie von Bedeutung war; er enthält eine Art erste Selbstanalyse und die Diskussion vieler grundlegender Gedanken. Die Entzweiung im Zusammenhang mit einer Plagiatsaffäre war für Freud ein traumatisches Erlebnis. – A. d. Ü.
30 Carotenuto, a. a. O., S. 89.
31 Freud, Jung, *Briefwechsel*, a. a. O., S. 249.
32 Ebd., S. 249f.
33 Vgl. Carotenuto, a. a. O., S. 115.
34 Ebd., S. 41.
35 Der Münchner Arzt Otto Gross war Analysepatient bei Jung und zuvor bei Freud. Vgl. sein Porträt als »Dr. Otto Kreuz« in *Links wo das Herz ist* (1922) von Leonhard Frank. –A. d. Ü.
36 Freud, Jung, *Briefwechsel*, a. a. O., S. 252f.
37 Ebd., S. 254f.
38 Ebd.
39 A. de Mijolla, *Quelques figures de la situation de »supervision« en psychanalyse*, in: *Études Freudiennes*, 31 (Mai 1989), S. 117ff.
40 Carotenuto, a. a. O., S. 116.
41 Freud, Jung, *Briefwechsel*, a. a. O., S. 259. (Das Lassalle-Zitat stammt aus dessen Verteidigungsrede vor dem Berliner Strafgericht 1863. – A. d. Ü.)
42 Carotenuto, a. a. O., S. 90.
43 Zit. nach einem Brief Sabina Spielreins an Freud v. 10. Juni 1909. Carotenuto, a. a. O., S. 92.
44 Ebd.
45 Ebd., S. 98.
46 Freud, *Studienausgabe*, Ergänzungsband, S. 222.
47 Ebd., S. 221.
48 Ebd., S. 225. Was an eine wahre Begebenheit aus dem sowjetischen Leben erinnert, wie sie Lidija Ginsburg berichtete: »Als der krebskranke Malewitsch im Sterben lag, kam lange Zeit täglich ein Arzt zu ihm, der ihn nicht zu kurieren vermochte und es mangels Aussicht gar nicht mehr versuchte, dafür bekam er von Malewitsch gelehrt, was es mit der linken Malerei auf sich hatte.« Lidija Ginzburg, *Literatura v poiskach real'nosti*, Moskau 1987, S. 242.
49 Carotenuto, a. a. O., S. 48.
50 Freud, Jung, *Briefwechsel*, a. a. O., S. 260.
51 Ebd.
52 Ebd., S. 261.
53 Ebd.
54 Brief v. 24. Juni 1909. Carotenuto, a. a. O., S. 117.
55 Brief v. 30. Juni 1909. Freud, Jung, *Briefwechsel*, a. a. O., S. 262.
56 Brief v. 10./13. Juli 1909. Ebd., S. 265.
57 Aus: *Versuch einer Darstellung der psychoanalytischen Theorie* (1913), in: C. G. Jung, *Freud und die Psychoanalyse. Gesammelte Werke*, Bd. 4, Zürich 1969, S, 157.
58 Carotenuto, a. a. O., S. 107f.
59 *Jahrbuch für psychoanalytische und psychopathologische Forschungen*, IV. Bd. (1912), S. 465ff.
60 Briefentwurf, vermutl. Anf. August 1911. Carotenuto, a. a. O., S. 138f.

61 *Fürst Oleg*: legendäre Gestalt aus der *Nestorchronik*, einem anonymen Werk zur Geschichte der Kiewer Rus' aus dem 12. Jh. Puschkin greift diese Legende im *Lied vom weisen Oleg* (1822) auf. – A. d. Ü.
62 *Jahrbuch ...*, a. a. O., S. 490f.
63 Vgl. *Protokolle der Wiener Psychoanalytischen Vereinigung*, Bd. III, Frankfurt a. M. 1979, S. 314ff.
64 Brief an Jung v. 21. März 1912. Freud, Jung, *Briefwechsel*, a. a. O., S. 548.
65 Aus: *Das Unbehagen in der Kultur*, in: Freud, *Studienausgabe*, Bd. IX, S. 247.
66 Ebd., Bd. III, S. 263.
67 Vgl. Paul Roazen, *Sigmund Freud und sein Kreis*, Bergisch Gladbach 1976, S. 281.
68 Vladimir Solov'ev, *Der Sinn der Liebe*, Hamburg 1985, S. 35.
69 Vgl. *Jahrbuch ...*, a. a. O., S. 481ff.
70 Vgl. ebd., S. 482.
71 Paul Federn, [Rez. zu] *Sabina Spielrein: Die Destruktion als Ursache des Werdens*, in: *Internationale Zeitschrift für Ärztliche Psychoanalyse*, 1. Jg. (1913), 1, S. 93.
72 Vjačeslav Ivanov, *Po zvezdam* [Nach den Sternen], Sankt Petersburg 1909, S. 64.
73 Ebd., S. 413. (In Puschkins unvollendeter Erzählung *Ägyptische Nächte*, 1837 erschienen, tritt ein Improvisator auf, der über das klassische Kleopatra-Motiv extemporiert. – A. d. Ü.)
74 Vgl. Andrej Belyj, *Vospominanija o Bloke* [Erinnerungen an Blok], München 1969, S. 117.
75 Der Todestrieb ist von russischen Analytikern später immer wieder angesprochen worden. Nikolai Ossipow widmete ihm seinen letzten Aufsatz (siehe Kap. 6). Im Mai 1926 berichtete I. Winogradow aus Kiew auf der Sitzung der Russischen Psychoanalytischen Vereinigung in Moskau über eine junge Frau, die sich selbst verbrannt hatte, und interpretierte den Fall als isolierte Äußerung des Destruktionstriebes. Der Moskauer Mediziner Je. Golz referierte im November 1927 über psychische Reaktionen, die er als Notarzt bei Betroffenen eines Erdbebens registrieren konnte, das sich kurz zuvor auf der Krim ereignet hatte. Dabei verwies er besonders auf Fälle, bei denen der Gefahr mit Gleichmut begegnet worden war. Befragungen dieser Menschen hätten, so Golz, einen unbewußten Todestrieb zutage gefördert.
76 Freud, *Studienausgabe*, Bd. III, S. 266.
77 Ebd., S. 268.
78 Roazen, a. a. O., S. 406.
79 Carotenuto, a. a. O., S. 117.
80 Brief v. 12. Oktober 1911. Freud, Jung, *Briefwechsel*, a. a. O., S. 493.
81 Ebd., S. 519.
82 Brief v. 11. Dezember 1911. Ebd., S. 521.
83 Brief an Freud v. 1. April 1912. Ebd., S. 552.
84 Ebd., S. 548.
85 Vgl. John Kerr, *Eine höchst gefährliche Methode. Freud, Jung und Sabina Spielrein*, München 1994.
86 Brief v. 11. Februar 1910. Ebd., S. 323.
87 Brief v. 20. Februar 1910. Ebd., S. 328.
88 Brief v. 3. März 1912. Ebd., S. 544f.

89 Später würde Otto Rank ebenso verfahren: Er sandte Freud nach ihrem Zerwürfnis eine kostbar gebundene Ausgabe der *Gesammelten Werke* Nietzsches, die noch heute auf dem obersten, unerreichbaren Bücherbord in Freuds Londoner Arbeitszimmer auszumachen ist.
90 Brief v. 5. März 1912. Freud, Jung, *Briefwechsel*, a. a. O., S. 545f.
91 Ebd.
92 Brief v. 3. Dezember 1912. Ebd., S. 584.
93 Brief v. 5. Dezember 1912. Ebd., S. 587.
94 Brief v. 18. Dezember 1912. Ebd., S. 594.
95 Ebd.
96 Brief v. 20. Januar 1913. Carotenuto, a. a. O., S. 122.
97 Brief v. 8. Mai 1913. Ebd., S. 123f.
98 Brief v. 1. September 1919. Ebd., S. 223.
99 Brief v. 20. August 1912. Ebd., S. 120.
100 Brief der Sabina Spielrein an C. G. Jung v. 6. Januar 1918 (Entwurf). Carotenuto, a. a. O., S. 164.
101 Ebd., S. 120.
102 Brief v. 28. August 1913. Ebd., S. 124.
103 Brief v. 27./28. Januar 1918. Ebd., S. 181.
104 Brief(entwurf?) v. 1914 (?). Ebd., S. 112.
105 Brief v. 15. Mai 1914. Ebd., S. 125f.
106 Jean Piaget, *Intervista su conoscenza e psicologia* (1977), zit. nach: ebd., S. 271.
107 Rice, a. a. O., S. 3.
108 Jean Piaget, *Drei frühe Schriften zur Psychoanalyse*, Freiburg 1993; darin: Sibylle Volkmann-Raue, *Psychologie-historischer Kommentar zu Jean Piaget, Sigmund Freud und Sabina Spielrein.*
109 *Internationale Zeitschrift für Psychoanalyse*, VI. Jg. (1920), 4, S. 401.
110 Brief v. 8. Mai 1913. Carotenuto, a. a. O., S. 123.
111 *L'automobile: Symbole de la puissance mâle*, in: *International Journal of Psycho-Analysis*, 4. Jg. (1923), S. 128.
112 *Rêve et vision des étoiles filantes*, ebd., S. 129ff.
113 Brief an Jung v. 4. Dezember 1917. Carotenuto, a. a. O., S. 149.
114 Vgl. Freuds Brief an Sabina Spielrein v. 2. August 1919. Ebd., S. 129.
115 *Kinderzeichnungen bei offenen und geschlossenen Augen*, in: *Imago*, 16. Jg. (1931), S. 259ff.
116 Brief (Entwurf) an Jung v. 6. Januar 1918. Carotenuto, a. a. O., S. 168.
117 Ebd., S. 132.
118 Karin Obholzer, *Gespräche mit dem Wolfsmann*, Reinbek 1980, S. 66.
119 *Psychotechnik*: Vorläufer der Arbeitspsychologie; zur Profilierung einer entsprechenden Disziplin im Rahmen der angewandten Psychologie wurde der Begriff kurz nach der Jahrhundertwende in Deutschland durch William Stern eingeführt – A. d. Ü.
120 Nach persönlichen Informationen von Menicha Spielrein.
121 I. N. Špil'rejn, D. I. Rejtynbarg, G. O. Neckij, *Jazyk krasnoarmejca*, Moskau 1928.
122 I. N. Špil'rejn, *O peremene imen i familij (social'no-psichologičeskij ėtjud)*, in: *Psichotechnika i psichofiziologija truda*, 1929, 4, S. 281ff.
123 Zentrales Staatsarchiv Rußlands, No. 2307, Verz. 23, Akte 13, Bl. 19f.
124 Das Manuskript befindet sich im Nachlaß Alexander Lurijas.
125 Aufgezeichnet im Jahr 1990.

6. Kapitel

1 Clara Zetkin, *Erinnerungen an Lenin*, Berlin 1985, S. 67.
2 Sergej Ermolinskij, *Iz zapisok raznych let* [Aus Aufzeichnungen verschiedener Jahre], Moskau 1990, S. 38.
3 Nadeschda Mandelstam, *Generation ohne Tränen*, Frankfurt a. M. 1975, S. 72.
4 A. Voronskij, *Frejdizm i iskusstvo* [Freudismus und Kunst], in: *Krasnaja nov'*, 1925, 7, S. 260.
5 Fedor Stepun, *Mysli o Rossii* [Gedanken zu Rußland], in: *Sovremennye zapiski*, 19. Jg. (1924), S. 324.
6 Viktor Šklovskij, *Sentimentale Reise*, Frankfurt a. M. 1964, S. 86f.
7 Nikolaj Gumilev, *Sobranie sočinenij v 4 tomach* [Gesammelte Werke in vier Bänden], Moskau 1991, Bd. 2, S. 104.
8 Kornej Čukovskij, *Dnevnik 1901–1929* [Tagebuch 1901–1929], Moskau 1991, S.255ff. Tschukowski, der bei *Gossisdat* als Redakteur arbeitete, dürfte das Manuskript von *Jenseits des Lustprinzips* gelesen haben, das 1925 in russischer Übersetzung erschien.
9 Aus: N. A. Bogomolov, *Vokrug* Foreli [Im Umkreis der *Forelle*], in: *Michail Kuzmin i russkaja kul'tura 20-go veka* [Michail Kusmin und die russische Kultur des 20. Jahrhunderts], Leningrad 1990, S. 208.
10 Zit. nach: S. Frejd [Freud], *Psichologija bessoznatel'nogo* [Psychologie des Unbewußten], Moskau 1989, S. 29.
11 Noch einer gefällig? »War mal in Leningrad / ein armer Kandidat, / las haufenweise Freud, / hat er dann sehr bereut. / Steigt in die Bahn ein, / hat keinen Fahrschein. / Weil er bei Greten / sich will verspäten. / Aus seinen Kassen / tat ers verprassen. Denn schon im Laufstall / hatte er Durchfall ...«, usw. usf. – Nach einer persönlichen Information von Natalja Traugott, 1992.
12 Aus: *Die Psychoanalyse in Rußland während der letzten Jahre*, in: *Internationale Zeitschrift für Psychoanalyse*, VII. Jg. (1921), Heft 3, S. 382.
13 Aus: *Literarisches Moskau: Die Geburt der Fabel*, in: Ossip Mandelstam, *Über den Gesprächspartner. Gesammelte Essays I*, Zürich 1991, S. 152.
14 Zit. nach: Galina Belaja, *Don-Kichoty 20-ch godov* [Die Don Quichottes der 20er Jahre], Moskau 1989, S. 124f.
15 *Proletkult*: nach 1917 durch A. Bogdanow, A. Lunatscharski u. a. entwickelte Initiative zur Schaffung einer spezifisch proletarischen Massenkultur, teils mit avantgardistischen Mitteln experimentierend; 1920 dem Volksbildungskommissariat unterstellt und zunehmend marginalisiert, 1932 abgeschafft; literarisch ohne große Bedeutung. – A. d. Ü.
16 Belaja, a. a. O.
17 *Woronschtschina* (abgeleitet von Woronski): Das Suffix *-schtschina* war und ist im Russischen als inhaltslose (allenfalls die Gefahr der »Gruppenbildung« halluzinierende) morphologische Abqualifizierung sehr beliebt. – A. d. Ü.
18 *Kratkaja literaturnaja ènciklopedija*, Bd. 1, Moskau 1962, S. 1047.
19 Zit. nach: Belaja, a. a. O.
20 Jewgeni Samjatin, *Ausgewählte Werke in vier Bänden*, Bd. 4, Leipzig 1991, S. 123.
21 Erschienen 1930 im Leningrader *Verlag der Autoren*.

22 E. Zamjatin, *Sočinenija* [Werke], Moskau 1988, S. 575.
23 Ebd.
24 Vsevolod Ivanov, *Vozvraščenie Buddy. Čudesnye pochoždenija portnogo Fokina. U* [Die Rückkehr des Buddha. Die wundersamen Abenteuer des Schneiders Fokin. Y], Moskau 1991, S. 150ff.
25 Ebd., S. 187.
26 Ebd., S. 423.
27 Ebd., S. 386.
28 Ebd., S. 302.
29 Aus: *Die neue russische Prosa*, in: Samjatin, *Ausgewählte Werke ...*, Bd. 4, a. a. O., S. 76.
30 N. Jewreinow, *Die Hauptsache*, Berlin 1924, S. 64f.
31 Andrej Platonow, *Die glückliche Moskwa*, Berlin 1993, S. 85.
32 Ebd., S. 37.
33 Ebd., S. 83.
34 Ebd., S. 82.
35 Ebd., S. 85.
36 Vgl. z. B. *Nietzsche in Russia*, Princeton 1986; Hans Günther, *Der sozialistische Übermensch. Maxim Gorkij und der sowjetische Heldenmythos*, Stuttgart/Weimar 1993.
37 »Von der Psychoanalyse als konkreter Theorie und Methode der Psychotherapie zu unterscheiden ist der Freudismus, welcher die Thesen der Psychoanalyse in den Rang philosophisch-anthropologischer Prinzipien erhebt.« *Bol'šaja sovetskaja ėnciklopedija*, Bd. 21, Moskau 1975, S. 187. – A. d. Ü.
38 Vgl. Pitirim Sorokin, *Bojnja: revoljucija 1917 goda* [Ein Gemetzel: Die Revolution des Jahres 1917], in: ders., *Čelovek. Civilizacija. Obščestvo* [Mensch. Zivilisation. Gesellschaft], Moskau 1992, S. 236.
39 Vgl. Aleksandra Kollontaj, *Dorogu krylatomu ėrosu* [Platz da für den geflügelten Eros], in: *Molodaja gvardija*, 1923, 3; P. Vinogradskaja, *Voprosy morali, pola, byta i tov. Kollontaj* [Die Fragen der Moral, des Geschlechts, des Alltags und der Gen. Kollontai], in: *Krasnaja nov'*, 1923, 6, S. 179ff.; Anatoli Lunačarskij, *Moral' i svoboda* [Moral und Freiheit], in: ebd., 7, S. 134.
40 Vgl. Andrej Platonow, *Die Reise des Spatzen*, Berlin 1988, S. 243ff.
41 Vgl. z. B. den Roman *Genosse Kisljakow* (dt. Drei Paar Seidenstrümpfe, 1932) sowie zahlreiche Kurzerzählungen. – A. d. Ü.
42 Lidija Ginzburg, *Literatura v poiskach real'nosti* [Die Literatur auf der Suche nach Wirklichkeit], Moskau 1987, S. 156.
43 Vgl. Mandelstam, *Über den Gesprächspartner*, a. a. O., S. 154.
44 Vgl.: S. Fitzpatrick, *Sex and Revolution. An Examination of Literary and Statistical Data ...*, in: *Journal of Modern History*, 1978, 50, S. 253ff.
45 E. Jones, *Das Leben und Werk von Sigmund Freud*, Bern/Stuttgart 1962,, Bd. 3, S. 121.
46 Ginsburg, a. a. O., S. 158. *Iwan Iwanowitsch*: svw. Otto Normalbürger, Klein Wanja ergo Klein Otto. – A. d. Ü.
47 *Spielende Knaben* (1911), *Das Baden des roten Pferdes* (1913) u. a. – A. d. Ü.
48 *Internationale Zeitschrift für Psychoanalyse*, VII. Jg. (1921), S. 385.
49 Ebd.
50 Ebd., S. 382.

51 *Voprosy izučenija i vospitanija ličnosti* [Fragen der Persönlichkeitsforschung und -erziehung], 1919, 1, S. 88ff.

52 Anna Kaschina-Jewreinowa behauptete in ihrer Dostojewski-Monographie aus dem Jahr 1923 (siehe Kap. 4) allerdings das genaue Gegenteil: In der Verbannung hätten Dostojewskis Anfälle zugenommen. Auf die Idee, Dostojewski psychoanalytisch zu deuten, war Grifzow schon 1924 gekommen. (Vgl. B. A. Grifcov, *Psichologija pisatelja* [Die Psychologie des Schriftstellers], Moskau 1988.) Zu ähnlichen Versuchen von Iwan Jermakow und Nikolai Ossipow siehe im weiteren.

53 »Wenn es zutrifft, daß Dostojewski in Sibirien frei von Anfällen war, so bestätigte dies nur, daß seine Anfälle seine Strafe waren. Er brauchte sie nicht mehr, wenn er anders gestraft war.« Freud, *Studienausgabe*, Bd. X, S. 279f.

54 Zit. nach: T. K. Rozental', *Stradanie i tvorčestvo Dostoevskogo*, in: *Voprosy izučenija i vospitanija ličnosti*, 1919, 1, S. 88ff.

55 *Internationale Zeitschrift für Psychoanalyse*, VII. Jg. (1921), S. 384. Im Jahr 1927 schrieb Jakow Kogan im Vorwort zu seiner Anna-Freud-Übersetzung: »Am Institut für Kinderuntersuchungen ... ist die Psychoanalyse ein obligatorischer Bestandteil der Arbeit mit allen Zöglingen.« (Anna Frejd, *Vvedenie v techniku detskogo psichoanaliza* [Anna Freud, Einführung in die Technik der Kinderanalyse], Odessa 1927.) Nach Rosenthals Tod dürfte diese Behauptung nicht mehr der Wahrheit entsprochen haben.

56 Im Frühjahr 1921 wurden in Kronstadt bei Petrograd ein Matrosenaufstand, im Gouvernement Tambow die von Alexander Antonow geführten Bauernerhebungen durch Streitkräfte der Roten Armee unter Marschall Tuchatschewski grausam niedergeschlagen. – A. d. Ü.

57 Bund (*Allgemeiner Jüdischer Arbeiterbund in Litauen, Polen und Rußland*): erste jüdische sozialistische Partei, gegründet 1897 in Vilna; der russische Flügel schloß sich kurze Zeit später als autonome Fraktion den Sozialdemokraten, 1921 den Bolschewiki an. – A. d. Ü.

58 *Internationale Zeitschrift für Psychoanalyse*, VI. Jg. (1920), S. 391.

59 Aleksandr Lurija: *Puti razvitija sovetskoj psichologii. Po sobstvennym vospominanijam* [Entwicklungswege der sowjetischen Psychologie. Aus eigener Erinnerung]. Vortrag, gehalten am 25. März 1974, in: Nachlaß v. Alexander Lurija, verwaltet v. Je. Lurija.

60 Lurijas Briefe an Freud liegen im amerikanischen Freud-Archiv und sind erst ab dem Jahr 2000 zur Veröffentlichung frei; die knappen Antworten Freuds finden sich im Lurija-Nachlaß.

61 Zentrales Staatsarchiv Rußlands (ZGAR), No. 2307, Verz. 23, Akte 13, Bl. 23.

62 Ebd., Verz. 2, Akte 412, Bl. 1; daselbst auch das am 30. September 1922 angenommene Statut der Russischen Psychoanalytischen Vereinigung sowie ein Stempelmuster (Verz. 1, Akte 294, Bl. 4ff.).

63 Namentlich unterschrieben: I. Gliwenko, G. Weisberg, Otto Schmidt, Iwan Jermakow, Moshe Wulff, Juri Kannabich, Pawel Blonski, Alexej Sidorow, Alexander Gabritschewski, Wladimir Newski, Nikolai Uspenski, Stanislaw Schazki, Alexander Woronski und ein Dr. Beloborodow. Ebd., Bl. 7.

64 Zur Geschichte dieser Institution vgl. Sheila Fitzpatrick, *The Commissariat of Enlightenment*, Cambridge 1970.

65 Vgl. Lidija Ivanova, *Vospominanija* [Erinnerungen], Paris 1990, S. 81.

66 ZGAR, No. 298, Verz. 1, Akte 1, Bl. 135.
67 Von Historikern wird diese Facette der vielseitigen Tätigkeit Otto Schmidts in der Regel vernachlässigt. Loren R. Graham, der Schmidt in einem seiner Bücher ein ganzes Kapitel widmet, erwähnt dessen psychoanalytische Ambitionen mit keinem Wort. Vgl. L. R. Graham, *Dialektischer Materialismus und Naturwissenschaften in der UdSSR*, Frankfurt a. M. 1974, S. 160ff.
68 Vgl. M. Davydova, *Ivan Dmitrievič Ermakov*, in: *Psichologičeskij žurnal*, 1989, 2, S. 156ff.; dies., *Nezaveršennyj zamysel'. K istoriju izdanii trudov Z. Frejda v SSSR* [Die unvollendete Idee. Zur Veröffentlichungsgeschichte der Werke S. Freuds in der UdSSR], in: *Sovetskaja bibliografija*, 1989, 3, S. 61ff. M. Dawydowa ist Jermakows Tochter und verwaltet dessen Nachlaß.
69 [Anon.], *O poslednem vystuplenii mechanistov* [Zum jüngsten Auftritt der Mechanisten], in: *Pod znamenem marksizma*, 1929, 10/11, S. 12.
70 *Psichonevrologičeskij vestnik*, 1917, 1, S. 91.
71 Vgl. V. Malinin, F. Fradkin, *S. T. Šackij: rabota dlja buduščego* [S. T. Schazki: Arbeit für die Zukunft], Moskau 1989.
72 J. Dewey, *Impressions of Soviet Russia and the Revolutionary World, Mexico-China, Turkey*, New York 1929. Zit. nach: Malinin, Fradkin, a. a. O.
73 A. Losev, *Iz rannych proizvedenij* [Aus frühen Werken], Moskau 1990, S. 3.
74 P. Blonskij, *Kak ja stal pedologom i imenno takim, kakim stal* [Wie ich zum Pädologen wurde, und zwar zu dem, der ich bin], in: *P. P. Blonskij v ego pedagogičeskich vyskazyvanijach* [Die pädagogischen Verlautbarungen P. Blonskis], Moskau 1928. Zit. nach: P. Blonskij, *Izbrannye pedagogičeskie i psichologičeskie sočinenija* [Ausgewählte pädagogische und psychologische Werke], Band 1, Moskau 1979, S. 30ff. Vgl. P. Blonskij, *Die Arbeitsschule*, Berlin 1986.
75 Ders., *Izbrannye ...*, a. a. O.
76 Ders., *Očerki detskoj seksual'nosti*, in: ebd., S. 202ff.
77 C. Read, *Culture and Power in Revolutionary Russia*, London 1990, S. 135.
78 Nadeschda Mandelstam, a. a. O., S. 52.
79 Zit. nach: Marietta Čudakova, *Žizneopisanie Michaila Bulgakova* [Lebensbeschreibung des Michail Bulgakow], Moskau 1988, S. 242.
80 *Institut der Roten Professur:* Spezielle Kaderschmiede für Lehrämter im Partei-, Staats- und Wissenschaftsapparat, gegründet 1921, in den Dreißigern aufgelöst. – A. d. Ü.
81 Vgl. J. Marti, *La psychanalyse en Russie et en Union Soviétique de 1909 à 1930*, in: *Critique*, 346 (1976), S. 199ff.
82 Vgl. Lurija, a. a. O.
83 Ebd.
84 *Internationale Zeitschrift für Psychoanalyse*, VIII. Jg. (1922), S. 525.
85 Ebd., IX. Jg. (1923), S. 116f.
86 Ebd., VIII. Jg. (1922), S. 504.
87 Daß diese Reise stattfand, ist durch die erhaltenen Dienstreisedokumente belegt. ZGAR, No. 2307, Verz. 9, Akte 222, Bl. 19.
88 *Internationale Zeitschrift für Psychoanalyse*, IX. Jg. (1923), S. 552.
89 Zit. nach: J. Marti, a. a. O., S. 220.
90 M. I. Astvacaturov, *Psichoterapija i psichoanaliz* [Psychotherapie und Psychoanalyse], Leningrad 1924, S. 54.

91 *Internationale Zeitschrift für Psychoanalyse*, X. Bd. (1924), S. 243.
92 Ebd., XV. Bd. (1929), S. 388f.
93 Ebd., X. Bd. (1924), S. 114.
94 M. Higgins, Ch. M. Raphael (Hg.), *Reich speaks of Freud: Wilhelm Reich Discusses His Work and His Relationship with Sigmund Freud*, London 1967. Vgl. auch Elisabeth Roudinesco, *Histoire de la psychanalyse en France*, Bd. 2, Paris 1986, S. 55.
95 Vgl. W. Schmidt, *Psychoanalytische Erziehung in Sowjetrußland. Bericht über das Kinderheim-Laboratorium in Moskau*, Leipzig/Wien/Zürich 1924.
96 I. Ermakov, *Psichoanalitičeskij institut-laboratorija Meždunarodnaja solidarnost'*, in: Nachlaß Iwan Jermakow.
97 Alles im ZGAR.
98 Ermakov, *Psichoanalitičeskij institut* ..., a. a. O.
99 Schmidt, a. a. O., S. 5. Um welche Organisation es sich hierbei genau handelte, war nicht zu klären. Vielleicht auch die kommunistische Allgemeine Arbeiter-Union? – A. d. Ü.
100 Ermakov, *Psichoanalitičeskij institut* ..., a. a. O.
101 Ebd.
102 Lurija, a. a. O. Die gleichen Angaben macht Lurija auch in einem Interview. Vgl. M. Jaroševskij, *Vozvraščenie Frejda* [Die Rückkehr Freuds], in: *Psichologičeskij žurnal*, 1988, 6, S. 129ff.
103 Ermakov, *Psichoanalitičeskij institut* ..., a. a. O.
104 *Internationale Zeitschrift für Psychoanalyse*, VII. Jg. (1921), S. 388.
105 Jean Marti erwähnt fünf solcher Inspektionen. Vgl. Marti, a. a. O.
106 ZGAR, No. 298, Verz. 45, Akte 45, Bl. 50ff.
107 Ebd.
108 Ebd., Verz. 1, Akte 1, Bl. 49.
109 Ebd., No. 2306, Verz. 1, Akte 2101, Bl. 164.
110 Ebd., No. 259, Verz. 86, Akte 81.
111 Ebd., No. 298, Verz. 1, Akte 58, Bl. 109f.
112 Ebd., No. 2306, Verz. 1, Akte 2168, Bl. 75.
113 Ebd., No. 259, Verz. 9a, Akte 3, Bl. 159.
114 Zit. nach: Marti, a. a. O.
115 ZGAR, No. 2307, Verz. 9, Akte 222, Bl. 36f.
116 Ebd., Bl. 39.
117 Persönliche Information von Natalja Traugott.
118 ZGAR, No. 2307, Verz. 9, Akte 222, Bl. 66f.
119 Ebd., Bl. 82.
120 Vgl. Marti, a. a. O.
121 Aufgrund einer persönlichen Information von M. I. Dawydowa.
122 ZGAR, No. 2307, Verz. 9, Akte 222, Bl. 60.
123 Siehe Kap. 7.
124 Ebd., Bl. 76.
125 Ebd., No. 298, Verz. 1, Akte 58, Bl. 110.
126 Ebd., No. 259, Verz. 9a, Akte 3, Bl. 159.
127 Nachlaß Jermakow.
128 Vgl. *Internationale Zeitschrift für Psychoanalyse*, XI. Bd. (1925), S. 136.
129 Ebd., XIII. Bd. (1927), S. 486.
130 Vgl. M. Miller, *Freudian Theory under Bolshevic Rule*, in: *Slavic Review*, Winter 1985, S. 641.

131 Vgl. B. Chersonskij, [Vorw. zu] *Sigmund Frejd, Tolkovanie snovidenij* [S. Freud, Die Traumdeutung], Odessa 1991. (Die Übersetzung stammte von Jakow Kogan.)
132 Il'ja Perepel', *Psichoanaliz i fiziologičeskaja teorija povedenija* [Psychoanalyse und physiologische Verhaltenstheorie], Leningrad 1928.
133 Moisej Wul'f, *Po povodu nekotorych psicho-patologičeskich javlenij u avtobusnych šoferov* [Zu einigen psychopathologischen Erscheinungen bei Busfahrern], in: *Psichogigieničeskie i nevrologičeskie issledovanija* [Psychohygienische und neurologische Forschungen], Moskau 1928, S. 194ff.
134 Vgl. Boris Pil'njak, *Rasplesnutoe vremja* [Verschwappte Zeit], Moskau 1990, S. 144.
135 Im Jahr 1929 schloß Lurija Bekanntschaft mit dem zionistischen amerikanischen Philosophen Horace Meyer Kallen, als dieser der UdSSR einen Besuch abstattete. Ihm widmete Lurija sein bald darauf in Amerika erschienenes Buch *The Nature of Human Conflicts or: Emotion, Conflict and Will* (New York 1932), das u. a. ein ausführliches Pro und Kontra zur Psychoanalyse liefert. Einem anderen Gast aus Amerika hat Lurija 1963 seine früheren Affinitäten zur Analyse ohne Umschweife bestätigt. Vgl. Lewis S. Feuer, *Freud's Ideas in the Soviet setting: A meeting with Alexandr Luriia*, in: *Slavic Review*, 46 (1987), 1, S. 106ff.
136 *Internationale Zeitschrift für Psychoanalyse*, XV. Bd. (1929), S. 533.
137 E. Perepel, *The Psychoanalytic Movement in Russia*, in: *Psychanalytic Review*, 1939, 26, S. 299.
138 Vgl. J. Rice, *Russian Stereotypes in the Freud-Jung Correspondence*, in: *Slavic Review*, Spring 1982, S. 34.
139 Perepel, a. a. O.
140 Nach persönlichen Informationen von Natalja Traugott und Lew Tschistowitsch.
141 Aron Belkin, *Zigmund Frejd: vozroždenie v SSSR?* [Sigmund Freud: eine Renaissance in der UdSSR?], in: Z. Frejd [S. Freud], *Izbrannoe* [Ausgewählte Texte], Moskau 1989, S. 19f.
142 E. Gnedin, *Vospominanija* [Erinnerungen], in: *Novyj mir*, 1988.
143 Die bislang vollständigste Auskunft über die russischen Freud-Übersetzungen erhält man aus: Irina Manson, *Comment dit-on »psychanalyse« en russe?*, in: *Revue internationale d'histoire de la psychanalyse*, 1991, 4, S. 407ff.
144 Ivan Ermakov, *Ėtjudy po psichologii tvorčestva A. S. Puškina* [Skizzen zur Psychologie des Schaffens Alexander Puschkins], Moskau/Petrograd 1923; ders., *Očerki po analizu tvorčestva N. V. Gogolja* [Studien zur Analyse des Werks Nikolai Gogols], Moskau/Petrograd 1924.
145 Ermakov, *Očerki ...*, a. a. O., S. 171.
146 Aus: *Die Geister der russischen Revolution* (1918), in: Nikolaj Berdjaev, *O russkich klassikach* [Über die russischen Klassiker], Moskau 1993, S. 77.
147 Ebd., S. 80ff.
148 Aus: *»Der Steinerne Gast« von Puschkin* (1947), in: Anna Achmatowa, *Briefe, Aufsätze, Fotos*, Berlin 1991, S. 144.
149 Vgl. Ilja Ehrenburg, *Die ungewöhnlichen Abenteuer des Julio Jurenito und seiner Jünger*, München 1967, S. 236f.

150 Die *Internationale Zeitschrift für Psychoanalyse* veröffentlichte einen Nachruf auf Ossipow (XX. Jg. [1934], 2, 277). Sein Buch *Leben und Tod* erschien postum 1935 in Prag. Seinem Andenken ist ferner gewidmet: A. Bem, *Dostoevskij. Psichoanalitičeskie ėtjudy* [Dostojewski. Psychoanalytische Studien], Berlin 1938. In dem von Bem herausgegebenen Sammelband *Über Dostojewski* (*O Dostoevskom*, Bd.1, Prag 1929) findet sich Ossipows Aufsatz *»Der Doppelgänger«. Dostojewskis Petersburger Poem (Anmerkungen eines Psychiaters)*.
151 M. P. Polosin, *Dr. med. N. E. Osipov* ..., a. a. O., S. 9 u. 11.
152 Ebd., S. 12.
153 N. Losskij, *D-r N. E. Osipov kak filosof*, in: ebd., S. 52.
154 Ebd., S. 134.
155 Ebd., S. 129.
156 Nikolaj Osipov, *Strach smerti* [Todesangst]. Zit. nach: F. Dosužkov, *Nevroz bojazni, strach smerti i strach prividenij* [Angstneurose, Todesangst und Furcht vor Gespenstern], in: Osipov, *Žizn' i smert'*, Prag 1935., Bd. 2, S. 127.
157 Ebd., S. 134.
158 Nikolaj Osipov, *Revoljucija i son*, in: *Naučnye trudy Russkogo narodnogo universiteta v Prage*, Bd. 4, 1931; diese Ausgabe war uns leider nicht zugänglich. Hier und im weiteren zitiert nach: N. Losskij, a. a. O.
159 Brief an M. Polosin v. 11. August 1930, in: M. Polosin, a. a. O., S. 17.
160 Osipov, *Žizn'* ..., Bd. 1, a. a. O., S. 131.

7. Kapitel

1 Zur Geschichte der ideologischen Debatten um den Freudo-Marxismus in Rußland vgl. M. Thielen, *Sowjetische Psychologie und Marxismus. Geschichte und Kritik*, Frankfurt a. M. 1984; M. Miller, *Freudian Theory under Bolshevic Rule*, in: *Slavic Review*, Winter 1985, S. 625ff.; ders., *The Reception of Psychoanalysis and the Problem of the Unconscious in Russia*, in: *Social Research*, 57 (1990), 4, S. 876ff.; E. Roudinesco, *Histoire de la psychanalyse en France*, Bd. 2, Paris 1986, S. 50ff.; A. Mikhalevitch, *Première implantation et rejet*, in: *Frénésie*, 1989, 7, S. 125ff.; F. Eros, *»Instincts« and the »Forces of Production«: the Freud-Marx Debates in Eastern and Central Europe* [Referat auf dem 6. Europäischen CHEIRON-Treffen, Brighton 1987]; D. Joravsky, *Russian Psychology. A critical history*, Oxford 1989. Vgl. auch den orthodox-marxistischen Standpunkt: A. P. Petrovskij, *Voprosy istorii i teorii psichologii* [Zu Fragen der Theorie und Geschichte der Psychologie], Moskau 1984, S. 111ff.
2 Ernest Jones, *Das Leben und Werk von Sigmund Freud*, Bd. 3, Bern/Stuttgart 1962, S. 30.
3 Dt.: *Staatsverlag*. – A. d. Ü.
4 Hanns Sachs, *Freud: Meister und Freund*, Frankfurt a. M./Berlin/Wien 1982, S. 97f .
5 Vgl. B. Naarden, *Marx and Russia*, in: *History of European Ideas*, 1990, 6, S. 783ff.
6 James Rice [Diskussionsbeitrag auf einem Symposium in Ljubljana v. 26. Juli 1989, unveröff.].
7 Vgl. Freud, *Studienausgabe*, Bd. II, S. 154ff.

8 Gemeint ist der polnische Aufstand 1863, in den Litauen einbezogen war. – A. d. Ü. Vgl. M. Krull, *Sigmund, fils de Jacob*, Paris 1983.
9 Sigmund Freud, Lou Andreas-Salomé, *Briefwechsel*, Frankfurt a. M. 1966, S. 83.
10 *Das Unbehagen in der Kultur* (1930).
11 Sigmund Freud, Arnold Zweig, *Briefwechsel*, Frankfurt a. M.1968, S. 33.
12 Zit. nach: Jones, Bd. 3, a. a. O., S. 217f.
13 Vgl. Edith Kurzweil, *Freud und die Freudianer. Geschichte und Gegenwart der Psychoanalyse in Deutschland, Frankreich, England, Österreich und den USA*, Stuttgart 1993.
14 C. G. Jung, *Traumanalyse*, Olten/Freiburg i. Br. 1991, S. 279.
15 Ebd., S. 207.
16 Zur Wechselwirkung von Psychoanalyse und linker politischer Bewegung im Westen vgl.: C. Lasch, *The Freudian Left and Cultural Revolution*, in: *New Left Review*, Sept.1981, S. 23f.; Barry Richards, *Images of Freud*, London 1989; Hans-Peter Gente, *Marxismus, Psychoanalyse, Sexpol*, 2 Bde., Frankfurt a. M. 1970ff.
17 Vgl. *Marx et Lénine, Freud et Lacan. Colloque de la Découverte freudienne*, Mirail 1991.
18 Alfred und Raissa Adler hatten vier Kinder. Die älteste Tochter Valentine ging, den Kommunismus aufzubauen, in die Sowjetunion, wurde 1937 verhaftet und starb1942 im GULag. Ihre Schwester Alexandra führte – ähnlich wie Anna Freud – die psychologischen »Geschäfte« ihres Vaters fort und übernahm den Vorsitz in der Internationalen Gesellschaft für Individualpsychologie. Vgl. Sheldon Gardner, Gwendolin Stevens, *Red Vienna and the Golden Age of Psychology, 1918–1938*, New York 1992, S. 131.
19 Lou Andreas-Salomé, *In der Schule bei Freud. Tagebuch eines Jahres 1912–13*, Zürich 1958, S. 25.
20 Vgl. *Protokolle der Wiener Psychoanalytischen Vereinigung*, Bd. II, Frankfurt a. M. 1977, S. 155ff.
21 Vgl. Paul Federn, *Zur Psychologie der Revolution*, Wien 1919.
22 In den uns bekannten sowjetischen Archiven ist dieses Dokument nicht aufzufinden. Zit. nach: Jean Marti, *La psychanalyse en Russie et en Union soviétique de 1909 à 1930, Critique*, 346 (1976), S. 230. (Der Autor beruft sich auf Quellen der Emigration.)
23 Bernard Bychovskij, *O metodologičeskich osnovanijach psichoanalitičeskogo učenija Frejda* [Zu den methodologischen Grundlagen der psychoanalytischen Lehre Freuds], in: *Pod znamenem marksizma*, 1923, 12.
24 Vgl. Aron Zalkind, *Očerki kul'tury revolucionnogo vremeni* [Studien zur Kultur der Revolutionszeit], Moskau 1924.
25 Michail Rejsner, *Problemy psichologii i teorii istoričeskogo materializma* [Probleme der Psychologie und der Theorie des historischen Materialismus], in: *Vestnik Socialističeskoj akademii*, 1923, 3. Ders., *Frejd i ego škola o religii* [Ansichten Freuds und seiner Schule zur Religion], in: *Pečat' i revoljucija*, 1924, 2.
26 *Psichologija i marksizm*, Leningrad 1925.
27 Lev Vygotskij, *Istoričeskij smysl' psichologičeskogo krizisa* [Die Krise in der Psychologie und ihr historischer Sinn], in: *Sobranie sočinenij* [Gesammelte Werke], Bd. 1, Moskau 1982, S. 331. Zum Verhältnis der Theorie Wygotskis zur Psychoanalyse aus gegenwärtiger Sicht vgl. A. Wilson, L. Weinstein, *Psychoanalysis and Vygotskian Psychology*, in: *Journal of*

the American Psychoanalytical Association, 40 (1992), 2, 349ff., u. 3, 725ff.

28 Erschienen 1927 in der Enzyklopädie *Dejateli SSSR i revoljucionnogo dviženija Rossii* [Funktionäre der UdSSR und der Revolutionsbewegung in Rußland], Reprint Moskau 1989. Interessante Erinnerungen hat Joffes Frau veröffentlicht, die in Moskau als Trotzkis persönliche Sekretärin arbeitete. M. M. Ioffe, *Vospominanija* [Erinnerungen], in: *Vremja i my*, Tel Aviv 1977, 20.

29 Die sogenannte *Wiener Prawda* war von einer Gruppe menschewistischer ukrainischer Emigranten gegründet worden, im Oktober 1908 übernahm Trotzki die Redaktion. – A. d. Ü.

30 Lev Trockij, *Ioffe*, in: Ju. Fel'štinskij (Hg.), *Portrety revoljucionerov* [Revolutionäre im Porträt], Benson 1988, S. 370ff.

31 Am 6. März 1907 referierte Adler auf der Sitzung der Wiener Psychoanalytischen Vereinigung den Fall eines russischen Studenten, hinter dem sich u. U. Adolf Joffe vermuten ließe; in diesem Fall käme eine Reihe interessanter Details zu Joffes Ängsten und Träumen ans Licht. Von revolutionären Passionen des Analysanden ist allerdings an keiner Stelle die Rede. (Vgl. *Protokolle der Wiener Psychoanalytischen Vereinigung*, a. a. O., Bd. 1, S. 131ff.)

32 Lew Trotzki, *Mein Leben*, Frankfurt a. M. 1961, S. 207.

33 Brief an Iwan Pawlow. Lev Trockij, *Sočinenija* [Werke], Bd. XXI, Moskau 1927, S. 260.

34 Fel'štinskij, a. a. O.

35 Vgl. Isaac Deutscher, *Trotzki*, Bd. III (*Der verstoßene Prophet*), Stuttgart 1972. Im Mai 1935 liest Trotzki beispielsweise auf Prinkipo die Freud-Monographie von Fritz Wittels und urteilt darüber in seinem Tagebuch im Tonfall des Experten: »das schlechte Buch eines neidischen Schülers«. Lev Trockij, *Dnevniki i pis'ma* [Tagebücher und Briefe], New York 1990, S. 119.

36 Fel'štinskij, a. a. O.

37 A. A. Ioffe, *Po povodu bessoznatel'nogo v žizni individuuma* [Betreffs des Unbewußten im Leben eines Individuums], in: *Psichoterapija*, 1913, 4, S. 238.

38 Fel'štinskij, a. a. O., S. 371.

39 Trotzki, *Mein Leben*, a. a. O., S. 207.

40 Fel'štinskij, a. a. O., S. 373f.

41 Wladimir I. Lenin, *Über die Normen des Parteilebens und die Prinzipien der Parteiführung*, Berlin 1964, S. 525.

42 Ebd., S. 526.

43 Vgl. W. Šiškin, *Cena priznanija* [Der Preis des Bekenntisses], Sankt Petersburg, 1991, S. 107.

44 Vgl. Fel'štinskij, a. a. O., S. 384ff.

45 Ebd.

46 Ebd.

47 Leo Trotzkij, *Literatur und Revolution*, Berlin 1968, S. 214.

48 Lev Trockij, *O kul'ture buduščego (iz nabroskov)* [Über die Kultur der Zukunft (aus Entwürfen)], in: *Sočinenija*, a. a. O., Bd. XXI, S. 460.

49 Trotzkij, *Literatur und Revolution*, a. a. O., S. 213.

50 Lev Trockij, *Neskol'ko slov o vospitanii čeloveka* [Einige Worte über die Erziehung des Menschen], in: *Sočinenija*, a. a. O., Bd. XXI, S. 110.

51 Vgl. Karl Mannheim, *Mensch und Gesellschaft im Zeitalter des Umbaus*, Darmstadt 1958, S. 237ff.
52 Trotzkij, *Literatur und Revolution*, a. a. O., S. 214.
53 Trockij, *Neskol'ko slov ...*, a. a. O., S. 110.
54 Ebd.
55 *Leon Trotsky Speaks*, New York 1972, S. 269.
56 Vgl. Kap. 2, Anm. 144.
57 Vgl. V. Samojlov, Ju. Vinogradov, *Ivan Pavlov i Nikolaj Bucharin* [Iwan Pawlow und Nikolai Bucharin], in: *Zvezda*, 1989, 10.
58 N. I. Bucharin, *O mirovoj revoljucii, našej strane, kul'ture i pročem (Otvet professoru I. Pavlovu)* [Über die Weltrevolution, unser Land, die Kultur und anderes (Antwort an Prof. Pawlow)], in: *Krasnaja nov'*, 1924, 1/2.
59 Archiv der Russ. AdW, No. 259, Verz. 1a, Akte 13. Vgl. Trockij, *Sočinenija*, Bd. XXI, a. a. O., S. 260.
60 Ebd.
61 Aus: *Kultur und Sozialismus* (1926). Vgl. Leo Trotzki, *Denkzettel*, Frankfurt a. M. 1981, S. 358.
62 Ebd.
63 Vgl. M. G. Jaroševskij, *Vozvraščenie Frejda* [Die Rückkehr Freuds], in: *Psichologičeskij žurnal*, 1988, 9, S. 129ff.
64 S. N. Davidenkov, *Ėvoljucionno-genetičeskie idei v nevropatologii* [Evolutionsgenetische Ideen in der Neuropathologie], Leningrad 1947, S. 153. Als weiteres Beispiel wäre eine experimentelle Arbeit aus dem Jahr 1934 zu nennen, die zur Erforschung komplizierter bedingter Reflexe beim Kleinkind den Jungschen Assoziationstest einbezog: N. N. Traugott, V. K. Fadeeva, *O vlijanii zatrudnennogo ugašenija piščedobyvatelnych uslovnych refleksov na obščee i rečevoe povedenie rebenka* [Über den Einfluß von Störungen beim Erlöschen bedingter Nahrungsaufnahmereflexe auf das allgemeine und Sprachverhalten des Kleinkindes], in: *Na puti k izučeniju vysšich form nejrodynamiki rebenka* [Auf dem Wege zur Erforschung höherer Formen der kindlichen Neurodynamik], Moskau 1934, S. 316ff.
65 Vgl. Samojlov, Vinogradov, a. a. O., S. 107. Indessen beförderte Trotzkis Brief die Legendenbildung. Insbesondere wird in einem unlängst erschienenen Buch über Pawlow behauptet, Trotzki habe an diesen geschrieben: »Acht Jahre lang befaßte ich mich bei Freud mit Psychoanalyse.« Diese Aussage ist nicht zu belegen. Falls Trotzki überhaupt mit Freud bekannt war, dann auf keinen Fall als dessen Patient oder Schüler. Persönlichen Umgang pflegte er mit Adler, nicht mit Freud. Der offenbar aus dem Gedächtnis zitierte Text des Trotzki-Briefes enthält auch noch weitere Fehler. Das Original des Briefes im Archiv der Russischen Akademie der Wissenschaften in Petersburg ist identisch mit der in Trotzkis Werkausgabe zu findenden Version, so daß von textologischen Problemen im gegebenen Fall nicht die Rede sein kann. Vgl. V. Samojlov, A. Mozžuchin, *Pavlov v Peterburge-Petrograde-Leningrade* [Pawlow in Petersburg/Petrograd/Leningrad], Leningrad, S. 266.
66 Trotzkij, *Literatur und Revolution*, a. a. O., S. 186. Karl Radek, einer der Führer der Komintern und später in der Opposition, sympathisierte mit der Psychoanalyse, was durch Alexander Lurija und Wilhelm Reich bezeugt ist. Daß Michail Reisner der Bruder seiner Geliebten war, könnte dabei eine Rolle gespielt haben.

67 Georgij Malis, *Psichoanaliz kommunizma*, Charkow 1924, S. 24.
68 Vgl. ebd., S.74ff.
69 Jones, Bd. 3, a. a. O., S. 222. Vgl. hierzu: C. F. Graumann (Hg.), *Psychologie im Nationalsozialismus*, Berlin 1985; B. Nitzschke, *Psychoanalyse im Nationalsozialismus*, in: W. Mertens (Hg.), *Schlüsselbegriffe der Psychoanalyse*, Stuttgart 1995.
70 Vgl. M. Higgins, C. Raphael (Hg.), *Reich Speaks of Freud*, London 1967, S. 49. (Es handelt sich um ein Interview, das Kurt Eissler mit Reich für das Wiener Freud-Archiv führte. – A. d. Ü.)
71 Leo Trotzki, Wilhelm Reich, *Five letters*, in: *International Socialist Review*, 1967, 5.
72 Vgl. Sergej Eisenstein, Wilhelm Reich, *Briefwechsel*, in: Fritz Mierau (Hg.), *Russen in Berlin*, Leipzig 1987, S. 565ff.
73 *Dialektischer Materialismus und Psychoanalyse*, in: *Unter dem Banner des Marxismus*, 1929, 3. Nachdruck in: Hans-Jörg Sandkühler (Hg.), *Psychoanalyse und Marxismus*, Frankfurt a. M. 1970, S. 137ff.
74 Vgl. Higgins, Raphael, a. a. O., S. 114.
75 Wilhelm Reich, *Die Stellung der Psychoanalyse in der Sowjetunion*, in: *Die psychoanalytische Bewegung*, 1929, 4, S. 359ff.
76 Moshe Wulff, *Zur Stellung der Psychoanalyse in der Sowjetunion*, in: ebd., 1930, 1, S. 70.
77 Ebd., S. 74.
78 Ebd., S. 75.
79 Kopenhagen 1933.
80 Eros, a. a. O., S. 11.
81 Zit. nach: Higgins, Raphael, a. a. O., S. 46.
82 Ebd.
83 Jones, a. a. O., Bd. 3, S. 229.
84 Vgl. Roazen, a. a. O., S. 324; J. Chemonni, *Freud et le sionisme*, Paris 1988, S. 156.
85 Vgl. S. Freud, C. G. Jung, *Briefwechsel*, Frankfurt a. M. 1974, S. 99.
86 Jones, a. a. O., Bd. 2, S. 197.
87 Ebd.
88 Radós Erinnerungen, aufbewahrt im Office of Oral History of Columbia University, sind noch unveröffentlicht. Manuskript, S. 84.
89 Vgl. Jones, a. a. O., Bd. 3, S. 176.
90 Ebd., Bd. 2, S. 197.
91 Zit. nach: Roazen, a. a. O., S. 324f.
92 Zit. nach: Jones, a. a. O., Bd. 3, S. 194.
93 *Internationale Zeitschrift für Psychoanalyse*, XVII. Bd. (1931), 2, S. 283f.
94 Vgl. Franz Alexander u. a. (Hg.), *Sidney L. Pomer. Max Eitingon – Psychoanalytic Pioneers*, New York 1966, S. 51ff.
95 E. Roudinesco, a. a. O., Bd. 1, S. 157.
96 Vgl. Jones, Bd. 3, S. 199.
97 Zit. nach: ebd., S. 218.
98 Vgl. Chemonni, a. a. O.
99 Radó, a. a. O., S. 26ff.
100 Vgl. Pierre Broué, *La main-d'œuvre »blanche« de Staline*, in: *Cahiers Léon Trotsky*, 24 (Dez. 1985), S. 75ff.; J. J. Dziak, *Chekisty. A History of the KGB*, 1987; Steven Schwartz, *Intellectuals and Assassins – Annals of Stalin's Killerati*, in: *New York Times Book Review*, 24. Januar 1988.

101 V. Rapoport, Ju. Alekseev, *Izmena Rodine. Očerki po istorii Krasnoj armii* [Verrat an der Heimat. Studien zur Geschichte der Roten Armee], London 1989, S. 502ff. In dem Buch der beiden Dissidenten, zuerst in Englisch und später in Russisch erschienen, finden sich die meisten Auskünfte über Naum Eitingon; sein promovierter »Bruder« in Berlin ist dort gleichfalls erwähnt. Es läßt sich vermuten, daß auch künftig immer noch einmal neue Einzelheiten zum Treiben des Generals Eitingon bekannt werden. Am 31. Juli 1991 berichtete z. B. die *Iswestija*: »Noch bis 1950 hatte der General unmittelbar mit jenem chemischen Geheimlabor des KGB zu tun, wo der Einsatz verschiedener Gifte für die zur Vernichtung vorgesehenen ›Volksfeinde‹ erprobt wurde, wofür er nach Berijas Absetzung zu einer hohen Gefängnisstrafe verurteilt wurde.«

102 Vgl. Neil Grant, *A Thermidorian Amalgam*, in: *Russian Review*, 1963, 22.

103 Vgl. R. Ströbinger, *Stalin enthauptet die Rote Armee: Der Fall Tuchatschewskij*, Stuttgart 1990.

104 A. A. Mosolov, *Pri dvore poslednego imperatora* [Am Hof des letzten Imperators], Sankt Petersburg 1992, S. 83.

105 Freud, Jung, *Briefwechsel*, a. a. O., S. 98.

106 Vgl. Dziak, *Chekisty*, a. a. O.

107 Bakhmeteff Archive, Rare Book and Manuscript Department of the Columbia University Library, Filonenko Papers. Vgl. V. Maksimova, *Delo Plevickoj* [Der Fall Plewizkaja], in: *Moskovskij nabljudatel'*, 1993, 2/3, S. 59ff. In dem Tagebuch gibt es eine Passage, worin die Plewizkaja von ihrer Gegenüberstellung mit Ju. Semjonow, Chefredakteur der Pariser Zeitschrift *Wosroshdenie*, berichtet. Semjonow hatte den Ermittlern zu Protokoll gegeben, daß Skoblin 1920 in Berlin im Hause Max Eitingons »mit den Bolschewiken« Bekanntschaft geschlossen habe. Auf die Frage,woher er dies wisse, berief er sich auf den Schriftsteller I. S. Lukasch, der die Memoiren der Plewizkaja (*Deshkas Karagod*) verfaßt hatte und dafür aus Eitingons Tasche bezahlt worden war. Die Plewizkaja notierte dazu: »J. F. Semjonow hat alles mögliche erzählt, auch über die Pelzgeschäfte der Eitingons mit den Bolschewiken, daß sie in Sibirien Pelze aufkaufen und in London absetzen.« Ihrerseits stellte die Plewizkaja die Frage, »welcher Zusammenhang zwischen diesen Geschäften und Millers Verschwinden besteht? Ich machte Ju. F. [Semjonow] darauf aufmerksam, daß unser Freund Max E. Eitingon ein gelehrter Psychiater ist, sich geschäftlich nicht betätigt und an Politik nicht interessiert ist.« (Bakhmeteff Archive, a. a. O., S. 174.) An anderer Stelle schreibt die Plewizkaja über Eitingon: »Er ist klug, er ist reich, was sollen ihm die Kommunisten? ... Unsere Freundschaft ging über 15 Jahre. Die Eitingons haben uns materiell geholfen.« (Ebd., S. 27.) Während der Ermittlungen leugnete die Plewizkaja, zu Eitingon intime Beziehungen gehabt zu haben, dagegen machte sie kein Hehl aus der Tatsache, daß er ihren »Ghostwriter« finanzierte; sie versuchte diesen Umstand sogar zu einer Art literarischem Gegenbeweis umzufunktionieren: »Der Inhalt meines Buches«, gab sie an, »ist doch so beschaffen, daß kein Anhänger oder Funktionär des Kommunismus dafür sein Geld hergegeben hätte.« (Ebd.) Weiter bestätigte sie, daß Eitingon nach seiner Ausreise nach Palästina noch öfters in Europa gewesen sei (ebd., S. 28) und daß sie die Nacht nach Millers Entführung in der Wohnung L. Raigorodskis, eines Pariser Ver-

wandten von Eitingon, zugebracht habe (ebd., S. 23). Raigorodski seinerseits bestritt beim Verhör die Beteiligung Max Eitingons sowohl an der Miller-Affäre als auch an Pelzgeschäften mit der UdSSR. Dem Gericht lagen die schriftlichen Erklärungen zweier namhafter Psychoanalytiker vor: M. Bonaparte und R. Loewenstein bezeugten Eitingons Integrität.

108 Nina Berberowa, *Ich komme aus Sankt Petersburg*, Düsseldorf 1990, S. 382.

109 Quelle hierfür ist der Nachlaß von Georgi Poljanski, in dem sich Angaben zur Tätigkeit des Anwalts der Plewizkaja, Maximilian Filonenko, finden. In seinen Aufzeichnungen vom 12. Februar 1939 gibt Poljanski die Aussage von Filonenkos Ehefrau Warwara Schachowskaja wieder, der zufolge ihr Gatte von der Schuld der Plewizkaja überzeugt gewesen sei und sie zu einem Geständnis habe bewegen wollen. Dabei bediente er sich einer Finte, indem er ihr sagte, Skoblin habe ihn aus der Ständigen Vertretung der Sowjets in Paris angerufen, wo er sich angeblich noch aufhalte; daraufhin habe die Plewizkaja dem Anwalt ihre Zusammenarbeit mit dem NKWD gebeichtet. »Nachdem sie dies alles erzählt hatte, bat sie Max [Filonenko], direkten Kontakt zur ständigen Vertretung aufzunehmen und eine Kaution für sie zu fordern.« Darüber hinaus habe Filonenko erzählt, seine Mandantin sei von vornherein des Glaubens gewesen, daß er als ihr Rechtsanwalt seine Direktiven direkt aus der sowjetischen Vertretung bezog. Interessant ist auch Warwara Schachowskajas Kommentar zu der Tatsache, daß die völlig mittellose Plewizkaja Filonenko um Rechtsbeistand gebeten hatte: »Was Geld ist, weiß die gar nicht richtig, anscheinend kommt es aus Palästina nur so geflossen.« (Brief an Poljanski v. 29. September 1937.) Auch in einem eigenhändig geschriebenen Brief aus dem Gefängnis vom 19. Dezember 1938 suchte die Plewizkaja Filonenko zu bewegen, sich mit »hohen Russen« sowie mit Raigorodski abzusprechen, um »Recht und Beistand sowie Mittel aufzutreiben«. Bakhmeteff Archiv ..., a. a. O.

110 Steven Schwartz' Artikel im *New York Times Book Review* (a. a. O.), welcher diesen Standpunkt vertrat, rief eine heftige Kontroverse hervor. (Vgl. Theodore Draper, *The Mystery of Max Eitingon* – ebd., 14. April 1988 – sowie die Erwiderungen von Schwartz und W. Rapoport, auf die eine weitere Wortmeldung Drapers sowie ein Brief von Walter Laqueur – ebd., 16. Juni 1988 – und eine Analyse Robert Conquests – ebd., 3. Juli 1988 – folgten.) Max Eitingons Fürsprecher, die sich im wesentlichen auf Auskünfte seiner Verwandtschaft beriefen, vermochten dabei immerhin eine Tatsache zweifelsfrei nachzuweisen: daß es sich bei dem deutschen Psychoanalytiker Eitingon und dem sowjetischen »Kundschafter« Eitingon nicht um leibliche Brüder handelt. Zu anderen Aspekten der Angelegenheit blieben allerdings die meisten Fragen offen. Insbesondere auf Radós Aussagen zu den Finanzquellen Max Eitingons wurde in der 1988er Debatte nicht eingegangen. Draper macht es sich wohl etwas sehr einfach, wenn er die »Finanzspritzen« Eitingons für die beiden Skoblins mit purer Philanthropie erklärt. Der unangemessene Umfang dieser Spenden wurde in der Pariser Gerichtsverhandlung festgestellt und vom »intimen Tagebuch« der Plewizkaja indirekt bestätigt. Auch für die präparierte »grüne Bibel« findet Draper keine Erklärung, wiewohl er erwähnt, daß sie von Max Eitingon stammt. Im großen ganzen will es scheinen, als sei die Polemik in dieser Sache durch familiäre wie professionelle

Interessen über die Maßen aufgeheizt worden. General Eitingons Vorgesetzter Pawel Sudoplatow hat sich bei dem Versuch, Kontakte des NKWD zum Berliner Doktor Eitingon abzustreiten, lediglich auf Drapers »vorzügliche Untersuchung« und Informationen lebender Verwandter Eitingons stützen können (vgl. P. Sudoplatov, A. Sudoplatov, *Special Tasks. The Memoirs of an Unwanted Witness – a Soviet Spymaster*, Boston 1994, S. 37). Seinen Ausführungen ist zu entnehmen, daß Max Eitingons Londoner Nachfahren und Leonid Eitingons Moskauer Familie eine »entfernte Verwandtschaft« zwischen sich vermuten. Alles in allem wird man sich getrost Robert Conquests Meinung anschließen dürfen: Daß Max Eitingon ein sowjetischer Agent war, ist bislang nicht zu beweisen, kann jedoch angenommen werden. »In vielen Fällen, wo das Gesetz lückenlose Beweisführungen verlangt, müssen die Historiker ohne solche Gewißheiten auskommen.« (R. Conquest, *Max Eitingon: Another View*, in: *New York Times Book Review*, 3. Juli 1988.)

111 *Dejateli SSSR* ..., a. a. O., S. 452. Vgl. auch Šiškin, a. a. O., S. 134.

112 Vgl. Schwartz, a. a. O.

113 Die sog. Eurasische Bewegung entstand in der russischen Emigration der zwanziger Jahre in Prag und Paris (N. Trubezkoi, G. Wernadski, P. Suwtschinski, L. Karsawin u. a.) aus dem Bestreben heraus, eine geistige Alternative zum Bolschewismus zu entwickeln; Rußlands genuine Sonderrolle und Mission in der Weltgeschichte als »Reich der Mitte« zwischen Europa und Asien nimmt darin zentralen Raum ein. Heute vollzieht sich eine Renaissance dieser Bewegung unter verschiedensten politischen Vorzeichen. – A. d. Ü.

114 Vgl. N. Baranova-Šestova, *Žizn' L'va Šestova* [Das Leben Lew Schestows], Bd. 2, Paris 1983.

115 Zit. nach: Samojlov, Vinogradov, a. a. O., S. 108.

116 Vgl. Nikolai Berdiajew, *Selbsterkenntnis. Versuch einer philosophischen Autobiographie*, Darmstadt/Genf 1953, S. 166.

117 Vgl. Berberowa, a. a. O., S. 179.

118 Vgl. Jones, Bd. 3, a. a. O., S. 200.

119 Vgl. Aron Štejnberg, *Druz'ja moich rannich let* [Freunde meiner jungen Jahre], Paris 1991, S. 248.

120 Jones, Bd. 3, a. a. O., S. 144.

121 Ohne ein Zuviel an Spekulationen seien noch einige weitere historische Tatsachen erhellt. Zwei von Trotzkis Kindern, die ihm in die Emigration folgten, ließen ihr Leben unter Umständen, die eine ärztliche Mitschuld an ihrem Tod vermuten lassen. So starb Lew Sedow 1938 in einer von Russen betriebenen chirurgischen Klinik in Paris; ein Trupp unter Kommando von General Eitingon hatte sich der Sache angenommen. (Von seinem »Chef« wird dies freilich bestritten. Vgl. Sudoplatov, a. a. O., S. 83.) Am 5. Januar 1933 nahm sich Trotzkis Tochter Sinaida Wolkowa, mitten in einer Psychoanalyse steckend, das Leben (vgl. Deutscher, a. a. O., S. 174ff., 190ff.). Die konkreteren Umstände sind unbekannt und im Unterschied zu denen ihres Bruders auch nie erforscht worden. Zum Zeitpunkt ihres Todes währte die Analyse bereits ein volles Jahr. Sinaida Wolkowa hatte Rußland Ende 1930 Hals über Kopf verlassen müssen und litt an Depressionen. Unter Ausnutzung seiner politischen Kontakte vermochte der finanziell wenig »flüssige« Trotzki sie bei einem Berliner Analytiker unterzubringen, welcher nach Aussagen von Trotzkis Se-

kretär »fließend russisch sprach« (Jean van Heijenoort, *With Trotsky in Exile. From Prinkipo to Coyoacan*, Cambridge/Mass. 1978, S. 35; vgl. auch Dmitri Wolkogonow, *Trotzki*, Düsseldorf/Wien/New York/Moskau 1992, S. 370f.). Im Februar 1932 bekamen Sinaida und ihre übrigen Familienmitglieder das offizielle Wiedereinreiseverbot in die UdSSR ausgesprochen. Von da an riet der Analytiker ihr – angeblich aus medizinischen Erwägungen – hartnäckig, in die Heimat zurückzukehren. Wie Trotzki in seinem Offenen Brief an Stalin formulierte, »hatten die Psychiater einmütig festgestellt, daß nur die baldige Rückkehr in ihre gewohnte Umgebung, zu ihrer Familie, ihrer Arbeit eine Rettung bedeuten könnte. Doch gerade diese Möglichkeit wurde durch Ihr Dekret zunichte gemacht.« (*Bjulleten' oppozicii*, März 1933, S. 29f.) Trotzki mag recht haben, wenn er die Verantwortung für den Tod seiner Tochter Stalin zuschreibt. Doch daß die Herbeiführung und künstliche Forcierung einer derartigen, unauflösbar widersprüchlichen Situation der sicherste Weg ist, einen Patienten in die Verzweiflung zu treiben, dürfte ein Arzt bzw. Analytiker am besten gewußt haben. Interessant ist auch, daß Trotzki den *kollektiven* ärztlichen Ratschluß betont. Sinaidas Analytiker war vermutlich nicht Eitingon, der fast nie praktisch arbeitete, aber mit Sicherheit jemand aus dessen näherer Umgebung – und Eitingon hätte Gelegenheit gehabt, den Gang der Dinge zu kontrollieren. Des Russischen mächtige, pro-sowjetisch eingestellte Analytiker ohne Kontakt zu Eitingon sind im Berlin der Jahre 1932/33 schlicht unvorstellbar.

122 Vgl. Štejnberg, a. a. O., S. 248ff.

123 Brief von Michail Gerschenson an Lew Schestow v. 16. Juni 1924, in: *Minuvšee*, 6, S. 302. Mit »Petka« ist vermutlich Remisows in Berlin erstveröffentlichte Erzählung *Der kleine Hahn* (1922) gemeint, deren Held Petka heißt. – A. d. Ü.

124 Štejnberg, a. a. O.

125 Lev Trockij, *K 1-mu Vsesojuznomy s-ezdu naučnych rabotnikov* [Grußwort an den Ersten Allunionskongreß der Wissenschaftler], in: *Sočinenija*, a. a. O., Bd. XXI, S. 262.

126 Viktor Šklovskij, *Sentimentale Reise*, Frankfurt a. M. 1974, S. 260f.

127 Wystan Hugh Auden, *Psychoanalysis and Art Today*, in: E. Kurzweil, W. Phillips (Hg.), *Literature and Psychoanalysis*, New York 1983, S. 119ff.

128 Zit. nach: A. Falk, *Freud and Herzl*, in: *Midstream*, 23, S. 19.

8. Kapitel

1 *Pedagogičeskaja ènciklopedija* [Pädagogisches Lexikon], Bd. 3, Moskau 1929. Zum Gegenstand der Pädologie, ihrem Verhältnis zur Psychologie und anderen Wissenschaften siehe: A. V. Petrovskij, *Zapret na kompleksnoe issledovanie detstva* [Ein Verbot für die komplexe Kindheitsforschung], in: *Repressirovannaja nauka* [Die unterdrückte Wissenschaft], Leningrad 1991, S. 127ff. Leider bleiben die psychoanalytischen Wurzeln der Pädologie in dieser Arbeit unberücksichtigt. Vgl. ferner: V. Berelovitch, *De l'enfant a l'homme nouveau: le »futurisme pédagogique« des années 1920*, in: *Revue des études slave*, 56/1 (1984), S. 115ff. Der »pädologische Futurismus« wird hier in der Tradition von Rousseau und Tolstoi gesehen.

2 Lev Vygotskij, *K voprosu o pedologii i smežnych s nej naukach* [Zur Frage der Pädologie und angrenzender Wissenschaften], in: *Pedologija*, 1931, 3.

3 P. O. Ėfrussi, *Uspechi psichologii v Rossii* [Die Erfolge der Psychologie in Rußland], Petrograd 1923, S. 7.

4 V. M. Bechterev, *Sub-ektivnyj ili ob-ektivnyj metod v izučenii ličnosti* [Subjektive vs. objektive Methodik in der Persönlichkeitsforschung], in: *Molodaja gvardija*, 1924, 5; V. N. Osipova, *Škola V. M. Bechtereva i pedologija* [Die Bechterew-Schule und die Pädologie], in: *Pedologija*, 1928, 1, S. 10ff. Zur Entstehungsgeschichte des Pädologischen Institutes sowie zu W. Simin vgl.: I. Guberman, *Bechterev: stranicy žizni* [Bechterew: Einblicke in sein Leben], Moskau 1977.

5 *Dneprostroi:* ein im April 1927 begonnenes gigantisches Industrialisierungsprojekt am Unterlauf des Dnepr, das ursprünglich von Trotzki angeschoben und von Stalin kritisch betrachtet worden war. Als programmatisch galt vor allem seine Komplexität, die propagandistisch ausgeschlachtet wurde: Neben einem großen Wasserkraftwerk sollten Kanalsysteme und Eisenbahnverbindungen entstehen, energieintensive Grundstoffindustrien angesiedelt und Felder bewässert werden. – A. d. Ü.

6 N. Nikitin, *Estestvennaja nauka o čeloveke i socializm* [Die Naturwissenschaft vom Menschen und der Sozialismus], in: *Pod znamenem marksizma*, 1933, 6, S. 217.

7 Aus: *Intelligenz und Revolution*, in: Alexander Block, *Ausgewählte Werke*, Bd. 2, Berlin 1978, S. 170.

8 Bechterev, a. a. O.

9 Archiv d. Russ. AdW (RAN), Sankt. Petersburg, No. 259, Verz. 1a, Akte 12. Zit. nach: V. Samojlov, Ju. Vinogradov, *Ivan Pavlov i Nikolaj Bucharin* [Iwan Pawlow und Nikolai Bucharin], in: *Zvezda*, 1989, 10, S. 98.

10 Archiv RAN, No. 259, Verz. 1a, Akte 18, Bl. 2. Zit nach: ebd., S. 108.

11 N. I. Bucharin, *O mirovoj revoljucii, našej strane, kul'ture i pročem (Otvet professoru I. Pavlovu)* [Über die Weltrevolution, unser Land, die Kultur und anderes (Antwort an Prof. Pawlow)], in: *Krasnaja nov'*, 1924, 1, S. 170ff., und 2, S. 105ff.

12 *Iz rečej N. K. Krupskoj, N. I. Bucharina, A. V. Lunačarskogo i N. A. Semaško po osnovnym voprosam pedologii – 1 Pedologičeskij s-ezd* [Aus den Reden Krupskajas, Bucharins, Lunatscharskis und Semaschkos zu Grundfragen der Pädologie auf dem Ersten Pädologischen Kongreß], in: *Na putjach k novoj škole* [Auf dem Weg zu einer neuen Schule], 1928, 1, S. 10ff.

13 Ebd.

14 Ebd., S. 14.

15 P. P. Blonskij, *Pedagogika* [Pädagogik], Moskau 1922, S. 31.

16 *Iz rečej* …, a. a. O.

17 M. V. Vul'f, *Fantazija i realnost' v psichike rebenka. Doklad, čitannyj v Russkom psichoanalitičeskom obščestve v Moskve* [Phantasie und Realität in der Psyche des Kindes. Vortrag, gehalten vor der Russischen Psychoanalytischen Vereinigung in Moskau], Odessa 1926, S. 24.

18 Freud, *Studienausgabe*, Bd. IX, S. 141.

19 Ebd., S. 142.

20 Ebd.

21 N. K. Krupskaja, *Sistema Tejlora i organizacija raboty sovetskich učreždenij* [Das Taylor-System und die Arbeitsorganisation in sowjetischen Behörden], in: *Krasnaja nov'*, 1921, 1, S. 140ff.
22 Ė. Enčmen, *Vosem'nadcat' tezisov o teorii novoj biologii* [Achtzehn Thesen zur Theorie der neuen Biologie], Rostow a. D./Pjatigorsk 1920, S. 17. Vgl. auch: ders., *Teorija novoj biologii i marksizm* [Theorie der neuen Biologie und Marxismus], Petrograd 1923².
23 M. Al'tman, *Avtobiografičeskaja proza* [Autobiographische Prosa], in: *Minuvšee*, Bd. 10, 1990, S. 208.
24 Ebd., S. 220. Die Orthographiereform wurde 1917/18 durchgeführt. – A. d. Ü.
25 Aus: *Sollt' ich dem Eigensinn des Schülers trauen …* (1923), Teil eines Altman gewidmeten Gedichtzyklus. V. Ivanov, *Stichotvorenija* [Gedichte], Leningrad 1976, S. 295.
26 N. I. Bucharin, *Enčmeniada (k voprosu ob ideologičeskom pererożdenii)* [Eine Jentschmeniade. Zur Frage ideologischer Entartung], in: *Krasnaja nov'*, 1923, 6, S. 145ff. Wenn man Jentschmen glauben darf, so standen selbst Koryphäen wie der Historiker Michail Pokrowski und der darwinistische Naturforscher Kliment Timirjasew auf seiner Seite.
27 M. Levidov, *Organizovannoe uproščenie kul'tury* [Die organisierte Vereinfachung der Kultur], in: ebd., 1, S. 318.
28 I. Chodorovskij, *Osnovnye čerty sovremennogo sostojanija narodnogo prosveščenija v RSFSR* [Grundzüge der gegenwärtigen Situation der Volksbildung in der RSFSR], in: ebd., 7, S. 140.
29 Ebd.
30 P. O. Ėfrussi, a. a. O.
31 *Iz rečej …*, a. a. O.
32 Chodorovskij, a. a. O.
33 L. Ginzburg, *Literatura v poiskach real'nosti* [Literatur auf Wirklichkeitssuche], Moskau 1987, S. 230. Ein schönes Charakterbild dieser neuen Intelligenzija von gleicher Verfasserin siehe: dies., *Ešče raz o starom i novom (Pokolenie na povorote)* [Noch einmal vom Alten und Neuen. Eine Generation am Wendepunkt], in: *Tynjanovskij sbornik. Vtorye tynjanovskie čtenija* [Tynjanow-Almanach. Zweites Tynjanow-Kolloquium], Riga 1986, S. 132ff.
34 Kurshochschulen (Wysschie kursy), seit etwa 1920 in dieser Form existierend, boten Aufbaustudiengänge (in der Regel bis zu einem Jahr) für Universitätsabsolventen. – A. d. Ü.
35 *Pedagogičeskaja Moskva. Spravočnik-kalendar' na 1923 god* [Das pädagogische Moskau. Informationskalender 1923], Moskau 1923, S. 435.
36 N. A. Rybnikov, *Pedologičeskie učreždenija respubliki* [Pädologische Einrichtungen in der Republik], in: *Pedologija*, 1928, 1, S. 181.
37 A. B. Zalkind, *K voprosu o suščnosti psichonevrozov* [Zum Wesen der Psychoneurosen], in: *Psichoterapija*, 1913, 3; ders., *Individual'no-psichologičeskij analiz trech slučaev somnambulizma* [Individualpsychologische Analyse dreier Fälle von Somnambulismus], in: ebd.
38 Ders., *K voprosu …*, a. a. O.
39 A. B. Zalkind, *Očerki kul'tury revoljucionnogo vremeni* [Studien zur Kultur der Revolutionszeit], Moskau 1924, S. 29.
40 Ebd.

41 Vgl. ders., *Polovoj vopros v uslovijach sovetskoj obščestvennosti* [Die sexuelle Frage unter den Bedingungen der Sowjetgesellschaft], Leningrad 1926.
42 G. Dajan, *Vtoroj psichonevrologičeskij s-ezd* [Der Zweite Psychoneurologische Kongreß], in: *Krasnaja nov'*, 1924, 2, S. 155.
43 Ebd.
44 A. B. Zalkind, *Psichonevrologičeskie nauki i socialističeskoe stroitel'stvo*, in: *Pedologija*, 1930, 3, S. 309ff.
45 Siehe Anm. 60.
46 Vgl. *Pedologija*, 1931, 1, S. 69.
47 A. B. Zalkind, *Differencirovka na pedologičeskom fronte* [Differenzierungen an der pädologischen Front], in: ebd., 3, S. 11.
48 N. K. Krupskaja, *Vystuplenie v diskussii* [Diskussionsbeitrag], in: ebd., 1932, 4, S. 103.
49 A. B. Zalkind, *O metodologii celostnogo izučenija v pedologii* [Über die Methodik der Komplexuntersuchung in der Pädologie], in: ebd., 1931, 2.
50 Nach einer persönlichen Auskunft von Prof. M. Jaroschewski.
51 N. A. Rybnikov, *Derevenskij škol'nik i ego idealy. Očerki po psichologii škol'nogo vozrasta* [Das Dorfschulkind und seine Ideale. Studien zur Psychologie des Schulalters], Moskau 1916.
52 D. Azbukin, *Psichologija škol'nikov v načale Oktjabrskoj revoljucii* [Die Psychologie der Schüler zu Beginn der Oktoberrevolution], in: *Pedologičeskij žurnal*, 1923, 3, S. 60ff.
53 L. S. Gešelina, *Sreda i social'no-biologičeskaja charakteristika sovremennogo doškol'nika* [Milieu und sozialbiologische Eigenschaften des modernen Vorschulkindes], in: *Pedologija*, 1928, 1, S. 113ff.
54 I. A. Perepel', *Frejdizm i ego akademičeskaja oppozicija* [Der Freudismus und seine akademischen Widersacher], Leningrad 1936, S. 19.
55 Ju. I. Každanskaja, *Social'no-političeskie predstavlenija detej-škol'nikov pervogo koncentra trudovych škol gor. Odessy* [Sozialpolitische Vorstellungen von Schülern der ersten Berufsschulstufe in Odessa], in: *Pedologija*, 1928, 2, S. 94.
56 Gemeint sind die Februar- bzw. Oktoberrevolution 1917 sowie der sog. Blutsonntag (9. Januar 1905), an dem Regierungstruppen auf dem Petersburger Schloßplatz eine Arbeiterdemonstration niederschossen. – A. d. Ü.
57 N. A. Rybnikov, *Ideologija sovremennogo škol'nika* [Die Ideologie des Schulkinds von heute], in: *Pedologija*, 1928, 1, S. 150ff.
58 P. V. Archangelskij, *Derevenskij škol'nik i trud* [Das Verhältnis des Dorfschülers zur Arbeit], in: ebd., 2, S. 110ff.
59 R. G. Vilenkina, *K charakteristike nastroenija rabočego podrostka* [Zur Stimmungslage des arbeitenden Jugendlichen], in: ebd., 1930, 1, S. 81ff.
60 Stalin hatte die Kampagne gegen den »Deborinismus« im Dezember 1930 persönlich eröffnet: Er bezeichnete ihn als »menschewistischen Idealismus« und forderte einen »Zweifrontenkampf« gegen »rechte und linke Abweichungen« in der Philosophie. – A. d. Ü.
61 Siehe Kap. 6, Anm. 17.
62 *Pedologija*, 1931, 1, S. 4.
63 *Pravda*, 5. Juli 1936.
64 Vgl. Petrovskij, a. a. O., S. 131f.

65 *Sbornik prikazov i rasporjaženij po Narkomprosu RSFSR* [Sammlung von Erlässen und Anweisungen des Volksbildungskommissariats der RSFSR], 1936, 15, S. 4.
66 Ebd., 23, S. 17.
67 A. S. Bubnov, *Osnovnye napravlenija bor'by za pod-em sovetskoj školy i pedagogičeskogo obrazovanija* [Die Grundlinien des Kampfes für den Aufschwung der sowjetischen Schule und der pädagogischen Ausbildung], Moskau 1936, S. 27; vgl. I. M. Kogan (Hg.), *»Dobit' do konca pedologiju«* [»Die Pädologie kurz und klein schlagen«], Leningrad 1936, S. 68ff.

9. Kapitel

1 S. Freud, W. C. Bullitt, *Thomas Woodrow Wilson. A psychological study*, Boston 1967. (Die russische Übersetzung erschien 1992, eine Übersetzung ins Deutsche steht noch aus. – A. d. Ü.)
2 Zu Bullitt existiert eine ansehnliche Menge Literatur. Am wichtigsten sind: B. Farnsworth, *William C. Bullitt and the Soviet Union*, Indianapolis 1967; W. Brownell, R. N. Billings, *So Close to the Greatness. A Biography of William C. Bullitt*, New York 1987. Erschienen ist auch der Briefwechsel mit Roosevelt: Orvill H. Bullitt (Hg.), *Personal and Secret. Correspondence between F. D. Roosevelt and W. C. Bullitt*, Boston 1972.
3 Freud, Bullitt, a. a. O., S. 253. Vgl. auch *The Bullitt Mission to Russia. Testimony before the Committee on Foreign Relations of U. S. Senate of W. C. Bullitt* (1919), wiederveröff. 1977.
4 Brownell, Billings, a. a. O., S. 105.
5 Freud, Bullitt, a. a. O., S. 271.
6 W. C. Bullitt, *So etwas tut man nicht*, München 1928. Interessanterweise wirkt der Titel dieses Romans aus dem Leben amerikanischer Sozialisten wie eine Replik auf Nikolai Tschernyschewskis *Was tun?* (1863), in der englischen Übersetzung: *What's to Be Done?*.
7 Brownell, Billings, a. a. O., S. 113.
8 Die Bücher in Freuds *Internationalem Psychoanalytischem Verlag* waren häufig in gelbes Leinen gebunden. – A. d. Ü.
9 S. Freud, A. Zweig, *Briefwechsel*, Frankfurt a. M. 1968, S. 37.
10 Die Thesen des Buches, wiewohl in manchem naiv erscheinend, korrespondieren mit späteren psychobiographischen Darstellungen zur Person Wilsons durchaus. Vgl. A. L. George, J. L. George, *Woodrow Wilson and Colonel House: A Personality Study*, New York 1956; Alexander L.George, *Some use of dynamic psychology in political biography: case materials on Woodrow Wilson*, in: Fred I. Greenstein, Michael Jerver (Hg.), *A Source Book for the Study of Personality and Politics*, Chicago 1971, S. 78ff.
11 Freud, Bullitt, a. a. O., S. 254.
12 George F. Kennan, *Memoiren eines Diplomaten*, Stuttgart 1968, S. 87.
13 Ebd., S. 88.
14 *Reminiscences of H. A. Wallace*, Office of Oral History of Columbia University, S. 1677.
15 *Reminiscences of J. P. Warburg*, ebd., S. 893.
16 Ebd., S. 429.

17 A. I. Utkin, *Diplomatija Franklina Ruzvel'ta* [Die Diplomatie des Franklin Roosevelt], Swerdlowsk 1990, S. 47.
18 Brownell, Billings, a. a. O., S. XI.
19 Ch. W. Thayer, *Bears in the Caviar*, Philadelphia 1950, S. 156.
20 Vgl. Jelena Bulgakowa, *Margarita und der Meister. Tagebücher, Erinnerungen*, Berlin 1993, S. 102.
21 V. Losev, L. Janovskaja (Hg.), *Dnevnik Eleny Bulgakovoj* [Das Tagebuch der Jelena Bulgakowa], Moskau 1990, S. 359. (Die betreffenden Passagen fehlen in der deutschen Ausgabe. – A. d. Ü.) Leonid Parschin, der in einem hochinteressanten Buch die in Jelena Bulgakowas Tagebuch enthaltenen Auskünfte zum Ball näher betrachtet, kommt gleichfalls zu dem Schluß, daß die beiden Festivitäten miteinander zu tun haben müssen. Im weiteren konzentriert sich Parschins historischer Vergleich dann aber auf eine andere Figur des Romans, nämlich Baron Maigel. Leonid Paršin, *Čertovščina v amerikanskom posol'stve, ili 13 zagadok Michaila Bulgakova* [Teufelsspuk in der amerikanischen Botschaft oder: Die 13 Rätsel des Michail Bulgakow], Moskau 1991.
22 O. H. Bullitt, a. a. O.
23 Vgl. Thayer, *Bears in the Caviar*, a. a. O., S. 158.
24 Ders., *Diplomat*, New York 1959, S. 230.
25 Ders., *Bears in the Caviar*, a. a. O., S. 161.
26 Michail Bulgakow, *Der Meister und Margarita*, Berlin 1975³, S. 325.
27 Ebd., S. 324.
28 Vgl. Paršin, a. a. O.
29 Bulgakowa, a. a. O., S. 102.
30 Losev, Janovskaja, a. a. O., S. 359.
31 Bulgakow, *Der Meister und Margarita*, a. a. O., S. 340.
32 Brownell, Billings, a. a. O., S. 143.
33 O. H. Bullitt, a. a. O., S. 65.
34 *Reminiscences of H. A. Wallace*, a. a. O., S. 2057.
35 Ebd.
36 Brownell, Billings, a. a. O., S. 176.
37 Farnsworth, a. a. O., S. 153.
38 Vgl. Bulgakowa, a. a. O., S. 420f.
39 Brief an Wikenti Weressajew v. 27. Juli 1931. Zit. nach: Julie Curtis, *Manuskripte brennen nicht. Michail Bulgakow*, Frankfurt a. M. 1991, S. 157.
40 Aus einem Briefentwurf Bulgakows an Stalin v. 30. Mai 1931. Zit. nach: M. Čudakova, *Žizneopisanie Michaila Bulgakova* [Lebensbeschreibung des Michail Bulgakow], Moskau 1988, S. 340.
41 Vgl. Bulgakowa, a. a. O., S. 78f.
42 Ebd., S. 89.
43 Ebd., S. 90
44 Archiv des Instituts für russische Literatur Sankt Petersburg (Puškinskij dom), No. 369/351.
45 Ebd., No. 369/307.
46 Bulgakow, *Der Meister und Margarita*, a. a. O., S. 461.
47 Bulgakowa, a. a. O., S. 29.
48 Vgl. ebd., S. 41.
49 Staatliches Reisebüro, das das Monopol zur Betreuung ausländischer Touristen besaß und auch für deren Überwachung zu sorgen hatte. – A. d. Ü.

50 Vgl. Thayer, *Bears in the Caviar*, a. a. O.
51 Eintragung v. 6. September 1934. Bulgakowa, a. a. O., S. 59.
52 Ebd., S. 60.
53 Ebd., S. 130.
54 Ebd., S. 137f.
55 Ebd., S. 99.
56 Ebd., S. 104.
57 Ebd., S. 99.
58 Ebd., S. 119.
59 Ebd., S. 128.
60 Ebd., S. 131.
61 Ebd., S. 130.
62 Ebd., S. 135.
63 Ebd., S. 48f.
64 Ebd., S. 70.
65 Čudakova, a. a. O., S. 407. Marietta Tschudakowa empfindet diese Stelle offenbar als problematisch, da sie schreibt: »Wohin genau Voland im Herbst 1934 den gebrechlichen Meister entführen soll, weiß man nicht ...« Vgl. dies., *Archiv M. A. Bulgakova* [Der Bulgakov-Nachlaß], in: *Zapiski Otdela rukopisej GBL* [Mitteilungen der Handschriftenabteilung der Staatlichen Leninbibliothek], No. 37, S. 111.
66 Vgl. ebd., S. 72.
67 A. Barkow hat mittels einer indirekten Textanalyse die Handlung des Romans auf den Zeitraum Mai–Juli 1936 datiert. Vgl. A. Barkov, *O čem govorjat paradoksy* [Was die Paradoxa meinen], in: *Literaturnoe obozrenie*, 1991, 5, S. 66.
68 W. C. Bullitt, *The Great Globe Itself, a Preface to World Affairs*, New York 1946.
69 *Reminiscences of H. A. Wallace*, a. a. O., S. 1677.
70 Čudakova, a. a. O., S. 164.
71 Bulgakow, *Der Meister und Margarita*, a. a. O., S. 310.
72 Thomas Mann, *Gesammelte Werke in dreizehn Bänden*, Bd. XII, Frankfurt a. M. 1974, S. 850f.
73 Vgl. Ernest Jones, *Das Leben und Werk von Sigmund Freud*, Bd. 3, Bern/Stuttgart 1962, S. 259ff.
74 Michael Molnar (Hg.), *The Diary of Sigmund Freud: 1929–1939*, London 1992, S. 31.
75 Vgl. Michail Bulgakow, *Die Treppe ins Paradies*, Berlin 1991, S. 117ff.
76 Ders., *Der Meister und Margarita*, a. a. O., S. 250.
77 Ebd., S. 146f.
78 Vjačeslav Ivanov, *Sobranie sočinenij*, Bd. 4, a. a. O., S. 200.
79 Bulgakow, *Der Meister und Margarita*, a. a. O., S. 250. Die Varieté-Experimente des Professors Voland und seiner Suite wie auch einige andere Szenen des Romans (zum Beispiel die Valuta-Konfiskation auf offener Bühne im *Traum des Nikanor Iwanowitsch*) erscheinen im übrigen wie eine praktische Umsetzung der Ideen Nikolai Jewreinows vom Monodrama und der Theatralisierung des Lebens, seiner Fortsetzung mit anderen Mitteln (siehe Kap. 4).
80 Ebd., S. 151.
81 Ebd.

82 Vgl. Ossip Mandelstam, *Über den Gesprächspartner*, *Gesammelte Essays I*, Zürich 1991, S. 154f.
83 Brief von Samuil Zeitlin an Bulgakow v. 10. April 1938, in: Archiv des Instituts für russische Literatur, No. 369/502. Auf Voland anspielend, schließt Zeitlin seinen Brief mit den Worten: »Falls Sie geneigt sein sollten, sich der Dienste Ihres Konsultanten (ohne Anführungszeichen) auch weiterhin zu bedienen, so stehe ich gern zur Verfügung.«
84 Bulgakowa, a. a. O., S. 89.
85 Ebd., S. 121.
86 Čudakova, a. a. O., S. 354.
87 Bulgakow, *Der Meister und Margarita*, a. a. O., S. 459.
88 Boris Gasparow hat in einer klassisch zu nennenden Untersuchung die logische Matrix herausgearbeitet, in der sich die Figuren des Romans und ihre möglichen realen Vorbilder bewegen. Seiner Analyse zufolge entfaltet sich der Roman in drei historischen Ebenen: in Jerschalaim, irgendwo Anfang 19. Jh. und im Moskau der dreißiger Jahre. Die Figuren werden mit wechselndem Namen und unterschiedlichem Äußeren, doch mit deutlichen Identitätsmerkmalen auf jede dieser Ebenen projiziert. Gasparow sieht die Äquivalente zu Voland in Afranius (Jerschalaim) bzw. einem Opernteufel aus dem frühen 19. Jh. Außerdem »gibt es für die allermeisten Moskauer Romanfiguren in einer dieser Projektionen eine prototypische Entsprechung, so daß sich die Frage aufdrängt, ob nicht auch zu Voland eine solche existierte«. Die Textanalyse führt Gasparow zu der Vermutung, es müsse sich beim Moskauer Prototypen Volands um irgendeinen »prominenten Ausländer« handeln, »den man fürchtet, ... den man gar insgeheim für einen Spion hält – von dem man jedoch am liebsten immerzu Lobesworte über das neue Moskau und die Moskauer hören möchte«. Boris M. Gasparov, *Iz nabljudenij nad motivnoj strukturoj romana M. A. Bulgakova* Master i Margarita [Einige Beobachtungen zur Motivstruktur des Romans *Der Meister und Margarita* von M. Bulgakow], in: *Slavica Hierosolymitana*, 1978, 3, S. 237f. Augenscheinlich fehlte es Gasparow am historischen Material, um aufgrund seiner deduktiven Problembeschreibung das entsprechende »Kästchen« seiner Matrix zu füllen. Gasparow fallen insbesondere einige westeuropäische Schriftsteller ein, die das sowjetische Moskau zu jener Zeit besuchten. Bullitt, wie wir ihn kennen, eignete sich indes für die Rolle weit besser als beispielsweise Herbert G. Wells oder André Gide. Die frappierende Übereinstimmung zwischen den logisch abgeleiteten Hypothesen Gasparows und den historischen Fakten, die durch die Veröffentlichung der Tagebücher von Jelena Bulgakowa bekannt wurden, scheint uns für die Geisteswissenschaften insgesamt ein seltenes und ermutigendes Beispiel zu sein.
89 Bulgakow, *Der Meister und Margarita*, S. 451.
90 M. Kreps stellt die Frage so: Wenn dem Meister die Aussicht verheißen ist, »dort« seine Romane zu schreiben, mit Margarita unter Kirschblüten zu wandeln und Schubert zu hören, dann »muß man sich fragen, was es eigentlich sein kann, das angesichts einer solchen verführerischen Stille noch Licht aussendet«? M. Kreps, *Bulgakov i Pasternak kak romanisty* [Bulgakow und Pasternak als Romanciers], Ann Arbor 1984, S. 93.
91 Ebd.
92 Vgl. Curtis, a. a. O., S. 160f.

93 A. Švarc, *Žizn' i smert' Michaila Bulgakova* [Leben und Tod Michail Bulgakows], Ann Arbor 1988, S. 91.
94 Čudakova, a. a. O., S. 462.
95 Vgl. Vitalij Vilenkin, *Nezabyvaemye vstreči* [Unvergeßliche Begegnungen], in: *Vospominanija o Michaile Bulgakove* [Erinnerungen an Michail Bulgakow], Moskau 1988, S. 298f.
96 Julie Curtis findet für Voland eine interessante Charakterisierung, die ebenfalls die »politische Diplomatie« ins Spiel bringt, wenn auch in gänzlich anderer Hierarchie: »Voland erscheint im Roman als eine Art bevollmächigter Botschafter eines übernatürlichen Reiches.« (J. E. A. Curtis, *Bulgakov's Last Decade. The Writer as Hero*, Cambridge 1987, S. 173.) Insgesamt fällt auf, daß in der Sekundärliteratur zu Autor und Werk die Verbindung Bulgakows zu Bullitt ignoriert und der Kontext seiner Ausreisebemühungen geringgeschätzt wird. (Vgl. z.B. Ellendea Proffer, *Bulgakov. Life and Work*, Ann Arbor 1984; Andrew Barratt, *Between Two Worlds. A Critical Introduction to The Master and Margarita*, Oxford 1987; Čudakova, a. a. O.; Lesley Milne, *Mikhail Bulgakov. A Critical Biography*, Cambridge 1970.) Die Gründe dafür mögen verschieden sein. Jelena Bulgakowa, deren strategisches Denken sich unter Zensurbedingungen entwickelte, nimmt an, daß eine Historisierung des Textes manch einem Forscher, der in Bulgakows Roman vor allem die metaphysische Botschaft sehen will, nicht ins Konzept paßt.
97 Bulgakow, *Der Meister und Margarita*, a. a. O., S. 305.
98 Brownell, Billings, a. a. O., S. 186.
99 Ebd., S. 183.
100 Ebd., S. 256. Die Bücher übrigens, die Bullitt nach dem Krieg verfaßte, beinhalten geopolitische Erörterungen insbesondere zur Rolle Amerikas in der Weltpolitik und zum Antritt einer Weltregierung in absehbarer Zukunft.
101 *Reminiscences of H. A. Wallace*, a. a. O., S. 3486.

10. Kapitel

1 Brief an I. I. Orlow v. 22. Februar 1899. Anton Čechov, *Briefe 1897 bis 1901*, Zürich 1983, S. 133.
2 Wassilij Rosanow, *Solitaria*, Hamburg/München 1963, S. 277.
3 Aus: *Warum ich Erzählungen schreibe (Aus Notizen der 70er Jahre)*, in: *Novyj mir*, 1989, 12, S. 3.
4 Aus: *Über meine Prosa*, in: ebd., S. 61.
5 Vgl. S. Fitzpatrick, *Culture and Politics under Stalin: A Reappraisal*, in: *Slavic Review*, Bd. 35, 2 (Juni 1976).
6 V. I. Ivanov, *Dionis i pradionisijstvo* [Dionysos und urdionysischer Kult], Baku 1923, S. 157.
7 Vladimir Nabokov, *Sprich, Erinnerung, sprich*, Reinbek 1984, S. 305. In einer Glosse mit dem Titel *Was jeder wissen sollte* pries der Autor 1931 höhnisch den »Freudismus für alle« als Patentmittel an. Vgl. V. Nabokov, *Priglašenie na kazn'. Rasskazy* [Einladung zur Enthauptung. Erzählungen], Moskau 1989, S. 393ff.
8 Vgl. Nadeschda Mandelstam, *Das Jahrhundert der Wölfe*, Frankfurt a. M. 1971, S. 158.

9 V. Adrianova-Perec, *Simvolika snovidenija Frejda v svete russkich zagadok*, in: *Akademiku N. Ja. Marr* [Festschrift für Prof. N. Marr], Moskau/Leningrad 1935, S. 497ff. (Mein Dank gilt Professor Dmitri Lichatschow für den Hinweis auf diese Quelle.)
10 Aus: *Ich kann der Oden Heerscharn nicht gebrauchen ...* (*Aus dem Zyklus* Berufsgeheimnisse, 1940). Vgl. Anna Achmatowa, *Poem ohne Held*, Leipzig 1979, S. 88f.
11 Vgl. Vladimir Nabokov, *Gesammelte Werke*, Bd. XX: *Deutliche Worte*, Reinbek 1993, S. 81.
12 V. V. Ivanov, *Očerki po istorii semiotiki v SSSR* [Studien zur Geschichte der Semiotik in der UdSSR], Moskau 1976.
13 Sergej M. Eisenstein, *YO. Ich selbst. Memoiren*, Berlin 1984, Bd. 1, S. 423.
14 *Ėjzenštejn v vospominanijach sovremennikov* [Eisenstein in den Erinnerungen der Zeitgenossen], Moskau, S. 204.
15 Ebd.
16 Eisenstein, a. a. O., S. 143.
17 Vgl. ebd., S. 423.
18 Im Russischen ein Wortspiel: *Chenopodium atriplex* = russ. *lebeda* klingt wie *Libido*. – A. d. Ü.
19 Eisenstein, a. a. O., S. 145.
20 Ebd., S. 146.
21 Ebd., S. 523.
22 Ebd., S. 524.
23 V. V. Ivanov, a. a. O., S. 93.
24 M. Seton, *Eisenstein*, London 1965, S. 134.
25 Eisenstein, a. a. O., Bd. 2, S. 773.
26 Zit. nach: V. V. Ivanov, a. a. O., S. 113f.
27 Vgl. ebd.
28 Eisenstein, a. a. O., Bd. 1, S. 512.
29 Ebd., S. 57.
30 Ebd., S. 58f.
31 Ebd., S. 424.
32 I. Montagu, *With Eisenstein in Hollywood*, Berlin 1974[2], S. 104f.
33 S. Ėjzenštejn, *Izbrannye proizvedenija v 6 tomach* [Ausgewählte Werke in 6 Bänden], Bd. 1, Moskau 1964, S. 83.
34 Montagu, a. a. O., S. 345.
35 Michail Bachtin, *Probleme der Poetik Dostoevskijs*, Frankfurt a. M./Berlin/Wien 1985. (Es handelt sich um die vom Autor in den sechziger Jahren überarbeitete Fassung des Buches *Probleme des Schaffens Dostojewskis* aus dem Jahr 1929. – A. d .Ü.)
36 Vgl. K. Clark, M. Holquist, *Michail Bakhtin*, Cambridge/Mass. 1984.
37 Aus dem nachgelassenen Manuskript *Zur Überarbeitung des Dostojewski-Buches* (1961), in: Bachtin, *Ėstetika slovesnogo tvorčestva* [Die Ästhetik des Wortkunstschaffens], Moskau 1979, S. 310ff.
38 Ebd.
39 Ders., *Probleme der Poetik Dostoevskijs*, a. a. O., S. 66.
40 Ebd., S. 67.
41 V. I. Ivanov, *Mysli o simvolizme* [Gedanken zum Symbolismus], in: *Trudy i dni*, 1912, 1, S. 6.
42 Bachtin, *Probleme der Poetik Dostoevskijs*, a. a. O., S. 67.

43 V. N. Vološinov, *Frejdizm: Kritičeskij očerk* [Der Freudismus: eine kritische Studie], Moskau 1927, S. 118.
44 Vgl. V. V. Ivanov, a. a. O.; ders., *Značenie idej M. M. Bachtina o znake, vyskazyvanii i dialoge dlja sovremennoj semiotiki* [Michail Bachtins Ideen über Zeichen, Aussage und Dialog und ihre Bedeutung für die moderne Semiotik], in: *Trudy po znakovym sistemam* [Schriften zur Zeichentheorie], Bd. 6, Tartu 1973; Clark, Holquist, a. a. O. Eine gegenteilige Position wird vertreten von: G. S. Morson, C. Emerson (Hg.), *Rethinking Bakhtin*, 1989.
45 Bachtin, *Ėstetika ...*, a. a. O., S. 374.
46 Ebd.
47 V. V. Ivanov, *Značenie idej ...*, a. a. O. Neue Argumente, die die Autorschaft Bachtins bekräftigen, finden sich in: S. G. Bočarov, *Ob odnom razgovore i vokrug nego* [Über ein Gespräch und dessen Umstände], in: *Novoe literaturnoe obozrenie*, 1993, 2, S. 70ff. Übrigens soll sich auch der mit Bachtin befreundete Musikwissenschaftler Iwan Sollertinski in den zwanziger Jahren mit Psychoanalyse befaßt haben. Vgl. L. Micheeva, *I. I. Sollertinskij*, Leningrad 1988, S. 52ff.
48 V. Kožinov, S. Konkin, *Michail Michailovič Bachtin. Kratkij očerk žizni i dejatel'nosti* [Michail Bachtin. Kurzer Abriß seines Lebens und Wirkens], in: *Problemy poėtiki i istorii literatury* [Probleme der Poetik und Literaturgeschichte], Saransk 1973.
49 Clark, Holquist, a. a. O.
50 V. V. Vološinov, *Marxismus und Sprachphilosophie*, Frankfurt a. M. 1975.
51 Pavel Medvedev, *Die formale Methode in der Literaturwissenschaft*, Stuttgart 1976.
52 Vgl. Bočarov, a. a. O., S. 75.
53 Inselgruppe im Weißen Meer. Seit 1923 existierte dort ein sogenanntes »Sonderlager«. – A. d. Ü.
54 Vgl. Efim Etkind, *Unblutige Hinrichtung*, München/Zürich 1977, S. 146ff. (Allein dieser lapidare Gedanke, geäußert 1968 in einem Vorwort zur Ausgabe *Russische Meister der Lyrikübertragung*, setzte seinerzeit eine ideologische Kampagne gegen Jefim Etkind in Gang, die den Autor letztlich in die Emigration zwang. – A. d. Ü.)
55 Vološinov, *Frejdizm*, a. a. O., S. 16ff.
56 Ebd.
57 Ebd., S. 40.
58 J. W. Stalin, *Zu einigen Fragen der Sprachwissenschaft. An die Genossin J. Krascheninnikowa*, in: *Forum. Zeitschrift der demokratischen Studenten Deutschlands. Wissenschaftliche Beilage* 6, 20. März 1951.
59 Konstantin Vaginov, *Kozlinaja pesn'* [Bocksgesang], Moskau 1991, S. 12.
60 Vološinov, *Frejdizm*, a. a. O., S. 119.
61 Ebd.
62 Freud, *Studienausgabe*, Bd. III, S. 287
63 Bachtin, *Probleme der Poetik Dostoevskijs*, a. a. O., S. 69.
64 Ders., *Ėstetika ...*, a. a. O, S. 315.
65 Ebd., S. 326.
66 Brief v. 18. Dezember 1912. S. Freud, C. G. Jung, *Briefwechsel*, Frankfurt a. M. 1974, S. 594.

67 Vgl. H. L. Goldschmidt, *Dialogik. Philosophie auf dem Boden der Neuzeit*, Frankfurt a. M. 1964; J. Böckenhoff, *Die Begegnungsphilosophie. Ihre Geschichte – ihre Aspekte*, Freiburg i. Br./Münster 1970.
68 Bachtin, *Probleme der Poetik Dostoevskijs*, a. a. O., S. 90.
69 Ders., *Ėstetika …*, a. a. O., S. 310.
70 Aus: *Zur Methodologie der Humanwissenschaften*, ebd., S. 393.
71 Ders., *Rabelais und seine Welt*, Frankfurt a. M. 1987.
72 Ebd., S. 138.
73 Ebd., S. 360.
74 Ebd., S. 361.
75 Ders., *Ėstetika …*, a. a. O., S. 374.
76 Ebd., S. 382.
77 S. Averincev, *Bachtin, smech, christianskaja kul'tura* [Bachtin, das Lachen und die christliche Kultur], in: *Rossija. Russia*, 1988, 6, S. 119ff.
78 Ebd.
79 Aus: [Rez. zu:] *Andrej Belyj. Aufzeichnungen eines Sonderlings* (1923), in: Ossip Mandelstam, *Über den Gesprächspartner. Gesammelte Essays I*, Zürich 1991, S. 205.
80 Aus: *Literarisches Moskau. Die Geburt der Fabel* (1922), in: ebd., S. 154.
81 Vgl.: *Liebe (Ein kleiner Vorfall aus meinem Privatleben)*, in: Michail Sostschenko, *Das Himmelblaubuch*, Berlin 1967, S. 151ff.
82 I. Metter, *Ne porastet byl'em* [Da wächst kein Gras drüber], Leningrad 1989, S. 635.
83 Handschriftensammlung am Institut für russische Sprache und Literatur der Russischen Akademie der Wissenschaften, Soschtschenko-Archiv, No. 501, Verz. 2, Nr. 16.
84 *Wiedergefundene Jugend* (1933), *Das Himmelblaubuch* (1935), *Vor Sonnenaufgang* (1943, dt. *Schlüssel des Glücks*).
85 Michail Soschtschenko, *Schlüssel des Glücks*, Leipzig 1977, S. 23.
86 Ebd., S. 160.
87 Ebd., S. 6.
88 Brief v. 18. Februar 1941. Thomas Mann, Karl Kerényi, *Gespräch in Briefen*, Zürich 1960, S. 98.
89 Aus: *Referat über die Zeitschriften* Swesda *und* Leningrad [gekürztes und zusammengefaßtes Stenogramm], in: A. Shdanow, *Über Kunst und Wissenschaft*, Berlin 1951, S. 15.

Bilanz

1 Dieser transnationale Charakter psychoanalytischen Wissens fand vor Jahren eine Bestätigung kurioser Art: Igor Schafarewitsch, einer der rührigsten sowjetischen Antisemiten, berief sich auf Freud, um der Welt zu erklären, daß der Sozialismus seinem Wesen nach ein Trieb zum Tode sei. Vgl. Igor Šafarevič, *Socializm kak javlenie mirovoj istorii* [Der Sozialismus als weltgeschichtliches Phänomen], Paris 1977.
2 Moshe Wulff, *Zur Stellung der Psychoanalyse in der Sowjetunion*, in: *Die psychoanalytische Bewegung*, II. Jg. (1930), 1, S. 75.
3 Fedor Stepun, *Vergangenes und Unvergängliches*, München 1947, S. 322.

PERSONENREGISTER